中级会计学（基础篇）

INTERMEDIATE ACCOUNTING 17E

会计学精选教材译丛

厄尔·K. 斯蒂斯（Earl K. Stice）
〔美〕 詹姆斯·D. 斯蒂斯（James D. Stice） 著 杨有红 陈凌云 译
K. 弗雷德·斯库森（K. Fred Skousen）

第17版

北京大学出版社
PEKING UNIVERSITY PRESS

著作权合同登记号 图字：01－2010－3921
图书在版编目(CIP)数据

中级会计学.第17版：基础篇/(美)斯蒂斯(Stice,E. K.),(美)斯蒂斯(Stice,J. D.),(美)斯库森(Skousen,K. F.)著；杨有红，陈凌云译.—北京：北京大学出版社，2014.2
(会计学精选教材译丛)
ISBN 978－7－301－23288－0

Ⅰ.①中… Ⅱ.①斯… ②斯… ③斯… ④杨… ⑤陈… Ⅲ.①会计学－高等学校－教材
Ⅳ.①F230

中国版本图书馆CIP数据核字(2014)第021915号

Earl K. Stice, James D. Stice, K. Fred Skousen
Intermediate Accounting, seventeenth edition
ISBN: 978－0－324－78335－3

书　　名：中级会计学(第17版)：基础篇
著作责任者：〔美〕厄尔·斯蒂斯(Earl Stice)　詹姆斯·斯蒂斯(James Stice)　K.斯库森(K. Skousen)　著
杨有红　陈凌云　译
责 任 编 辑：刘誉阳　姚大悦
标 准 书 号：ISBN 978－7－301－23288－0/F·3764
出 版 发 行：北京大学出版社
地　　址：北京市海淀区成府路205号　100871
网　　址：http://www.pup.cn
电 子 信 箱：em@pup.cn　　QQ:552063295
新 浪 微 博：@北京大学出版社　@北京大学出版社经管图书
电　　话：邮购部62752015　发行部62750672　编辑部62752926　出版部62754962
印 刷 者：北京宏伟双华印刷有限公司
经 销 者：新华书店
787毫米×1092毫米　16开本　37.5印张　960千字
2014年2月第1版　2014年2月第1次印刷
印　　数：0001—4000册
定　　价：79.00元

出版者序

作为一家致力于出版和传承经典、与国际接轨的大学出版社，北京大学出版社历来重视国际经典教材，尤其是经管类经典教材的引进和出版。自2003年起，我们与圣智、培生、麦格劳-希尔、约翰-威利等国际著名教育出版机构合作，精选并引进了一大批经济管理类的国际优秀教材。其中，很多图书已经改版多次，得到了广大读者的认可和好评，成为国内市面上的经典。例如，我们引进的世界上最流行的经济学教科书——曼昆的《经济学原理》，已经成为国内最受欢迎、使用面最广的经济学经典教材。

呈现在您面前的这套"引进版精选教材"，是主要面向国内经济管理类各专业本科生、研究生的教材系列。经过多年的沉淀和累积、吐故和纳新，本丛书在各方面正逐步趋于完善：在学科范围上，扩展为"经济学精选教材""金融学精选教材""国际商务精选教材""管理学精选教材""会计学精选教材""营销学精选教材""人力资源管理精选教材"七个子系列；在课程类型上，基本涵盖了经管类各专业的主修课程，并延伸到不少国内缺乏教材的前沿和分支领域；即便针对同一门课程，也有多本教材入选，或难易程度不同，或理论和实践各有侧重，从而为师生提供了更多的选择。同时，我们在出版形式上也进行了一些探索和创新。例如，为了满足国内双语教学的需要，我们改变了影印版图书之前的单纯影印形式，而是在此基础上，由资深授课教师根据该课程的重点，添加重要术语和重要结论的中文注释，使之成为双语注释版。此次，我们更新了丛书的封面和开本，将其以全新的面貌呈现给广大读者。希望这些内容和形式上的改进，能够为教师授课和学生学习提供便利。

在本丛书的出版过程中，我们得到了国际教育出版机构同行们在版权方面的协助和教辅材料方面的支持。国内诸多著名高校的专家学者、一线教师，更是在繁重的教学和科研任务之余，为我们承担了图书的推荐和评审工作；正是每一位评审者的国际化视野、专业眼光和奉献精神，才使得本丛书聚木成林，积沙成滩，汇流成海。此外，来自广大读者的反馈既是对我们莫大的肯定和鼓舞，也总能让我们找到提升的空间。本丛书凝聚了上述各方的心血和智慧，在此，谨对他们的热忱帮助和卓越贡献深表谢意！

“千淘万漉虽辛苦，吹尽狂沙始到金。”在图书市场竞争日趋激烈的今天，北京大学出版社始终秉承“教材优先，学术为本”的宗旨，把精品教材的建设作为一项长期的事业。尽管其中会有探索，有坚持，有舍弃，但我们深信，经典必将长远传承，并历久弥新。我们的事业也需要您的热情参与！在此，诚邀各位专家学者和一线教师为我们推荐优秀的经济管理图书(em@pup.cn)，并期待来自广大读者的批评和建议。您的需要始终是我们为之努力的目标方向，您的支持是激励我们不断前行的动力源泉！让我们共同引进经典，传播智慧，为提升中国经济管理教育的国际化水平做出贡献！

北京大学出版社

经济与管理图书事业部

2013年5月

译者序

大学专业教育的目标是多元化的：基本目标是使学生掌握某专业的理论、方法和技能；进一层的目标是培养学生对所学专业的兴趣，从而激发学生自主学习的积极性，树立学生对职业的忠诚感，提升学生的良好职业道德；更高层的目标是有助于学生将专业领域的理论与方法升华为哲学方法论，提升人的综合素养。这些目标的实现过程中，教材是无法回避的重要媒介。

“中级财务会计”是大学会计学专业的一门核心课程。无论是国内还是国外，与该课程相应的教材目前已不在少数。在这种情况下，我们仍十分乐意将厄尔·K. 斯蒂斯、詹姆斯·D. 斯蒂斯和 K. 弗雷德·斯库森著的《中级会计学》（第 17 版）翻译给读者，除了该教材结构严谨、具有内容系统性和理论前瞻性外，还缘于本教材在结构安排方面的显著特色以及对多元化教育目标的支撑。对以下特色的高度认同驱使我们将它翻为中文，以服务于渴望知识的会计学子们。

（1）将兴趣、道德观（尤其是企业以及高管人员应具有的经营道德观）融入教材。教材的每一章都以讲故事开场，故事不仅通过场景设置让学生进入角色，激发学生往下学的欲望，而且让学生通过故事感悟企业及管理人员的责任观和应具备的道德观，起着一箭双雕的作用。

（2）将会计循环置于企业经营循环之中。本教材立足于企业经营过程和管理要求，阐述会计确认、计量和列报，既为读者提供认识会计的很好的商业平台，也为读者锻造融会计、企业经营与管理为一体的知识体系提供有利条件。

（3）务实性、前瞻性与国际视野。作为美国大学使用的教材，本教材毫无疑问以美国 FASB 的准则为指南、以美国企业市场环境和法律环境为背景系统阐述会计确认、计量、列报和分析的理论与方法。不仅如此，本教材还广泛涉及当今商业环境中的会计热点问题，如公允价值、估值，以及国际财务报告准则等，同时对 FASB 与 IASB 的不同之处进行了概要说明与解析，这些做法无疑大大拓展了读者的知识面。

（4）强调综合思维与动手能力的培养。本教材在系统阐述会计确认、计量和列报的基础上，还从法律约束、对财务状况的影响、风险控制等角度对有关交易或事项的会计方法进行恰当评价，培养读者多角度、综合思考会计工作中遇到的问题。大量的扩展资料、思考题、练习题、案例对提高读者的综合分析能力和动手能力都起着十分重要的作用。

本书由北京工商大学商学院杨有红教授、陈凌云副教授主译并负责全书的总纂。协助翻译或参与文字校对的还有张丽丽、王海宾、余德慧三位博士研究生和汪辉、陈海琴、姚顺渝、刘爽、张萌、王晓晓、冯晓、杜世勇、葛尼亚、刘青、杨华十一位硕士。

杨有红、陈凌云

2013 年 1 月

前　言

清晰、关联、完整:会计的宏伟蓝图

从最小型的夫妻零售店到最大型的跨国公司,各种规模的企业正在意识到会计专业人士不再只是简单的“数字计算器”,而是在实现组织根本目标过程中必不可少的合作伙伴。

《中级会计学》(第 17 版)涵盖了与会计职业密切联系的几个方面:

- 一个清晰的组织是以各会计期间与各业务活动的相互联系为基础的。本书章节按照与企业业务链密切相关的传统资产负债表的科目顺序来编排,这样讲述内容对于教师与学生来说更加合理。
- 涵盖并探讨推动会计在当今商业环境中的发展问题,例如公允价值、估值、国际财务报告准则。
- 完整而引人入胜的教学方法可以使学生提高学习经验,并为不断变化的会计环境做好准备。在每章的学习目标中都有像“WHY”及“HOW”的专栏来作为补充。这个特点使学生在被问到信息在决策制定过程中如何发挥作用之前,在脑中对于为什么要这样进行会计核算已有了答案。

本版更新及改进

- 新增“模块 2　公允价值”和第 22 章。“模块 2　公允价值”定义了公允价值并且描述了用于公允价值确定的有关价值概念;演示了各种估值模型并阐述了如何为 *SFAS No. 157* 对公允价值披露的要求做准备。

第 22 章是关于全球市场下会计处理的新章节,解释了一套通用会计准则的潜在影响和重要性,列示了国际会计准则委员会的历史概况,阐述了美国 GAAP 和 IASB 之间的关键区别,并说明了如何用折算法将外币财务报表折算成美元。

- 各章对美国 GAAP 和 IASB 的最新规定进行了讨论,并与原规定进行了比较。
- 各章更新了案例与数据。

教辅资料

- 教学用 PPT
- 试题库
- 习题答案
- 课堂大纲

有需要的教师请填写并反馈书后“教学辅助资料索取证明”,即可索取教辅资料。

目　录

第二部分 公司日常经营活动

第一部分

财务会计的基础

第1章 财务报告

学习目标

1. 描述财务报告的目的，了解主要的财务报表。

2. 解释会计准则的功能，描述美国财务会计准则委员会(FASB)在制定这些准则过程中所起的作用。

3. 认识美国证券交易委员会(SEC)、美国注册会计师协会(AICPA)、美国会计学会(AAA)，以及美国国内税收总署(IRS)对于财务报告的重要影响。

4. 认识国际会计问题对于美国会计实务日益增长的重要性与相关性，理解国际会计准则理事会(IASB)在国际会计准则制定中所起的作用。

5. 理解FASB的概念框架在概括高质量会计信息的特征，定义资产、收入等概念，以及为合理地确认、计量和报告提供指导方面所具有的重要意义。

6. 了解与会计和财务报告有关的职业机会，理解个人道德在会计实务中的重要性。

补充

20世纪80年代中期，石油价格下跌，休斯敦的经济因严重依赖石油工业而遭受重创。油价在1985年一直下跌，1986年跌至约10美元一桶的低点。因此，安然公司当时高姿态地将总部迁至休斯敦，这对于阴霾笼罩的休斯敦商业系统而言无疑是一个巨大的鼓舞。安然公司董事长肯尼斯·雷也成为休斯敦地区著名的慈善家。他捐款给休斯敦大学和莱斯大学，并获得两所大学的教授身份，他还担任当地联合慈善机构的主席。而安然公司在肯尼斯·雷的领导下，一直将它1%的税前收入捐助给各类慈善机构。1999年，安然公司还决定在未来30年内支付1亿美元在休斯敦建造新的棒球场，取名安然球场，该项承诺后来因为后面介绍的安然公司财务丑闻的爆发而被迫取消。

1985年，一家以奥马哈地区为基地的管道公司——北方内陆天然气(InterNorth)公司收购了休斯敦天然气公司(Houston Natural Gas)。公司合并后最初计划将总部仍设在奥马哈地区，但是后来在合并后的董事会中休斯敦公司一方逐渐取得了公司事务的控制权，并决定将公司总部迁至休斯敦。与此同时，将公司名更改为更具现代感及未来感的名字“安然”。

安然公司成立之时，美国的天然气管道公司正处于困难时期。一直以来，从生产者到消费者的天然气经销链条一直被政府严格管制。政府设定天然气的出井价格，即生产者只能按此价格将天然气卖给管道公司。管道公司向地方公用事业公司收取的费用以及地方公用事业公司向零售客户收取的费用同样由政府机构根据成本加成的方法设定，这种管理体制大大限制了创新。为了应对20世纪70年代末期的能源危机，鼓励天然气的勘探开采，政府取消了对天然气出井价格的管制，这使得支付给天然气生产者的价格大大提高。然而，零售价格仍然被管制并始终较低，这使得管道公司无力购买并供应他们的地方公用事业客户所需的全部天然气。这一问题的出现主要源自政府仅对天然气价格放开了部分管制，因此很多天然气管道公司，包括安然公司，游说各个政府部门取消对于天然气整个产销链条的管制。随着政府对天然气管制政策的取消，天然气市场变得更加有效率，但其价格也变得更难预测。在这种新的市场定价机制下，天然气生产者和地方公用事业公司所面临的主要风险来自于变幻莫测的能源市场价格。在这种情况下，没人愿意签订长期固定价格的合同，因此，大多数天然气交易签订的都是30天期限的合同。

20世纪90年代，安然公司开始作为那些30天天然气交易合同的中间人或做市商提供服务。这被称作"天然气银行"，即安然公司通过签订短期合同向众多天然气生产者购买天然气，再将这些合同整理打包，然后向地方公用事业公司提供一定价格保证的长期合同。从根本上说，安然公司就是把自己放在这些交易中间人的位置，承担交易中的价格风险，并为此收取一定费用。通过这种做法，安然公司迈出了从传统管道公司向金融服务和贸易公司转型的第一步。截至2000年，安然公司进一步将业务拓展，成为电力、石油甚至是纸张的做市商。安然公司甚至提供"气候衍生产品"，这可以使公用事业公司即使在遇到不同寻常的暖冬而导致消费需求下降时，也能确保一定的利润。到2000年，安然公司的批发业务部，作为安然公司从事金融和贸易服务的总部，其对外报告的收入和营业利润均远远超过了传统的管道业务(运输和分销)(详见图1-1)。

直到2001年2月，安然公司仍被视为传统工业在信息时代成功调整自身并创新的典范。在当月发布的《财富》杂志调查中，安然公司连续第6年荣获"美国最具创新精神的公司"称号。安然公司收入和利润的快速增长也带来了股价的快速上涨——股票价格达到每股80多美元(仅比它的历史最高点每股90美元略低一点)，公司市值达600亿美元。然而，随着高科技股票泡沫的破灭，到2001年10月，安然公司的股票价格也下跌了50%，与其他"新经济"公司股票下跌的幅度基本相当，但是低于同时期思科公司所遭受的市值66%的跌幅纪录。2001年10月16日之前，安然公司的故事似乎与同时期衰退的其他公司一样——一个具有创新精神的公司的股票价格被市场过度乐观的情绪推向了高峰，之后又回归到一个更加现实的股票价格上。然而，就在此时，安然公司的故事发生了偏离，并转变成一个历史上最具深远影响的，并且最为昂贵的会计丑闻事件。

2001年10月16日，安然公司公布了它的第三季度收益。据媒体发布的消息称，安然公司"形式上的"净收益或者说经常性净收益在第三季度上升到3.93亿美元，而上年同期仅为2.93亿美元。安然公司的首席执行官肯尼斯·雷仍在宣扬安然公司将持续向好的前景，但对于严重影响本季度经营成果的10亿美元的特殊会计支出(费用)未作详细解释，而该项费用将会使安然公司根据公认会计原则确认的当期实际收益变成6.44亿美元的损失。这条新闻的发布为华尔街敲响了警钟，分析师和商业记者开始挖掘这10亿美元费用后面所隐藏的秘密。两天之后，来自《华尔街日报》的两名记者，John Emshwiller和Rebecca Smith，报道称这10亿美元的费用来自于那些由安然公司的首席财务官所建立的某些特殊目的实体进行的关联交易。这一事件的披露引发了人们对安然公司的怀疑，当关于这些特殊目的实体、安然公司的收益操纵方法，以及关于整个公司文化的真实情况大白于天下时，怀疑被证实了。由此，安然公司的股票价格一落千丈，从2001年10月16日新闻公布前一

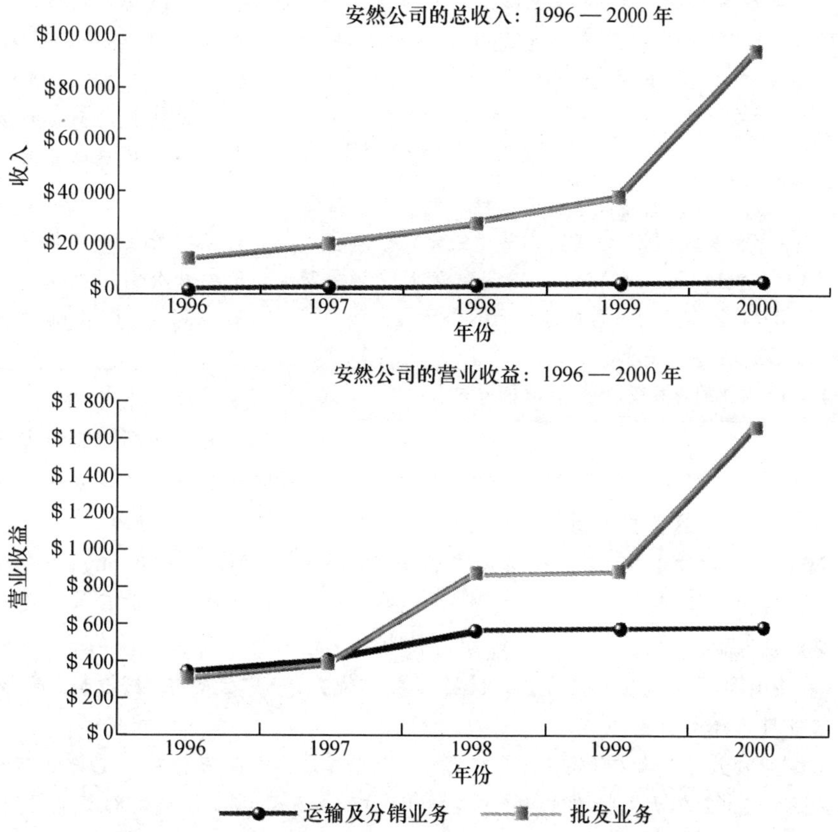

图 1-1　安然公司的收入及营业收益:1996—2000 年(单位:百万美元)

周的每股 36 美元,跌至六个星期后即 11 月 30 日的每股 26 美分。2001 年 12 月 2 日,安然公司根据联邦破产法第 11 章申请破产,成为当时美国历史上最大的一起破产案。

安然公司在其经营模式上所犯的错误将在其他课程中进行讨论。简而言之,安然公司后来的经营偏离主业太远,它所从事的项目和承担的风险都在它专长的领域之外。在本书中,我们所提供的材料将有助于你理解安然公司所使用的会计舞弊方法,以及这些方法是如何具有欺骗性的。正是这些欺诈手段导致了安然公司的彻底崩塌,因为安然公司所从事的核心业务就是能源交易,这些业务是构建在中间人的信用基础之上的,一旦像安然公司这样的做市商失去了那些潜在买家和卖家的信任,这些买家和卖家会迅速将它们的业务转交给那些更可靠的做市商。安然公司的会计造假方法主要有两种,下面将简要介绍,在后面的章节中还将对其进行详细阐述。

特殊目的实体(SPE)。公司中有一些业务往往需要权衡,是由公司自己做还是雇用其他公司来做。有时我们将雇用其他公司来做这些工作的行为称作“外包”。例如,公司将它的保卫业务、工资核算业务甚至物业管理业务外包出去。

有时,公司并不是将这些业务直接外包给现有已存在的公司,而是自己设立小型、独立的、具有该项外包业务服务功能的公司。例如,如果一家制造企业想将它的门卫业务外包出去,但是在该区域没有合适的提供该服务的公司,这家制造企业就可以将它的一部分门卫剥离出去建立它自己的门卫服务公司,然后这家制造企业再将它的门卫服务外包给这家公司。如果这家分离出去的门卫服务公司的建立符合相关规定，则它可以被称作一个特殊目的实体。从会计的角度，特殊目的实体被视作一个分离的、独立的公司。可见，特殊目的实体可用于很多合法的经营目的。

补充

很多公司发现，在当时的会计准则下这种外包业务安排会给公司带来很大的好处。例如，公司将某些建筑剥离给所设立的特殊目的实体，对公司而言只需要租用这些建筑，比方说租期为25年，就不用将这种实际上具有抵押性质的负债列入该公司资产负债表的负债项目中。这被称作"表外融资"，在《中级会计学：应用篇》第15章我们将介绍，租赁是最常用的表外融资方式。

安然公司通过特殊目的实体进行的会计舞弊主要体现在两个方面。第一，安然公司所设立的众多特殊目的实体并不真正独立于安然公司。以这些企业之一的Raptors为例，其所有者和经营者是同一人，而这个人又同时担任安然公司的首席财务官。第二，从安然公司与部分特殊目的实体所进行的交易可以明显看出，这些特定目的实体存在的目的就是为了与安然公司进行不平等的关联交易，而这些交易对于那些独立的公司而言是不可能成交的。例如，在安然公司与Raptors的一些交易中，安然公司在季报编制之前将资产销售给Raptor，下个季度初再将这些资产购回。显而易见，安然公司所进行的这些销售和回购交易的目的就是为了让这些资产暂时从账面上消失，以避免在财务报告中列示这些资产价值下跌的损失。[①] 特殊目的实体（在会计循环中也被称作"变动利益主体"）将在《中级会计学：应用篇》第12章的表外融资部分进行详细讨论。

总营业收入。每年《财富》杂志都会评选"美国最大500家公司"，其评选依据是企业的总收入。在2002年的上榜名单中，排在前17位的公司中有4家公司都是能源交易公司，它们从事的几乎是与安然公司一样的作价买卖交易业务。这4家公司（安然公司、美国电力公司、杜克能源公司、厄尔巴索集团）的收入甚至超过了那些更有名的公司，如西尔斯公司（Sears）、塔吉特百货（Target）、家得宝公司（Home Depot）、宝洁公司（Procter & Gamble）。就像《财富》杂志所解释的[②]，能源公司在收入排名榜单上的杰出表现源于其收入确认原则的会计漏洞。按照美国公认会计原则的规定，能源交易公司在财务报告中确认的收入等于其交易合同的总收入，这被称作"收入总额报告法"，即不是只确认这些交易的佣金（如股票经纪人的做法）。这条收入总额报告原则使得安然公司从它的能源批发业务中确认了令人难以置信的950亿美元的收入（具体见图1-1）。不难想象，会计准则的制定者们对于会计处理规则的这一缺陷一定感到非常尴尬，因此在2002年对其进行了修正。[③]

安然公司众多可疑特殊目的实体的策划者，首席财务官安德鲁·法斯托承认犯有通信欺诈和证券欺诈罪并被判处6年监禁。安然公司金融风险管理业务的缔造者杰弗里·斯基林为被判处共谋、内部交易以及证券欺诈罪，并被判处24年监禁。安然公司的创始人及首席执行官肯尼斯·雷也被发现犯有共谋及欺诈罪。[④]

---

① William C. Powers, Jr., Raymond S. Troubh, and Herbert S. Winokur, Jr., "Report of Investigation by the Special Invertigative Committee of the Board of Directors of Enron Corp.", Febuary 1, 2002.

② Carol J. Loomis, "The Revenue Games People (Like Enron) Play", *Fortune*, April 15, 2002.

③ EITF Issue No. 02-3, Issues Related to Accounting of Contracts Involved in Energy Trading and Risk Manaement Activities.

④ 由于肯尼斯·雷在判决和上诉前死于心脏病，对他的起诉取消了。

安然公司彻底崩塌所导致的后果是令人痛心的，很多将钱投资于安然公司的个人投资者都血本无归。但是，凡事都具有两面性，安然公司事件的发生对于美国财务报告环境的改善却是一个强有力的推动剂。公众对于安然公司的愤怒还未平息，几个月后世界通信(WorldCom)又因会计欺诈而垮塌，促使美国国会通过了2002年的《萨班斯—奥克斯利法案》，这一法案加强了对审计师行业的政府监管，提高了公司的内部控制标准，并明确规定了公司的高级管理人员对于故意发布误导投资者的财务报告应承担责任。

问题：

1. 什么政策的改变使安然公司从一家天然气管道公司转变为一家金融风险管理公司？

2. 2001年10月，安然公司发布了它的第三季度收益，这些收益中包含了一项10亿美元的费用。这项费用支出如何引起了两名《华尔街日报》记者的怀疑？

3. 安然公司以及很多其他公司利用特殊目的实体作为表外融资的方式。通过表外融资，一家公司，如安然公司，可以借钱购置其所需资产，而同时却不必在它的资产负债表中列报这项资产和负债。为什么公司热衷于进行表外融资？

问题的答案可在第32页找到。

在本书中，你将学到很多对于理解安然公司事件必不可少的重要会计问题：第6章介绍对“预计”收益的滥用，第8章介绍对收入报告的滥用；《中级会计学：应用篇》第12章介绍臭名昭著的“特殊目的实体公司”，在第19章中你甚至可以学到安然公司以及很多大公司用于进行风险管理的衍生工具。就像安然事件所呈现的，由于会计的复杂性，经常会在什么样的会计处理方法是合适的以及对公司应要求何种程度的信息披露等问题上出现观点分歧。因为会计离不开判断，所以关于会计处理的适当性的争论是不可避免的。即使不存在财务造假问题，很多公司的管理层对于即将发布的财务报告也经常与独立审计师在一些会计处理上出现分歧。如果公司披露信息时含含糊糊，那么外部分析师在对这些信息进行重新审视时，一定会在某些业务处理上得出与公司不同的会计判断(但遗憾的是，在安然事件中，在2001年10月16日媒体公布安然公司的10亿美元费用支出之前，只有少数分析师对安然公司的会计处理提出质疑)。如果FASB提出一项新的会计准则，肯定会有一些企业管理人员认为其荒谬至极。这并不是因为这些管理者愚昧、串通一气，或出于自私的目的(尽管这样的管理者确实存在)，而是因为商业世界本就是一个充满了复杂交易的场所，正常理性的人对于这些交易的理解很难达成一致意见。就像安然事件所揭示的以及本书后面章节所详细阐释的那样，对于当今已经普遍存在的这些复杂交易的会计处理，已远远不再是大众媒介所描述的仅仅“计数”那么简单。

你的初级会计学课程已为你介绍了主要的财务报表，并简要涉及了一些会计问题，如收入的确认、折旧、租赁、养老金、递延税款、后进先出法以及金融工具。在中级会计学中，我们仍然讲述这些问题，只是更加详细并深入。在本书中，你不再只是获得概况性的认识，而是真正学习到这些议题的要点和实质内容。当然，这些议题中有一些是很复杂的——它们的复杂性源于商业世界本身就是一个复杂的场所。尽管如此，当你学完中级会计学课程，你会发现阅读财务报表已不是什么难事，没准到那时你会越过财务报表，直接阅读那些真正有意思的东西——报表附注。

现在是一个令人兴奋的学习会计的时代。学生们学习复式记账法已经超过了500年，现在你将非常有幸亲历在国际化和信息技术这两股力量的推动下进行的财务报告变革。在未来五年间,世界资本市场的不断整合,将最终促使各个国家不同的会计处理向同一个国际准则趋同,美国将是最后接受这一国际准则的国家之一。这本书将帮助你理解"如何以及为什么"进行会计准则的国际趋同。从更为长远的时间看,计算机所拥有的创建及分析庞大数据库的功能将改变会计的本质。信息使用者对于公司的了解将不再通过一系列财务报表和报表附注,而是直接在网上获取原始的财务数据。尽管现在还不确定在未来的技术时代会计将变成什么样,但是可以肯定的是那些掌握了扎实的会计基本概念、正确认识会计判断及会计估计的重要性的专业人士将能顺利适应这一变革。本书的目的就是帮助你为将来做好准备。

会计和财务报告

1 描述财务报告的目的,了解主要的财务报表。

WHY 财务报告的目的就是帮助利益相关者评价公司过去的经营业绩,并预测未来的表现。了解公司过去事件的信息是为了改善未来的操作,并预测公司未来的现金流量。

HOW 内部信息使用者可以得到满足其所需的特定会计报告。而外部信息使用者只能依靠根据通用目标编制的财务报表获取信息。以下是财务报表的五个主要组成部分:

- 资产负债表
- 利润表
- 现金流量表
- 解释性附注
- 审计师意见

会计的全部目标就是为制定经济决策提供有用信息。

会计是一种服务活动。它的功能就是提供与经济实体相关的量化信息,从性质上来说主要是财务信息,以供进行经济决策时使用——在有多个可选方案时作出合理选择。[5]

理解这一定义应注意如下方面:

- 在当今的商业环境中,会计提供着至关重要的服务。对于会计的学习不应被视为一个理论练习——会计其实是一个实践的工具。
- 会计关注的主要是量化的财务信息,在进行判断时,它们与定性评价同时使用。
- 会计信息可用于制定关于分配稀缺资源的决策。经济学家和环境保护主义者总是不断提醒我们,我们生活在一个资源有限的世界里。会计系统对于使用这些资源的成本计量和报告越准确,对于这些资源分配所作出的决策就越合理。
- 尽管会计人员非常强调对过去发生事项的报告,但其目的是利用这些过去的信息制定未来的经济决策。

⑤ *Statement of the Accounting Principles Board No. 4*, "Basic Concepts and Accounting Principles Underlying Financial Statements of Business Enterprises" (New York: American Institute of Certified Public Accountants, 1970), par. 40.

> **注意**
>
> 记住，会计信息只是用于制定决策的信息中的一种。在很多情况下，定性信息比定量数据更为有用。

会计信息的使用者

谁需要会计信息？什么样的会计信息才能满足他们决策的需要？通常，我们将关心公司财务状况的各方统称为“利益相关者”。使用会计信息的利益相关者通常被分为两类：

- **内部使用者**：他们所做的决策直接影响企业的内部经营活动。
- **外部使用者**：他们所做的决策主要根据他们各自与企业的关系而定。

企业的主要内部和外部利益相关者列示在图1-2中。

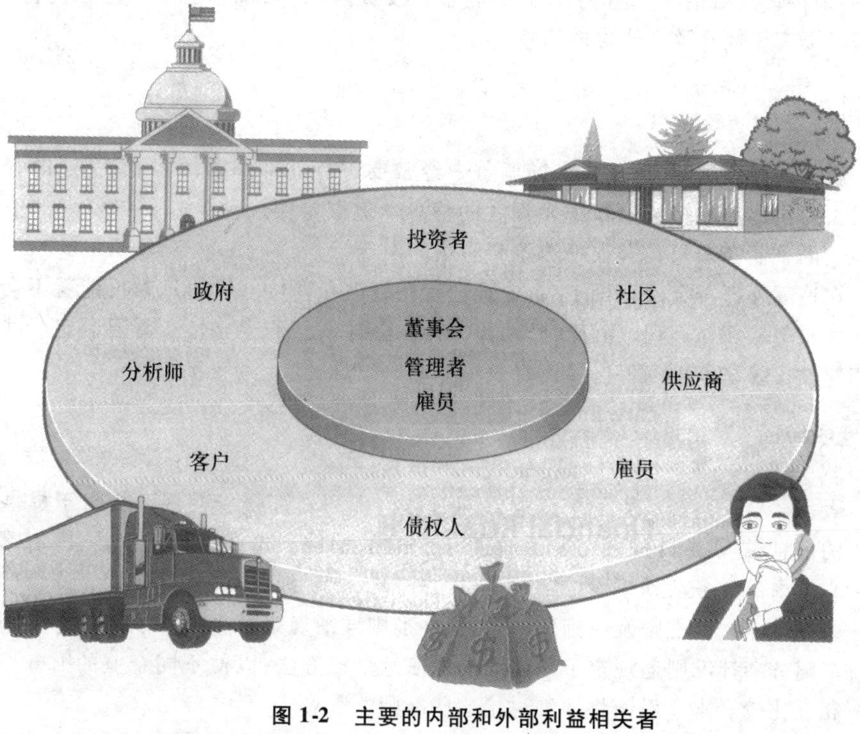

图1-2　主要的内部和外部利益相关者

内部使用者需要信息是为了能够对企业的经营活动进行计划与控制，并对企业的资源进行管理。会计系统必须提供及时有用的信息以帮助管理者进行日常的运营控制以及制定重要的计划决策，如：

- 我们生产这种产品还是其他产品？
- 我们是建造一个新的生产工厂还是扩充现有的设备？

管理会计（有时被称为成本会计）主要是为内部使用者提供财务报告。内部使用者，尤其是管理者能够对会计系统进行控制，并能够指定报告哪些会计信息以及如何报告这些信息。

财务会计主要是为外部使用者提供财务信息。当一个企业处于成长扩张阶段时，往往会发现它依靠自身经营所获得的收益已无法满足企业的现金需求。这时，它就会向企业外部的个人或组织寻求资金投入。而这些外部人需要确保他们所投入的资金能够得到一定的回报。因此,他们需要了解这个企业过去经营状况的信息,因为这些信息可以帮助他们预测这家企业未来的经营前景。

由于外部人可以有很多投资选择,因此公司需要争夺有限的外部资金。提供给外部使用人的会计信息可以帮助其进行如下决策:(1) 判断一个企业的盈利情况是否值得对其进行追加投资;(2) 判断这个企业经营中所面临的风险大小以确定能够补偿这些投资风险的资金回报率。

外部利益相关者所作的决策类型多种多样,因此,他们对信息的需求也存在很大差别。据此,我们将外部利益相关者分为两类,即债权人和投资者,他们是财务信息的最重要的外部使用者。**债权人**需要关于企业盈利性及财务状况稳定性的信息,以决定是否将钱借给企业;如果将钱借给企业,应要求多高的利率。**投资人**(包括现有股东及潜在的投资者)需要关于投资安全性及盈利能力的信息。

动机

就像前面提到的,企业在市场竞争中经常要进行外部融资。因此,企业的管理者就有动机去提供那些能够吸引外部投资者的信息。他们希望展示给外部投资者的信息能够表明他们的企业在未来具有很好的盈利前景。

在追逐外部资金的动机下,企业管理者在提供和评价会计信息时可能就不会像外部使用者所希望的那样客观。因此,必须注意确保会计信息的中立性。需要制定一些标准并采取相应的保护措施以确保会计信息是中立的、客观的。

财务报告

大多数会计系统产生的信息能够同时被内部和外部报告使用。相对于提供给内部使用者的信息,提供给外部使用者的信息更加概括、简略。这是可以理解的:没有哪个企业愿意将它的内部财务活动事无巨细地提供给外部人士。因此,向外部使用者提供的财务报告被一系列已建立的准则及原则所约束,这些准则详细规定了企业必须向外部使用者披露的信息。财务会计准则还规定了一套统一的信息呈报方法,以便不同企业的财务报告更容易进行相互比较。本章后面将详细讨论这些准则的发展。

本书主要讲述财务会计和对外提供的报告。**通用财务报表**是财务会计的核心环节。这些财务报表包括资产负债表、利润表以及现金流量表。

下面对这三张主要的财务报表以及报表附注、审计师意见作简要介绍:

- **资产负债表**报告了某一特定时点上企业所拥有的资源(资产)、企业所承担的义务(负债),以及二者的净差异,它代表了所有者权益。资产负债表回答了以下基本问题:企业拥有哪些资源?企业承担什么义务?
- **利润表**报告了企业在某一段时期由经营活动所产生的净资产(收入)、对资产的消耗(费用),以及二者之间的差,我们称之为"净利润"。利润表最能反映企业在给定期间的经营成果。
- **现金流量表**报告了企业在某一段时期通过经营活动、投资活动以及融资活动所产生和消耗的现金数量。现金流量表是财务报表中最客观的一张报表,因为它的编制不受会计估计和判断的影响，而会计估计和判断是编制资产负债表和利润表必不可少的。

补充

现金流量表是主要财务报表中最晚出现的，直到1988年，企业才被要求编制现金流量表。

思考

除了财务报表，公司管理者还有很多与外部使用者沟通财务信息的方法。下列哪项不属于这类方法？

a）新闻发布
b）通过互联网发布公告
c）与财经记者进行访谈
d）在财经媒体上刊登广告
e）准备并公布详细的经营预算
f）与分析师、机构投资者和其他利益相关者举行公开会议

- 企业会计处理中所涉及的会计估计和判断会在财务报表附注中加以说明。另外，附注中还包含很多补充信息以及财务报表中未包含事项的信息。如果使用财务报表时不看报表附注，就像准备中级会计考试时只看教材的目录一样，你了解的只是一个梗概，而错过了所有重要的细节信息。按照惯例，每张财务报表都会在结尾处提醒：财务报表附注是这张报表不可或缺的组成部分。
- 审计师，其工作独立于公司的管理层和公司内部的会计，他们审查公司的财务报表并就财务报表的公允性以及对于会计准则的遵守情况出具审计师意见。发表审计意见的基础是审计师所收集的相关证据，包括企业保存的详细记录和文件，以及对于企业会计系统内部控制的复核。显而易见，企业的管理者具有按照最有利于自己的方式披露财务信息的动机。审计师的职责就是审查管理者提供的财务报告，并独立地判断这些财务报告是否真正反映了这个企业现存的真实情况。审计意见增加了财务报表的可信度。审计师出具的审计意见的类型以及它们各自出现的频率，列示在表1-1中。就像你所看到的，审计意见差不多都是“无保留意见”。

表1-1　审计意见的相对频率（2006年）

审计意见的类型	企业个数
无保留意见：财务报表符合公认会计原则，会计处理符合一致性原则，披露了所有重要信息。	2 369
无保留意见加解释说明段：虽然没有保留意见，但是审计师认为有必要对某些事项进行说明并加以强调。	3 624
保留意见：审计师事务所受到某些限制而不能实施全部必要的审计测试，或者审计师不认可某些事项的处理方式。	5
拒绝表示意见：审计师拒绝发表意见，通常因为被审企业能否持续经营存在较大不确定性。	0
否定意见：财务报表不符合公认会计原则的要求。	1
总计	5 999

资料来源：标准普尔公司会计数据库。数据库中包括在纽约证券交易所、美国证券交易所以及纳斯达克交易所交易的公司。

财务报表以及与之对应的报表附注（经过审计师意见的证实）一直是企业与外部使用者沟通财务信息的主要模式。

会计准则的发展

2 解释会计准则的功能，简述 FASB 在制定美国会计准则中所起的作用。

WHY 会计准则规定了会计事项的处理方法以及企业应披露的信息，使得会计人员工作时有章可循，从而节省了会计人员的时间和金钱。信息使用者也同样获益，因为他们可以了解到一套适用于所有企业的会计规则。

HOW 财务会计准则委员会（FASB）负责制定美国的会计准则。FASB 是一个民间机构，没有法定权威。因此，FASB 在制定会计准则时必须在理论与实务间进行小心权衡，以维护其在业界的公信力。每一项新准则发布前都要经历漫长的公开讨论。新兴问题任务组（EITF）在 FASB 的领导下进行工作，主要负责及时制定那些 FASB 发布的公告中未涉及的新问题的处理方法。

考虑一下这种情况：一家公司决定对他的管理者支付薪酬，其中一部分以现金形式支付，另一部分以公司的股票期权形式支付。如果这个公司的股票价格在未来上涨，那么它的股票期权将很值钱，反之，如果这个公司的股票价格在未来下跌，那么它的股票期权将变得一文不值。由于公司在股票期权上给予了雇员一种潜在的有价值的选择权，因此，公司就不用为其支付太多的现金报酬。

那么，这项期权的价值应该列为工资费用还是其他项目（我们将在《中级会计学：应用篇》第 13 章回答这个具有争议的问题）？对于这类问题，一种选择是让企业自己决定如何处理。那么对于两个发生了同类事项却采用不同处理方法的企业，信息使用者在阅读它们的财务报表时，必须进行仔细区分。另一种选择就是针对同类事项规定一个标准的会计处理方法，那么，由谁来制定这些标准呢？

会计原则和会计程序随着商业实践的变化不断演进。美国现行的正式准则制定程序才经历了 70 多年的发展。会计准则制定的诱发事件是 1929 年发生的美国股市大崩溃。危机过后，很多人认为股票价格是被令人怀疑的会计操作人为推高的。为了保护投资人的利益，确保会计信息进行充分、公允的披露，美国证券交易委员会（SEC）应运而生。SEC 被赋予特殊的法定权利，它有权制定那些想在美国公开发行股票的公司所需执行的会计准则。SEC 的出现促使美国的会计职业界联合起来更加勤勉地制定并完善会计准则。这带来了当时一系列民间会计组织的建立，每个组织都有发布会计准则的责任。这些组织、它们发布的公告名称以及它们各自的存续时间分别列示在图 1-3 中。在美国，SEC 赋予了这些民间会计组织制定会计准则的权利。这些准则通常统称为**“公认会计原则（GAAP）”**。当然，

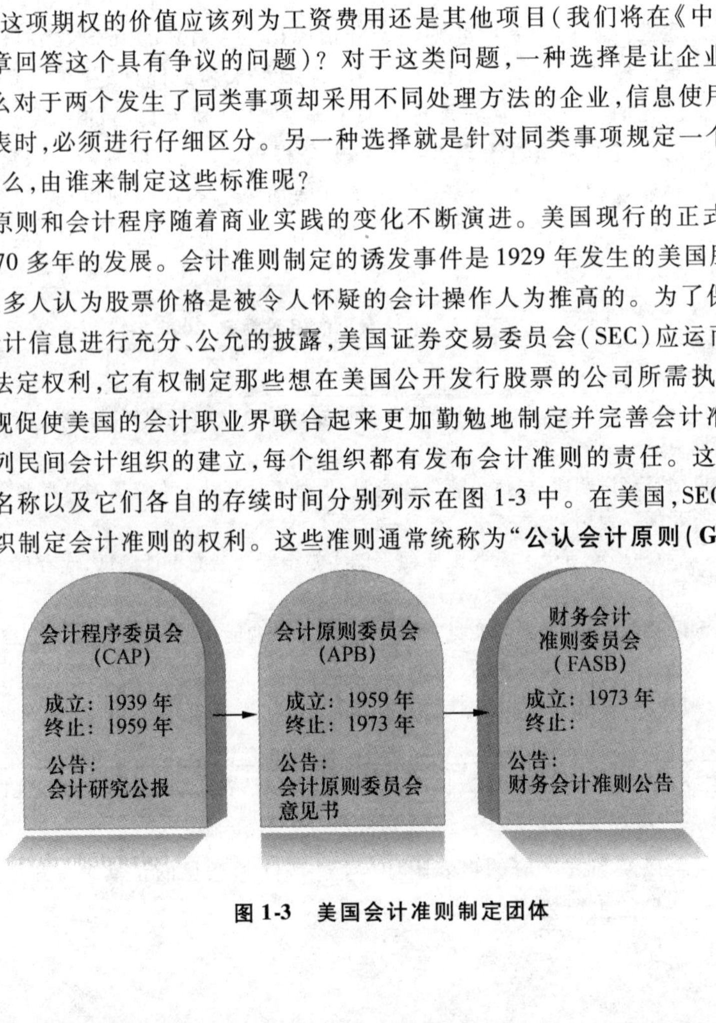

图 1-3 美国会计准则制定团体

不要忘记，尽管 SEC 不亲自制定准则，但其始终保留有制定美国会计准则的法定权利。

财务会计准则委员会

FASB 是目前美国公认的制定会计准则的民间会计机构。FASB 成立于 1973 年，它的成立取代了**会计原则委员会(APB)**。APB 被取代是因为它失去了企业界的信任，它被认为过度受制于会计师的意见。因此，FASB 的 5 个全职成员选自不同领域：审计、公司会计、金融服务以及学术界。[⑥] 这些成员进入委员会履行职责前，必须切断与原来公司或机构的一切联系。他们的任期为 5 年，任期满后考察合格可以再续聘下一个任期。FASB 的总部位于美国康涅狄格州的诺沃克市，委员会拥有自己的研究人员，2007 年它的运营预算是 2 800 万美元，这些经费大部分来自根据《萨班斯—奥克斯利法案》向在美国公开交易股票的上市公司收取的费用。

新委员会成员的任命由**财务会计基金会(FAF)**负责。FAF 是一个独立的、自给自足的团体，类似 FASB，它的成员也是来自不同领域的代表，包括会计职业界、企业界、政府以及学术界。但是，FAF 没有准则的制定权，它的成员也不是全职的。FAF 的职能类似于董事会，监督 FASB 的运行。除了监管 FASB，FAF 还为**政府会计准则委员会(GASB)**挑选成员并对其提供资助。GASB 成立于 1984 年，它为各个州及地方政府实体制定财务会计准则。

准则制定程序

FASB 的主要职能就是研究会计问题并制定会计准则。由 FASB 所发布的准则称为**财务会计准则公告(Statements of Financial Accounting Standards，SFAS)**。FASB 还发布**财务会计概念公告(Statements of Financial Accounting Concepts，SFAC)**，为制定会计准则提供理论框架。本章后面将详细介绍 FASB 的概念框架。

FASB 准则制定程序的最大特点就是公开性。由于一项准则的发布会影响众多企业及个人的利益，因此，委员会在举行公开会议及征询公众意见时非常谨慎。任何时候，委员会都有很多重要项目同时进行。例如，在 2008 年 4 月 21 日，FASB 的日程表上有 23 个项目是正在进行的状态，其中 10 个是与国际会计准则理事会共同开展的联合项目，这些项目将在本章后面部分进行介绍。这些项目阐释了一些基本的会计问题，包括：收入确认，负债和所有者权益的区别，以及对非常复杂的交易事项，如从保险公司到再保险公司所进行的风险转移进行处理的技术问题。

委员会所着手的每一个重要项目都要经历漫长的过程。FASB 每做出一个决策都要先由它的工作人员收集该项目的相关背景信息，再由委员会召开公开会议，即使在决定是否在 FASB 的正式日程中增加一个项目的决定也要经过这样的程序。在进行了深入研究和举行听证会之后，委员会一般会发布一个报告，总结它的初步意见，报告中指明了这一主题所涉及的主要事项，还包括关于处理这一事项的不同观点的讨论，以及大量的参考文献，但是不给出确定的结论。在举行的公众听证会上，利益相关方被邀请就此事项发表书面或口头意见。

在对利益相关方的意见进行评价判断后，委员会将召开多次会议商讨问题的解决办法。这些会议允许公众旁听，并会预先印发会议日程。通过这些会议讨论，委员会将起草

⑥ FASB 刚开始建立时，委员会有 7 个成员。2008 年 7 月 1 日，成员数被缩减为 5 人。

财务会计准则公告的**征求意见稿**,其中包含了对这一事项处理及报告的具体建议。

> **补充**
>
> FASB 对于在公共场合发表意见都十分谨慎。事实上,因为通过一项 FASB 决议需要(5 票中的)3 票,所以委员会成员们甚至会注意在有 3 位或以上成员在场的社交场合中不讨论会计问题。

征求意见稿发布后,FASB 将请求会计界和企业界再次就这份新的文件作出回应。征求意见期结束时(通常是 30 天或更长),委员会成员和 FASB 职员会审查收集到的全部反馈意见。经过进一步深思熟虑,委员会将发布财务会计准则公告(如果至少 3 名 FASB 成员同意),或者是一份修订后的征求意见稿,有些情况下,也可能是放弃这个项目。可见,准则的制定过程具有一定的政治色彩,即通过少数服从多数的原则达成一致,以及反馈、妥协。

> **注意**
>
> 这些描述使准则制定过程看起来似乎有序而平静,其实并非如此。关于会计准则的激烈分歧是很常见的,并且有些人憎恶 FASB。

最终发布的公告不仅对所制定的准则进行了详尽的解释,而且规定了准则的生效日期和过渡方法;同时还给出了相关的背景信息以及委员会得出结论的依据,包括未采用其他主要备选方案的理由。如果某些成员与大多数人的意见不一致,他们可以将自己的反对意见写进文件中。这些不同意见读起来十分有意思。例如,关于现金流量表的第 95 号公告中的反对意见就表明,委员会成员在将支付利息作为经营活动还是融资活动这一基本问题上存在争议。⑦

FASB 也会考虑关于以前发布的准则的实施问题和相关实践问题。根据问题的性质,委员会可能会发布一项财务会计准则公告,或是财务会计准则的解释公告。实务中出现的问题也在 FASB 工作人员立场公告(FASB Staff Position,FSP)中进行阐述,这类公告由 FASB 的工作人员编制和发布。这些工作人员立场公告在正式发布前要经过委员会的审查,它为实务工作中出现的特殊情况下的业务处理提供指南。

新兴问题任务组 会计准则制定程序虽然井然有序,但有时不够及时,这成为 FASB 受到批评的主要原因之一。如果 FASB 认为,在准则制定过程中,促使会计职业界及其他利益相关方的成员达成一致意见对于维护其在业界的公信力具有重要意义,那么,现行的冗长的准则制定程序就很难被替换。

为了解决这些批评中的问题并对新出现的事项提供更加及时的指南,1984 年,FASB 成立了 **EITF**。EITF 帮助 FASB 及早发现那些新出现的可能影响财务报告的事项。EITF 的成员包括美国主要会计师事务所的高级专业合伙人、由财务报表编制者组成的几个主要协会

---

⑦ FASB 的 7 位成员中有 3 位反对《财务会计准则公告—第 95 号》。1991 年前,要求 7 位成员中的大部分(至少 4 位成员)同意才能发布征求意见稿或准则公告的最终稿。这个人数要求后来变为 5 人,或是称为“绝对多数”。在这种规则下,很多准则的制定在投票中因其票数为 4 票对 3 票而无法通过,这给 FAF 造成很大压力,迫使其改变了投票规则。尽管 FASB 的成员不欢迎这项改革,它还是在 1990 年作出了改变。2002 年 4 月,作为一项旨在提高委员会准则制定效率和酝酿速度的尝试,投票规则又改回了原来的4 人通过制。2008 年 7 月 1 日,当委员会成员的数目由 7 人缩减到 5 人时,简单的多数原则(5 人中至少 3 人同意)仍被保留了下来。

的代表。EITF 定期召开会议,通常每个季度至少一次。

在讨论新兴问题时,EITF 尽量达成统一的处理意见。所形成的一致意见在经 FASB 讨论之前被视为公认的会计处理方法。EITF 不仅帮助 FASB 及其职员更好地理解新出现的问题,而且在很多情况下帮助 FASB 作出对于某些问题不必立即采取行动的决定。

FASB 新兴问题工作小组的摘要定期出版。这些摘要通过由两部分数字构成的编码进行区分:第一部分代表讨论这一问题的年份,第二部分代表这个问题在当年的编号。例如,一份在 2007 年达成一致意见的摘要编号为 No. 07-1,主题为“合作协议的会计处理”,其阐述了两家或多家公司合作生产动画片、研发一种新药或开发一套新的软件等活动所应进行的会计处理。尽管很多问题涉及的是非常具体的主题和行业,但 EITF 在准则制定过程中的作用不可小觑。EITF 对于问题的讨论一般在一两天内完成,对于所讨论的问题根据少数服从多数的原则达成一致意见,由于不必经过像 FASB 那样冗长的充分程序,因此,EITF 可以为会计职业界提供及时的操作指南。

FASB 小结　记住,FASB 没有法定的准则制定权,制定美国会计准则的法定权利归属于 SEC。FASB 所制定的准则被称为是“公认的”,意思是,总的来说,FASB 所制定的准则在企业界看来是具有较高质量的。然而,近年来随着 FASB 对各种不同问题的处理,它的公信力也常常起伏不定。例如,在过去 10 年间,企业界对于 FASB 所制定的关于股票薪酬和商誉的相关准则处理方法愤怒不已(这两个事项将分别在第 10 章和《中级会计学:应用篇》第 13 章进行阐述),这迫使 FASB 大幅修改了原来关于这些业务的会计处理。可见,FASB 的工作可被描述成是一项在理论的正确性和实务的可接受性之间“进行平衡的活动”。

除了 FASB,其他的组织也会干预会计准则的制定,它们以其他方式对会计实务产生重要影响。下面将介绍这些组织中的一部分。

对财务报告有重要影响的其他组织

3　认识 SEC、AICPA、AAA 和 IRS 对财务报告的重要影响。

WHY　FASB 对财务会计准则的制定不是在“真空”中完成的,很多组织对准则的制定都施加了影响。

HOW　证券交易委员会(SEC):为了加速信息披露制度的完善,SEC 有时会就某些领域发布信息披露要求公告,对这些问题 FASB 仍处于深思熟虑中。

美国注册会计师协会(AICPA):主要制定那些涉及某些具体行业的会计准则。

美国会计学会(AAA):旨在传播会计理论研究成果,并推动会计教育水平不断提高。

国内税收总署(IRS):财务会计不同于税务会计。但是你会发现你在中级会计学中学到的很多规则与相关的税务规则很接近。

证券交易委员会

SEC 是 1934 年根据美国国会发布的一项法案批准建立的。它的主要任务就是监管公司向一般公众发行和交易证券的行为。在向公众发行证券之前,公司必须向 SEC 提交一份申请有价证券上市的申请书,其中包括公司的财务信息和组织信息。另

补充

SEC 首任主席是约瑟夫·P. 肯尼迪,也就是后来的美国总统约翰·F. 肯尼迪的父亲。

外，所有公开上市的公司都必须披露每年的财务报表(10-K 表)、季度财务报表(10-Q 表)以及其他有关重大事项的当期报表(8-K 表)。SEC 还要求公司向外公布的财务报表必须经过独立的第三方审计师的审计。

SEC 的目的不是阻止证券的投机交易，而是致力于帮助投资者获得充分的信息。因此，SEC 非常重视财务报告和会计准则的发展。SEC 对会计准则的制定过程进行严格监管。SEC 还提请 FASB 注意新出现的需要重视的问题，并派遣观察员参加 EITF 的会议。

SEC 成立时，国会赋予了其如下制定会计准则的权利：

> 对公司编制的报告，SEC 有权规定报告的格式，这种格式涵盖公司应向投资者披露的全部信息，以及规定资产负债表和利润表中应包含的项目和细节，还有在编制资产和负债的评估或评价报告时所应遵循的方法……⑧

SEC 通常不是亲自行使这些权利，而是更倾向于授权给民间组织机构来制定这些会计准则。SEC 成立后，发布了一些关于会计和审计事项的公告，例如，SEC 偶尔会发布**工作人员会计公告(Staff Accounting Bulletins, SABs)**，它是 SEC 员工发布的解释公告，不代表官方立场。近年来，工作人员会计公告的影响力非常大。比如，我们将在第 8 章详细讨论工作人员会计公告第 101 号(SAB 101)——关于收入的确认。SEC 发布的正式规则收录在美国联邦法规汇编(CFR)中。例如，2008 年 3 月 4 日，SEC 修改了 CFR 中第 2 章第 17 条的规定，即允许在美国上市的外国公司使用国际会计准则，而不是美国的公认会计原则来编制它们需提交给 SEC 的财务报表。这是一个非常有趣的变化，我们将在本章后面详细讨论它。

尽管通常 SEC 都是 FASB 的支持者，但它们之间也曾经存在过分歧。最为公开的分歧发生在 20 世纪 70 年代末期，是关于石油和天然气的开采成本问题。FASB 在 1977 年发布了一项准则，而 SEC 公开反对这项准则。FASB 最终屈服于压力并于 1979 年改变了立场(参见本书附录中 FASB 公告列表中的第 19 号和第 25 号公告)。近年来，SEC 和 FASB 都在不断努力谋求幕后的协调和磋商。但是，这两个组织并没有实现完全的协调一致。例如，SEC 对 FASB 在改进财务报告方面的缓慢进展就十分不满。通常，由 SEC 制定某个领域的总体披露要求，而由 FASB 考虑制定具体的会计准则。近年来，关于股票薪酬、环境披露以及衍生工具等事项的会计准则都是以这种模式制定完成的。

如前所述，SEC 要求所有在美国公开发行证券的公司所发布的财务报表必须经过独立的审计师的审计。这些审计师必须经过注册并定期接受美国公众公司会计监督委员会(PCAOB)的检查，PCAOB 是一个非政府机构，根据 2002 年的《萨班斯—奥克斯利法案》创立，SEC 负责对 PCAOB 的活动进行指导和监督。*

美国注册会计师协会

AICPA 是美国执业**注册会计师(CPAs)**的职业组织。该组织成立于 1887 年，出版月刊

⑧ Securities Exchange Act of 1934, Section 13(b).

* 根据《萨班斯—奥克斯利法案》，SEC 不干涉 PCAOB 的具体监督活动，但却享有它的终极决策权，包括 PCAOB 成员的任免、预算的审批和执业标准的定夺。——译者注

《会计杂志》(*Journal of Accountancy*)。AICPA 承担很多重要职责,包括注册会计师的认证和继续教育、质量控制、准则制定。

AICPA 负责为统一的 CPA 考试出题和阅卷。这个考试全年举办,在全美国经过授权的考试中心的计算机上进行。除通过这项考试外,申请人还必须符合所在州对其教育和工作经验的要求才能获得该州的 CPA 资格。现在很多州都对 CPA 的继续教育提出要求,只有达到这些要求,CPA 才能继续保留他们的执业资格。AICPA 通过广泛的继续职业教育(CPE)项目帮助其成员满足继续教育的要求。

AICPA 通过《职业行为规范》维护职业诚信,并通过由其他注册会计师进行的会计师事务所同业互查项目进行质量控制。现在,对于那些审计公开上市公司的会计师事务所,AICPA 的同业互查项目所起的作用在某种程度上被前面提到的 PCAOB 进行的登记与审查项目所弱化。

FASB 成立之前,会计原则是在 AICPA 的指导下制定的。CAP 和 APB 都是 AICPA 的委员会。虽然 FASB 取代 APB 成为制定会计准则的官方授权组织,AICPA 仍然影响着会计准则的制定。AICPA 帮助 FASB 发现新问题,并就审计师所关心的会计问题与 FASB 进行沟通。另外,AICPA 还经常制定针对某些特殊行业的会计准则。例如,AICPA 发布的 04-2 号立场公告(SOP 04-2),就是关于处理各种房地产分次交易的一套会计处理原则。

美国会计学会

AAA 是主要由会计教授参加的组织,截至 2007 年年末,共有 5 859 位学术界人士参加了该学会。AAA 举办全国性和地区性会议,在这些会议中,会计教授们讨论学术研究问题,交流最新的教学方法和教学资料。AAA 还建立了教授工作委员会,研究会计准则问题并发表评论。另外,AAA 还出版很多学术期刊,包括《会计评论》(*The Accounting Review*)(是一份每季度出版的研究性杂志)、《会计瞭望》(*Accounting Horizons*)(其文章主要讨论会计实务问题)。实际上,《会计瞭望》是一份能够深入学习中级会计的优秀杂志。

AAA 最重要的活动之一是倡导和促进课程改革。随着会计职业的变化,会计教育者们迫切需要不断修正他们的课程以跟上这些变化。AAA 为会计教育者们提供论坛以分享他们关于课程改革的想法,并奖励为课程革新所做的努力。

国内税收总署(IRS)

税务会计不同于财务会计,但是现在流行的观点认为,它们并没有什么区别。在人们的印象中,税务会计和财务会计设立的目的不同。在 1979 年发生的 Thor Power Tool 案件中,美国最高法院阐明:

> 财务会计的主要目标是向公司管理者、股东、债权人以及其他利益相关者提供有用的信息。会计人员的主要职责是保护这些利益方不受误导。相比之下,税务会计的主要目标是公正、合理地计算收入的应纳税额。

尽管本书讲述的是中级财务会计,而不是研究所得税会计,我们仍会不时提及 **IRS** 所制定的这些税收规则。在很多领域,财务会计与税务会计是紧密联系的。例如,本书中你对于租赁、折旧以及存货估价问题的学习将帮助你理解相应的税收规则。

什么是公认会计原则(GAAP)

以上介绍了这么多不同的制定会计准则的机构(FASB、EITF、AICPA 以及 SEC),那么,GAAP 究竟是指什么呢? 历史上,AICPA 的审计准则委员会在执业会计师的标准审计意见的措辞中对 GAAP 进行了定义,即“公允地披露……与公认会计原则一致”。[9] 但是,由于 AICPA 是从审计师的立场对 GAAP 的级次进行的划分,因此,FASB 认为有必要发布一个从更广义的视角对 GAAP 进行划分的层级体系。于是,2008 年,FASB 发布了一个修正的 GAAP 层级体系。[10] 具体层级划分内容见表 1-2。注意,在这个层级体系中,FASB(包括它的前身)所制定的准则具有最高的权威性。FASB 坚信应用本章前面所讲的严格的充分程序制定会计准则的重要性。并且,记住在 GAAP 层级体系的其他层级中,我们的教科书也包含在其中。

表 1-2 什么是 GAAP?

A	FASB 财务会计准则公告及解释公告 APB 发布的 APB 意见书 CAP 发布的会计研究公报 FASB 员工立场公告
B	FASB 技术公告 FASB 认可的 AICPA 的行业审计和会计指南 FASB 认可的 AICPA 立场公告
C	FASB 认可的由 AICPA 下属的会计准则执行委员会(AcSEC)发布的实务公告 FASB 新兴问题任务组(EITF)的一致意见
D	FASB 员工发布的应用指南 AICPA 会计解释公告 未经 FASB 认可的由 AICPA 发布的行业审计和会计指南 未经 FASB 认可的 AICPA 立场公告 业内广泛认可的会计实务 FASB 概念公告 IASB 的国际财务报告准则 会计教科书

对于那些要求向 SEC 提交财务报表的公司,SEC 发布的规则和解释公告与列示在层级 A 中的准则具有同等权威。层级 A 中的公告对于审计师而言尤其重要,因为 AICPA 的《职业行为规范》中的第 203 条明确规定,当存在严重违反 A 类公告的情形时,审计师绝对不能出具无保留审计意见。

对于这个层级体系,FASB 并不是十分满意。根据 FASB 的观点,传统的层级划分存在的一个问题是将财务会计概念公告置于低优先级的位置,其权威性仅等同于会计教科书!FASB 计划在一个更大的完善概念框架的项目中解决这一问题。就像本章后面所讨论的,财务会计概念公告中所包含的概念框架将越来越成为制定所有财务会计准则的重要基础。

---

⑨ *Statement of Auditing Standards No. 69*, “The Meaning of Present Fairly in Conformity with Generally Accepted Accounting Principles in the Independent Auditor's Report” (New York: AICPA, December 1991).

⑩ *Statement of Financial Accounting Standards No. 162*, “The Hierarchy of Generally Accepted Accounting Principles” (Norwalk, CT: Financial Accounting Standards Board, May 2008).

国际会计问题

4 认识国际会计问题对于美国会计实务的日益增长的重要性与相关性，理解国际会计准则理事会（IASB）在国际会计准则制定中的作用。

WHY 由于跨越国界的商业活动日益增多，公司必须将它们的财务报表提供给世界各地的外部使用者。因此，不同国家的会计实务正向一个统一的全球标准趋同。

HOW IASB 是一个国际性组织，它制定国际财务报告准则。IASB 所发布的准则已成为公认的世界标准。

世界各国迥异的会计实务对财务报表的报告产生极其重大的影响。随着世界经济一体化进程的加快，这些会计差异已变得不容忽视。例如，为了筹集负债或权益资本，很多非美国公司，如**索尼（Sony）**、**英国石油公司（British Petroleum）**以及**诺基亚（Nokia）**，在美国证券交易所上市交易它们的证券，并向美国的金融机构举债。近年来，在纽约证券交易所上市的非美国公司数量大幅增加。2007 年 9 月 24 日，在纽约证券交易所交易的外国公司数量为 421 个（来自于 45 个国家）。另外，很多美国公司将它们的股票在外国的交易所上市，例如，波音的股票在阿姆斯特丹、布鲁塞尔、伦敦、瑞士以及东京的证券交易所上市交易。美国公司还从事大量以外币交易的业务。迪士尼公司有大量业务使用外币如日元、欧元、英镑和加拿大元作为记账本位币。

业务活动的国际化要求公司所编制的财务报表能够为世界各国的使用者所理解。世界各国会计标准的巨大差异增加了财务报表编制以及使用者对报表理解的复杂性。

GAAP 的国际差异

如本书中所提到的那样，美国的 GAAP 与其他国家的 GAAP 存在很大差异。好消息是各国的会计实务背后的基本概念是一样的。因此，对美国 GAAP 的深刻理解有助于你迅速掌握不同国家间存在的差异。本书将特别谈到国家间会计实务存在显著差异的领域。另外一个好消息是，国际财务报表使用者的需求正推动全球的会计师对这些会计准则的差异加以协调。因此，目前存在的差异将随着时间的推移而逐渐消失。

国际会计准则理事会

如同 FASB 为美国的实体制定会计准则一样，其他国家也有它们自己的准则制定机构。为了协调不同国家准则之间的冲突，1973 年成立了 **IASB**，制定世界范围的会计准则。像 FASB 一样，IASB 提出建议，并在利益相关组织间宣传这些建议，收集反馈意见，然后发布最终公告。IASB 的 14 名成员来自多个国家，并具有不同的专业背景。如 2008 年 4 月，14 名理事会成员包括了来自美国、英国、法国、瑞典、中国、澳大利亚、南非以及日本的个人。理事会成员大都是具有审计工作经验的审计师，但是，2008 年 4 月的理事会成员还包括一名证券分析师、一些具有企业会计实务经验的人士，以及一名会计教授（巴斯·玛丽，来自斯坦福大学）。

IASB 早期的准则主要是对不同会计实务的规范，并将其应用于世界范围。近年来，IASB 的项目更专注于某个领域并更具创新性。例如，IASB 改进每股收益报告的做法就被 FASB 所采纳。事实上,FASB 和 IASB 一直在密切合作制定可比的会计准则。2002 年,IASB 和 FASB 签署了一项联合协议,称为“诺沃克协议”,在这份协议中,双方承诺将共同努力尽快制定一套“完全可比”的会计准则,并合作制订未来工作计划,以保持未来准则的可比性。这份联合协议的努力方向主要包括两个:第一,IASB 和 FASB 发现,它们在某些会计准则问题上实现完全可比不用费太大力气。这些事项包括某些存货成本的会计处理、非货币性资产交换的会计处理以及会计变更的报告,所有这些都已经实现了完全可比,关于每股收益的计算目前还处于进程中。第二,IASB 和 FASB 正在合作进行一些更大的项目,这些项目涉及很多基本问题,如收入的确认、企业合并的会计处理以及联合概念框架。

IASB 制定的会计准则称为国际财务报告准则(IFRSs)及国际会计准则(IASs)。这两套准则的差别仅在于发布时间上。IASB 在 2001 年之前发布的准则,称为国际会计准则(IAS),2001 年之后发布的准则称为国际财务报告准则(IFRS)。在实际中,IASB 的整套准则一般被简单称作 IFRS。与 FASB 的 EITF 功能相近的国际组织被称作“国际财务报告解释委员会”(IFRIC),这个组织在 2002 年前被称作“常设解释委员会(SIC)”。

补充

2001 年,IASB 进行重组,成为与各国会计准则制定机构紧密联系的独立组织。就在那个时候,IASB 更名为现在的名称“国际会计准则理事会”,并不再使用原来的名字“国际会计准则委员会(IASC)”。

思考

考虑以下四个组织:FASB、AICPA、SEC 和 IASB。你认为今后 20 年,将由谁来制定美国的 GAAP?

a) FASB
b) AICPA
c) SEC
d) IASB

IFRSs 被寄希望于成为一套适用于世界各地公司的会计准则。事实上,IFRSs 将补充甚至可以取代美国会计准则制定者制定的准则,如 FASB。IASB 制定的准则已经在世界范围内赢得了普遍认可。就像前面提到的,2008 年,SEC 开始允许在美国证券交易所上市交易股票的非美国公司根据 IASB 准则发布它们的财务报告。在这之前,所有希望在美国上市交易股票的非美国公司都被要求按照美国 GAAP 的要求提供它们的财务报表。历史上,美国的财务信息披露要求是全世界最严格的,外国公司都不情愿按照美国 GAAP 的要求披露信息。随着 SEC 这项新规则的发布,到美国证券交易所上市的非美国公司的数量可能会骤然增加。SEC 正在考虑是否允许美国公司也使用 IASB 准则,而不是按照 FASB 准则向它们的美国股东提供财务报告。如果真的这样做,FASB 可能就不复存在了。因此,未来几年将成为会计准则制定历史上的重要期间,我们拭目以待吧。

为了让你能够适应 FASB 和 IASB 准则并存的职业环境,本书将对两套会计准则都进行介绍,其中重点介绍 FASB 准则,但是,在本书各章的每个重要主题中都会对 IASB 准则进行全面介绍。并且,在《中级会计学:应用篇》第 22 章会介绍国际会计准则的最新进展。

会计的概念框架

5 理解 FASB 的概念框架在概括高质量会计信息的特征，定义资产、收入等概念，以及为合理确认、计量和报告提供指导方面所具有的重要意义。

WHY 当商业环境变化时，概念框架为会计准则的系统性修订提供了理论指导。FASB 通过概念框架对新会计准则进行有条理的、符合内在一致性的修订。除此之外，学习 FASB 的概念框架还可以帮助你更好地理解，并可能预测未来的会计准则。

HOW 概念框架概括了财务报告的目标、高质量会计信息的特征，准确地定义了基本概念如资产、收入，并提供了合理进行确认、计量和报告的指南。通过会计分录将一个项目记录在会计簿籍中称之为"确认"。为了满足确认的条件，一个项目必须符合一项要素的定义，并且是可计量的、相关的、可靠的。

会计实务要想跟上商业环境变化的脚步，具备坚实的理论基础是至关重要的。会计师要不断面对新的情境、技术进步、业务创新所引发的新的会计及报告问题。这些问题必须以一种系统的、一致的方式进行处理。**概念框架（Conceptual Framework）**在制定新准则和修订旧准则中起着至关重要的作用。由于认识到这个作用的重要性，FASB 指出，基本概念"通过提供一个比较备选方案优劣所需的共同基础和基本逻辑，指引委员会制定会计准则和报告准则"。⑪ 实际上，FASB 本身就是一个概念框架的主要受益者。

另外，当会计人员面临 GAAP 中尚未涉及的新问题时，概念框架为分析和解决这些新问题提供了参考依据。因此，概念框架不仅有助于理解现有的会计实务，而且为未来的实务提供了指南。

FASB 概念框架的性质和内容

建立会计理论基础的正式尝试可以被追溯到 20 世纪 30 年代。在这方面的领导者主要是会计教育工作者，他们以个人的方式或是作为 AAA 的部分成员集体参与了这项工作。1936 年，AAA 的执行委员会开始出版一系列专门研究会计理论的出版物，其中最后一本出版于 1965 年，题为《会计基本理论研究》。在 1936 年至 1973 年间，AAA 和 AICPA 出版了一些其他的出版物，都是旨在为会计实务构建概念基础。⑫

---

⑪ *Stateme of Financial Accounfing Concepts No. 6*, "Elements of Financial statements" (Stamford, CT: Financial Accounting Standards Board, December1985), p. i.

⑫ 在这些出版物中最重要的是以下几项：

- Maurice Moonitz. *Accounting Research Study No. 1*, "The Basic Postulates of Accounting" (New York: American Institute of Certified Public Accountants, 1961).
- William A. Paton and A. C. Littleton. "An Introduction to Corporate Accounting Standards, Monograph 3" (Evanston. IL.: American Accounting Association. 1940).
- Thomas H. Sanders, Henry R. Hatfield, and W. Moore, "A Statement of Accounting Principles" (New York: American Institute of Accountants. Inc., 1938).
- Robert T. Sprouse and Maurice Moonitz. *Accounting Research Study No. 3*, "A Tentative Set of Broad Accounting Principles for Business Enterprises" (New York: American Institute of Certified Public Accountants 1962).
- *Statement of the Accounting Principles Board No. 4*, "Basic Concepts and Accounting Principle Underlying Financial statements of Business Enterprises, October 1970).
- *Report of the Study Group on the Objectives of Financial Statements*, "Objectives of Financial Statements" (New York: American Institute of Certified Public Accountants. Octobcr, 1973).

注意

不要认为概念框架只是会计理论中一个无用的东西。自从其完成之日起,这个框架对很多会计准则的性质都产生了重要影响。

尽管这些出版物对会计思想的发展作出了重大贡献,但它们并没有一个统一的会计理论结构。1973 年 FASB 成立时,为满足对一般概念框架的需要,它启动了一个庞大的项目以建立"财务会计与报告的概念框架"。这个项目被认为是建立所谓"会计宪章"的一个尝试。

这个概念框架项目是 FASB 最早的议程项目之一。由于其对财务报告诸多方面的潜在深远影响以及由此带来的争议,项目进展十分缓慢。在 FASB 的工作中,这个项目始终获得高度优先权并且占用了 FASB 的大量资源。2000 年 2 月,即经过了差不多 30 年,FASB 公布了七个财务会计概念公告(通常称之为概念公告)的最后一个,这七个公告构建了概念框架的基础。⑬

这七个概念公告主要阐述了以下四个方面的问题。

1. 目标:财务报告的目的是什么?
2. 质量特征:有用的财务信息应该具备什么特征?
3. 要素:什么是资产?负债?收入?费用?
4. 确认、计量和报告:如何应用目标、质量特征和要素的定义?

财务报告的目标

如果没有界定财务报告的目标(如:谁出于什么原因需要财务信息?需要什么样的信息?),会计师很难决定所需的确认标准以及何种计量方法有用,或是如何最好地报告会计信息。概念框架中概括的财务报告的主要目标如下:

- 有用性
- 可理解性
- 目标群体:投资者和债权人
- 评估未来现金流量
- 评价经济资源
- 首要关注收益

有用性 财务报告的总体目标就是提供对决策有用的信息。FASB 认为:

> 财务报告应该向现在的和潜在的投资者、债权人以及其他使用者提供进行理性投资、信贷和类似决策的有用的信息。⑭

---

⑬ FASB 发布的七个概念公告是:
(1) 企业财务报告的目标;
(2) 会计信息的质量特征;
(3) 企业财务报表要素;
(4) 非企业组织财务报告目标;
(5) 经营企业财务报表中的确认与计量;
(6) 财务报表要素(替换 No.3 公告,将应用范围扩展为包括非营利组织及经营性企业);
(7) 在会计计量中应用现金流量信息和现值概念。

⑭ *Statement of Financial Accounting Concepts No. 1*, par. 34.

可理解性　财务报告不能也不应该简单到任何人都能读懂的程度。相反,可理解性的目标是针对比较成熟的财务报告使用者。也就是说,他对会计知识和商业活动有一定的了解,并且愿意研究和分析所获得的信息。[15] 换言之,这些信息对于像你这样的人应当是可理解的。

目标群体:投资者和债权人　尽管存在很多财务报告的潜在使用者,财务报告的目标主要是指向投资者和债权人。其他外部使用者,如 IRS 或是 SEC,可以从个人或公司那里索要经过选择的信息。而投资者和债权人则在很大程度上依赖管理者定期提供的财务报告所包含的信息。另外,对投资者和债权人有用的信息在多数情况下对其他外部使用者(如客户和雇员)也是有用的。

评估未来现金流量　投资者和债权人都非常关注公司未来的现金流量。债权人希望利息和贷款的本金能用现金偿还,投资者希望得到现金股利并希望公司有充足的现金流以保证业务拓展需要。因此,财务报告应该提供有助于评估预期现金流的金额、发生时间和不确定性(风险)的信息。

评价经济资源　财务报告还应该提供有关企业资产、负债和所有者权益的信息以帮助投资者、债权人以及其他使用者评价企业财力的强弱,以及流动性和偿付能力。这些信息将帮助信息使用者判断企业的财务状况,进而形成关于其未来现金流的预期。

首要关注收益　根据权责发生制确认的企业收益信息较之于收付实现制下的信息,可以更好地提供对企业未来业绩的预测。因此,FASB 指出,"财务报告首要关注的是那些由收益及其具体内容的计量所反映的企业经营成果的信息"。[16]

会计信息的质量特征

财务报告最重要的目标就是提供有用的信息。由于存在很多不同的信息报告方式,这个目标变得非常复杂。为帮助在不同的会计处理方法和报告方式中作出选择,概念框架界定了有用会计信息的质量特征。关键特征如下:

- 成本效益原则
- 相关性
- 可靠性
- 可比性
- 重要性

这些特征及它们之间的关系如图 1-4 所示。

成本效益原则　如同其他商品一样,信息的价值必须高于其生产成本。评估财务报告成本收益关系的困难在于成本和收益,特别是收益,不总是显而易见和容易计量的。另外,成本的负担对象是明确的,即那些被要求编制财务报表的公司。而收益的惠及对象是整个经济社会。因此,每发布一项新准则,FASB 听到更多的是关于准则执行预期成本的抱怨,而很少是关于其预期收益的赞扬。在 FASB 最近发布的大多数准则中,增加了有关该准则的成本和收益相关描述的内容。

相关性　FASB 是这样描述相关性的:"有影响,起(重要)作用。"符合相关性的信息特

---

⑮ *Statement of Financial Accounting Concepts No. 1*, par. 34.

⑯ 同上, par. 43.

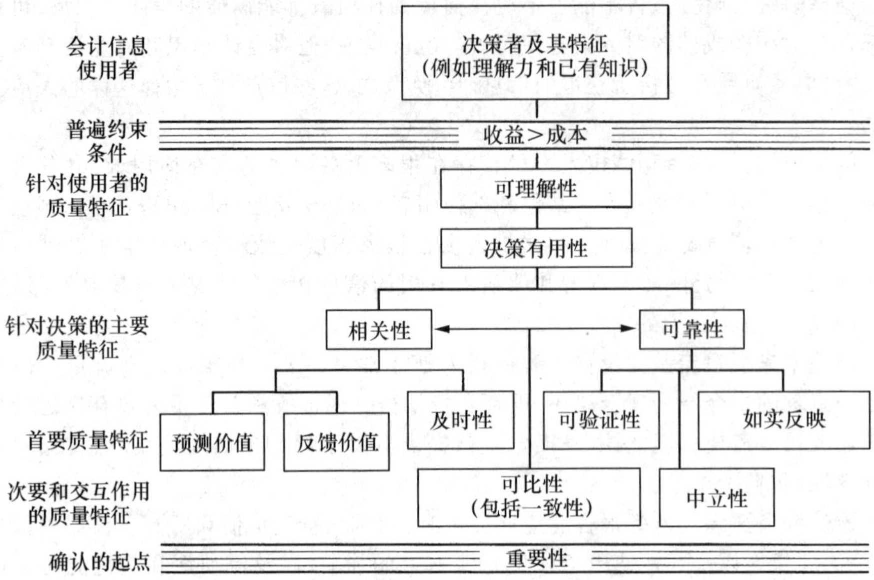

图 1-4　会计信息的质量特征

资料来源:*Statement of Financial Accounting Concepts No. 2.*

征如下:

- 反馈价值
- 预测价值
- 及时性

相关信息通常同时具备**反馈价值**和**预测价值**。对过去事项的反馈,有助于证实或者修正先前的预期。继而,这些信息可用于对未来的结果进行预测。例如,当公司公布一份比较利润表时,投资者可以将上年的经营成果和今年的进行比较。这为评价先前的预期和估计下一年度的经营成果提供了依据。

及时性对于信息的"有影响,起(重要)作用"是非常重要的,因为如果会计信息在使用者作出决策之后才递达,那么相关的会计信息也变得与决策无关了。在及时性这一特征上,财务报告正受到越来越多的批评,因为身处信息技术时代,使用者越来越习惯很快就获得所需信息,而不是等到年末或是季末。

可靠性　如果信息很少有错误并且反映了其所要反映的内容,就可以认为它是可靠的。可靠性并不意味着绝对的精确。基于判断和包含估计与近似的信息不可能完全精确,但是它应该是可靠的。这个目标就是披露使用者可以相信的信息。这样的信息应该具备以下特征:

- 可验证性
- 如实反映
- 中立性

可验证性包含了一致性的含义。会计师对财务报表所进行的计量,应该能够被其他经过训练的会计师按照同样的计量方法所证实。**如实反映**是指一项计量与被计量的经济活动或事项相一致或吻合。

中立性几乎包含了"公允"概念的全部意思。如果财务报表要满足众多不同使用者的需要，它所披露的信息就应该是不偏不倚的，即不能偏向于某类使用者而损害其他使用者的利益。中立性还意味着会计准则制定者不应该受到一项新准则可能给某个特殊企业或行业带来的潜在影响的干扰。在实务中，中立性很难实现，因为那些可能受到新准则损害的公司总是会不遗余力地游说以反对准则通过。

许多关于选择合适会计方法的艰难决策都可以归结为在相关性和可靠性间如何进行取舍。一方面，强调可靠性会由于需要对信息进行反复核实而导致信息准备时间过长，以及为避免给信息带来不确定性而减少估计和预测。另一方面，相关性经常要求使用那些充满不确定性的即时信息。有关预计环境清理成本的业务处理可以很好地解释这个问题。有毒废物的处理一般需要花费很多年的时间，任何对于预期总清理成本的估计都充满了对未来的推测。这些预测不是很可靠，但是它们却极其相关——问一下那些购买财产时没有考虑潜在环境义务的公司便知。当世界充满了获取即时信息的资源时，会计准则的重心就会逐渐从可靠性转向相关性。

可比性 可比性的实质是指信息只有与一定的标准或基准相联系才是更有用的。比较的对象可以是其他公司的数据，或是同一家公司不同时期的类似信息。同一公司不同时期的会计信息之间的可比性通常称为**一致性**。可比性要求对于不同公司或是同一家公司的不同时期所发生的类似事项应该按照同样的方式在财务报表中披露。当然也应该认识到，可比性并不是要求会计处理始终一致无变化，当环境变化时会计处理方法也应作出相应改变。

重要性 重要性处理的是这样一个特别的问题：某个事项的金额是否大到足以影响信息使用者的决策？有关重要性的量化标准很少，因此管理者和会计师必须自己判断一个事项是否重要。当一个事项导致净利润变化10%时，一般大家都会认为这个事项是重要的，但如果是1%呢？大多数会计师会认为影响净利润1%的事项是不重要的，除非它与利润操纵有关或是暗示了其他事情的发生。记住，重要性没有一个明确定义的数字起点——会计师只能自己判断。由于意识到重要性概念的意义，SEC于1999年8月发布了工作人员会计公告第99号，对这一概念提供了进一步的指导。SEC认为，重要性永远不能被简单归结为一个数字标准。但SEC同时也说，审计师在考虑某个事项是否重要时，还应对那些会把亏损变成盈利的事项、使公司的业绩符合分析师盈利预期的事项，或是能够使管理者达到获得奖金红利的标准的事项进行额外的详细审查，以进行综合判断。

谨慎性原则 不讨论谨慎性原则，对会计信息质量的讨论就不完整。谨慎性原则很久以来一直是很多会计实务背后的指导性原则。谨慎性的概念可以被概括如下：当情况不确定时，对于损失全部确认，而对于收益则不予确认。在FASB制定的概念框架中，没有将谨慎性列入质量特征（见图1-4）。但不论怎样，谨慎性是很重要的概念。如果因忽略该原则而导致资产和利润在财务报表中被低估，造成财务报表信息的偏倚，将会损害会计信息相关性和可靠性的特征要求。

> **注意**
>
> 尽管概念框架将谨慎性排除在质量特征之外，多数执业会计师在进行估计和判断时仍然十分谨慎。

自从建立了概念框架，会计准则逐渐减少了谨慎性原则的使用。例如，按照概念框架，金融工具未实现利得的确认和现行的保守的成本与市价孰低法则形成鲜明对比。但是,就像 FASB 在第 2 号概念公告中所指出的,谨慎性原则仍然有其用武之地。如当两项估计发生的概率相同时,谨慎的做法是选择其中更稳健的数字。这种方法一定在某个程度上抵消了天生的乐观主义者和管理者以及企业家们易夸大事实的倾向。

财务报表要素

FASB 对 10 个基本财务报表要素的定义列示在图 1-5 中,这些要素是财务报表的组成内容。这些要素的定义以及与它们相关的问题将在后面章节中详细讨论。

资产是可能的未来经济利益,它是特定主体从已经发生的交易或事项所取得的或加以控制的。

负债是将来可能要放弃的经济利益,它是特定主体由于已经发生的交易或事项,将来要向其他主体转交资产或提供劳务的现有义务。

权益或净资产是以某一主体的资产减去负债的剩余部分。

所有者投入是在特定企业里所有者权益的增加,它是由其他主体转入有价值的东西以便在其中取得或增加其利益(或权益)的结果。所有者投入最常见的形式是收到资产,但收到的投资形式也可以包括劳务,或抵偿以及转换的本企业负债。

对所有者的分配是在特定企业里权益的减少,它是企业向所有者转交资产、提供劳务或承担债务的结果。对所有者的分配减少了一家企业的所有者利益(或权益)。

综合收益是指企业报告期内,在无所有者参与的交易、事项以及情况下所产生的企业权益的变化。它包括报告期内除所有者投入和对所有者的分配以外的全部权益变动。

收入是指企业通过转移或生产商品、提供劳务或从其他持续进行的主营或核心业务活动中获得的资产流入或是资产价值的提升或是债务的清偿(或是同时兼而有之)。

费用是指企业通过转移或生产商品、提供劳务或从事其他持续进行的主营或核心业务活动而导致的经济利益流出,具体表现为资产的耗用或是债务的发生(或是两者兼而有之)。

利得是指企业权益(净资产)的增加中除来自于营业收入或所有者投入的、源于非主营业务或偶发性交易以及一切其他影响企业的交易、事项或情况所形成的所有者权益的增加部分。

损失是指企业权益(净资产)的减少中除来自费用和对所有者分配以外的源于非主营或非经常性交易或其他影响企业的事项的部分。

图 1-5 财务报表要素

资料来源:*Statement of Financial Accounting Concepts No. 6*, pp. ix—x.

确认、计量和报告

是否进行确认,的确是个值得思考的问题。报告财务信息的方法之一就是将所有的估计和判断都归结为一个数字并用其编制会计分录。这称之为**确认**。然后,在财务报表附注中描述其所使用的主要假设和估计方法。另外一种方法就是不编制会计分录而仅仅通过报表附注向使用者传递信息。这称之为**披露**。

近年来,确认与披露的选择问题一直是很多会计准则制定中争论和妥协的中心议题。例如:

- FASB 要求将雇员股票期权价值全部确认为补偿费用的决定,受到商业界的坚决反对。FASB 最初对此作出了让步,仅要求披露这一信息(见 FASB 第 123 号公告)。但是最终 FASB 还是坚持了这一决定,要求从 2006 年开始,企业必须对这一费用进行确认,而不是仅仅披露。

• 曾经有很多年时间,对于金融工具的公允价值,FASB只要求公司进行披露(见FASB第105、107和119号公告),以使企业逐渐积累报告金融工具公允价值的实践经验。但现在一些准则中已要求对那些公允价值进行确认(见FASB第115和133号公告)。并且,在FASB第157号公告中,对公允价值计量在财务报表中的使用和披露要求进行了全面的规定。

概念框架就什么信息可以正式进入财务报表以及何时进入提供了指南。这些概念按照以下三项分别讨论:

- 确认标准
- 计量
- 报告

确认标准　一个事项要想被正式确认,它必须符合财务报表要素中某项要素的定义。[17]例如,应收账款作为一项资产计入资产负债表时,必须符合资产的定义。对于负债、所有者权益、收入、费用以及其他要素的确认,这一要求同样适用。并且,被确认的事项还应能够用货币可靠地计量。例如前文中提及的很多公司都负有清理环境污染的义务,这些义务符合负债的定义,有关这些事项的信息对使用者是相关的,但是只有它们能被可靠地计量时才能予以确认。当相关的信息不能被可靠地计量时,我们才使用披露的方法。

计量　与确认紧密相连。目前实务中常用的有五种计量属性。

1. 历史成本是商品或劳务取得时支付的现金等价物的价格(以历史成本计量的事项有土地、建筑、设备以及大多数存货)。

2. 现行重置成本是现在购买或置换同样的商品或劳务所需支付的现金等价物的价格(如取得后发生减值的存货)。

3. 公允价值是在一个公平的交易中出售资产所能获得的现金等价物的价格(如很多金融工具)。

4. 可变现净值是在正常经营活动中进行资产转换预期可以收到的现金数量(如应收账款)。

5. 现值(贴现值)是按照一个合适的利率将未来净现金流入或流出贴现到当前价值的金额(如长期应收款项、长期应付款项、已经发生减值的长期经营性资产)。

在资产取得日,使用这五项计量属性的结果几乎相同,随着持有资产的年限和商业环境的变化,它们之间的差异开始产生了,这使得原始取得价格对于衡量当前资产所能产生的未来经济利益方面变得不再那么具有相关性了。

尽管在上文举例中每种计量属性都有其应用的领域,当今美国的会计实务仍被认为是以历史成本为基础。历史成本由于其具有高度可靠性而依然是最主要的计量属性。许多信息使用者认为,现行重置成本或公允价值虽然不如历史成本可靠,但是对于进行未来的决策,它们所提供的信息比历史成本更为相关。这就是在相关性与可靠性之间进行取舍的经典争论。近年来,我们发现相关性被越来越多地强调,并且因此对历史成本的使用越来越弱化。现在大多数金融工具都是按照公允价值进行报告,而且预计未来现金流量的现值正逐渐成为更常见的计量属性。对概念框架的最新补充(2000年2月正式通过的概念公告

---

[17] *Statement of Financial Accounting Concepts No. 5*, "Recognition and Measurement in Financial Statements of Business Enterprises" (Stamford, CT: Financial Accounting Standards Board, December 1984), par. 63.

第7号）也证明了预测现金流信息的重要性，公告中对于现金流现值的计算方法进行了概括。尽管在财务报表中使用市场价值是大势所趋，但美国在这方面仍然落后于其他国家。例如，很多英国公司已经开始按照估计的市场价值报告它们的土地和建筑。

报告 概念框架指出"一组完整的财务报表"必须符合财务报告的目标。推荐的通用财务报表包括以下内容：

- 期末财务状况
- 当期收益（净利润）
- 当期现金流
- 当期所有者投资和对其的分配
- 当期综合收益（全部所有者权益变动）

前三项内容明显地指向三张主要的财务报表：资产负债表、利润表和现金流量表。顺便说一下，在制定概念框架时，并没有要求编制现金流量表。完整的概念框架在早期产生的影响之一是提高了对现金流的重视，并且将现金流量表补充进主要的财务报表体系中。第四项内容主要针对**所有者权益变动表**。第五项，编制综合收益表的目的是总结除所有者进行投资和收回投资以外的权益的增减变动情况。**综合收益**与盈余的区别在于它包括了不在利润表中确认的未实现损益。这些未实现损益的例子包括由于外币折算、可供出售证券价值变动，以及某些衍生合约价值变动所产生的未实现损益。FASB讨论综合收益概念已有20年之久，它于1998年最终付诸实施。1998年年初，公司被要求至少在一处提供有关未实现损益的信息。

为使财务报表更加有用，所有相关信息都应该以无偏的、可理解的和及时的方式进行披露。这经常被称为**充分披露原则**。因为受到前面讨论过的成本效益原则的约束，披露全部相关信息是不可能的。而且太多的信息反而会影响可理解性，并进而影响决策的有用性。因此，财务信息的提供者必须作出判断，在合理的成本限制下提供哪些信息最能满足充分披露原则的要求。

最后需要记住的两点是，财务报表只是财务报告的一部分，财务报告只是公司与外部利益相关方进行沟通的手段之一。图1-6展示了全部信息的构成内容。也许这张图会有一点误导，财务报告占据了全部信息的4/5，而其他信息只占1/5。在现实中，这个比例很可能是颠倒过来的。在一个一天24小时都可以获得在线信息的世界，会计职业面临着在信息体系中保持财务报告信息相关性的挑战。

会计模型的传统假设

FASB概念框架受到一些前提假设的影响，尽管这些假设并未在框架中明确地提出。这五个基本假设是：

- 经济主体
- 持续经营
- 公平交易
- 币值稳定
- 会计期间

企业被视为独立于所有者并区别于其他经济单位的特定**经济主体**。对于那些具有由

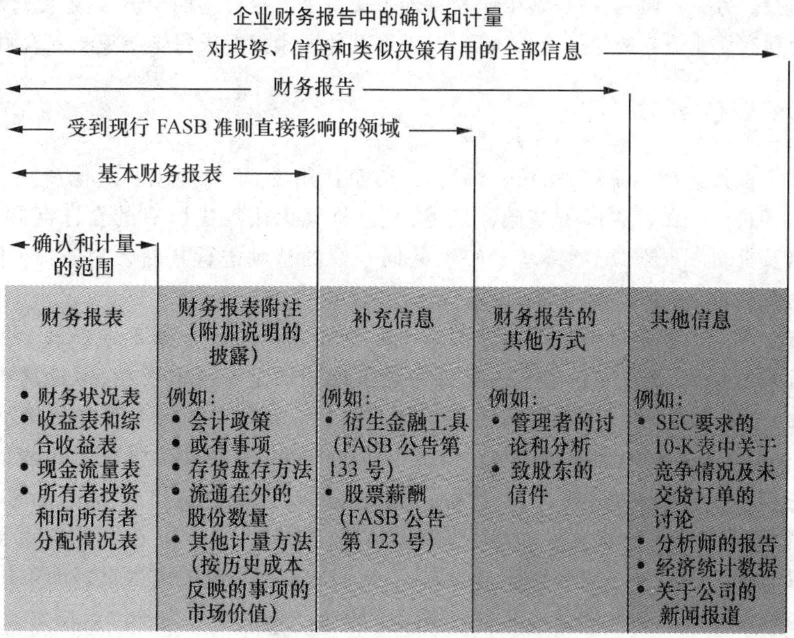

图 1-6　全部信息的构成内容

资料来源：*Statement of Financial Accounting Concepts No. 5*.

众多子公司以及子公司的子公司所构成的错综复杂且相互之间具有复杂经济联系的网络型结构的大型企业，很难确定它的经济主体的准确范围。如日本的大财团（交叉持股并彼此兼任董事的大型企业集团）就是一个典型的例子。而对于小企业，其经济主体范围确认的困难在于，通常很难将企业所有者个人的交易与企业的交易区别开来。

如果找不到相反的证据，则经济实体一般被认为是**持续经营**的。这一持续经营的假设是在编制资产负债表时根据摊余成本而不是自由流通或强行拍卖下可实现的市场价值来报告资产价值的重要前提条件。同样也是这个假设要求在编制利润表时只报告与当期活动有关的那部分收入和成本。

一般情况下，我们假定所有的交易都是**公平交易**。也就是说，交易各方是彼此独立的，并都有能力保护各自的利益。安然丑闻的焦点就是关联方交易问题。当有人发现那些从安然购买资产的企业实际上是由安然的首席财务官管理并控制的，对安然会计实务和经营活动的担忧就会陡然上升。

我们通常假定所有的交易都是按照**稳定的货币单位**进行计量的。在这个假设下，一般不考虑由于通货膨胀而造成的货币购买力的变化。很多会计师认为，这是会计模型的一个重大局限性。20 世纪 70 年代末，美国出现了两位数的通货膨胀，FASB 颁布了一项会计准则（第 33 号公告），要求补充披露消除通货膨胀影响后的数字。但是，由于最近 20 年通货膨胀水平一直很低，人们逐渐对第 33 号公告失去了兴趣，最终它被废止了。当然，很多长期具有高通货膨胀率的国家一直要求它们的企业披露消除通货膨胀影响后的财务报表。

由于会计信息要满足时效性的要求，因此，企业的经营周期被划分为若干特定的**会计期间**。按照惯例，通常以一年为一个报告周期，另外还有中期季度报告作为补充。即使这样一个简单的假设现在也开始受到责难。一方面，很多信息使用者希望报告随时更新，抱怨季度报告速度太慢。另一方面，美国很多企业的管理者又说季度报告周期太快，这迫使管理者们更加关注短期利润而非企业的长期成长。当前，很多其他国家仅要求每半年编制一次财务报告。

概念框架的影响

概念框架为准则制定者、报表编制者、信息使用者、审计师以及其他涉及财务报告的各方提供了进行一致性判断的基础。诚然，概念框架无法解决所有的会计问题，但是在不同时期以及针对不同对象，始终基于一个共同一致的基础进行判断，必将有助于提高财务报告的信息质量。

概念框架的影响可以从很多方面看到。例如在概念公告第5号中，FASB提出编制综合收益表的要求，该表中包含了一家公司某一期间的全部价值变动，无论这些变动源于经营活动、市场价值变化、汇率变动还是其他方面。综合收益表现在已经成为必须披露的报表（根据FASB第130号）。另外，这张报告资产的市场价值变动情况的报表的出现又促成了一些相关准则的发布，使得资产负债表所提供的资产价值更具有相关性，这些准则有FASB第115号——投资证券的市场价值、FASB第133号——衍生工具的市场价值等。如果没有概念框架指导这些会计准则的制定，它们的内容条款将引起更多的争议。

与概念框架相关的是会计准则的制定正转向以原则导向为基础。理论上，以原则为导向的会计准则不应包括那些不适用公认原则的例外规定，也不应包括详细的实施和解释指南。相反地，原则导向的会计准则应该具有牢固的概念基础，使得执业会计师可以在不同情境下据此作出职业判断。美国的很多会计准则，如那些关于租赁以及衍生工具相关业务处理的会计准则中充满了预测、特例以及复杂的执行规则，以致需要上百页的篇幅对其进行详细解释。当前对于使用以原则为导向的会计准则的呼声就是对目前在理解和使用这些大篇幅的详细准则方面所耗费的巨大成本的反应。为会计准则构建一个坚实的概念基础的理想促使FASB启动了概念框架建设项目，并将其置于最重要的位置，并继续促使FASB和IASB共同合作制定一个联合概念框架。

本章讨论的概念框架将成为本书的一份重要参考文献。在以后各章的学习中，你会看到很多关于这里所建立的理论框架的应用以及例外情形。对于整个会计理论框架的理解将使你更容易理解实务中遇到的具体事项以及问题。

财务会计的相关职业及个人道德的重要性

6 了解与会计和财务报告有关的职业机会，理解个人道德在会计实务中的重要性。

WHY 当今的会计工作，已不再是传统观念中的老式账房的工作模式，它更加多样化，也更具挑战性。财务报表的数字影响使用者的决策，因此，会计人员担负着提供中立无偏信息的道德义务。

HOW 会计师事务所除了审计，还提供其他的客户服务。因为所有的公司都要编制财务报告，很多财务会计的职业机会应运而生。并且，由于会计是一种商业语言，具备会计知识背景对于商业活动中的任何职业都是有用的。如果没有对个人道德行为的有力承诺，会计师在编制财务报表时所采用的判断就可能受个人或公司利益的影响，从而导致所提供的信息有偏。

如果你像大多数学习中级会计的学生一样，那说明你并没有把它当作一门一般的社会科学选修课，而是打算在会计相关领域谋求一份职业。本章具有导言性质，在结束时我们简要介绍一些关于会计职业的情况。这里有一条建议:现在你马上就能做到的最优求职步骤(当然是除去学习本课程之外)是熟悉你所在学校的就业办公室,问问那里的人在哪能找到工作以及雇主们现在需要什么样的求职者。让他们帮助你制作一份极具竞争力的简历。寻找暑期实习的机会。你越早开始搜集信息并与相关人士建立广泛联系,你找到好工作的成功性就越大。

财务会计的三个主要职业领域是:

1. 公共会计
2. 公司会计
3. 信息使用者(分析师、银行家、咨询师)

公共会计

公共会计师不只为一家公司工作。相反,他们为很多不同的个人或企业客户提供多种服务。在本质上,公共会计师类似于自由职业者,是一个等待雇佣的会计师。公共会计师可以个人独立执业,也可以通过加入某个会计师事务所执业。

CPA 指的是经过认证的公共会计师。在上文讨论 AICPA 时曾经提及,为成为一名 CPA,你需要通过 CPA 考试并满足关于教育和工作经验的要求,这些要求可能因州而异。近年来 CPA 执业许可中最重要(也是最有争议)的一项变化是许多州要求成为 CPA 前必须在大学中获得 150 学分(五年全日制教育)。

传统上,CPA 最重要的角色是财务报表的独立审计师。几家大型会计师事务所几乎承担了所有大型公众公司的审计业务。其中,四家最大的会计师事务所按照英文字母顺序依次为德勤、安永、毕马威和普华永道,每家都是在美国和国外拥有很多事务所的国际性组织。很多小型的业务一般由区域性或当地的会计师事务所承接,其中就包括一大批个人从业者。在这些小型的会计师事务所中,为企业报税以及提供纳税筹划、系统咨询是其主要业务,在这里审计业务处于次要地位。小型会计师事务所的 CPA 多是会计通才,这一点不同于大的区域性或全国性会计师事务所的 CPA,他们的岗位分工更加专业化。

公司会计

公共会计师随着所承接的业务不同而不断变换着自己的客户。当然,企业也雇用他们作为自己的会计师。大型企业雇用财务会计师,主要负责对外财务报告的相关业务;其所雇用的管理会计师主要负责提供对内财务报告的相关事宜;雇用的税务会计师主要编制必要的联邦、州及地方的纳税申报单,并就有关的税务问题向管理者提供建议;雇用的内部审计师负责审核会计师以及其他相关人员的工作,并将审查结果报告给管理层。在一些规模较小的企业中,没有较为细化的专门分工,多是将几种不同的会计职能合并在一起。

不是所有的 CPA 都是公共会计师。在公共会计领域开始自己的职业生涯并成为 CPA 的人,经常会在从业几年后离开公共会计行业并成为某个企业的内部会计师。特别地,他们加入的公司往往是他们原来作为公共会计师时进行审计或提供过咨询的客户。实际上,这是希望在大型会计师事务所谋求职位的大学毕业生们最为常见的职业路径。

信息使用者(分析师、银行家、咨询师)

不论你是否相信,并不是这个世界上的每个人都想成为一名会计师。很多学生学习中级会计课程都是为了准备成为财务报表的使用者。大型银行的信贷分析师要求掌握工作中所需的会计知识,以便对那些寻求贷款的公司的财务报表作出评价。投资银行家和经纪公司雇用分析师评价潜在客户,并向现有客户提供财务报表分析服务。咨询公司向客户提供改善经营行为的建议。而今,多数与会计相关的咨询工作都对信息技术方面的技能要求很高。

个人道德的重要性

在中级财务会计课程中,一般是不包含个人道德这一主题的。但是,与会计相关的丑闻,如前面提到的安然事件,已经表明个人道德与财务报告有着密切的关系。由于编制财务报表时所依据的那些假设条件自身具有理解上的灵活性,因此,会计人员就可以利用这些假设条件在理解上的灵活性,从而有目的地欺骗报表使用者,而又可以在技术上做到其处理与 GAAP 规定相一致。因此,如果编制财务报告的会计人员没有很好的道德操守,那么他所提供的财务报告的价值就很有限。

大多数人会认为有意地欺骗他人是不对的。本书各部分内容中会多次提到会计选择经常影响现实中的经济决策,如是否发放一项贷款,是否进行投资,或者是否雇用一个雇员。而现实中的经济决策又会影响人们的生活,因此我们需要认真对待会计人员手中所握有的这项权利。可见对于会计人员,个人的道德标准是极其重要的。

本书概述

本章简要地描述了财务报告和会计准则的制定过程,介绍了一些所有会计师都应当知道的组织（及其名称的英文缩写),概述了 FASB 的概念框架（其被喻为会计的“宪章”),并讨论了与会计相关的主要职业,最后阐述了会计人员个人道德的重要性。在接下来的四章中,我们将回顾初级会计学中学习过的全部内容。从会计人员所使用的最基本的分析工具会计分录和 T 形账户开始进行讲述。之后讲述企业运营各个方面所涉及的会计准则,包括经营活动、投资活动以及筹资活动。最后在几个独立的章节中分别讨论一些重要问题,如递延税款、金融衍生工具和每股收益。

如本章开头所讲,日新月异的世界使得现在成为一个学习会计的大好时代。例如,当今讨论最多的话题之一就是金融工具会计。30 年前我们学习中级会计时,金融工具会计还只是其中的一个很小的主题。重要的一点是,我们不知道 30 年后会计的热点问题又会变成什么。因此对于无法确知的未来我们所能做的最好准备就是学习现有的会计准则,并理解它们是如何产生的,以及认识到其背后所蕴涵的概念理论。这就是本书的目标所在。

开放式场景问题的答案

1. 在 20 世纪 70 年代和 80 年代之间,关于天然气生产、运输和销售的价格管制逐步取消了。这一价格管制的放松,使得天然气分销链条中的各参与方所面临的价格不确定性大大提高。由于处于分销链条中的中间位置,因此安然能够掌握分销链条两端参与方所面临的风险,并设计天然气价格保证合约以帮助这些公司规避价格风险。

2. 10 亿美元的费用来自于关联交易,这些关联交易是安然与由其财务总监所建立的那些特殊目的实体之间进行的。记者对其产生怀疑是因为这样一笔巨额损失与安然的财务总监所精心安排的特殊交易有关。

3. 下面以一个简单的数字计算例子说明一下表外融资的好处。假设一家公司当前所拥有的资产总额为 100 美元,负债总额为 40 美元。则这个公司目前的资产负债率(负债总额/资产总额)是 40%(40 美元/100 美元)。现在假定这个公司想借款 50 美元购买所需资产,这是企业常见的融通资金的安排,这个交易的发生将使得企业资产和负债的金额同时增加 50 美元,从而使其资产负债率变为 60%(90 美元/150 美元)。但是,如果这个交易采用表外融资的安排,则企业的资产负债表上就不会出现这新增的 50 美元资产和 50 美元负债,从而使企业的资产负债率仍维持在 40%。显而易见,通过报表计算出的 40% 的资产负债率肯定比 60% 的资产负债率,使得企业的报表看起来给人的感觉更好。

思考题答案

1. (第 11 页)正确的答案是 e。详细的经营预算是管理会计信息的一部分,但这些信息一般不披露给报表的外部使用者。

2. (第 20 页)答案取决于个人观点。随着企业的经营活动日益全球化,对于能够适用于不同国家的会计准则的需求不断提高。今后 10 年间,很可能出现的是由一个国际准则制定机构发布适用于全球经济的会计准则。

本章小结

1. 描述财务报告的目的,识别主要的财务报表。

财务报告的目的是帮助利益相关者评价公司过去的业绩并预测未来的业绩。有关过去事项的信息有助于改进未来的生产经营以及预测未来的现金流量。

内部信息使用者可以得到专门为其定制的会计报告。外部信息使用者只能依靠通用财务报表获取信息。财务报表的五个主要组成部分如下:

- 资产负债表
- 利润表
- 现金流量表
- 解释性附注
- 审计师意见

2. 解释会计准则的功能,描述 FASB 在制定美国会计准则中的作用。

会计准则通过提供对财务报告的指南和限制,帮助会计人员满足使用者对信息的需要。会计准则同时提高了不同公司财务报告的可比性。对同一项经济事项可以有多种不同的解释方式,使用者对他们所得到的财务信息数量永远不会满意——他们总是想知道更多。通过规定选用哪种处理方法以及披露多少信息,会计准则为会计师们节省了时间和金钱。使用者也因此获益,因为他们可以了解到一套适用于所有企业的会计规则。

在美国,FASB 负责制定会计准则。FASB 是一个民间团体,并没有法定权力。因此,

FASB 必须谨慎地在理论与实务间进行权衡，从而维护其在商业界的公信力。一项新会计准则的颁布通常要经过很长时间的公开讨论。EITF 在 FASB 的指导下工作。对于新出现的 FASB 公告中没有涉及的新问题，EITF 及时制定出达成一致的专家处理意见。

3. 认识 SEC、AICPA、AAA 和 IRS 对财务报告的重要性。

• SEC。SEC 拥有制定美国会计准则的法定权力，但是通常它授权给 FASB 完成这项工作。为加速信息披露的改进，SEC 有时会就某些 FASB 仍在酝酿之中的领域发布一些披露要求。

• AICPA。AICPA 是执业注册会计师们的一个重要职业组织。AICPA 组织 CPA 考试，监督其成员的实务工作，并且制定一些会计准则，特别是有关特殊行业的会计准则。

• AAA。AAA 主要是会计教授的职业组织。AAA 帮助推广理论研究成果和推动会计教育的进步。

• IRS。财务会计不同于税务会计。但是，许多在中级会计中学到的规则与相应的税务规则中的内容很相近。

4. 认识国际会计问题对美国会计实务日益增长的重要性与相关性，理解 IASB 在国际会计准则制定中的作用。

由于跨越国界的商业活动日益增多，公司必须将它们的财务报表提供给世界各地的外部使用者。因此，不同国家的会计实务正向一个统一的全球标准趋同。

IASB 是一个国际性组织，它的目标是制定适用于世界各地的全面的会计准则，IASB 的准则正在赢得国际范围内越来越广泛的认可。

5. 理解 FASB 的概念框架在概括高质量会计信息的特征，定义资产、收入等概念，以及为合理确认、计量和报告提供指南方面所具有的重要意义。

当商业环境变化时，概念框架为会计准则的系统性修订提供了理论指导。FASB 通过概念框架对新会计准则进行有条理的、符合内在一致性的修订。除此之外，学习 FASB 的概念框架还可以帮助你更好地理解，并且可能的话，预测未来的会计准则。

概念框架概括了财务报告的目标、高质量会计信息的特征，准确地定义了基本概念如资产、收入，并提供了合理进行确认、计量和报告的指南。

财务报告的主要目标如下：

• 有用性
• 可理解性
• 目标群体：投资者和债权人
• 评估未来现金流量以及评价现有的经济资源
• 首要关注收益

有用的会计信息的质量特征如下：

• 成本效益原则
• 相关性——反馈价值、预测价值、及时性
• 可靠性——可验证性、如实反映、中立性
• 可比性
• 重要性

在会计记录中通过一笔分录记载一个事项称之为确认。一个事项只有符合了一种会计要素的定义并且是可以计量的、相关的和可靠的，才可以被确认。

以下是实务中使用的五种计量属性：

- 历史成本
- 现行重置成本
- 公允价值
- 可实现净值
- 现值(贴现值)

一套完整的财务报表包括资产负债表、利润表、现金流量表、所有者权益变动表和综合收益表。

6. 了解与会计和财务报告有关的职业机会,理解个人道德在会计实务中的重要性。

公共会计师是自由会计师,他们提供审计、报税以及很多种其他客户服务。另外,由于所有的公司都要对财务报告负担一定的责任,因此在商业社会产生了很多有关财务会计的职业机会。因为会计是一种商业语言,任何与经济相关的职业都要求掌握一定的财务会计知识。最后,注意如果编制财务报告的会计人员没有很好的道德操守,那么他所提供的财务报告的价值将很有限。

IASB 概述

主题	美国 GAAP	IASB 准则
会计准则的制定者	财务会计准则委员会(FASB)	国际会计准则理事会(IASB)
财务会计准则	• FASB 财务会计准则公告(SFAS) • 会计原则委员会(APB)意见书 • 会计研究公报(ARB)	• 国际财务报告准则(IFRS) • 国际会计准则(IAS)
对准则发布相关解释以及发布尚未形成正式准则的相关事项处理意见的组织机构	新兴问题任务组(EITF)	• 国际财务报告解释委员会(IFRIC) • 2002 年前为常设解释委员会(SIC)

关键术语

会计
会计期间
会计原则委员会(APB)
美国会计学会(AAA)
美国注册会计师协会(AICPA)
公平交易
注册会计师(CPAs)
可比性
综合收益
概念框架
谨慎性
一致性
债权人
现行重置成本
披露
经济主体
新兴问题任务组(EITF)
征求意见稿
公允价值
反馈价值
财务会计
财务会计基金会(FAF)

财务会计准则委员会(FASB)
充分披露原则
公认会计原则(GAAP)
通用财务报表
持续经营
政府会计准则委员会(GASB)
历史成本
国内税收总署(IRS)
国际会计准则理事会(IASB)
投资者
管理会计
重要性
可实现净值
中立性
预测价值
现值(贴现值)
确认
相关性
可靠性
真实性
证券交易委员会(SEC)
币值稳定
工作人员会计公告(SABs)
利益相关者
所有者权益变动表
财务会计概念公告
财务会计准则公告
及时性
可验证性

问题

1. 会计一般被认为是对过去发生的交易事项的处理,请举例说明会计信息对处理未来事项的价值。

2. 会计一直被定义为一种服务活动。会计是为谁服务的? 他们又是如何从会计中获益的?

3. 世界上资源有限的事实是如何与会计信息联系在一起的?

4. 试比较会计师和审计师的角色有何异同。

5. 试区别管理会计和财务会计。

6. 通用会计报表的五个组成部分是什么?

7. 什么情况促使了美国会计准则制定团体的相继成立?

8. 谈谈独立审计的必要性。

9. 比较 FASB 的财务会计准则公告与财务会计概念公告在目的和范围方面的差异。

10. 描述 FASB 的结构。FASB 获得运营资金的渠道有哪些?

11. EITF 在制定会计准则的过程中扮演什么角色? 为什么它可以比 FASB 更有效率地胜任这个角色?

12. 为增强准则的可接受性,FASB 设计的会计准则制定程序具有哪些特征?

13. 什么是 AICPA 以及 AAA?

14. 解释财务会计规则与税务会计规则之间的关系。

15. SEC 如何在会计准则制定中施加影响?

16. 在 FASB 发布的 GAAP 层级体系中,哪类会计准则具有最高优先权?

17. 如何理解准则制定是一项艰巨而又复杂的任务?

18. IASB 的含义是什么? SEC 对 IASB 的准则所持立场如何?

19. 为什么各国不同的会计准则正向一个全球通用的统一准则趋同?

20. 为什么衡量会计信息的成本效益如此困难?

21. 财务报告的目标之一是可理解性。"可理解的"对象是指谁?
22. FASB 所阐述的财务报告的主要目标是什么?
23. 列举并解释会计概念框架重要性的主要原因。
24. 可靠性是否意味着绝对的精确? 为什么?
25. 区别相关性和可靠性的不同特征。
26. 一致性原则在财务报告中的价值是什么?
27. 如何定义可比性?
28. 如何理解会计中的谨慎性原则? 请以会计实务举例说明。
29. 当前在会计中对重要性界定的金额标准是什么?
30. 简要描述影响概念框架的五个传统假设。
31. 说明对一个事项进行确认必须要满足的条件。
32. 说出并描述五个计量属性。
33. 哪些报表使用者所从事的职业需要中级会计知识?
34. 对于刚进入公共会计领域的大学毕业生,其最常见的职业生涯路径是什么?

习题

[习题 1-1] 概念框架术语

LO5 将下面以数字标识的与概念有关的表述与以字母标识的概念术语进行匹配。一个术语(字母)可能被使用多次,一个表述也可能对应多个术语(字母)。

1. 相关性的关键要素。
2. 影响 FASB 概念框架的传统假设。
3. 一种理念,认为会计信息应当反映其所要表达的含义。
4. 一项与成本收益有关的重要约束。
5. 谨慎性的一个例子。
6. 当信息被需要时它的可得性。
7. 在会计记录中记录一个事项。
8. 决定确认的标准。
9. 暗示多数人意见。
10. 独立实体间的交易。

a. 成本收益原则
b. 如实反应
c. 确认
d. 可验证性
e. 期间
f. 未实现的
g. 完整性
h. 及时性
i. 重要性
j. 预测价值
k. 经济实体
l. 成本与市价孰低规则
m. 主观性
n. 公平交易

[习题 1-2] FASB 概念框架的内容

LO5 判断下列说法的正误。如果不正确,请说明理由。

1. 综合收益中包含因向所有者分配所带来的权益变动。
2. 及时性和预测价值都是相关信息的特征。
3. 尽早确认有利事项的做法是谨慎性原则的表现之一。

4. 概念框架主要关注财务信息内部使用者的需求。
5. 七项财务会计概念公告是公认会计原则的组成内容。
6. 财务报告最重要的目标是提供有助于经济决策的信息。
7. 确认与披露是同义词。
8. 一旦采用某种会计方法,就永远不能再改变。

[习题 1-3] 会计信息质量特征和会计概念的应用

LO5 对于以下列举的每种情形,都有以字母标识的会计信息质量特征或会计概念与之匹配。一个字母可能与多种情形对应,同样,一种特殊情形也可能对应多个字母。

1. 只有在购买另一个实体且其购买价格高于被收购实体可辨认资产的公允价值时所产生的商誉,才在会计账户中进行确认。
2. 土地按成本计价。
3. 所有小额现金支付都借记为杂项费用。
4. 固定资产被分别划分为土地或建筑物。同时对建筑物计提累计折旧。
5. R. Robertson 是公司唯一的所有者,为其劳务每月支付的 2 300 美元期间支出被记为投资退回。
6. 大型制造企业使用的小工具在购入时被记为费用。
7. 权益性证券投资初次确认时按照取得成本入账。
8. 零售商店在编制每月的财务报表时可以用估计存货代替全面的实物盘点。
9. 对于企业因诉讼原因可能承担的负债应在财务报表附注中进行说明,即使在资产负债表日尚未正式承担该项负债义务。
10. 按照一致性的原则始终采用直线法计算固定资产每年的折旧。

a. 可理解性　　g. 持续经营
b. 可验证性　　h. 经济实体
c. 及时性　　i. 历史成本
d. 真实性　　j. 可计量性
e. 中立性　　k. 重要性
f. 相关性　　l. 可比性

[习题 1-4] 财务报告假设

LO5 在以下每个独立的情形中,分别提供了一个例子对应会计模型的五个传统假设之一。针对每种情况,指出其涉及的假设(简要解释你的答案)。

1. Parent 有限责任公司的一家子公司今年业绩不好。为增加子公司的报告收益,Parent 公司按照两倍于市场正常利润的价格从这家子公司购入产品。
2. 编制 MacNeil & Sons 公司的财务报表时,会计师将 MacNeil 和其儿子的一些私人资产也包含进去了。
3. 联邦政府正对 Uintah Savings & Loan 公司的经营状况进行评价。在他们的调查中,政府官员认为由高层管理者发放的大量贷款是不明智的,并且很可能给该公司未来的储蓄和贷款带来极大风险。
4. 松树谷滑雪度假村由于今年降雪很少而收入锐减,公司没有按照以前的传统做法在年末编制财务报表,而是选择等到明年将两年的经营结果一起披露。
5. Colobri 公司于 1996 年以 15 万美元的价格购入一台设备。由于通货膨胀的原因,如果现在购买同样的设备将花费 22.5 万美元。管理层将按照现行价值在资产负债表中反映这项资产。

[习题 1-5] 财务报告目标

LO5 分别针对以下几种独立的情形,指出这家公司所忽略的相关财务报告目标,并且就每个目标展开讨论。

1. Daughters有限责任公司的总裁认为编制财务报表的目标只是为管理者服务，因为他们是主要的决策制定者。

2. Sparkling Tile公司认为财务报表只需反映企业当前的财务状况和现金流量情况，不必提供反映未来情况的数据。

3. Greed公司的副总裁认为财务报表只需反映当年的收入和费用，不需要披露资产、负债和所有者权益。

4. Lohan公司的一项政策规定，仅披露资产、负债和所有者权益。

5. Bob建筑公司总是将资产、负债、所有者权益和收入、费用一起披露。Bob公司的管理者们认为，这些内容提供了与投资决策有关的全部信息。

[习题1-6] 财务报告要素

LO5 指出以下每个事项涉及的财务报表要素。

1. 一个会计期间内的权益变动，不包括所有者投资和对所有者分配导致的变动。
2. 一项交易的结果要求未来将资产转移给另外一个实体。
3. 由实体运送商品的核心业务而带来的资产的增加。
4. 非经常性交易带来的净资产增加。
5. 股利支付。
6. 通过提供商品或劳务导致资产外流。

[习题1-7] CPA考试样题

LO5 1. 财务报表中有一项是综合收益。综合收益中不包含以下哪一项导致的权益变动？

a. 终止经营的损失
b. 因外币折算引起的未实现损失
c. 支付给股东的股利
d. 在非流通市场中的权益性证券投资的未实现损失

2. 根据FASB的概念框架，商业企业的财务报告目标是基于：

a. 公认会计原则
b. 管理者职责报告
c. 谨慎性原则的要求
d. 信息使用者的需求

3. 财务会计概念公告是为了建立：

a. 适用于商业企业财务报告的公认会计原则
b. "与公认会计原则的要求基本一致"的含义
c. 在制定财务会计和财务报告准则中使用的目标和概念
d. 公认会计原则的原始级次

4. 根据财务会计概念公告，中立性是可靠性的要素吗？是相关性的要素吗？

a. 是，是
b. 是，不是
c. 不是，是
d. 不是，不是

5. 依据FASB的概念框架，以下哪项表述符合"实现"的概念？

a. 设备折旧被分配到某个生产部门，之后又被分配到产品的单位成本
b. 销售一台已提折旧的设备，获得一张应收票据
c. 收到某项应收账款的现金
d. 出售产品时将产品单位成本结转到产品销售成本中

[习题 1-8] 计量属性和持续经营问题

LO5 会计模型的一个前提假设是持续经营假设。当这个假设受到质疑时，资产和负债的计价方法可能与这一假设成立时采用的方法有所不同。针对以下每种情况，指出如果公司在不能持续经营的条件下最可能采用的计量属性是什么。

1. 固定资产的账面价值是在 210 万美元的基础上按照直线法摊销后的成本。
2. 把到期价格为 150 万美元、应付利息为 40 万美元的债券确认为非流动负债。
3. 应收账款的账面价值为 60 万美元，等于销售收入的总额。未计提坏账准备。
4. 根据后进先出法报告的存货成本为 25 万美元。
5. 对子公司的投资按照初始成本加未分配利润计价。

案例

[案例 1-9] 让我们来遵守美国国内税收总署(IRS)的规则

没有人试图协调 IRS 和 FASB 的会计准则差异。这些差异主要来源于两个团体的目标不同。这些差异的存在要求公司在某些方面编制两份不同的记录：一份按照 FASB 的公告要求编制，另外一份则按照 IRS 的规定进行编制。

历史上，在其他很多国家，财务会计准则十分接近税务规则，尽管它们是由不同的政府部门制定的。适用于税收的内容往往也适用于资产负债表和利润表。

如果将税务会计准则与财务报告准则合并，会有何优点？有何缺点？对于美国或其他国家，改变商业体系中如此根深蒂固的系统将会产生什么影响？

[案例 1-10] 我们只需要一个会计标准——公正

20 世纪 70 年代，会计职业界的一位领导者曾提出只需要一个标准来统驭公认会计原则的制定，这个标准就是“公正”。所编制的财务报表应对所有的使用者是公平的，包括管理者、雇员、投资者和债权人。随着社会的发展，财务报告应该进行调整以公平地反映各类使用者的需要。编制财务报表是管理者的责任，所以这个标准将要求管理者判断何种报告方法是公正的。这项提议的优点是什么？在运用公正标准时管理者可能出现的最严重的问题是什么？

[案例 1-11] 在美国我们为什么不使用公允价值？

美国的财务报表高度依赖历史成本信息，特别是在土地、建筑和设备的计量方面。但是，国际会计准则却允许按照公允价值报告固定资产。例如，Diageo(英国消费品制造商，拥有的品牌有 Smirnoff、Johnnie Walker、J&B、Gordon's 以及 Guinness)的财务报表中以公允价值为基础计量它的固定资产，在其 2004 年的年报中，Diageo 所报告的土地和建筑物的公允价值为 77.2 亿英镑，这些资产的历史成本是 65.9 亿英镑。为什么美国的会计师们非常重视历史成本的数字呢？如果 77.2 亿英镑这个数据对于投资者和债权人来说更具有相关性，为什么传统的财务报表不反映公允价值？在财务报表中向投资者、债权人和审计师披露公允价值信息有何风险？

[案例 1-12] 相关性和可靠性之间的权衡

有线电视行业的公司正面临那些采用先进技术的企业的竞争。利用卫星可以低成本地将电视节目传送到电缆无法覆盖的地区，这项技术不再需要高固定成本的物理侵入式电缆系统。有线电视公司在评估卫星电视的潜力时需要什么信息？估计卫星电视的需求时有何局限？为什么有线电视公司不能静观卫星电视技术能否成功？

[案例 1-13] 现金流和收益

FASB 在第 1 号概念公告中认为，债权人和投资者对企业的未来现金流很感兴趣。然而，委员会进一步指出，财务报告首先要关注有关收益的信息。如果投资者或债权人对未来现金流感兴趣，为什么不去认真调查一下公司过去的现金流呢？使用现金流评价企业的业绩有何局限？与之相反，投资者和债权人仅仅关注权责发生制下的收益数字会面临什么风险？

［案例1-14］ 解读财务报表（麦当劳公司）

以下信息摘自麦当劳公司2006年的财务报表。

个体特许经营协议一般包括一项租赁合同和一份许可证书，规定了加盟费的支付以及以后按照销售收入的一定比例向公司支付后续租金和服务费的方式，还规定了最低租金付款额。麦当劳公司的特许加盟者有权使用麦当劳公司的系统经营餐厅，并且大多数情况下可以使用餐厅的设备20年。特许加盟者支付相关资产的占用成本，包括财产税、保险和维护费用。另外，美国以外的特定市场的特许加盟者一般要支付一笔可偿还的无利息的保证金。外国的直营连锁店和特许加盟店按照销售收入的一定比例向总公司支付特许权使用费。与特许加盟者、直营连锁店之间所购入或出售的那些餐厅的经营成果对于收购或出售前的会计期间的合并财务报表没有重大影响。来自特许加盟者和直营连锁店的收益包含以下内容：

单位：百万美元

	2006年	2005年	2004年
租金和服务费	5 452.2	5 067.9	4 802.7
加盟费	51.5	38.0	36.1
来自特许加盟店和直营连锁店的收益	5 503.7	5 105.9	4 838.8

在现有特许经营协议下，公司应收的未来最低租金付款额如下：

单位：百万美元

	自有店	出租店	合计
2007年	1 076.8	855.7	1 932.5
2008年	1 046.8	836.3	1 883.1
2009年	1 009.4	814.1	1 823.5
2010年	967.3	782.1	1 749.4
2011年	917.9	746.9	1 664.8
以后	6 991.6	5 394.6	12 386.2
最低付款额合计	12 009.8	9 429.7	21 439.5

这个总计约为214亿美元的金额表示截至2006年12月31日麦当劳公司预期将要从特许加盟店那里收到的最低租金付款额。

1. 运用概念框架中的会计要素定义判断，这214亿美元应该在麦当劳公司2006年的资产负债表中确认为资产吗？是或者不是的理由是什么？

2. 如果对于问题1你的答案是肯定的，那么报告这项资产时应该使用哪种计量属性呢？

［案例1-15］ 道德困境（你应该调控你的报告收益吗？）

虽然会计准则规定了有限的几种可替换的会计处理方法，但是会计师在这些方法之间仍然面临取舍的问题。在进行选择时，以下哪项是会计师应该努力做到的？

1. 最大化报告收益。

2. 最小化报告收益。

3. 忽略会计选择对收益的影响，只关注概念层面上最正确的方法。

如果这是税务会计课上的一个问题，你是否会改变自己的答案？为什么？

第2章　会计循环回顾

学习目标

1. 认识并解释会计流程（会计循环）中的基本步骤。
2. 分析交易，编制会计分录，并将每笔分录登入适当的分类账户中。
3. 编制调整分录，编制财务报表，并结清虚账户。
4. 区分权责发生制和收付实现制会计。
5. 讨论计算机在会计流程中的重要性及其日益扩展的用途。

在一台IBM的电动打字机上，汤姆·克兰西打出了他的第一部小说《追击红色十月》的初稿，当时，他还是一个全职的保险代理人。此书于1984年10月出版，并在公众得知它是罗纳德·里根总统最喜欢的书之后销售一空。迄今为止，克兰西已经出版了总共九本以个性十足的英雄杰克·瑞恩为主人翁的小说，以及一本关于瑞恩儿子的小说。这些小说非常畅销，以至于在书出版前，克兰西就可以得到每本2 500万美元的稿酬。

在《追击红色十月》一书中，本来要被培养成历史学家的瑞恩成了美国中央情报局的兼职分析员。直到本系列的第六本书《荣誉之债》时，瑞恩才得到了一个他应得的美名——"暴风雨中的好人"，虽然很不情愿，他仍然成了总统的国家安全顾问。当时，一群日本商人取得了对他们政府的控制权，并且认为唯一能拯救日本经济的做法就是削弱美国在太平洋地区的力量，这触发了国际危机。瑞恩的能力在此事上得到了验证。

第一场针对美国的战争不是对军事目标的打击，而是对美国股票交易所使用的记账系统的攻击。一种电脑病毒被输入美国所有主要股票交易所用于记录交易的程序中，并在周五的中午被激活了。所有在那个时间点后的交易记录都被清除了。因此：

> 没有一家交易所、机构或私人投资者知道他们买或卖了什么，从哪里买的或者卖给了谁，以及买或卖了多少，因此没有人能知道还剩余多少钱以进行其他的交易，诸如周末去购买杂货。（克兰西，《荣誉之债》，第312页）

由于股票交易所的账簿记录被破坏掉了，交易产生了巨大的不确定性，导致美国经济陷入混乱的危险中，这使得美国的政策制定者不得不把注意力从日本在太平洋地区的其他行动上转移开来。就像我们所知道的那样，瑞恩拯救了世界，并重建了美国经济以稳健地站立于…… 当然，这样说并不公平——你必须自己看这本书。不过，可以肯定地说，重建计划的核心部分就是修复股票交易所的记账系统。

这个虚构的攻击相对于2001年9月11日发生的对纽约世界贸易中心的真实攻击来说，简直是个可怕的预言。除了悲惨的人员伤亡，这一攻击还使得纽约股票交易所关闭了四个交易日。第二周的周一纽约股票交易所才再次开放，但交易恢复时，整个市场下跌了7.1%。如果不是华尔街那些公司的灾难恢复和数据备份计划发挥了作用，这次攻击将对美国经济造成更为严重的影响。事实上，在两个月内（2001 年 11 月 9 日），道·琼斯工业平均指数就恢复到受攻击以前的水平了。

问题：

1. 如果一家银行不能告诉他的客户是否他的工资支票已经存入了他的银行账户中，那么对于这个客户将意味着什么？银行将面临什么后果？

2. 如果美国国内税收总署（IRS）以及雇主没有建立能够追踪从雇员薪水中扣除的税款金额的个人所得税缴纳系统，那么纳税人如何向美国政府证明自己已经缴过税？政府又如何核查这些税款？

问题的答案可在第 64 页找到。

这两个例子，一个是虚构的，一个是现实世界中真实发生的灾难，它们很好地说明了这样一个事实：我们生存并工作着的这个商业世界，如果没有一个可靠的用于记录交易结果的系统，将一天也无法运转。对于像 IBM、通用电气（General Electric）之类的公司（或即使是本地的音乐商店和因特网卖主），想要生产出能够用于作出合理商业决策的信息，一套对交易进行记录的系统方法是必不可少的。

这样的信息被概括为根据会计记录所编制的不同类别的一系列报告，以帮助使用者作出更好的经济决策。举例如下：

1. 为外部使用者编制的通用财务报表，使用者主要是现在的或潜在的投资者和债权人，他们与企业具有某种财务上的联系，但却不是企业管理团队的一部分。

2. 为企业内部使用者提供的报告，尤其是那些处于管理岗位的使用者，这些报告能够帮助他们对企业的日常运营进行计划与控制。

3. 根据 IRS 的要求编制的纳税申报单以及类似的报告。

4. 各种监管机构（如 SEC）要求编制的特定报告。

这些报告中的每一个都是建立在数据基础上的，这些数据产生于一个会计系统以及一整套程序中，该系统和程序被统称为**会计流程**或**会计循环**。尽管所有的会计系统遵循的都是一套已存在几个世纪的相当标准的程序，但用于收集并报告数据的**会计系统**的确切种类则取决于其所应用的企业的类型、规模、处理的交易数量、自动化程度以及其他一些相关因素。此外，每一个会计系统都应被设计成能够及时有效地提供准确信息的系统。同时，该系统还必须提供能有效地纠正错误并防止不诚实行为发生的控制机制。

历史上，会计系统的操作一直是手工进行的，并因此被称为"手工系统"。这些系统仍然在许多情形下被有效使用。然而在今天的商业环境下，大多数公司都在使用计算机来收集、处理和分析财务信息。计算机改变了会计的处理过程吗？计算机可以让企业收集并分析更多的信息，并能更快地完成，但是计算机没有改变基本的会计概念——借方依然等于贷方，资产依然等于负债加所有者权益。

本章的目的是回顾会计程序中的基本步骤，包括对借方和贷方以及记账方法的简短回顾。接下来我们准备对复式记账法进行讨论——其被德国诗人歌德赞誉为“一个绝对完美的事物”。①

会计流程概述

1 认识并解释会计流程(会计循环)中的基本步骤。

WHY 理解会计信息在企业内部的流动过程以及这些信息以何种方式进入会计信息系统是非常重要的。

HOW 会计流程,也就是我们通常所指的会计循环,通常包括以下几步:分析原始凭证,作相关交易的会计分录,登记相关账户,编制试算平衡表,编制调整分录,编制财务报表,结清虚账户,编制结账后试算平衡表。

正如你将从初级会计学课中回想起的那样,会计流程(或会计循环)包含了两个相互关联的部分:(1)记录阶段;(2)报告阶段。记录阶段关注的是收集与经济交易和事项有关的信息,并把这些信息提炼成可用于会计流程的形式。对大多数企业来说,记录功能是基于复式记账法的会计流程。而在报告阶段,这些被记录的信息通过各种不同格式的表格加以组织及总结,以用于不同目的的决策。这两个阶段的部分内容是重叠的,因为对交易的记录是一个永不停止的持续的活动,即便在会计期末,对前一个期间的事项进行总结和报告,仍需不间断地进行记录。会计流程的记录和报告阶段将在本章中加以回顾和阐述。关于基本的财务报表的结构和内容将在第3—5章中进行深入讨论。

正如图2-1中所显示的,会计流程一般包含了以下几个顺序明确的步骤。

记录阶段

1. **分析原始凭证**。对商业活动相关凭证的分析,为每一个交易的初始记录提供基础。
2. **记录交易**。以第1步中确认的凭证为基础,用会计分录记录交易。
3. **交易入账**。按照分类和相关会计分录,交易被过入到相关账户中。

报告阶段

4. **编制总账账户试算平衡表**。试算平衡表简单地将每一个总账账户连同它们当前的借方或者贷方余额进行列示。报告阶段中的这一步提供了对记录和过账正确性的一般性检查。

5. **记录调整分录**。在能够编制财务报表之前,必须确定所有尚未记录的相关信息并对其作出适当的调整。调整分录必须进行记录并入账,所以在编制财务报表之前账户是可能变化的。

6. **编制财务报表**。根据调整后的账户信息编制总结企业经营业绩、展示企业财务状况以及现金流量情况的相关报表。

7. **结清虚账户**。虚账户(暂时性账户)中的余额被结转到留存收益账户。这一结转过

① Johann wolfgang von Goethe, *Wilhelm Meister's Apprenticeship and Travel*. Translated by Thomas Carlyle. Chapman and Hall, 1824.

程使得每一个会计期间内所有虚账户的期初余额都是零。

8. **编制结账后试算平衡表**。以验证将调整分录和结账分录过账后借方和贷方是否仍相等。

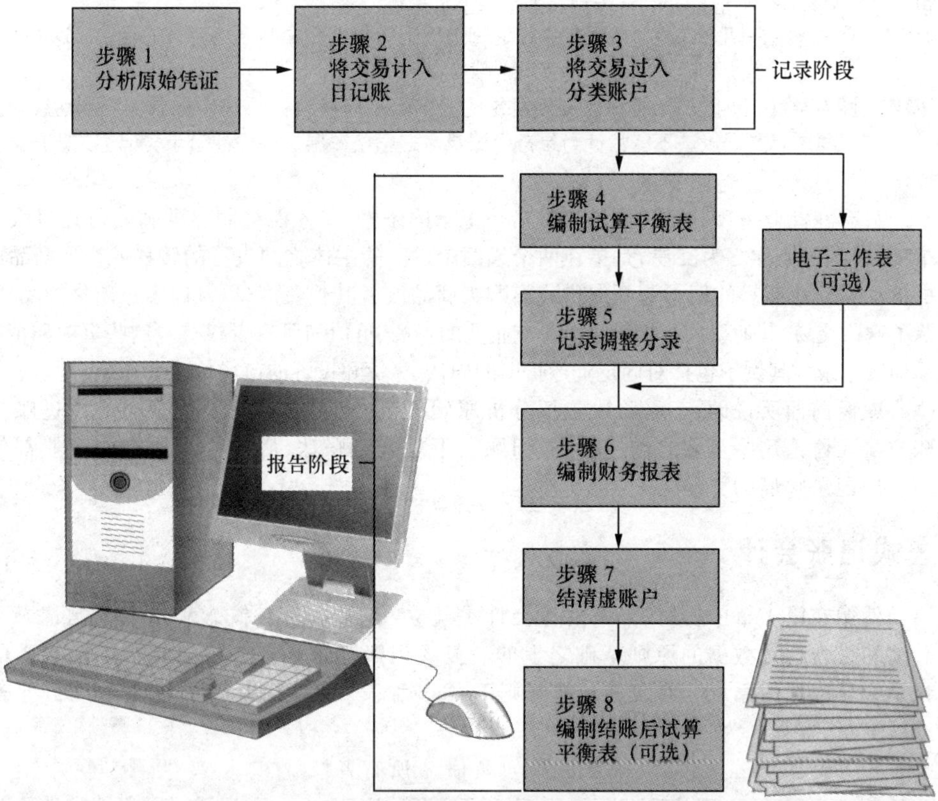

图 2-1　会计流程

补充

如图 2-1 所示，我们还可以选择使用电子工作表来实现报告过程。这个工作表有试算表栏、调整事项、调整后试算表和财务报表栏。所有的账户及其余额都被列在此工作表的适当专栏处。计算机电子工作表经常被用来实现这一过程。

思考

下面哪一项不属于簿记员的工作？

a）分析并记录日常交易
b）登记会计分录
c）解释会计结果
d）编制结账后试算平衡表

在我们沉浸于会计流程的相关细节之前，要牢记诸如编制分录、过账和结账等功能都属于记账功能。你肯定对记账的这些单调乏味的细节非常熟悉，并知道如何根据借方和贷方来分析交易，但是你不要认为你会在你的整个会计职业生涯中都做记账工作。作为一名会计师，你的大部分时间都用来设计信息系统、分析复杂的交易、解释会计结果。记账的基础知识是你从事所有上述活动的基础。这些活动对于组织的管理来说是至关重要的。

记录阶段

2 分析交易，编制会计分录，并将每笔分录登入适当的分类账户中。

WHY 交易是指在两个或两个以上的主体之间进行的转移或交换商品或劳务的事项。这些交易提供了会计系统所要记录的信息的基础。

HOW 原始凭证，例如发票，提供了交易发生的证据以及应在会计系统中记录的交易金额。这些数据通过复式记账法下的会计分录进行记录。之后再根据这些会计分录登记相关账户。

只有在商业事项和活动的结果被恰当记录的条件下，才能编制出准确的财务报表。某一事项，在术语上称之为**交易**，是指在两个或两个以上的主体之间进行的转移或交换商品或劳务的活动。商业交易的例子包括向供应商购买商品或者其他资产，以及向客户出售商品或劳务。除了这些交易，其他事项和情况也能影响企业的资产、负债和所有者权益。这些事项和情况也必须加以记录。其例子包括对固定资产折旧的确认、存货和投资的市场价值下降等。

就像前面所说的，记录阶段包括分析原始凭证、编制会计分录记录交易并过账到分类账户。在讨论这些步骤之前，我们先回顾一下复式记账法，因为几乎所有的企业都使用这一方法记录它们的交易。

复式记账会计

就像在第1章中所解释的，财务会计是建立在基本假设、概念和用以控制记录、分类、总结和报告会计数据的原则基础之上的。**复式记账会计**是一个古老且被广泛接受的用于记录会计数据的系统。在复式记账规则下，每一个交易都以维持基本会计恒等式平衡的方式被记录，方程式为：

资产 = 负债 + 所有者权益

> **注意**
>
> 记住，借方并不意味着好（或坏），贷方也不代表坏（或好）。借方意味着左边，而贷方意味着右边。

为了回顾复式记账会计是如何操作的，回想一下，**借**是在账户左边的记录，而**贷**是在账户右边的记录。账户中借与贷的关系在你的初级会计学课程中已有详细介绍。图2-2总结了一家公司中的这些关系。你会注意到，资产、费用和股利在借方记录增加，在贷方记录减少；负债、股本、留存收益和收入在贷方记录增加，在借方记录减少。请注意，尽管股利会减少留存收益，但它不能算作费用支出，因此不在利润表中报告。

会计分录提供了一个系统的用来总结商业活动对会计等式的影响的方法。每一笔**会计分录**都涉及以下3步程序：

1. 确定事项或交易中涉及的相关的账户。

2. 决定每一个账户是增加还是减少（这个信息和第1步中的答案一起，将告诉你此账户应计入借方还是计入贷方）。

3. 确定每个账户的影响金额。

如果运用合理，按照这3个步骤，就能作出正确的会计分录。请注意，不论是手工做账还是计算机做账，都遵循这个过程。

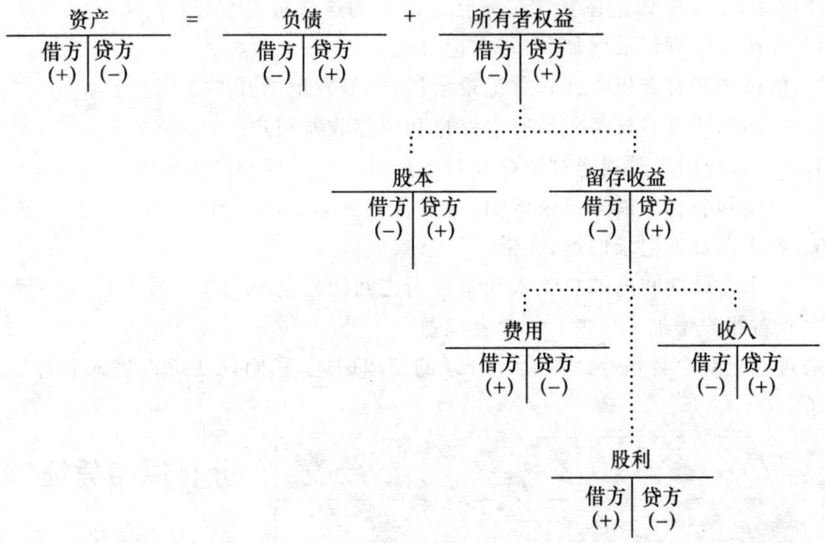

图 2-2　账户的借贷关系

为了阐明复式记账会计，请思考表 2-1 中所列示的交易和会计分录以及它们对会计恒等式的影响。在学习这个表时，你应该记住，对每一笔交易来说，计入借方的总金额都等于计入贷方的总金额，因此会计恒等式的平衡性才得以保持。

表 2-1　复式记账会计：交易和会计分录举例说明

交易	三步走程序				会计分录
	(1) 相关账户	(2) 增加或减少？	(1) 和(2) 一起表明一个账户是计入借方还是计入贷方	(3) 数量是？	
股东向公司投资 10 000 美元	现金 股本	增加 增加	资产↑ = 借方 所有者权益↑ = 贷方	10 000 美元 10 000 美元	现金 10 000 股本 10 000
采用赊账的方式购买物料 5 000 美元	物料 应付账款	增加 增加	资产↑ = 借方 负债↑ = 贷方	5 000 美元 5 000 美元	物料 5 000 应付账款 5 000
支付工资费用 2 500 美元	现金 工资费用	减少 增加	资产↓ = 贷方 费用↑ = 借方	2 500 美元 2 500 美元	工资费用 2 500 现金 2 500
收回应收账款 1 000 美元	现金 应收账款	增加 减少	资产↑ = 借方 资产↓ = 贷方	1 000 美元 1 000 美元	现金 1 000 应收账款 1 000
支付应付账款 500 美元	现金 应付账款	减少 减少	资产↓ = 贷方 负债↓ = 借方	500 美元 500 美元	应付账款 500 现金 500
以赊销的方式出售商品 20 000 美元	应收账款 销售收入	增加 增加	资产↑ = 借方 收入↑ = 贷方	20 000 美元 20 000 美元	应收账款 20 000 销售收入 20 000
购买设备，以 15 000 美元现金加上 40 000 美元长期票据支付价款	现金 设备 应付票据	减少 增加 增加	资产↓ = 贷方 资产↑ = 借方 负债↑ = 贷方	15 000 美元 55 000 美元 40 000 美元	设备 55 000 现金 15 000 应付票据 40 000
支付现金股利 4 000 美元	现金 股利	减少 增加	资产↓ = 贷方 股利↑ = 借方	4 000 美元 4 000 美元	股利 4 000 现金 4 000

总的来说,你应该记住复式记账会计以下的这些重要特征:

1. 资产在借方记录增加,在贷方记录减少。
2. 负债和所有者权益在贷方记录增加,在借方记录减少。
3. 公司的所有者权益包括股本账户和留存收益账户。
4. 收入、费用和股利通过留存收益账户对所有者权益产生影响。
5. 费用和股利在借方记录增加,在贷方记录减少,因为它们的发生会减少所有者权益。
6. 收入在贷方记录增加,在借方记录减少。
7. 一个会计期间内的总收入和总费用之间的差是净利润(损失)。净利润(损失)通过留存收益账户增加(减少)所有者权益。

通过这个对会计恒等式和会计分录的简单回顾,我们现在可以进入会计流程中的各个步骤了。

注意

在图 2-2 中可见,股利减少了留存收益,但它们并没有被划归为费用,并且也不在利润表中进行报告。

分析原始凭证

记录阶段以分析凭证开始,这些凭证反映了企业已经发生的商业活动。一般来说,**原始凭证(Business Document)**或者**原始凭证(Source Document)**是对每一项交易的最初记录。这样的凭证提供了有关交易的详细信息。原始凭证还为需要计入日记账中的数据提供了依据。比如说,销售发票的副本是用于证明销售交易的证据;付讫支票的存根提供了有关现金付款的数据;公司的会议记录为经董事会审定的事项所作的会计分录提供了支持。被记录的每项交易的原始凭证提供了一种核实会计记录的依据,并因此成为会计信息和控制系统至关重要的组成部分。

记录交易

在对原始凭证提供的信息进行分析之后,按照时间顺序把交易记录在适当的**日记账**中。在一些小企业里,所有的交易都记录在同一本日记账中。但是,大部分企业都在记录一本普通日记账的同时,另有各式各样的用于满足特定需要的特种日记账。**特种日记账**用来记录一种特定的经常重复发生的交易类型。特种日记账被广泛使用,例如用来记录以下每种交易类型的日记账:销售业务、购买业务、现金支出和现金收入业务。**普通日记账**用来记录企业所发生的未在特种日记账中记录的所有业务。就像下图将要说明的,普通日记账显示出了交易日期和受到影响的相关账户,并允许对每一笔交易进行简要说明。特种日记账在与本章相关的网页材料中加以阐述和解释(见 www. cengage. com/accounting/stice)。

普通日记账　　第 24 页

日期		摘要	过账参考号	借方	贷方
2011 年					
7 月	1 日	借:股利	330	25 000	
		贷:应付股利	260		25 000
		已公告的普通股的半年现金股利			
	10 日	借:设备	180	7 500	
		贷:应付票据	220		7 500
		为新设备发行的票据			
	31 日	借:薪金税支出	418	2 650	
		贷:应付薪金税	240		2 650
		记录的月薪金税			

过账到分类账

账户被用来总结交易对扩展的会计恒等式中的每个要素的影响。比如说,现金账户被用来记录涉及现金流入(借方)和现金流出(贷方)的所有交易的详细情况。**分类账**是企业全部账户的集合。不同企业由于在企业性质、资产规模、经营活动、用于编制财务报表的信息以及会计流程中所进行的控制活动等方面的差异,需要设立的账户也是不相同的。

日记账中记录的信息被转录到分类账中的相应账户。这个转录过程被称为**过账**。请注意,过账是一个复制的过程,它并不涉及新的分析。下图展示了将一笔 7 月 10 号的交易从前面的普通日记账过到机器设备和应付票据分类账账户后的情形。过账参考号(J24)表明交易是从普通日记账的第 24 页上转录过来的。注意,设备账户的编号(180)和应付票据账户的编号(220)也计入了日记账的过账参考号这一栏中。

总分类账

账户:机器设备　　账户编号:180

日期		项目	过账参考号	借方	贷方	余额
2011 年						
7 月	1 日	余额				10 550
	10 日	购买机器设备	J24	7 500		18 050

账户:应付票据　　账户编号:220

日期		项目	过账参考号	借方	贷方	余额
2011 年						
7 月	1 日	余额				5 750
	10 日	购买机器设备	J24		7 500	13 250

通常,为资产负债表或利润表所需的详细信息建立单独的分类账是值得的。**总分类账**包括所有出现在财务报表中的账户,而单独的**明细分类账**提供了附加的详细信息以支持特定的总分类账账户。举个例子说,对于应收账款账户,其总分类账登记每一笔发生的应收账款记录,而明细分类账则分别登记不同客户的应收账款记录。总分类账账户是对明细分类账中记录的详细信息的总结,因此总分类账账户被看作统驭账户,如应收账款总分类账

> **思考**
>
> 使用计算机过账是非常有价值的,因为计算机减少了其中可能发生的错误类型。下面列举的这些过账错误,哪个是会计人员可能犯的而计算机却不会发生的?
>
> a) 过入到错误的账户中
>
> b) 过账时记入错误的金额
>
> c) 将应记入账户贷方的金额记入了借方
>
> d) 一台运转正常的计算机不会犯如上这些错误

账户就被认为是一个**统驭账户**。明细分类账账户在与本章相关的网页材料中进行进一步阐述(见www. cengage. com/accounting/stice)。

根据交易的数量和交易的金额,可以进行按天、周或月的频率进行过账工作。如果使用的是计算机系统,过账过程可能会在交易被记录的同时自动完成。在会计期末,当过账工作结束的时候,账户中的余额就可以被用来编制试算平衡表了。

报告阶段

3 编制调整分录,编制财务报表,并结清虚账户。

WHY 在会计期末编制调整分录的目的是修正账户数据,以保证账户的数据反映的是当前的情况且是准确的。编制结账分录的目的是使每个新的会计期间的账户记录都能独立于其他期间的记录。

HOW 在编制当期财务报表之前一般需要先编制调整分录。通常这种调整都是基于分析的结果,而不是发生了新的交易。在每个会计循环的最后,虚账户(暂时性账户)中的发生额必须通过结账过程转入实账户(永久性账户)中。结账后的虚账户的余额为零,并准备记录新的会计期间的交易数据。实账户仍继续使用,并将它的余额转入新的会计期间。

正如之前指出的,会计流程的目标是生成财务报表和其他报告以帮助不同使用者作出经济决策。一旦记录阶段完成,数据就必须通过一种有用的格式进行总结和组织。会计流程接下来的步骤就是为实现这个目标设计的。这些步骤在下文将用一家叫罗西的公司的相关数据加以详细说明,罗西公司是一家假设的商品流通企业,以 2011 年 12 月 31 日为年报结束日。

编制试算平衡表

当会计期间内所有的交易都过账到分类账账户以后,每一个账户的余额也就决定了。每一个账户都会有一个借方余额、贷方余额或者零余额。**试算平衡表**是一个包括所有账户及其余额的列表。因此试算平衡表能显示出总借方余额和总贷方余额是否相等,并因此提供了对记录和过账正确性的一般性检验。然而,即使当试算平衡表中的借方等于贷方时,也并不能保证账户的正确性。例如,借记应收账款的会计分录在过账时错

> **补充**
>
> 试算平衡表和财务报表之间的一个根本区别是,没有任何外部使用者能够看到试算平衡表。大部分经理都从来没有见到过试算平衡表。试算平衡表是用来编制财务报表的基础,而不是管理层或者外部使用者的信息来源。

误地计入了应收票据账户的借方,试算平衡表依然能够保持平衡,但是账户却是错误的。因此,一个平衡的试算平衡表并不能保证会计处理的正确性。然而,不平衡的试算平衡表却表示我们不应该进入会计流程的报告阶段,在某个地方存在着一个错误,我们必须把它找出来并在继续下一个步骤前更正它。如果我们选择不更正错误并继续其他步骤,那么有一件事是确定无疑的——财务报告将肯定存在错误。罗西公司的试算平衡表如下所示:

罗西公司
试算平衡表
2011 年 12 月 31 日　　单位:美元

	借方	贷方
现金	83 110	
应收账款	106 500	
坏账准备		1 610
存货	45 000	
预付保险费用	8 000	
应收利息	0	
土地	114 000	
建筑	156 000	
累计折旧——建筑		39 000
家具及设备	19 000	
累计折旧——家具及设备		3 800
应付账款		37 910
预收租金收入		0
应付职工薪酬		0
应付利息		0
应交所得税		0
应付股利		3 400
应付债券		140 000
普通股,面值 0.10 美元		150 000
留存收益		103 900
股利	13 600	
销售收入		479 500
产品销售成本	159 310	
工资费用	172 450	
热力、照明和电力供应费用	32 480	
工薪税费	18 300	
广告费用	18 600	
坏账费用	0	
折旧费用——建筑	0	
折旧费用——家具和设备	0	

（续表）

罗西公司 试算平衡表 2011 年 12 月 31 日		单位：美元
	借方	贷方
保险费用	0	
利息收入		1 100
租金收入		2 550
利息费用	16 420	
所得税费用	0	
合计	962 770	962 770

编制调整分录

正如前面所讲，交易通常按时间顺序计入日记账中，之后再过账到分类账中。会计分录是根据当前能够获得的最佳信息进行编制的。尽管大多数账户在会计期末时都包含了最新的信息，它们的余额可以直接计入资产负债表中，但是有一些账户必须作出调整才能反映最新的情况。这些账户的记录在会计期间内未作更新，因为每天或每周都对这些账户进行处理是不切实际的或不方便的。因此，在每个会计期间的期末，为了准确地报告权责发生制下的所有资产、负债、所有者权益的金额，以及确认这个会计期间的全部收入和费用，在编制财务报表之前，会计人员必须作出一些必要的调整。反映这些调整的会计分录被称为**调整分录**。

> **补充**
>
> 迪士尼公司 1998 年年报中的资产负债表未平衡，那张资产负债表的编制人员颠倒了两个数据，从而导致了 900 万美元的错误。在提交给 SEC 的 10-K 报表中的资产负债表却没有包含这个颠倒错误。

编制调整分录的一个困难是，进行调整的要求得不到类似于从客户处收到票据或现金等具体交易的明确指示，调整分录的编制是基于对会计期末情况的分析来进行的。分析过程主要包括两个步骤：

（1）确定对所有资产和负债的记录金额是否正确，如果不正确，借记或贷记相应的资产或负债账户。简言之，校正资产负债表。

（2）根据步骤 1 中资产或负债账户金额的调整，确定此调整结果对收入或费用相关账户的影响，并据此确定收入或费用账户应作出的相应调整。即借记或贷记适当的收入或费用账户。简言之，校正利润表。

应该指出的是，这两个步骤是相互关联的，并且在顺序上可以颠倒。也就是说，可以先对收入和费用账户进行调整，以修正利润表，然后再据此对资产和负债账户作出相应调整，以校正资产负债表。可见，每个调整分录都涉及至少一个利润表账户和一个资产负债表账户。T 形账户对分析调整分录非常有帮助，我们将在接下来所举的例子中使用它来进行说明。

下面是几种需要分析是否有必要作调整分录的常见情况：

1. 将在未来期间收入或支出现金的相关交易

（1）未入账资产

(2) 未入账负债

2. 在前面会计期间已经收到或支出现金的相关交易

(1) 预付费用

(2) 预收收入

3. 涉及估计的交易

对于大多数交易,收入与费用的确认与现金流发生在同一个会计期间。对于那些交易,不需要做调整分录,因为整个交易已经在同一个会计期间进行了记录。在一些情况下,收入和费用的确认与现金流可能发生在不同的会计期间。在这些情况下,就有可能需要做调整分录以保证每个会计期间记录了恰当的收入和费用。

在我们举例阐释并讨论调整分录前,请记住,做调整的基本目的是使账户余额反映当前的情况,以便报告所有资产、负债、所有者权益的恰当金额,以及这个会计期间按权责发生制原则应确认的全部收入和费用。做完这个调整,利润表和资产负债表才会正确地反映每个会计期末的经营结果和财务状况。

调整分录是会计流程的一部分,下面以罗西公司的相关调整数据对调整分录进行说明。

罗西公司的调整数据

2011年12月31日

未入账资产:

(a) 应收票据的利息250美元

未入账负债:

(b) 工资费用2 150美元

(c) 应付债券的利息5 000美元

(d) 联邦和州所得税8 000美元

预付费用:

(e) 年底留存的预付保险费3 800美元

未实现收益:

(f) 截至年底的预收租金收入475美元

估计:

(g) 建筑的折旧费,每年按5%计提

(h) 家具和设备的折旧费,每年按10%计提

(i) 坏账准备账户应增加1 100美元

将在未来期间收到或支出现金的交易

在有些情况下,工作在当期已经完成,但现金要在未来期间收付,此时,就需要做一个调整分录以保证收入在当期获得确认(如果这项工作是你完成的)或者费用在当期得到确认(如果这项工作是为你做的)。这些调整分录被称作应计分录,主要有两种类型:未入账(应计的)应收款项以及未入账(应计的)负债。

未入账资产 根据权责发生制的收入确认原则,收入在实现后就应被记录,而不管现金在何时收到。如果收入已实现,但还未收到现金,一笔应收账款就产生了。为了保证所有的应收账款在资产负债表中以正确的金额进行恰当报告,每个会计期间的期末都应做一个分析来看看是否还有已经实现的收入没有收到现金或没有被记录。这些**未入账的应收**

款已经发生并在未来能够被收取。因此,它们应被确认为资产。

在记录未入账资产时,应在借方登记一个资产账户,在贷方登记一个收入账户。确认罗西公司未入账应收账款(以及应计收入)的会计分录如下所示:

(a) 借:应收利息	250	
贷:利息收入		250
记录应收票据的应计利息。		

在这个调整分录登入日记账并转入分类账后,这笔应收款项将作为一项资产出现在资产负债表上,利息收入将在利润表中报告。通过这笔调整分录,资产(应收账款)账户被恰当表述了,收入也被进行了恰当的报告。

未入账负债 资产在收入实现后就产生了,即使该收入还没有收到现金或还未被记录。同样,费用已经发生了,但还未对其支付现金或进行记录,因此产生一项负债。这些费用以及与它们对应的负债,应在它们发生时进行记录,而不管什么时候支付现金。因此,需要在会计期末做调整分录,以将那些**未入账的负债**计入恰当的会计期间并同时记录相应的费用。随着费用被记录(在借方记增加),相应的负债也被记录(在贷方记增加),该分录显示了企业应支付费用的义务。如果没有做这样的调整分录,则当期净利润中没有反映所有应分担的费用,并且资产负债表中的相应负债也被低估了。

记录罗西公司未入账负债(以及应计费用)的调整分录如下所示:

(b) 借:工资费用	2 150	
贷:应付职工薪酬		2 150
记录应付职工薪酬。		
(c) 借:利息费用	5 000	
贷:应付利息		5 000
记录债券的应付利息。		
(d) 借:所得税费用	8 000	
贷:应交所得税		8 000
记录所得税。		

在前期已经收到或支出现金的交易

有一些交易,在收入实现之前就收到了现金,或在费用发生之前就已付出了现金。如果在会计期末前,收入仍未实现或费用仍未发生,那么就需要做一个反映该项事实的调整分录。

预付费用 一家公司为某些事项提前支付现金,通常是一些需要缴纳的费用,这些提前支付的现金就是**预付费用**。一个常见的例子就是公司提前支付未来三年的保险费。理论上,获取的每项资源都形成一项资产,至少暂时是一项资产。因此,记录一项预付款的分录应该是借记一个资产账户(预付费用),贷记现金,表明现金与另一项资产之间的交换。

费用是对于资产的消耗。例如,当物资购入时,它们被记为资产,当它们被使用后,它们的成本被转入到一个费用账户。对预付费用做调整分录的目的就是为了显示对一项资产的全部或部分消耗情况。如果这项预付费用最初发生时被计入一个资产账户,则所做的调整分录要将资产账户的金额减至反映其剩余未来收益的金额,并在同时确认归属于当期的费用。

对于前面讨论的未入账的资产和负债,是不存在初始分录的。所做的调整分录是它们在会计记录中进行的第一次记录。而对于预付费用，情况则不是这样。因为现金已经支付(在预付费用发生时)，我们首先做了记录现金交易的会计分录。因此，调整分录中的金额应该是预付费用的当前余额与其在初始会计分录中记录的金额的差额。

调整预付费用的方法取决于这项费用支出最初所计入的账户。预付费用发生时，对它做的初始记录可以是借记(1) 一个资产账户，或(2) 一个费用账户。两种方法，无论哪种只要一直使用，都会得到相同的最终结果。所以两种方法都是正确的。公司应采用其中的一种方法，并在每一会计期间都使用这种方法。

注意

尽管预付费用听起来不像是一个资产账户的名字，但它确实属于资产账户，应在资产负债表中报告，千万不要把它错误地列示在利润表的费用账户下。

初始借记一个资产账户。 如果预付费用发生时，最初借记了资产账户(在本例中为预付保险费)，那么所做的调整分录应该按照当期应负担的费用的数额借记一个费用账户，并同时贷记资产账户。资产账户仍保留借方余额，表示归属于未来期间的数量金额。下面举例说明罗西公司为预付保险费所做的调整分录：

(e) 借：保险费用	4 200	
贷：预付保险费		4 200
记录到期保险费(8 000 美元 - 3 800 美元 = 4 200 美元)。		

由于预付保险费发生时借记了一项资产账户(如试算平衡表所示)，因此，初始记录的预付费用金额(8 000 美元)必须予以扣减，以反映未到期的 3 800 美元。下面的 T 形账户显示了调整分录过账后对相关账户的影响。

预付保险费

期初余额	8 000		
		调整(e)	4 200
期末余额	3 800		

保险费用

期初余额	0		
调整(e)	4 200		
期末余额	4 200		

初始借记一个费用账户。 如果预付费用发生时，最初借记的是一个费用账户(在本例中为保险费用)，那么所做的调整分录应该按照归属于未来期间的资产数额借记一个资产账户，并同时贷记费用账户。费用账户仍保留借方余额，表示应由本期负担的费用金额。比如，如果罗西公司开始时借记了 8 000 美元的保险费用，那么它的调整分录应为：

借：预付保险费	3 800	
贷：保险费用		3 800
记录预付保险费(8 000 美元 - 4 200 美元 = 3 800 美元)。		

下列 T 形账户表明了调整分录对相关账户的影响。

预付保险费

期初余额	0		
调整	3 800		
期末余额	3 800		

保险费用

期初余额	8 000		
		调整	3 800
期末余额	4 200		

注意，无论采用何种方法，每个账户的最终余额都是一样的。在本例中，无论采用何种方法，预付保险费和保险费用的期末余额都分别是 3 800 美元和 4 200 美元。

预收账款 在收入被实际赚取前所收到的现金，即为**预收账款**。当顾客在商品交付或服务完成前支付酬金时，就产生了预收账款。因为企业已经收到了现金，但是还没有向客户交付已购买的商品或劳务，因此，预收账款实际上是一种负债。也就是说，企业需要为它所收到的这些钱向对方提供相应的回报。例如，建筑承包商在开始建造房子前可能要求先支付一些定金。当收到这些定金时，这个承包商获得了预收账款，也就是一项负债。这个建筑商只有把房子盖好，才能真正赚取这些收入。如果房子没有建成，那么这个建筑商就必须偿还那些定金。

对预收账款的调整方法取决于将因未交付的商品或未完成的服务收到的现金初始时贷记到(1) 一个收入账户，还是(2) 一个负债账户。

注意

资产账户的初始借方余额从概念上看比较好懂。不过要记住，财务报表上的账户余额才是主要的。每天会计账簿上的账户营运余额则相对不重要。

初始贷记一个收入账户。 如果收到来自预收账款的现金，开始时做的处理是贷记一个收入账户(本例中为租金收入)，做调整分录时应借记该账户，同时根据应归属于未来期间的收入金额贷记一个负债账户。收入账户仍保留贷方余额，表示本期实现的收入。如罗西公司的试算平衡表所示，收到的预付租金原来被计入了租金收入账户，2011 年年末预收账款账户的余额为 475 美元，分录如下：

(f) 借：租金收入	475	
贷：预收租金收入		475
记录预收租金收入。		

下面的 T 形账户表明调整分录对相关账户的影响。

预收租金收入

借方	贷方	
	期初余额	0
	调整(f)	475
	期末余额	475

租金收入

借方		贷方	
		期初余额	2 550
调整(f)	475		
		期末余额	2 075

初始贷记一个负债账户。 如果原来收到预收账款的现金时是贷记一个负债账户(本例中为预收租金收入)，应按当期已实现的收入数额借记该账户，并贷记收入账户。负债账户仍保留有贷方余额，表示下几期应调整的数额。比如罗西公司，原来在收到预收租金时，做的处理是贷记预收租金收入 2 550 美元，调整分录(以及受其影响的 T 形账户)应为：

借：预收租金收入	2 075	
贷：租金收入		2 075
记录租金收入(2 550 美元 - 475 美元 = 2 075 美元)。		

预收租金收入

		期初余额	2 550
调整	2 075		
		期末余额	475

租金收入

		期初余额	0
		调整	2 075
		期末余额	2 075

同样请注意，无论采用何种方法，涉及的相关利润表账户和资产负债表账户的余额都是一样的。

涉及估计的交易

除了因收入或费用的确认与现金流发生的时点不同而引发的相关调整，第三种类型的调整分录是因估计引起的。在应用权责发生制原则时，会计人员常常需要进行很多判断。诸如一台机器能在多长的时间内产生收益或者有多少信贷客户将无法支付账款的问题必须进行回答，并反映在财务报表中。这些问题的答案都涉及估计。有关这方面问题的两种常见调整分录是关于折旧和坏账的调整。

资产折旧 因建筑物、家具和设备的使用所形成的运营费用必须在会计期末予以记录。在记录资产折旧时，按照资产成本的一部分计提相关运营费用，并按此数额减记资产的账面价值。资产因折旧减少的数额通常贷记一个抵销账户——累计折旧。设立**抵销账户**（或备抵调整账户）是为了记录相关账户的扣减数额。

罗西公司在年末对折旧所做的调整处理如下：

(g) 借：折旧费用——建筑物	7 800	
贷：累计折旧——建筑物		7 800
记录建筑物每年5%的折旧额。		
(h) 借：折旧费用——家具和设备	1 900	
贷：累计折旧——家具和设备		1 900
记录家具和设备每年10%的折旧额。		

坏账 当企业允许客户赊购货物或者服务时，总是有一些应收账款是无法收回的，从而导致因坏账费用而产生的营业支出。在权责发生制原则下，当期就应对有可能发生的坏账费用进行估计并作出相应调整处理，而不是当某个应收账款账户在以后的某个期间确实无法收回时才进行处理。这种处理方法可以使当期的收入与当期的费用更好地配比，从而更好地计量当期收益。使用这一程序，就是将估计的坏账费用计入相关费用账户，并通过抵销账户——坏账准备账户减少应收账款的余额。为了对此进行说明，假设罗西公司年末准备金账户应计提1 100美元，相关调整如下：

(i) 借：坏账费用	1 100	
贷：坏账准备		1 100
调整估计的坏账费用。		

我们需要着重记住调整分录的两个特征。

第一，在会计期末所做的调整分录是不涉及现金的。现金已经在会计期末之前就流出或流入企业了（如预付费用或预收账款），或是现金将在未来某个时间流入或流出企业（如很多未入账应收账款和未入账负债）。事实上也确实是这样，在会计期末大量调整分录都需要编制的时候,企业很少进行现金的收付活动。

第二,每个调整分录都涉及一个资产负债表账户和一个利润表账户。在需要做调整分录的每个事项中,或是产生一项资产,耗尽一项资产,记录一项已经发生但尚未入账的费用,或是记录尚未实现的收入。无论对什么类型的事项进行调整,只要记住,每个调整分录都至少涉及一个资产负债表账户和一个利润表账户,那么调整过程就会变得容易一些。一旦你确定了某个调整分录中所涉及的资产负债表账户,你就可以集中精力去找需要作出调整的相对应的利润表账户。

编制财务报表

一旦所有的账户都通过调整程序做了更新,就可以编制财务报表了。财务报表可以根据调整后的分类账户中的数据直接进行编制。这些数据必须进行分类并列入恰当的栏目中以便尽可能以简单清晰的形式展现出来。以下过程描述了资产负债表是如何利用试算平衡表中的信息进行编制的:

1. 找出所有的收入和费用账户——这些账户余额被用于编制利润表。

2. 计算净利润——从收入中减去费用。

3. 计算留存收益账户的期末余额——上一个会计期间的留存收益是本期的期初余额。将净利润(第 2 步中已经算过)加上留存收益期初余额再减去本期支付的股利就得到了留存收益的期末余额。

4. 根据试算平衡表中的资产负债表账户余额以及第 3 步算出的留存收益期末余额来编制资产负债表。

> **补充**
>
> 试算平衡表中的账户没有一个会同时出现在利润表和资产负债表上。

一旦财务报表编制完成,就要书写财务报表附注;在附注中对编制财务报表时所使用的假设和方法进行说明。并且,审计师也要审查这些财务报表以确保它们是准确的、合理的,并与 GAAP 一致。最后,财务报表被传递给外部使用者,这些外部使用者通过分析财务报表以获取更多的关于企业财务状况的信息。

> **注意**
>
> 学生经常在使用年末资产负债表中的留存收益期初余额时犯错误。就像我们将在下一部分看到的,只有结清账户的全年余额之后,才能获得留存收益的期末余额。

对大公司来说,需要多长时间才能将会计流程完成到可以提供财务报表了呢?对那些以 12 月 31 日作为会计年度截止日的企业,财务报表编制工作通常在次年 2 月完成。比如,迪士尼截至 2007 年 9 月 29 日的会计年度的审计意见日期(这是财务报表编制工作完全结束的一个大概判断)为 2007 年 11 月 21 日。对于那些股票公开上市的企业,SEC 要求在会计年度结束的 60 天内公布年报。用于编制财务报表的数据可直接从会计分类账上已调整过的账户余额中获取,当然你也可以使用电子工作表来完成这一过程。财务报表的编制过程包括决定哪个账户将进入哪张财务报表,正确列示这些账户,并加总获得总计结果。

使用电子工作表

在会计流程中，一个可供选择的步骤是使用电子工作表（也称为电子数据表）来帮助进行分录的调整和财务报表的编制。计算机中的电子制表软件所具有的功能，如微软的 Excel 表格，可使电子工作表的准备过程变得相当简单。但是要记住，编制电子工作表并非一个必需的步骤。如前面所说，财务报表可以直接通过调整后的分类账的余额数据进行编制。

在构造一份电子工作表时，试算平衡表的数据列示于第一组栏中（第一、二栏），调整分录列示于第二组栏中（第三、四栏），有时还要包括第三组栏（第五、六栏），用于显示调整后的试算平衡表。调整后的账户余额将转列到财务报表的相应栏中。商业企业的电子工作表包括两栏的利润表账户和两栏的资产负债表账户，但没有现金流量表账户栏，这是因为该表需要对当期账户余额的变化另做分析。罗西公司的电子工作表见第 61 页，前面所示的所有调整分录已全部包含在内。

结清虚账户

一旦调整分录已被正式地记录在普通日记账上，并过账到分类账后，所有的账簿都待结清，以为下一个会计期间做准备。在结账的过程中，**虚（暂计性）账户**余额要转到实**（永久性）账户**，从而使得虚账户的余额为零。虚账户包括所有的利润表账户和公司的股利账户。从虚账户接收结账转入数额的实账户为留存收益账户。由于是实账户，因此这个账户和其他所有资产负债表账户余额都是未完结的，它们的余额将转入新的一期。

虚账户的结账方法非常直观。所有有贷方余额的收入账户将通过借记结清；所有有借方余额的费用账户将通过贷记结清。这一过程将让这些虚账户的余额变为零。收入账户的借记结清数额与费用账户的贷记结清数额的差即为净利润（或净损失），并将增加（或减少）留存收益。股利账户也要在每期期末结清，股利账户的期末结转将减少留存收益。这样，收入、费用和股利账户的结账分录可按下面的方法直接转入留存收益：

借：收入	××	
贷：留存收益		××
结清收入账户，转到留存收益账户。		
借：留存收益	××	
贷：费用		××
结清费用账户，转到留存收益账户。		
借：留存收益	××	
贷：股利		××
结清股利账户，转到留存收益账户。		

下面是罗西公司的**结账分录**。

结账分录 单位:美元

2011 年			
12 月 31 日	借:销售收入	479 500	
	利息收入	1 350	
	租金收入	2 075	
	贷:留存收益		482 925
	结清收入账户,转到留存收益账户。		
31 日	借:留存收益	447 710	
	贷:产品销售成本		159 310
	工资费用		174 600
	热力、照明和电力		32 480
	工薪税费		18 300
	广告费用		18 600
	坏账费用		1 100
	折旧费用(建筑物)		7 800
	折旧费用(家具和设备)		1 900
	保险费用		4 200
	利息费用		21 420
	所得税费用		8 000
	结清费用账户,转到留存收益账户。		
31 日	借:留存收益	13 600	
	贷:股利		13 600
	结清股利账户,转到留存收益账户。		

下面的 T 形账户(为了更好地说明,收入和费用已合到一个账户中)显示了结账过程对虚账户和留存收益账户的影响。

费用(全部)

余额	447 710		
		结账	447 710
期末余额	0		

股利

余额	13 600		
		结账	13 600
期末余额	0		

收入(全部)

		期初	482 925
结账	482 925		
期末余额	0		

留存收益

		期初余额	103 900
结账	447 710		
结账	13 600		
		结账	482 925
		期末余额	125 515

罗西公司的电子工作表

2011 年 12 月 31 日

	账户名	试算余额		调整		利润表		资产负债表	
		借方	贷方	借方	贷方	借方	贷方	借方	贷方
1	现金	83 110						83 110	
2	应收账款	106 500						106 500	
3	坏账准备		1 610		(i) 1 100				2 710
4	存货	45 000						45 000	
5	预付保险费	8 000			(e) 4 200			3 800	
6	应收利息	0		(a) 250				250	
7	土地	114 000						114 000	
8	建筑物	156 000						156 000	
9	累计折旧——建筑物		39 000		(g) 7 800				46 800
10	家具和设备	19 000						19 000	
11	累计折旧——家具和设备		3 800		(h) 1 900				5 700
12	应付账款		37 910						37 910
13	预收租金收入		0		(f) 475				475
14	应付职工薪酬		0		(b) 2 150				2 150
15	应付利息		0		(c) 5 000				5 000
16	应交所得税		0		(d) 8 000				8 000
17	应付股利		3 400						3 400
18	应付债券		140 000						140 000
19	普通股,0.10 美元/股		150 000						150 000
20	留存收益		103 900						103 900
21	股利	13 600						13 600	
22	销售收入		479 500				479 500		
23	产品销售成本	159 310				159 310			
24	工资费用	172 450		(b) 2 150		174 600			
25	热力、照明和电力供应费用	32 480				32 480			
26	工薪税费	18 300				18 300			
27	广告费用	18 600				18 600			
28	坏账费用	0		(i) 1 100		1 100			
29	折旧费用——建筑物	0		(g) 7 800		7 800			
30	折旧费用——家具和设备	0		(h) 1 900		1 900			
31	保险费用	0		(e) 4 200		4 200			
32	利息收入		1 100		(a) 250		1 350		
33	租金收入		2 550	(f) 475			2 075		
34	利息费用	16 420		(c) 5 000		21 420			
35	所得税费用	0		(d) 8 000		8 000			
36	合计	962 770	962 770	30 875	30 875	447 710	482 925	541 260	506 045
37	净利润					35 215			35 215
38						482 925	482 925	541 260	541 260

编制结账后试算平衡表

所有结账分录都过账后,要编制**结账后试算平衡表**,以核实所有实账户借贷双方是否相等。记住,实账户是那些只出现在资产负债表上的账户。结账后试算平衡表意味着一个会计循环的结束。罗西公司的结账后试算平衡表如下:

罗西公司
结账后试算平衡表
2011 年 12 月 31 日 单位:美元

	借	贷
现金	83 110	
应收账款	106 500	
坏账准备		2 710
存货	45 000	
预付保险费	3 800	
应收利息	250	
土地	114 000	
建筑物	156 000	
累计折旧——建筑物		46 800
家具和设备	19 000	
累计折旧——家具和设备		5 700
应付账款		37 910
预收租金收入		475
应付职工薪酬		2 150
应付利息		5 000
应交所得税		8 000
应付股利		3 400
应付债券		140 000
普通股,0.10 美元/股		150 000
留存收益		125 515
合计	527 660	527 660

权责发生制会计与收付实现制会计

4 区分权责发生制会计和收付实现制会计。

WHY FASB 指出,相对于收付实现制只能提供现金的收付信息来说,权责发生制会计通常为财务报告提供了更好的基础,尤其在报告收益的时候。

HOW 权责发生制会计下,收入只有真正实现才进行确认,而与何时收到现金关系不大。同样,费用只有在实际发生时才进行确认和记录,而与何时支付现金无关。一些组织(以及大多数个人)都使用收付实现制会计,即当收到现金时确认收入、支付现金时确认费用。然而,不论是 FASB

还是 SEC,都要求将现金流量表与权责发生制下的资产负债表和利润表共同作为企业的主要报表向外公布。

前面各节介绍的会计流程都是基于权责发生制下的复式记账体系所必需的。**权责发生制会计**在收入实际赚得时确认收入,而不一定是在收到现金时才确认收入;当费用实际发生时确认并记录费用,而不一定是在支付现金时才这样做。权责发生制会计使得会计期间的收入和费用更好地配比,通常也会使财务报表更准确地反映公司的财务状况和经营成果。②

不同于权责发生制会计,有些会计系统是以收付实现为基础的。**收付实现制会计**常见于那些不要求完整的复式记账记录的组织。这些组织可能包括小型的非公司工商业组织,以及一些非营利性组织。那些从事服务业的专业人士,比如 CPA、牙医和工程师等,一般也都采用收付实现制会计系统。不过,这些组织中仍有很多都定期聘请职业会计师编制基于权责发生制的财务报表和其他必要报告。

关于使用收付实现制会计系统的合理性,尤其是其作为决定税收负债基础合理性的讨论一直不绝于耳。FASB 在《概念公告第 1 号》中指出,与仅仅显示现金收入和支付的信息相比,权责发生制会计能提供更好的财务报告基础。

而 AICPA 的观点则是,收付实现制更适合于一些小规模的公司,尤其是处于服务业的公司。因此,会计师将仍会在某种情况下被要求将收付实现制的会计记录转换成普遍接受的权责发生制的财务报表。相关过程在本章的网络材料中加以说明(见 www.cengage.com/accounting/stice)。

计算机和会计流程

5 讨论计算机在会计流程中的重要性,及其日益扩大的用途。

WHY 计算机在今天的商业环境以及整个社会中起着越来越重要的作用。

HOW 过去,很多企业使用手工系统记录、分类、汇总以及报告会计数据。今天,大多数企业将计算机和电子技术作为它们会计系统不可或缺的一部分。未来,技术进步将持续对基于决策目的所进行的记录和报告数据的会计流程产生深刻影响。

随着组织的规模和复杂性日益增长,记录和汇总的工作变得越来越复杂。组织也在不断寻求效率的提升和成本的降低。有的企业发现,一个主要由人工进行操作的系统就足以满足它们的需要。但大多数企业则会发现,信息处理的要求只有通过使用计算机才能有效满足。

计算机革命已经迅速地改变了社会以及商业运作的模式。因此,会计职能的执行方式也在发生变化。20 世纪 90 年代被称为"网络时代",意思是说,人们桌上那些 80 年代的个人电脑越来越多地被网络连接起来。新的世纪见证了因特网的广泛使用,以及企业对企业(B2B)和企业对客户(B2C)应用的增长。信息交换的机会也以指数的速度增长。然而,即便计算机有如此强大的功能,也不能取代有经验的会计人员的地位。比如说,计算机无法

② 在《概念公告第 6 号》中,FASB 讨论了权责发生制会计的概念以及与财务报告目标之间的联系。具体内容见《财务会计概念公告第 6 号》中"财务报表的要素"部分(Stamford,CT:财务会计准则委员会,1985 年 12 月)。

识别存货和物资的区别,除非有人(会计师)指明了交易中所涉及的账户是什么。计算机的出现非但没有降低会计师的责任,反而对他们在指导计算机系统运行,以保证程序的合理使用方面提出了更高的要求。举个例子,一个设计得很差的计算机系统可能不会留下用以核对会计记录的文件路径。虽然计算机可以精确地完成所有的代数运算,但是输出结果的有效性却依赖于给计算机的指令是否准确。计算机不像人类的会计师那样会自己思考,而是必须要有执行每种操作的明确指令。计算机的优势在于它能让会计师确信每一项指令都能够被准确无误地执行。另外,计算机的使用也为信息系统的设计者带来了巨大的责任,那就是能够预测那些需要会计师做特殊考虑或判断的不寻常的情况。

在财务报告方面计算机应用的最新发展是 XBRL 的使用。XBRL 的意思是可扩展商业报告语言,它是将计算机的可读标签嵌入财务报告文件中的一种方法。通过这些 XBRL 标签,企业的财务报表可以直接下载到一个电子工作表中,在这里企业可将它的财务报表与同样下载到此表格中的其他企业的财务报表进行比较。XBRL 的使用将大大简化财务报表数据分析的过程。SEC 已经计划要求上市公司所提交的所有财务报表都使用 XBRL。

那么要问的一个问题是:如果计算机现在可以完成全部的常规会计功能,那么为什么会计专业的学生还需要知道借、贷、日记账、过账、T 形账户和试算平衡表呢？这个问题提得好。首先,尽管计算机现在可以做大多数常规工作,但是复式记账会计的本质自使用羽毛笔和手工记账以来一直都没有改变。因此,对本章所介绍的会计流程的理解仍然与电算化下的会计系统密切相关。其次,无论是否使用计算机,借、贷以及 T 形账户仍然是分析交易活动的高效且广泛使用的速记方法。至少,所有的商业人士应该足够熟悉并理解会计语言,从而了解比如说为什么现金账户出现贷方余额或留存收益账户出现借方余额是应该关注的不寻常情况。最后,对会计循环的理解——包括分析、记录、汇总和编制可以使你更深入地洞悉组织内部的信息是如何传递的。那些明白信息传递过程的人将具有巨大的优势。

开放式场景问题的答案

1. 如果一个客户不能被告知是否一项存款已计入他的账户,那么他将无法知道他所开出的支票是否已经进行结算。如果这个银行无法向客户保证存款已经入账,那么这个客户将会寻找其他能够提供这项基本服务的银行。

2. 对交税行为提供证明的负担将会转移到纳税人头上。纳税人将不得不提供已经交过税的证据。当前,这些证据通常是由雇主提供的。政府则需要建立一个能将交税情况与具体纳税人相对应的系统。幸运的是,现在已经有了这样的系统。

思考题答案

1. (第 45 页)正确答案是 c。会计师和分析师从事对会计期间形成的会计结果的解释工作。

2. (第 50 页)正确答案是 d。如果一个计算机程序运行正常,那么它不会出现过账过入错误金额、过入错误账户以及混淆账户借贷方的错误。

本章小结

1. 认识并解释会计流程(会计循环)中的基本步骤。

会计流程,通常又称为会计循环,通常包括以下几个顺序明确的步骤:分析原始凭证,根据交易编制会计分录,过账到分类账,编制试算平衡表,编制调整分录,编制财务报表(利用电子工作表或用调整过的各账户余额),结清虚账户,编制结账后试算平衡表。这个记录、分类、汇总和报告会计数据的过程是以一种古老的和获得广泛接受的系统即所谓的"复式记账会计"为基础的。

2. 分析交易,编制会计分录,并将每笔分录登入适当的分类账户中。

交易是在两个或两个以上的实体之间发生的转移或交换货物或劳务的事项。原始凭证,如发票,提供了交易发生的证据,以及将交易记在会计账簿中的数据。这些数据通过复式记账会计,以会计分录的形式记录之后,再将这些会计分录过账到分类账上。

3. 编制调整分录,编制财务报表,并结清虚账户。

调整分录在会计期末编制当期财务报表之前编制。调整分录通常要对账户进行更新,从而保证数据反映的是当前的情况且是准确的。一般来说,所进行的调整是基于分析的结果,而不是由于新的交易发生。当将调整分录登在日记账上并过账到分类账后,就可以编制并报告资产负债表、利润表和现金流量表了。

每个会计循环的末尾,虚账户(暂时性)账户都必须通过结账过程转到实账户(永久性)账户上,虚账户(所有的利润表账户和股利账户)的余额变为零,并准备记录新的会计期间的交易数据。实账户(资产负债表账户)仍保持开放,并将其余额转到新的会计期间。

4. 区分权责发生制会计和收付实现制会计。

权责发生制会计在收入实现时而不是收到现金时确认收入。同样,在权责发生制下,在费用发生时而不一定是在现金支付时确认和记录费用。一些组织(和大多数个人)采用收付实现制会计,即收到现金时确认收入,支出现金时确认费用。FASB 认为,相较于只能提供现金收付信息的收付实现制来说,权责发生制会计通常为财务报告提供了更好的基础,尤其在报告收益时更是如此。但是,FASB 和 SEC 也都同时要求企业在提供按权责发生制编制的利润表和资产负债表的同时,也提供现金流量表,并将三者都作为企业的主要财务报表。

5. 讨论计算机在会计流程中的重要性及其日益扩大的用途。

计算机在今天的商业环境以及整个社会中起着越来越重要的作用。过去,很多企业使用手工系统记录、分类、汇总以及报告会计数据。今天,大多数企业将计算机和电子技术作为它们会计系统不可或缺的一部分。未来,技术进步将持续对基于决策目的所进行的记录和报告数据的会计流程产生深刻影响。

关键术语

会计
抵销账户
分类账
特种日记账
会计循环
统驭账户
虚(暂时性)账户
明细分类账
会计流程
贷

结账后试算平衡表	普通日记账
交易	实(永久性)账户
会计系统	未入账负债
借	原始凭证(Business Document)
过账	总分类账
试算平衡表	原始凭证(Source Document)
权责发生制会计	未入账应收账款
复式记账会计	收付实现制会计
预付费用	会计分录
预收账款	结账分录
调整分录	日记账

问题

1. 列出并描述会计流程的各个步骤。为什么这些步骤都是必要的?有没有非必要的步骤?

2. 区分会计流程中的记录阶段和报告阶段。

3. 会计系统中可产生什么类型的报表?

4. 手工会计系统与电算化会计系统的主要相似点和不同点是什么?

5. 区分:(a) 实账户和虚账户,(b) 普通日记账和特种日记账,(c) 总账和明细账。

6. 在复式记账会计下,什么是账户的借/贷关系?

7. 作为Beechnut矿业公司的独立注册会计师,你发现公司的会计人员没有在普通日记账上做正式的分录,而直接把调整分录和结账分录过账到分类账上。在给管理层的报告中你将如何评价这一做法?

8. 预付保险费在会计记录中可以计入(a) 费用账户,或(b) 资产账户。你将推荐哪种方法?每种方法下各需要做什么样的定期分录?

9. 解释调整分录与结账分录的性质和目的。

10. 写出三个常见的抵销账户的例子,解释为什么要使用抵销账户。

11. 使用电子工作表将对会计流程中的报告阶段的处理顺序产生什么影响?

12. 描述电子工作表的性质和用途。

13. 区分权责发生制会计和收付实现制会计。

14. 判断下列账户中哪些需要结转;在正常情况下,各账户应该通过借记结转还是应该通过贷记结转。

现金	土地
租金费用	利息收入
折旧费用	广告费用
销售收入	应付票据
留存收益	股利
股本	应付账款
应收账款	

15. 与人工处理会计数据相比,计算机处理的主要优势在哪里?

16. 你的一位客户无意中听到一个计算机制造商的销售代表说，计算机的使用将使得会计师被淘汰。你如何评论此说法？

17. 与收付实现制下的数据相比，用复式记账法下的权责发生制数据编制的财务报表准确度更高吗？请解释。

练习

[练习 2-1] 分录

LO2 对以下交易做会计分录：购买市场公允价值为 100 000 美元的设备，支付了 10 000 美元的首付款，余下款项由两张票据支付——一张为票面金额 20 000 美元、利率为 6%、6 个月内支付本息的票据，另一张为票面金额 70 000 美元、利率为 8%、2 年内支付本息的票据。

[练习 2-2] 过账

LO2 应付账款的期初余额为 8 000 美元，该月共有以下 4 笔会计分录（涉及应付账款）：

a. 借：存货	2 700	
贷：应付账款		2 700
b. 借：应付账款	6 500	
贷：现金		6 500
c. 借：应付账款	200	
贷：存货		200
d. 借：存货	3 000	
贷：现金		450
应付账款		2 550

建立一个应付账款的 T 形账户，将这些分录过账到该账户上并计算期末余额。

[练习 2-3] 试算平衡表

LO3 根据以下账户余额的信息构建一个试算平衡表（单位：美元）。

工资费用	24 000
预收服务收入	1 600
实收资本	3 000
现金	3 500
服务收入	32 000
租金费用	5 300
留存收益（期初）	1 200
预付租金费用	5 000

[练习 2-4] 资产负债表和利润表

LO3 采用练习 2-3 中的信息，编制资产负债表和利润表。

[练习 2-5] 结账分录

LO3 做结转如下账户的结账分录（单位：美元）。

工资费用	18 000
预收服务收入	4 700
实收资本	2 000
现金	800
服务收入	20 000

租金费用	6 400
留存收益(期初)	1 500
预付租金费用	3 000

习题

[习题 2-6] 调整分录

LO3 分析悉尼公司的账户,下面列出的待调整数据均在 12 月 31 日即会计年度期末确定。

(a) 预付保险费用账户有借方余额 6 000 美元,它是 7 月 1 日开始的 2 年期地震保单的保费。

(b) 8 月 1 日,租金收入有贷方余额 9 450 美元,它是从该日开始、持续 7 个月的转租收入。

(c) 该年购买的广告材料 3 550 美元计入了广告费用账户,到 12 月 31 日,尚有成本为 500 美元的库存广告材料。

(d) 11 月 1 日,支付从该日开始共 6 个月租金 4 200 美元,借记租金费用账户。

(e) 办公用品费用账户借记该年购买的办公用品 950 美元,12 月 31 日,尚有 125 美元的库存办公用品未领用。

(f) 应付票据有应计利息 534 美元。

1. 写出上述每一条的调整分录。
2. 每一项调整分录的相关信息来自哪些原始凭证?

[习题 2-7] 在 T 形账户中记录相关交易

LO2, LO3 乔治亚供应公司是一家商业企业, 10 月 1 日的试算平衡表如下:

单位:美元

	借方	贷方
现金	150 000	
应收账款	21 540	
存货	32 680	
土地	15 400	
建筑物	14 000	
应付账款		9 190
应付抵押款		23 700
普通股		140 000
留存收益		60 730
总额	233 620	233 620

2011 年 10 月间,乔治亚供应公司从事了以下交易。公司采用永续盘存制记录存货。

10 月 1 日　以赊销方式将商品以 12 000 美元的离岸价格卖给追踪者公司,折扣条件为 2/10、*n*/30。追踪者公司为货物支付 350 美元的运费,商品成本为 6 850 美元。

5 日　以赊购方式购买成本为 10 250 美元的存货,信用条件为 *n*/30。

7 日　收到追踪者公司支付的 10 月 1 日发运的商品货款。

15 日　支付 10 月前半月的工资 22 000 美元(忽略工薪税)。

18 日　以现金 8 600 美元购买一台机器。

22 日　宣布向在外流通的共 45 000 股普通股支付每股 0.45 美元的股利。

27 日　以现金 125 000 美元和 225 000 美元的应付抵押款购买建筑和土地,30 年后到期。土地的估价为 150 000 美元,建筑物为 300 000 美元。

1. 为 10 月 1 日试算平衡表上的所有项目设立 T 形账户，并录入期初余额。

2. 直接在 T 形账户上登记 10 月份发生的各项交易。

3. 编制新的 10 月底的试算平衡表。

[习题 2-8] 重构调整分录

LO3 对下列各种情形，编制可以得到给出期末余额的调整分录。假设每年仅做一次调整分录，仅编制一次财务报表（单位：美元）。

1. 预付保险费：

该年的期初余额	4 300
该年的期末余额	3 600

该年又购买了一份额外的商业保单，已预付一年的保险费 1 200 美元，计入预付保险费账户。

2. 累计折旧：

该年的期初余额	103 400
该年的期末余额	106 100

在该年里，以 6 000 美元的价格销售一项资产，该资产成本为 10 700 美元，账面价值为 5 300 美元。资产清理已正确入账。

3. 预收租金：

该年的期初余额	8 000
该年的期末余额	12 000

已收到提前预付的仓库季度租金 14 000 美元。该年里，设备以每年 6 000 美元的租金租给另一家公司。支付的季度租金贷记租金收入账户，设备的年租金贷记预收租金账户。

4. 应付职工薪酬：

该年的期初余额	36 540
该年的期末余额	29 480

工资按双周支付。该年所支付的所有工资均借记工资费用。

[习题 2-9] 调整分录、结账分录和结账后试算平衡表

LO3 以下为 Boudreaux 公司 12 月 31 日的试算平衡表。

（单位：美元）

	借方	贷方
现金	72 000	
应收账款	365 000	
存货	52 000	
预付费用	36 000	
土地	70 000	
厂房和设备	1 254 000	
其他资产	1 275 000	
应付账款		154 000
应付工资、利息和税费		218 000
预收账款		42 000
长期负债		1 190 000
其他负债		297 000
普通股		195 000

（续表）

	借方	贷方
留存收益		915 000
股利	211 000	
销售收入		2 762 000
利息收入		29 000
产品销售成本	1 565 000	1 020 000
销售、营业和管理费用	615 000	
利息费用	82 000	
所得税费用	205 000	
总计	5 802 000	5 802 000

考虑以下补充信息：

（a）Boudreaux 公司采用永续盘存制。

（b）9 月 1 日支付 3 年期保单的预付费用，该保单于 9 月 1 日生效。

（c）预收账款来自出租一部分公司闲置的办公室，4 月 1 日收到预付的一年期租金款 42 000 美元。

（d）厂房和设备账户中含设备日常修理费用 15 000 美元，它被错误地记为了购置设备款，该项修理工作发生于 12 月 30 日。

（e）其他资产账户包括 10 月中旬购买的办公用品 7 000 美元，年底清点时发现只剩下 4 200 美元。

（f）销售、营业和管理费用账户中错误地计入了购买的办公室家具（其他资产）13 000 美元，该项购买行为发生于 12 月 30 日。

（g）存货账户中错误地包括一项 7 500 美元的存货。该项存货是 Boudreaux 公司通过赊购方式购买的，但由于不满意其质量，已于 12 月 28 日退还给供应商。

1. 做相应的分录对账簿进行调整。
2. 做相应的分录进行结账，假设题 1 中的调整不影响所得税费用。
3. 编制结账后试算平衡表。

［习题 2-10］ 分析会计分录

LO2 根据以下分录，描述它们所反映的事项。

1. 借：现金	300	
贷：应收账款		300
2. 借：应付账款	400	
贷：存货		400
3. 借：现金	5 000	
贷：应付借款		5 000
4. 借：现金	200	
应收账款	700	
贷：销售收入		900
借：产品销售成本	550	
贷：存货		550
5. 借：预付保险费	200	
贷：现金		200

6. 借:股利	250	
贷:应付股利		250
7. 借:留存收益	1 000	
贷:股利		1 000
8. 借:保险费	50	
贷:预付保险费		50
9. 借:存货	600	
贷:现金		150
应付账款		450
10. 借:坏账准备	46	
贷:应收账款		46
11. 借:利息费用	125	
贷:应付利息		125
12. 借:应付职工薪酬	130	
工资费用	75	
贷:现金		205
13. 借:应付账款	500	
贷:现金		490
采购折扣		10

[习题 2-11] 调整分录

LO3 以下数据取自 2011 年 3 月 31 日对诺贝尔分销公司的账户分析,该分析是为了编制年度报告而做的准备工作。诺贝尔公司在虚账户中记录当前所做的交易,正确的调整分录应该是什么?(单位:美元)

(a) 预付保险费仍有余额 14 100 美元,诺贝尔公司有以下几个生效保单:

保单	日期	期限	成本	保险项目
A	2011 年 1 月 1 日	2 年	3 600	商店设备
B	2010 年 12 月 1 日	6 个月	1 800	运输设备
C	2010 年 7 月 1 日	3 年	12 000	建筑物

(b) 预收订购款收入有余额 56 250 美元。以下订购款均在该年收取,没有其他未到期的订购款。

生效期	金额	期限
2010 年 7 月 1 日	27 000	1 年
2010 年 10 月 1 日	22 200	1 年
2011 年 1 月 1 日	28 800	1 年
2011 年 4 月 1 日	20 700	1 年

(c) 应付利息账户的余额为 825 美元,诺贝尔公司有一张应付票据,该票据自 2011 年 3 月 1 日开始计息,期限为 90 天,票面金额 45 000 美元,利率为 10%。

(d) 物料账户的余额为 2 190 美元,经过盘点后发现总额为 1 410 美元。

(e) 应付职工薪酬账户有余额 9 750 美元,4 月 3 日结束的 5 天工作日共需支付工资 11 250 美元。

[习题 2-12] 通过分析权益账户来确定收益

LO3 对古丁公司的分析显示了 2011 年账户余额的变化和以下增补数据。根据这些数据,计算 2011 年的净利润或净损失(单位:美元)。(提示:净利润可视为因经营而带来的净资产的增加)

现金	18 000	增加
应收账款	5 000	减少
存货	14 000	增加
设备	58 000	增加
应付账款	2 000	增加

古丁公司按每股 8 美元的价格卖出 4 000 股面值为 5 美元的股票,并全部收到现金;该年以现金支付股利 20 000 美元;从银行借款 40 000 美元,并支付利息 5 000 美元;古丁公司无其他应付借款;2011 年 12 月 31 日的应付利息为 2 000 美元;2010 年 12 月 31 日无任何应付利息;该年收到股东捐赠的价值 15 000 美元的设备。

[习题 2-13] 结账分录

LO3 乔利公司是一家商业企业,它的会计人员刚刚完成将所有的年末调整分录过账到分类账的工作,现在希望结转适当的余额以为新一期会计期间做准备。

1. 指出下面所列出的每个账户的年末余额是应该(a) 转至新一期,(b) 通过借记该账户结账,还是(c) 通过贷记该账户结账。(单位:美元)

(a) 现金	25 000
(b) 销售收入	75 000
(c) 股利	3 500
(d) 存货	7 500
(e) 销售费用	7 900
(f) 股本	100 000
(g) 工资费用	14 400
(h) 应付股利	4 000
(i) 产品销售成本	26 500
(j) 应付账款	12 000
(k) 应收账款	140 000
(l) 预付保险费	16 000
(m) 应收利息	1 500
(n) 销售折扣	4 200
(o) 利息收入	6 500
(p) 物料	8 000
(q) 留存收益	6 500
(r) 累计折旧	2 000
(s) 折旧费用	1 800

2. 写出必要的结账分录。

3. 该期乔利公司的净利润 (净损失)为多少?

[习题 2-14] 分析调整分录

LO3 Guidecom 咨询公司原本将预付项目记为资产,将预收项目记为负债。下表显示的是本年和前一年部分账户的余额,应计费用和收入只到年末才做调整。

单位:美元

	2010 年 12 月 31 日的调整余额	2011 年 12 月 31 日的调整余额
预付租金	5 100	3 400
应付职工薪酬	2 100	4 700
预收咨询费收入	18 200	7 800
应收利息	800	2 100

2011 年,Guidecom 咨询公司支付了租金 14 000 美元和工资 40 000 美元,收到咨询费 112 000 美元和利息 3 200 美元。

1. 写出 2011 年 12 月 31 日应做的分录,将账户余额调整至上面所示的年末余额。
2. 确定应计入当年利润表的租金费用、工资费用、咨询费收入和利息收入。

[习题 2-15]　关于应计的错误

LO3　在过去的 3 年里,Spilker Aviation 未在年末做相关调整分录以记录应计工资和确认应收的投资利息,相关信息如下:

单位:美元

	2009 年	2010 年	2011 年
应计工资	21 000	17 500	26 000
应收利息	8 500	11 400	12 100

纠正这些错误将对这 3 年的净利润产生什么影响? 忽略所得税的影响。

难题

[难题 2-16]　调整分录和结账分录

LO3　调整前账户余额的数据来自建筑供应公司 2011 年 12 月 31 日的分类账,以下是 2011 年 12 月 31 日调整事项的相关信息(单位:美元)。

(a) 坏账准备金的余额应升至 3 000 美元。
(b) 建筑物以每年 5% 的比例折旧。
(c) 应计销售费用为 3 840 美元。
(d) 库存物料为 780 美元。
(e) 预付 2012 年保险费,总计 720 美元。
(f) 应计长期投资的利息为 240 美元。
(g) 应计房产和工资税为 900 美元。
(h) 抵押品应计利息为 480 美元。
(i) 所得税预计为税前收入的 20% 。

现金	24 000
应收账款	72 000
坏账准备	1 380
存货	87 570
长期投资	15 400
土地	69 600
建筑物	72 000

累计折旧——建筑物	19 800
应付账款	35 000
应付抵押	68 800
股本(每股 10 美元)	180 000
留存收益(2010 年 12 月 31 日)	14 840
股利	13 400
销售收入	246 000
销售退回	4 360
销售折扣	5 400
产品销售成本	114 370
销售费用	49 440
办公费用	21 680
保险费	1 440
物料费用	5 200
税费——房产和工薪	7 980
利息收入	660
利息费用	2 640

要求：

1. 编制试算平衡表。
2. 写出调整分录。
3. 写出结账分录。
4. 编制结账后试算平衡表。

(注:尽管未做要求,但我们还是建议在解决上述问题的过程中使用电子工作表。)

[难题 2-17]　账户分类和借/贷关系

LO2,LO3　要求:采用以下格式,确定各账户。

1. 该账户应出现在资产负债表上(B/S),还是利润表上(I/S),或者两者都不是(N)?
2. 该账户是属于资产类(A)、负债类(L)、所有者权益类(OE)、收入类(R)、费用类(E),还是其他类别(O)?
3. 该账户是实账户还是虚账户?
4. 年末该账户应该"关闭",还是应该仍保持"开放"?
5. 该账户在一般情况下应该有借方余额(Dr.)还是贷方余额(Cr.)?

账户名称	(1) B/S,I/S,N	(2) A,L,OE,R,E,O	(3) 实账户或虚账户	(4) 关闭或开放	(5) 借记(Dr.)或贷记(Cr.)
例:现金	B/S	A	实账户	开放	Dr.

(a) 预收租金收入
(b) 应收账款
(c) 存货
(d) 应付账款
(e) 预付租金
(f) 应付抵押款
(g) 销售收入
(h) 产品销售成本
(i) 股利
(j) 应付股利
(k) 应收利息
(l) 工资费用
(m) 利息收入
(n) 物料

(o) 累计折旧
(p) 留存收益
(q) 应付债券折价
(r) 商誉
(s) 资本溢价

[难题 2-18] 编制调整分录,将收付实现制转化为权责发生制并编制权责发生制下的利润表

LO3,LO4 Gee 公司按收付实现制记录所有的交易,下面为公司会计人员格雷格 · 吉编制的公司运营第一年年末的利润表。

Gee 公司
利润表
2011 年 12 月 31 日
单位:美元

销售收入		252 000
销售和管理费用		
工资费用	78 000	
租金费用	45 000	
佣金费	37 800	
设备	30 000	
公用事业费	29 000	
保险费	6 000	
利息费用	3 000	228 800
净利润		23 200

现在要求你根据以下提供的信息按权责发生制编制利润表:

(a) 年末客户所欠的应付款总额为 28 000 美元,其中 3 000 美元可能无法收回。

(b) 2011 年 12 月的 11 000 美元应付工资,于 2012 年 1 月 5 日支付,忽略工薪税。

(c) Gee 公司按每月 3 000 美元、每季度提前付款的条件出租房屋,合同在 2011 年 1 月 1 日签订。

(d) 2012 年 1 月 10 日支付 12 月的公用事业费 2 700 美元。

(e) 2011 年 1 月 1 日购买一台设备,价值 30 000 美元,预期寿命为 5 年,无残值,采用直线法折旧。

(f) 收到客户现金付款的当日,支付占销售收入 15% 的佣金。

(g) 2011 年 7 月 1 日就公司资产发行了 1 年期保单,保费按年提前支付。

(h) 2011 年 5 月 1 日 Gee 公司借入 1 年期贷款 50 000 美元,年利率为 12%,按季支付利息。2011 年 8 月 1 日开始支付第一笔利息。

(i) 所得税税率为 40%,2011 年末预缴所得税。

要求:

1. 编制调整分录,将账簿记录从收付实现制转换为权责发生制。

2. 根据 1 中的分录编制截至 2011 年 12 月 31 日的会计年度的利润表。

[难题 2-19] 会计分录

LO2 利己基因公司是一家商业企业,以下事项发生在 5 月。(注:利己基因公司一直采用永续盘存制)

5 月 1 日 收到新股东的投资 40 000 美元现金。

3 日 用赊购方式从道金斯公司购入价值 8 000 美元的存货;信用条件为 2/10、*n*/30。

4 日 购买价值为 500 美元的办公用品,以现金支付。

4 日 为即将退休的会计人员举办一场办公室欢送会,购买气球、帽子和茶点共花费 150 美元,用办公室人员的捐款支付。

5 日　将成本为 7 500 美元的商品以 14 000 美元的价格赊销给理查德公司；信用条件为 3/15、n/30。

8 日　支付雇员工资 2 000 美元。总工资为 2 450 美元；扣除工薪税 450 美元。

9 日　雇用新的会计人员，同意第一年支付工资 28 000 美元。

9 日　支付 1 500 美元的报纸广告费。

10 日　收到理查德公司支付的货款。

12 日　以现金 6 400 美元购买一台机器。

15 日　宣告支付 25 000 美元的现金股利。

18 日　将成本为 13 000 美元的商品销售给范曼公司，收到现金 3 000 美元，应收账款 21 000 美元，条件为 n/30。

19 日　将所欠全部货款支付给道金斯公司。

22 日　公司管理人员出现在一份全国性新闻杂志的封面上，相关文章称赞了利己基因公司的工作条件、环保意识和客户服务。

23 日　利己基因公司的普通股市值上升了 150 000 美元。

25 日　以现金 15 000 美元和 135 000 美元的应付抵押款购买一栋建筑物。

29 日　支付 5 月 15 日宣告的股利。

要求：

1. 在普通日记账上记录上述事项。

2. 上述事项中你认为哪个事项会对利己基因公司产生最重大的经济影响？是否所有与其经济利益相关的事项都应该记在财务记录中？

[难题 2-20]　调整分录、结账分录和结账后试算平衡表

LO3　2011 年 12 月 31 日的调整数据如下：

(a) 台北国际公司采用永续盘存制。

(b) 对应收账款的分析表明，坏账准备金的年末余额应为 750 美元。

(c) 该年的设备折旧额总计 32 000 美元。

(d) 对存货进行清点，发现成本为 5 600 美元的物品未计入期末存货中，该货物直至 2012 年 1 月 3 日才发货，与之相应的应收账款 8 200 美元也错误入账。

(e) 应付票据的利息尚未计提，该票据在 2011 年 3 月 1 日发行，利率为 12%。

(f) 保险费余额为 3 000 美元，其为 10 月 1 日支付的一张一年期保单的保险费，该保单于 10 月 1 日生效。

(g) 12 月 25 日宣布支付股利 7 800 美元，将于 2012 年 1 月 15 日实际支付该项股利，当前尚未做任何相关分录。

台北国际公司
调整前试算平衡表
2011 年 12 月 31 日　　　单位：美元

	借方	贷方
现金	31 500	
应收账款	25 000	
坏账准备金		250
存货	41 700	
设备	190 000	

（续表）

台北国际公司 调整前试算平衡表 2011 年 12 月 31 日　单位:美元	借方	贷方
累计折旧——设备		51 000
应付账款		31 000
应付票据		70 000
应付工资		8 000
应交所得税		6 500
普通股		40 000
留存收益		34 100
销售收入		310 000
利息收入		12 000
产品销售成本	205 250	
工资费用	45 000	
利息费用	3 200	
公用事业费	6 000	
保险费	3 000	
广告费用	5 000	
所得税费用	7 200	
总计	562 850	562 850

要求：

1. 编制必要的调整分录（忽略所得税的影响）。
2. 写出必要的结账分录。
3. 编制结账后试算平衡表。
4. 公司能否在亏损年支付股利？公司在亏损年应交所得税吗？

案例

［案例 2-21］　计算机对财务报告的影响

计算机极大地改变了会计记录的保存方式。现在，几乎所有的企业都或多或少地用计算机保存它们的会计记录。尽管如此，会计系统中最直观的产品即年报中的所有财务信息仍然用古老的方式——纸张——来编制和传播。随着计算机日益广泛的应用，未来 10 年或 15 年间，公司的年报将可能发生何种变化？

［案例 2-22］　什么时候收付实现制与权责发生制得到的结果不同？

艾丽斯经营一家低强度有氧运动健身房。艾丽斯已经经营了 3 年，一直采用收付实现制编制财务报表。今年，艾丽斯的会计师建议，如果按权责发生制编制财务报表将能更好地反映企业的经营状况。而艾丽斯的朋友弗兰克·吉勒却告诉艾丽斯，根据他的经验，按权责发生制编制的财务报表与按收付实现制编制的财务报表相差不多。

那么，在什么情况下收付实现制会计与权责发生制会计所得出的反映公司运营状况的会计收益会非常不同？在什么情况下收付实现制会计与权责发生制会计会得到十分近似的结果？

[案例 2-23] 是记录还是不记录呢？

请解释，为什么下面这些假想的事项不应该做分录。

1. 一位著名的且深受大家喜爱的电影明星被一家新闻调查小组用你公司的产品偷拍，当时，该明星实际上已经与你公司的主要竞争对手签订了宣传合约。

2. 你公司两位高级副总裁发生了一场激烈的争吵，他们可能再也不跟对方说话了。

3. 你公司的首席化学研究人员在空难中去世。

4. 由于负面的经济报道，消费者的信心动摇，股票市场下跌了 10%。

5. 你是一家小企业的所有者，你为家里买了一套沙发。你开出一张个人支票而不是公司支票用来支付货款。

6. 迪士尼公司打算在你拥有的一大片地产旁边建造下一个迪士尼公园。

[案例 2-24] 你的现金盒在哪儿？

思考一家兽医诊所的记账问题，该诊所正打算聘请它的第一位会计人员：

哈伯特尔小姐即将成为该诊所的记账员，她在桌子边停下了脚步，桌子上堆满了药品公司与诊所的往来账单和药品宣传海报，还有药片盒以及一管管的治疗乳腺的药膏。

她在这一堆杂物里摸索了半天，抽出了一张边角已经卷起来的旧分类账，用拇指和食指夹着问道："这是什么？"

西格弗里德跑了过来。"噢，这是我们诊所的分类账。上面是从日记账上转入的往来账目，日记账就在这附近。"她在桌子上摸索了一会，"啊，在这儿，业务来了就记在这上面"。

哈伯特尔将两个账簿看了几分钟，脸上的表情由惊奇转向冷笑。她一边慢慢地直起身子，一边耐着性子说："我能不能问一下，你们的现金盒在哪儿？"

"哦，我们把它塞那儿了，你看。"西格弗里德指着壁炉台角落上那个大约一品脱容量的罐子说，"我们没有你所说的那种真正的现金盒，不过那个罐子的确已经足够了"。

哈伯特尔小姐带着厌恶的表情看着那个罐子：皱巴巴的支票和票据从罐子边露出来，满得快装不下了，还有好多甚至已经掉到壁炉边的地面上。"你的意思是说，你出去办事或离开时就把它那么日复一日地放着吗？"

"没错啊，从来也没出过什么乱子。"西格弗里德答道。

"那你们的零用金放在哪儿？"

西格弗里德很不自然地笑着说："所有的现金都放在那儿了——不管是零用金还是其他的。"

（资料来源：摘自詹姆斯·赫里奥特，《万物生灵》，纽约：圣马丁出版社，1972 年。）

此处所描述的类似情形在小企业中并不少见。记账制度如此糟糕的企业如何生存呢？

[案例 2-25] 写作训练（我要成为一名会计师——而不是个记账员！）

有的会计系学生认为，会计的方法（会计分录和 T 形账户）是簿记员才需要掌握的。因为他们未来是要成为会计师的，所以他们认为无需花这么多时间来学习这些方法。

用一页纸的篇幅，解释为什么会计师必须要对会计分录和 T 形账户有深刻的理解，尽管这些工具主要是簿记员在工作中使用的。

[案例 2-26] 道德困境（编写调整分录的艺术）

回到本章题为"编制调整分录"的那一部分。谁决定了建筑物、家具和设备的使用寿命呢？谁又决定了可疑应收账款的数额呢？

假如我们把建筑物、家具和设备的资产折旧比例分别从 5% 和 10% 改为 4% 和 8%，这将对净利润产生什么影响？净利润将上升还是下降？与此类似，假设我们预计坏账准备金账户余额将降至 1 000 美元，这又将对净利润产生何种影响？

调整分录的编制过程是一门能让会计师精确地确定该期间公司运行状况的科学还是一门需要会

计人员作出重要判断的艺术？

对于会计人员而言，在某个方面作出估计（例如估计坏账金额），其面临的风险是什么？何处要求会计人员作出重要判断？

［案例 2-27］　累进式电子工作表分析

从第 2 章开始，本书多数章节会有一份基于一家假想公司——天行者公司财务信息的电子工作表作业。该作业将从简单任务入手——在本章，你只需要做建立财务报表的格式和输入一些数据的工作。在以后各章里，这个电子工作表作业将越来越复杂。这样，在本课程结束时，你就可以得到一份可以帮助你预测未来 5 年的营业现金流量的电子表格了，根据你认为最合理的营运因素调整你的预测，并且分析各种会计假设对所得到的预测数值的影响。

让我们从第一份电子工作表作业开始吧。

1. 以下为天行者公司 2011 年的数据（单位：美元）。

应付短期贷款	30
预收收入	35
利息费用	27
资本溢价	150
现金	30
其他长期负债	253
股利	0
累计折旧	27
其他长期资产	40
存货	459
产品销售成本	1 557
长期负债	621
证券投资（短期）	70
所得税费用	12
留存收益（2011 年 1 月 1 日）	93
应收款项	81
长期投资	250
销售收入	2 100
应付账款	222
其他权益	72
不动产、厂房及设备	597
其他营业费用	480

你的任务是建立包括天行者公司资产负债表和利润表的电子工作表。

2. 天行者公司想知道，如果以下数据发生了如下所示的变化，它的资产负债表和利润表将会是什么样？（单位：美元）

	变化	
	从	到
销售收入	2 100	2 190
产品销售成本	1 557	1 650
其他营业费用	480	495

根据已经改变的数据，建立第二份电子工作表（做了这些改变后，你的资产负债表可能就不平衡了）。如果有必要，可以通过增加或减少应付短期贷款的数额来消除这种差异。

第3章 资产负债表与财务报表附注

学习目标

1. 描述资产负债表的专用要素(资产、负债、所有者权益),编制一张资产负债表,将资产和负债合理地划为流动性项目和非流动性项目两类。
2. 识别资产负债表的不同格式。
3. 通过计算财务比率分析一家公司的业绩和财务状况。
4. 认识到财务报表附注的重要性,列出附注中披露的信息类型。
5. 理解资产负债表的主要局限。

曾作为美军士兵参加过第二次世界大战的可口可乐公司主席罗伯特·伍德鲁夫说过:“每个身穿制服的人花5分钱就可以买一瓶可口可乐,无论他在哪,无论可口可乐的成本是多少。”到1941年,可口可乐已经是美国人生活的一部分,同时也成了战争机器的一部分。1943年,艾森豪威尔将军要求供应必要的设备及瓶子以为欧洲战场的士兵装备1 000万瓶的可口可乐。盟军北非总部在战时有64个灌装基地。

从1886年在乔治亚州的亚特兰大每天销售9份饮料,到现在行销全球,2007年日均销量达到15亿份,可口可乐现在已经成为这个星球上最著名的商标,在全球超过200个国家销售其商品。

药剂师帕姆·S.波顿博士于1886年在他家后院研制出了第一瓶可口可乐。他的财务官与合伙人弗兰克·鲁宾逊给这种饮料取了名字并设计了可口可乐独特的手写体签名。瓶装可乐(相对于可乐汽水而言)于1894年首次面世,五年之后,约瑟夫·怀特海德和本杰明·托马斯花1美元购买了瓶装可乐的所有权。在20年之内,全球已经有1 000家瓶装公司灌装可乐。在1915年,标志着可口可乐的可乐瓶得到了发展,并且这种瓶子的外形在1977年获得了专利。

可口可乐公司是如此成功,以至于它在1985年犯下一个历史性错误时,人们一定会好奇公司的管理层究竟在想什么。当年4月份,公司改变了保密配方,停止了原味可乐的生产,并推出了“新”可乐。公众的反应十分消极,消费者们组织起来呼吁原味可乐的回归。4个月后,公司重新将原始配方作为可口可乐经典推出。

如今,每秒钟全球共消费17 000份可口可乐公司的软饮料。

可口可乐公司拥有世界上最有价值的品牌,一家国际性的品牌评估公司,2007年估计

“可口可乐”这一品牌的价值为653.24亿美元，因此，人们也许会认为该公司的资产负债表会包含一个巨大的数额代表这项资产，但是看一眼公司的资产负债表（表3-1），我们会发现，它的无形资产数额很小。

就像公司品牌的例子所展示的一样，可口可乐公司的资产负债表不包含什么内容与它包含什么内容同样有趣。另一个例子，可口可乐公司拥有一家瓶装公司可口可乐企业近35%的股权。该公司有187亿美元的负债，由于可口可乐公司对这家瓶装公司没有控制性股权（超过50%），可口可乐公司的资产负债表上并未包含这187亿美元负债。可口可乐公司同样持有其他瓶装公司的股份（但是低于50%），所有这些公司的负债加起来将近175亿美元，同样地，可口可乐公司并未在它的资产负债表上反映这些负债。

可口可乐公司的资产负债表看起来相对简单——这种简单具有迷惑性。尽管我们对现金、存货、应付账款和留存收益等账户感到满意，然而一家公司的资产负债表会随着公司业务的复杂化而变得更加复杂。明白资产负债表告诉了我们什么，没有告诉我们什么，以及财务报表附注在帮助我们理解财务报表时所扮演的角色都非常重要。

表3-1 可口可乐公司资产负债表

可口可乐公司及其子公司合并资产负债表
2005及2006年12月31日
（除股票面值外，计量单位均为百万美元）

资产	**2006**	**2005**
流动资产		
现金及现金等价物	$2 440	$4 701
交易性金融资产	150	66
应收账款，两年分别减去		
63美元和72美元的坏账准备	2 587	2 281
存货	1 641	1 379
预付费用及其他资产	1 623	1 778
流动资产总额	8 441	10 205
投资		
按权益法核算的投资		
Coca-Cola Enterprises Inc.	1 312	1 731
Coca-Cola Hellenic Bottling Company S. A.	1 251	1 039
Coca-Cola FEMSA, S. A. B. de C. V.	835	982
Coca-Cola Amatil Limited	817	748
其他，主要是罐装公司	2 095	2 062
按成本法核算的投资，主要是罐装公司	473	360
投资总额	6 783	6 922
其他资产	2 701	2 648
不动产、厂房及设备——净值	6 903	5 831
永久性商标	2 045	1 946
商誉	1 403	1 047
其他无形资产	1 687	828
资产总额	$29 963	$29 427

（续表）

可口可乐公司及其子公司合并资产负债表 2005 及 2006 年 12 月 31 日 （除股票面值外，计量单位均为百万美元）		
负债及所有者权益	**2006**	**2005**
流动负债		
应付账款及应计费用	$5 055	$4 493
应付货款及应付票据	3 235	4 518
一年内到期的长期借款	33	28
应交所得税	567	797
流动负债总额	8 890	9 836
长期借款	1 314	1 154
其他负债	2 231	1 730
递延所得税	608	352
所有者权益		
普通股，每股面值 0.25 美元；法定资本——5 600 股；两年分别发行 3 511 股和 3 507 股	878	877
资本公积	5 983	5 492
留存收益	33 468	31 299
累计其他综合收益（损失）	(1 291)	(1 669)
库存股（成本价）分别为 1 193 股和 1 138 股	(22 118)	(19 644)
所有者权益总额	16 920	16 355
负债及所有者权益总额	$29 963	$29 427

问题：

1. 前文提到，可口可乐公司的商标估值为 653.24 美元，表 3-1 中并未包含这个商标的价值，但 2006 年报告了 20.45 亿美元的商标价值。你认为这些商标与最初的可口可乐商标之间有什么不同？

2. 可口可乐公司持有相当数量股份的那些瓶装公司的负债总计有 362 亿美元。如前文所述，这些负债并未包含在可口可乐公司的资产负债表里。请看表 3-1——可口可乐公司在 2006 年 12 月 31 日的资产负债表中报告了多少数额的总负债？

3. 请看表 3-1。2006 年 12 月 31 日，总流动资产和总流动负债哪个数额更大一些？如果你是一个银行家，正在给一家公司发放短期贷款，你希望那家公司的流动资产多还是流动负债多？

问题的答案可在第 110 页找到。

可口可乐公司的资产负债表和其他公司的资产负债表一样，列示了公司的资产和负债。然而，这并不意味着资产负债表包含了有关组织经济资源和义务的完全的、最新的信息。如第 1 章所提到的，选择哪些信息在财务报告中披露涉及相关性和可靠性之间的权衡。资产负债表被批评过于可靠，因为有太多资产是以历史成本而非市场价值进行计量的。还有很多重要的经济资源（比如微软的管理和英特尔的市场主导地位）根本没有被记录。从 FASB 最近的公告可以看出，FASB 正在努力提高资产负债表的相关性。

即使存在一些局限性，资产负债表仍然是基本的财务报表。实际上，利润表和现金流量表被认为是简单地提供了资产负债表中某些账户的补充信息：利润表提供了一个有关留存收益在某一年度内变化的详细描述，而现金流量表则说明了现金余额变化的详细原因。

本章主要关注资产负债表的优点及局限性，并描述公司如何报告它们的资产、负债和所有者权益。本章也介绍了一些财务比率，利用它们可以分析资产负债表，同时本章还概述了财务报表附注中所含的信息类型。

资产负债表要素

1 描述资产负债表的专用要素（资产、负债、所有者权益），编制一张资产负债表，将资产和负债合理地划为流动性项目和非流动性项目两类。

WHY 资产和负债的确认与计量是会计实务的基础。它们经常被分为流动性项目和非流动性项目，从而一个财务报表使用者能够据此评价公司履行到期义务的能力。

HOW 概念定义、传统会计实务以及在某些情况下特殊的会计准则决定了经济事项应该在什么时候被记录为资产和负债。流动性项目是那些将在一年内使用和支付的项目。将资产和负债按流动性分类时，关键是看管理层意欲如何使用一项资产以及期望何时偿还一笔负债。

1066 年哈斯廷斯战役胜利 20 年之后，征服者威廉完成了一项有关英格兰所有财产的皇家调查。下面是战败的盎格鲁-撒克逊人对这次调查的描述：

> 他将分布在英格兰各地的手下派到每一个郡，并让他们找出各郡有几百张兽皮，或是在这个国家，国王到底拥有什么样的土地和牲口，或是未来 12 个月里他应该从郡里收缴些什么。同时，他记录着他的大主教、主教、修道院长以及男爵们拥有多少土地，还有其他在英格兰拥有土地的人们有多少土地或是牲口，这些土地和牲口值多少钱。

这项调查彻底震慑了英格兰人民，它被称作是“末日审判书”。因为这使他们预料到了最后判决时的最终清算。[①]

由于最初的末日审判书也包括了一张列有英格兰人民所有义务或负债的清单，它可以构成一张英格兰 1086 年的资产负债表。**资产负债表**是一张反映一个组织在某一个时点的**资产**和**负债**的清单。资产与负债之差被称作**所有者权益**。所有者权益可以看作组织所有者们真正拥有的资产数额或是组织偿还负债后剩下的资产数额。资产负债表是基本会计公式[②]的一种表达：

资产 ＝ 负债 ＋ 所有者权益

本书第 1 章中有资产负债表三要素的准确定义。表 3-2 重复了这些定义。

① Elizabeth M. Hallam, *Domesday Book Through Nine Centuries* (Thomas and Hudson, 1986), pp. 16,17.

② 基本会计公式可以简单表达为：资产 = 负债 + 所有者权益。它也可以变换为：所有者权益 = 资产 - 负债。注意它和爱因斯坦著名公式 $E = mc^2$ 的相似之处。研究人员并不那么走运，到目前为止他们还没有发现一个可以统一物理学与会计学领域的潜在联系。

表 3-2 资产、负债和所有者权益的定义

资产负债表

资产	负债
企业过去的交易或事项形成的、由企业拥有或控制的可以带来未来经济利益流入的资源	企业过去的交易或事项形成的、未来会以转移资产或提供服务的方式导致可能的经济利益流出的一种现时义务
	所有者权益
	企业资产扣除负债后由所有者享有的剩余权益。在企业里,也称为股东权益

资料来源:*Statement of Financial Accounting Concepts No. 6*, "Elements of Financial Statements," pars. 25, 35, and 49。

这里简要讨论一下这些定义中包含的几个关键词汇和短语。

- 可能的:与常识相反,会计不是一门精确科学。商业充满了不确定性,在资产和负债的定义中包含"可能的"这个词语就承认了这种不确定性。
- 未来经济利益:尽管资产负债表总结了过去交易或事项的结果,但它的主要目的是有助于预测未来。因此,资产负债表仅包含能够暗示未来的资产和负债。
- 拥有的或控制的:会计人员有种说法,"实质重于形式",这是说财务报表应反映根本的经济实质,而不是表面的法律形式。如果一家公司有效地控制着与一个项目有关的未来经济利益,不论是否合法拥有,那个项目都是一个合格的资产。
- 义务:这个项目不仅包含法律承诺,而且包含道德、社会及暗含的义务。"实质重于形式"的说法在这里同样适用。
- 转移资产或提供服务:大多数负债包含一项在未来转让资产的义务。然而,提供一项服务的义务也是一项负债。例如,在收到你的学费支票后,你的学校将有义务为你提供最好的教育。
- 过去的交易或事项:资产和负债是由已经发生的交易或事项带来的。假设一家公司在 5 月份承诺支付给一名将于 6 月份开始参加暑期实习的学生 4 000 美元。如果这家公司宣布了破产,这名学生能得到这 4 000 美元吗?不行,因为这笔交易,也就是实际的暑期实习工作并没有发生。[3]

资产包含现金、应收款项以及金融工具中的投资等项目,也包含能提供未来经济利益的费用。例如,采购存货、设备和专利的花费预期将在未来期间帮助企业产生收入。大多数资产以历史成本计量。然而,正如第 1 章和本章后面部分所提到的,有些资产是以重置成本、市场价值、可变现净值以及未来现金流量的现值计量的。

③ 有些情况下,交易是否发生很难判断。例如,如果这个学生签了一份合同,规定无论是否做了任何工作,他都将得到 4 000 美元,那么签订合同本身就为这个学生创造了一项资产,而给公司带来了一笔负债。这一问题在确定合适的长期租赁会计处理方法时非常重要。

> **思考**
>
> 作为另一种选择，资产可以被定义为企业合法拥有的一切，而负债可以被定义为企业的所有法律义务。以下哪一项不会成为这些法律定义的一个难题？
>
> a）公司将被迫雇用很多律师仔细起草合同，从而得到有利的对资产和负债的会计分类。
>
> b）公司会使用法律技术细节将他们的经济债务隐藏在别的作为法律实体的公司中。
>
> c）这些基于法律的资产和负债的定义会给予 FASB 太多的权利。
>
> d）改变所有权的治理标准会极大地影响对会计中资产和负债的识别。

负债包含可用货币准确计量的义务，比如应付账款和长期负债。其他负债数额必须基于未来事项的预期进行估计。这些类型的负债包括售后质保、养老金义务以及环境负债。

负债总额计量由企业各个债权人所拥有求偿权的资产总额。所有者权益计量企业剩余的资产总额，这些资产由股东所有。所有者权益等于企业的净资产，或是企业资产与负债之差。所有者权益来自所有者投入的资本，随着盈利而增加，随着亏损或向所有者分配而减少。其他影响所有者权益的项目将在本章后面概述。

经过分类的资产负债表

尽管没有必须采用的标准类别，表 3-3 中展示的资产负债表通用框架具有一定的代表性，本章将会采用这一结构。资产负债表项目通常被分为流动性（短期）项目和非流动性（长期）项目。流动性是指多长时间？对大多数公司而言，流动性指一年或一年以内的时间。据此，将在一年内使用掉的资产和将在一年内偿还的负债是流动性项目。当资产和负债被这样分类后，流动资产和流动负债之间的差额就能确定了。这个差额就是企业的**营运资本**——即可在不久的将来用以满足融资需求和应付突发事件的流动性缓冲。

将资产和负债仅仅分为两种类别——流动性和非流动性——的做法在某种程度上是一种主观的分割。财务报表使用者也许会需要一种不同的分割方法。例如，一些使用者在评估一家公司的营运资本状况时会将存货排除。使用者们当然可以自由地以任何他们希望的方式重塑资产负债表。然而，尽管按流动性和非流动性分类包含一些主观性，但是能够反映流动性的这种分类方法在使用者中的流行表明它还是满足了决策有用性的。

流动资产

最常见的**流动资产**是现金、应收账款和存货。如图 3-1 所示，通常的营业周期包含使用现金购买存货、销售存货产生应收账款以及最后的应收账款收现。在某些工业行业，比如采伐业和造船业，这个正常的营业周期要长于一年。当营业周期长于一年时，这个营业周期的时间长度就被用来界定流动资产和流动负债。在实践中，几乎所有的公司都使用一年

表 3-3　已分类资产负债表的类别

资产
- 流动资产：
  - 现金
  - 交易性金融资产
  - 应收账款和应收票据
  - 存货
  - 其他流动资产，例如预付费用
- 非流动资产：
  - 投资
  - 不动产、厂房及设备
  - 无形资产
  - 其他非流动资产，例如递延所得税资产

负债
- 流动负债：
  - 应付账款和应付票据
  - 应计费用
  - 一年内到期的长期义务
  - 其他流动负债，例如预收账款
- 非流动负债：
  - 长期债务，例如应付票据、债券和抵押借款
  - 长期租赁义务
  - 递延所得税负债
  - 其他非流动性负债，例如养老金义务

所有者权益
- 实收资本：
  - 股本
  - 资本溢价
- 留存收益
- 其他所有者权益，例如库存股（减项）
- 累计其他综合收益

作为一个营业周期。④

除了现金、应收账款和存货，流动资产还包括预付费用和投资的某些证券。预付项目和其他流动资产有一点不同，就是它们不会在一年内转换为现金。但是，它们可以节省原本需要支付的现金。预付期超过一年的款项应该划分为非流动资产。

出于在短期内再出售的目的而买入的债务和权益证券（通常称为债券和股票）称为**交易性证券（trading securities）**。交易性证券被归类为流动资产。其他债务和权益证券投资被归类为流动资产还是非流动资产取决于管理层是否有意图将它们在一年或者一个营业周期（以时间长者为准）内转换为现金。⑤

---

④ 不根据营业周期进行项目分类时，一年的时间通常是划分流动性的标准。例如，出售投资性地产而得到的一张 15 个月内到期的应收票据应该被归类为非流动资产，即使一个正常的营业周期大于 15 个月。

⑤ *Statement of Financial Accounting Standards No. 115*, "Accounting for Certain Investments in Debt and Equity Securities" (Norwalk, CT: Financial Accounting Standards Board, 1993), par. 17.

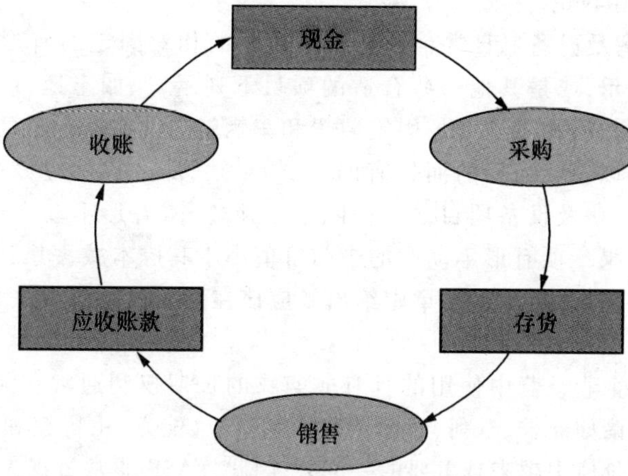

图 3-1　营业周期

流动资产的报告数额是以多种方法计量的。现金和应收账款是以可变现净值数额报告的。因此,应收账款余额扣除了估计的坏账数额。债务和权益证券投资大多数情况下以当前市场价值报告。存货以成本价(先进先出法或后进先出法等)报告或以成本与市价孰低法报告。预付费用是以历史成本报告的。

注意

如流动资产的例子所示,资产负债表并不限定于报告历史成本。

在资产负债表上,流动资产通常排在非流动资产前面,并根据其流动性排列,流动性最强的项目(和现金最接近的那些项目)排在最前面。这种排序是个传统而不是强制要求。大多数公用事业公司和保险公司逆之而为,将生命周期较长的资产放在前面。另外,后面将会讲到,美国之外的公司经常将长期资产放在资产负债表的前面。

读者应当注意不同于传统资产分类方法的一些特例。如果管理层有意图为非流动性目的使用一项资产,那么即使这项资产通常被归类为流动资产,它也应当被划为非流动资产。例如,被限制在非流动性用途(例如用于购买非流动资产或偿还非流动负债)上的现金不应包含在流动资产内。类似地,为了用于来年再出售而持有的土地应当被划分为流动资产。最高的划分标准是管理层意图。

非流动资产

不能够在流动性项目下列示的资产被归类在一些非流动性项目下。非流动资产可能列示在不同的项目下,比如投资,不动产、厂房及设备,无形资产以及其他非流动资产。

投资　为平滑利润、资产增值和所有权控制等长期目的而持有的投资在投资项目下列示。作为投资购买的债务和权益证券,如果管理层不打算在未来一年内出售,那么就归类为长期投资。能够对其他公司的行为产生影响或控制的股票购买要用权益法核算,这将在《中级会计学:应用篇》第 14 章中讲述。这些投资被归类为长期投资。投资项目也包含其他一些不同种类的投资,它们并不是直接用于企业经营中,比如投资性地产。许多长期投资以历史成本报告。然而,越来越多的长期资产以市场价值报告。这些与历史成本的偏离将在后面的章节中讨论。

不动产、厂房及设备 日常企业经营中使用的相对固定的有形财产在不动产、厂房及设备项目下列示，或是其他一些合适的项目下列示，比如土地、房屋和设备。土地、房屋、机器、工具、家具、相关配套的固定装置和车辆就包含在资产负债表的这一部分当中。如果一项资产是以投资为目的而持有的，比如土地，那么它就应该被归类为投资而不是列示在不动产、厂房及设备项目之下。除了土地之外，有形不动产通常以成本价减去累计折旧报告。如果一项有形不动产的当前价值小于其成本减去累计折旧后的价值，那么这项资产就发生了减值。第 11 章中给出了应该在何时以及怎样去确认资产减值的指导方法。

无形资产 企业经营中使用的具有非实物的长期权利通常在无形资产项目下列示。这个项目包含了诸如商誉、专利、商标、特许权、版权、配方、租赁权和客户名单。无形资产是许多公司经济价值中越来越重要的一部分，因此，FASB 非常重视无形资产会计。一些无形资产也像有形资产一样要折旧或是分期摊销。然而，许多无形资产并不是在一个系统的基础上进行摊销，相反，我们经常对这些无形资产进行测试来确定它们是否发生了减值。第 10 章和第 11 章对无形资产会计有进一步的详细介绍。

> **补充**
>
> 当对一家公司的投资代表了那家公司的多数股权时，资产负债表上并不列示这一单项投资，而是将这些被投资公司的所有资产和负债都包含在或是合并到资产负债表内。

其他非流动资产 那些不适合列示在前面提到的任何一个项目下的非流动资产可以列示在通用项目“其他非流动资产”下，或是分别列示在特殊的解释性项目下。这些资产包括长期预付员工款、长期应收款、税务机构及公用事业公司寄存款和递延所得税资产。当纳税期内的应税收入超过报告收入，并且这个差额预计将在未来期间“消除”时，**递延所得税资产**就产生了。递延所得税资产的一个常见来源是大规模重组费用（包括资产价值的减记和迁移义务的确认），它并不符合税收抵减的条件；递延所得税资产反映了当重组费用要素在未来可以抵税时的预期税务利益。计算和报告递延所得税资产既有些复杂，也很有趣（《中级会计学：应用篇》第 16 章将会讲解）。

流动负债

流动负债是那些预计将以流动资产或者举借新的流动负债偿还的义务。通常，如果能够合理预期一笔负债将在 12 个月内被偿还，那么它就被归类为流动负债。像应收账款一样，那些正常运营活动产生的负债即使不准备在 12 个月内偿还，但只要它们在一个营业周期（也许超过了 12 个月）内被偿还掉，就仍然可以被归类为流动负债。

除了应付账款和短期借款，流动负债也包括应计费用。常见的应计项目包括薪金、利息和应交税费。流动负债这一项也包含了将在一年内到期的长期债务。

流动负债一般不包括以下经常被当作流动类的项目。

- 以非流动偿债基金清偿的债务。**偿债基金**是由那些累积起来专门用于偿还某一特定贷款的现金和投资性证券组成的。如果偿债基金被归类为非流动资产，那么和它相联系的债务也将被归为非流动类。

补充

国际准则对于再融资短期债务的分类稍有不同。根据国际会计准则第 1 号，只有在资产负债表日而不是资产负债表定稿日之前重新融资，再融资短期债务才能被归类为长期债务。FASB 正在考虑采用这一更加严格的限制条件。

• 再融资短期债务。如果一笔短期借款预期将会重新融资（利用一笔新长期借款或是股票发行）或是以一笔替代借款偿还，那么即使这项短期借款将在一年内到期，它也不会动用现有的流动资产。为了反映这种情况的经济实质，这种借款只要满足以下两点就不能被归为流动负债：一是公司意图为这项借款融入长期资金，二是公司的意图能够被资产负债表日到财务报告定稿之间的实际融资行为所证实，或是被一项明确的再融资协议所证实。[6]

要求即付债务　当一笔负债可由债权人要求即付时，就会产生分类问题，因为这时很难确定将在何时偿还债务。**要求即付债务**是一旦有要求就应当偿付的债务，因此它没有指定的到期日。如果一项协议的条款特别规定一笔债务在被要求时就要偿还，或是在资产负债表日后一年内转为被要求时就要偿还的债务，那么这项债务就应当被归类为流动负债。[7]

一笔借款变为要求即付借款是因为借款人违反了借款协议的条款。借款协议中规定了特定违约情况（例如没有连续支付利息）的发生可以使一笔借款立即变为要求即付借款，这类条款称为**无条件提前偿付条款**。如果资产负债表日存在这些违约情况，那么相关联的负债就应被归类为流动负债，除非债权人同意放弃立即收回借款的权利，或是在财务报告发出日之前这种违约行为得到了改正（例如支付了利息）。

在某些情况下，债务协议并不特别规定在什么情形下一笔负债会变为要求即付的，但它却指出一些允许债权人将到期日提前的普遍条件。这种类型的规定称为**有条件提前偿付条款**，因为对条款的违反不能够客观确定。这类条款中具体措辞的例子有“如果债务人没有维持令人满意的运营……”或者“如果发生了一个重大的不利变化……”如果该条款被认为是很有可能的，那么该笔债务就应被归类为流动负债。如果该条款被认为仅存在合理的可能性，但不是很可能，那么只需要一个附注进行披露即可，并且该负债继续被归类为非流动负债。[8]

非流动负债

不能合理预期将在 12 个月内（或是在大于 12 个月的营业周期内）偿还的负债被归类为非流动负债。非流动负债通常在不同的项目下列示，比如长期债务、长期租赁债务、递延所得税负债以及其他非流动负债。

长期债务　不需要流动资金偿还的长期票据、债券、抵押借款及类似的债务一般列示在资产负债表的长期债务项目下。

长期债务以折现后的现值报告，这个价值最初由债务发行的收益来计量。当借到的金

⑥ *Statement of Financial Accounting Standards No. 6*, “Classification of Short-Term Obligations Expected to Be Refinanced” (Stamford, CT: Financial Accounting Standards Board, 1975).

⑦ *Statement of Financial Accounting Standards No. 78*, “Classification of Obligations That Are Callable by the Creditor” (Stamford, CT: Financial Accounting Standards Board, 1983), par. 5.

⑧ *FASB Technical Bulletin, 79-3*, “Subjective Acceleration Clauses in Long-Term Debt Agreements” (Stamford, CT: Financial Accounting Standards Board, December 1979), par. 3.

额不等于最终需要偿还的金额(称为到期价值)时,那么到期价值中将包含一个作为调整项的折价或者是溢价,从而保证这项负债是以折现后现值报告的。折价应当从报告的负债金额中减掉,而溢价应当加到报告的负债金额之中。

当之前被归类为长期债务的票据、债券或是抵押贷款将在一年内到期时,它们应当被重新归类为流动负债,除非像前面讨论过的该项债务将得到重新融资,或是将由一笔非流动基金偿还。

长期租赁债务 一些不动产、厂房和设备的租赁通过财务上的精心设计,才能够主要靠举债购买。FASB 设定了标准,规定了哪些租赁要按购买或融资租赁确认,而不是按普通的经营租赁确认。在融资租赁会计中,将最低租赁付款额现值归类为长期债务。该现值中将在下一年到期的部分被归为流动负债。一些公司报告的长期租赁债务经常因为它没有包含什么而不是包含了什么从而显得更加有趣。例如,连锁超市 Albertson's 公司 2006 年 2 月 2 日的融资租赁最低付款额现值是 8.56 亿美元,而同一时间该公司的经营租赁最低付款额现值(此数额不包括在资产负债表内)将近 51 亿美元。请耐心一些,在《中级会计学:应用篇》第 15 章你将学到更多有关租赁的内容。

递延所得税负债 几乎所有大公司的资产负债表里都有**递延所得税负债**。这项负债可以被认为是预期将要在未来年份里支付的所得税,它们所对应的利润已经包括在利润表里,只是由于税法的缘故,这些所得税还没有被征收。该负债使用在未来征税期间适用的所得税税率来计算。然而,由于该负债不是以现(折价)值报告,所以一些分析师在评估一家公司的债务状况时就不予考虑。递延所得税负债会计非常复杂,并且是一个有着相当多争论的领域。

其他非流动负债 那些不适合在前面提到过的项目下列示的非流动负债可以列示在这个通用项目下,或是分别列示在其他特定的解释性项目下。这类长期债务的例子包括养老金计划和长期合同提前收款所产生的债务。

或有负债 过去的行为和环境也许会造成可能的未来负债,尽管在资产负债表日该项义务并不存在。这些潜在的要求就是**或有负债**。它们是潜在的义务,包含了不确定性,这种不确定性会导致可能的损失。只有当未来事件发生或没有发生时,这种不确定性才会被解决。或有负债的一个典型例子是联名签署合同中担保人的义务。联署担保人没有现时义务,但也许会有未来义务,这取决于借款人是否违约。

或有负债的确认是根据管理层对或有债务变为一项实际债务的可能性的判断来确定的。如果认为一笔未来支付很有可能发生,那么就应当借记一个损失账户,贷记一个负债账户,从而确认这笔负债。如果未来支付可能发生,则要在财务报表附注中披露这种损失发生的可能性。如果未来支付的可能性较小,则不必进行会计处理。[9]

> **注意**
>
> 这个描述似乎使得或有事项会计看起来十分简单,但是"很有可能"和"可能"代表了非常复杂的概念。例如,到底一项未来事件(比如明天的一场暴风雨)什么时候会从可能发生变为很可能发生?

或有负债不同于预计负债。**预计负债**是资产负债表日能够确定的债务,只是金额不能确定并且需要估计。预计负债的例子包括养老金、售后质保和递延税。有些负债同时包含了或有负债和

⑨ *Statement of Financial Accounting Standards No. 5*, "Accounting for Contingencies" (Stamford, CT: Financial Accounting Standards Board, 1975), pars. 8—13.

预计负债的特点。一个典型的例子是公司的环境清理成本义务。在许多情况下，直到法庭确认其义务前，公司都不确定其是否对环境破坏负有责任。然而，即便清理义务被核实，要估计这一义务的金额也十分困难；清理工作通常延续许多年，其他同时造成污染的公司所要承担的成本数额并不确定，政府环境法规也可能会随时改变。如果无法合理估计一项债务，它就不能被确认为资产负债表里的一项负债，但要在财务报表附注中披露该债务的类型。《中级会计学：应用篇》第 19 章包含了或有负债和预计负债会计的更多细节。

思考

流动/非流动分类方案只是将资产和负债分为两组的一种方法。下面是三种可选的二分类方案。哪一种对下面不同的使用者最有用？(1) 一位试图将公司的核心业务和同类公司的核心业务相比较的财务分析师；(2) 一位关心海外经营迁移的美国国会议员；(3) 一位试图估计公司当前市场价值的分析师。

a) 位于美国境内的部分和位于非美国国家的部分；

b) 用于主要业务的部分和用于次要业务的部分；

c) 以当前公允价值计量的部分和基于其他计量属性的部分。

所有者权益

报告所有者权益的方法因企业类型的不同而变化。企业通常分为三种类型：**独资公司**，**合伙公司**和**股份公司**。⑩ 在独资公司里，资产里的股权部分是以一个单独的资本账户报告的。这个账户的余额是股东投资、撤资和企业过去的盈利、损失累计的结果。在合伙公司里，每位合伙人都有自己的资本账户。资本账户余额代表了每位合伙人的投资、撤资额，以及过去由他享有的利润和分担的损失，因此该余额衡量了合伙人在企业资产中享有的个人权益。

在股份公司里，资产和负债的差额被称为**股东权益**或是所有者权益。在资产负债表中列示所有者权益时，区分了股东投入的原始资本，即**实收资本**，以及利润产生的权益，即**留存收益**。

大多数对财务报告的分析计算使用股东权益总额，而不区分实收资本和留存收益。然而，出于某些目的，这种区分将会十分重要。历史上，公司依法分配的现金股利不能超过留存收益余额。这一法律限制在大多数州已经被放宽，但是留存收益余额仍然被看作现金股利发放的一个非正式上限。

实收资本 实收资本通常分为两部分进行报告：(1) **股本**；(2) **资本溢价**。资产负债表上报告的股本数额通常反映了发行的股份数乘以每股面值或者每股指定价值。历史上，面值就是股份发行时的市场价值。在股东投资额小于股票面值的情况下，法庭有时认为股东对于公司资源不够偿付债权人的部分负有有条件的法律责任。如今，大多数股票以低面值发行或无面值发行，股票面值已经不太重要了。

股本的两种类型是**优先股**和**普通股**。通常，每年要支付优先股股东固定数额的现金股利，而且如果公司破产，优先股股东有更高的概率收回他们的投资。⑪ 普通股股东是公司的

⑩ 除了这三种常见类型外，还有很多混合类型。其中的一些包括有限合伙公司、S 型股份公司以及有限责任公司(LLCs)。通常，这些公司按合伙公司交税，但是具有股份公司的一些有限责任优势。所有的大型会计师事务所都是有限责任合伙制公司(LLP)，这样可以避免未卷入纠纷的合伙人收到客户针对个别合伙人的法律诉讼。根据 IRS 的记录，大约 72% 的美国企业是独资公司。

⑪ 实质上，优先股是一种具有某些债务优点的投资工具：定期支付，没有董事会的选举权，破产清算时相对于普通股的优先权。金融才俊们正在创造越来越多同时含有债务和权益特点的证券，而会计难题是将这些证券放在什么地方报告。《中级会计学：应用篇》第 13 章将会更充分地讲解债务和权益的区别。

真正所有者，他们投票选举董事会，并在公司资产满足所有债权人和优先股股东的要求后，享有剩余部分的法定所有权。出于会计处理的目的，当一家股份公司发行了不止一种股票时，这些股票将按种类分别报告。

资本溢价代表了股东投资额超过股本面值的部分。资本溢价同样受到许多不同类型交易的影响，这些交易包括股票回购、股票股利、股票注销和股票转化。从某种意义上来说，资本溢价就是权益部分的“垃圾桶”。

留存收益 以前会计期间没有分配的收益数额就是留存收益。股利或是亏损超过盈利就会使得留存收益余额为负，这被称作**赤字**。就像《中级会计学：应用篇》第 13 章里讲的，股票注销和股票股利的发放也会减少留存收益。图 3-2 中列示了一些有着大额正的或负的留存收益余额的美国公司。

公司名	留存收益
埃克森美孚	$228 518
花旗集团	121 920
通用电气	117 362
Qwest 通讯	–43 084
JDS Uniphase	–67 451
时代华纳	–88 579

图 3-2 2007 年大额正的或负的留存收益余额（单位：百万美元）

资料来源：标准普尔 COMPUSTAT。

部分留存收益有时被报告为受限制和不作为现金股利发放基础的留存收益。这可以确保公司不会过度发放现金股利，以至于向债权人还款和支付其他计划支出的能力成为问题。对留存收益的限制可以成为借款协议的一部分，或是自愿地被一家公司采用（称为拨款）。这些限制通常在财务报表附注中披露。

其他权益 除了实收资本的两种主要类别以及留存收益外，资产负债表中的权益部分还可以包含其他两个项目：库存股和累计其他综合收益。这些将在后面的章节详细讲述，这里仅作简单的介绍。

> **补充**
>
> 那些对炒股技巧感兴趣的人可以购买那些宣布要购买库存股的公司的股票。一般在宣布之后的三到四年内，这类公司的股票会比整体市场表现得好。

库存股。当一家公司购回它自己的股份时，会计师将这些回购的股份称为**库存股**。库存股可以注销，也可保存并在以后重新发行。当库存股被保存时，回购这些库存股的金额通常被列示为股东权益的一个减项。实质上，股票回购归还了股东的资金。

累计其他综合收益。从 1998 年开始，FASB 要求公司总结除净损益、股东投资和股利分配之外的所有者权益变化。这个被称作**其他综合收益**的总结通常作为所有者权益变动表的一部分由公司来提供。相应的反映这些项目累计总额的资产负债表科目叫做累计其他综合收益。累计其他综合收益中最常见的三种是投资中的某些未实现损益、外币折算差额和衍生金融工具中的某些未实现损益。

可供出售证券的未实现损益。可供出售证券既不是买来立即用于出售,也不是将要永久持有的投资。这些证券在资产负债表上以当前市场价值报告。市场价值波动造成的未实现损益没有包含在利润表里,而是作为一个单独的权益项目列示。⑫

外币交易折算差额。几乎每家美国跨国公司的资产负债表的权益部分都有一项外币交易折算差额。这项差额来源于过去一年里外汇汇率变化造成的外国子公司(以美元计价)的权益变化。《中级会计学:应用篇》第22章中将讲解这些差额。

衍生金融工具的未实现损益。**衍生金融工具**是一种从价格、汇率或是和其他项目相关联的利率的变动上衍生出其价值的金融工具,比如期权或期货。举例来说,一项股票期权因为股票价格的上涨而更有价值,以固定汇率购买外汇的权利也因为汇价走高而更有价值。《中级会计学:应用篇》第19章将要讲到,公司经常使用衍生金融工具来管理它们所面对的价格和汇率的变动风险。一些衍生金融工具价值波动造成的未实现损益作为累计其他综合收益的一部分来报告。

少数股东权益。当一家公司拥有另外一家或多家公司普通股的控制权益(大于50%)时,这组公司的财务成果就被并入一组合并财务报表。合并财务报表的目标就是在一组财务报表中反映母公司拥有或控制的所有子公司的财务成果。在合并资产负债表中,**少数股东权益**代表外部股东对母公司的非全资子公司(不是100%拥有)的权益投资数额。例如,如果母公司拥有子公司80%的股份,那么少数股东权益就是拥有子公司另外20%的股份的外部股东所提供的融资额。少数股东权益作为所有者权益的一部分报告,但它和母公司的所有者权益是明确地分开列示的。⑬

国际储备。关于许多外国公司资产负债表上的权益部分,特别是那些来自深受英国会计传统影响的国家的公司,人们注意到的第一件事就是有关公司"储备"的扩展描述。在我们熟悉的术语中,储备仅仅是在本质上相同的不同权益类别而已,其分类取决于是资本溢价的储备还是限制性留存收益的储备。储备会计非常重要,因为在其他许多国家,现金股利的法定发放额度严格地与各种各样的储备账户余额相关联。常见的储备类科目有重新估价储备和资本赎回准备。

资产负债表上的备抵科目

正如前文所述,许多资产负债表项目以总额列示,而没有反映其实际数额,因此为了反映正确的数额,就需要确认备抵项目的余额。以资产类项目为例,在报告估计的可收回账款净额时,需要从客户账户总额中减掉坏账准备;在报告仍然能够配比未来收入的资产成本时,累计折旧需要从相应的房屋和设备余额中减去。以负债类项目为例,在报告借款的折现价值时,要从借款的到期值中减去一个借款折价。以资产负债表中的股东权益部分为例,在报告总的股东权益时,要将库存股扣除。

这里讲到的作为减项的备抵账户,是正确地报告特定的资产负债表项目所要求的。此外,会计惯例要求一些资产和负债账户互相抵消,以产生一个在资产负债表上报告的净额。

⑫　人们永远不知道争论和妥协会委身于何处。追求会计纯正的人希望将这些未实现损益包含在利润表里。但是那些害怕由这种做法给利润表带来不稳定性的公司(特别是银行)则反对这一做法。将其列为一个权益项目就体现了FASB的妥协。

⑬　*Statement of Financial Accounting Standards No. 160*, "Noncontrolling Interests in Consolidated Financial Statements" (Norwalk, CT: Financial Accounting Standards Board, 2007).

例如,一家公司的资产账户养老金基金要用负债账户养老金债务抵消,只有两者抵消后的净额才会出现在资产负债表上。递延所得税资产和负债也要相互抵消。

刚才讨论的例子是例外情况。而通常的规则是编制资产负债表时不能对资产、负债和所有者权益进行抵消。抵消或是要求净额会显著降低资产负债表的信息价值。如果将抵消发挥到极致,那么资产负债表将只有一行,即权益总额,代表了总资产减去总负债。

资产负债表格式

2 识别资产负债表的不同格式。

WHY 资产负债表项目的顺序安排是为了强调特定的项目和突出重要的关系。

HOW 在多数行业里,资产和负债按流动性排列,现金排在最前面,然后是其他流动性项目。而对于另外一些行业,特别是那些在长期资产上投资较大的行业,排在最前面的是不动产、厂房及设备。

编制资产负债表时,资产和负债的分类顺序可能会变化,但是大多数企业都会把资产和负债按流动性排列以强调营运资本的状况和流动性。这种排序的一个例外是不动产、厂房和设备部分,在这里寿命越长的固定资产越排在前面。表 3-1 中可口可乐公司的资产负债表就是将流动资产和流动负债排在了最前面。

如前面所提到的,在一些行业里,例如公用事业,对机械设备类资产的投资十分重要,以至于将这类资产列示在资产负债表的最前面。同样地,由于长期融资在这些行业里非常重要,为购买机械设备而融到的权益资本和长期债务列示在流动资产前面。为了说明这种报告方法,表 3-4 给出了 Consolidated Edison 公司 2006 年的资产负债表。Consolidated Edison 公司成立于 1884 年,为几乎整个纽约市提供电力服务。

如表 3-4 所示,资产负债表通常以比较报表的形式报告。提供两期或两期以上的比较报表,就可以得到不同资产负债表日之间发生的有关财务变化的本质和趋势的信息。目前,SEC 要求每年向股东提供的财务报告包括至少提供两年数据的资产负债表,以及至少提供三年数据的利润表和现金流量表。

表 3-4 Consolidated Edison 公司

Consolidated Edison 公司合并资产负债表
2006 及 2005 年 12 月 31 日
(单位:百万美元)

资产	2006	2005
公用事业设备,以原始成本计价		
电动设备	$14 775	$13 586
燃油设备	3 233	3 044
蒸汽设备	1 691	1 624
通用设备	1 635	1 541
总计	21 334	19 795
减去:累计折旧	4 583	4 355

（续表）

Consolidated Edison 公司合并资产负债表
2006 及 2005 年 12 月 31 日
（单位：百万美元）

资产	2006	2005
公共事业设备(续)		
净值	16 751	15 440
在建工程	872	771
净公用事业设备	17 623	16 211
非公用事业设备(附注 A)		
生产用设备,2006 年和 2007 年分别减去 1.27 亿美元和 1.02 亿美元的累计折旧	785	810
非公用事业资产,2006 年和 2007 年分别减去 0.36 亿美元和 0.31 亿美元的累计折旧	34	38
持有待售的非公用事业资产	—	52
在建工程	3	1
设备净额	18 445	17 112
流动资产		
现金及临时现金投资(附注 A)	94	81
受限制现金	18	15
应收账款——客户,2006 年和 2005 分别减去 0.45 亿美元和 0.39 亿美元的坏账准备	852	1 025
应计未收收入(附注 A)	122	116
其他应收款,2006 年和 2005 年分别减去 400 万美元和 600 万美元的坏账准备	522	348
燃油,平均成本	56	47
库存汽油,平均成本	253	248
原料及供给品,平均成本	157	130
预付款项	157	434
衍生资产公允价值	122	331
可回收能源成本(附注 A 和 B)	235	221
持有待售的流动资产	—	8
递延衍生品损失	237	9
其他流动资产	139	59
总流动资产	2 937	3 072
投资(附注 A)	366	345
递延费用,监管资产和非流动资产		
商誉(附注 K)	406	406
无形资产,2006 年和 2005 年分别减去 0.34 亿美元和 0.24 亿美元的累计摊销(附注 K)	80	90
预付养老金成本(附注 E)	—	1 474
监管资产(附注 B)	4 176	2 017
其他递延费用和非流动资产	289	332
总递延费用、监管资产和非流动资产	4 951	4 319
总资产	$26 699	$24 848

（续表）

Consolidated Edison 公司合并资产负债表
2006 及 2005 年 12 月 31 日
（单位：百万美元）

所有者权益及负债	2006	2005
所有者权益		
普通股股东权益（参见普通股股东权益表）	$8 004	$7 310
子公司优先股（参见 statement of capitalization）	213	213
长期债务（参见 statement of capitalization）	8 298	7 398
所有者权益总额	16 515	14 921
少数股东权益	41	42
非流动负债		
资本租赁债务（附注 J）	26	30
损坏准备（附注 G）	155	167
养老金及退休福利	737	223
有毒废物堆场清除基金（Superfund）和其他环境成本（附注 G）	292	238
资产弃置义务（附注 Q）	97	94
持有待售的非流动负债	—	9
衍生负债公允价值	97	24
其他非流动负债	48	40
总非流动负债	1 452	852
流动负债		
一年内到期的长期负债	374	22
应付票据	117	755
应付账款	1 126	1 234
客户存款	228	229
应交税费	36	94
应付利息	139	102
应付职工薪酬	79	77
衍生负债公允价值	395	133
递延衍生品利得（附注 B）	6	224
递延所得税——可重新获得的能源费用（附注 L）	96	90
持有待售流动负债	—	12
其他流动负债	321	349
总流动负债	2 917	3 321
递延贷项和监管负债		
递延所得税和投资减税（附注 A 和 L）	4 095	3 644
监管负债（附注 B）	1 644	2 062
其他递延贷项	35	33
总递延贷项和监管负债	5 774	5 739
所有者权益和负债总额	$26 699	$24 848

国外资产负债表的格式

国外资产负债表通常将不动产、房屋及设备和无形资产列在前面。此外，国外的资产负债表经常将流动资产和流动负债列示在一起，并将两者的差额列为净流动资产或营运资本。这种报告流动项目的方法反映了一个商业现实，即开办一家公司的老板需要融入长期资金（长期借款和股权资金）来购买长期资产以及部分不能从流动负债中获取资金购买的流动资产。例如，如果一家公司通过赊账购买所有的存货，而且存货的供应商会等到公司的存货全部销售并收到现金后才收账，则购买最初的存货时就不需要长期资金。

> **思考**
>
> 利用表 3-5 中的信息，计算英国电讯公司 2007 年 3 月 31 日的总资产。
>
> a) 185.59 亿英镑
>
> b) 430.99 亿英镑
>
> c) 245.40 亿英镑
>
> d) 210.52 亿英镑
>
> e) 326.30 亿英镑

表 3-5 提供了一张典型的国外资产负债表，它是英国电讯公司 2007 年 3 月 31 日的资产负债表。除了前面已经提到的不同之外，这张表还反映了美国资产负债表和国外资产负债表的一些其他不同之处。其中最明显的是术语上的不同。然而，只要稍作思考再加上一点会计直觉，就可以看出“ordinary shares”是指美国的“common stock”，“股本溢价”就是我们的“资本溢价”，等等。而更加实质性的区别从表 3-5 中不容易看出来，它们产生于国际会计方法的不同。例如，16.83 亿英镑的递延所得税负债（包含在“负债和费用准备”中）是基于预期将在可预见的未来需要支付的递延税项目计算得出的。如果英国电讯公司采用了美国的 GAAP，就要为“预期将在可预见的未来”这一时点之后需要支付的项目增加 0.74 亿英镑的递延所得税负债。

表 3-5 英国电讯公司 2007 年资产负债表

英国电讯公司资产负债表
2007 年 3 月 31 日

	2007 （单位：百万英镑）
非流动资产	
无形资产	£ 2 584
不动产、厂房及设备	14 997
衍生金融工具	25
投资	246
合营与合资	67
应收账款及其他应收款	523
递延所得税资产	117
	18 559

（续表）

英国电讯公司资产负债表
2007 年 3 月 31 日

	2007 （单位：百万英镑）
流动资产	
存货	133
应收账款及其他应收款	22 815
应收流动税款	504
衍生金融工具	27
投资	3
现金及现金等价物	1 058
	24 540
流动负债	
贷款及其他借款	2 493
衍生金融工具	318
应付账款和其他应付款	6 976
流动税务负债	582
准备金	100
	10 469
总资产减去流动负债	£ 32 630
非流动负债	
贷款及其他借款	£ 6 387
衍生金融工具	992
其他应付款	590
递延所得税负债	1 683
养老保险债务	389
准备金	225
	10 266
所有者权益	
普通股	£ 2 172
股本溢价	8 000
其他储备	758
留存收益	11 400
母公司股东权益总额	22 330
少数股东权益	34
所有者权益总额	22 364
	£ 32 630

另外，由于国际会计准则和美国 GAAP 对售后回租交易的会计处理不同，英国电讯公司将 10.95 亿英镑的租赁债务（与售后回租交易相关）排除在它的负债之外，而在美国

GAAP 下，这项债务是需要报告的。这些区别和其他一些区别的细节会在后续的章节中讲解。在这里需要注意的一点就是，国外的资产负债表和美国资产负债表在格式以及计算资产负债表中数据使用的会计方法上有所不同。

资产负债表分析

3　通过计算财务比率分析一家公司的业绩和财务状况。

WHY　一个单独的报表数字信息含量很少，要想真正理解财务报表，你必须了解数字间的关系。

HOW　计算一个财务比率很简单，就是用一个财务报表数额除以另一个财务报表数额。资产负债表数额间的比率揭示了融资选择和流动性方面的信息。资产负债表数额和利润表数额间的关系能够告诉你一项资产的使用效率到底如何。

对资产负债表项目进行分类和排序是为了使资产负债表更加简单易用。请看表 3-6，并比较虚构的 Techtronics 公司的两张资产负债表。左边的资产负债表仅仅按字母顺序对资产、负债和所有者权益进行了排序，像一张简单的会计账户列表。右边的资产负债表使用了前文描述过的分类和排序方法。请读者来判断哪张表更加简单易懂。

表 3-6　已分类和未分类的 Techtronics 公司资产负债表

Techtronics 公司
资产负债表
2011 年 12 月 31 日

未分类		已分类	
资产		资产	
建筑物及设备		流动资产	
（净累计折旧为 228 600 美元）	$732 900	现金	$52 650
现金	52 650	投资性证券	67 350
无形资产	165 000	应收账款（减去坏账准备）	363 700
存货	296 000	存货	296 000
投资	128 000	预付费用	32 900
投资性证券	67 350	流动资产总额	$812 600
土地	76 300	非流动资产	
其他非流动资产	37 800	投资	$128 000
预付费用	32 900	土地	76 300
应收账款（减去坏账准备）	363 700	建筑物及设备	
		（净累计折旧为 228 600 美元）	732 900
		无形资产	165 000
		其他非流动资产	37 800
		非流动资产总额	$1 140 000
总资产	$1 952 600	总资产	$1 952 600

（续表）

Techtronics 公司
资产负债表
2011 年 12 月 31 日

未分类		已分类	
负债		**负债**	
应付账款	$312 700	流动负债	
应计费用	46 200	应付票据	$50 000
应付债券	165 000	应付账款	312 700
长期债务的流动部分	62 000	应计费用	46 200
递延所得税负债	126 700	长期债务的流动部分	62 000
长期租赁债务	135 000	其他流动负债	28 600
应付票据——流动类	$50 000	流动负债总额	$499 500
应付票据——非流动类	100 000	非流动负债	
其他流动负债	28 600	应付票据	$100 000
其他非流动负债	72 500	应付债券	165 000
		长期租赁债务	135 000
		递延所得税负债	126 700
		其他非流动负债	72 500
		非流动负债总额	$599 200
总负债	$1 098 700	总负债	$1 098 700
股东权益		**股东权益**	
资本溢价	$375 000	实收资本	
普通股	170 000	普通股	$170 000
		资本溢价	375 000
			$545 000
留存收益	308 900	留存收益	308 900
股东权益总额	$853 900	股东权益总额	$853 900
负债和股东权益总额	$1 952 600	负债和股东权益总额	$1 952 600

我们将用 Techtronics 公司的报表数字来说明标准的资产负债表分析技术。这里概述的简单技术也许不能帮助你挑选“优质”股票并变成百万富翁，但这是个开始。据说沃伦·巴菲特只有在“仔细的资产负债表分析”[14]之后才会选择他的投资。

有两种主要的方法来分析资产负债表信息：

1. 资产负债表数额之间的关系；
2. 资产负债表数额和利润表数额之间的关系。

通常的，财务报表数据之间的关系被称为**财务比率**。

资产负债表数额之间的关系

财务比率将一个资产负债表数据与另一个资产负债表数据相比较，从而生成有关公司

⑭ Robert Lenzner and David S. Fondiller, “The Not-So-Silent Partner,” *Forbes*, January 22, 1996, p. 78.

营运和财务结构方面的信息。本文讨论三个例子，分别是流动性、总杠杆和资产构成。

流动性　流动资产和流动负债之间的关系可以用来评估公司的流动性。**流动性**是公司偿还短期债务的能力。很多有极好的长期发展潜力的公司都毁在了流动性问题上面。

衡量一家公司流动性的常用指标是流动比率。**流动比率**是由流动资产除以流动负债计算的。Techtronics 公司的流动比率计算如下：

$$\text{流动比率}:\frac{\text{流动资产}}{\text{流动负债}}=\frac{\$812\,600}{\$499\,500}=1.63$$

一般的经验法则是流动比率低于 2.0 时意味着有可能存在流动性问题。然而，信息技术的进步使得公司能够有效地最小化对持有现金、存货和其他流动资产的需求。结果是，当今那些成功公司的流动比率往往都小于 1.0。请注意，这只不过是经验法则而已，对公司流动性的恰当估计还包括将公司本年和去年的流动比率相比较，以及将公司的流动比率和同一行业其他公司的流动比率相比较。

贷款协议中一般包含了对流动性的最低要求。一个典型的协议会阐明如果借款公司的流动比率低于一个特定水平，那么债权人可以立即声明借款方违约并要求其立即偿还。这种最低流动比率约束迫使借款人保持其流动性，并让债权人越来越确信借款将会得到偿还。当**贷款协议**约束没有被遵守时，债权人通常放弃要求立即还贷的权利，有时用设定更高利率的谈判来替代。图 3-3 包含了一些公司 2006 年的流动比率。可以看出，eBay 和微软相对于其他公司有较高的流动比率。这说明科技行业需要流动性。随着技术的变革，科技行业的公司需要快速适应新的技术，这种能力要求具有流动性。我们也可以看出迪士尼公司的低流动比率。起初，你也许会觉得 0.9 的流动比率低得有些危险，在得出这一结论之前，想一想迪士尼公司的流动资产都是些什么。迪士尼公司有现金和应收账款，但是只有很少的存货。该公司制作电影，运营主题公园，这些经营活动只需要很少的存货。因此，迪士尼公司低流动比率的“秘密”是它快速收回应收账款和将资金再投入到长期生产性资产中去的能力。

	麦当劳	微软	迪斯尼	可口可乐	eBay
流动比率	1.2	2.2	0.9	0.9	2.0
负债比率	46.7 %	42.4 %	47.0 %	43.5 %	19.2 %
资产构成——PP&E*	71.8 %	4.4 %	28.6 %	23.0 %	7.4 %
资产周转率	0.74	0.64	0.57	0.80	0.44
总资产报酬率	12.2 %	18.1 %	5.6 %	17.0 %	8.3 %
权益报酬率	22.9 %	31.4 %	10.6 %	30.0 %	10.3 %

* PP&E=不动产、厂房及设备

图 3-3　一些公司 2006 年的财务比率

另外一个用来衡量公司流动性的比率是**速动比率**，又叫酸性测验比率。这个比率是由速动资产总额除以流动负债总额计算的。速动资产包括现金、投资性证券和净应收款项。Techtronics 公司的速动比率计算如下：

$$\text{速动比率}:\frac{(\text{现金}+\text{证券}+\text{应收款})}{\text{流动负债}}=\frac{\$483\,700}{\$499\,500}=0.97$$

速动比率表明公司用容易转换为现金的资产偿还短期负债的能力。当银行考虑提供 3 个月的短期贷款或是供应商考虑提供短期销售信用时，速动比率能够提供款项被偿还的可能性的信息。Techtronics 公司的速动比率表明该公司每 1 美元的流动负债有 0.97 美元的速动资产为其提供保障。

债权人希望给有着高流动比率和速动比率的公司提供短期贷款,从而确保贷款能够被偿还。然而,保持过高的流动比率是对公司资源的低效使用。拥有过多的投资性证券能提高公司的流动比率和速动比率,让债权人感到舒服,但是用来购买这些过量证券的资金也许可以用来购买卡车或建筑物、偿还贷款,或者仅仅是将现金返还给股东以供他们个人使用。几乎所有的财务比率都存在一个特点,即总有那么一个比率较大地偏离了正常值,或高或低,揭示了可能存在的问题。[15]

注意

过高的流动比率也能表明企业存在问题。过剩的流动资产能导致一个高的流动比率,但它代表了资源的低效利用。现金管理和即时存货系统就是专为保持低水平的流动资产而设计的。

总杠杆 将公司的总负债和总资产相比较能够反映公司使用债务资金为股东投资的杠杆和扩大公司规模的程度。杠杆通常用**负债比率**衡量,以总负债除以总资产计算得出。负债比率经常用来衡量公司偿还其负债的整体能力。凭直觉对负债比率的一个解释是公司资产中用负债购买的部分。Techtronics 公司的负债比率计算如下:

$$\text{负债比率}:\frac{\text{总负债}}{\text{总资产}}=\frac{\$1\,098\,700}{\$1\,952\,600}=0.56$$

换句话说,Techtronics 公司购买其资产所需的资金中有 56% 是借来的。负债比率越高,负债中的一部分不能被偿还的可能性也越大。通常认为负债比率不能高于 50%。同样地,这一标准在不同的行业是不一样的。例如,银行的负债比率很容易就超过了 95%。

请看图 3-3,eBay 公司的负债比率最低,而其他公司的负债比率都在 50% 左右。一般而言,成熟行业里公司的债务额比新兴行业里公司的债务额要高,因为已经证明的公司过往业绩使债权人愿意为其提供更多的债务融资。

资产构成 银行资产的一大部分在金融投资里,要么是贷款,要么是证券。不动产、厂房及设备只组成银行资产的一小部分。相反,电力公用事业公司资产的大部分都是不动产、厂房及设备。一家公司的**资产构成**代表每类资产在总资产中的比例,它在很大程度上取决于公司所在的行业。

资产构成由每项资产的数额除以资产总额得到。例如,要决定 Techtronics 公司资产中建筑物和设备所占的比例,就用下面的公式计算:

$$\frac{\text{建筑物及设备}}{\text{总资产}}=\frac{\$732\,900}{\$1\,952\,600}=0.38$$

Techtronics 公司 38% 的资产以建筑物和设备的形态存在。为了判定这一比例是否合适,需要看看 Techtronics 公司所处行业里其他公司的这一比较数据。例如,我们可以说,Techtronics 可能不是一家电力公用事业公司,因为 Consolidated Edison 公司 2006 年总资产中的 69%(184.45 亿美元/266.99 亿美元)都是不动产、厂房及设备(参见表 3-4)。相似的计算和比较可以在任何一个资产类别里展开。

[15] 营运资金管理包括确保公司没有持有过多的现金、应收款和存货。一个例子是即时存货系统。如果贷款利率是 10%,那么额外的 100 万美元营运资金每年将带来 10 万美元的额外利息费用。

图 3-3 中显示麦当劳公司资产中的很大一部分是不动产、厂房及设备,这并不令人感到惊讶。微软和 eBay 公司只有很少的这类长期资产也不令人感到惊讶。让人觉得多少有些惊讶的是可口可乐公司在不动产、厂房及设备投资上的低水平。然而,正如本章开头所提到的,许多可口可乐公司的瓶装设施是由其子公司拥有的,并不在可口可乐公司的资产负债表上报告。

资产负债表数额和利润表数额之间的关系

比较资产负债表数额和利润表数额的财务比率揭示了公司总体盈利能力和资产使用效率方面的信息。为了便于讲解,假设以下 Techtronics 公司的利润表数据:销售额,400 万美元;净利润,15 万美元。

效率　Techtronics 公司的资产负债表表明该公司有 195.26 万美元的资产。这些资产被有效地使用了吗? 能够衡量公司总体效率的一个财务比率是**资产周转率**,它的计算如下:

$$资产周转率:\frac{销售额}{总资产}=\frac{\$4\,000\,000}{\$1\,952\,600}=2.05$$

Techtronics 公司 2.05 的资产周转率意味着该公司每 1 美元的资产能够产生 2.05 美元的销售额。资产周转率越高,公司使用其资产产生收入的效率也就越高。

如图 3-3 所示,在使用资产产生收入方面,可口可乐公司是 5 个公司中最有效率的。每 1 美元的可口可乐公司资产能够产生 0.8 美元的年收入。

我们也可以用具体资产作类似的计算。一般的原则是,衡量一家公司某项资产是太多还是太少,要将该项资产的金额和一个能够反映与该项资产有关的商业活动金额的利润表项目相比较。例如,评价存货水平需要将存货与当年销售商品的成本进行比较。衡量应收账款、存货和固定资产的具体的效率比率将在后面相关的章节中讲解。

总体盈利能力　Techtronics 公司的净利润是 15 万美元。多不多呢? 这要看情况。如果 Techtronics 公司是邻近地区的一家小型电脑修理公司,15 万美元的净利润就算很多了。如果 Techtronics 公司是一家跨国消费电子公司,只有 15 万美元的净利润就太可怕了。为了能够恰当地衡量盈利能力,必须将净利润和一些对投资规模的衡量相比较。用来衡量公司总体盈利能力的两个比率是**总资产报酬率**和**权益报酬率**。公司购买资产是为了用它们来生产利润。总资产报酬率的计算如下:

$$总资产报酬率:\frac{净利润}{总资产}=\frac{\$150\,000}{\$1\,952\,600}=7.7\%$$

Techtronics 公司的总资产报酬率为 7.7% 意味着 1 美元的资产产生了 7.7 美分的净利润。同所有的比率一样,对这个数字的评价必须考虑 Techtronics 公司上一年的总资产报酬率和同行业中其他公司的这一比率。

从图 3-3 中可以看出微软和可口可乐在盈利能力上比较突出,而迪士尼公司的盈利能力是最差的。微软 18.1% 总资产报酬率和可口可乐 17.0% 的总资产报酬率不是一般的高。

当使用总资产报酬率来评价盈利能力时有一个重要的因素没有考虑在内,那就是杠杆的影响。Techtronics 公司的股东没有必要拿出购买资产所需的全部 195.26 亿美元。他们通过借贷将他们的投资杠杆化。权益报酬率(ROE)衡量了股东实际投资额的百分比报酬率,它的计算如下:

$$权益报酬率:\frac{净利润}{股东权益}=\frac{\$150\,000}{\$853\,900}=17.6\%$$

Techtronics 公司股东每 1 美元的权益投资赚回了 17.6 美分的利润。计算权益报酬率就像量小孩子的体温:这个数字是公司健康情况的概括性指标。通常认为,权益报酬率大大低于 15% 的公司经营能力较差,而权益报酬率持续保持在 15% 以上的公司则经营能力较好。

> **注意**
>
> 低权益报酬率只能说明公司有问题。其他的财务比率才是确定问题本质的诊断工具。

可口可乐的例子说明了有效使用负债对股东是何等的有益。可口可乐的股东在 2006 年从他们的投资中赚取了 30.0% 的回报(见图 3-3),而 eBay 的股东只有 10.3% 的回报。应该注意到,因为 eBay 的负债比率较低,它的总资产报酬率和权益报酬率之间有一个相对较小的差异。

财务报表附注

4 认识到财务报表附注的重要性,列出附注中披露的信息类型。

WHY 财务报表附注包含了会计假设、采用的会计方法以及其他与使用财务报表相关的信息,使用者必须理解这些信息以便合理解读财务报表中的数据。

HOW 财务报表附注包含了以下重要的信息:会计政策的描述,总计数的细节,未达到确认标准的重要项目披露,以及 FASB 和 SEC 标准要求提供的补充信息。

基本财务报表没有提供使用者要求的所有信息。在那些未提供的信息中,债权人和股东需要知道公司采用了哪种会计方法以达到账户的平衡。有时额外的信息是描述性的,并以叙述性的形式报告。在其他情况下,会报告额外的数据信息。为了解读财务报表中的数字并和其他公司做些有用的比较,使用者必须阅读附注并了解适用的假设。

管理层通常将以下类型的附注包含在财务报告里,作为对基本财务报表的支持。

- 重要会计政策的概述。
- 那些支持财务报表(通常是资产负债报表)上总计数的额外信息(数据及描述性的信息)。这是附注中最常见的类型。
- 那些没有在基本财务报表中报告的项目的信息。这些项目虽然没有达到确认标准,但是对使用者的决策仍然十分重要。
- 履行全面披露原则而应 FASB 或 SEC 的要求披露的补充信息。

这些附注被认为是财务报告的必要组成部分,而且需要审计师的审计,除非特地将它们排除在审计范围之外。

重要会计政策概述

GAAP 要求应向使用者披露据以生成财务报表数据的会计准则和会计政策。会计准则委员会(APB)在第 22 号会计准则委员会意见中说道:

> ……发布依据公认会计准则编制的财务报告,意在提供公司的实际财务状况、现

金流量以及经营成果时，一个有关公司所有重要会计政策的描述应当作为财务报告的必要组成部分被包含在内。[16]

会计政策强制披露的例子包括那些与合并报表中包含的子公司相关的会计政策，折旧方法（是否采用直线法），存货计价方法（先进先出法、后进先出法或者是其他方法），任何会计政策的改变，以及特别的收入确认的做法。这类信息通常是附注中的开始部分，或是财务报表附注之前的一个单独总结。迪士尼公司的重要会计政策的总结出现在其2006年的财务报表附注2中，其内容的大部分是FASB前一年发布的新会计准则。公司被要求列出他们第一次采用的会计准则。例如，2006年迪士尼检验了关于所得税不确定性会计的FIN No.48中的条款，附注中描述了这一事实。此外，如果存在的话，公司还被要求列出将来采用的新会计准则会对其财务报告产生的影响。

支持总计数的额外信息

> **补充**
>
> 英国的财务报表通常比美国的财务报表更加紧凑。例如，所有的流动资产和流动负债通常被汇总成一个净额列示，而具体详情则在附注中给出。

为了能够编制一张既简单易懂又足以符合使用者要求的资产负债表，需要添加提供定量信息或是描述性信息的附注以支持退休后福利的数额。例如，资产负债表只提供了不动产、厂房及设备账户和长期负债账户的总计数，这两个项目的细分类别则通常在附注中提供。很多大公司还拥有与租赁、所得税和退休福利有关的附注信息。如果公司有长期租赁，那么租赁的期限以及未来需要支付的款项就在附注中披露。所得税附注指出了公司财务会计账与税务会计账之间存在不同之处的主要领域。税务附注还是可以找到公司实际所得税税额的地方。退休福利附注记录了公司的养老金计划以及退休医疗报销计划。对这一附注的检查揭示了构成资产负债表中单个总计数基础的大量信息。这些内容的例子包括迪士尼公司2006年的财务报表附注8（所得税）和附注9（养老金）。迪士尼公司的财务报告还包括了详细描述其他资产（附注12）和借款（附注7）总计数的附注。

未包含在财务报表项目中的信息

正如第1章所述，财务报表中包含的项目必须符合某项确认标准。即便某个项目不符合在报表中确认的标准，该项目的信息仍可能与财务报告使用者有关。或有损失就是这种项目的很好的例子。前文讲过，如果支付一项或有负债的可能性被估计为“可能”，或者该项或有负债“很有可能发生但是无法合理估计数额”，则不用确认该或有负债，但要在财务报表附注中进行披露。附注提供的信息应该包含尽可能多的数据以供使用者估计或有损失的风险。[17] 按照这个做法，很多大公司都有一个关于他们的未决诉讼的有趣披露。

从概念上来讲，披露不能成为会计确认的一个可供选择的替代。也就是说，如果一个

---

[16] *Opinions of the Accounting Principles Board*, *No. 22*, “Disclosure of Accounting Policies” (New York: American Institute of Certified Public Accountants, 1972), par. 8, as amended.

[17] 公司有时通过在资产负债表上为或有负债设置一个余额为零的项目来强调或有负债的重要性，该项目还有一个指向或有负债附注的索引。

项目符合第1章给出的确认标准,那么它就应该包含在财务报表当中,而不仅仅是在附注中披露。然而,可以回想一下,FASB准则的制定过程被描述为在概念纯洁性和企业实践两者之间"寻找平衡的行动"。这一寻找平衡的行动中的一个工具就是披露,两个典型的例子是股权补偿金会计和衍生金融工具会计。

- 1993年,FASB探索性地要求公司将赠予员工的股票期权的价值确认为补偿金费用。这一决定在实业界引起了不满。FASB在深思熟虑之后决定使用附注披露作为妥协,而不要求对股票期权价值的确认,价值金额仅需在附注中进行披露。在这段仅需提供披露的实践之后,FASB在2004年又决定要求公司确认股票期权费用(2006年起执行)。[18]

- 就衍生金融工具(比如期权、期货、掉期以及其他特别的金融合约)而言,FASB要求大量的披露来满足公众对更多的衍生工具信息的需求(这一需求也被SEC的要求所支持)。[19]在FASB拟建立一个确认准则(在FASB第133号公告中达成)的考量下对这一议题进行深入研究之时,要求披露的做法只是一个临时的应急措施。

> **思考**
>
> 在分析一家公司时,使用者会在意他们是从财务报表还是从财务报表附注中得到信息的吗?问题的答案是"对的,在某些情况下"。为了更好地理解这一点,请指出在以下哪种情况下财务分析师最有可能偏好确认信息而不是披露信息。
>
> a) 分析师在对一家公司进行详细的财务报表分析。
>
> b) 分析师在对两家公司进行详细的财务报表比较。
>
> c) 分析师在对来自12个不同行业的50家公司进行简要的分析。

2001年和2002年曝出的安然丑闻(见第1章)中包含的会计争议之一就是其财务报表附注中的披露不足。例如,有一家用来掩盖安然公司10亿美元投资亏损的投资合伙企业LJM2,它的存在就没有在安然公司的财务报表附注中披露,而只是出现在管理层声明书(会在召开年度股东大会之前寄给所有的股东)中三段简单的文字里。

补充信息

FASB和SEC要求必须在独立的部分报告补充信息。例如,FASB要求某些公司披露季度信息。尽管这些附注中的信息对使用者很重要,但它也许并没有经过审计师的审计。没有经过审计的附注被标为"未审计"。

另外一种补充信息是商业分部信息。对于那些有跨区域经营分部的公司,分部信息给出了不同地区分部的经营成果。例如,可口可乐公司报告它的净经营收入中只有29.1%来自于北美。有多条生产线(例如百事公司,在软饮料和快餐领域有大量的商业分部)的公司,还要提供不同生产线的分部信息。[20]

除了FASB的要求外,SEC也要求那些在其管辖下的公众公司披露财务报表信息的补

---

[18] *Statement of Financial Accounting Standards No. 123* (revised 2004), "Share-Based Payment" (Norwalk, CT: Financial Accounting Standards Board, 2004) and *Statement of Financial Accounting Standards No. 123*, "Accounting for Stock-Based Compensation" (Norwalk, CT: Financial Accounting Standards Board, 1995).

[19] *Statement of Financial Accounting Standards No. 119*, "Disclosure about Derivative Financial Instruments and Fair Value of Financial Instruments" (Norwalk, CT: Financial Accounting Standards Board, 1994).

[20] *Statement of Financial Accounting Standards No. 131*, "Disclosures about Segments of an Enterprise and Related Information" (Norwalk, CT: Financial Accounting Standards Board, 1997).

充信息。例如,如果一家公司不动产、厂房及设备的数额较大,SEC 则要求该公司提供不动产、厂房及设备账户余额和累计折旧余额变化的详细信息。SEC 同样要求披露短期借款数额变动额和年度短期贷款平均利率的详细信息。

资产负债表日后事项

虽然资产负债表是以具体某一天为截止日期进行编制的,但是在财务报表发出并可由外部使用者获得之前一般有一到三个月的时间。例如,SEC 要求大型公众公司在其财政年度结束后 60 天内签发其财务报表。在这期间,公司会分析账户、编制调整分录,而且大多数公司会完成独立审计。在这个"资产负债表日后时期",当会计师们忙于账目的时候,经营并不会停止。经营持续的时候,能对上一年资产负债表和其他基本报表产生影响的事项也会发生,其中的一些事项甚至会影响报表中报告的金额。这些事项在会计文献中被称为**资产负债表日后事项**。图 3-4 说明了这一资产负债表日后时期。

	资产负债表日		资产负债表发布日
财务报告期间		资产负债表日后期间	

图 3-4 资产负债表日后事项间隔时间

有两类资产负债表日后事项需要管理层的考虑,并需要由独立审计师评估。[21]

- 需要追溯调整并由此影响前一会计年度报表金额的事项。
- 不需要调整但要在财务报表附注中披露的事项。

第一种资产负债表日后事项通常提供影响财务报表金额的附加信息。坏账准备、售后质保和应交所得税等一些账户中报告的金额反映了对预期金额的估计。这些估计是基于特定日期的可获得信息得出的。如果一项资产负债表日后事项提供的新信息表明资产负债表日存在的情况和那些进行估计时假定的情况不同,就需要对资产负债表金额进行更改。

为了说明这类事项,假设资产负债表日后一个月,公司获悉一个主要的客户已经递交了破产申请。由于在资产负债表日并不知道这件事,公司在确定坏账准备金额时只作了一般的假定。无论如何,客户在资产负债表日已经陷入了财务困境,但这并不广为人知。递交破产申请表明资产负债表日和编制财务报表时的假设情况不一样,同时也表明需要对资产负债表和利润表进行进一步的调整。

第二种资产负债表日后事项并没有表明资产负债表日的情况有所不同,但它包含了一项被认为是很重要的事项,该事项的披露和财务报表使用者高度相关。这些事项通常会影响后续年度的财务报表,因此可能会影响使用者当前所做的决定。这类事项的例子包括公司相当大一部分资产的损坏,对一个主要子公司的收购,重大金额债券或股本的出售,以及由于资产负债表日后发生的情况导致的应收账款损失。这类事项的信息包含在财务报表附注中并提醒使用者这类事项会影响报表的预测价值。

公司报告中最常见的资产负债表日后事项包括债务再融资、债务减免、筹措大额新债务、相关诉讼在资产负债表日后的新进展、要约并购的情况变化等。当然,在资产负债表日

[21] *AICPA Statement on Auditing Standards No. 1*, *Codification of Auditing Standards and Procedures*, *Section 560*, "Subsequent Events," pars. . 02—. 05.

后期间发生的许多商业事项只和下一年相关,因此对上一年的财务报表没有影响。

作为资产负债表日后事项披露类型的一个例子,下列事项包含在福特汽车公司2006年的财务报表第28号附注当中:

- 2007年第一季度期间,管理层承诺将出售全部或部分全资子公司 Aston Martin Lagonda 公司,该项交易预计将在2007年上半年通过出售股份完成。
- 同样在2007年第一季度,管理层承诺出售全资子公司汽车保护公司,该项交易预计将在2007年上半年完成。
- 接受了提前退休或剥离等一揽子交易的福特北美公司小时工预计将于2007年9月之前离开公司,尽管工人们有机会在离开之前反悔。截至年底,已有将近1 700名工人放弃提前退休,这将使2006年的税前费用减少1.5亿美元。

资产负债表日后事项的国际会计做法 IASB发布了第10号国际会计准则(IAS 10),专门规定资产负债表日后事项的会计处理。这项1974年9月发布、2003年9月修订的准则与美国的准则大致相同。特别地,IAS 10要求,如果资产负债表日后发生的事项为资产负债表日存在的情况提供了额外信息,那么公司就应当调整资产和负债的报告金额。此外,IAS 10还要求披露那些没有对资产负债表报告金额产生影响的重要资产负债表日后事项。

资产负债表的局限

5 理解资产负债表的主要局限。

WHY 在使用者能够恰当地使用资产负债表所包含的信息之前,他们必须理解这些信息暗示了什么,以及同样重要的是,这些信息没有暗示什么。

HOW 资产负债表通常不能准确地反映公司的价值。其原因包括:使用历史成本而不是公允价值,将一些经济资产排除在资产负债表之外,以及没有根据通货膨胀作出调整。资产负债表价值和市场价值之间的差异包含在净值市价比率(权益账面价值除以权益市场价值)当中,该比率通常小于1.0。

尽管非常有用,但是资产负债表还是存在一些严重的局限。外部使用者通常需要知道一家公司的价值,然而,资产负债表一般无法反映公司的当前价值。净值市价比率是股票市场追随者们喜欢的一个比率,它由权益账面价值除以权益市场价值得出。**净值市价比率**反映了公司资产负债表价值与公司实际市场价值之间的差异。[22] 公司的净值市价比率几乎一直低于1.0,因为许多资产是以历史成本报告的,而历史成本往往小于市场价值,并且其他一些资产根本就没有包含在资产负债表里面。此外,许多无形资产未在资产负债表中确认,比如优质的产品或客户服务。因此,资产负债表数字往往很难反映一家公司的价值。

图3-5显示了1924年到2008年间构成道琼斯工业指数的30家公司的平均净值市价

[22] 对股票价格表现的研究发现拥有高净值市价比率的公司在未来几年的表现会超过市场水平。参见 Eugene F. Fama 和 Kenneth R. French, "The Cross-Section of Expected Stock Returns", *The Journal of Finance*, 1992年6月,第427页。没有人知道为什么高净值市价比率的公司会比市场表现得好。一个观点是会计数据只是部分地反映了重要的潜在价值,而高净值市价比率表明市场当前低估了公司的价值。

比率。请注意,净值市价比率从1980年的1.0左右稳定地下降到2008年的0.3左右。这表明,在2008年,道琼斯工业指数成分公司的权益会计账面价值平均只有其权益市场价值的30%。这种低净值市价比率反映了未报告的无形资产和服务不断上升的重要性,也反映出科技公司已经成为美国经济中非常重要的一部分。

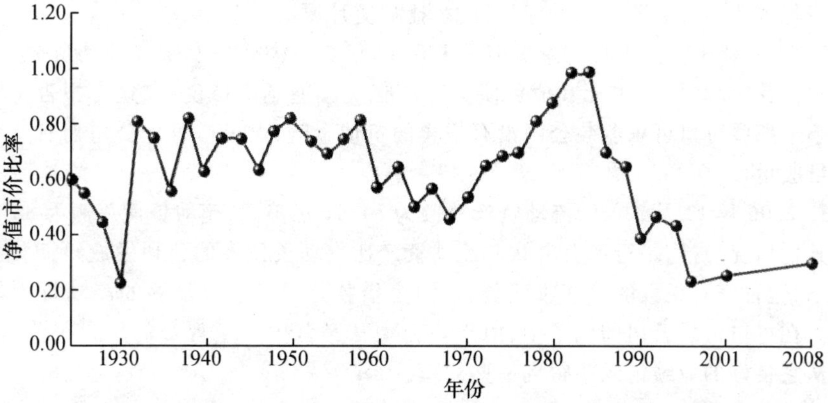

图3-5　道琼斯工业指数成分公司的平均净值市价比率:1924—2008年

资产负债表的一个相关问题是美元的不稳定性,美元是美国境内的标准会计计量单位。由于经济中普遍的价格变化,美元不能维持一个稳定不变的购买力,然而资产负债表上显示的资源和权益的历史成本并没有随着美元购买力的改变而作出相应的调整。结果就是资产负债表反映了以具有不同购买力的货币单位计量的资产、负债和所有者权益。例如,一些要素可能是以1980年的美元价值计量的,而另外一些则可能是以当前的美元价值计量的。资产负债表金额购买力的变化使得公司之间甚至单个公司内部的比较意义都有所下降。

资产负债表的另一个与可比性需求相关的局限是所有的公司对相同项目的分类和报告并不相同。例如,科目和账户的分类在不同的公司不一样;一些公司相对于另一些公司提供更多的详细信息;一些有着明显的类似交易的公司对这些交易的报告却不相同。这些差异使得比较变得困难,而且使资产负债表分析的潜在价值下降。

我们已经讲过,一些实体资源和债务没有在资产负债表上报告。例如,本章开头所讲的可口可乐公司,它的声誉和行销全世界市场是它最有价值的资源之一,但是这些经济资产没有出现在该公司的资产负债表上,因为用货币来衡量它们非常困难。第1章讲到的传统会计模式的假设,特别是对公平交易或者事项的可计量性的要求,增加了资产负债表披露的客观性,但同时使得一些可能与使用者特定决策相关的信息被删掉。

另外一个资产负债表的局限是对表外融资越来越多的使用。实际上,安然丑闻的一个重要方面是其对融资安排的创造性使用(使用了诸如 Rhythms 和 Raptor 的怪异名字),以避免在其资产负债表上报告大额的债务。在表外融资安排中,公司确实是借钱购买一项资产或是资助一项行动(比如研究),但是它能够利用会计准则避免在资产负债表上报告该笔借款。例如,《中级会计学:应用篇》第12章的一节讲述了公司怎样利用合营企业进行表外融资,第15章还会讲到公司在使用租赁为资产购买活动融资时,如何避免在资产负债表上报告相关债务。

开放式场景问题答案

1. 可口可乐公司的原始商标是一项“内部形成”的无形资产。美国的传统会计不在资产负债表中报告内部形成的无形资产的估计价值。可口可乐公司资产负债表里报告的商标价值是该公司过去购买的商标的价值,比如**美汁源**。

2. 2006 年 12 月 31 日的总负债是 130.43 亿美元(88.90 亿美元流动负债 +13.14 亿美元长期借款 +22.31 亿美元其他负债 +6.08 亿美元递延所得税)。这个报告了的负债金额远远小于那些可口可乐瓶装公司没有报告的负债金额,而可口可乐公司拥有这些瓶装公司的大量股份。

3. 2006 年 12 月 31 日,流动资产总额为 84.41 亿美元,流动负债总额为 88.90 亿美元。如果其他情况一样,银行家会喜欢向流动资产比流动负债多的公司发放短期贷款。在这种情况下,银行家有很大的可能收回贷款,因为借款公司已经有足够的流动资产偿还其流动负债。在可口可乐公司的例子中,由于该公司从经营中产生现金的历史很悠久,所以银行家能从它良好的业绩记录中得到一些慰藉。

思考题答案

1. (第 85 页)正确答案是 c。实际上,以法规定义资产和负债将会严重限制 FASB 的影响。FASB 的一个重要权限就是应用概念框架中的定义来确定资产和负债应该在什么时候确认。法规定义将会从 FASB 手中夺走这一权限,并将其交给合同法的制定者。

2. (第 91 页)

(1) 一位试图将公司的核心业务和同类公司的核心业务相比较的财务分析师——b 分类方案。这种分类使分析师可以比较不同公司的核心业务资产和负债。

(2) 一位关心海外经营迁移的美国国会议员——a 分类方案。这种分类使国会议员可以了解一家公司有多少资产和负债在美国境外。国会议员还可以实时了解到海外经营迁移的趋势。

(3) 一位试图估计公司当前市场价值的分析师——c 分类方案。这种分类使分析师可以了解公司有多少资产没有以当前公允价值报告。这使得分析师能够知道公司的市场价值将会在其报告的资产负债表的价值基础上变化多少。

3. (第 97 页)正确答案是 b。总资产是流动资产和长期(固定)资产之和。英国电讯公司 2007 年 3 月 31 的资产总额为 430.99 亿英镑(185.59 亿英镑 +245.4 亿英镑)。请注意,这个总额和资产负债表上的总额不同。资产负债表上的总额是总资产减去流动负债后的数额。

4. (第 106 页)正确答案是 c。当分析师对一个或两个公司进行详细分析时,他可以使用附注披露作任何的财务报表调整。这些调整对于使公司相对于某些基准具有可比性,或是使两个公司的财务报表可比也许是必要的。然而,当牵涉到的公司很多时,这些使用附注披露的详细调整就变得既昂贵又费时。在这种情况下,分析师就希望所有的相关数据都在财务报表当中进行总结和确认。

本章小结

1. 描述资产负债表的专用要素(资产、负债和所有者权益),编制一张资产负债表,将资产和负债合理地划为流动性项目和非流动性项目两类。

资产负债表是一张列示公司在某一个时间点拥有的资产、负债和所有者权益的清单。

- 资产是企业过去的交易或事项形成的,由企业拥有或控制的未来可能的经济利益流入。
- 负债是企业过去的交易或事项形成的,未来会以转移资产、提供服务的方式导致可能的经济利益流出企业的一种现时义务。
- 所有者权益是企业的净资产,也就是总资产减去总负债后的余额。

资产负债表中的资产和负债通常分为流动类和非流动类。流动性项目是那些将在一年内或一个营运周期(以时间长者为准)内使用的资产和偿还的负债。

对资产和负债进行分类时,关键的考虑是管理层意欲何时使用一项资产和何时偿还一项负债。

所有者权益来源于股东投资,净利润使所有者权益增加,而亏损和股利发放则使所有者权益减少。股票回购、未实现的证券损益及外汇汇率波动也会影响所有者权益。

2. 识别资产负债表的不同格式。

美国的大多数行业里,资产和负债是按流动性排列的,流动性项目往往排在前面。而在其他一些行业,特别是有大量长期资产投资的行业,流动性项目不会排在前面。此外,在别的国家,资产负债表的格式会有很大程度上的改变。

3. 通过计算财务比率分析一家公司的业绩和财务状况。

对资产负债表信息的分析经常通过对不同资产负债表金额之间的关系或资产负债表金额和利润表金额之间的关系的研究来进行。财务报表金额之间的关系被称为财务比率。

4. 认识到财务报表附注的重要性,列出附注中披露的信息类型。

财务报表中的信息由解释性附注来支持。附注包括了对会计政策的说明,总计数的详细情况,对没有达到确认标准的重要项目的说明,以及 FASB 和 SEC 标准要求的补充信息。

附注披露有时也和资产负债表日后事项相关。资产负债表日后事项是在资产负债表日和资产负债表发布日之间发生的重要事项。资产负债表日后事项有两种类型,一种需要立即在财务报表中追溯调整,另一种只需要在附注中披露即可。

5. 理解资产负债表的主要局限。

资产负债表通常不能准确反映企业的价值。其原因包括:使用历史成本而不是当前价值,将某些资产排除在资产负债表外,以及没有为通货膨胀作出调整。资产负债表没有衡量企业的市场价值。资产负债表价值和市场价值之间的差异表现在净值市价比率(权益账面价值除以权益市场价值)上,该比率通常小于 1.0。

IASB 概述

主题	美国 GAAP	IASB 准则
即将进行再融资的短期债务的分类	*SFAS No. 6* 如果实际融资行为在财务报告发出之前已经完成，则资产负债表日再融资的短期债务应被划分为长期类	*IAS 1* 再融资短期债务划分为长期类的条件是融资行为必须发生在资产负债表日之前
权益准备	美国资产负债表的所有者权益部分不包含各种准备	权益准备会计在许多非美国家（特别是那些受英国传统影响的国家）非常重要，因为支付现金股利的法律能力和各种准备账户的余额严格关联
资产负债表格式	美国的资产负债表通常将流动资产、长期资产和流动负债放在一起列示，将长期负债和所有者权益放在一起列示	一些非美国家的资产负债表（特别是那些受英国传统影响的国家）将长期资产和营运资金（流动资产减去流动负债）放在一起列示，而把长期负债和所有者权益放在一起列示
资产负债表日后事项	*AICPA SAS No. 1, Section 560* • 如果资产负债表日后发生的事项给资产负债表日已经存在的情况提供了额外的信息，那么就要调整资产和负债的报告金额 • 披露重大的资产负债表日后事项，即使这些事项不影响资产负债表里的报告价值	*IAS 10* 和美国准则一样

关键术语

速动比率
资本溢价
资产
资产构成
资产周转率
资产负债表
要求即付债务
股本
普通股
预计负债
优先股
独资公司
流动负债
流动比率
负债比率
递延所得税资产
递延所得税负债
赤字
衍生品
所有者权益
库存股
营运资金
流动资产
流动性
贷款协议
少数股东权益
无条件提前偿付条款
其他综合收益
实收资本（contributed capital）
合伙制公司

交易性证券
实收资本(paid-in capital)
股份制公司
负债
留存收益
总资产报酬率
净资产报酬率(权益报酬率)
偿债基金
所有者权益
净值市价比率
有条件提前偿付条款
资产负债表日后事项
或有负债
财务比率
杠杆
流动比率

问题

1. 流动资产和流动负债之间的差额衡量了什么?
2. “负债是以准确的货币额为面值的债务。”你同意这一说法吗?请解释。
3. 资产定义中的“很可能”一词的重要性是什么?
4. 资产负债表包含了哪三种要素?
5. 指出在什么情况下以下项目可以被认为是非流动性项目:(a) 现金,(b) 应收款。
6. 将资产划分为流动类和将负债划分为流动类通常各自使用什么标准?
7. 区分或有负债和预计负债。
8. 独资公司、合伙制公司和股份制公司三者的权益部分有何区别?
9. 预期的再融资如何影响一项负债的分类?
10. (a) 什么是有条件提前偿付条款?
    (b) 什么是无条件提前偿付条款?
    (c) 债务工具中的这些条款如何影响一项负债的分类?
11. 在什么情况下备抵账户余额可以在资产负债表上恰当地确认?
12. 资产负债表上的资产通常按什么顺序列示?
13. 股份公司权益部分的三种主要类别是什么?
14. 解释资产周转率怎样衡量公司的总体效率。
15. 哪个财务比率概括了公司业绩的各个方面?
16. 什么是财务比率?
17. FASB 是如何使用附注披露作为折中工具的?
18. 财务报表附注中包含的补充信息的例子有哪些?
19. 财务报表附注的主要类型有哪些?
20. “资产负债表无法反映公司的价值。”你同意这一说法吗?请解释。
21. 在什么情况下一个资产负债表日后事项会导致公司调整上一个报告期的记录?

练习

[练习 3-1] 所有者权益

LO1 使用下面的信息,计算(a) 实收资本总额,(b) 累计其他综合收益总额,以及(c) 所有者权益总额:

普通股资本溢价	$9 000
普通股,票面价值	400
累计折算调整(权益减项),期末	2 000
库存股	700
留存收益(期末)	1 500
可供出售证券累计未实现收益,期末	1 100

[练习 3-2] 或有负债

LO1 公司有以下三项潜在义务。请说出每一项会怎样报告在资产负债表中。

(a) 公司承诺在员工退休后为他们支付固定的养老金。公司不确定员工将要工作多长时间以及他们退休后还能活多长时间。

(b) 公司被一群股东起诉,他们声称被公司的财务报告给欺骗了,公司有可能会败诉。

(c) 公司卷入了一场有关谁该清理本公司一家工厂附近有毒垃圾场的诉讼中。公司很有可能但不确定被要求为清理埋单。

[练习 3-3] 要求即付债务

LO1 公司有以下三项贷款。请说出在本年 12 月 31 日,它们之中的哪项应被划分为流动负债,哪项应被划分为非流动负债。

(a) 贷款 A 将在下一年 7 月 15 号变为债权人可收回负债。

(b) 贷款 B 计划在三年内偿还。此外,贷款协议规定,如果公司的流动比率下降到 1.5 以下,那么该项贷款将变为债权人可收回负债。12 月 31 日,流动比率是 1.8。

(c) 贷款 C 计划在三年内偿还。此外,贷款协议规定如果公司的"整体财务状况有重大恶化",那么该项贷款将变为债权人可收回负债。12 月 31 日,这一条款有合理的可能性被引用。

[练习 3-4] 资产负债表格式

LO2 下面是一张标准的美国格式的资产负债表。按标准的英国格式重新排列这张资产负债表。不要担心术语上的差异,使用美国的项目名称,但是按英国的格式排列它们。

流动资产:	
现金	$500
存货	2 000
流动资产总额	$2 500
非流动资产:	
不动产、厂房及设备	$8 000
长期投资	1 700
非流动资产总额	$9 700
总资产	$12 200
流动负债:	
应付账款	$300
应付短期贷款	1 100
流动负债总额	$1 400
非流动负债:	
长期借款	$3 000
所有者权益:	
普通股,票面价值	$50
资本溢价	2 000

留存收益	5 750
所有者权益总额	$7 800
负债和所有者权益总额	$12 200

［练习 3-5］　资产负债表日后事项会计

LO4　在 12 月 31 日，售后质保负债估计数为 10 万美元。在下一年的 1 月 16 日收到了上年 12 月 31 日之前完成的一项研究的结果。这些结果表明产品比预期需要更大金额的售后质保修理费用。总售后质保修理费用为 17.5 万美元，而不是 10 万美元。财务报告于 2 月 20 日发布。12 月 31 日的资产负债表上应该报告多少金额的售后质保负债？

习题

［习题 3-6］　营运资金计算

LO1　使用下面的数据，计算 Hales 运输公司 2011 年 12 月 31 日的营运资金。

一般经常账户现金	$34 000
用于在 2015 年偿还债券的基金中的现金	59 000
支付销售税的现金	18 000
应收票据——2013 年 2 月到期	113 000
应收账款	113 000
存货	81 000
预付保险费——2012 年度	15 000
作为投资持有的空地	350 000
待售二手设备	9 000
递延税资产——2013 年恢复	12 000
应付账款	79 000
应付票据——2012 年 7 月到期	27 000
应付票据——2013 年 1 月到期	18 000
应付债券——2015 年到期	219 000
应付职工薪酬	11 000
应付销售税	23 000
商誉	54 000

［习题 3-7］　资产负债表编制

LO1　使用下面所列示的账户编制一张资产负债表，要将所有的资产负债表项目合理分类（不需要确认金额）。

应付账款
应收账款
累计折旧——房屋
累计折旧——设备
广告费用
坏账准备
坏账费用
应付债券
房屋
现金

普通股
已售商品成本
递延所得税负债
折旧费用——房屋
股利
设备
估计应付售后质保费用(短期)
投资性证券出售收益
土地出售收益
商誉
所得税费用
应交所得税
应收利息
利息收入
存货
子公司投资
投资性证券(交易类)
土地
购买承诺损失
其他管理费用
净养老金资产
应付票据(短期)
实收资本——销售库存股
实收资本——资本溢价
专利
应付债券溢价
预付保险费
财产税费用
采购折扣
采购
留存收益
应付职工薪酬
销售收入
销售工资
差旅费

[习题 3-8] 负债定义

LO1 利用 FASB 第 6 号概念框架中的负债定义,指出 Pauli 公司是否应该将下列各项列为负债。

(a) Pauli 公司去年卷入了一件高度公开的诉讼案。Pauli 公司败诉并被下令支付 1.25 亿美元的损坏费。该款项已经支付。

(b) Pauli 公司需要为电视台提供 4 个月的房屋保养服务,以交换上个月得到的电视广告服务。

(c) Pauli 公司在合同中保证如果其抗污渍地毯产品弄脏并且无法清洗,则该公司会予以调换。

(d) Pauli 公司估计其下一年度的工资总额将超过 3 500 万美元。

(e) 过去,Pauli 公司仓库里的物品经常遭受损坏。该公司估计下一年的物品损坏金额将达到 300 万美元。

[习题 3-9] 资产定义

LO1 利用 FASB 第 6 号概念框架中的资产定义,指出 Ingalls 公司是否应该将下列各项列为资产。

(a) Ingalls 公司拥有偏远地区的一家煤矿的法定所有权。历史上,这家煤矿生产了价值 2 500 万美元的煤。工程学判断表明该煤矿已经没有可供经济开采的煤炭了。

(b) Ingalls 公司雇用了 5 位在各自领域被公认为全球领导者的地质学家。

(c) 几年前,Ingalls 公司在一位地质学家的建议下购买了一个大陨石坑,该地质学家提出一种理论认为陨石坑下面有巨大储量的铁矿石。然而,除此之外,陨石坑并没有其他的经济用途。因为没有在陨石坑中找到矿石,该地质学家的理论未被广泛接受。

(d) Ingalls 公司宣称拥有国外某个国家一大块房地产的所有权。该房地产当前市场价值超过 2.25 亿美元。该国已在 35 年前没收了土地,从那时起 Ingalls 公司的所有权就不被承认。

(e) Ingalls 公司当前正在洽谈购买一块油田,该油田已经证实有 50 亿桶的原油储备。

[习题 3-10] 财务比率计算

LO3 下面的数据来自 Riverton 公司的财务报表。

流动资产	$55 000
总资产	125 000
流动负债	25 000
总负债	95 000
净利润	18 000
销售收入	275 000

计算 Riverton 公司的流动比率、负债比率、资产周转率、总资产报酬率和权益报酬率。

[习题 3-11] 资产负债表关系

LO1 在 Clark 和 Company 公司的资产负债表上填出从(a)到(n)各项的金额。

Clark 和 Company 公司
合并资产负债表
2011 年 12 月 31 日

资产

流动资产:			
现金		$24 250	
投资性证券		(a)	
应收账款和票据	$ (b)		
坏账准备——可疑应收账款和票据	7 851	121 644	
存货		197 682	
其他流动资产		14 227	
流动资产总额			$ (c)
非流动资产:			
不动产、厂房及设备	$694 604		
累计折旧	(d)	$398 832	
其他非流动资产		13 217	
非流动资产总额			412 049
总资产			$792 514

（续表）

Clark 和 Company 公司 合并资产负债表 2011 年 12 月 31 日			
负债和所有者权益			
流动负债：			
应付账款		$ (e)	
应付银行款		34 236	
应交所得税		9 211	
即将到期的长期债务		6 341	
应计费用		7 100	
流动负债总额			$ (f)
非流动负债：			
长期债务		$ (g)	
递延所得税负债		41 218	
子公司少数股东权益		4 201	
非流动负债总额			205 410
总负债			$350 782
实收资本：			
优先股，非账面价值			
（法定资本 1 618 股；发行 1 115 股）		$12 392	
普通股，每股面值 1 美元			
（法定资本 60 000 股；发行 21 842 股）	$ (h)		
资本溢价	(i)	(j)	
实收资本总额		$ (k)	
留存收益		390 625	
实收资本及留存收益总额		$ (l)	
减去：库存股，成本价（1 229 股）		27 038	
所有者权益总额			$ (m)
负债和所有者权益总额			$ (n)

［习题 3-12］ 资产负债表清单

LO1，LO3 Hakobe 公司给股东的年报里包含一张简要资产负债表，详细数据则在补充清单里提供。

1. 利用 Hakobe 公司的调整试算平衡表编制下列资产负债表的各部分，并将所有的账户恰当地分类。

(a) 流动资产　　(e) 流动负债
(b) 不动产、厂房及设备　　(f) 非流动负债
(c) 无形资产　　(g) 所有者权益
(d) 总资产　　(h) 所有者权益和负债总额

2. 计算 Hakobe 公司的流动比率和负债比率。

Hakobe 公司
调整试算平衡表
2011 年 12 月 31 日

	借方	贷方
现金	$43 700	
投资性证券(交易类)	15 000	
应收票据——交易债务人	22 000	
应收利息——应收票据	2 100	
应收账款	79 500	
可疑账户准备		$4 600
存货	59 300	
预付费用	8 200	
应付账款		57 600
应付票据——交易债权人		11 000
应付利息——应付票据		950
土地	103 000	
房屋	192 000	
累计折旧——房屋		$21 000
设备	$37 000	
累计折旧——设备		5 900
专利	85 000	
特许经营权	82 110	
应付债券,8%——第一期(2013 年 12 月 31 日到期)		65 000
应付债券,12%——第二期(2017 年 12 月 31 日到期)		125 000
应付利息——应付债券		7 500
应付债券溢价——第一期		2 500
应付债券折价——第二期	12 500	
应付抵押贷款		72 000
应付利息——应付抵押贷款		4 320
股本,面值 1 美元;1 万股法定资本,发行 5 000 股		5 000
资本溢价		123 700
留存收益		251 340
库存股——成本价(500 股)	16 000	
	$757 410	$757 410

[习题 3-13]　编制更正的资产负债表

LO1,LO2　下面是 Jared 公司 2011 年 12 月 31 日的资产负债表。

Jared 公司
资产负债表
2011 年 12 月 31 日

资产		负债和所有者权益	
流动资产:		流动负债:	
现金	$12 500	应付账款	$3 400
投资性证券	8 000	其他流动负债	2 000
应收账款,净值	21 350	流动负债总额	$5 400
存货	31 000	长期负债	32 750
其他流动资产	14 200	总负债	$38 150
流动资产总额	$87 050		
非流动资产:		所有者权益:	
不动产、厂房及设备	$64 800	普通股	$50 000
库存股	4 500	留存收益	81 800
其他非流动资产	13 600	所有者权益总额	$131 800
非流动资产总额	$82 900		
总资产	$169 950	负债和所有者权益总额	$169 950

下列额外信息和 2011 年 12 月 31 日的资产负债表相关。

(a) 现金中有 4 000 美元被限定用于购买制造设备(一项非流动资产)。

(b) 投资性证券中有 2 750 美元的股票投资是为了获得一家主要供应商的大量股权,并能够在其董事会中获得一个席位。

(c) 其他流动资产中包含给公司总裁的 4 000 美元预付款,且未设定到期日。

(d) 长期负债中包括 1 万美元的应付债券。其中有 2 500 美元的债券计划于 2012 年赎回。

(e) 长期负债中还包括 7 000 美元的银行贷款。在 5 月 15 日,该贷款将转变为要求即付贷款。

(f) 12 月 21 日宣布给 1 月 25 日在册的股东发放 1.5 万美元的现金股利。这些股利没有反映在财务报表中。

(g) 有 1.9 万美元的现金被限定于一项基金,该基金用于在 2012 年赎回优先股。该笔现金和优先股都没有反映在资产负债表中。

(h) 不动产、厂房及设备中包含一块成本为 8 000 美元的土地,该土地为投资目的而持有,并计划于 2012 年出售。

在以上信息的基础上,编制一张更正后的资产负债表。

[习题 3-14]　报告财务信息

LO4　对于下列各项目,请说明是否应当反映在 Tindall 公司 2011 年的财务报表当中。如果某项应当反映,请说出该项目是应当在财务报表中报告,还是在附注中披露。

(a) 2011 年 12 月 31 日,该公司持有在公开市场上购买的 1 210 万美元本公司的股票,持有该股票是为了可能的再发行。

(b) 2011 年 12 月 31 日,公司的某项贷款违约。该项违约不会导致公司被要求立即偿还贷款,但是将贷款利率提高了 2%。

(c) 公司报告的所得税准备包括 420 万美元的当期所得税和 780 万美元的递延所得税。

(d) 2011 年 12 月 31 日,估计有 710 万美元的应收账款无法收回。

(e) 环境保护部正在调查公司处理有毒垃圾的程序。外部咨询师估计公司可能会被罚款,最高罚金可达 1 000 万美元。

(f) 2011 年,公司出售生产设备获利。

(g) 2011 年,公司签署了一项长期保险合同。公司预付了五年的保险费。

(h) 公司对所有的有形资产和长期资产使用直线法计提折旧。

(i) 2011 年,公司从它的头号竞争者那里雇用了三名杰出的研究型化学家。

(j) 公司的长期债务包括应付高级次级债券、应付可转债、应付低级次级债券以及资本租赁债务。

(k) 2012 年年初,由于原材料价格的大幅下降,市场预期公司当年利润将大幅增加,因此公司股价上涨。

[习题 3-15] 资产负债表日后事项分类

LO4 下列事项发生在公司财政年度结束之后、年报审计完成之前。按其对财务报告的影响将各个事项分为三类:(1) 需要调整财务报表金额;(2) 需要在财务报表附注中披露;(3) 不需要报告。请说明你的分类理由。

(a) 主要客户因为不断恶化的财务状况而破产。

(b) 公司的一个工厂遭受了大规模的飓风袭击。

(c) 公司在一场持续两年的重要诉讼中败诉。

(d) 不断增长的美国贸易赤字可能会对公司的海外销售造成影响。

(e) 公司出售了大量的优先股。

(f) 本年所得税申报表的编制披露了去年所得税申报表上的一项 2 500 美元的税款即将到期。

(g) 公司的审计官辞职,公司聘请的会计师事务所的一名审计经理将其取代。

难题

[难题 3-16] 已分类资产负债表——包括附注

LO1, LO4 Brockbank 研究公司 2011 年 12 月 31 日调整后的账户余额和补充信息如下:

应付账款	$32 160
应收账款——交易类	57 731
累计折旧——租赁资产改良及设备	579 472
资本溢价	265 000
坏账准备	1 731
自动化设备	$132 800
现金	25 600
债券偿还现金基金	3 600
普通股	35 000
递延所得税负债	45 000
应付股利	37 500
特许经营权	12 150
家具、固定装置及贮存设备	769 000
应收保险理赔款	120 000
存货	201 620
对未纳入合并报表子公司的投资	80 000

土地	6 000
租赁资产改良	65 800
7.5%—12%的应付抵押票据	200 000
应付票据——银行(2012 年到期)	12 000
应付票据——交易类	63 540
专利许可	57 402
预付保险费	5 500
利润分配、工资及应付假期工资	40 000
留存收益	225 800

补充信息如下：

(a) 在资产预计可使用年限的基础上采用直线法计提折旧。

(b) 普通股面值为 1 美元，10 万法定股本中已发行并流通的股份为 3.5 万股。

(c) 进口国外公司球型轴承的独享特许权和相关专利许可的采购成本采用直线法在其剩余寿命期内摊销，剩余寿命分别为：特许权，10 年；专利，15 年。

(d) 存货采用成本与市价孰低法计量，成本以个别计价法确定。

(e) 在独立保险理算员意见基础之上的保险理赔是针对主要仓库的财产损坏。估计这些理赔中有 2/3 能在下一年收回，其余 1/3 在以后收回。

(f) 公司所有的房屋租自多个出租人。估计未来 10 年的年固定租赁债务为 5 万美元。这些租赁不符合资本化的标准。

(g) 公司当前涉及的一起官司是公司声称多支付了 1.3 万美元的所得税，法庭的意见是这一声称无效。公司还有一项或有负债是 1.2 万美元的担保票据。

要求：编制一张恰当分类的资产负债表，包含所有对于适当披露重要财务数据来说必需的附注和注释。

[难题 3-17] 计算资产负债表成分

LO1, LO3 Denton 设备公司给你提供了下列账户列表：

应付账款	$66 000
应收账款	40 000
累计折旧	44 000
预付销售人员款项	10 000
广告费用	72 000
坏账准备	10 000
应付债券	80 000
现金	22 000
存款单	16 000
普通股(面值)	100 000
递延所得税负债	46 000
设备	215 000
存货	55 000
对 Rowe 石油公司的股权投资(为控制目的而持有 40%已发行流通股份)	76 500
对 Siebert 公司的股票投资(交易性证券)	$21 000
资本溢价	42 500
应付债券溢价	6 000

预付保险费	6 000
租金收入	37 000
预收租金(4个月)	12 000
留存收益	97 500
应交所得税	10 000
工具	52 000

要求:

1. 利用上面的账户列表,计算营运资金、总资产、总负债和每股净资产(7.5万股已发行流通股份)。

2. 假设净利润为2万美元。计算流动比率、负债比率和权益报酬率。

[难题3-18] 负债分类

LO1,LO4 Sierra公司会计人员编制的2011年12月31日负债单如下:

应付账款	$65 000
应付票据——交易类	$ 19 000
应付票据——银行	80 000
应付薪酬	1 500
应付利息	14 300
应付抵押票据——10%	60 000
应付抵押票据——12%	150 000
应付债券	200 000
总额	$589 800

下列信息与以上负债有关:

(a) 所有的应付交易票据都在资产负债表日后6个月内到期。

(b) 应付银行票据包括2种应付第一洲际银行票据。

① 2009年3月1日发行了利率为8%的票据3万美元,该债券为债权人可立即收回债券。每6个月支付一次利息。

② 2011年1月2日发行了利率为11.5%的1年期票据5万美元。2011年12月30日,Sierra公司和第一洲际银行签署了一项书面协议,商定用2012年1月2日发行的5万美元利率为10%的2年期票据代替2011年1月2日发行的票据。

(c) 利率为10%的抵押票据发行于2008年10月1日,期限为10年。该票据的条款规定如果公司在利息到期日之后10日内没有支付利息,票据持有人有权要求立即兑现票据。在2011年12月31日,Sierra公司该项票据的应付利息已经到期3个月,利息还未支付。

(d) 利率为12%的抵押票据发行于2005年5月1日,期限为20年。当前到期本金为15万美元。每年4月30日支付本金和利息。2012年4月30日到期额为2.2万美元,包括1.8万美元的利息。

(e) 应付债券发行于2002年6月30日,利率为8%,期限为10年。

要求:编制Sierra公司2011年12月31日资产负债表的负债部分,并包含恰当的附注。假设应付利息的计算是正确的。

[**难题 3-19**] **改正后资产负债表**

LO1 请阅读并检查下面的资产负债表。

Appalachian 货运公司
资产负债表
2011 年 12 月 31 日

资产	
现金	$45 050
应收账款	112 500
存货	204 000
预付保险费	8 800
不动产、厂房及设备	376 800
总资产	$747 150
负债及所有者权益	
其他负债	$3 600
应付贷款	76 200
应付账款	75 250
股本	134 000
资本溢价	458 100
负债和所有者权益总额	$747 150

此外,还有以下数据:

(a) 应收账款中无法收回数额的概率没有考虑。估计无法收回的数额为 4 800 美元。

(b) 2011 年完成的大规模报纸广告推广活动花费 4.5 万美元,这一数额包含在存货当中,因为这一活动会提高 2012 年的销售额。存货中包含 12 月 31 日收到的价值 1.625 万美元的商品还未被确认为一项购买。

(c) 账目显示不动产、厂房及设备的成本为 55.68 万美元,上一年计提了 18 万美元的折旧。然而,该余额包含已提足折旧的设备 8.5 万美元,且该设备已经废弃不用。

(d) 3 600 美元的其他负债为 9 500 美元的应付职工薪酬减去 5 900 美元的非流动性预付行政官员款项。

(e) 应付贷款是一笔银行贷款,按季度每期偿还 6 250 美元。

(f) 税务负债没有在上表显示,估计金额为 1.825 万美元。

(g) 递延所得税负债来自 4.445 万美元的暂时性差异。该负债没有显示在资产负债表上。

(h) 股本包括 6 250 股股息率为 6%、面值为 20 美元的优先股,以及设定价值为 1 美元的普通股 9 000 股。

(i) 股本发行共获得资金 28.36 万美元,超过面值和指定价值的部分确认为资本溢价。净利润和股利包含在资本溢价当中。

要求:编制一张恰当分类的改正后资产负债表。

[**难题 3-20**] **已分类资产负债表**

LO1 下面这封给 St. Charles 农场会计人员的信中概述了该公司的财务状况。

亲爱的 Dallas:

下面的信息对于你编制 St. Charles 农场 2011 年 12 月 31 日的资产负债表应该会有所帮助。银行对账单上 12 月 31 日的现金余额为 4.3825 万美元。有 9 320 美元的支票没有到银行结算,还有 1.064

万美元现金是直到 2012 年 1 月 4 日才存入银行的。

截至 12 月 31 日客户共欠公司 4.05 万美元。我们估计其中有 6% 将永远无法收回。我们欠供应商 3.7 万美元，这笔钱是 11 月和 12 月购买的家禽饲料货款。12 月 31 日之前已经有 75% 的饲料被使用。

由于我们认为 2012 年谷物的价格将会上涨，因此截至春季我们共持有 1 万蒲式耳的小麦和 5 000 蒲式耳的燕麦。12 月 31 日每蒲式耳小麦市价为 3.5 美元，每蒲式耳燕麦市价为 1.5 美元。我们估计在出售时两者的价格都将上涨 15%。我们无法估计该产品的培育成本。

St. Charles 农场拥有 1 850 英亩的土地。两笔独立的土地购买如下：1991 年以 200 美元的价格购得 1 250 英亩，以及 1996 年以 400 美元的价格购得 600 英亩。相似土地的当前市价为 800 美元。截至 12 月 31 日，以两块地为抵押物的贷款余额是 25 万美元，其中的 10% 必须在 2012 年偿还。

我们农场的房屋和设备总共花费了 17.64 万美元，平均已经计提了 40% 的折旧。如果以当前的市价来重置这些房屋和设备，我们保守估计的金额为 30 万美元。

我们还没有支付 2012 年的财产税 5 500 美元，我们在 11 月底时收到了该笔账单。我们估计的 2011 年所得税税额为 1.85 万美元。与 2009 年所得税返还相关的 2 800 美元退税申请已经提交。该退税金额由于 2009 年税收返还中的一个错误而有所增加。

农场经营者将会收到 2011 年的 9 000 美元奖金。该笔奖金将会在所有的谷物都出售后支付。

你也许会想起，我们为了合并发行了 1.4 万股面值 1 美元的股票。农场股票发行的净收益为 29 万美元。我们上月宣布了 3 万美元的股利，并将在 2012 年 2 月 1 日支付该股利。

新的一年已经显示出美好的前景。谢谢你对编制这张报表的帮助。

你忠诚的，

Frank K. Santiago

St. Charles 农场总裁

要求：在以上信息的基础上，编制一张经恰当分类的 2011 年 12 月 31 日的资产负债表。

[难题 3-21] CPA 考试样题

LO4 1. 以下哪一项是财务报表附注中所呈信息的真正目的？

(a) 按照公认会计准则提供披露信息。

(b) 改正财务报表中不正确的列示。

(c) 提供财务报表金额中没有包含的数额。

(d) 提供经理对审计师意见的答复。

2. 以下哪项信息应该包含在 Melay 公司 2011 年的重要会计政策概述中？

(a) 不动产、厂房及设备以历史成本计量，并采用直线法计提折旧。

(b) 2011 年，将 Delay 分部出售。

(c) 各商业分部 2011 年的销售额为：Alay，100 万美元；Belay，200 万美元；Celay，300 万美元。

(d) 预计未来普通股股利大约为收益的 60%。

案例

[案例 3-22] 为什么我们的净值市价比率这么高？

Aiga 公司是一家领先的家庭水管原料生产商。Aiga 不生产外表光鲜的水龙头和固定装置，相反，它生产那些厨房、浴缸下面人们看不见的管道和连接管。假设你是该公司的首席财务官。你计划会见一群愤怒的股东。这些股东看了最近的一篇商业文章，该文章说美国 10 家最有价值公司的平均净值市价比率小于 0.1，然后该文章断言净值市价比率高于 0.5 的公司可能是由能力中等的经理人经营的，这些经理人无法激励市场对公司的信心。Aiga 公司的净值市价比率为 0.65。你将会对这些愤怒的股东说些什么呢？

[案例 3-23]　英国的资产负债表意味着什么？

下面是来自英格兰的学生 Jonathan Atwood 为你展示的他父亲拥有的一家英国公司的资产负债表。Jonathan 知道你在学习会计并让你阅读这张资产负债表。你立即就发现了它和你平时在课本中学到的报表的一些不同之处。

		集团		公司	
		12 月 31 日		12 月 31 日	
		2011	2010	2011	2010
	附注	百万英镑	百万英镑	百万英镑	百万英镑
固定资产					
无形资产	13	304.0	307.4	—	—
有形资产	14	978.8	822.5	16.8	16.2
投资	15	16.7	25.2	938.9	679.3
		1 299.5	1 155.1	955.7	695.5
流动资产					
股票	16	328.2	334.8	—	—
债务人	17	554.1	548.2	113.4	210.8
投资——短期贷款和存款		118.0	33.3	5.1	23.5
银行及库存现金		62.6	57.4	—	—
		1 062.9	973.7	118.5	234.7
债权人:一年内到期的金额					
借款	18	(136.3)	(133.7)	(175.0)	(74.6)
其他	19	(825.9)	(809.2)	(98.4)	(234.7)
净流动资产(负债)		100.7	30.8	(154.9)	(75.0)
总资产减去流动负债		1 400.2	1 185.9	800.8	620.5
其他负债					
债权人:一年后到期的金额					
借款	18	(407.9)	(381.4)	(54.2)	(80.4)
其他	19	(12.0)	(8.5)	(26.4)	(42.1)
负债及费用准备	20	(96.4)	(115.5)	0.5	1.2
		(516.3)	(505.4)	(80.1)	(121.3)
		883.9	680.5	720.7	499.2
股本及准备					
已催缴股本	21	174.7	173.6	174.7	173.6
股份溢价账户	22	381.6	217.4	381.6	217.4
重新估价准备	22	95.8	36.7	2.4	1.1
利润及亏损账户	22	115.8	167.6	162.0	107.1
		767.9	595.3	720.7	499.2
少数股东权益		116.0	85.2	—	—
		883.9	680.5	720.7	499.2

1. 说出这张英国报表和那些以美国标准及惯例编制的报表之间存在的差异。
2. 评估这些差异,说出两国做法各自的优缺点。

[案例 3-24] 我们应该告诉股东什么?

科技无限公司的财政年度截至6月30日。审计师于2011年9月8日完成了2011年的财务报表审计。他们发现了下列发生在6月30日和9月8日之间的资产负债表日后事项。

(a) 8月15日科技无限公司将其普通股1股拆分为2股。在拆分之前,该公司有10万股面值1美元的普通流通股。

(b) 主要客户Diatride公司于8月1日宣布破产。该公司截至6月30日共欠科技无限公司7.5万美元。直至9月8日还没有收到还款。估计债权人只能收回15%的未偿付债务。

(c) 7月18日科技无限公司完成了购买Liston发展实验室的谈判工作。购买对价为52.5万美元的现金和25万美元的4年期票据,该票据利率为10%。

(d) 一桩针对科技无限公司案值75万美元的诉讼已经于8月15日呈交法庭。现在估计潜在损失为时尚早。

(e) 科技无限公司的股票市值在9月的第一周全面下跌。在这一周的时间里该公司每股市价从42.5美元跌到了28美元。

审计师要求你编制公司截至2011年6月30日的财务报表附注。只有那些被要求披露的事项才能出现在你的附注中。并为没有包含在附注中的事项说明理由。

[案例 3-25] 我们如何面对借款协议的要求?

Bohr公司与一个银行财团签署了一项贷款协议。为了限制Bohr公司的财务风险,贷款协议要求Bohr公司维持流动比率不低于1.4,而负债比率则要不大于0.55。

下面的数据反映了对Bohr公司下年年末资产负债表的预测。

流动资产	\$1 200 000
长期资产	1 800 000
流动负债	900 000
长期负债	800 000
所有者权益	1 300 000

此外,还有以下信息:

(a) 如果Bohr公司使用先进先出法替代后进先出法核算存货,期末存货将增加5万美元。

(b) 长期资产和长期负债金额中包括预期将购买(以及相关的应付抵押贷款)的一幢房屋,价值10万美元,或者Bohr公司还可以租借该房屋而不购买。该租赁符合经营租赁的确认条件。

(c) 预计数中还包括计划将于下年支付的4万美元现金股利。Bohr公司一直支付相等数额的现金股利。

作为Bohr公司的顾问,你被要求回答以下问题。

1. Bohr公司可以采取什么措施以避免违反当前的流动比率限制?
2. Bohr公司可以采取什么措施以避免违反当前的负债比率限制?

在你所建议的措施中,你认为哪一个是银行拿出贷款协议时银行已经想到的?如果你帮助银行起草贷款协议,你将如何将其写地不同以避免不希望出现的结果?

[案例 3-26] 分别是哪家公司?

下面是五家公司的简要资产负债表。所有的数额都以总资产的百分比列示。这五家公司分别是:

- 美国银行,大型银行
- Kelly服务,钟点工公司
- Yahoo!,网络公司
- 麦当劳,快餐公司
- Consolidated Edison,为纽约市提供服务的公用事业公司

	A	B	C	D	E
应收款项	59.1	4.0	4.0	62.9	3.1
存货	0.0	1.9	0.0	0.0	0.4
其他流动资产	20.6	1.8	71.1	23.8	3.2
土地、房屋和设备	11.7	79.3	2.4	1.5	81.1
其他长期资产	8.6	13.1	22.4	11.8	12.3
短期应付款	42.1	6.6	12.9	26.8	8.5
其他短期负债	0.0	1.3	0.0	57.8	4.1
长期负债	0.0	48.4	0.9	8.0	39.5
所有者权益	57.9	43.6	86.2	7.4	47.8

指出 A—E 分别是哪家公司。给出你的理由。

[案例 3-27]　美国最大的十家公司

福布斯每年都会评选出全世界最有价值的公司。以下是2007年福布斯2000中公布的美国最有价值的10家公司。

单位:十亿美元

公司名称	行业	市值	总资产	净利润
埃克森美孚	石油天然气	410.65	223.95	39.50
通用电气	企业集团	358.98	697.24	20.83
微软	软件和服务	275.85	66.37	11.19
花旗集团	银行	247.42	1 884.32	21.54
AT&T	通信服务	229.78	270.63	7.36
美国银行	银行	226.61	1 459.74	21.13
沃尔玛	零售	201.36	151.19	11.29
宝洁	家庭及个人用品	200.34	137.30	9.67
强生	药品及生物技术	182.12	70.56	11.05
辉瑞	药品及生物技术	179.97	108.59	19.34

作为一名证券代理商的分析师,你被问及下列有关表中一些数字的问题。

1. 微软有660多亿美元的资产,但市值却高达近2 760亿美元。一家公司怎么能比它的总资产还值更多的钱?

2. 计算每家公司总资产与总市值的比率。市场在给这些公司估值时必须考虑哪些没有反映在公司资产负债表中的因素?

3. 通常称为P/E比率的市盈率等于每股市价除以每股净利润。此外,市盈率还等于总市值除以净利润。计算上述公司的市盈率。你认为哪些因素会影响市盈率?

[案例 3-28]　解析财务报表(Safeway, Albertson's, A&P)

Safeway 在美国和加拿大经营着1 761家超市。在美国,Safeway 主要分布在西部、西南部、洛基山脉、中西部和大西洋中部。Albertson's 在东北部、西部、中西部以及南部37个州经营着2 471家店铺。A&P 在美国东北部和加拿大经营着406家店铺。下面的这些数据选自这三家公司2006年的财务报表(单位:百万美元)。

	Safeway	Albertson's	A&P
存货	2 643	3 036	405
流动资产总额	3 568	4 355	1 210
不动产、厂房及设备	9 773	9 903	898
总资产	16 274	17 871	2 499
流动负债总额	4 601	3 880	610
总负债	10 607	12 164	1 827
销售收入	40 185	40 358	8 740
已销商品成本	28 604	29 038	6 235
净利润	871	446	393

1. 计算三个公司的以下比率：

(a) 流动比率　　(c) 总资产周转率

(b) 负债比率　　(d) 权益报酬率

2. 哪个公司使用其存货最有效率？哪个公司使用其不动产、厂房及设备最有效率？

3. 在没有看公司财务报表附注的情况下比较各个公司的财务比率可能会有什么风险？

[案例 3-29]　解析财务报表(波士顿凯尔特人)

并非冒犯迈克尔·乔丹和芝加哥公牛队，波士顿凯尔特人是职业篮球历史上最成功的球队。这支曾由比尔·拉塞尔、戴夫·考恩斯、约翰·哈夫利切克和拉里·伯德等巨星带领的球队一共获得了 17 次 NBA 总冠军。凯尔特人同样也是一支独特的职业运动球队，因为它的股份曾经有一段时间是公开交易的(在纽约证券交易所交易，名称是"波士顿凯尔特人有限合伙公司")。因为这个原因，凯尔特人被 SEC 要求每个季度发布其财务报表。下面是 2001 年 6 月 30 日"凯尔特人篮球控股公司"的资产负债表。

波士顿凯尔特人有限合伙公司及子公司
合并资产负债表

	2001 年 6 月 30 日	**2000 年 6 月 30 日**
资产		
流动资产		
现金及现金等价物	$12 572 324	$14 941 632
应收账款	3 250 212	5 799 898
预付费用及其他流动资产	601 184	636 551
流动资产总额	16 423 720	21 378 081
不动产和设备，净值	1 200 556	1 144 785
国家篮球协会特许权，2000 年和 2001 年分别摊销 2 622 078 美元和 2 776 318 美元	3 393 263	3 547 503
对 NBA 传媒公司的投资	5 018 420	4 263 420
其他资产	125 060	776 815
	$26 161 019	$31 110 604
负债和所有者权益(赤字)		
流动负债		
应付账款和应计费用	$23 506 664	$24 478 303
递延比赛收入	6 498 726	9 204 607

（续表）

波士顿凯尔特人有限合伙公司及子公司 合并资产负债表		
	2001 年 6 月 30 日	2000 年 6 月 30 日
递延补偿金——当期部分	1 226 316	1 278 410
流动负债总额	31 231 706	34 961 320
应付银行票据	50 000 000	50 000 000
递延补偿金——非当期部分	5 182 821	6 369 646
其他非流动负债	708 000	
所有者权益(赤字)		
凯尔特人篮球控股,有限合伙公司——普通股东	1 015	1 008
凯尔特人荣耀普通合伙公司——有限合伙人	(29 111 174)	(29 437 209)
城堡希腊合伙公司,有限合伙公司——有限合伙人	(31 144 430)	(31 493 235)
	(60 254 589)	(60 929 436)
凯尔特人篮球,有限合伙公司——普通股东	1 081	1 074
所有者权益总额(赤字)	(60 253 508)	(60 928 362)
	$26 161 019	$31 110 604

1. 从 2000 年 6 月到 2001 年 6 月,凯尔特人的总资产下降了将近 500 万美元。哪些资产下降得最多呢？当然,负债和所有者权益也下降了 500 万美元。哪些负债和所有者权益项目下降得最多呢？

2. 凯尔特人 2001 年 6 月 30 日记录的 NBA 特许权摊销后净额大约为 339.3 万美元。NBA 特许权最初的记录金额是多少呢？NBA 特许权已经分期偿还多少年了？凯尔特人是从哪一年开始记录 NBA 特许权的？

3. 2001 年 6 月 30 日的所有者权益大约为负的 6 030 万美元。所有者权益怎么会是负的呢？

4. 凯尔特人报告了 6 409 137 美元(1 226 316 美元 + 5 182 821 美元)的递延补偿金。然而,财务报表附注却披露如下:“凯尔特人篮球同管理层、教练以及球队球员都签署了雇佣合同。某些合同提供了保证金,即使雇员受伤或结束运动生涯也必须支付。”凯尔特人披露的保证金总额为 254 585 000 美元。请解释资产负债表中报告的 6 409 137 美元递延保证金负债与附注中披露的 254 585 000 美元补偿金债务之间的巨大差别。

[案例 3-30]　道德困境(躲避贷款协议违约)

假设你现在是 Chisos 制造公司的会计人员。Chisos 公司向 Rio Grande 国家银行贷款 1 亿美元。贷款协议之一规定 Chisos 公司必须将流动比率维持在 1.5 以上。

2011 年 1 月 20 日,2010 年度初步的财务报表数据已经编制完成。看起来,Chisos 公司将要违反贷款协议对流动比率的规定。违约在两个方面成本很高:首先,历史上 Rio Grande 国家银行通常将违约贷款的利率提高 0.5 个百分点。其次,违约将会增大 Chisos 公司的信用风险,并增加未来的借款成本。

2010 年的财务报表数据只是初步的数据,Chisos 公司的高级会计人员正在讨论以下两种避免违约的方案:

1. 将“长期投资资产”重分类为“短期待售资产”。这样做需要管理层声明持有该资产的意图是在一年内出售。实际上,Chisos 公司打算持有该资产数年,如果下年违约风险消失的话,还可以将该资产再划分为长期资产。

2. 将某些短期贷款划分为长期贷款,这样做的基础是 Chisos 公司将会为这些短期贷款再融资。

从技术上来说,这是可行的。然而,Chisos 公司没有正式的再融资承诺,而且直到 6 月的某个时间之前都不会有这样的承诺。

你被选中向董事会报告会计人员的研究结果。在你的报告中你会强调些什么?

[案例 3-31]　写作训练(没有被记录的资产不应该被记录)

假设你是校园里最受欢迎的学生社团会计反污蔑组织的成员。最近,一个激进的经济学学生组织在学生报纸上发表了一篇文章猛烈地攻击会计学科。该文章指责资产负债表愚蠢、过时和没用,并被当作证明会计实务没有确认许多无形资产的例子而引用。作为具体的例子,该文章说可口可乐公司商标的知名度、声誉和商誉的价值超过 670 亿美元,但是这些资产没有被记录在可口可乐公司的资产负债表上。

学生报纸的编辑让你写文章回应那些经济学学生严厉的攻击。不要屈服于压力——有理有据地说明为什么不应该记录这些没有被记录的资产。

[案例 3-32]　累进式电子工作表分析

这项电子工作表任务是第 2 章中电子工作表任务的继续。如果你完成了那些任务,那你在完成这项任务时就有了一个有利的开始。

1. 参考天行者公司 2011 年的财务报表数据(第 2 章中累进式电子工作表分析的第一部分)。请通过以下改动来修改那些财务报表:

- 将资本溢价金额从 150 美元改为 200 美元。
- 在资产负债表的所有者权益部分,插入一项金额为 -60 美元的库存股。

第 2 章中提到的"其他权益"的剩余金额是累计其他综合收益。

- 将长期负债金额从 621 美元提高到 671 美元。
- 在资产负债表的资产部分插入一项金额为 100 美元的无形资产。

使用修改后的资产负债表和利润表,创建电子工作表单元公式,计算并显示下列比率的数值。

- 流动比率
- 负债比率
- 总资产周转率
- 总资产报酬率
- 权益报酬率

2. 确定以下各项交易对第 1 题中计算得出的比率数值的影响。独立地对待各项交易,也就是说,在确定一项新交易的影响前将财务报表数据重设为初始数值。假设以下交易发生在 2011 年 12 月 31 日。

(a) 收回 60 美元应收客户款。

(b) 赊购 90 美元的存货。

(c) 购买了 300 美元的不动产、厂房及设备。购买款项来自一笔抵押借款。该借款本金需在 10 年内偿还。

(d) 购买了 300 美元的不动产、厂房及设备。购买款项来自新股东的投资。

(e) 以应付短期贷款形式借入 60 美元。这 60 美元作为股利向股东发放。

(f) 收到股东投资 60 美元。这 60 美元作为股利向股东发放。

(g) 671 美元长期债务包含天行者公司想要再融资的 90 美元应付短期贷款。天行者公司和银行没有明确的再融资协议,并且预计在 2012 年第四季度之前不会完成该笔再融资。

(h) 在 2012 年 1 月的第一周里,天行者公司得知 2011 年 12 月 31 日报告的 459 美元存货当中有 45 美元的存货已经完全废弃不用且毫无价值。该批存货是在 2011 年的最后一个季度里废弃的,但是直到 2012 年年初这一情况才被核实。

第4章 利润表

学习目标

1. 理解利润的概念。
2. 解释为什么利润的计量很重要。
3. 解释利润是怎样计量的,包括收入确认和费用配比概念。
4. 理解利润表的格式。
5. 描述利润表的具体组成要素。
6. 计算综合收益并编制所有者权益表。
7. 构建对未来期间利润的简单预测。

> **补充**
>
> 在发明电话很长时间以后,贝尔虽然聋了,但是仍然坚持他的工作。为了表示对他工作的感谢,海伦·凯勒把她的自传贡献给他了。

Eliza Grace Symonds 是一位很出色的钢琴家,其一项功绩格外值得引人注意就是她是一个聋子。Eliza 遇见了 Melville Bell 并与之结婚,Bell 是著名的演说家 Alexander Graham Bell 的儿子。Melville 的经历和他父亲很像。Eliza 和 Melville 有三个儿子,第二个儿子随他的爷爷叫 Alexander Graham Bell。年轻的 Alexander Graham Bell 很早就对演讲很感兴趣。1871 年,Bell 24 岁的时候,他开始在波士顿中学聋哑学校教聋哑儿童说话。Bell 的方法某种程度上是非传统的,因为当时,教聋哑人最常用的方法只是教他们怎样签名或怎样规范化学习。Mabel Hubbard 是他的一个学生并且将成为 Bell 的妻子。

Bell 对演讲的兴趣使得他发明了一种他自称为"谐波电报"的东西。Samuel Morse 在 1843 年完成了他的第一条电报线,使得两地的沟通可以使用摩斯电码。Bell 对如何用相似的方法来转换演讲很感兴趣。

在一家电器商店,Bell 遇见了 Thomas Waston,那时 Waston 是一个经常被分配与发明家一起工作的机械修理和模型制造工人。由于 Waston 了解了更多关于 Bell 的"谐波电报",两个人组成了一个合作小组。1876 年,当 Bell 在进行自己的发明创造时,溢出了一些电池酸液并说出了那些现在非常有名的句子。"Waston 先生,到这儿来,我需要你!"1876 年 3 月 7 日,Bell 被颁发了号码为 174465 的专利,专利证书上写着:"用电报传递有声作品或其他声音的方法和属性……使得起伏不定的电子信号,就像空气中的振动,与有声的或其他的声音一起传递。"

贝尔电话公司很快对西部联合电报公司产生了巨大的竞争压力，而西部联合电报公司此时正在研发自己的电话技术。西部联合电报雇佣了 Thomas Edison 来研发一个有竞争力的系统，贝尔公司迫不得已控诉西部联合电报专利侵权并且胜诉。贝尔公司在未来几年里被迫打了 600 多起官司来保护其专利。

Alexander Graham Bell 对他公司的日常运营一点都不感兴趣。相反，他更愿意去研究科学和自然。在 1888 年他建立了一个全国地理协会。在他 1922 年 8 月 2 日去世那天，为了表示对他发明电话这一贡献的感谢，全国所有的电话静默一分钟。

1899 年，贝尔电话公司转变成美国电话电报公司（AT&T）。AT&T 在 1915 年第一次跨过大西洋传递人类的声音。1927 年，AT&T 推出了横跨大西洋的电话商业服务，五分钟 75 美元的成本。随后许多的 AT&T 发明出现了，包括收音机（1947）、第一台微波无线电中继设备（1950）、激光（1958）和第一颗通讯卫星（1962）。

AT&T 一直都扮演一个制定规则的垄断角色，直到 1984 年 1 月 1 日，在同美国联邦政府的长达 8 年的法律斗争后，AT&T 同意放弃当地的电话服务业务，并将地区性的贝尔运营公司拆分。那天 AT&T 的员工从 1 009 000 人缩减到了 373 000 人。在一个有趣的转变中，最初的七个贝尔区域公司中的一个，西南贝尔，将自己的名字变成了 SBC 通信并买断了其他区域公司中的三个，最终它买下了母公司，AT&T。这些合并后的公司现在使用“AT&T”的名字。表 4-1 列出了其他贝尔区域公司的命运。

表 4-1　1984 年 AT&T 拆分后区域公司的命运

1984 年拆分	2008 年的时候它们在哪里
	2008 年属于 AT&T 的公司
初始 AT&T	2005 年被 SBC 通信收购
美国科技公司	1999 年被 SBC 通信收购
Bell South	2006 年被新 AT&T 收购
Pacific Telesis	1997 年被 SBC 通信收购
西南贝尔	SBC 通信重命名
	2008 年属于 Verizon 的公司
Nynex	1997 年被贝尔大西洋收购
贝尔大西洋	2000 年 GTE 合并形成 Verizon
	2008 年属于 Qwest 的公司
US West	2000 年被 Qwest 收购

在最近的几年，AT&T 的所有并购活动最终都实现了利润的增长。例如，AT&T 2006 年度财务报告中报告了如下的利润数字（单位：百万美元）。

	2006	2005	2004
收入	$63 055	$43 764	$40 733
营业利润	10 288	6 168	5 901
持续经营利润	7 356	4 786	4 979
净利润	7 356	4 786	5 887
综合收益	7 407	4 762	6 469

在你们父母年轻的时候，他们只知道一家电话公司——AT&T 或者“Ma Bell”。现在，

你用一系列电话服务选择,包括选择 AT&T。当你的孩子上大学时,AT&T 或许将成为一个历史。

问题:

1. AT&T 的收入从 2004 年到 2006 年增长了百分之多少?

2. AT&T 的净利润从 2004 年到 2006 年增长了百分之多少?

3. 2005 年的营业利润比 2004 年高,但是来自持续经营的净利润却比 2004 年低。利润表中营业利润和持续经营利润之间的主要费用是哪些?

问题的答案可在第 164 页找到。

在这一章中,我们关注财务报表中的一张基本报表——利润表。通过分析利润表中不同的组成部分,你能够理解一个企业的业绩怎样呈现给财务报表的使用者,还有报告的业绩怎样随着公司经营性质的改变而改变。另外,我们将讨论利润表的格式,它的一般组成要素,以及世界各地的利润表在所含信息以及信息的列报方式等方面有哪些不同。

利润:它是什么以及它不是什么

1 理解利润的概念。

WHY 利润提供了最好的衡量企业经济业绩的会计方法。

HOW 利润计量了一个实体对其投资者的回报金额,并且在回报以后,企业在期末的财富与期初是相同的。FASB 选择财务资本保全这一概念来衡量利润。

人们经常混淆利润和现金流这两个概念。利润等同于成功地运营一个企业产生的现金吗?不是,由于很多的原因(其中大部分都和权责发生制有关),利润和现金流很少相同。由于利润和现金流都提供了一种衡量企业业绩的方法,哪一种更好呢?FASB 在他的概念框架中写到,"权责发生制下的收益及其组成部分的信息比现金的收入与支出信息能够更好地衡量企业的业绩。"① 现金流量的信息非常重要。事实上,我们将在第 5 章重点讨论现金流量表。然而,研究支持 FASB 的观点,衡量企业业绩最好的指标是利润。② 所以对利润的理解,它衡量了什么,以及它有哪些组成部分,对理解和解释企业的财务状况是必不可少的。

所以,什么是利润?所有的对利润计量的方式都使用一个共同的概念:利润是对投资的回报。一个更广为接受的关于利润的定义是:一个企业能够回报给他的投资者的金额,并且在这种回报以后,仍然能使企业在期末时和期初一样富有。③ 然而,"一样富有"是什么意思呢?这又该怎么衡量呢?大部分的衡量方法都是基于资本或者所有权保全的概念之上。FASB 在它的概念框架中考虑了资本保全的两个概念:财务资本保全和实物资本保全。

---

① *Statement of Financial Accounting Concepts No. 1*, "Objectives of Financial Reporting by Business Enterprises" (Stamford, CT: Financial Accounting Standards Board, 1984), par. 44.

② 比如,参见 Gary C. Biddle, Robert M. Bowen, and James S. Wallace, "Does EVA® Beat Earnings? Evidence on Associations with Stock Returns and Firm Values," *Journal of Accounting and Economics*, December 1997, p. 301.

③ 虽然许多经济学家和会计人员采纳了这一观点,一个基础的参考是 J. R. Hicks 广为接受的一本书:《价值和资本》,第 2 版(牛津出版社,1946 年)。

财务资本保全概念下利润的确定

财务资本保全概念假设企业"在排除与所有者交易的影响后,只有期末净资产(资产－负债,或者是所有者权益)的货币价值超过期初净资产的货币价值"④时才算有利润。例如,假设 Kreidler 公司在某个时期的期初和期末分别拥有如下的资产和负债。

	期初	期末
总资产	$510 000	$560 000
总负债	430 000	390 000
净资产(所有者权益)	$ 80 000	$170 000

如果在这段时间内,没有新增投资或者对所有者的分红,净利润就是 90 000 美元,即净资产增长的金额。然而,假设所有者投资了 40 000 美元并且获得了 15 000 美元的分红(股利),这段时间的利润将是 65 000 美元,其计算过程如下:

净资产——期末	$170 000
净资产——期初	80 000
净资产变化(增加)	$ 90 000
减去所有者投资	(40 000)
加对所有者的分配(股利)	15 000
利润	$ 65 000

实物资本保全概念下利润的确定

另一种定义资本保全的方式使用实物资本保全的概念。使用这个概念,"在除去同所有者交易的影响之外,企业在一段时期的最后阶段其实物生产能力应该超过这段时期开始阶段的实物生产能力。"⑤这个概念要求生产性资产(存货、房屋和设备)按照公允市场价格来计算。生产性资本只有在这些资产的当前成本不变时才保持不变。考虑前一个例子,开始时净资产价值是 80 000 美元。现在假设,由于厂房、存货和设备等价格上升,为了保持企业同样的生产能力,企业年终将拥有 100 000 美元的净资产。如果像以前一样,最终的净资产价值是 170 000 美元,新的投资和分红也是和之前一样,利润将是 45 000 美元而不是 65 000 美元。差额 20 000 美元需要用来"维持实物生产能力"而不能作为利润的一部分。

FASB 仔细考虑了两种不同的确定利润的方法,并在其概念性框架中采用了财务资本保全的

思考

可见,实物资本保全概念提供了对"富有程度"的最佳理论计量。但是,使用实物资本保全概念来计量利润包含着许多实践困难。请从下列表中识别出一项实践困难。

a) 估计折旧年限时的困难。
b) 实施内部控制程序时的困难。
c) 提供现金流信息时的困难。
d) 获取资产和负债公允价值时的困难。

---

④ *Statement of Financial Accounting Concepts No. 5*, "Recognition and Measurement in Financial Statements of Business Enterprises" (Stamford, CT: Financial Accounting Standards Board, 1984), par. 47.

⑤ 同上。

概念。

采用财务资本保全概念能够将会计人员从试图衡量生产能力的困境中解放出来。然而，使用财务资本保全的概念去计量利润仍然遗留着怎样评估净资产余额的问题。许多人建议应该像过去一样以他们未实现的历史成本来计量净资产。另外一些人认为应该用重置价值或者处置价值。一些人会将无形资源视为资产，例如人力资源、商誉和地理位置等过去没有支付款项就得到的一些资源。另外有些人相信只有公平交易活动中取得的资源才应该被囊括进来。

同样，也有人质疑负债的确认和计量。未来会有人反对养老金、担保金和递延所得税应该用贴现价值，未来现金流量价值来计量，或者从财务报表中完全扣除直到能够确定负债发生吗？财务保全概念下的利润将会随着资产、负债以及资产和负债价值变动的计量时间和方法不同而不同。现在经常综合使用历史成本、当前价值、现值和其他估值方法来计量一个企业的“富有程度”。

为什么利润的计量很重要？

2 解释为什么利润的计量很重要。

WHY 利润的计量对商业和经济决策很重要，这些决策会影响资源的分配，从而对社会的生活水平做出贡献。

HOW 权责发生制规则和由 FASB 特意制定的财务会计准则为美国会计利润的计量建立了准则。同样地，这些规则和标准有能力影响社会资源的分配。

对企业利润及其构成的确认、计量和报告（披露）被认为是会计人员一个最重要的任务。那些必须考虑他们同企业的关系并通过财务报表做出决策的财务报表使用者大多数通常关心经营资源所带来的成果的计量。这些活动能带来利润吗？这些利润的趋势是什么？它会增加利润还是导致利润下降？未来几年将会是一个什么结果？企业在偿还其债务利息以及向股东分配股利后仍具有盈利性并且以期望的利率增长吗？这些问题和其他的问题都与一个基本的问题相关：什么是利润？

利润的构成信息是非常重要的并且能够被用来帮助预测未来的利润和现金流量。不仅是因为这个信息对某一特定的使用者有用，而且它对整个经济都有价值。正如在第1章讨论过的，许多集团使用会计信息，并且会计人员在提供信息中起到了一个很重要的作用，这些信息能够在将稀缺资源分配给最有效率和效益的组织或集团时起辅助作用。

在美国，FASB 认为财务会计信息是为投资者和债权人而设计的，同时对其他集团也是有用的。当然，权责发生制下的财务会计信息不一定适合于每一种情况。例如政府，包括联邦和州两级政府都严重依赖所得税，将所得税作为它们的一个重要收入来源。利润中用来缴税的数据依赖于国会机构在 IRS 和其他法庭颁发的法律。财务报告中的利润是遵循 GAAP 计算得到的，所以，对债权人和投资者呈报的利润数量或许与用于税收呈报的利润不一致。二者有很多相同之处，但是也有些显著的不同之处。这些不同之处与美国国会基于特定考虑制定的税收政策有关。政府使用利润数据作为衡量税收的依据。但是它们必须使用一种与纳税人缴纳税收的能力相关的方法。例如，权责发生制要求企业推迟对那些预收收入的确认。然而,所得税规定要求在收到现金时就将这些没有赚到的收入报告为利润。

正如前几章提到的,商业的全球化推动着会计向统一的国际会计准则方向发展。然而财务会计信息在不同的国家所起的作用不同,指望一个系列的准则能够适合每一个国家的商业、法律和文化环境可能并不合理。总的说来,按照法律体系的不同可以将国家分为两类:成文法体系国家和普通法体系国家。⑥ 在成文法体系国家,例如德国和日本,会计准则在历史上都是通过法律程序来设定。在这种环境下,财务会计数字服务于一系列的功能,包括确定所得税和需要分配的现金股利。在普通法体系国家,例如美国和英国,会计准则是根据市场力量来设计的。在一个普通法体系国家,财务会计数字多以提供信息为目的,而不是为税收、分红、工资等提供服务。由于在成文法体系和普通法体系国家中财务会计数据的不同用途,想在全世界范围内来推行一套准则是不太可能的。

会计准则在发展中国家和发达国家中所起的作用也不相同。例如,在中国,审计和法律基础刚刚起步,因此在应用会计准则时有很大的不确定性。⑦ 在一个发展中国家,财务报告更多用于完成基本的记账功能,而不是像少数企业那样试图提供复杂的投资信息来吸引外国投资者。最基本的问题是:对于一个没有任何国外融资计划的中国本土公司,如何制定有助于国际财务分析师使用的准则,只为提高对管理层的监督和资源的分配?

这一章主要讲述作为美国财务会计与报告实务支撑基础的会计准则。还会讨论出于税收目的的利润,但仅仅是用来决定所得税费用和其他在财务报表中报告的与所得税相关的金额。美国和外国会计实践的不同之处将在文中恰当的部分进行讨论。

利润是怎样计量的?

3 解释利润是怎样计量的,包括收入确认和费用配比的概念。

WHY 收入的确认是利润计算的开始。费用在收入确认之后将会与之相配比。

HOW 利润是用一段时期内的资源流入(收入和利得)和流出(费用和损失)之差来计量的。收入在以下情况下确认(1) 收入已经实现或者是可实现的,(2) 收入已经通过实质性地完成一系列包含在企业盈利过程中的活动被企业赚取。费用以系统或者合理的方式直接和收入配比,或者直接确认为一项期间费用。

比较两个时点的净资产,就像在以前介绍财务资本保全概念时的做法一样,会产生一个单独的净利润数。然而,这一做法无法披露有关利润具体构成的详细信息。为了提供这一详细信息,会计人员已经采用了一种**配比原则**来计量利润,这一原则强调对收入和费用的直接计算。只要采用相同的计量方法,通过配比原则计算的利润和单一利润计算方法下得出的利润是相同的。

配比原则,有时称为**配比法**,关注那些影响财务报告特定要素的商业事件,即收入、费用、利得和损失。利润计量的正是一段时期内的资源流入(收入和利得)和流出(费用和损失)之差。表4-2列示的四大利润要素的定义将有助于下面的讨论。

---

⑥ Ray Ball, S. P. Kothari, and Ashok Robin, "The Effect of International Institutional Factors on Properties of Accounting Earnings," *Journal of Accounting and Economics*, February 2000, p. 1.

⑦ Bing Xiang, "Institutional Factors Influencing China's Accounting Reforms and Standards," *Accounting Horizons*, June 1998, p. 105.

表 4-2 利润的构成要素

- **收入** 是由交付、生产产品，提供服务，或是其他企业主要运营活动带来的企业资产的流入和增加，或者是负债的偿还（或是两者兼而有之）。
- **费用** 是由交付、生产产品，提供服务，或是其他企业主要运营活动带来的企业资产的流出或“耗用”，或者是负债的增加（或是两者兼而有之）。
- **利得** 是由企业次要的或偶然的交易，以及除收入和所有者投资外其他所有影响企业权益的交易和事件造成的权益（净资产）增加。
- **损失** 是由企业次要的或偶然的交易，以及除费用和对所有者的分配外其他所有影响企业权益的交易和事件造成的权益（净资产）减少。

资料来源：*Statement of Financial Accounting Concepts No. 6*，“Elements of Financial Statements”（Stamford，CT：Financial Accounting Standards Board，December 1985），p. x.

思考

请仔细看一下表 4-2，为什么分别披露收入和利得很重要？

a）区分公司核心业务产生的利润和辅助或次要的活动产生的利润。

b）区分销售产品产生的利润和提供服务产生的利润。

c）区分商业活动产生的利润和所有者投资产生的利润。

d）区分资产增加产生的利润和偿还负债产生的利润。

学习这些定义能够看出，通过将利得和损失定义为收入、费用、投资，以及向所有者分配之外的因素造成的所有者权益的变化，配比原则下确定的利润将与在财务资本保全概念下的利润相同。然而，通过确认利润的中间组成成分，配比法能够提供详细的信息从而帮助预测未来的现金流。

使用配比法确认和计量利润的关键问题是确定什么时候一项“资产的流入或增加”发生了，以及如何计量相应的“资产流出和其他耗用”。第一个问题是收入的确认问题，第二个问题是费用的确认问题，或称为费用配比问题。

收入和利得的确认

配比法要求一个明确的定义来确定什么时候在财务报表中确认或者记录利润要素。在权责发生制的 GAAP 下，并不一定只有在收到现金后才确认收入。FASB 的概念框架确定了两个在决定什么时候确认收入和利得时需要考虑的因素：实现和营利过程。收入和利得在以下情况下需要被确认：

补充

大多数企业将收入确认政策在其财务报表附注中特别指出。例如迪士尼公司的财务报表附注就披露了有关电影票、录像销售、电影授权、电视广告、网络广告、商品授权和主题公园销售等经营活动的收入确认政策。

1. 它们已经实现或者是可以实现的；

2. 它们已经通过实质性地完成一系列包含在企业营利过程中的活动而被企业赚取。[8]

简单地说，收入在公司已经为客户提供了绝大部分承诺过的产品或者服务（实质性完成）后，并且客户已经支付款项或者至少有效地承诺支付款项（可

[8] *Statement of Financial Accounting Concepts No. 5*, par. 83.

实现的)时确认。也就是说公司完成了合同,并且客户有支付的意愿。

为了实现收入和利得,存货或者其他资产必须转化成现金或者现金要求权,例如应收账款。当一项交易中持有的或者收到的资产能够容易地转化为确定数量的现金或是现金要求权时,收入就是可实现的。营利过程标准主要与收入的确认有关。大多数利得来源于土地或者专利权出售等不包含营利过程的交易和事项。所以,已经实现或者能够实现这条标准在确认利得时更加重要。

这两条标准在特定行业和企业中的应用已经在这些行业中形成了在收入产生周期的不同时点确认收入的做法。这一周期可以是很长的一个周期。对于一个制造业企业,它开始于个人或者研发机构提出的研发特定产品的建议,进而拓展到计划、生产、销售和收款,直到最后的保质期到期。例如,考虑一下福特汽车公司的收入产生周期。工程师开发计划并制造模型和原型。接着就是车辆的实际生产,随后将汽车送到经销商处销售给客户。所有的新车都针对可能的缺陷承诺了数年的保质期。所有这些步骤(可能会超过10 年的时间)都包含在了销售收入的产生过程中。如果在任何一个步骤中出现失误,收入可能会遭遇严重削减甚至是完全损失,然而在整个周期中只有一个总的收入额,那就是产品的售价。

对于一个服务型公司来说,收入产生周期在提供服务的交易达成时开始,然后到计划和履行服务,再到收取现金,以及服务质量最终通过时间检验的结果。举个例子,考虑最大的会计公司之一的普华永道会计师事务所(PwC)的收入产生周期。对于一个典型的审计过程来说,在现场审计之前会做很多的计划和准备工作。现场审计之后就是数据的收集以及审计报告的准备工作。随着反对专业人士(如医生和会计人员)而采取的法律行动不断增长,人们可能会说只有在顾客针对所提供的服务进行法律申诉的可能性消除之后,收入产生周期才算完成,而这一过程会持续到实际服务提供之后好多年。

尽管一些会计人员主张在生产和服务中期内分步确认收入,但是主流的做法是选择周期中的一个最符合收入确认标准的时间点。这些标准一般都在销售这一刻达到,通常是当商品或者服务送到了客户手中,并且收到付款或是得到付款的承诺之时。所以,福特汽车公司会在汽车运到经销商时确认对经销商的销售收入。同样地,普华永道公司会在提供服务并且开具账单后记录其审计和税务服务收入。在这两个例子中,营利过程已经基本完成,并且来自客户的现金或者应收账款达到了可实现标准。虽然“销售点”是最常见的收入确认时点,但也有一些与这个一般规则显著不同的做法。[⑨] 接下来的讨论只是有关收入确认灵活性的一个介绍,第 8 章会给出更加完整的介绍。

提前确认

1. 如果一种产品由于存在市场而不需要付出太大的销售努力就可以确保在一个给定的价格售出,那么生产完成时就可以确认收入。某些贵金属和由政府确定保护价格的农产

---

⑨ Accounting Principles Board, *Statement No. 4*, “Basic Concepts in Accounting Principles Underlying Financial Statements of Business Enterprises” par. 152, October 1970. SEC 于 1999 年发布第 101 号专职会计公告(SAB),其中给出了关于何时确认收入的具体指导。第 8 章将讨论 *SAB 101*。FASB 于 2002 年开始了一项“收入确认”项目,其中对资产和负债的获得和失去的强调取代了收益和可实现的标准。直到 2008 年 5 月,该项目还在进行当中。

> **思考**
>
> 你认为为什么 Kinross 公司直到 Kubaka 黄金销售之后才确认收入?
>
> a) 产品销售收入只能在产品实际售出之后才能确认。
>
> b) 在遥远的东俄罗斯地区,黄金的最终运输和销售充满不确定性。
>
> c) 产品销售收入只能在收到现金货款之后才能确认。
>
> d) GAAP 禁止在生产环节确认任何收入。

品就适用于这种情况。[10] 在这些情况下,收入在采掘或者商品生产完成后就得到确认,因为营利过程已经基本完成,并且实际存在的可靠买方保障了收入的实现。加拿大采矿公司 Kinross 黄金公司就采用了这种收入确认方法。表 4-3 是 Kinross 黄金公司财务报表中的相关附注部分。根据这个附注,Kinross 黄金公司在销售之前就确认收入,并以预期将要收到的期望销售价格记入金条结算这个流动资产账户。请注意 Kinross 公司核算 Kubaka 金条与其他矿石的不同;Kubaka 金条在销售后确认其销售收入。Kubaka 黄金产于俄罗斯东部。根据 *IAS 41*,生物资产(如奶牛)和农产品(如收获的麦子)公允价值波动造成的利得和损失在发生时就确认,而不用等到它们被销售以后。

表 4-3 Kinross 黄金公司收入确认的附注披露

除 Kubaka 金条之外,已提纯、在途和精炼中的黄金都以可变现净值记录,并包含在金条结算账户和其他应收账款账户中。在出售之前,Kubaka 金条的估计可变现净值包含在存货中。

2. 如果一项产品或服务已经提前签订了合同,则可能在进行生产或者提供服务时确认收入,特别是生产或者服务的周期超过了一个会计年度。由此产生了完工百分比法和完工比例法两种收入确认的会计方法,这两种方法分别在生产和服务周期中的几个时点确认收入,而不是等到最后发货或者完成服务时才确认收入。如果满足相关性和可靠性的定性特征,则采取这种不同于一般销售点收入确认法则的方法是必要的。例如,房屋、道路和大坝的建造合同,以及科学研究合同就适用于这些收入确认方法。所有使用这种收入确认方法的企业必须有符合可实现性这一标准的强制性合同,并且能够客观地衡量工作进度以确定完工程度。作为这种收入确认方法的一个例子,波音公司在其财务报表附注(见表 4-4)中披露其部分收入在销售之前就已经确认。

表 4-4 波音公司有关收入确认方法的附注

固定价格合同的销售收入在发货后确认,而对于在发货前一个延续的时间段内有实质性工作量要求的固定价格合同,则以达到重要的工作进度为基础记录收入。

延迟确认

3. 如果销售商品或提供服务收到的资产的可回收性值得怀疑的话,可能只有在收到现金时才确认收入和利得。会计中的分期付款销售和成本补偿法就被用来在这些情况下确认收入。不动产,尤其是投机性休闲物业的销售收入通常使用这种方法确认。在这些例子中,虽然营利过程已经基本完成,但是有问题的应收账款还不符合可实现这一标准。例如,Rent-A-Center 公司经营"先租后买"商店,客户在这些商店里可以通过"先租后买"的方式

---

[10] 这些行业的公司也许会在销售前确认收入,但是一项有关这些行业内公司的收入确认政策的调查表明绝大多数公司还是在销售时确认收入。比如,Kinross 黄金公司改变了其收入确认政策,现在当所有权转移给客户并且发货后就确认收入,该政策从 2001 年 1 月 1 日起执行。由此可见,*SAB 101* 不赞同在向顾客发货前确认收入的条款起到了作用。

得到家具、电视以及其他的消费商品。Rent-A-Center 公司的一个大问题就是回收租赁合同中的全额现金。事实上，Rent-A-Center 公司指出大约只有 25% 的客户完全履行了合同条款。由于客户停止付款的可能性非常高，Rent-A-Center 公司只有当实际收到现金后才逐步确认收入。除了有特殊说明之外，销售时确认收入的规则将被认为适用于本书的所有例子。有关这一规则的变化将在第 8 章中详细讨论。

费用和损失的确认

为了确定利润，不仅仅需要建立收入确认的标准，还要有清晰的确认费用和损失的原则。有一些费用直接与收入相关，所以能够与收入在同一时期确认。另外一些费用当时没有被确认是因为它们与将来的收入相关，所以被确认为资产。另外还有一些费用和某一具体的收入不相关，但是在发生和付出当期也得到了确认。所以，**费用确认**被分成三类：(1) 直接配比；(2) 系统合理地分配；(3) 直接确认。

直接配比 把费用与具体的收入相联系就是常说的配比过程。例如，销售成本是一种与销售收入直接相关的费用，并且在确认收入时也得到了确认。类似地，运输成本和销售佣金通常与收入直接相关。[11]

直接费用不仅仅包括那些已经发生的，也包括那些与当期收入相关的预计将要发生的费用。配送商品给客户之后，无法回收的应收账款仍然会产生收账费用和坏账损失，还有可能的产品缺陷保修费用。这些费用直接与收入相关，应该对其进行估计并与当期确认的收入相匹配。

系统合理地分配 第二种一般费用确认的类型涉及那些受益期不止一个会计周期的资产。房屋、设备、专利和预付保险等资产的成本被系统合理地分配在相关资产的预计受益期内。即使能够将这些费用与具体的收入或者具体的期间直接联系起来，通常情况下也是非常困难的。但很明显的是，如果将要取得收入，这么做就是必需的。折旧和摊销就是这类费用的例子。

直接确认 许多费用虽与特定的收入不相关，但却是为了得到不直接产生收入的商品和服务而发生的。由于这些产品和服务几乎立即就投入了使用，所以在取得它们的期间就将其成本确认为费用。具体例子有：大多数管理成本，如办公人员薪水、公共设备、一般广告费和销售费用。

直接确认的做法在未来利益有很大不确定性时也适用。例如，研发费用可能会产生可观的未来利益，但由于这些利益通常是不确定的，所以这些成本在发生期内被直接确认为费用。

大多数损失也适用这种直接确认的做法。由于它们产生于次要的或者偶然的交易，所以不直接与收入相关。这类例子包括处置旧设备产生的损失，地震和龙卷风等自然灾害造成的损失，以及处置投资产生的损失。

---

⑪ *Statement of Financial Accounting Concepts No. 6*, "Elements of Financial Statements" (Stamford, CT: Financial Accounting Standards Board, December 1985), par. 144.

市场价值变化产生的利得和损失

确认利得和损失的配比原则的一个例外是根据市场价值变化确认的利得和损失。例如,一个企业购买了一些称为交易性证券(《中级会计学:应用篇》第14章将详细讨论)的投资证券,其目的比较明确,就是想利用短期价格波动来赚钱。相应地,即使没有出售这些交易性证券,在其市场价格上升或者下降时就要确认有关的利得或损失。同样地,像房屋这样的长期资产,即使没有出售,而且也没有发生任何交易,但如果其价值大幅下降,就要确认相关损失(第11章中将讲解这些减值损失)。

配比原则在会计实践中已经根深蒂固。一个主要的原因就是它的可靠性——资产价值的增加和减少可以通过观察交易价格来核实。然而,由于上文提到的交易性证券的存在,即使没有具体的交易,许多重要的经济因素也能够影响一家公司。由于这些市场价值变化具有信息相关性,越来越多的这类市场价值利得和损失被确认为公司利润的一部分。正如第8章中将要详细讨论到的,FASB现在正在做一个"收入确认"项目,这个项目在逐步走出配比原则转而关注资产和负债市场价值的变化上也许会走得更远。

利润表的格式

4 理解利润表的格式。

WHY 企业在报告利润时可以使用各种各样的格式。不论使用哪种格式,得到的利润数据是一样的。然而,选择的格式将会影响信息的详细程度和可比性。

HOW 利润表的一般格式是从营业收入中减去销售成本和营业费用从而得到营业利润。随后纳入利得和损失,从而得到持续经营利润。最后单独报告非常项目,从而得到净利润。

所有根据GAAP编制的利润表报告相同的基本信息,并且在报告形式上有某些共同的特征。FASB公告对利润表的某些部分,特别是非常规和非正常的项目,有具体的规定。另外一些部分则是由于广泛的使用而成为标准。

传统上,在多步式利润表中列示持续经营利润。在多步式这一格式下,利润表被分成几个单独的部分(FASB第5号概念框架中称之为"中间成分"),并且报告了各种小计以反应不同层次的盈利能力。表4-5为我们展现的就是IBM公司的多步式利润表。在多步式利润表中,由于成本被分类列示,从而能够展现利润的中间组成。例如IBM公司在其利润表中报告了毛利润、税前利润和净利润。

表4-5 IBM公司利润表

IBM公司及其子公司合并利润表

12月31日	附注	2006	2005	2004
收入:		(单位:百万,不含每股金额)		
全球服务		$48 247	$47 407	$46 283
硬件		22 499	24 343	31 193
软件		18 204	16 830	16 141
全球融资部		2 379	2 407	2 608
其他		94	147	68

（续表）

IBM 公司及其子公司合并利润表

12 月 31 日	附注	2006	2005	2004
总收入		91 424	91 134	96 293
成本：				
全球服务		34 972	35 093	35 078
硬件		14 175	15 803	22 008
软件		2 693	2 534	2 489
全球融资部		1 182	1 091	1 046
其他		107	81	103
总成本		53 129	54 602	60 724
毛利润		38 295	36 532	35 569
费用和其他收入：				
销售管理		20 259	21 314	20 079
研究、开发和工程	Q	6 107	5 842	5 874
智力资产和客户开发利润		(900)	(948)	(1 169)
其他（利润）和费用		(766)	(2 122)	(23)
利息费用	K&L	278	220	139
总费用和其他利润		24 978	24 306	24 900
税前持续经营利润		13 317	12 226	10 669
备付所得税	P	3 901	4 232	3 172
持续经营利润		9 416	7 994	7 479
终止经营：				
终止经营利润/损失（税后）		76	(24)	18
会计准则变化累积影响调整前利润		9 492	7 970	7 479
会计准则变化的累积影响（税后）*	B	—	(36)	—
净利润		$ 9 492	$ 7 994	$ 7 479
普通股每股收益（损失）：				
稀释每股收益：				
持续经营	S	$6.06	$4.91	$4.39
终止经营	S	0.05	(0.01)	(0.01)
会计准则变化累积影响调整前	S	6.11	4.90	4.38
会计准则变化累积影响*		—	(0.02)	—
总额	S	$6.11	$4.87	$4.38
基本每股收益：				
持续经营	S	$6.15	$4.99	$4.48
终止经营	S	0.05	(0.02)	(0.01)
会计准则变化累积影响调整前	S	6.20	4.98	4.47
会计准则变化累积影响*	S	—	(0.02)	—
总额	S	$6.20	$4.96	$4.47

发行在外普通股的加权平均数：

稀释：2006—1 553 535 384；2005—1 627 632 662；2004—1 707 231 708

基本：2006—1 530 806 987；2005—1 600 591 264；2004—1 674 959 086

* 反映了对 FASB 第 47 号解释的执行。

为了方便讨论，我们将使用 Techtronics 公司的多步式利润表。这个假设的利润表比已经发布的真实财务报表包含了更多的分类和细节。发布高度精简的报表而在财务报表附注中提供细节和明细表已经成为了通行的做法。这种方法的一个潜在问题是这些精简报表的预测和反馈价值也许不如那些直接在报表上提供更多利润组成细节的报表多。

Techtronics 公司 2011 年利润表

收入：			
销售额		$800 000	
减去：销售退回和折让	$ 12 000		
销售折扣	8 000	20 000	$780 000
销售成本：			
期初存货		$125 000	
净采购	$630 000		
进货运费	32 000	662 000	
可供销售的商品成本		$787 000	
减去期末存货		296 000	491 000
毛利润			$289 000
营业费用：			
销售费用：			
销售薪水	$ 46 000		
广告费用	27 000		
销售杂费	12 000	$ 85 000	
管理费用			
员工薪水	$ 44 000		
税收和保险	26 500		
折旧和摊销费用	30 000		
坏账费用	8 600		
管理杂费	9 200	118 300	203 300
营业利润			$ 85 700
其他收入和利得：			
利息收入		$ 12 750	
投资出售利得		37 000	49 750
其他费用和损失：			
利息费用		$(18 250)	
设备出售损失		(5 250)	(23 500)
税前持续经营利润			$111 950
持续经营所得税			33 585
持续经营利润			$ 78 365
终止经营：			
已终止业务分部经营损失(包括处置损失 1 6000 美元)		$(51 000)	
所得税收益		15 300	(35 700)
非正常利得(扣除所得税 5 370 美元)			12 530
净利润			$55 195

（续表）

Techtronics 公司 2011 年利润表		
折算调整的变化	$(2 450)	
可供出售证券未实现利得增长	1 180	(1 270)
综合收益		$53 925
每股收益：		
持续经营利润		$1.57
终止经营利润		(0.71)
非常规收益		0.25
净利润		$1.11

Techtronics 公司的利润表与多数公开的报表在其他一些方面不同。例如，为了简单地描述各种各样的利润要素，本文只呈现 Techtronics 公司一年的利润表。为了遵循 SEC 的要求，上市公司的利润表需提供三年的对比数据（如表 4-5 所示）。比较财务报表能够使用户分析公司数个会计期间的业绩，并能识别出也许会影响公司未来业绩的重要趋势。另外 Techtronics 公司的利润表是针对一个单独的企业实体，但是上市公司通常呈报合并财务报表，其中包含了母公司的财务数据，例如 IBM 公司，以及它所拥有的其他公司，即子公司。

本章包含的所有真实企业的报表都是合并报表。[12]

利润表的组成要素

5 描述利润表的具体组成要素。

WHY 通过对利润表项目的仔细分类和排序，重要的商业关系得以凸显，企业持续经营核心业务的成果也得到强调。

HOW 大多数公司的利润表包括以下部分或全部要素：收入，销售成本，毛利润，营业费用，营业利润，其他收入和利得，其他费用和损失，税前持续经营利润，持续经营所得税，持续经营、终止经营和不正常项目产生的利润。

在接下来部分，将会使用 Techtronics 公司的报表讨论和解释利润表的内容。当前企业财务报告实践中的各种不同做法也会使用真实企业的利润表来说明。最后，将会讨论用综合收益来补充净利润的要求。

持续经营利润

Techtronics 公司的利润表有两种主要类型的利润：(1) 持续经营利润；(2) 非常项目。持续经营利润包括企业所有正在进行的经营活动产生的收入、费用、利得和损失。在 Techtronics 公司的例子中，持续经营利润包括以下六个独立部分：

1. 收入
2. 销售成本

⑫ 本书将使用许多真实企业的例子来阐明财务报告概念和实务。你将会发现许多不同的表名、术语、细节，以及报告的其他方面。由此，你将能对财务报告的多样性进行辨别，还具备了理解使用各种形式和术语的财务信息的能力。

3. 营业费用

4. 其他收入和利得

5. 其他费用和损失

6. 持续经营所得税

另外,回顾一下 Techtronics 公司的利润表,可以发现持续经营利润部分中的几个利润小计,包括:

1. 毛利润(收入 - 销售成本)

2. 营业利润(毛利润 - 营业费用)

3. 税前持续经营利润(营业利润 + 其他收入和利得 - 其他费用和损失)

4. 持续经营利润(税前持续经营利润 - 持续经营所得税)

下面将要分别讨论这些主要的组成部分和相关利润小计,从而帮助你更好地理解报告持续经营利润的实务。随后我们将研究利润中那些非常项目的部分。

收入 收入报告了会计期内对客户的销售总收入减去销售退回、销售折让和折扣后的余额。这个总数不包括要缴纳给政府的营业税和消费税。这些税额增加需要适当地确认为流动负债而非收入,因为营业税和消费税必须交给相应的政府机构。从销售毛收入中减去销售退回、销售折让和销售折扣后得到了净销售收入。如果销售收入中包含了公司为客户垫付的运费,那么在计算净销售额时也需要减去公司垫付的运费。如果运费没有转嫁给客户,就要被确认为销售费用。

销售成本 在任何商业企业或制造企业中,与某一期间的销售收入相关的销售成本必须得到确定。正如 Techtronics 公司的利润表所示,可供出售商品的成本最先得到确定。它是期初存货、净采购,以及其他与获得商品相关的采购、运输、仓储成本的总额(净采购是从采购总额中减去采购退回、采购折让和折扣)。销售成本就是从可供销售商品的成本中减去期末存货成本。

当销售商对商品进行加工时,销售成本中加入了额外的成分。企业在将原材料变成产成品的时候,除了原材料成本之外,还会有劳动力成本和管理费用。制造企业有三种类型的存货而不是一种:原材料、在产品,以及产成品。Techtronics 公司是一家商业公司。第 9 章将讨论制造业企业的销售成本。

毛利润 对于大多数的商业企业和制造企业,销售成本是利润表中最重要的费用。考虑到它的分量,企业对与销售额变化相关的销售成本额的变化格外关注。毛利润是净销售产生的收入与销售成本之差。毛利率,等于毛利润除以净销售收入,它给企业提供了比较各年盈利能力的一个方法。对于通用汽车来说,毛利润是向经销商销售汽车的收入减去制造汽车的成本。在一个超级市场中,毛利润是零售价减去批发成本的差额。

毛利润是一个很重要的数字。如果一个企业不能从销售商品或服务中产生足够的收入来弥补与该商品或服务直接相关的成本的话,那么该企业将无法在这个行业待得长久。例如,如果 IBM 公司以 12.6 万美元的价格销售一台计算机主机,而与生产这台电脑相关的原材料成本、劳动力成本和管理费用是 13.9 万美元,那么毛利润将是负的 1.3 万美元,这表明 IBM 公司处于严峻的困难当中。毕竟,如果毛利润为负,IBM 公司将无法支付广告费用、管理人员工资和利息费用等其他费用。

例如,利用表 4-5 IBM 公司利润表中的信息,我们能够计算出每一种收入的毛利率。

IBM 公司毛利率			
	2006	**2005**	**2004**
全球服务	27.5%	26.0%	24.2%
硬件	37.0	35.1	29.4
软件	85.2	84.9	84.6
全球融资部	50.3	54.7	59.9
其他	(13.8)	44.9	(51.5)
毛利润总额	41.9	40.1	36.9

分析表明 IBM 公司的总毛利率从 2004 年到 2006 年的三年间一直在增长。该增长归因于全球服务、硬件和软件部分毛利率的增加。

营业费用 营业费用可能会分两部分报告:(1) 销售费用;(2) 管理费用。销售费用包括销售薪酬和佣金及相关的个人所得税,广告和店面展示,消耗的店面用品,店面家具及设备折旧,以及发货费用。管理费用包括管理人员和办公人员薪酬及相关的个人所得税,消耗的办公用品,办公室家具和固定装置折旧,电话费,邮寄费,经营执照费,法律和会计服务费,捐款,还有类似的项目。对于制造商而言,与生产和管理功能同时相关的费用应当以合理的方法在制造费用和营业费用中分摊。

营业利润 营业利润衡量公司经营基本业务的业绩,它等于毛利润减去营业费用。通常认为除了利息费用和所得税费用外,所有的费用都是营业费用。因此,营业利润的另一个名字是息税前利润(EBIT)。

营业利润告诉使用者一家公司在对其而言独特的经营活动中表现如何,该活动独立于在公司总部层面处理的财务及所得税管理政策。例如,营业利润可以让你估计沃尔玛在选择其店面,制定价格战略,培训和留住工人,以及管理其和供应商的关系等方面的总体能力。营业利润不能告诉你任何与沃尔玛的借款利息成本或者其税务筹划人员如何成功地安排和设置其经营方面以最小化所得税的信息。

其他收入和利得 这部分通常包括与公司次要活动相关的项目。例如财务活动产生的收入,比如租金、利息、股利,还有出售设备或投资等资产产生的利得。利润表中报告的利得表示一个净额,也就是销售价格和成本的差额。这与收入不同,收入是以总额并且独立于相关费用报告的。

其他费用和损失 这个部分和上面的部分对应,只不过它是营业利润的一个减项,而不是增项。例如利息费用和资产出售损失。损失和利得一样以净额报告。

当公司提议重组其业务时,会产生一种非常具有争议性的损失。重组通常会使一些资产因为不符合公司的战略计划而失去其价值,重组也会因为解雇员工或者重新安置员工而产生费用。例如,AT&T 公司在其财务报表附注中披露其 2000 年的营业费用中包含一项 70.29 亿美元的重组费用。该费用来自于一项资产减值费用(减记)合并、其他一次性的重组和退出成本,这些都是为了使公司在未来更加有效地节约成本。有关重组费用的争议来自于公司在决定重组费用金额时非常随意的事实。人们担心公司利用这种随意性作为操纵净利润的工具。例如,已经面临着较差业绩预期的公司可能会故意高估重组费用。这种所谓的“洗大澡”方法的动机是,如果一家公司无论如何都将报告较差的业绩,那么收集公司里所有的坏消息并将它们同时报告,从而稀释任何一个单独的坏消息项目的影响就有意义了。实际表明，如果采用了这种方法，其下一年的业绩将会大大提高，很大一部分原因是由于重组费用使未来年份的费用大大增加，而公司却将所有的重组费用都归在同一年报告。2002 年，FASB 发布了一项澄清准则，以减少公司战略性地估计和确认巨额冲销重组费用的灵活性。⑬

补充

SEC 主席 Arthur Levitt 在 1998 年 9 月 28 日的一次演讲中指出了五种比较流行的会计欺骗方法，这些方法被公司用来操纵报告收益。该名单上的第一个就是巨额冲销重组费用。

最大的一笔重组费用（到目前为止）是时代华纳（那时称作美国在线时代华纳）公司在 2002 年确认的。该公司确认了 997.37 亿美元的重组费用，其大部分与 2001 年美国在线与时代华纳合并相关的商誉减记有关。这笔天文数字般的重组费用也使得时代华纳报告了史上最大一笔单个年度亏损——986.96 亿美元（收入只有 409.61 亿美元！）而扬名天下。

税前持续经营利润　营业利润加上其他收入和利得，减去其他费用和损失就得到了税前持续经营利润。

持续经营的所得税　所得税费用是公司在一年当中进行的所有交易产生的所得的税务结果总额。这些税务结果中的一些可能发生在当年，也有一些可能发生在未来的年份里。当不可持续、非常项目被报告时，必须将当期所有的税额在各种收益成分中分配。当持续经营利润类别中包含的所有项目只报告一个所得税金额时，该税额被放在该类别中的最后部分。相反的是，当不可持续、非常项目类别中的每一个项目以税后金额报告时，被称为“所得税后”。这种在利润表中将所得税分开放在不同部分的做法被称为**期内所得税分摊**。与《中级会计学：应用篇》第 16 章相关的网上材料（www.cengage.com/accounting/stice）包含了对所得税期内分摊更多的讨论。

例如，IBM 公司 2006 年产生了足够的应税利润以至于该公司当年需要缴纳 20.68 亿美元的所得税。然而，IBM 公司在 2006 年也参与了一些交易，这些交易产生了需要公司在未来年份里支付的税额负债。虽然这些税额将在未来年份里支付，但它们还是在发生的当期被确认为一项费用。所以，正如表 4-5 所示，IBM 公司 2006 年报告的所得税费用为 39.01 亿美元，它代表了当年参与的所有交易的当前或未来净税额影响。

注意

请记住，一笔交易可能给一家公司带来的是利得或者损失，但同样的一笔交易在另一家公司也可能被不同地处理。例如，如果一个办公用品商店将其送货卡车卖给一个二手车经销商，该商店会产生一笔利得或者损失。然而，当二手车经销商出售该卡车时，该利得会被认为是该经销商的销售收入。为什么会采取不同的处理方法呢？在第一种情况下，出售卡车是一项次要的活动；在第二种情况下，销售卡车则是经销商的正常活动。

在 Techtronics 的例子中，假设所得税税率是 30%。因此，持续经营的所得税金额就是 33 585 美元（$111 950 × 0.30）。这一所得税税率被应用到 Techtronics 公司所有的利润项目里。但是在实务中，所得税期内分摊对于不同的利润项目可能有不同的税率，这是累进所得税税率和特定利得或损失的特别税率造成的结果。

---

⑬ *Statement of Financial Accounting Standards No. 146*, “Accounting for Costs Associated with Exit or Disposal Activities” (Norwalk, CT: Financial Accounting Standards Board, 2002).

持续经营利润 财务会计的一个重要目标就是为相关利益方提供可以用来预测公司未来将会如何表现的信息。因此财务报表使用者需要能够反映公司业绩面貌的利润金额，并且这种业绩预期将在未来持续下去。这类利润被列为持续经营利润。营业利润减去利息费用、所得税费用、其他损失，再加上其他利得就得到了持续经营利润。

不可持续、非常规和非正常的项目

在持续经营利润后分开报告的利润项目有时被称为线下项目。这些项目来自于那些预期未来不会继续影响报告结果的交易和事项。独立于持续经营报告这些项目以及相关的税务影响可以为财务报表使用者提供更多的有信息含量的披露，以帮助他们估算提供报告的公司预期将在未来产生的利润和现金流量。两种类型的交易和事项以这种方式报告：(1) 终止经营；(2) 非常项目。除了这两个项目外，会计准则变化影响、估计改变、价格变化同样也会影响利润表和相关的披露。下面将依次分别讨论这些项目。

终止经营 一个常见的非常规项目涉及通过出售或者遗弃处置一个独立的、可识别的业务组成部分。处置掉的公司组成部分可能是一条主要的生产线，一个主要的客户类别，一个子公司，甚至是一个有着独立的、可识别的业务和现金流量的店面。终止活动的规模不是决定是否将其报告为一项终止经营的因素。而要满足作为终止经营报告的目的，该组成部分的业务和现金流量必须能够和公司其他的业务和现金流量明确地从实务、经营和财务报告目的等三个方面区别开来。例如，将一个厂房中业务和现金流量都混在一起的五条生产线当中的一条关闭就不能算作终止经营。同样地，将生产和营销功能从一个地方转移到另一个地方也不能被归类为终止经营。

管理层可能出于许多种原因而决定处置掉一个业务组成部分，例如下列原因：

- 该组成部分可能没有盈利性。
- 该组成部分可能不符合公司的长期计划。
- 管理层可能需要资金偿还长期债务或者是进入其他领域。
- 管理层可能害怕想要获得公司控制权的新投资者收购公司。

由于公司经常寻求调整其战略关注点，所以它们有时试图出售其次要的业务组成部分，特别是不盈利的部分，从而使公司围绕其核心业务进行加强。AT&T 公司为我们提供了这种战略的一个例子。2000 年年初，AT&T 公司决定将其宽带部门和无线部门剥离。此外，AT&T 公司还发生了一些环境清理成本，这些成本与该公司 1996 年分拆 NCR 公司有关。AT&T 公司 2003 年的利润表(见表 4-6)显示了这些交易的影响，这些交易都是“线下”披露。

先不考虑公司出售一个业务组成的原因，公司业务中一个重要部分的终止也是一个重要事件。因此，应该向财务报告使用者明晰地提供和终止经营有关的信息。

终止经营的报告要求。当一家公司停止经营一个业务组成时，未来的可比性就要求识别和分离与终止经营相关的所有要素。因此，在本章前面展示的 Techtronics 公司的利润表中，持续经营利润后面的第一个类别就是终止经营。该类别分为两个分支：(1) 已经终止的业务组成当年经营产生的利润或损失，本例中是 3.5 万美元损失，再加上处置该业务组成的利得或损失，本例中是 1.6 万美元的损失；(2) 披露与该业务组成相关的利润或损失的总的所得税影响，本例中是 1.53 万美元的税收收益。如前所述，所有的线下项目都是以各自的税收影响后净额报告的。如果该项目是利得,则减去所得税。如果该项目是损失,则可以抵扣其他利润,所以它的存在节省了所得税支出。因此公司总体上的损失由于税收节省而减少,这种节省来自于可以从其他应税利润中扣除损失。

表 4-6 AT&T 公司终止经营——来自其 2003 年利润表 (单位:百万)

	2003	2002	2001
持续经营利润(损失)	$1 863	$ 963	$(2 640)
终止经营净(损失)(所得税收益后金额,三年所得税收益分别为 0,6 014,3 751)	(13)	(14 513)	(4 052)
终止经营处置利得(2002 年为所得税收益后金额,所得税收益为 61)	—	1 324	13 503
会计准则变化累积影响前利润(损失)	1 850	(12 226)	6 811
会计准则变化累积影响(税后金额,三年所得税分别为 -9,530 和 -578)	15	(856)	904
净利润(损失)	$1 865	$(13 082)	$ 7 715

通常情况下,业务组成的处置并不能在开始处置的会计年度年底完成。想要在报告中归类为终止经营,则最后的处置必须在报告当期未来一年内完成。据此,如果一家公司在 2011 年决定于 2012 年 4 月处置一个业务组成,则在 2011 年的利润表中该业务组成的经营结果应该被报告为终止经营。

为了说明终止经营的报告,请考虑下面的例子。Thom Beard 公司有两个部门,A 和 B。这两个部门的业务和现金流量有着十分明确的区别,所以它们都是合格的业务组成。2011 年 6 月 20 日,Thom Beard 公司决定处置 B 部门的资产和负债。该处置很有可能在下年年初完成。

Thom Beard 公司 2011 年以及前两年的收入和费用如下:

	2011	2010	2009
销售额——A	$10 000	$9 200	$8 500
非税费用总额——A	8 800	8 100	7 500
销售额——B	7 000	8 100	9 000
非税费用总额——B	7 900	7 500	7 700

在 2011 年年末,Thom Beard 公司处置了 B 部门的一部分,并对该处置确认了 4 000 美元的税前损失。Thom Beard 公司的所得税税率是 40%。下面是 2011 年的比较利润表:

	2011	2010	2009
销售额	$10 000	$9 200	$8 500
费用	8 800	8 100	7 500
所得税税前利润	$ 1 200	$1 100	$1 000
所得税费用(40%)	480	440	400
持续经营利润	$ 720	$ 660	$ 600

（续表）

	2011	2010	2009
终止经营:			
营业利润(损失)(包括2011年处置损失4 000美元)	(4 900)	600	1 300
所得税费用(收益)——40%	(1 960)	240	520
终止经营利润(损失)	(2 940)	360	780
净利润	$(2 220)	$1 020	$1 380

补充

根据 *IFRS 5*(2004年3月发布),有终止经营的公司必须披露下列信息:收入和费用金额,可归于终止经营的税前利润或损失,以及相关的所得税费用。此外,还要分别披露终止经营的资产、负债和现金流量。

请注意这种报告方法可以使使用者区分 Thom Beard 公司的业务中在未来继续产生收入的部分和不继续产生收入的部分。这种报告格式使财务报告使用者预测公司在后续年份业绩如何的尝试变得非常容易。

终止经营的报告要求包含在 FASB 的第144号公告"长期资产减值或处置的核算"中[14]。在资产负债表上,资产负债表日还没有完全被处置的终止部分的资产和负债需要单独列在资产负债表的资产和负债部分。同样地,除了利润表中报告的利润总额或亏损总额,与终止经营相关的总收入还应当在财务报表附注中披露。这些披露的目的是报告能够帮助外部使用者估计未来现金流量的信息,它们明确地区分了正常的、可重复的盈利模式和那些预期将在未来不会持续的活动,这些活动虽不可持续,但是对于评估公司当年和以前年度的总体经营成果却很重要。

英国有关终止经营的报告实务代表了一种与美国方法不同的有趣选择。例如,为了遵守英国会计准则委员会的 *FRS 3*,英国电讯(BT)公司在其2002年的损益账户(利润表)中提供了如下信息。

（单位:百万英镑）

	2002
总营业额(销售额)	
持续的活动	21 815
终止的活动	2 827
营业利润总额	
持续的活动	(1 489)
终止的活动	(371)

这种方法为财务报告使用者提供了比美国方法更多的信息,因为它比较了持续经营和终止经营的相对规模和经营的盈利能力。

非常项目 根据 APB 第30号意见,非常项目是指在性质上不寻常,在概率上很少发生的事项和交易。因此,为了符合异常的特征,一个项目必须"有较高的异常性,并且和企业

[14] *Statement of Financial Accounting Standards No. 144*, "Accounting for the Impairment of Disposal of Long-Lived Assets" (Norwalk, CT: Financial Accounting Standards Board, 2001).

普通的、典型的活动毫无关系，或者仅仅是偶然有关系……[并且]不能合理地预期其在可预见的未来发生……”⑮

APB的意图是限制能够被归类为非常项目。委员会的假设是除非有证据明确地支持将一个项目归类为非常项目，否则该项目就应该被认为是日常的，并且是企业持续经营的一部分。委员会提供了不应该当做非常项目报告的利得和损失的例子。这些例子如下：

- 应收款、存货、向他人出租的设备、无形资产的减记或者注销。
- 外汇交易或者外币重新计价的利得或损失，包括那些和严重的货币贬值以及重新估值相关的项目。
- 业务分部的处置利得或损失。
- 出售或者遗弃经营中使用的不动产、厂房、设备的其他利得和损失。
- 罢工的影响。
- 长期合同利息的调整。

例如，公司将外国的法律诉讼解决和资产注销作为非常项目报告，这些国家的征用风险比较高。

有些项目也许不符合非常项目的两个标准，但符合其中的一个。尽管这些项目不符合非常标准，它们应该作为持续经营利润的一部分分别披露，在营业利润之前或者之后。这些项目的例子包括罢工相关成本、完全存货注销、投资流动性利得和损失。

我们中的大多数会认为2001年世贸中心恐怖袭击造成的损失是终极的非常项目。然而，这些项目在2001年的利润表中没有作为非常项目报告。FASB的新兴问题任务组(Emerging Issues Task Force)认为世贸袭击的经济影响如此广泛，以至于很难区分袭击的直接成本和袭击造成的经济状况转型带来的经济成本(包括收入损失)。

补充

2002年之前，提前消除债务产生的所有利得和损失都作为非常项目报告。*SFAS No. 145* 结束了这种分类方法，现在这些利得和损失被认为是日常的，不满足非常项目的普通标准。

Verizon公司2000年和2001年的财务报告中那些看似不寻常的重组费用、非常项目以及灾难损失项目都作为正常经营的一部分报告。2001年，Verizon公司报告了15.96亿美元的重组费用，该费用与Bell Atlantic-GTE合并案的员工解雇金相关，正是该合并案造就了Verizon公司。2000年，Verizon公司报告了10.27亿美元的税后非常损失，该损失产生自美国通讯委员会授权的重叠无线服务。表4-7中Verizon公司披露了世贸中心恐怖袭击的相关成本。

会计准则变更 虽然会计准则应用的一致性提高了财务报告的有用性和可比性，但是有些时候的情况也表明从某个会计准则变为另一个是合理的。公司偶尔会改变会计准则(例如后进先出法改为先进先出法)，因为此时经济状况的改变表明会计准则的改变能提供更好的信息。更常见的会计准则变更是由于FASB发布了新的公告要求改变会计准则；如果采用了GAAP，公司除了做出改变以适应新准则外别无选择。

如果改变了采用的会计准则或会计方法，公司被要求确定如果一直使用新准则，则以

⑮ *Opinions of the Accounting Principles Board No. 30*, “Reporting the Results of Operations” (New York: American Institute of Certified Public Accountants, 1973), par. 20.

前年度的利润表会有什么不同。为了提高可比性,公司所提供的所有以前年度的比较利润表(如果提供了三年的比较数据,那么包括所有这三年的比较报表)必须以新会计方法重述。公司提供的最早一年比较报表的留存收益期初余额反映了一项调整,该调整针对的是会计准则变化对那些公司没有提供详细利润表的年度的净利润的累积利润影响。

表 4-7 Verizon 公司关于 2001 年 9 月 11 日世界贸易中心恐怖袭击的披露

附注 2:2001 年 9 月 11 日恐怖袭击影响的会计

9·11 恐怖袭击造成了生命和财产的严重损失,同样使经济状况恶化。Verizon 公司在这些影响中没能幸免,因为我们在纽约和华盛顿特区有大量业务。

9·11 袭击的主要财务报告影响是关于在世贸大楼中或其毗邻地区的 Verizon 公司的分支,设备及管理办公地,还有与恢复服务相关的努力。9·11 后的一段时期,我们主要关注在世贸中心地区恢复我们的服务,以及估计保险赔偿后的损失。恐怖袭击共造成 2.85 亿美元的税前损失(税后 1.72 亿美元,稀释每股损失 0.06 美元)。

Verizon 公司的保险政策是每一事件赔偿的损失限定为 10 亿美元,包含 1 百万美元的可扣除额。因此,我们估计 2001 年有近 4 亿美元的保险赔偿,其中大概 1.3 亿美元已经收到。损失及估计的保险赔偿额的记录是根据新兴问题任务组第 1 号至第 10 号出版物——"2001 年 9 月 11 日恐怖袭击影响的会计"。

下面是会计准则变化会计处理的一个例子。Brandoni 公司 2009 年开始营业。2011 年公司决定将其计算已售商品成本的方法从先进先出法转换为后进先出法。为了简化起见,假设 Brandoni 公司只有两种费用:销售成本和所得税费用。所有项目的所得税税率为 40%。下面是 2009 年至 2011 年的销售收入和销售成本信息:

	2011	2010	2009
销售收入	$8 000	$8 000	$8 000
销售成本——旧方法(先进先出)	5 600	6 100	7 500
销售成本——新方法(后进先出)	4 500	4 500	4 500

存货估价方法改变的第一个影响就是降低了 2011 年的销售成本。新方法下的 4 500 美元销售成本应该在利润表中照常反映,会计准则变化当年的影响 1 100 美元($5 600 - $4 500)应该在财务报表附注中披露。2011 年的比较利润表如下所示:

	2011	2010	2009
销售收入	$8 000	$8 000	$8 000
销售成本	4 500	4 500	4 500
税前利润	$3 500	$3 500	$3 500
所得税费用(40%)	1 400	1 400	1 400
净利润	$2 100	$2 100	$2 100

这种追溯重述方法的一个缺点是 2011 年财务报告中提供的 2009 年和 2010 年比较利润表和这两个年份的原始利润表报告的销售成本和净利润不同。然而这一缺点完全被追溯重述报表提供的跨年度的可比性所补偿。

上面描述的会计准则变化影响的报告方法来自于 2003 年 12 月修订并发布的 *IAS 8*。过去,FASB 要求公司将会计变化的累积利润影响(以前所有年度的)作为公司当年利润表的一个单独项目报告。为了提高财务报告的国际间可比性,FASB 在 2005 年决定更改美国 GAAP,使之与国际会计准则趋同。[16]《中级会计学:应用篇》第 20 章将会更加详细地讨论会计准则变化的会计处理。

会计估计变更 在报告定期收入,以及试图恰当地匹配那些产生当期收入而发生的费用时,会计人员必须持续做出判断。财务报表中报告的数据反映了这些判断,并且这些数据是基于对折旧资产使用年限、预期坏账金额,以及将要记录的担保债务金额等因素的估计。这些以及其他一些估计是使用财务报告日可获得的最佳信息做出的。然而,情况后来也许会改变,所以估计可能也需要修订。一般地,不论改变收入还是费用都会影响利润表。问题是,前面报告的利润计量标准是否应该改变,以及改变是否只应该影响当前和未来期间。

会计估计变更应该在任何可能受到影响的当前(修订估计的期间)和未来期间反映。会计估计变更不需要追溯调整。这些改变被认为是会计流程的一个正常部分,而不是过去犯下的错误。

为了阐明会计估计变更的计算,假设 Springville 制造公司以 10 万美元购买了一台磨粉机器。购买时估计该机器使用年限为 10 年。假设该机器没有残值,并且采用直线法计提折旧,折旧费用为每年 1 万美元($100 000/10)。然而,在第 5 年年初,有情况表明机器只能再使用三年。第 5、6、7 年的折旧费用应该反映改变后的估计,但是前四年记录的折旧费用不应受到影响。因为第 4 年年末的账面价值是 6 万美元($100 000 - $40 000 的累积折旧),剩余三年每年的折旧费用应该为 2 万美元($60 000/3)。下面的表格总结了资产使用寿命内的折旧费用:

年度	折旧费用
1	$ 10 000
2	10 000
3	10 000
4	10 000
5	20 000
6	20 000
7	20 000
总(累计)折旧	$100 000

价格变化的影响 前面有关收入和费用确认的报告没有提及在配比原则下怎么确认价格变化。正如第 1 章指出的,会计人员长久以来都忽视了这个现象,特别是当利得需要通过确认来产生时。当一个经济体经历高通货膨胀率时,财务报告使用者担心报告不能反映这些价格变化的影响。当通货膨胀率低一些时,使用者的担心也会降低。当价格变化率上升时,利润表的使用者会不断施加压力迫使公司调整财务报告。许多有着高通胀率的国家要求用调整以消除通胀影响。麦当劳按 SEC 的要求在其提交的 10-K 文件中阐述了通货膨胀的影响。这一附注披露(包含在表 4-8 中)表明麦当劳能够通过较快的存货周转率和提高成本变化较快地区的价格来应对通货膨胀。

---

⑯ *Statement No. 154*, "Accounting Changes and Error Corrections—A Replacement of APB Opinion No. 20 and FASB Statement No. 3" (Norwalk, CT: Financial Accounting Standards Board, May 2005).

表 4-8 麦当劳的附注披露

公司展示了一种有效地控制通胀带来的成本增长的能力。这是因为公司有较高的存货周转率,调整菜单价格的能力,成本控制以及控制的大量资产——许多是以固定的成本购买的,部分是以债务购买,而通胀可以使债务成本降低。

FASB 第 33 号公告要求某些大型公众持股公司以补充信息的形式披露与价格变化有关的经过选择的信息。委员会没有要求将这一信息在基本财务报表中披露,而是要求在不需要经审计的财务报表补充附注中披露。

后来,第 82 号公告删除了一些披露要求,而到了第 89 号公告时,所有价格层面的披露都是自愿的。

净利润或亏损

持续经营利润与终止经营损益和非常项目损益的结合为财务报告使用者提供了公司某个时期业绩的概括性计量:净利润还是净损失。该数据反映了会计人员想要在一个数字中反映公司某个时期总体经济业绩的尝试。当不含任何非常项目时,净利润等同于持续经营利润。

从前面的讨论中你可以看出,当人们说到一家公司的"利润"或"盈利"时,他可能指的是大量数字中的任意一个:毛利润、营业利润、持续经营利润,或者是净利润。当讨论一家公司的利润时,做到非常明确是很重要的。毕竟,将一家公司的净利润与另外一家公司的营业利润相比就像是拿苹果和橘子做比较一样。

为了将当期的业绩与前一期或者是其他公司的业绩相比较时,用净利润除以净销售额就得到了销售报酬率。这一计量指标代表了每一美元的净利润百分比。例如,迪士尼公司报告了下列销售报酬率。

	2007	2006	2005
销售报酬率	13.2%	10.0%	8.1%

表 4-9 中列示了不同行业的多家公司的销售报酬率的比较。

表 4-9 销售报酬率

	2006	2005	2004
AT&T	11.7%	10.9%	14.4%
麦当劳	16.4	13.1	12.3
IBM	10.4	8.7	7.8
微软	28.4	30.8	22.2

当计算销售报酬率时,谨记净利润中可能包含了非常项目,从而会扭曲结果并影响可比性。在分析说明这类项目时可能需要做出调整。

每股收益 一个单独的股东会对公司的净利润中有多少与其所有者权益相关感兴趣。因此,利润表会报告**每股收益(EPS)**,它是与每份普通股相联系的净利润金额。例如,表 4-5 中 IBM 公司 2006 年基本每股收益为 6.2 美元。这意味着一个拥有 100 股 IBM 公司股票的股东在该公司 2006 年归属股东的 94.92 亿美元净利润中享有 620 美元($6.2 每股收益×100股)。

为了说明每股收益的重要性,请看下面的例子。下表是James Caird公司2009—2011年的净利润、平均流通股股数,以及每股收益:

	2011	2010	2009
净利润	\$10 000	\$6 000	\$2 500
平均流通股股数	10 000	5 000	1 000
每股收益(EPS)	\$1.00	\$1.20	\$2.50

请注意,如果只看净利润增长率的话,James Caird公司做得非常好,其净利润增长率2010年为140%,在2011年为67%。然而,从流通股股数来看,就会发现这一净利润增长率是由公司规模的实质性增长带来的,公司规模的增长表现在流通股股数的大量增长。当以每股为基础时,其业绩从2009—2011年是稳步下降的;一个老股东在2009年时每股赚2.5美元,到了2011年,同样的股份每股只能赚1美元。

公司通常披露两个每股收益数据。基本每股收益报告以当年实际发行在外的股份数为基础的收益,用归属于普通股股东的净利润(净利润减去支付或承诺给优先股股东的股利)除以当期平均发行在外的股份数。

稀释每股收益反映了在未来能够转换为股票的股票期权和其他权利的存在。例如,除了有发行在外的股票,公司还可能承诺了股票期权,该期权允许持有人以某些提前约定的价格购买公司的股票。期权持有人当前没有公司的股票,但是他们可以在任何时候从公司获得股票。在其他例子中,一家公司可能在借钱的同时给予债权人以某些提前约定的价格将贷款转换为公司股票的权利。计算稀释每股收益可以告诉财务报告使用者现存的股票期权和其他购买股票的权利对每股收益的潜在影响。

IBM公司报告的2006年基本每股收益和稀释每股收益分别为6.20美元和6.11美元(见表4-5)。如果所有的期权和其他有可能被转换的项目均转换为IBM公司股票的话,对该公司每股收益的影响是减少0.09美元。0.09美元(大概为基本每股收益的1.5%)这一较小的差别说明IBM公司在外没有太多的期权和可转换证券。而不同的是,Altra Holdings公司报告的2006年基本每股收益和稀释每股收益相差94%,Tyson食品公司的则相差50%。这些差异表明Altra Holdings公司和Tyson食品公司有较高百分比的外部股票期权,这些期权可能会稀释每股收益。

在过去,美国规定每股收益计算的会计准则有些过于复杂了。在20世纪90年代中期,FASB联合IASB发起了一个项目,旨在改进美国每股收益的会计实务,并提高在这一重要会计问题上的国际一致性。1997年,FASB和IASB发布了几乎一致的会计准则,规定了前面提到的基本每股收益和稀释每股收益的计算方法。这不仅代表了美国会计实务的一个巨大进步,同时还是一个里程碑式的事件,因为这是FASB和IASB第一次合作发布一项会计准则。

当发布每股收益数据时,用持续经营利润和每个非常项目的利润除以报告当期发行在外的加权平均普通股股数就算出了不同的每股收益数额。[17]

---

[17] *Statement of Financial Accounting Standards No. 128*, "Earnings per Share" (Norwalk, CT: Financial Accounting Standards Board, 1997).

比如,Techtronics 公司的利润表显示,每股持续经营利润为 1.57 美元,每股终止经营损失为 0.71 美元,每股非常利得为 0.25 美元,而总的每股净利润为 1.11 美元。这些数据是用每一个特定的净利润组成部分除以当期发行在外的 5 万股普通股股数算得的。当一家公司只有发行在外的普通股时,计算每股收益非常简单。然而,当公司有某些特定种类的证券发行在外时,比如可转换股票和股票期权,那么每股收益的计算就变得非常复杂。《中级会计学:应用篇》第 13 章将讨论这些以及其他一些种类的证券,第 18 章中给出了计算每股收益的更多细节。

每股收益经常被用来计算一家公司的**市盈率(*P/E*)**。这一比率将股票市场价值表示为收益的倍数,同时使投资者可以评估公司股票的吸引力。市盈率由普通股每股平均市场价值除以年度基本每股收益算得。计算中使用最新的市场价值,而不是收益当期的平均市场价值。《华尔街日报》每天都报告大多数上市公司的市盈率。假设 Techtronics 公司股票 2011 年 12 月 31 日的收盘价为每股 14.25 美元,其市盈率计算如下:

$$\text{市盈率} = \frac{\text{每股市价}}{\text{每股收益}} = \frac{\$14.25}{\$1.11} = 12.8$$

通过图 4-1,能够了解市盈率是怎么随着时间的推移而变化的。该图概括了上千家公司 20 年的数据。分析中每年所包括的公司是按市值大小选出的美国最大的一些上市公司,然后计算市值排名前一半的公司的市盈率。请注意,在这个 20 年的时间段里,市盈率倾向于增长。

一般情况下,下列公司的市盈率比平均市盈率高:

- 未来增长潜力大的公司;
- 当年收益由于不会重复发生的事件的影响而低于平均数的公司(例如,大额注销、自然灾害);
- 有大量未入账资产的公司(例如增值的土地、没有入账的商誉)。

一般情况下,以下类型公司的市盈率低于平均市盈率:

- 当年收益由于不会重复发生的事件的影响而高于平均数的公司(例如,一次性利得);
- 被认为风险性很高的公司。

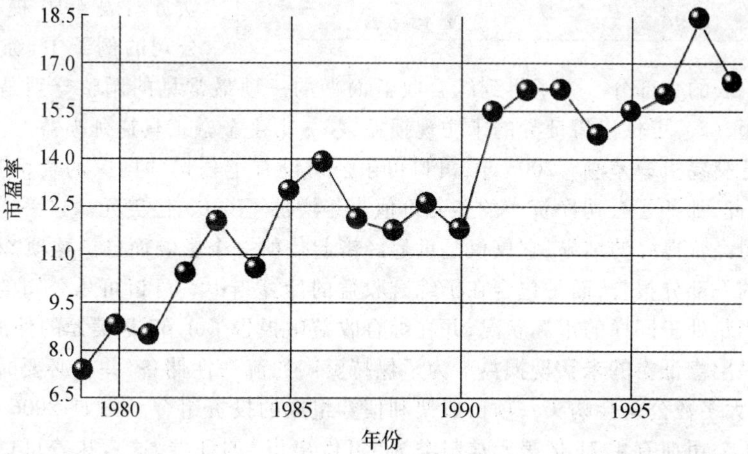

图 4-1 美国大型上市公司不同年度的市盈率

综合收益和所有者权益表

6 计算综合收益并编制所有者权益表。

WHY FASB 在其概念框架中建议报告综合收益,从而反映某个时期内除所有者投资和向所有者分配外的一切权益变化。综合收益是对公司一定时期内财富变化总额的一种计量。

HOW 除了净利润外,综合收益还包括与公司经营无关的市场状况变化产生的项目。大多数公司将综合收益作为所有者权益表的一部分报告。除了与收益相关的变化外,所有者权益表还包括权益的变化。

从 1998 年开始,FASB 就要求公司提供对收益的另外一种计量:综合收益。对公司业绩的这种计量包含了净利润中没有包含的一些项目。公司可以在一张单独的财务报表中提供这一额外信息,也可将其包含在所有者权益表当中。这一部分,我们将讨论综合收益和所有者权益表。

综合收益

本章开头对收益的一个通用定义是某个时期公司财富的增长。对公司财富有影响的许多事项与公司经营毫无关系。例如,利率的变化会使一家美国公司外国子公司的美元价值增加或减少。**综合收益**是对公司一定时期内财富变化总额的计量。除了净利润外,综合收益还包括与公司经营无关的市场状况变化产生的项目。这些项目之所以被排除在净利润之外,是因为人们认为它们很少包含与公司经营的经济业绩相关的信息。然而,这些项目被当做综合收益报告是因为它们确实影响资产负债表里资产和负债的价值。

> **补充**
>
> FASB 允许甚至是鼓励编制单独的综合收益表。然而,几乎所有的公司都将综合收益包含在了所有者权益变化表里。

FASB 在其概念框架里讨论过综合收益的概念。然而,直到 1998 年,随着 FASB 第 130 号公告的发布,这一概念才被引入了实务。表 4-10 提供的可口可乐公司的例子中,综合收益表是所有者权益表的一部分。为了得到综合收益而做的三项最常见的调整分别是(1) 外汇交易折算差额,(2) 可供出售证券的未实现损益,(3) 衍生金融工具递延损益。

外汇交易折算差额 2006 年,可口可乐公司设有子公司的国家的货币升值(相对于美元)。因此,那些子公司净资产的美元价值当年增加了 6.03 亿美元。这一增长并不是可口可乐公司经营得好的结果,它仅仅是世界经济起伏的一个影响而已。这项“利得”没有作为净利润的一部分报告,而是包含在了综合收益的计算当中。可口可乐公司的主要竞争者百事公司当年处于同样的市场状况,并在综合收益中报告了 4.65 亿美元的外汇变化增值。

可供出售证券的未实现损益 为了保持资产的流动性储备,并在必要时将该储备转换为现金,大多数公司会购买一项由股票和债券组成的投资组合。例如,2006 年 12 月 31 日,可口可乐公司拥有 4.71 亿美元被归类为“可供出售”的证券,这意味着可口可乐公司并不打算积极交易该组合中的证券,而是持有它们以备现金需求的增长。这些证券在资产负债表中以当前市场价值报告。由于这些证券的市场价值不时波动,可口可乐公司也经历着

"未实现的"损益。一项未实现损益也相当于通常所说的账面损益,因为证券还未被出售,所谓的损益只是在账面上而已。

表 4-10　可口可乐公司 2006 年所有者权益表

	已发行普通股股数	普通股	资本公积	留存收益	累积其他综合收益	库存股数	总额
(单位:百万,不包括每股数据)							
2005 年 12 月 31 日余额	2 369	$877	$5 492	$31 299	$(1 669)	$(19 644)	$16 355
综合收益:							
净利润	—	—	—	5 080	—	—	5 080
折算差额	—	—	—	—	603	—	603
衍生品净收益(损失)	—	—	—	—	(26)	—	(26)
证券未实现收益(损失)变化净额	—	—	—	—	43	—	43
最低养老金负债(第 158 号财务会计准则之前)	—	—	—	—	46	—	46
综合收益:							5 746
初次采用 *SFAS No. 158* 的调整					(288)		(288)
作为期权发给员工的股票	4	1	164		—	—	165
员工股票期权和受限股票计划的税务利益	—	—	3	—	—	—	3
基于股票的补偿	—	—	324	—	—	—	324
作为库存股回购的股票	(55)*	—	—	—	—	(2 474)	(2 474)
股利(每股 $1.24)	—	—	—	(2 911)	—	—	(2 911)
2006 年 12 月 31 日余额	2 318	$878	$5 983	$33 468	$(1 291)	$(22 118)	$16 920

* 2006 年、2005 年、2004 年三年从员工手中购买的作为股票期权的股票数分别是 0、0.54 和 0.4。

请参看合并财务报表附注。

由于可供出售证券不是公司经营的一部分,因此与之相关的未实现损益没有包含在净利润的计算之中,而是作为综合收益的一部分报告。2006 年,可口可乐公司报告了 4 300 万美元的可供出售组合收益,该数额被报告为一项综合收益的增长。

衍生金融工具递延损益　公司经常使用衍生金融工具来规避价格和利率风险。当价格和利率变化时,以该价格和利率为基础的衍生品的价值也在变化。对于可供出售证券来说,这些价值变化增加了未实现收益或损失。在某些情况下,这些未实现损益包含在净利润之中,并抵消那些被套期保值项目的损益。在另外一些情况下,在净利润中报告衍生品未实现损益被递延到下一年度,此时,未实现损益作为综合收益的一部分报告。2006 年,可口可乐公司将 2 600 万美元的未实现衍生品损失报告为综合收益的一部分。《中级会计学:应用篇》第 19 章中有对衍生品更多的讨论。

除了上面描述的三种,还有一些其他的综合收益项目。例如,2006 年可口可乐公司报告了一项4 600万美元的综合收益增加,它来自于该公司报告的养老金负债的减少。需要记住的是,这些项目代表资产负债表中资产和负债的一种变化,由于该变化并不反映公司的经济业绩,因此不包括在净利润的计算当中。2006年,所有这些调整的结果就是报告了总额为57.46亿美元的综合收益,比报告的净利润增加了6.66亿美元。

所有者权益表

大多数公司在所有者权益表中报告综合收益。这并不是监管机构要求的披露方法,但是大多数公司这么做。

所有者权益表同样也包含了与收益无关的权益变化。例如表4-10中可口可乐公司的例子所示,该表中还披露了新股发行、库存股回购、已宣告股利,以及其他与公司权益相关的各类交易。《中级会计学:应用篇》第13章中包含了对不同类型权益交易的详细讨论。

留存收益调整也包含在所有者权益表中(或作为独立的留存收益表)。两种常见的留存收益调整是:(1) 前期调整数;(2) 前面提到过的会计准则变化调整。**前期调整数**主要是当某个会计期间产生的差错直到某个后续期间才发现时产生的。

预测未来业绩

7 构建对未来期间利润的简单预测。

WHY 利润表的一个重要作用就是预测未来期间的利润。

HOW 好的预测要求知道哪些根本因素决定了收入或费用的水平。大多数财务报表预测实务都是从销售额预测开始,因为销售额代表了预期的未来期间的经营规模。一些资产负债表项目和利润表项目随着销售额的增长而自然地增长。其他一些资产负债表和利润表项目伴随公司的长期战略计划做出改变,例如不动产、厂房和设备,还有折旧费用。

财务报表报告企业过去的业绩,但是财务报告使用者通常对将来会发生什么感兴趣。因此,财务报告使用者需要掌握的一项重要技能就是利用过去的财务报表预测未来。这一部分简单讲述了怎么利用历史的财务报表信息来预测未来的利润表和资产负债表。

一个好的财务报表预测的关键就是弄清楚哪些根本因素决定了某项收入或费用的水平。例如,销售成本的水平与销售额的水平密切相关,而利息费用的水平与销售额就相关甚微,利息费用水平是有息负债规模的直接函数。

大多数预测实务以销售额预测开始。销售额预测表明公司的预期增长有多快,并代表了预期的公司正常活动量。这一活动量的预期会影响经营中所需资产的数量,而该资产的数量又决定了融资需求的规模。总而言之,为了使预测的财务报表可信,一个精确的销售额预测非常关键。销售额预测的起点是上年度的销售额,以及基于以前年度平均增长率的预期年销售额增长率,做出这一粗略的销售额估计后,还应当利用尽可能多的可获取的公司特定信息来对其进行修正。例如,在预测麦当劳公司的销售额时,人们应该尝试预测该公司在下一年将会新开多少家门店。销售额的预测结果是预测资产负债表、利润表和现金流量表剩余部分的基础。

表4-11包含了虚构的Derrald公司的财务报表信息。该信息将用来做一个简单的预测练习。假设Derrald公司2011年的信息是历史信息。

预测资产负债表账户

并不是所有的资产负债表账户都根据同样的过程而变化。一些项目随着销售额的增长而增长。其他一些项目只因特定的长期扩张计划而增长，还有一些资产负债表项目只因管理层做出的特定融资选择而变化。下面将说明这些不同的过程如何影响资产负债表的预测。

表 4-11 Derrald 公司历史财务数据

	2011
资产负债表	
现金	$ 10
其他流动资产	250
不动产、厂房和设备（净额）	300
总资产	$ 560
应付账款	$ 100
应付银行借款	300
所有者权益总额	160
负债和所有者权益总额	$ 560
利润表	
销售收入	$1 000
销售成本	700
毛利润	$ 300
折旧费用	30
其他营业费用	170
营业利润	$ 100
利息费用	30
税前利润	$ 70
所得税	30
净利润	$ 40

自然增长 如果 Derrald 公司计划在 2012 年销售额增长 40%，那么可以合理地假设 Derrald 公司将需要增加 40% 的现金来应对这一业务的增长。也就是说，企业活动水平本身的增长将会创造更多的现金需求。其他流动资产也有同样的规律，比如应收账款和存货；对于流动经营负债也是一样的，比如应付账款和应付职工薪酬。简而言之，Derrald 公司业务 40% 的计划增长意味着即使该公司没有计划改变其经营方式，Derrald 公司的流动经营资产和负债也能够增长 40%。这些预期的自然增长反映在了表 4-12 的预期资产负债表中。

长期计划 像不动产、厂房及设备等一些长期资产不随销售额的增长而增长，而是长期计划过程的结果，比如新厂房的增加。因此，一个预期下年销售额增长 10% 的公司也许会按其长期战略计划将其生产能力扩大 50%。同样地，一个预期销售额增长 25% 的公司也许计划利用其现有的过剩产能来应对整个销售额的增长，而不是增长其长期资产。简而言之，预测未来长期资产的规模需要知道公司战略扩张计划的一些知识。假设 Derrald 公司计划将其不动产、厂房及设备从 2011 年的 300 美元增长到 2012 年的 500 美元。表 4-12 反映了这一预期增长。

表 4-12 Derrald 公司预期资产负债表和利润表

资产负债表	2011	2012 年预期	预测基础
现金	$ 10	$ 14	自然增长 40%
其他流动资产	250	350	自然增长 40%
不动产、厂房及设备(净额)	300	500	管理层决策
总资产	$ 560	$ 864	
应付账款	$ 100	$ 140	自然增长 40%
应付银行借款	300	524	管理层决策
所有者权益总额	160	200	管理层决策
负债及所有者权益总额	$ 560	$ 864	
利润表	**2011**	**2012 年预期**	**预测基础**
销售收入	$1 000	$1 400	增长 40%
销售成本	700	980	销售收入的 70%,同上年
毛利润	$ 300	$ 420	
折旧费用	30	50	PPE 的 10%,同上年
其他营业费用	170	238	销售收入的 17%,同上年
营业利润	$ 100	$ 132	
利息费用	30	52	银行借款 10%,同上年
税前利润	$ 70	$ 80	
所得税	30	34	税前利润的 43%,同上年
净利润	$ 40	$ 46	

融资选择 管理层关于怎么最好地进行融资的决策决定了长期负债和所有者权益的水平。实际上,管理层经常使用在各种融资方案下编制的预期财务报表来帮助他们做出融资选择。由于公司理财领域的详细做法超出了本书的讨论范围,我们仅仅假设 Derrald 公司打算在 2012 年将银行贷款从 300 美元增加到 524 美元,并把所有者权益从 160 美元增加到 200 美元,以资助其经营。这些预期的增长包含在表 4-12 中。请注意 2012 年预期资产负债表的总资产是 864 美元,负债和所有者权益总额也是 864 美元。资产负债表结构中的数据关系使得预期资产增长和 Derrald 公司额外融资计划保持一致。

利润表账户预测

一些费用的金额和当年的销售额直接相关。Derrald 公司 2012 年的销售额预期增长 40%,所以可以合理预期销售成本也会增长 40%。另外一种计算方法是假设销售成本占销售额的比例不变。因此,由于 2011 年销售成本是销售额的 70%($700/$1 000 = 70%),2012 年的销售成本应该增长到 980 美元($1 400 × 70%),如表 4-12 所示。同样地,像工资和货运成本等其他营业费用也会和销售额保持一个稳定的比例关系。

公司拥有的不动产、厂房和设备的数量决定了其折旧费用的金额。2011 年,Derrald 公司的不动产、厂房和设备的金额是 300 美元,而其折旧费用金额是 30 美元,也就是说折旧率是 10%($30/$300)。如果 2012 年保持相同的比率,预期 Derrald 公司将报告 50 美元的折旧费用($500 × 10%)。

利息费用取决于公司拥有多少有息负债。2011 年,Derrald 公司报告了 30 美元的利息费用,以及 300 美元的应付银行借款。这些数字表明 Derrald 公司贷款利率为 10%($30/

$300）。因为预期2012年的应付银行借款将增加到524美元，Derrald公司可以预期当年的利息费用为52美元（$524×10% = $52）。

如表4-12所示，到目前为止所做的假设表明Derrald公司2012年的税前利润为80美元。公司的税前利润决定了所得税费用的多少。最合理的假设是公司所得税税率每年都一样，等于所得税费用除以税前利润。Derrald公司2011年的所得税税率为43%（$30/$70），将该税率应用于2012年的税前利润80美元，则2012年的所得税费用为34美元（$80×43%）。

2012年的完整预期利润表表明Derrald公司2012年的利润将会是46美元。预测的质量只是和其所依赖的假设的质量一样。为了确定假设的影响有多大，进行敏感性分析通常很有用。该分析包括使用一系列的悲观假设和一系列的乐观假设来重复预测。因此，人们可以构造出最差的、标准的、最好的方案以供在使用预测数字做决策时使用。

财务报表预测被用来估计公司在未来业绩如何。该预测对于将钱贷给公司的银行家比较有用，他们担心是否能收回贷款；对于要决定对公司应该投资多少的投资者也会有用。财务报表预测对于管理层评估不同的战略以及确定计划的经营活动、投资活动和筹资活动是否恰当地相互协调也很有帮助。本章使用的Derrald公司的例子将会在第5章中继续用来说明如何预测公司的现金流量表。

结论

本章强调了财务报表使用者在使用术语时应该小心。例如，利润可以指毛利润、营业利润、持续经营利润、净利润或者是综合收益。在对待会计术语时，我们必须非常小心。

公司的利润表概括了公司在主要活动（营业利润）以及次要活动（持续经营利润）方面的业绩。利润表同样也包含了两个“线下项目”，对这两个项目的处理和对利润表中其他项目的处理多少有点不同。以上都总结在了表4-13中。

表4-13 报告不定期、不重复发生及不寻常项目的程序概要*

报告位置	类别	描述	例子
持续经营利润的一部分	会计估计变更	在估计未来金额时正常且经常的变更，被包含在正常的账户中	建筑物及设备寿命的变化，坏账估计损失的变化，担保负债估计的变化
	不寻常的利得和损失，不是非正常的	不寻常或者不经常发生，但不同时具备以上两点。与正常经营相关。数额重大。在其他收入和利得或其他费用和损失中列示	资产、投资或者其他经营资产的出售利得或损失。废弃存货的注销
在利润表中，但是在持续经营利润之后	终止经营	完全独立的经营组成的处置。包括出售或者废弃的利得或损失	多元化企业出售独立的业务，比如一家磨坊企业出售其餐馆分部
	非常项目	不寻常并且不经常发生。与正常经营不相关。金额重大	事故及符合标准的法律要求造成的重大利得和损失
比如资产负债表上留存收益的调整	会计准则的前期调整和变化	重大的差错更正；做出追溯调整时报告的最早的留存收益余额	没有对固定资产折旧；计算存货余额时的数学错误；根据新FASB准则做出的追溯调整

*本表描述了普通的情形。例外的情况偶尔也会发生。

所有者权益表包含了公司权益的其他变化，通常也包含了综合收益。综合收益是一种相对较新的经营业绩的计量，财务界会如何使用这一信息来做投资决策让人十分期待。

开放式场景问题的答案

1. 54.8% =（\$63 055 - \$40 733）/ \$40 733。这是一个急剧的增加。

2. 25% =（\$7 356 - \$5 887）/ \$5 887。收入远比净利润增长的快说明费用增长了。

3. 营业利润和持续经营利润之间的主要费用类别是利息费用和所得税费用。AT&T公司2005年的利息费用比2004年多了4亿美元。

思考题答案

1.（第135页）正确答案是d。计量实物的价值要求公司获取每个时期每项资产和负债的公允市场价值计量方法。获取这些计量方法的难度和其相关的成本在大多数情况下会使公允价值信息的成本超过收益。

2.（第138页）正确答案是a。收入和费用与公司具体从事什么相联系。也就是说，它们与公司的核心业务相关。投资者和借款人希望评估公司在其核心业务上的业绩表现。与公司次要业务的损益相关的信息有一定的价值，但是出于报告目的不应该与收入和费用合并。

3.（第140页）正确答案是b。回想前面讲的，当确信产品会以已经建立起来的价格销售时，那么产品在生产出来以后就确认收入是可行的。对于俄罗斯东部地区的Kinross公司生产的黄金，其运输和销售都有许多不确定性，因此直到实际销售发生时才确认收入。

本章小结

1. 理解利润的概念。

利润是所有者投资的回报。它计量一个企业回报给投资者的金额，而且在回报后，企业在期末的财富仍然与期初相等。有两个概念可以用来计量“财富”：财务资本保全（净资产的美元价值）和实物资本保全（实际生产能力）。FASB选择了财务资本保全概念来计量利润。

2. 请解释为什么利润的计量很重要。

许多人认为利润的确认、计量和报告是会计人员最重要的任务之一。许多人使用这一计量结果进行商业和经济决策，进而对资源进行配置，这又为社会的生活水平做出了贡献。

3. 解释利润是怎样计量的，包括收入确认和费用配比概念。

利润是用一段时期内的资源流入（收入和利得）和流出（费用和损失）之差来计量的。收入在以下情况下确认：(1) 收入已经实现或者是可实现的；(2) 营利活动已经大体上完成，收入也已经赚得。通常是在商品或服务已经出售的时点确认。费用以系统或者合理的方式直接和收入配比，或者直接确认为一项期间费用。

4．理解利润表的格式。

多步式利润表的一般格式是从营业收入中减去销售成本和营业费用从而得到营业利润。然后加上利得并减去损失就得到了持续经营利润。非常项目是与净利润单独披露的，和利润表的格式无关。

5．描述利润表的具体组成要素。

大多数公司会报告以下一些或者是所有的利润表具体组成要素：

- 收入
- 销售成本
- 毛利润
- 营业费用
- 营业利润
- 其他收入和利得
- 其他费用和损失
- 税前持续经营利润
- 持续经营所得税
- 持续经营利润
- 终止经营
- 非常项目

6．计算综合收益并编制所有者权益表。

FASB在其概念框架中建议报告综合收益，从而反映某个时期内除所有者投资和向所有者分配外的一切权益变化。综合收益是对公司一定时期内财富变化总额的计量。除了净利润外，综合收益还包括与公司经营无关的市场状况变化产生的项目。大多数公司将综合收益作为所有者权益表的一部分报告。除了与收益相关的变化外，所有者权益表还包括权益的变化。

7．构建对未来期间利润的简单预测。

利润表的一个重要作用就是预测未来期间的利润。好的预测要求知道哪些根本因素决定了收入或费用的水平。大多数财务报表预测实务都是从销售额预测开始的，因为销售额代表了预期的未来期间的经营规模。一些资产负债表项目和利润表项目随着销售额的增长而自然地增长，如现金、应收账款、存货、应付账款。其他一些资产负债表和利润表项目相对于公司的长期战略计划做出改变，例如不动产、厂房和设备，还有折旧费用。最后，像长期负债和实收资本等与融资相关的资产负债表项目的金额是由公司管理层做出的融资决策所决定的。

一些利润表项目，比如销售成本，和销售额保持一个不变的关系。折旧费用的金额与公司拥有的不动产、厂房和设备的数量相关。利息费用与有息负债的余额相关。最后，所得税费用通常是税前利润的一个相对固定的比例。

IASB 概述

主题	美国 GAAP	IASB 准则
会计准则变化	*SFAS No. 154* 在本领域，美国 GAAP 最近进行了修改从而与国际会计准则保持一致。	*IAS 8* 列报的所有年度的利润表都要重述。其中最早年度的留存收益期初余额需要调整会计准则变化对所有以前年度净利润的累积影响。
销售发生之前确认收入	*SAB 101* 和 *SAB 104* 在几乎所有的情况下，销售及发货发生之前是不能确认收入的。第 8 章将详细讨论这一点。	*IAS 41* 生物资产（如奶牛）和农产品（如成熟的小麦）公允价值浮动造成的损益在发生时就确认，不用等到它们被出售以后。
报告终止经营结果	*SFAS No. 144* 资产负债表日还没有完全处理掉的已终止分部的资产和负债需要单独列示。与终止经营相关的总收入应该在财务报表附注中披露。	*IFRS 5* 除了美国 GAAP 要求的披露外，还需要单独披露终止经营的现金流量。

关键术语

比较财务报表
非常项目
所得税期内分摊
前期调整
综合收益
财务资本保全
损失
重组费用
合并财务报表
利得
配比
销售报酬率
终止经营
毛利润
多步式
收入确认
每股收益（EPS）
毛利率
营业利润
收入
费用确认
利润
实物资本保全
配比原则
费用
持续经营利润
市盈率（*P/E* 比率）

问题

1. 在做出了能够帮助确定利润的必要定义和假设以后，也许能用来确定利润的两种利润计量方法是什么？它们之间有什么区别？

2. FASB 第 1 号概念框架写道，“财务报告首要关注的是有关企业业绩的信息，这些信息是由对收益及其组成要素的计量提供的”。为什么财务报告使用者过于关注利润表是不明智的呢？

3. 所得税管理确定的利润并非必须和报告给外部使用者的利润相等。为什么这两者之间可能会有差异？

4. 为了得出资本保全方法下的利润，会使用什么不同的计量方法计量净资产呢？

5. 成文法体系国家和普通法体系国家之间的区别是什么？

6. 确定利润时，使用什么准则将费用和收入相配比？

7. 说出销售完成后才确认收入这一通常做法的三种例外情况。这些例外情况的合理性是什么？

8. 在确定何时应该确认收入和费用时必须考虑的两个因素是什么？在收入循环中的哪一个环节里通常符合这些条件？

9. 收入和费用与利得和损失有何不同？

10. 说明多步式利润表中的主要部分（利润的组成要素）。

11. 多步式利润表一些可能的缺点是什么？

12. “跨期”所得税分摊的含义是什么？

13. 什么是重组费用？为什么它们会引发争论？

14. 简要说明下列两种情况下会计处理的差异：(a) 会计准则变化；(b) 会计估计变更。

15. 在 IASB 准则下，会计准则变化的累积影响如何报告？

16. 下列哪项通常不符合非常项目的定义？

(a) 应收款的减记和注销。

(b) 外汇重大贬值。

(c) 厂房和设备出售损失。

(d) 提前偿还债务收益。

(c) 拉斯维加斯的一家沥青公司遭受的洪水损失。

(f) 洛杉矶一家家具公司遭受的地震损失。

(g) 西北部春雨过多造成的农业损失。

17. Pop-Up 公司决定出售其瓶盖生产分部，虽然该分部本年预期将会有较少的盈利。该分部的资产将会出售给另外一家公司，并产生 1 万美元的损失。关于这个分部 Pop-Up 公司应该在其财务报告中披露什么信息（如果有的话）呢？

18. 请描述在预测折旧费用时人们需要用到的程序。

19. 编制预期财务报表的起点是什么？

20. 请给出综合收益的定义。综合收益与净利润有何不同？

21. 报告每股收益时的通常做法是什么？

练习

[练习 4-1] 财务资本保全

LO1 公司总资产和总负债年初和年末的余额如下：

	年初	年末
总资产	$400 000	$625 000
总负债	230 000	280 000

公司当年收到股东10万美元的新投资。使用财务资本保全概念，计算公司当年的利润。

[练习4-2] 收入确认

LO3 下列信息描述了公司当年的销售情况：

(a) 3月23日发生了一笔金额为10万美元的销售。年底时，与该笔销售有关的工作都已完成。不幸的是，客户有重大的信用风险，能否收回现金非常不确定。到年底时还没有收到任何现金。

(b) 7月12日发生了一笔金额为13万美元的销售。13万美元现金在当日全部收到。与该销售有关的工作还未开始，但是预计将在下年年初完成。

(c) 11月17日发生了一笔金额为17万美元的销售。年底还未收到任何现金，但是预计所有的现金将在下年年初收回。年底时，所有与该销售有关的工作都已完成。

当年应该确认多少收入？

[练习4-3] 费用确认

LO3 下列信息描述了公司当年发生的成本：

	成本金额	费用确认方法	摊销期	确认了配比收入？
(a)	$30 000	直接配比	不适用	是
(b)	70 000	立即确认	不适用	不适用
(c)	15 000	合理分配	3年	不适用
(d)	27 000	立即确认	不适用	不适用
(e)	45 000	合理分配	5年	不适用
(f)	50 000	直接配比	不适用	否

当年应该确认多少费用？

[练习4-4] 使用配比原则计算利润

LO3 公司销售客户设计工程设备。在最近的一年，公司收到了下列客户订单：

机器A，售价=12.5万美元，生产成本=6.7万美元

机器B，售价=23.5万美元，生产成本=14万美元

机器C，售价=7.2万美元，生产成本=4.1万美元

机器D，售价=37万美元，生产成本=15万美元

机器A和C在当年完成并发货；这些机器的销售收入都将报告在当年的利润表中。机器B和D还没有完成；到目前为止，这两种机器发生的生产成本为24万美元。这两种机器的销售收入不会报告在当年的利润表中。使用配比原则，计算公司当年的净利润。

[练习4-5] 多步式利润表

LO4 使用下列信息，编制一张多步式利润表。

销售成本	$6 000
利息费用	1 100
销售及管理费用	750
现金	400
销售额	10 000
非常利得(税前)	250
股利	700

留存收益(期初)	1 000
所得税费用(持续经营)	1 200

[练习4-6] 终止经营利润计算

LO5 Fleming公司有E和N两个分部。两者都是合格的业务分部。2011年,公司决定处理分部N的资产和负债;处理很有可能在下年年初完成。Fleming公司2010年和2011年的收入和费用如下:

	2011	2010
销售额——E	$5 000	$4 600
非税费用总额——E	4 400	4 100
销售额——N	3 500	5 100
非税费用总额——N	3 900	4 500

2011年后期,Fleming公司处理了分部N的一部分,并确认了税前处理损失2 000美元。Fleming公司的所得税税率为30%。编制2011年的综合收益表。

[练习4-7] 会计准则变化的累积影响

LO5 公司2009年开始经营。2011年,公司决定改变计算油气开发费用的方法。公司只有两项费用:油气开发费用和所得税费用。下面是2009—2010年的销售额和油气开发费用信息。

	2011	2010	2009
销售额	$5 000	$3 000	$2 000
油气开发费用——旧方法	1 000	600	400
油气开发费用——新方法	700	1 200	1 500

编制2011年比较利润表。所有项目的税率均为30%。

[练习4-8] 非常项目损益

LO5 使用下列信息计算持续经营利润和净利润。假设所有项目的税率为40%。

销售成本	$14 000
利息费用	2 400
经常发生的非正常事件损失	(3 000)
销售及管理费用	2 250
不经常发生的非正常事件损失	(800)
销售额	25 000
不经常发生的正常事件收益	1 350
股利	1 000

[练习4-9] 每股收益

LO5 下面是Robbins Soccer公司2009—2011年的净利润和平均发行在外的股份。

	2011	2010	2009
净利润	$12 250	$9 000	$5 500
平均发行在外的股份	3 500	3 000	2 000

2010年每股收益变化的百分比是多少?2011年呢?

习题

[习题 4-10] 会计估计变更

LO5 Borgquist 公司 2008 年 1 月 2 日购买了一项专利,价值 40 万美元。其最初寿命估计为 10 年。然而,Borgquist 公司的审计员在 2011 年 12 月得到的信息确凿地表明该公司专利保护的产品将会在三年内过时。据此,公司决定从 2011 年起四年内注销专利成本中尚未摊销的部分。该估计的变化将会怎样反映在 2011 年及其后续年份的账户当中呢?

[习题 4-11] 利润表分析和编制

LO5 Caribou 公司 2011 年的销售费用是销售额的 13%,不包括可疑账户的一般费用为销售成本的 25%,销售额的 15%。可疑账户为销售额的 2%。期初存货为 13.6 万美元,并在当年下降 30%。当年税前经营利润为 16 万美元,税率为 30%。税后非常收益为 2.1 万美元,税率也是 30%。编制一张利润表,包含每股收益数据,列出计算过程。Caribou 公司发行在外的股份为 13 万股。

[习题 4-12] 期内所得税分摊

LO5 Nephi 公司报告了下列 2011 年税前利润表项目:

来自持续经营的税前利润	$260 000
某个终止经营分部的经营损失	70 000
某个经营分部的处置利得	40 000
非常利得	110 000

所有项目的所得税税率均为 35%。利用以上项目编制 2011 年的利润表,以来自持续经营的税前利润科目开始,并采用适当的期内所得税分摊程序。

[习题 4-13] 多步式利润表和留存收益表

LO4, LO6 Jacksonville 窗户公司报告了下列 2011 年数据:

留存收益(1 月 1 日)	$335 200
销售费用	$290 200
销售收入	$1 420 000
利息费用	$14 100
管理费用	$224 800
销售成本	$772 000
当年宣告股利	$40 000
所有项目的税率	40%
已发行普通股平均股数	30 000

为 Jacksonville 窗户公司编制一张多步式利润表(包含每股收益数据)和一张留存收益表。

[习题 4-14] 多步式利润表

LO4, LO5 利用下面的账户,以适当的格式编制一张多步式利润表,将所有的项目恰当分类,披露每股收益数据(不用报告金额)。

应付账款
累计折旧——办公楼
累计折旧——办公家具及固定设备
广告费用
坏账准备
坏账费用

现金
普通股(面值 $1,已发行 1 万股)
折旧费用——办公楼
折旧费用——办公家具及固定设备
股利收入
应付股利
应收股利
非常利得(税后)
应付联邦政府失业税
已付运费
商誉
所得税费用
应交所得税
利息费用——债券
利息费用——其他
应付利息
应收利息
利息收入
存货——期初
存货——期末
终止经营损失(税后)
一般杂费
销售杂费
办公人员薪酬费
办公用品
办公用品费用
高管薪酬费用
财产税费用
采购折扣
采购退货及折让
购买
留存收益
预收版税
版税收入
应付薪酬
销售收入
销售折扣
销售退货及折让
销售薪酬及佣金
应交销售税

[习题 4-15] 财务报表报告项目

LO5 在哪种分类下你会在财务报表上报告下列项目?

(a) 废弃存货销售收入

(b) 出售一家草坪供应制造商的化肥生产线的损失

(c) 外国政府剥夺资产产生的损失

(d) 为消除以前年度多提折旧的影响而调整资产余额带来的收益

(e) 由于以前年度过多确认长期合同的估计收入造成的损失

(f) 购买有价值的专利而产生的费用

(g) 终止经营的顾客汽车设计商的沙滩汽车分部的净利润

(h) 重新安排厂房机器使其更有效的成本

(i) 上一年度资本化广告费用产生的错误

(j) 向政府出售土地的收入

(k) 冰雹造成的农作物损失

(l) 资产估计使用寿命改变增加的折旧

(m) 出售长期投资的利得

(n) 春季洪水损失

(o) 低于账面价值出售废弃资产

(p) 以前年度联邦所得税的额外估价

(q) 出售商业分部的一部分造成的损失

(r) 将一项美国业务移到日本产生的损失

(s) 最近确定一项专利权失去价值所产生的损失

[习题 4-16] 会计准则变化

LO5 Compliance Industries 在 2011 年改变了存货计价方法。下面列示了这些改变的概括性影响：

	旧方法	新方法
销售成本——2011 年	$25 000	$19 000
销售成本——2010 年	29 000	21 000
销售成本——2009 年	31 000	24 000
销售成本——2008 年及以前	51 000	38 000

2009 年、2010 年和 2011 年的净利润分别为 12.8 万美元、11.9 万美元和 9.8 万美元。所得税税率为 30%。

1. 如果三年的财务报表是在 2011 年年底发布，计算各年的报告净利润。

2. 计算 2009 年 1 月 1 日留存收益的调整额。

[习题 4-17] 综合收益表

LO6 Svedin 有限公司提供了 2011 年的下列信息：

净利润	$17 650
可供出售证券的未实现损失	1 285
外币交易折算差额	287
衍生工具递延损失	315

外币折算差额来自 Svedin 公司的一家外国子公司所用货币对美元贬值。衍生工具递延损失要求确认一项负债，同时会减少所有者权益。(注意：这些项目代表了发生在 2011 年的事项的结果，而不是以前年度事项的累积结果。)

1. 确定这些项目对计算 2011 年综合收益可能会产生的影响。解释你的理由。

2. 编制 Svedin 有限公司 2011 年的综合收益表。

[习题 4-18] 留存收益表更正

LO6 J. Mair 在 Problems 有限公司做了几年的会计。Mair 在接待员的帮助下肩负起了所有的会计职责,包括编制财务报表。以下是 Mair 编制的 2011 年留存收益表:

Problems 有限公司
2011 年留存收益表

期初余额		$76 843
加:		
2011 年摊销费用估计额的变化值	$3 100	
土地出售收益	17 420	
利息收入	3 900	
2011 年利润及亏损	12 760	
总增加额		37 180
总额		$114 023
减:		
估计寿命变化增加的折旧	$6 400	
宣布并发放的股利	12 000	
出售设备损失	2 490	
重大毁坏损失(非经常)	25 310	
总减少额		46 200
期末余额		$67 823

要求:

1. 编制一张表显示正确的 2011 年净利润。(不考虑所得税。)
2. 编制 2011 年留存收益表。
3. 说明你为什么改变留存收益表。

难题

[难题 4-19] 收入确认及利润表编制

LO3,LO5 Manchester 公司为孩子们制造和销售机器人玩具。在同代理商的一种协议下,Manchester 公司在发货后即收款。在另外一种协议下,只有在代理商将货物销售后,Manchester 公司才能收到货款。后一种协议下,代理商有可能将货物退回。Manchester 公司的总裁需要知道在两年的时间周期里两种不同的方法下公司的利润表会有什么不同。

下列信息可用于计算:

销售单价:	
发货后收款	$7
出售后收款(有退货权)	$8
单位制造成本(假设制造固定数量的玩具)	$4
发货后确认收入情况下的预计坏账百分比	4%
出售后确认收入情况下的预计坏账百分比	1%
销售费用——2011	$30 000
销售费用——2012	$21 000
管理费用——2011 及 2012	$16 000

发货及销售数量		
	2011	2012
向代理商发货数量	38 000	32 000
代理商销售数量	28 000	18 000

要求：

1. 假设公司2011年开始运营，分别编制两种协议下2011年和2012年的比较利润表。
2. 讨论每种协议下收入确认方法的含义。

[难题4-20] 期内所得税分摊

LO5 下列信息与Spiker制造公司于2011年7月31日结束的财务年度相关。假设税率没有变化，利润表中所有的项目都适用30%的税率。假设财务利润和应税利润没有差别。

应税收入（截至2011年7月31日）	$1 015 000
应税收入中包含的非营运项目	
非常利得	121 000
业务分部处理损失	(130 000)
由于上年错误导致2010年净利润虚增；	
请求退税款	90 000
留存收益（2010年8月1日）	2 520 000

要求：编制Spiker制造公司的利润表，并以来自持续经营的税前利润开始；并编制2011年7月31日结束的财务年度的留存收益表。对两张报表应用期内所得税分摊程序。

[难题4-21] 收入和费用确认

LO3，LO4 2011年12月31日，Hadley公司为你提供了如下未经审计的利润表：

销售收入	$185 000
销售成本	(94 000)
毛利润	$91 000
租金费用	(18 000)
广告费	(6 000)
售后质保费	(8 000)
其他费用	(15 000)
净利润	$44 000

还有以下信息：

(a) Hadley公司的许多客户预付他们的订单。在年末，销售收入中含有1.8万美元的预付货款。

(b) Hadley公司在当年为其所销售的几种商品提供30天退货保证。当年，客户很少退货。Hadley公司未将过去30天内出售的含有退货保证的项目包含在销售收入和销售成本中。这些项目的销售收入为1.6万美元，其成本为7 500美元。

(c) 2011年1月1日，Hadley公司预付了18个月的楼房租金。该租金总额1.8万美元被列为租金费用。

(d) 2011年7月1日，Hadley公司支付了2.4万美元的一般广告费用，这些广告将在2011年年底前完成。Hadley公司管理层预计该广告有两年的影响力，因此将该笔广告费按每月1 000美元计入利润表。

(e) Hadley公司收集了其存货的当前市价信息。如果采用当前成本技术计量销售成本，其为10.6万美元。

(f) 过去几年里，Hadley公司采用销售额的百分比估计其质保费用。Hadley公司估计与2011年销售相关的未来质保费用将达到销售额的5%。然而，2011年，Hadley公司决定将已经发生的质保费用作成本入账。该公司2011年花费了8 000美元修理和调换其当期和以前期间出售的有缺陷的产品。

要求：

1. 对于每条额外信息，请说出其收入或者费用确认问题。

2. 利用上面提供的信息编制一张修订利润表。

[难题4-22]　财务报表分析——比率

LO5　下面是Tronics公司的财务报表信息：

(单位：千美元)	2011	2010	2009
销售收入	6 041	5 872	5 324
销售成本	3 202	2 877	2 396
经营费用	1 991	1 779	1 578
所得税	165	222	280

以下是同一时期与公司普通股相关的信息：

	2011	2010	2009
已发行股份	1 000	1 000	1 000
年末每股市价	$8.13	$12.25	$15.32

要求：

1. 计算每年的下列比率：

(a) 毛利润比率；

(b) 销售利润率；

(c) 市盈率。

2. 通过以上分析你注意到任何重要的趋势了吗？

[难题4-23]　进行中的终止经营

LO5　2011年，Laetner公司决定终止其独立的、可识别的Laminating分部。截至12月31日，该分部还没有完全出售。然而，最终完全出售的谈判正在积极地进行当中，而且该处理很有可能在一年内完成。对当年记录的分析揭示了下列有关Laminating分部的信息。

当年经营损失	$89 900
2011年处理部分Laminating分部资产损失	5 000
2012年最终处理前预期经营损失	45 000
2012年处理分部的预期收益	20 000

要求：假设税率为35%，编制Laetner公司2011利润表中的终止经营部分。

[难题4-24]　利润项目分析——多步式利润表的编制

LO4，LO5　2011年12月31日，对Sayer体育用品公司2011年度的分析揭示了如下信息：

(a) 从客户那里收到的现金总额为105 260美元。

(b) 2010年12月31日存货余额为12 180美元。

(c) 现金支付总额92 450美元。

(d) 2010年12月31日应收账款为22 150美元。

(e) 2010年12月31日应付账款10 830美元。

(f) 2010 年 12 月 31 日应收账款 18 920 美元。

(g) 2010 年 12 月 31 应付账款 7 120 美元。

(h) 一般管理费用占销售额的 25%。该数额包括店面及设备折旧。

(i) 销售费用为 12 352 美元,占毛利润的 20%。

(j) 2010 年 12 月 31 日没有一般管理费用及销售费用负债。

(k) 2010 年 12 月 31 日应付薪酬为 4 450 美元

(l) 店面及设备折旧费用占一般管理费用的 12%。

(m) 已发行股份为 5 000 股。

(n) 所得税率为 40%。

要求:编制 2011 年度的多步式利润表。

[难题 4-25] 综合收益表

LO6 Calle 公司提供了 2011 年度的下列信息。

销售收入	$530 000
销售成本	305 600
外币折算差额(税后)	51 000
销售费用	76 200
非常利得(税后)	36 800
存货差异修正(税后)	33 460
一般管理费用	57 300
所得税费用	20 100
投资出售收益	10 800
成本价出售土地收入	81 000
股利	11 200

要求:编制 Calle 公司的综合收益表。

注:外币折算差额和存货差异修正所有者权益。

[难题 4-26] 修正利润表和留存收益表

LO4, LO5, LO6 下面是 Sunset 化妆品公司 2011 年部分未经调整的账户余额及调整信息:

留存收益(2011 年 1 月 1 日)	$440 670
销售薪酬及佣金	35 000
广告费用	16 090
法律服务	2 225
保险及执照	8 500
差旅费——销售代表	4 560
折旧费用——销售/送货设备	6 100
折旧费用——办公设备	4 800
利息收入	700
公用费用	6 400
电话和邮寄费	1 475
供给存货	2 180
一般销售费用	2 200
股利	33 000
股利收入	7 150

利息费用	4 520
坏账准备(贷方余额)	370
高管薪酬开支	36 600
销售收入	495 200
销售退货及折让	11 200
销售折扣	880
资产出售收益	18 500
存货(2011年1月1日)	89 700
存货(2011年12月31日)	$20 550
采购	173 000
已付运费	5 525
应收账款(2011年12月31日)	261 000
终止经营收入(税前)	40 000
非常损失(税前)	72 600
已发行股份	39 000
调整信息:	
(a) 2011年12月31日受托人持有的存货成本, 未包含在期末存货余额中	$33 600
(b) 对账龄较长的应收账款分析后,决定提高 年末应收账款余额的坏账百分比	3%
(c) 采购退货及折让没有记录,他们以采购的 百分比表示(不包含已付运费)	6%
(d) 本年最后一天的销售佣金还没有获得	
当天销售总额	$3 600
销售佣金占销售额的平均百分比	3%
(e) 2012年1月3日收到的运费单没有记录, 因为货物是2011年12月29日收到的	$800
(f) 2011年11月1日开始一项广告宣传,该金额被记为 预付广告费,并在6个月内摊销,还没有记录摊销额	$1 818
(g) 不由买家负担的已售货物运费从销售收入中减去 2011年的销售货物运费	$4 200
(h) 已赚但未入账利息	$690
(i) 2011年3月1日购买的新叉车的折旧费没有确认 (假设所有设备都没有净残值,并采用直线法计提折旧。 折旧计提到最近的月份。)	
采购价格	$7 800
估计使用年限	10
(j) 收到供应物品时借记"实际"账户	
年末持有的供应物品	$1 600
(k) 所得税率(所有项目适用)	35%

要求:编制2011年度修正后的多步式利润表和留存收益表。假设所有的数额都是重要的。

[难题 4-27] CPA 考试样题

LO5 2011 年 1 月,Doe 公司同意出售其 Hart 分部的资产和生产线。该出售于 2012 年 1 月 15 日完成,同一天 Doe 公司确认了 90 万美元的处理利得。公司 2011 年经营损失为 60 万美元,2012 年 1 月 1 日至 15 日经营损失为 5 万美元。所得税税率为 40%。在 Doe 公司 2011 年和 2012 年的比较利润表中应该报告多少金额的净收益(损失)?

	2012	2011
a.	$ 0	$ 150 000
b.	150 000	0
c.	510 000	(360 000)
d.	540 000	(390 000)

[难题 4-28] 预期资产负债表和预期利润表

LO7 Lorien 公司希望编制 2012 年的预期利润表和预期资产负债表。下面是 Lorien 公司 2011 年的资产负债表和利润表。

资产负债表	**2011**
现金	$ 40
其他流动资产	350
不动产、厂房及设备(净值)	1 000
总资产	$1 390
应付账款	$ 100
应付银行借款	1 000
实收资本	100
留存收益	190
负债及所有者权益总额	$1 390

利润表	**2011**
销售收入	$1 000
销售成本	350
毛利润	$ 650
折旧费用	200
其他经营费用	250
经营利润	$ 200
利息费用	120
税前利润	$ 80
所得税	20
净利润	$ 60

此外,Lorien 公司收集了以下 2012 年的预测信息:

(a) 销售额预期增长至 1 200 美元。

(b) Lorien 公司在 2012 年不打算购买任何新的不动产、厂房及设备。(提示:想一想 2012 年的折旧费用将怎样影响不动产、厂房及设备的净报告金额。)

(c) 由于不利的银行状况,Lorien 公司预计 2012 年将得不到任何银行借款。

(d) Lorien 公司 2012 年计划发放 15 美元的现金股利。

要求：

1. 编制2012年的预期资产负债表和预期利润表。阐明你所做的假设。
2. 如果你正确编制了预期资产负债表，那么2012年预期实收资本总额应该为负，这可能吗？请解释。

案例

［案例4-29］ 权责发生制会计

接近年底的时候，初步的财务结果显示Stancomb Wills公司没有达到公司的业绩目标。根据商业报刊的一篇文章，Stancomb Wills公司的高级管理者们违反公认会计准则将许多费用递延确认，而且不适当地提前很长时间确认收入。这些操作"使得当季看起来更具盈利性"。Stancomb Wills公司的高级管理者希望经济的好转可以刺激销售，提高利润，从而掩盖其具有欺骗性的会计处理。

1. 费用如何递延？收入如何提前确认？它们的日记账是怎么做的？
2. 为什么高级管理者鼓励这些误导性的会计处理？
3. 命令作假的高级管理者们并没有做日记账。假如你是Stancomb Wills公司的会计，你会做些什么呢？
4. 外部审计师有责任侦查这些错报吗？

［案例4-30］ 我的公司有收入但怎么会没有现金？

Max Stevenson拥有一家本地药店。在过去的几年里，经济经历了一段时间严重的通货膨胀。Stevenson的政策是提取相当于公司报告净利润80%的现金。由于业务增长，他请了一位CPA编制公司的财务报表和纳税申报单。下面是公司当年的简要利润表：

收入	$565 000
销售成本（药品等）	395 000
已售货物的毛利润	$170 000
经营费用（含税）	110 000
净利润	$ 60 000

尽管公司每年都盈利，但它还是经历了数次现金短缺。公司为了保持其货物的质量和数量不得不为存货支付更高的价格。例如，去年已售货物的历史成本为25万美元，而重置成本为29.5万美元。今年已售货物的重置成本为44万美元。由于个人需求的增长，Stevenson的个人现金支出也比他从公司提取的现金增长得快。

作为一位财务顾问，Stevenson问你为什么它的公司有6万美元的利润但仍然缺乏现金呢？

［案例4-31］ 解析财务报表（苹果公司）

苹果公司是美国最为成功的电脑科技公司之一。公司设计、制造和销售电脑、数字音乐设备、通讯设备以及各种各样的软件产品。从2002年开始，公司的净利润一直在增长。2007年公司销售了146.3万台电脑和5 163万台iPod播放器。从公司的年报中可以找到与其业务分部相关的信息，下面是公司年报的节选。

苹果公司			
	截至9月29日、30日、24日的各年度		
单位：百万	2007	2006	2005
净销售额			
美国	$11 596	$ 9 415	$ 6 658
欧洲	5 460	4 096	3 073
日本	1 082	1 211	924
零售	4 115	3 246	2 278

（续表）

苹果公司			
	截至9月29日、30日、24日的各年度		
单位：百万	2007	2006	2005
其他分部	1 753	1 347	998
总净销售额	$24 006	$19 315	$13 931
经营利润			
美国	2 949	1 899	970
欧洲	1 348	627	465
日本	232	208	147
零售	875	600	396
其他分部	388	235	118
其他公司费用（净额）	（1 141）	（953）	（404）
股权补偿金费用	（242）	（163）	（49）
总经营利润	$ 4 409	$2 453	$ 1 643
资产			
美国	$ 1 497	$ 896	$ 705
欧洲	595	471	289
日本	159	181	165
零售	1 085	651	589
其他分部	252	180	133
公司	21 759	14 826	9 635
总资产	$25 347	$17 205	$11 516

1. 苹果公司的收入和利润主要来自哪里？

2. 每美元收入的盈利能力由比率（经营利润/净销售额）衡量。计算苹果公司五个业务分部2007年的这一比率。哪个分部每美元收入的盈利能力最强？

3. 比率（净销售额/资产）衡量分部有效使用其资产产生收入的程度。计算苹果公司五个业务分部2007年的这一资产周转率。哪个分部每美元资产产生的收入最高？

4. 资产报酬率（营业利润/资产）衡量一个分部使用现有资产将盈利性和效率结合起来产生利润的程度。计算苹果公司五个业务分部2007年的资产报酬率。哪个分部每美元资产产生的营业利润最高？

5. 基于上面（1）和（2）中的计算结果，苹果公司的零售分部对公司总体成功的重要性如何？回答这一问题之前，想一想公司是如何销售和推销其电脑和其他产品的。

[案例4-32] 解析财务报表（富国集团）

富国集团是美国的第六大银行（基于2007年9月30日的合并总资产）。下面是其合并利润表。

富国集团及其子公司合并利润表			
	截至12月31日的各年度		
（单位：百万，不含每股金额）	2006	2005	2004
利息收入			
交易性资产	$225	$190	$145
可供出售证券	3 278	1 921	1 883
持有待售抵押借款	2 746	2 213	1 737

（续表）

富国集团及其子公司合并利润表			
	截至 12 月 31 日的各年度		
（单位：百万，不含每股金额）	2006	2005	2004
持有待售贷款	47	146	292
贷款	25 611	21 260	16 781
其他利息收入	332	232	129
利息收入总额	32 239	25 962	20 967
利息费用			
存款	7 174	3 848	1 827
短期借款	992	744	353
长期债务	4 122	2 866	1 637
利息费用总额	12 288	7 458	3 817
净利息收入	$19 951	$18 504	$17 150
信用损失准备	2 204	2 383	1 717
扣除信用损失准备后的净利息收入	17 747	16 121	15 433
非利息收入			
存款账户手续费	2 690	2 512	2 417
信托及投资费用	2 737	2 463	2 116
信用卡费用	1 747	1 458	1 230
其他费用	2 057	1 929	1 779
抵押银行业务	2 311	2 422	1 860
经营租赁	783	812	836
保险	1 340	1 215	1 193
可供出售债务证券净损失	（19）	（120）	（15）
权益投资净收益	738	511	394
其他	1 356	1 270	1 099
非利息收入总额	15 740	14 445	12 909
非利息费用			
薪酬	7 007	6 215	5 393
激励补偿金	2 885	2 366	1 807
员工福利	2 035	1 874	1 724
设备	1 252	1 267	1 236
净占用费	1 405	1 421	1 208
经营租赁	630	635	633
其他	5 528	5 249	5 572
非利息费用总额	20 742	19 018	17 573
所得税税前利润	12 745	11 548	10 769
所得税费用	4 263	3 877	3 755
净利润	$8 482	$7 671	$7 014
每股收益	$2.52	$2.27	$2.07
稀释每股收益	$2.49	$2.25	$2.05
每股宣告股利	$1.08	$1.00	$0.93

1. 这张利润表与本章列示的其他利润表有何不同？

2. 对于商贸企业，毛利润等于销售收入减去销售成本。对于富国集团，利润表中的哪个组成部分和毛利润相似？

3. 计算2004—2006年的下列比率:(a)总利息费用/总利息收入;(b)激励补偿金/薪酬;(c)员工福利/薪酬。

4. 评价你在(3)中计算的比率,特别是那些有趋势的比率。

5. 富国集团2006年应收贷款的平均余额是3 111.59亿美元。2006年的平均存款余额为3 123.47亿美元。利用利润表数据,评价富国集团支付给其储户的平均利率、应收贷款的平均利率,以及两个利率之间的差额。

6. 富国集团2006年、2005年和2004年年末的每股市价分别为35.56美元,31.42美元和31.08美元。使用稀释每股收益计算公司每年的市盈率。该比率是在上升还是下降?

[案例4-33] 道德困境

会计远不是一门精确的科学,它包含了估计和判断。比如Pilot公司首席财务官Dwight Nelson的案子。Pilot公司是一家准备在近期上市的年轻私有公司。公司的股东希望在其公司简介里纳入亮丽的财务报表,以支持他们声称Pilot是一家成功的公司,而且有着光明的未来。

问题是公司过去两年的利润表表明净利润有轻微的下降。当Dwight把信息报告给董事会时,他被要求修改利润表,并且被要求修改和坏账费用、质保费用有关的估计,以及改变折旧资产使用寿命的估计。只有当报表显示去年净利润较前年增长5%时,他才会被邀请去向董事会报告,少一点都不行。

Dwight在检查了他做的关于坏账、质保费用和折旧的假定之后,发现可以修改这些估计,并达到净利润增长5%的目标。但是他认为经过修改的利润表不能恰当地反映Pilot公司过去一年的表现。

1. Dwight修改利润表以达到目标的风险是什么?

2. Dwight不修改利润表的风险又是什么呢?

[案例4-34] 写作训练(重组费用可以带来什么好处?)

SEC前主席Arthur Levitt在他1998年的著名演讲中指出的五种会计欺骗技术之一是巨额冲销重组费用。请完成一篇一页小论文,同时从经济和财务报告的观点指出公司通过确认巨额冲销重组费用可能获得的好处。

[案例4-35] 累进式电子工作表分析

本电子工作表作业是第3章中电子工作表作业的继续。如果你完成了那个作业,对本题来说是个不错的开始。参考第3章电子工作表作业中的第一部分,阐明你所做的任何额外假设。

天行者公司希望编制2012年的预期资产负债表和预期利润表。使用2011年的财务报表数据(第3章电子工作表作业中的第一部分已给出),以及下列信息作为预测的基础。

(a) 2012年的销售额预计在2011年2 100美元的基础上增长40%。

(b) 2012年,天行者公司计划新购买240美元的不动产、厂房及设备。

(c) 2011年报告的480美元的运营费用分类如下:15美元的折旧费用和465美元的其他运营费用。

(d) 2012年不再举借新的长期债务。

(e) 2012年不发放现金股利。

(f) 2012年将会获得足够的应付短期借款,从而使天行者公司2012年的流动比率恰好等于2.0。

(g) 天行者公司2012年不打算回购任何额外的股份。

(h) 由于未来价格和汇率的变化很难预测,天行者公司最好的预测就是2012年累积其他综合收益余额不变。

(i) 假设2012年投资性证券、长期投资、其他长期资产和无形资产的增长率和销售额的增长率相同(40%)。

(j) 由于更加详细信息的缺失,假设2012年其他长期负债的增长率也和销售额的增长率相同(40%)。

第5章 现金流量表和勾稽关系

学习目标

1. 阐述现金流量表是利润表的重要补充形式。

2. 概述现金流量表中经营、投资、融资这三类主要活动的结构及其报告的信息。

3. 用直接法或间接法计算经营现金流。

4. 编制一张完整的现金流量表,同时提供要求的补充披露信息。

5. 分析经营、投资和融资活动之间现金流的关系,并计算基于现金流数据的财务比率,来评估一家公司的财务实力。

6. 论证三张主要财务报表如何联系在一起,形成一个统一的框架。

7. 运用三张主要财务报表如何联系在一起的知识编制一张预期现金流量表。

Karl Eller 起步于户外大广告业务。自从他的公司被 Gannett 收购后,他坐上了公司董事的位置。由于反对 Gannett 的有风险的计划——创立第一家美国全国性日报《今日美国》(*USA Today*)。他离开了 Gannett 去了哥伦比亚电影公司(Columbia Pictures)。在那里他是可口可乐收购哥伦比亚的推动力之一(哥伦比亚电影公司很快又被收购了,这次是索尼公司好莱坞式的溢价收购之一——但那是另一件事)。在 1983 年,Eller 先生进入了便利商店业,成功地把 Circle K 从一个主要集中在亚历山大的拥有 1 200 家店铺的地方性商店变成了美国第二大连锁店(仅次于 7-Eleven)。在鼎盛时期,Circle K 经营了在 32 个州的 4 685 家店铺。

Circle K 的快速扩张是通过长期借款这种融资方式实现的。它的长期债务从 1983 年 Eller 先生刚接管时的 0.41 亿美元变成了 1990 年的 12 亿美元。由于庞大的债务利息支出和石油企业经营的便利商店的价格竞争,Circle K 的利润不断被挤压。① 净利润从 1988 年的 0.6 亿美元下降至 1989 年的 0.15 亿美元。截至 1990 年 4 月 30 日,Circle K 报出净损失 7.73 亿美元。1990 年 5 月,Circle K 已经申请破产保护。

如图 5-1 显示的那样,在巨额亏损 7.73 亿美元的同时,Circle K 却拥有超过 1 亿美元的正的经营现金流。为何 Circle K 在报出正的现金流的同时却存在破产纪录的净损失?引起应计净利润和现金流之间差异的原因有很多。这些原因将在本章中讨论。在 Circle K 的例子中,主要有三个导致这种情况发生的因素:

① Roy J. Harris Jr., "Karl Eller of Circle K, Always Pushing Luck, Now Lives to Regret It," *The Wall Street Journal*, March 28, 1990, p. A1.

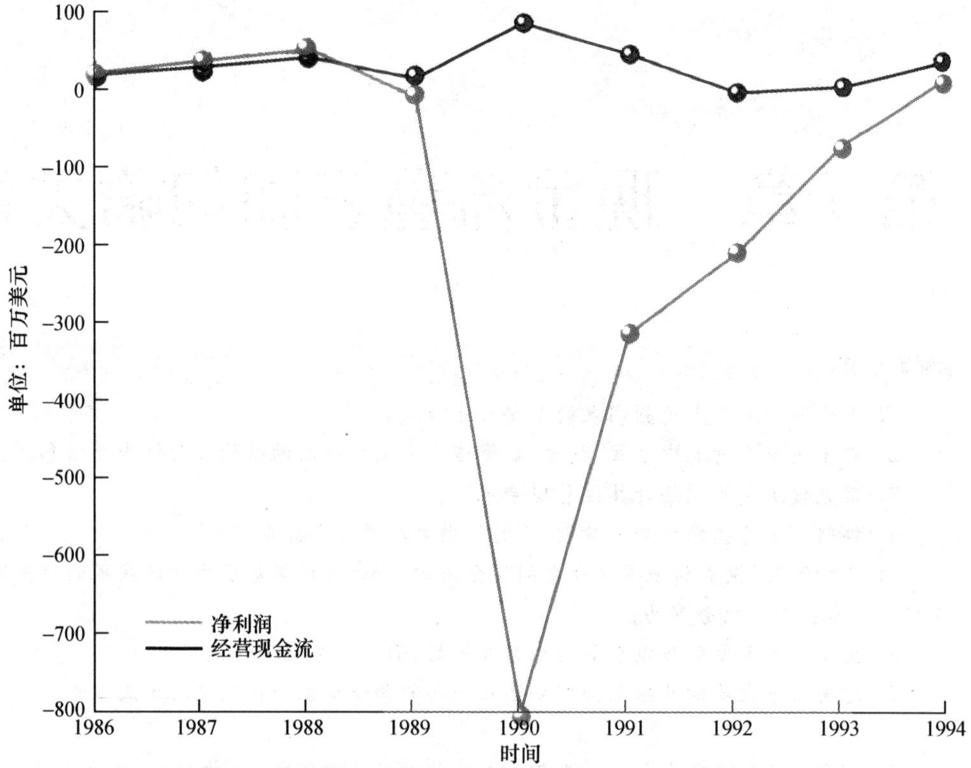

图 5-1　Circle K 净利润和现金流

• 大部分报告的损失归因于 6.39 亿美元的重组费用。例如，商誉先前已被冲销 3 亿美元。这使得净利润急剧下降，但并不影响现金流。

• 由于地下石油储藏库的泄露，Circle K 增加了 0.75 亿美元的预计负债作为环境清理费用。同样的，这项费用减少了利润但并没有立刻导致现金流出。

• 财务困难让 Circle K 更加关注经营的效率。其中之一是在 1990 年，Circle K 减少了 0.65 亿美元的存货。这项行为增加了现金流，其原因在于 0.65 亿美元不再以石油、啤酒、夹馅面包这些存货的形式存在，而是以现金存在。

在 1991 年，Circle K 再次出现了正的经营现金流和巨额损失。有趣的是，这些正的现金流是破产登记的部分原因。当一家公司申请破产保护的时候，法院允许公司停止支付旧债务的利息。截至 1990 年 4 月 30 日的会计年度，也就是破产申请前的会计期间，Circle K 支出了超过 1 亿美元的利息。在 1991 年破产登记后，Circle K 只支付了 600 万美元的利息。另外，破产保护加强了供应商对 Circle K 信用销售的意愿，因为破产法把破产后的出借人放在债权人优先顺序表的前面。结果，Circle K 的应付账款在 1991 年增加到了 8 000 万美元。这些应付账款增加了可利用的现金，否则他们将被用来支付现有的账单。

正是这些正的现金流，使得 Circle K 能够维持经营，与此同时，管理层制订出了一个重组计划。作为破产重组的一部分，1990 年，Circle K 替换了作为首席执行官的 Karl Eller。经过与债权人长时间的商讨，Circle K 的破产重组计划正式经联邦破产法庭裁决通过。1993 年，Circle K 以 4 亿美元被一群来自巴塞罗那、科威特、匹兹堡的私人投资者购买。很快，

Circle K 被美国最大的独立提炼和销售石油产品的公司 Tosco 接管。[②] 2001 年，Tosco 被菲利普斯石油公司（Phillips Petroleum）收购，临时地将其连同 Circle K 品牌以菲利普斯 76 和 66 的名义置于菲利普斯石油公司旗下。2003 年，Circle K 被一家加拿大公司 Alimentation Couche-Tard 收购。最后，在 2006 年，Alimentation Couche-Tard 与康菲石油公司达成一项特许协议，使得一些康菲石油公司的商店变成了 Circle K 的店铺。

那么开始整件事的 Eller 先生怎样了呢？你当然不能把一个好企业弄垮。Carl Eller 回到了他的老本行，当上了美国最大的户外大广告牌公司的首席执行官。[③] 1997 年 4 月 10 日，Eller Media 被 Clear Channel Communication 收购。Clear Channel Communication 拥有遍布英美的户外大广告牌，同时在美国、墨西哥、澳大利亚和新西兰经营广播和电视台。Eller 先生直至 2001 年退休，时年 73 岁，一直都在 Clear Channel 任执行董事。2008 年 5 月，作为一名资深的足球粉丝，Eller 先生和 Peyton Manning、George M. Steinbrenner 等著名人物一起任美国大学体育协会的领导咨询委员会主任。这些对你有何启发？

问题：

1. Circle K 如何实现在报告利润表亏损 7.73 亿美元的情况下仍报告正的现金流？
2. 破产申请对 Circle K 的现金流状况有何帮助？
3. Karl Eller 的职业生涯始于和止于何种相同的业务？

问题的答案可以在第 209 页找到。

Circle K 的例子说明了有时候现金流数据能揭示净利润无法反映的经营活动的相关方面。另外，确定未来现金流的金额、时间和不确定性是财务报告的主要目标之一。[④] 能够提供满足这个目标的信息是现金流量表。这一章提供了现金流报告的概况以及编制和分析现金流量表的方法。

现金流量表有什么用？

1 阐述现金流量表是利润表的重要补充形式。

WHY 在很多情况下，利润表并不能给出一家公司经济状况的全貌。在这种情况下，现金流量表提供了另一种评价公司业绩的方法。

HOW 当一家公司有一大笔一次性的非现金支出或用盈余管理来增加收入，在这种情况下，收入的实现是存在质疑的，经营现金流提供了对这种收益的检验。现金流量表同时也是对一家公司在一段时期内经营、投资、融资活动的总括。

一个主要的问题是现金流量表是否能够告诉我们那些在资产负债表和利润表中无法获取的信息。这是一个合乎逻辑的问题，因为概念框架告诉我们主要应关注财务报告的收益，因为收益信息相比于当前现金流信息，更能预测一家公司在未来产生现金的能力。

---

② Jonathan Auerbach and Louise Lee, "Circle K Pact Gives Tosco Fuel Injection," *The Wall Street Journal*, February 20, 1996, p. A4.（有趣的是，Tosco 总部位于康涅狄格州斯坦福市，而 FASB 之前也坐落在该市——世界真小。）

③ William P. Barrett, "The Phoenix," *Forbes*, January 1, 1996, p. 44.

④ *Statement of Financial Accounting Concepts No. 1*, "Objectives of Financial Reporting by Business Enterprises" (Stamford, CT: Financial Accounting Standards Board, 1978), par. 37.

问题的答案是:是的,我们需要现金流量表。这一章接下来将讨论一些重要的原因。

- 有时候收益是无效的。
- 所有的一切都呈现在一张报表上。
- 它是一种预测工具。

有时候收益是无效的

有些情况下,净利润并不能给我们提供一家公司在一段时期内经济状况的精确描述。这里列出三种真实公司的例子作为参考:(1) Circle K 的情形,(2) Home Depot 的情形和(3) KnowledgeWare 的情形。

> **注意**
>
> 这一部分的标题说的是"有时候"收入是无效的,在大部分情况下,净利润是衡量公司经营业绩的最佳方法。

Circle K 的情形 当一家公司存在大额非现金支出,比如注销、折旧、预计负债的计提,利润显现出比当前实际更糟的情况。就像本章开章提到的,Circle K 在同一个年度中亏损却有正的经营现金流。在这种情况下,经营现金流能更好地预测公司是否仍然能够承担对债权人、顾客、员工、投资者在下一期的支付义务。不要误以为这意味着只要现金流是正的,就不用担心亏损;正的现金流只能说明在目前状况下业务能够继续,但亏损意味着将来会有很多的问题。

Home Depot 的情形 快速增长的公司花费了大量现金用来增加存货。另外,应收账款的现金回收往往滞后其支付给债权人的时间。在这种情况下,账面利润可能是正的,但经营活动消耗的现金却比产生的现金多。这就可能使得偿还债务和满足投资者现金股利的要求变得困难。例如,在 20 世纪 80 年代中期,Home Depot 面临着这样一个危机:尽管利润是正的,但由于收入的不断增长需要不断补充经营现金。[⑤] 这个例子告诉我们:在高速成长的公司中,正的利润并不能保证有足够的现金来满足当期的需要。

KnowledgeWare 的情形 会计假设是权责发生制的核心。由于公司以账面利润为重,这些假设被放大——甚至有时候到了断裂点。这些阶段包括在提交巨额贷款申请前,在初始资本提供前(当创业资金是多年摸爬滚打积累下来的),在被另一家公司买下全部产权前。在这些例子中,经营现金流并没有受到权责发生制假设的影响,所以它提供了一个可实现的很好的检验账面收益的方法。例如,1994 年,一个位于亚特兰大的软件公司,KnowledgeWare 被 Sterling Software 收购。当显示 KnowledgeWare 对收入实现的假设过于乐观时,收购价格的谈判陷入了混乱。那时候,一个会计学教授说道:"在评估一个这样的公司,投资者必须首先关注经营现金流。"[⑥]

所有的一切都呈现在一张报表上

下面将更加详细地讨论,现金流量表包含了经营、投资和融资活动的信息。本质上,你

---

⑤ 1985 年 Home Depot 现金流问题是由 Krishna Palepu 教授撰写的哈佛商学院很著名的案例课程。

⑥ Timothy L. O'Brien, "KnowledgeWare Accounting Practices Are Questioned," *The Wall Street Journal*, September 7, 1994, p. B2.

想要了解的关于一家公司一年内绩效的一切都被总结在这张报表上。这一年经营如何？在经营活动部分查找。在房屋、设备和机器方面有哪些新投资？在投资活动部分查找。这一年原料的融资从哪来？在融资活动部分查找。如果你陷入在孤岛上，每年只能收到一张报表（随浪而来的瓶子），你可能会选择现金流量表。

它是一种预测工具

当预测未来时，现金流量表是分析经营、投资、融资计划可持续性和可行性的杰出工具，可以通过编制预测性现金流量表进行预测。预测性现金流量表是对假如经营、投资、融资计划实施后现金流量表会是一个怎样的状况的预测。假如，当预测性现金流量表显示公司没有正的经营现金来归还贷款，大部分债权人就会迟疑是否贷款给公司用于新的投资活动。这一章的后面我们将会介绍如何编制预测性现金流量表。

现金流量表的结构

2 概述现金流量表的经营、投资、融资活动这三个主要分类结构及其报告的信息。

WHY 现金流量表之所以分成三个部分是为了让使用者能够确定在每个主要的业务活动中，公司是如何创造和使用现金的。

HOW 财务报表使用者可以通过比较经营、投资和融资活动产生的现金流数量获得有关公司现状更多的信息。对于成长型企业，经营现金流可能是负的。对于成熟成功的“现金牛”，经营现金流多于支付投资活动所需的现金。

现金流量表解释了一个时期内现金和现金等价物的变化。现金等价物是能被迅速转变成现金的短期高流动性投资。作为现金等价物必须符合[7]：

1. 容易转换成现金。

2. 与到期日很接近，因此利率变化对其价值影响的风险不大。

一般来说，只有初始到期日在三个月以内的投资才能作为现金等价物。这里的初始到期日是从报告主体取得投资开始，而与证券的发行日没有关系。比如，期限三个月的美国国债和在三个月内到期的三年期国债都可作为现金等价物。然而，如果国债三年前购买，那直到最后三个月到期日内它才能作为现金等价物。[8] 除了美国国债，现金等价物还包括货币市场基金和商业票据。市场权益证券投资（普通股和优先股）一般不能被归类为现金等价物，因为这些证券没有到期时间。

上述这些投资不一定包括所有的现金等价物。管理层可能通过一项政策，将短期、高速流动的投资也作为现金等价物，一旦制定类似政策，管理层必须在现金流量表中披露将哪些项目作为现金等价物，政策的任何变动也需披露。例如，在 1993 年，通用汽车（General Motors）披露其财务公司（GMAC）改变了现金等价物的定义，把短期流动投资包括在内。这项改变导致 GM 报表上的现金和现金等价物增长了 42%，共计 33 亿美元。

---

⑦ *Statement of Financial Accounting Standards No. 95*, “Statement of Cash Flows” (Stamford, CT: Financial Accounting Standards Board, November 1987), par. 8.

⑧ 同上。

三大类现金流

在现金流量表中,现金的流入和流出分为三大类:

- 经营活动。
- 投资活动。
- 融资活动。

表5-1概括了每一类现金收付的主要类型,包括通常与现金流量表每一类相联系的利润表和资产负债表账户。

表5-1 主要现金收付分类

经营活动	
现金流入项目:	现金流出项目:
销售货物或提供服务	购买存货
出售交易性证券	工资
利息收入	税收
股息收入	利息费用
	其他支出(如公共事业、租赁)
	购买交易性证券*
相关项目:利润表;经营性流动资产;经营性流动负债;经营性长期资产和负债	
*与证券交易相关的现金流经常被分类为经营活动,但情况并非总是如此。	

投资活动	
现金流入项目:	现金流出项目:
销售设备	购买设备
出售业务部门	购买非交易性证券
出售非交易性证券	向其他实体发放贷款
贷款本金的收回	
相关项目:不动产、厂房和设备;长期投资;其他长期资产	

融资活动	
现金流入项目:	现金流出项目:
发行股票	现金股利
借款(如债券、票据、抵押借款)	贷款偿付
	回购股票(如库存股)
相关项目:短期和长期负债;普通股;库存股;股利	

经营活动 经营活动包括那些决定净利润的与收支相关的交易和事项。从商品销售或提供劳务中获得的现金是大部分企业的主要现金流入。其他现金收入来自利息、股利和其他类似项目。主要的现金流出包括存货购买的支出和工资、利息、公共事业、租金和类似费用的支出。经营活动的净现金流入或流出是现金流量表的重要数字。如同净利润被用来概括利润表的一切,经营净现金流是现金流量表的底线。

尽管从逻辑上来说,来自利息和股利的现金流入应被归类为投资或融资活动,但FASB决定把它们归类为经营活动。经营活动部分的现金流是那些包括在利润表中的会对收支

注意

一项活动是否属于经营活动取决于业务的性质。对一个制造企业来说，购买机器属于投资活动，但对于机械销售企业来说却属于经营活动。

思考

有时候把一些现金流项目按 FASB 的要求仅仅分类为三个现金流活动中的一个，存在概念上的困难。FASB 坚持分类为经营活动的两个项目按 IASB 的要求，可以按其他方式分类，甚至单独归为一类。看下面所列项，确定这两个难处理的项目。

a）工资支出和存货购买支出

b）租赁支出和保险支出

c）利息支出和所得税支出

d）公共事业支出和修理支出

产生影响的现金流。

投资活动 主要的投资活动是买卖土地、建筑物、机器设备和其他不以交易为目的持有的资产。另外，投资活动还包括购买或出售以非交易目的持有的金融工具，同样还包括贷款的发放和收回。这些活动经常发生，导致现金的流入和流出，但它们并没有被归类为经营活动，因为它们和主要的正在经营的业务间接相关。

融资活动 融资活动包括那些从所有者（权益融资）和债权人（债务融资）中获得或返还现金的交易和事项。比如，来自股票或债券发行的现金被归类为融资活动。类似地，股票回购（库存股）或债券赎回和股利支出可认为是融资活动。

无论是否是属于工业企业，融资活动的本质是类似的，但经营和投资活动在不同的行业间有很大的差异。例如，超市连锁企业和沙石企业的经营和投资活动有很大差异。然而，对这两类企业，借款、卖出股票、支付现金股利和偿还贷款的过程是类似的。

现金流模式 现金流量表列出的现金流入（正）或现金流出（负）常规的模式如下：

- 来自经营活动的现金（+）。
- 来自投资活动的现金（-）。
- 来自融资活动的现金（+或-）。

大部分公司（2006 年，在美国大约为 73%）经营活动产生正的现金流。事实上，多个期间出现负的经营现金流是公司财务困难的明确信号。一般情况下，大部分公司用现金增加长期资产，投资活动产生的现金经常是负的（2006 年，在美国为 83%）。一家公司拥有正的投资活动是因为它出售资产的速度大于更新的速度。

补充

波音公司是一个成熟、成功的"现金牛"的代表。2007 年，波音公司 95.84 亿美元的经营现金流足够支持其投资活动（38.22 亿）偿还借款（14.06 亿），支付股利（10.96 亿）和股票回购（27.75 亿）。

融资活动没有一般的模式，在一个正常的公司中，其数量可能为正也可能为负。举个例子，融资活动为正的现金流可能是一个年轻的、快速成长的公司的信号，这些公司扩张得太快，导致经营活动不能为扩张提供足够的资金支持。因此，需要从融资中补充额外的现金。负的融资活动现金流往往存在于那些已经达到稳定状态的成熟公司，这些公司将从经营中得到过剩的资金来偿还贷款或支付高额现金股利。一般地，一家公司的现金流模式客观反映了公司所处的生命周期阶段。如图 5-2 显示，一个年轻的、快速成长的公司需要从融资活动获得资金以支持其资本的扩张（投资活动）

和补充由于存货和应收款项增长导致的负的经营现金流。一个停止增长或旨在维持现状的公司,其从经营活动中取得的现金足以重新装备长期资产、支付股利给投资者。最后,一个成熟、成功的企业(有时称为"现金牛")从经营活动产生足够多的、用来资本扩张的现金后,用剩余的现金去偿还贷款、支付股利甚至股票回购。

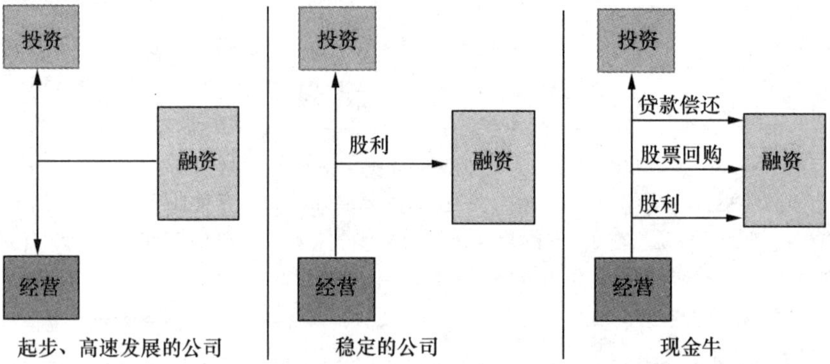

图 5-2 公司生命周期中的现金流模式

在本章后面,我们将进一步讨论现金流模式。

非现金投资和融资活动

一些投资和融资活动可能影响某个实体一个期间内的财务状况但不影响其现金流。例如,用应付票据购买设备,或通过发行股票购买土地。这些非现金的投融资活动必须单独披露在资产负债表附注或其他附表中,但在现金流量表本身中没有反映出来。[9] 例如,雪佛龙公司(Chevron Corporation)以7.09亿美元应付款获得50%股份和哈萨克斯坦联合开发Tengiz油田,因为尚未支付,所以这一收购价款在雪佛龙的财务报表附注中作为一项非现金交易披露。

IAS 7 下的现金流分类

从1992年开始,IFRS要求编制现金流量表。*IAS 7* 下的现金流量表编制比美国 *SFAS No. 95* 更灵活。总的现金流,包括经营、投资和融资,两个准则的设置是一样的,但有些现金流可以根据美国GAAP或IFRS下的不同分类要求而进行不同的分类。这些不同点的概括如下。

现金流类型	美国 GAAP—*SFAS No. 95*	IFRS—*IAS 7*
利息的现金支出(与利息费用有关)	经营活动	经营活动或融资活动
所得税现金支出(与所得税费用有关)	经营活动	一般是经营活动,但可以根据引起税款支付的交易性质不同而分属于经营、投资或融资活动
利息收到的现金(与利息收入有关)	经营活动	经营活动或投资活动
股利收到的现金(与股利收入有关)	经营活动	经营活动或投资活动
股利支付的现金(非利润表项目)	融资活动	融资活动或经营活动

⑨ FASB *Statement No. 95*, par. 32.

总经营现金流是现金流量表的关键数字。从以上图表中可以发现，一家公司运用 IFRS 的现金流分类方法，其总经营现金流可能大于、小于或等于其在美国 GAAP 下的现金流。

如下一部分所要阐述的，在 IFRS 下和美国 GAAP 下，个别项目计算的现金流有细微的差异。这些细微的差异将在《中级会计学：应用篇》第 21 章我们回顾现金流量表时阐述。

经营活动现金流报告

3 用直接法或间接法计算经营现金流。

WHY 会计准则允许采用两种方法报告经营活动产生的现金流——直接法或间接法。两种方法得出的结果一致。

HOW 直接法是对利润表的一种概括，其以报告与利润表每个项目相关的现金收支为目的。间接法则从净利润开始，并通过对非现金流经营项目的调整而来。

表 5-2 显示了现金流量表的基本格式，省略了细节和具体数量，这些数据来自于英特尔公司（Intel）的现金流量表。现金流量表必须报告一段时间内在经营、投资和融资活动中取得或使用的净现金和对现金和现金等价物的最终影响。通过这些信息的提供，使得年初与年末的现金和现金等价物趋于一致。[10]

表 5-2　2007 年英特尔公司现金流量表基本格式　（单位：百万美元）

现金收到（或支出）于：	
经营活动	$12 625
投资活动	(9 926)
融资活动	(1 990)
现金及现金等价物净增加（减少）	$ 709
年初现金及现金等价物	6 598
年末现金及现金等价物	$ 7 307

现金流量表的投资和融资活动部分的准备工作是简明易懂的。经营活动部分则较复杂。经营现金流事实上只是一个简单的概念：它仅仅是经营活动现金收付的不同。计算经营现金流之所以困难是因为会计系统被设计成把现金流数额调整成为权责发生制下的净利润。计算经营现金流要求取消所有的权责发生制会计调整，如图 5-3 所示。

直接法和间接法这两种方法都可以用来计算和报告经营活动的净现金流量。在财务报表中更为广泛的方法是间接法：美国大型公司中大约有 95% 在使用它。

> **注意**
>
> 选择运用直接法或间接法不能改变报告的经营现金流量。两种方法得出的结果一致。

直接法常用来重新检查与每个利润表项目相关的现金收付的数量。例如，利润表中的收入项目，在现金流量表中有一个“从顾客中收到的现金”项目与之相对。

[10] 在国外有子公司的公司需要对其现金和现金等价物的变动过程进行附加披露。因为存在汇率的变动，即使国外子公司没有进行任何交易，一年中其国外现金余额的美元等价物也可能发生变动。如果金额重大，这个变动的影响作为单独一行显示在美国跨国公司的现金流量表中。

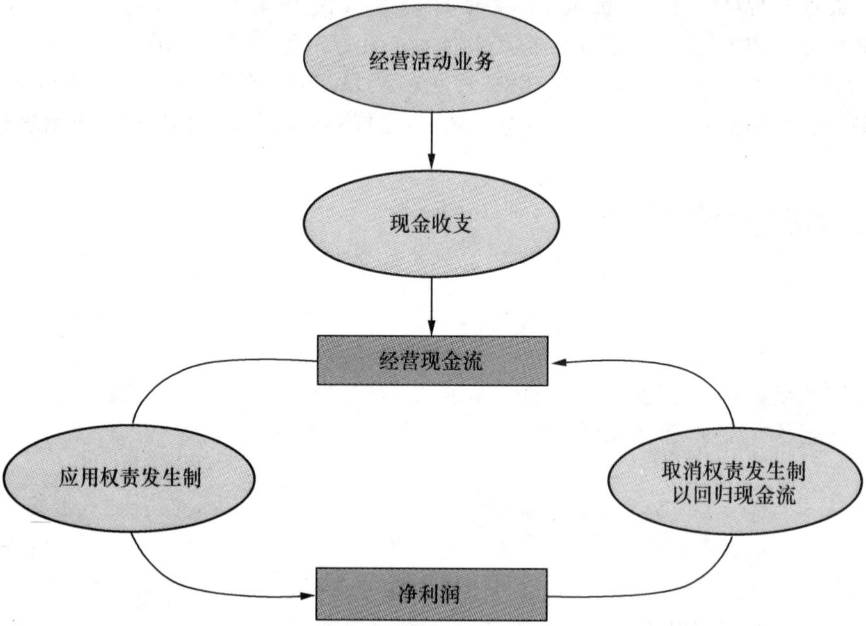

图 5-3 净利润和经营现金流的关系

对销售成本来说,与之相对应的项目是购买存货支付的现金。用直接法编制经营活动部分时,由于权责发生制的影响,必须对利润表项目进行调整。

间接法从利润表上报告的净利润开始,对任何不影响现金流的权责发生制金额进行调整。调整有三个基本类型:

- 不涉及现金流入流出的收入和支出。
- 与投资或融资活动相关的利得和损失。
- 对那些没有现金收支来源的流动经营资产和负债变动的调整。

这两种方法得到相同的结果——那就是,相同数量的经营活动净现金流。间接法被大部分公司接受和使用,一方面是因为它相对容易应用,另一方面它能体现净利润和经营活动净现金流的差异。许多财务报表使用者偏爱直接法是因为它直接报告现金流入和流出的来源,而没有潜在的让人迷惑的对净利润的调整。FASB 考虑了这两种方法的争论,尽管委员会更倾向于明晰的直接法,但最后同意两种方法都可以使用。[11]

直接法或间接法的采用只影响经营活动部分,无论用何种方法报告经营现金流,投资和融资活动部分完全是相同的。

经营活动:简单介绍

以下运用 Orchard Blossom 公司的数据来解释直接法和间接法。

⑪ FASB *Statement No. 95*, Pars. 27—28.

Orchard Blossom 公司节选的资产负债表和利润表数据

	年末	年初
资产负债表：		
现金	$25	$15
应收账款	60	40
存货	75	100
应付工资	10	7
利润表：		
销售收入	$150	
销售成本	(80)	
工资费用	(25)	
折旧费用	(30)	
净利润	$ 15	

直接法　直接法的最好方法是系统地记下利润表所列项目，计算出每一个项目相关联的现金。

销售及收回的现金。期初应收账款余额，加上本期销售，构成了潜在对顾客的应收款。期末应收账款余额代表没有收回的账款。因此，从顾客中收回的现金计算如下：

期初应收账款	$ 40
+销售收入	150
=可收取的现金	$190
-年末应收账款	60
=从顾客处收回的现金	$130

注意这么做的另一个更快的方法是根据应收账款的变化额20美元，相应调整销售收入150美元。问题是应该加上还是减去20美元。应收账款的增加意味着现金减少，所以应减去增加的20美元（$150 - $20 = $130）

销售成本和购买存货支付的现金。期末存货余额，加上本年销售成本，代表了过去某段时间公司必须购买的存货总量。期初存货余额代表了前些年购入的存货。因此本年购买的存货计算如下：

期末存货	$ 75
+销售成本	80
=需要的存货	$155
-期初存货	100
=本年购入的存货	$ 55

注意

仅通过记住规则（如加上所有的减少量）来编制现金流量表的学生往往最后只有50%计算正确，最好的方法是停下来，运用你的直觉。

相应地，可以用存货中变化的25美元来调整销售成本。那么我们是应该加上还是减去25美元？首先，如果没有存货的变化，销售货物的80美元成本代表了更新卖出存货的80美元流出。本年中存货的减少意味着你购买的比你销售的少，所以用来更新存货支付的现金就少，相应地,加上存货的减少(- \$80 + \$25 = - \$55)计算出本年存货购买的净流出为 \$55。

注意在这个简单的例子中,存货是用现金支付的,在这一章随后的例子中将会介绍如何调整应收账款。

工资费用和工资支付。年初的应付工资余额,加上本年的工资费用,构成了对员工的总支付义务。年末应付工资余额代表了还未支付的义务。因此,支付给员工的工资计算如下:

年初应付工资	\$ 7
+ 工资费用	25
= 对员工的负债总额	\$32
- 年末应付工资	10
= 支付的工资	\$22

这同样也可在 25 美元的现金流出加上增加的 3 美元应付工资计算得出工资支出(- \$25 + \$3 = - \$22)。你需加上增加的 3 美元是因为增加代表了这一年中没有用现金支付。

折旧费用。这里有个令人困惑的问题:每年为折旧支付的现金有多少?没有,因为折旧是一项非现金支出。

Orchard Blossom 的现金流量表经营部分,采用直接法表示如下:

Orchard Blossom 公司经营活动现金流量表(直接法)

从客户处收回的现金	\$130
购买存货支付的现金	(55)
因工资支付的现金	(22)
因折旧支付的现金	0
经营活动净现金	\$ 53

当然,在一张正确的现金流量表中,没有为折旧支付的现金这一行。这里把它包括进来只是为了提醒你折旧不会导致现金的流出。

间接法 间接法从净利润开始,结合对所有利润表项目的净影响,然后进行必要的调整,把所有利润表项目转变成现金流数量,仅仅报告调整数。和使用直接法相同,实施间接法最好的方法是一项一项正确地记下利润表项目。

销售收入。将这一项目转化成现金流,哪些调整是必要的呢?应收账款增加了 20 美元意味着收到的现金要比 150 美元的销售收入少 20 美元。因此,使净利润转化成现金流应做的必要调整是减去增加的 20 美元应收账款。

销售成本。存货减少了 25 美元意味着尽管在利润表中包括了 80 美元的销售成本,购买存货使用的现金少于销售货物的成本。因此,加上减少的 25 美元存货,使净利润转化成现金流。

工资费用。利润表包括了 25 美元工资费用的减项。然而,应付工资增加 3 美元表示,并不是所有这 25 美元工资费用都用现金支付,相应地,需要在净利润中加上增加的 3 美元应付工资。

折旧费用。30 美元的折旧费用是非现金支出,因它在净利润中减去了,所以计算现金流时须加回,在净利润中加上 30 美元折旧费用。

Orchard Blossom 的现金流量表运用间接法编制经营活动现金流的过程如下所示:

Orchard Blossom 公司经营活动现金流量表(间接法)	
净利润	$15
加:折旧	30
减:应收账款增加	(20)
加:存货减少	25
加:应付工资增加	3
经营活动净现金	$53

注意经营活动净现金,也就是经营现金流,在直接法和间接法下都是一样的,为 53 美元。同时注意折旧是净利润后的第一个项目,这是一种传统的表示方法。这种排列是不适当的,因为它强化了两个错误的观念:

- 折旧是一种现金来源(错)。
- 现金流等于净利润加折旧(错)。

折旧并不是一种现金来源。[12] 折旧被重新加回到净利润是为了抵消在原先计算净利润时减去折旧费用的影响。这样做的表现是在计算现金流时除去折旧。

> **补充**
>
> 间接法的一个好处是它强调通过调整经营程序,可以在短期内改善现金流。在 Orchard Blossom 公司的案例中,削减存货水平以及减慢工资的支付都可以增加经营产生的现金数额。

"现金流等于净利润加折旧"的定义被广泛使用。然而,在对 Orchard Blossom 公司经营活动部分间接法的快速回顾中发现,"净利润加折旧"定义忽略了所有现有资产和负债的变化情况。有时候现有项目的变化相互抵消(就如 Orchard Blossom 的案例中的大部分项目),所以,"净利润加折旧"能作为一个很好的真实经营现金流的预测方法。然而,大部分时间,特别是快速扩张的企业,现有项目变化并不能相互抵消。在这些情况下,真实经营现金流比"净利润加折旧"定义中预测得小很多。"净利润加折旧"的定义广泛应用于财务领域,而且很多财务专家坚定不移地相信这个定义。但不要被他们所欺骗。

直接法和间接法的比较 Orchard Blossom 的净利润和经营现金流计算比较如下:

利润表		调整项		经营现金流	
销售收入	$150	−20	(应收账款增加)	$130	从顾客处收回的现金
销售成本	(80)	+25	(存货减少)	(55)	购买存货支付的现金
工资费用	(25)	+ 3	(应付工资增加)	(22)	支付工资的现金
折旧费用	(30)	+30	(非现金流项目)	0	
净利润	$ 15	+38	净调整	$53	经营现金流

用直接法报告经营现金,每个单独的现金流项目都要报告。实际上,使用直接法编制一张现金流量表的经营活动部分,就是在以现金为基础的利润表上报告下面工作表阴影部分的信息。

[12] 在财务会计下,折旧并不是一个现金来源。然而,当考虑所得税时,因折旧导致的税收减少降低了所得税负债。因此,当分析一个业务或一个项目的现金流时,折旧导致税收的减少在一定程度上可看作一项现金来源,因为它降低了应交所得税。这个问题在大部分讨论资本预算的书中都有涉及。

利润表		调整项		经营现金流	
销售收入	$150	-20	(应收账款增加)	$130	从顾客处收回的现金
销售成本	(80)	+25	(存货减少)	(55)	购买存款支付的现金
工资费用	(25)	+ 3	(应付工资增加)	(22)	支付工资的现金
折旧费用	(30)	+30	(非现金流项目)	0	
净利润	$ 15	+38	净调整	$ 53	经营现金流

在间接法下,只报告净利润和调整数。因此,Orchard Blossom 现金流量表经营活动部分包含了以下表格中阴影部分的信息。

利润表		调整项		经营现金流	
销售收入	$150	-20	(应收账款增加)	$130	从顾客处收回的现金
销售成本	(80)	+25	(存货减少)	(55)	购买存款支付的现金
工资费用	(25)	+ 3	(应付工资增加)	(22)	支付工资的现金
折旧费用	(30)	+30	(非现金流项目)	0	
净利润	$ 15	+38	净调整	$ 53	经营现金流

两种方法在报告现金流方面各有优势。直接法主要的优势在于其简单易懂和直观。间接法的优势在于它强调导致净利润和经营现金流不同的因素。如先前提到的那样,大多数的美国公司使用间接法。在表 5-3 中用一些真实的例子展示了利润和经营现金流之间的巨大差异。

表 5-3　2006 年利润和经营现金流间的巨大差异　　单位:百万美元

公司名称	经营现金流	净利润	差异
福特汽车	$ 9 609	$(12 613)	$(22 222)
威瑞森	24 106	6 197	(17 909)
通用电力	30 646	20 829	(9 817)
埃克森美孚	49 286	39 500	(9 786)
美林证券	(39 414)	7 499	46 913
高盛	(47 617)	9 537	57 154
摩根士丹利	(60 803)	7 472	68 275

编制完整的现金流量表

4 编制一张完整的现金流量表,同时提供要求的补充披露信息。

WHY 一张完整的现金流量表概括了一家公司一段时期内所有主要的经营、投资和融资活动。

HOW 编制现金流量表三个部分所需的来自资产负债表和利润表的基本信息,如下:

- 经营部分——经流动经营资产和负债调整后的利润表。
- 投资部分——长期资产变动。
- 融资部分——长期负债和所有者权益变动。

在这一部分,我们将扩展 Orchard Blossom 公司的例子,介绍如何编制完整的现金流量表。在这个例子中,我们需要完整的年初和年末利润表数据,这些数据如下:

Orchard Blossom 公司的完整资产负债表和利润表数据

	年末	年初
资产负债表：		
现金	$ 25	$ 15
应收账款	60	40
存货	75	100
土地	120	105
建筑物	200	160
累计折旧	(66)	(50)
总资产	$414	$370
应付账款	$ 50	$ 37
应付工资	10	7
长期负债	169	190
实收资本	100	60
留存收益	85	76
总负债和所有者权益	$414	$370
利润表：		
销售收入	$150	
建筑物销售利得	10	
销售成本	(80)	
工资费用	(25)	
折旧费用	(30)	
利息费用	(10)	
净利润	$ 15	

在继续这个例子前，请注意相比前面部分 Orchard Blossom 公司原始数据的三个变化。这些变化用来扩充这个例子，进而介绍这个时候你需要学习的有关编制一张完整现金流量表的所有项目。

- 资产负债表中增加了应付账款。这将改变先前计算的经营现金流。我们假设所有这些应付账款与存货购买相关。
- 利润表中增加了利息费用。这将改变先前计算的经营现金流。
- 利润表中增加了销售建筑物利得。从补充信息中（在资产负债表和利润表之外），我们获悉建筑物初始成本为 36 美元，账面价值为 22 美元，售出总额为 32 美元，这导致报告中增加了 10 美元的利得（$32 卖出价 - $22 账面价值）。建筑物出售是一项投资活动，但这项利得是净利润的一部分，并以此为基础计算经营现金流。我们必须小心处理这项利得。

在编制一张现金流量表时，接下来的 6 个步骤概括了一种可用来分析利润表和相应资产负债表的系统方法：

1. 计算一年中现金余额发生的变化。直到经营、投资和融资活动现金总额与一年中现金余额变化一致，现金流量表才计算完成。

2. 把利润表从权责发生制转变为收付实现制。这一步又分为三个步骤：

(a) 扣除不涉及现金流的费用，如折旧费。

(b) 扣除与投资和融资活动有关的利得和损失，避免这些项目的重复计算。

(c) 调整流动经营资产和经营负债余额的变动,因为这些变动表明经营现金流与报告的收入和费用不相关。

这些调整最后的结果是净利润转化成了经营活动现金流。

3. 分析长期资产来识别投资活动对现金流的作用。不动产、厂房、设备的变动可能表明现金的使用或回收。

4. 分析长期负债和所有者权益账户来确定融资交易对现金流的影响。这些交易包括借入或偿还债务,发行或回购股票和支付股利。同时,检查短期贷款账户的变动;借入或偿还短期债务都可能被分类为融资活动。

5. 确定来自经营、投资和融资活动的总的净现金流与步骤1计算的现金净增加或减少一致。然后,把所有现金流入和流出根据经营、投资和融资活动分类编制成一张正式的现金流量表。三个主要活动的净现金流都必须单独列示。

6. 编制附注,包括那些不涉及现金的重要投资或融资交易的披露。这些披露在现金流量表外单独显示。以这种方式披露的交易类型包括以发行股票的方式购买土地和回购债券。另外,还需要补充披露利息费用和税收的现金支付。

我们以 Orchard Blossom 公司的进一步信息来介绍这6个步骤。由于我们编制现金流量表没有借鉴具体现金流的交易数据,我们不得不通过检查资产负债和利润表账户获得一些可推论出的现金流。

步骤1 计算一年中现金余额变动情况 Orchard Blossom 年初的现金余额为15美元,年末为25美元。所以,我们的目标是编制现金流量表来解释为何一年中现金账户增加了10美元。

步骤2 把利润表从权责发生制转化为收付实现制 把权责发生制下的净利润转变为经营现金流的恢复过程包括剔除非现金费用,去除利得和损失的影响和调整流动运营资产和负债余额的影响。这些调整已列在表5-4中,具体各项的解释如下。许多调整和先前介绍的简单 Orchard Blossom 的例子类似。

表5-4 把 Orchard Blossom 公司净利润转换为经营现金流的调整

利润表		调整项			经营现金流
销售收入	$150	C1	$(20)	应收账款增加	$130
建筑物销售利得	10	B1	(10)	投资活动项目	0
销售成本	(80)	C2	25	存货减少	(42)
		C3	13	应付账款增加	
工资费用	(25)	C4	3	应付工资增加	(22)
折旧费用	(30)	A1	30	非现金流项目	0
利息费用	(10)			非应付利息余额	(10)
净利润	$ 15		$ 41		$ 56

折旧费用(调整项A1)。调整的第一步包括加回折旧费用。如同前面解释的那样,由于折旧费用并没有涉及现金流出,并且折旧在先前计算净利润时已被减去,这项调整有效去除了计算经营现金流中折旧的影响,在表5-4右下列可以看到,调整项A1导致折旧0美元(-$30+$30=$0)的现金流出。

建筑物销售利得(调整项B1)。必须对在计算净利润时包含的利得和损失进行调整。

Orchard Blossom 在一年中售出建筑物,记录了 10 美元的销售利得。销售建筑物产生的 32 美元现金流在现金流量表投资活动部分列示。为避免重复计算这 32 美元销售中的任何一部分,这项利得必须从经营活动中扣除。然而,这项利得在计算净利润时已被计入,为了去除经营活动中的这一部分利得,它必须从净利润中扣除。如果建筑物销售涉及损失,在经营活动部分这项损失须加回到净利润中去,以至于该事项不会影响经营活动现金流。建筑物销售产生总共 32 美元的现金流影响,将在(后面分析的)投资活动部分中报告。

流动资产和负债的变化。剩下的调整项(表 5-4 的 C1—C4)是必需的,原因在于在经济业务发生时就需要确认收入和费用,而不是在涉及现金的收付时才计算。现金收付和收入获得或费用的发生之间的时间差反映在流动营业资产和负债的余额变化中。这通过对 Orchard Blossom 公司每一个流动营业资产和负债账户的讨论来介绍。

应收账款(调整项 C1)。回顾这一章我们之前的分析,Orchard Blossom 一年中从顾客处收到的现金和销售收入不同。如表 5-4,应收账款增加的 20 美元需要减去。

存货(调整项 C2)。现金流量表需反映一年中购买存货支付的现金。这个数额不一定和销售成本相同,Orchard Blossom 公司一年中存货下降了 25 美元,这表明一年中购买存货支付的金额小于存货销售成本。相应地,在计算经营现金流时,我们需要减少存货售出成本以此反映这一期销售的存货有一部分是在上期购买的。为降低货物销售成本(其在计算净利润时已被扣除),如表 5-4,调整项需加回 25 美元。增加的 25 美元代表现金流的增加,因为一年中,用于更新存货支付的现金较少。

应付账款(调整项 C3)。Orchard Blossom 应付账款账户余额一年中增加了 13 美元,发生这项增加的原因在于一年中 Orchard Blossom 支付的比其从供应商中购买的要少。如表 5-4 中调整项 C3,为反映出此项现金流出减少的方法是在计算经营现金流时加上 13 美元。如表所示,一年中购买存货的总现金支出为 42 美元。

工资费用(调整项 C4)。Orchard Blossom 应付工资账户余额一年中增加了 3 美元。这项增加发生的原因是在一年中 Orchard Blossom 并没有支付所有的工资给它的员工。所以如表 5-4 所示,为了反映节约的现金流出必须在计算经营现金流时增加 3 美元对其进行调整。同样地,当应付工资账户增加,由于现金保留在公司内部而没有用来支付经营义务,所以公司有更多的现金。

利息费用。由于应付利息账户不存在,我们可以大胆推测所有利息费用都在本期支付,因此,没有必要对其进行调整。但如果存在应付利息账户,那么对应付账款和应付工资账户的分析过程同样适用这一账户。

注意,经营活动总现金流入为 56 美元,比先前计算的 53 美元多 3 美元。产生 3 美元差异的原因在于在这个扩展的例子中,我们增加了 10 美元的利息费用(这导致经营现金流减少了 10 美元),还增加了 13 美元应付账款余额(这项增加了 13 美元经营现金流)。与之前简单的例子相比,它的净影响是增加了 3 美元经营现金流。

步骤 3　分析长期资产以识别投资活动现金流的影响　Orchard Blossom 公司报告了两个长期资产账户。

- 土地
- 建筑物

我们将依次对其进行分析以确定一年中与此相关的现金流有多少。

土地。一年中土地账户增加了 15 美元(\$120 - \$105)。这之中可能同时包含了土地的买入和卖出。因为没有这一年中的销售土地的说明，我们推断 15 美元代表一年中新土地的购入价格。

建筑物。Orchard Blossom 建筑物账户余额一年中增加了 40 美元（$200 - $160）。如果没有进一步信息，此项增加说明 Orchard Blossom 花费了 40 美元用来购买建筑物。然而，在这个例子中，前面提到的附加信息显示在这一年中，建筑物以 32 美元售出，这项出售建筑物所得的 32 美元作为投资活动的一项现金流。这项建筑物的售出使我们计算变得复杂，我们不能立刻确定一年中我们购买新建筑物花费了多少。

概括所有的购买和出售建筑物的信息的有效办法是为建筑物账户和与之相关的累计折旧账户重建 T 账户。T 账户如下：

建筑物

	借方	贷方	
初始余额	160		
购入	[76]	36	售出项目历史成本
期末余额	200		

累计折旧

	借方	贷方	
		50	初始余额
售出项目的累计折旧	[14]	30	折旧费用
		66	期末余额

在给出其他信息的情况下，方框中的金额（购买金额与售出项目相关的累计折旧）能被推算出来。通过这个信息，我们可以计算此项售出建筑物产生的利得或损失如下：

获得现金（之前已给出）	$32
售出项目账面价值（$36 - $14）	22
建筑物销售利得	$10

在 Orchard Blossom 利润表中确认 10 美元的利得。注意，通过利润表信息和上面用 T 账户推测出的金额，我们可以追溯计算出销售建筑物和设备收到的现金。在分析已知信息方面，T 账户是一个有用的工具，我们可以推测出我们需要的缺失信息来完成现金流量表的编制。

步骤 4　分析长期债务和所有者权益账户来确定融资交易对现金流的影响　当一家公司借入更多的资金——一项现金流入，长期负债账户将增加；当公司归还债务——一项现金流出，则长期负债账户将减少。在 Orchard Blossom 的例子中，我们观察到一年中公司长期负债余额减少了 21 美元（$190 - $169）。相应地，我们可以推测出在这一年中 Orchard Blossom 公司归还了 21 美元的贷款。这项偿还的 21 美元贷款是在融资活动下使用的现金。同样地，分析可以应用在短期债务上。一年中 Orchard Blossom 实收资本账户增加了 40 美元（$200 - $160），代表发行新股得到的现金流入。这项现金流入作为融资活动下的现金进行报告。

留存收益账户因净利润（一项经营活动）的确认而增加，由于净损失（同样是经营活动）和股利分配（一项融资活动）而减少。由于没有具体的信息，可以通过识别留存收益账户余额的非正常变动推测宣布发放的股利数量。这么做的一个有效方法是重建留存收益 T 账户，如下：

留存收益

	借方	贷方	
		76	初始余额
股利	[6]	15	净利润
		85	期末余额

因此，一年中支付的股利金额为 6 美元。当然，支付的股利金额通常在财务报表附注的某个位置中披露。然而，你不可能知道你将会获得的具体信息的程度。而且毕竟这仅是一个相对简单而且有趣的分析练习。

步骤 5　编制一张正式的现金流量表　基于我们对利润表和资产负债表的分析，我们已识别出 Orchard Blossom 公司一年中所有的现金流入和流出，而且我们已对这些现金流根据不同的活动类型进行了分类。现金流量表的结果（用间接法编制，其是目前为止最常用的报告方法），如表 5-5 所示，注意报表显示一年中现金增加了 10 美元，这与显示在资产负债表中的 10 美元变化相一致。

表 5-5　Orchard Blossom 公司完整的现金流量表

Orchard Blossom 公司截至 12 月 31 日现金流量表		
经营活动现金流：		
净利润		$15
调整项：		
加：折旧费用	$30	
减：销售建筑物利得	(10)	
减：应收账款增加	(20)	
加：存货减值	25	
加：应付账款增加	13	
加：应付工资增加	3	41
经营活动产生的净现金		$56
投资活动现金流：		
销售建筑物	$32	
购买土地	(15)	
购买建筑物	(76)	
投资活动使用的净现金		(59)
融资活动现金流：		
向股东发行股票	$40	
支付长期债务	(21)	
支付股利	(6)	
融资活动产生的净现金		13
现金净增加		$10
初始现金余额		15
期末现金余额		$25

步骤 6　编制附注　与现金流量表有关的附注有两大类。其如下：

- 利息和所得税的现金支付
- 非现金投资和融资活动

利息和所得税的现金支付。FASB 第 95 号公告要求单独披露一年中支付的利息和所得税现金流。当使用直接法，支付的利息和所得税金额是经营活动的一部分，所以需要进一步披露。当使用间接法，无论是在现金流量表的底部还是在相应的附注中，这些金额必须单独列示。在 Orchard Blossom 的例子中，补充信息可以按如下披露：

附注	
支付利息的现金	$10

非现金投资和融资活动。当一家公司有重大非现金交易，如通过发行债务或交换股权的方式购买不动产、厂房和设备时，这些交易必须在财务报表附注中披露。Orchard Blossom 没有此类非现金交易，所以在这个案例中不需要附加披露。

Orchard Blossom 公司这一案例包含了在编制现金流量表时会遇到的所有普通项目。在《中级会计学：应用篇》第 21 章，我们将会重新回顾现金流量表并学习如何处理一些更加复杂的项目。

使用现金流数据评估财务实力

5 分析经营、投资和融资活动之间现金流的关系，并计算基于现金流数据的财务比率，来评估一家公司的财务实力。

WHY 经营、投资和融资领域产生的正负现金流模式可以看出当期的业务战略和健康状况。

HOW 结合资产负债表和利润表数据，使用现金流量表数据计算财务比率。

有很多种分析技术可以用来评估一家公司财务实力。主要的变量有盈利能力、效率、杠杆和流动性。传统上，分析主要集中在从利润表和资产负债表获得的关系上。然而，现在越来越多地强调结合利润表和资产负债表的现金流以及现金流数据。

现金流模式

通过分析三大类现金流的关系，我们可以洞悉一家公司在表 5-6 中显示的 8 种不同模式。模式 1 和 8 并不常见。当一家公司所有这三项活动有正的现金流，而且因为某些战略原因需要增加现金流，模式 1 可能存在。模式 8 显示了所有活动都为负的现金流，即使在

表 5-6 现金流量表模式分析

	经营现金流	投资现金流	融资现金流	主要解析
#1	+	+	+	公司使用从经营活动、销售资产和融资活动的现金来增加大量的流动现金——这种公司往往在寻求收购
#2	+	-	-	公司使用从经营中产生的现金来购买固定资产和偿还债务或返还给所有者
#3	+	+	-	公司使用从经营活动和销售固定资产产生的现金来偿还债务或返还给所有者
#4	+	-	+	公司使用从经营活动产生的现金和借款（或所有者的投入）来扩张
#5	-	+	+	公司经营活动产生现金的困境被销售固定资产或股东投入覆盖了
#6	-	-	+	公司增长很快，但通过长期债务融资或新的投资难以弥补经营活动和购买固定资产导致的现金流短缺
#7	-	+	-	公司通过销售固定资产为经营活动现金流不足融资和支付债权人、股东
#8	-	-	-	公司使用已有现金满足经营短缺、偿还长期债务和支付投资者

资料来源：Michael T. Dugan, Benton E. Gup, and William D. Samson, "Teaching the Statement of Cash Flows," *Journal of Accounting Education*, Vol. 9, 1991, p. 36.

短期,只有当一家公司存在可补充的剩余现金时才会存在。模式 2 至 4 显示了正的经营现金流很充足,可以自给(模式 2)或通过投资补充(模式 3)或融资活动偿还债务(模式 4),支付给所有者或扩张业务。模式 5 至 7 从长期看对公司是不利的,原因在于经营现金短缺必须通过出售长期资产或加强外部融资得到补充。

这些现金流模式强调了经营现金流的重要性。拥有正的现金流,公司可以用它来支付账单、支付给债权人和股东以及用于增长和扩张。负的经营现金流意味着一家公司只能寻找其他来源的资金,但如果经营失败,这些来源的现金同样面临枯竭。

现金流比例

补充

很多财务报表分析的课程只是简单提及现金流比例。熟悉这一节讨论的比例对把自己从大众中区别开来是一个快速简单的方法。

来源于现金流量表的数据同样可用来计算某些特定比率以帮助确定一家公司的财务实力。如果用这些比率对一家公司的多期数据或同行业中不同公司进行比较,有助于评估相关绩效。为介绍特定现金流比率的计算,使用了来自 Circle K 1988 年和 1989 年(在 1990 年 Circle K 大灾难发生前)的财务报表数据。

现金流到净利润　最重要的现金流关系可能是现金和报告的净利润的关系。现金流与净利润比反映了计算净利润时权责发生制会计假设和调整的程度。公式是经营现金流除以净利润。对于 Circle K,现金净利润比率计算如下:

	1989	1988
经营现金	\$57 767	\$84 333
净利润	÷15 414	÷60 411
现金流与净利润比	3.75	1.40

大致来讲,现金流与净利润比大于 1 是有价值的,因为存在着重大非现金流费用(比如折旧),它会降低报告的净利润但对现金流没有影响。对于一家公司,现金流净利润比在年与年之间必须保持相对稳定。如 1989 年 Circle K 报告的那样,这个比例的大幅度上升意味着会计假设对减少报告的净利润起了推动作用。从是否有能力支付账单的管理关注点和债权人关注的是否及时归还贷款来看,这个比例显示,Circle K 1989 年的绩效实际上在一定程度上好于仅看净利润显示的结果。从本章之前报告的数据看,在 1990 年也是同样,其报告了 7.73 亿美元净损失,但产生的经营现金流为 1.08 亿美元。

表 5-7　1988 和 1989 年节选的 Circle K 现金流数据　单位:1 000 美元

	1989	1988
净利润	\$ 15 414	\$ 60 411
经营现金流	57 767	84 333
资本性支出	193 338	233 087
收益性支出	68 139	147 500
利息支出	89 928	49 267
所得税支出	11 233	28 439

现金流充足率 如前述定义，“现金牛”是那些能从经营活动中产生足够的现金，全额支付新厂房和设备的、同时用剩余的现金偿还贷款或返还给投资者的企业。现金流充足率，用经营现金除以增加的固定资产支出和企业的收购支出，用来显示一个企业是否是现金牛。Circle K 现金流充足率计算如下：

	1989	1988
经营现金流	\$ 57 767	\$ 84 333
资本性支出	\$193 338	\$233 087
收益性支出	68 139	147 500
投资活动所需的现金	\$261 477	\$380 587
现金流充足率	0.22	0.22

> **补充**
>
> 有时，股利的现金支付会加回到现金流充足率的分母中，用这个公式，比例显示出经营现金流对于支付新增资本项目和对股东的常规股利是否足够。

这些计算显示在 1988 年和 1989 年，Circle K 经营现金流相对于支付扩张所需的现金很短缺。这就意味着 Circle K 被迫寻求足够数量的外部融资，无论是通过新债务还是从投资者处取得进一步的资金。

现金利息保障倍数 因为利息必须用现金支付，反映一家公司利息支付能力的有用指标是比较经营活动产生的现金和支付利息的现金。Circle K 现金利息保障倍数计算如下：

	1989	1988
经营现金流	\$ 57 767	\$ 84 333
利息支出	89 928	49 267
所得税支出	11 233	28 439
息税前现金	\$158 928	\$162 039
利息支出	÷89 928	÷49 267
现金利息保障倍数	1.77	3.29

使用税前现金流是因为利息在任何税款扣除前支付。从这个计算中，我们可以看到 Circle K 的债权人在 1989 年安全性严重下降，因为 Circle K 经营只产生满足利息支付的 1.77 倍现金。最终，不能继续支付利息迫使 Circle K 走向破产的道路。[13]

勾稽关系：财务报表如何联系在一起

6 论证三张主要财务报表如何联系在一起，形成一个统一的框架。

WHY 完全理解和明智地使用财务报表需要熟悉三个主要财务报表是如何定量地联系的。

HOW 财务报表勾稽关系的实质概括成这三种关系：

- 资产负债表和利润表——年度利润表详细阐述了一年中留存收益余额（扣除股利）的变化。

⑬ 对于另外的现金流比率，参见 Don E. Giacomino and David E. Mielke, “Cash Flows: Another Approach to Ratio Analysis,” *Journal of Accounting*, March 1993, p.57。

- 资产负债表和现金流量表——现金流量表详细阐述了一年中现金余额的变化。
- 利润表和现金流量表——一年中做出的重要的权责发生制调整解释了利润表和现金流量表经营部分的不同。

在会计学中，勾稽关系说明三张主要财务报表不是孤立的数字列示，而是报告公司财务健康状况的整体。现金流量表详细解释了资产负债表现金数从年初变化成年末的过程。利润表和一年中发放的股利数解释了资产负债表中留存收益的变动。通过对现金流数据的会计调整，现金流量表经营现金转化为净利润，我们在图 5-4 中使用前一节 Orchard Blossom 公司的财务报表数据介绍了这些关系。

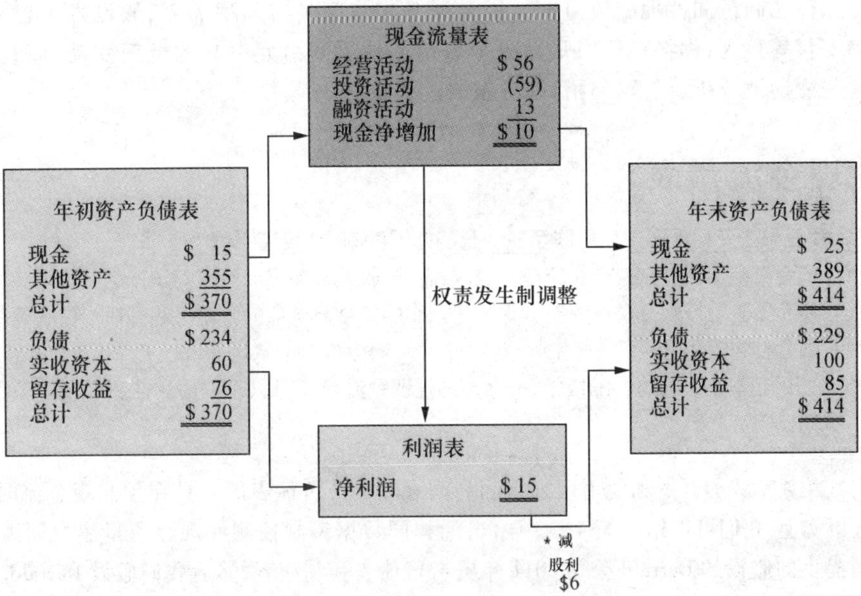

图 5-4　财务报表勾稽关系

资产负债表可以视为所有财务报表的根本，现金流量表仅仅给出了资产负债表中现金余额的详细信息，而利润表也仅仅给出了留存收益余额变化的一些详情。当然，在我们还未对资产负债表过于崇敬前，我们必须提醒自己这些现金余额和留存收益的“细微改变”反映了绝大部分业务。

现在让我们仔细看图 5-4。注意一年中增加的 10 美元现金，从开始的 15 美元余额到最后的 25 美元，是现金流量表中经营活动、投资活动、融资活动的综合现金流结果。一年中增加的 9 美元留存收益，从年初余额的 76 美元到年末的 85 美元，可以用在利润表中报告的 15 美元净利润减去支付的 6 美元股利解释。现金流量表（或者，更精确地说，是现金流量表经营活动部分）和利润表的联系是一年中权责发生制的调整。用间接法报告经营活动现金流的一个优点是这些权责发生制调整都概括在一个地方。回顾表 5-5，经营活动主要部分列出了一年中经营权责发生制调整的净影响。

图 5-4 中的勾稽关系图仅仅是财务报表内部关系的缩略。如同我们在编制 Orchard Blossom 公司现金流量表投资活动部分所见的那样，年初、年末建筑物和累计折旧账户余额以及利润表中报告的折旧费用，共同说明了现金流量表投资活动报告的现金流。类似地，长期负债和

资本支出的变化在现金流量表融资活动部分解释。再看一下图5-4,想象年初、年末资产负债表与利润表和现金流量表之间复杂的网状联系。这个网络代表了全部的联系。

三张财务报表之间的联系可能是财务会计模型方面最有趣也是最有用的。这个联系框架的限制是,一家公司一年中所有已记录的交易必须与权责发生制假设匹配。在第6章中,我们将会讨论一些经理层寻求使他们公司在账面上看着更好的盈余管理实例。盈余管理可能会在短期内欺骗财务报表使用者,但财务报表间不容变更的勾稽关系意味着,任何对利润表进行的欺骗性操作都会随着资产负债表中所增加的不合理金额,以及利润表和经营现金流间差额的增加而暴露。

相似地,财务报表的勾稽关系是编制财务预测的约束工具。在本章的下一部分,你将学习如何编制预测性现金流量表。因为财务报表间具有勾稽关系,假设发生建筑物购买、股利支付等行为,你将在这三张财务报表清楚地看到由此引起的金额变动,而且只有当所有这些变动被分析、记录、勾稽,财务报表才完成。

预测性现金流量表

7 运用三张主要财务报表如何联系在一起的知识编制预测现金流量表。

WHY 现金流预测让一家公司在新贷款、发行股票、收购长期资产等时间安排之前进行计划。预测现金流量表同样允许潜在的借款人评估他们的贷款被偿还的可能性和潜在投资者评估未来收到现金股利的可能性。

HOW 使用在本章之前讨论的技术,一张预测性现金流量表可以通过预测性资产负债表和预测性利润表构筑。

在第4章我们开发和使用用来预测利润表和资产负债表的工具在预测现金流时同样很有用。事实上,我们可以用在第4章中给出的相同数据编制预测性现金流量表。回顾第4章中我们提供的假设的Derrald公司2011年资产负债表和利润表,然后我们假设Derrald在2012年销售收入增加40%,运用我们关于财务报表金额关系的知识,以及一些假设,预测2012年Derrald利润表和资产负债表。财务报表的结果在表5-8中显示。[14] 使用这一章我们之前描述的编制现金流量表的6个步骤和表5-8中的数据,构建Derrald公司2012年的预测性现金流量表。

表 5-8 Derrald 公司预测性资产负债表和利润表

资产负债表	2011	预测 2012	预测假设
现金	$ 10	$ 14	自然增长 40%
应收账款	100	140	自然增长 40%
存货	150	210	自然增长 40%
不动产、厂房和设备(净值)	300	500	管理层决策
总资产	$560	$864	
应付账款	$100	$140	自然增长 40%
应付银行贷款	300	524	管理层决策
实收资本	50	50	管理层决策

⑭ 在第4章中,应收账款和存货作为其他流动资产列入同一个标题下是为了简化分析。这两个账户在这里单独列示。另外,总所有者权益分为实收资本和留存收益两部分。

（续表）

资产负债表	2011	预测 2012	预测假设
留存收益	110	150	加净利润减股利
总负债和所有者	$560	$864	
利润表	**2011**	**预测 2012**	**预测假设**
销售收入	$1 000	$1 400	增长 40%
销售成本	700	980	销售收入的 70%，同上年
毛利润	$ 300	$ 420	
折旧费用	30	50	固定资产的 10%，同上年
其他经营费用	170	238	销售收入的 17%，同上年
经营利润	$ 100	$ 132	
利息费用	30	52	银行贷款的 10%，同上年
税前利润	$ 70	$ 80	
所得税费用	30	34	税前利润的 43%，同上年
净利润	$ 40	$ 46	

步骤1 计算现金变化 预测2011年至2012年现金增加4美元（$14－$10）。因此，我们知道在现金流量表中经营、投资和融资活动产生的现金总额一定是4美元。

步骤2 把利润表从权责发生制转变成收付实现制 在以预测性利润表开始时，必须进行以下的调整。

	利润表	调整项		经营现金流
销售收入	$1 400	A	－40	$1 360
销售成本	(980)	B	－60	(1 000)
		C	＋40	
折旧费用	(50)	D	＋50	0
其他经营费用	(238)	E	0	(238)
利息费用	(52)	F	0	(52)
所得税	(34)	G	0	(34)
净利润	$ 46			$ 36

调整项A。2012年应收账款预测增加40美元（$140－$100），说明销售收入比收到的现金多。为了计算从客户处收到的现金，必须减去预测增加的40美元应收账款。

调整项B。存货增加了60美元（$210－$150），说明购买的存货比销售的多。增加的60美元存货代表了额外的现金流出。

调整项C。应付账款预计增加了40美元（$140－$100），表明所有在2012年账上购买的存货都在2012年付款。因此，应付账款的增加代表了现金的节约。

调整项D。预计的50美元折旧费用并不涉及现金，在计算经营现金流时需要加回。

调整项E到G。例如，我们假设应付账款账户与购买存货严格相关。因此，应付账款与其他经营费用、利息或税费均不相关。如果与这些费用相关的应付账款存在，分析的方法与之前介绍的类似：增加需被加回（说明通过应付的增加节约了现金），减少需减去（说明减少应付余额增加了现金流出）。

预测现金流量表经营部分的结果显示 Derrald 公司 2012 年经营活动产生了 36 美元。

步骤 3 分析长期资产账户 仅有的长期资产账户是固定资产(PP&E)。固定资产 2012 年预计从 300 美元增加到 500 美元。注意固定资产是用"净值"报告的,意味着累计折旧已经从报告的固定资产账户中减去,而不是作为单独项列示。因此,"净"固定资产账户可同时被三个事项影响:购买新的固定资产(一个增加项),出售旧的固定资产(一个减少项),已有固定资产的折旧(一个减少项)。使用预测信息,并假设 2012 年没有出售旧的固定资产,我们做如下总结:

期初固定资产	$300
一年中销售的固定资产	0
- 固定资产折旧	(50)
= 没有购置新固定资产情况下的期末固定资产余额	$250

事实上固定资产账户期末余额为 500 美元,这说明 Derrald 公司在 2012 年计划购入新的固定资产 250 美元($500 - $250)。这预计购买的 250 美元代表了这些现金将用于投资活动。

步骤 4 分析长期债务和所有者权益账户 应付银行借款预计从 300 美元增加到 524 美元。224 美元的差异代表融资活动现金流入。因为实收资本预计维持在 50 美元,Derrald 公司 2012 没有通过发行股票增加现金的计划。

留存收益预计增加的 40 美元($150 - $110)必须根据 2012 年的净利润才能进行分析。Derrald 公司预计 2012 年净利润为 46 美元,所以只有支付 6 美元股利的情况下才能使留存收益增加 40 美元。预计的 6 美元股利支付作为融资活动的一项现金流出。

步骤 5 编制现金流量表 编制预测现金流量表所需的信息已经齐备。预测现金流量表显示在表 5-9 中,在报告预测性经营现金流时使用了间接法。注意,预测经营、投资和融资现金流之和($36 - $250 + $218)等于预测现金的变化总额 4 美元。

表 5-9 2012 年 Derrald 公司预测现金流量表

经营活动现金流:		
净利润		$46
调整项:		
加:折旧费用	$ 50	
减:应收账款增加	(40)	
减:存货增加	(60)	
加:应付账款增加	40	
		(10)
经营活动产生的净现金		$36
投资活动现金流:		
购买不动产、厂房和设备	$(250)	
投资活动使用的净现金		(250)
融资活动现金流:		
借入(应付银行借款)	$ 224	
支付股利	(6)	
融资活动产生的净现金		218
现金净增加		$ 4
期初现金余额		10
期末现金余额		$14

步骤 6 披露重大的非现金活动 2012 年 Derrald 公司没有任何重大的非现金活动，所以预测现金流量表概括了预期将要发生的重大事项。

从预测现金流量表中我们发现，Derrald 公司没有足够的现金用来购买 2012 年预计增加的固定资产。所以，Derrald 计划增加 224 美元应付银行借款账户来弥补这项短缺。通过内部使用预测现金流量表，Derrald 可以提前进行计划安排，调查这项数额巨大的贷款获得的可能性。相应地，如果融资不可行，Derrald 也可以考虑缩减扩张计划。像银行之类的外部使用者可以通过使用预测现金流量表确定 Derrald 是否能继续满足外部义务。投资者可以使用预测现金流量表评价 Derrald 继续支付股利的可能性。总之，构建一整套预测财务报表——资产负债表、利润表和现金流量表——使得财务报表使用者能够看出一家公司关于经营、投资和融资的战略计划是否彼此一致。

结论

本章是现金流量表的一个概述。连同资产负债表和利润表，现金流量表是三张主要财务报表之一。然而，由于它相对较新（从 1988 年起才开始要求），有时它未得到足够的重视。直到现在现金流变动金额和相关比率才开始成为财务分析的主流。你现在已经是一个现金流量表专家了；在对待那些没有这种远见的人时需要多点耐心。

本章已经涵盖了所有的现金流报告和披露的基本方面。更复杂的将在随后的章节中进行介绍。结合这些复杂方面，进一步的讨论将在《中级会计学：应用篇》第 21 章中进行。你可能开始思考先进先出、后进先出等收入确认假设，资本化或费用化决定，经营租赁，折价发行债券，拆股和股利发放如何影响现金流。该章中还包括了现金流量表国际差异的内容。

开放式场景问题的答案

1. Circle K 的 7.73 亿美元损失中有一些是非现金费用。两个例子是 3 亿美元的商誉摊销和 0.75 亿美元的预计未来环境清理费。另外，Circle K 减少了 0.65 亿美元的存货，这一项并不影响净利润的计算，但增加了 0.65 亿美元的现金。

2. 在破产保护下，Circle K 在 1991 年可以少支付利息 1 亿美元。另外，给予新债权人的保护，得以使 OK 便利店增加 8 千万美元的应付账款，增加了大量现金。

3. Karl Eller 在户外大广告业务中开始他的职业生涯，同时也止于此。

思考题答案

1. （第 189 页）正确答案是 c。观念上，利息支付被认为是一项融资活动。因为所得税费用和各项活动（例如，出售土地的利得必须支付所得税，这是一项投资活动），有些人可能会认为所得税支付的分类取决于引发这些所得税的基础活动。IASB 对利息和所得税支付的分类很灵活。另外，像本章中解释的那样，尽管 FASB 要求把这些项目分类为经营活动，它同样要求这两个特殊项目单独披露。如果有需要，财务报表使用者可以对它进行重分类。

本章小结

1. 阐述现金流量表是利润表的重要补充形式。

现金流量表是利润表一个重要的补充。当非现金费用很高，收益低估了公司的绩效；经营现金流可以给出更好的评估。另外，经营快速扩张的公司会消耗掉现金，即使其净利润是正的。最后，经营现金流对那些有动机偏离权责发生制假设的公司提供了一个快速的检验。

现金流量表对一段时期内经营、投资和融资活动的结果通过一张报表进行概括。预测现金流量表对于分析一家公司经营、投资和融资计划的持续性和可行性是一个很好的工具。

2. 概述现金流量表中经营、投资、融资这三类主要活动的结构及其报告的信息。

现金流量表的三个部分分别是经营、投资和融资。重要的非现金投资和融资交易必须披露。

- 经营：从编制现金流量表的目的来看，经营活动是指那些能够计算净利润的活动。经营活动提供的净现金是现金流量表的“底线”。
- 投资：主要的投资活动有购买和销售土地、建筑物、设备和非交易性财务工具。
- 融资：融资活动包括对投资者和债权人中的现金收付。一个例外是利息的支付作为一项经营活动。
- 非现金投资和融资交易：这包括通过发行债券或股票购买长期资产。

3. 用直接法或间接法计算经营现金流。

直接法和间接法都可以用来计算经营现金流。直接法更直观；间接法强调净利润和现金流的重新确认。绝大部分公司使用的是间接法。

直接法是对利润表的扼要重述，目的是报告与每个利润表相关的现金收付的金额。

间接法从净利润开始，然后报告不涉及现金流经营项目的调整项。三类调整项如下：

- 不涉及现金流入和流出的收入和费用；
- 与投资和融资相关的利得和损失；
- 对那些表明没有现金收支来源的当前经营资产和负债变动的调整。

无论使用直接法还是间接法，经营现金流是一样的。

4. 编制一张完整的现金流量表，同时提供所需的补充披露信息。

编制现金流量表三个部分所需的来自资产负债表和利润表的基本信息，如下：

- 经营部分——利润表和流动资产与负债；
- 投资部分——长期资产；
- 融资部分——长期负债和所有者权益。

直到每个利润表项目都进行了考虑，资产负债表所有的变化都进行了解释，现金净变化精确一致，一个完整的现金流量表才算编制完成。

编制现金流量表的六个步骤如下：

- 确定现金（包括现金等价物）的变化。这是个目标数。
- 经营活动——分析每个利润表项目和所有流动经营资产和经营负债的变化。
- 投资活动——分析所有非现金资产，如土地、建筑物等的变化。

• 融资活动——分析所有非流动负债、所有者权益账户和所有非经营流动负债的变化。

• 编制正式的现金流量表，调整期初和期末现金余额。如果经营、投资和融资活动总额不等于资产负债表总现金变化，那么现金流量表中有些项是错误的。改正它。

• 编制附注，包括任何不涉及现金的重大投资或融资交易的披露。

5. 分析经营投资和融资活动之间现金流的关系，并计算基于现金流数据的财务比率，来评估一家公司的财务实力。

从一家公司经营、投资和融资三个分类的正负现金流模式可以洞悉当期的业务战略和健康状况。大部分公司在经营活动中拥有正的现金流，在投资活动中拥有负的现金流。

现金流量表数据与资产负债表和利润表数据相结合可用于计算财务比率。

6. 论证三张主要财务报表如何联系在一起，形成一个统一的框架。

要完全理解财务报表，需要熟悉三张主要的财务报表如何联系在一起。这种联系称为财务报表勾稽关系。财务报表勾稽关系的实质是概括以下三个关系：

• 资产负债表和利润表——利润表具体说明了一年中资产负债表留存收益（减股利）的变化。

• 资产负债表和现金流量表——现金流量表具体说明了资产负债表现金余额一年的变化。

• 利润表和现金流量表——一年中做出的重要的权责发生制调整解释了利润表和现金流量表经营部分的不同之处。

7. 运用三张主要财务报表如何联系在一起的知识编制一张预测现金流量表。

可以通过预测资产负债表和利润表构建预测现金流量表。现金流预测可以让企业提前计划新贷款、发行股票、长期资产收购等的时间。潜在的债权人可以通过预测现金流量表评估贷款偿还的可能性，潜在的投资者也可以借此评估未来现金股利收到的可能性。

IASB 概述

现金流类型	美国 GAAP——*SFAS No. 95*	IFRS——*IAS 7*
支付利息的现金（与利息费用相关）	经营活动	经营活动或融资活动
支付所得税的现金（与所得税费用相关）	经营活动	通常作为经营活动，但也可根据引起税收支付的交易性质拆分为经营、投资和融资活动
利息所得的现金（与利息收入相联系）	经营活动	经营活动或投资活动
股利收到的现金（与股利收入相联系）	经营活动	经营活动或投资活动
支付股利的现金（非利润表项目）	融资活动	融资活动或经营活动

关键术语

勾稽关系　　预计现金流量表

现金利息保障倍数　　现金等价物

投资活动　　直接法

非现金投资和融资活动
现金流量表
现金流充足率
融资活动
现金流量与净利润比率
经营活动
间接法

问题

1. 现金流量表的三类活动分别是什么？每一个活动中包括哪些项目？
2. 经营、投资和融资活动的现金流(正或负)一般形式是什么？
3. 在何种情况下,经营现金流比净利润更好地描述了一家公司的绩效？
4. 在编制现金流量表时,一个项目被认为是现金等价物的标准是什么？
5. 在直接法下是如何处理折旧费用的？间接法呢？
6. “现金流等于净利润加折旧”这句话错在哪里？
7. 为什么很多使用者更愿意使用直接法？为什么大部分制造商更倾向于间接法？
8. 直接法和间接法都可用来报告经营活动现金流。这两种方法的差异是什么？
9. 当编制现金流量表时,“目标数”是什么？
10. 为什么 FASB 第 95 号公告中把利息支付作为一项经营活动而不是作为一项融资活动？
11. 当使用直接法时,出售长期资产的损失怎么处理？间接法下又如何？
12. 使用直接法计算购买存货支付的现金时,需要考虑什么项目？
13. FASB 第 95 号公告中利息支付在现金流量表中如何分类？
14. 与现金流量表相联系的重要的非现金投资和融资交易如何报告？
15. 在 FASB 第 95 号公告下,当一家公司运用直接法编制现金流量表时,需要披露的补充信息是什么？当使用间接法需要披露的信息是什么？
16. 购买证券是一项经营活动还是投资活动？请解释。
17. 一家公司现金流充足率小于 1 意味着什么？
18. 利润表提供了发生在一个时期内与资产负债表哪个账户相关的具体交易信息？现金流量表又提供了一个时期内与资产负债表哪个账户相关的具体交易信息？
19. 预测现金流量表让经理层可以提前计划各项活动。报表中包含的哪些信息可以用来帮助计划的实现？
20. 外部使用者如何运用预测现金流量表？
21. 平均来讲,净利润和经营现金流哪个数额更大？请解释。

练习

[练习 5-1] 三类现金流

LO2 使用下面的信息,计算经营活动、投资活动、融资活动的现金流。

	现金流入(流出)
(a) 销售建筑物收到的现金	$4 200
(b) 利息支付的现金	(600)
(c) 购回股票(库藏股)支付的现金	(1 100)

(d) 从顾客中收到的现金	13 400
(e) 股利支付的现金	(930)
(f) 所得税支付的现金	(1 850)

[练习 5-2] **现金和现金等价物**

LO2 一家公司在年末的时候报告以下信息。运用这些信息,确定现金和现金等价物总额。

(a) 投资证券 $10 000。这些证券是构成道琼斯工业指数的 30 家公司的普通股投资。所以,这些股票有活跃的交易市场。

(b) 投资证券 $57 000。这些证券是美国国债。这些债券是 30 年期债券;它们于 12 月 31 日购买,离到期日还有两个月。

(c) 以硬币、货币、储蓄账户、活期存款形式存在的 $3 400 现金。

(d) 投资证券 $6 600。这些证券是商业票据(其他公司的短期借据)。这些票据期限为 9 个月;它们于 12 月 31 日购买,离到期日还有四个月。

[练习 5-3] **使用具体信息完成现金流量表**

LO4 使用以下信息,编制完整的现金流量表。

(a) 期初现金余额	$1 500
(b) 购买存货的现金支出	7 800
(c) 销售建筑物收到的现金	5 600
(d) 利息支付的现金	450
(e) 偿还贷款支付的现金	$1 000
(f) 从客户中收回的现金	10 000
(g) 期末现金余额	?
(h) 发行新股受到的现金	1 200
(i) 股利支付的现金	780
(j) 所得税支付的现金	1 320
(k) 购买机器支付的现金	1 950

[练习 5-4] **经营现金流:重组费用**

LO3 运用以下信息,计算经营活动现金流(注意:由于提供的信息有限,只能使用间接法)。

存货减少	$300
应付工资增加	170
重置成本	2 300
折旧	1 000
净利润	500

重置成本由两部分组成:(1) 某些资产账面损失 $1 500,(2) 确认重新安置员工的义务 $800;重新安置还未发生。

[练习 5-5] **经营现金流:利得和损失**

LO3 运用以下信息,计算经营活动现金流(注意:由于提供的信息有限,只能使用间接法)。

应收账款增加	$300
应付所得税减少	170
折旧	1 000
净利润	250
销售设备利得	440

销售建筑物损失	210

[练习 5-6] 经营现金流:递延或未实现的销售收入

LO3 运用以下信息,计算从顾客中收回的现金。

销售收入		$10 000
	年末	年初
应收账款	$1 250	$1 430
递延销售收入	1 000	750

[练习 5-7] 经营现金流:递延所得税费用

LO3 使用以下信息,计算支付的所得税费用。

报告的所得税费用		$32 000
	年末	年初
应付所得税	$2 950	$2 560
递延的所得税负债	32 100	28 600

[练习 5-8] 经营现金流:预提经营费用

LO3 使用以下信息,计算现金支付的经营费用。

经营费用:		
折旧		$10 000
保险费		7 500
工资		14 600
总经营费用		$32 100
	年末	年初
预提保险费	$1 500	$1 430
应付工资	600	750

[练习 5-9] 直接法

LO3 使用以下利润表和现金流调整信息,使用直接法编制现金流量表经营现金流部分。

销售收入	$7 800
销售成本	3 100
利息费用	450
折旧费用	600
净利润	$3 650

调整项:

(a) 应付利息增加 $80。

(b) 应收账款减少 $320。

(c) 存货减少 $180。

(d) 应付账款减少 $210(注意:所有的应付账款都与存货购买相关)。

[练习 5-10] 间接法

LO3 参考练习 5-9。使用间接法编制现金流量表经营现金流部分。

[练习 5-11] 从顾客处收回的现金

LO3 使用下面的信息,计算从顾客处收回的现金。

销售收入		$10 000
销售成本		5 300
经营费用		3 800

	年末	年初
预付经营费用	$1 000	$700
应付账款	1 350	1 200
存货	2 500	2 100
应收账款	1 400	1 375

[练习 5-12]　购买存货支付的现金

LO3　参考练习 5-11 中的信息。计算购买存货支付的现金(注意:所有的应付账款都与存货购买相关)。

[练习 5-13]　经营费用支付的现金

LO3　参考练习 5-11 中的信息。计算经营费用支付的现金。

[练习 5-14]　计算股利支付的现金

LO4　使用以下信息,计算为股利支付的现金。

净利润		$10 000

	年末	年初
留存收益	$112,00	$106 000
实收资本	50 000	44 000
现金	1 300	1 000
应付股利	200	450

[练习 5-15]　计算购买固定资产的现金支出

LO4　使用以下信息,计算购买固定资产的现金支出。

折旧费用		$13 000

	年末	年初
固定资产	$134 000	$124 000
累计折旧	32 000	41 000

一年中,固定资产初始成本为 $28 000,出售利得为 $6 500。

[练习 5-16]　计算出售固定资产收到的现金

LO4　参考练习 5-15,计算出售固定资产收到的现金数额。

[练习 5-17]　勾稽关系

LO6　使用以下信息回答以下列出的问题:

股利宣布和支付		$8 000
投资活动现金流		(25 000)
融资活动现金流		(8 000)

	年末	年初
现金	$21 000	$12 000
其他资产	210 000	227 000
负债	105 000	117 000
普通股	21 000	21 000
留存收益	$105 000	?

计算(a)经营活动现金流和(b)净利润。

[练习 5-18] 计算现金流比例

LO5 使用下列信息,计算以下比率:(1) 现金流量与净利润比率,(2) 现金流充足率,(3) 现金利息保障倍数。

净利润	$18 000
经营活动现金流	21 000
资本支出支付的现金	23 500
收购支付的现金	11 000
利息支付的现金	3 800
所得税支付的现金	6 700

[练习 5-19] 编制预测现金流量表

LO7 以下资产负债表和利润表信息包括了 2011 年实际的数据和 2012 年的预测数据:

	2011 实际	预测 2012
现金	$100	$130
应收账款	600	780
存货	1 300	1 690
土地、厂房和设备(净值)	5 000	6 300
应付账款	500	650
长期负债	4 000	5 000
实收资本	1 000	1 400
留存收益	1 500	1 850
销售收入	$10 000	$13 000
销售成本	6 000	7 800
折旧费用	1 000	1 200
利息费用	400	500
税前利润	$2 600	$3 500
所得税费用	910	1 225
净利润	$1 690	$2 275

编制 2012 年预测现金流量表。使用间接法报告经营活动产生的现金流。

习题

[习题 5-20] 现金收入和支出

LO2 阿尔卑斯业余商店(Alpine Hobby Stores)的会计师准备了以下截至 2011 年 12 月 31 日的部分信息:

	年末	年初
(a) 设备	$55 000	$62 000
(b) 累计折旧	139 000	12 800
(c) 长期负债	20 000	25 000
(d) 普通股	16 000	12 000

账面价值是 \$18 000 的设备以现金 \$16 000 出售。设备的原始成本是 \$21 000。

确定 2011 年中与每个所列示的账户相关的现金流入和流出。指出每个项目的现金流在现金流量表上如何列示。

[习题 5-21] 现金计算

LO3,LO4 先令门(Shilling Doors)公司可比资产负债表、利润表和附加信息如下。

先令门公司 2011 和 2010 年截至 12 月 31 日的可比利润表

	2011	2010
销售收入	\$3 946 000	\$3 112 000
销售成本	2 385 000	2 346 000
毛利润	\$1 561 000	\$748 000
费用	792 000	506 000
净利润	\$769 000	\$242 000

先令门公司 2011 和 2010 年截至 12 月 31 日的可比资产负债表

	2011	2010
资产		
流动资产:		
现金	\$131 000	\$102 000
可供出售证券	400 000	—
应收账款	409 000	372 000
存货	289 000	304 000
预提费用	36 000	24 000
总流动资产	\$1 265 000	\$802 000
固定资产	\$656 000	\$541 000
累计折旧	(81 000)	(42 000)
	\$575 000	\$499 000
总资产	\$1 840 000	\$1 301 000
负债和所有者权益		
流动负债:		
应付账款	\$191 000	\$174 000
待摊费用	124 000	110 000
应付股利	165 000	100 000
总流动负债	\$480 000	\$384 000
应付票据——2013 年到期	210 000	106 000
总负债	\$690 000	\$490 000
所有者权益:		
普通股	\$625 000	\$600 000
留存收益	525 000	211 000
总所有者权益	\$1 150 000	\$811 000
总负债和所有者权益	\$1 840 000	\$1 301 000

先令门公司的附加信息:

(a) 所有应收和应付账款都与货物买卖相关;

(b) 应付票据的实收款项用于为厂房扩建融资；

(c) 出售的股本为增加的营运资本提供支持。

计算2011年下列事项：

1. 假设所有销售都是以赊账的形式，从应收账款已收回现金。

2. 假设所有存货购买都以赊账的形式，应付账款已用现金支付给供应商。

3. 用现金支付股利。

4. 现金收入不是通过经营活动。

5. 购买资产的现金支出不反映在经营活动上。

[习题5-22] 预测资产负债表，利润表和现金流量表

LO7 赖安公司期望编制2012年的预测利润表、资产负债表和现金流量表。2012年赖安资产负债表和利润表如下：

资产负债表	2011	预测 2012
现金	\$40	\$48
其他流动资产	450	540
固定资产(净值)	500	700
总资产	\$990	\$1 288
应付账款	\$190	\$228
应付银行贷款	500	400
总所有者权益	300	660
总负债和所有者权益	\$990	\$1 288
利润表	**2011**	**预测 2012**
销售收入	\$3 000	\$3 600
销售成本	1 200	
毛利润	\$1 800	
折旧费用	100	
其他经营费用	\$1 440	
经营利润	\$260	
利息费用	50	
税前利润	\$210	
所得税费用	84	
净利润	\$126	

另外，赖安收集了以下与2012年相关的预测信息。

(a) 销售收入预期增加到\$1 500。

(b) 赖安预期在使用土地、厂房和建筑物上更加有效。因此，赖安预期收入的增加不会要求增加土地、厂房和建筑物的总量。相应地，2012年，土地、厂房和建筑物余额预期为\$800。

(c) 银行已经批准同意贷款\$200给赖安。这些贷款将增加至已存在的应付贷款。

(d) 赖安公司来年并不打算支付任何股利。

要求：

1. 编制2012年预测资产负债表。清楚地陈述你采用的假设。

2. 编制2012年预测利润表。清楚地陈述你采用的假设。

3. 编制2012年预测现金流量表。使用间接法报告经营活动现金流（提示：在计算购买新土地、厂房和设备支付的现金时，不要忘记考虑2012年折旧的影响）。

[习题 5-23]　预测利润表和现金流量表

LO7　罗姆尼和合伙人期望预测 2012 年的净利润。另外,罗姆尼为了制订计划,打算构建 2012 年预测现金流量表。罗姆尼已经收集了 2011 年资产负债表和利润表数据,也已经预测了 2012 年资产负债表。另外,罗姆尼预测 2012 年收入将增加到 $3 600,同时明年将不支付股利。信息汇总如下。

资产负债表	2011	预测 2012
现金	$40	$48
其他流动资产	450	540
固定资产(净值)	500	700
总资产	$990	$1 288
应付账款	$190	$228
应付银行贷款	500	400
总所有者权益	300	660
总负债和所有者权益	$990	$1 288
利润表	**2011**	**预测 2012**
销售收入	$3 000	$3 600
销售成本	1 200	
毛利润	$1 800	
折旧费用	100	
其他经营费用	$1 440	
经营利润	$260	
利息费用	50	
税前利润	$210	
所得税费用	84	
净利润	$126	

要求:

1. 编制 2012 年预测利润表。清楚地陈述你采用的假设。
2. 编制 2012 年预测现金流量表。使用间接法报告经营活动现金流(提示:在计算购买新土地、厂房和设备支付的现金时,不要忘记考虑 2012 年折旧的影响)。

难题

[难题 5-24]　现金流量表——间接法

LO3,LO4　泡沫清洁剂(Sparkling Cleaner)公司报告 2011 年净利润 $7 450,但近几个月银行账户已透支。经理已经和身为审计的你进行了联系,希望得到相应解释。相应的资产负债表和相应信息如下,供你审查。

(a) 设备以 $1 700 出售,它的成本为 $3 000,账面价值为 $800。利得以其他收入的形式报告。

(b) $4 870 现金股利已经支付。

泡沫清洁剂公司可比资产负债表

	2011 年 12 月 31 日		2010 年 12 月 31 日	
资产				
流动资产:				
现金		$(1 100)		$3 950
应收账款		4 100		2 300
存货		3 250		1 150
预付保险费		90		210
总流动资产		$6 340		$7 610
土地、建筑和设备:				
土地		$15 200		$15 200
建筑	$35 000		$35 000	
减:累计折旧	(16 500)	18 500	(15 000)	20 000
设备	$28 350		$24 150	
减:累计折旧	(20 900)	7 450	17 900	6 250
总土地、建筑和设备		$41 150		$41 150
总资产		$47 490		$49 060
负债和所有者权益				
流动负债:				
应付账款		$3 600		$2 800
应付所得税		950		1 850
应付工资		1 100		2 150
应付票据——流动部分		3 000		4 500
总流动负债		$8 650		$11 300
长期负债:				
应付票据		11 250		14 250
所有者权益:				
股本	$19 500		$18 000	
留存收益	8 090		5 510	
总所有者权益		27 590		23 510
总负债和所有者权益		$47 490		$49 060

要求:用间接法编制现金流量表。

[难题 5-25]　现金流量表——直接法

LO3,LO4　以下表格列出了挪威逊公司会计期初期末账户余额。

借方	2011 年 12 月 31 日	2010 年 12 月 31 日
现金和现金等价物	$176 400	$58 000
应收账款	32 000	26 600
存货	21 000	25 400
预付保险费	5 600	4 000
长期投资(成本)	6 000	$16 800
设备	$80 000	$66 000
库藏股(成本)	10 000	20 000
货物销售成本	368 000	
经营费用	185 000	
利息费用	37 600	
设备销售损失	1 000	
总借方	$922 600	$216 800
贷方	**2011 年 12 月 31 日**	**2010 年 12 月 31 日**
累计折旧——设备	$19 400	$18 000
应付账款	7 000	11 200
应付利息	1 000	2 000
应付所得税	12 000	8 000
应付票据——长期	16 000	24 000
普通股	110 000	100 000
股本溢价	32 000	
留存收益	19 600*	
销售收入	704 000	
销售长期投资利得	2 000	
总贷方	$922 600	$216 800

* 预计期末余额

以下是可获得的附加信息：

(a) 所有的购买和销售都通过赊销的方式。

(b) 成本为 $10 000 的设备以 $3 000 售出,销售损失 $1 000 已经确认。

(c) 在其他项目中,包含折旧费用的经营费用为 $7 000;利息费用为 $2 800;保险费用为 $2 400。

(d) 通过发行普通股和支付现金余额($12 000)购买设备。

(e) 库藏股以 $4 000 低于成本出售,所有者权益的减少通过减少留存收益记录。一年中没有支付股利。

要求：

1. 编制截至 2011 年 12 月 31 日的现金流量表,使用直接法报告经营活动现金流。

2. 对不支付股利发表评论。不支付股利的政策对挪威逊公司在当前情况下适当吗?

[难题 5-26]　现金流定义

LO3　以下是数字公司的概要信息。

	2011	2010	2009	2008
净利润	\$90	\$90	\$90	\$90
折旧费用	40	40	40	40
应收账款变动	+15	-30	0	+20
存货变动	+10	-25	+15	-5
应付账款变动	+30	0	-20	+15

要求：

1. 计算数字公司从2008年至2011年经营活动产生（使用）的净现金。

2. 有一种经常在财务分析中使用的现金流定义是"净利润+折旧"。使用这种定义计算数字公司2008—2011年的现金流。

3. 在什么情形下"净利润+折旧"是一个很好的估计经营活动现金流的方法？在什么情况下它是一种误导方法？

[难题 5-27] 现金流分析

LO5 以下数据来自于德鲁里巷公司财务报表：

德鲁里巷公司截至2011年和2010年12月31日选取的财务报表数据

	2011	2010
销售收入	\$90 000	\$85 000
总资产	105 000	98 000
所有者权益	34 000	32 000
净利润	9 200	8 500
经营活动产生的现金	12 300	19 800
资本支出的现金	13 100	12 900
并购支付的现金	2 800	900
支付利息的现金	1 800	1 500
所得税支付的现金	3 300	3 000

要求：

1. 计算2010年和2011年的下列项：

(a) 销售利润率

(b) 资产报酬率

(c) 净资产收益率

(d) 现金流量和净利润比率

(e) 现金流充足率

(f) 现金利息保障倍数

2. 德鲁里巷公司2010年和2011年哪一年业绩更好？解释你的答案。

3. 德鲁里巷公司在2012年上半年打算向公众出售大宗新发行的股票。在计算(1)给出的情况下，投资新发行股票前，你会向德鲁里巷管理层询问什么问题？

案例

[案例 5-28] W. T. Grant：什么是"现金流"？

W. T. Grant的案例是现金流分析的经典案例。19世纪六七十年代，Grant是美国最大的零售商之一,全国有 1 200 多家店铺。Grant 是一家在纽约证券交易所上市的稳定公司,从 1907 年开始每年支付现金股利。然而,Grant 的经营活动不能产生正的现金流,说明该公司存在严重的问题。从 1966 年到 1973 年,虽然 Grant 每年的净利润稳定在 35 000 000 美元。除了 1968 年和 1969 年,每年的经营活动都是负的,即使是 1968 年和 1969 年,产生的现金流也很少。这样的结果到 1973 年 1 月 31 日更为严重。一年中的净利润为 38 000 000 美元。常用的"现金流"衡量方法(净利润加折旧)表明 W. T. Grant 经营活动产生的现金流为 48 000 000 美元。然而,实际一年中经营活动产生的现金流为负的 120 000 000 美元。1975 年 10 月,Grant 申请破产。1976 年年初,公司被迫清算和关闭。

是什么原因引起了"净利润 + 折旧"衡量的现金流为正而事实上实际经营现金流为负? 在什么情况下"净利润 + 折旧"的现金流衡量方法是一种估计实际经营现金流的好方法? 什么时候又不是?

资料来源:James A Largay Ⅲ and Clyde P. Stickney, "Cash Flows, Ratio Analysis and W. T. Grant company bankruptcy", Financial Analysts Journal, July/August1980. pp. 51—54; and Mood's Handbook of Common Stocks, 2nd quarterly ed(1973)。

[案例 5-29] 你是怎么当会计的!

2012 年年初,东南州立大学(Southeast State College)刚毕业的约翰 · 罗伯特,向丹尼斯公司的劳拉 · 丹尼斯递交了如下财务报告。丹尼斯很快扫了一眼后,她大声呼喊道:"你这是什么意思? 我的净利润为 $20 000,我从银行借入 $40 000 而现金余额却下降了 $2 000。我肯定有损失。你是怎么当会计的?" 罗伯特先生应怎样回答丹尼斯女士?

丹尼斯公司 2011 年和 2010 年 12 月 31 日可比资产负债表

	2011	2010
资产		
现金	$3 000	$5 000
应收账款	18 000	8 000
存货	20 000	15 000
设备(成本)	52 000	20 000
累计折旧	(10 000)	(5 000)
总资产	$83 000	$43 000
负债和所有者权益		
应付账款	$4 000	$9 000
应付长期票据	40 000	—
普通股,票面价值	$1 2 000	2 000
股本溢价	18 000	18 000
留存收益	19 000	14 000
总负债和所有者权益	$83 000	$43 000

丹尼斯公司截至 2011 年 12 月 31 日合并利润表和留存收益

销售收入		$240 000
销售成本	$150 000	
经营费用	70 000	220 000
净利润		$20 000
加:2011 年 1 月 1 日留存收益		14 000
减:股利支付		(15 000)
2011 年 12 月 31 日留存收益		$19 000

[案例 5-30] 现金流模式的秘密

卡拉 · 内罗是 Primer Mead & Co. 的一个证券分析师,宣称自己通过观察三类现金流的正负趋势,相比财务报表发现的其他信息,能够发现公司更多的财务状况。过去三年,她通过下列现金流模式向 Atlas Security 解释她的理论。

	2011	2010	2009
净利润	−	+	+
现金流来源：			
经营活动	−	−	+
融资活动	+	+	+
投资活动	+	+	+

你认为卡拉该如何解释这种情况？你同意现金流模式分析法提供了更优的分析信息吗？

[案例 5-31]　折旧是现金的来源吗？

布拉德·贝雷特和吉姆·王是大学室友。贝雷特是会计专业，王英语专业。两个人都在班中都学习现金流量表。王的财务学教授说到对一些公司来说，折旧是一项现金来源。贝雷特的会计教授在班中指出折旧不是现金的一项来源，因为现金不会受到报告的折旧的影响。

贝雷特和王想知道哪个教授说的是对的。解释两个教授的立场，说明你支持哪种观点并陈述理由。

[案例 5-32]　解析财务报表（洛克希德·马丁公司）

洛克希德·马丁公司是一家知名的先进飞机，导弹和空间硬件设备的制造商。洛克希德·马丁最著名的是它的超级机密的研究和开发部门，绰号"臭鼬工厂"。在臭鼬工厂开发的高技术飞机中有 SR-71 黑鸟间谍机和 F-117A 秘密战斗机。

2006 年洛克希德·马丁年度报告经整理后的现金流量表重现在＊中。

当投资者和分析师使用现金流术语，他们可意指很多东西。一些基本的现金流定义如下：

(a) 净利润＋折旧

(b) 经营活动现金流

(c) 经营活动现金流＋利息支付的现金＋所得税支付的现金

(d) 经营活动现金流－资本支出－股利

洛克希德·马丁公司经整理后的现金流量表

	截至 12 月 31 日		
(1 000 000)	2006	2005	2004
经营活动			
净利润	$2 529	$1 825	$1 266
从净利润到净现金的调整项			
通过经营活动：			
折旧和摊销	600	555	511
购入的无形资产的摊销	164	150	145
递延所得税	75	24	(58)
经营资产和负债的变动：			
应收项目	94	(390)	(87)
存货	(530)	(39)	519
应付账款	217	239	288
客户预付款和数额超过引发的成本	475	296	(228)
其他	159	534	568
经营活动净现金	3 783	3 194	2 924

（续表）

洛克希德·马丁公司经整理后的现金流量表			
	截至 12 月 31 日		
(1 000 000)	2006	2005	2004
投资活动			
土地、厂房和设备的支出	(893)	(865)	(769)
业务收购/对分公司的投资	(1 122)	(564)	(91)
剥离业务/对分公司的投资	180	935	279
销售(购买)短期投资,净值	48	(33)	(156)
其他	132	28	29
投资活动使用的净现金	(1 655)	(499)	(708)
融资活动			
发行普通股和相关金额	756	406	164
回购普通股	(2 115)	(1 310)	(673)
普通股股利	(538)	(462)	(405)
债务交换的溢价和交易成本	(353)	—	—
长期债务的偿还	(210)	(113)	(1 089)
长期债务偿还成本	—	(12)	(163)
融资活动净现金	(2 460)	(1 511)	(2 166)
现金和现金等价物的净(减少)增加	(332)	1 184	50
年初现金和现金等价物	2 244	1 060	1 010
年末现金和现金等价物	$1 912	$2 244	$1 060
附加披露信息一年中支付的现金:			
利息	$337	$356	$420
税费	859	599	363

要求:

1. 使用洛克希德公司现金流量表数据,计算 2004 年、2005 年、2006 年的上述定义的四种现金流方法。使用净收益作为净利润。对于资本支出,使用不动产、厂房和设备支出。

2. (a)通过(b)有时候冠以自由现金流的一种解释是因为它指的是交易产生的任何现金。自由现金流被视为是现金,因为所有者可以把它从业务中抽离出去而不影响长期的可能性。四种定义你认为哪种适用于自由现金流?请解释。

3. 杠杆收购(LBO)是指通过借入资金购买公司。LBO 的背后是借入金钱,购买公司,然后通过购入公司产生的现金偿还贷款。有些人在考虑杠杆收购时,四种定义你认为哪种最有用?请解释。

[案例 5-33] 解析财务报表(可口可乐公司)

以下数据来自 2003 年至 2006 年可口可乐公司现金流量表。单位为 1 000 000 美元。

	2006	2005	2004	2003
净利润	$5 080	$4 872	$4 847	$4 347
经营活动现金	5 957	6 423	5 968	5 456
投资活动现金	(1 700)	(1 496)	(503)	(936)
融资活动现金				
发行债务	617	178	3 030	1 026

（续表）

	2006	2005	2004	2003
支付债务	(2021)	(2460)	(1316)	(1119)
发行股票	148	230	193	98
回购库藏股	(2416)	(2055)	(1739)	(1440)
股利	(2011)	(2789)	(2529)	(2166)
2003 年 1 月 1 日以下项目表明的余额现金				$2260
普通股实收资本(包括账面价值和资本公积)				4730
留存收益				24506
库藏股				14389

要求：

1. 运用给出的信息，估计以下账户 2006 年 12 月 31 日的余额。

(a) 现金

(b) 普通股实收资本

(c) 留存收益

(d) 库藏股

2. 评价 2006 年 12 月 31 日的规模，与库藏股余额相关的来自普通股账户的实收资本余额。

[案例 5-34] 研究会计准则

为了帮助你熟悉会计准则，这个案例将带你去 FASB 的网站，你将接触各类出版物。进入 FASB 网址 http://www.fasb.org。点击“Pronouncements & EITF Abstracts”。

这章的标题为现金流量表。因为这个原因，我们使用 Statement of Financial Accounting Standards No.95，“现金流量表”。打开 FASB 第 95 号公告。

1. 阅读第 8 段。什么投资能作为现金等价物？

2. 阅读第 33 段。关于如何报告每股现金流，FASB 的规定是怎样的？

3. 阅读始于报表 12 页的不同观点。FASB 的七个成员中有几个投票反对 FASB 第 95 号公告的发布？在这些反对的人中，关于利息获取和支付以及股利支付，他们提出了什么问题？

[案例 5-35] 累进式电子工作表分析

这个电子工作表作业是之前章节电子工作表作业的继续。如果你完成了这些作业，你将是这方面的领先者。

借鉴之前第 3 章第一部分累进式电子工作表分析作业的介绍，编制 2011 年修正的财务报表。

1. 天行者公司希望编制 2012 年预测资产负债表、预测利润表和预测现金流量表。使用 2011 年财务报表数据以及以下额外信息作为预测的基础。

(a) 2012 年销售收入从 2011 年的 $2100 增加 40%。

(b) 2012 年，天行者公司期望购买新的不动产、厂房和设备，总计成本 $240。

(c) 2011 年报告的 $480 经营费用分解如下：$15 折旧费用和 $465 其他经营费用。

(d) 2012 年没有获得新的长期负债。

(e) 2012 年不支付现金股利。

(f) 获得新短期应付贷款，使得 2012 年天行者公司的流动比率等于 2.0。

(g) 2012 年，天行者公司不打算回购任何额外的股票。

(h) 由于未来价格和汇率难以预测，天行者公司的最佳估计是 2012 年累计其他综合收益保持不变。

(i) 由于没有进一步的其他信息，假设 2012 年投资证券、长期投资、其他长期资产和无形资产将和销售收入增长同样的比例(40%)。

(j) 由于没有进一步的其他信息,假设 2012 年长期负债将和销售收入增长同样的比例(40%)。

(注意:预测资产负债表和利润表构建在第 4 章中是作为电子工作表作业的一部分;如果你已经完成了那个作业,你可以把第 4 章电子工作表作为一个起点。)另外,假设如下:

(k) 投资证券被分类为可供出售证券。相应地,购买和销售这些证券的现金可以分类为投资活动。

(l) 影响其他长期资产和其他长期负债账户的交易属于经营活动。

【提示:构建 2012 年预测现金流量表涉及分析 2012 年利润表和 2011 年(实际)和 2012 年(预测)资产负债表。】

2. 运用以下假设重复第 1 题:

(a) 2012 年销售收入预期增加 25%。

(b) 2012 年销售收入预期增加 50%。

3. 假设销售收入相应增加 25%、40% 和 50%,评价 2012 年经营活动现金流预测值。

第6章 盈余管理

学习目标

1. 识别引起盈余管理动机的因素。
2. 列出盈余管理的常用技术手段。
3. 辩证地讨论一家公司是否要进行盈余管理。
4. 讨论盈余管理失败的一般因素。
5. 解释好的会计准则和会计师职业道德行为如何降低融资成本。

Chester Carlson 是一个专利代理人。他最近对于高昂的专利文档副本的制作感到很沮丧。文本文档需要在多张空白打印纸中插入复写纸重新产生。而图片则需要寄出去通过专业拍摄进行复制。Carlson 考虑如何在办公室里只要按一个按钮就能对任何类别的单个文档进行一次复印。Carlson 毕业于加利福尼亚理工大学,并在贝尔实验室工作过一段时间,所以有很强的技术背景。他注意到最近发现的一些光电导性的材料。这些材料暴露在光下,从电绝缘体变成了电导体。Carlson 结合光电导性现象和静电设计了复制工艺;1937 年他申请了他的首个专利。

尽管申请了专利,Carlson 不具备必要的工程技术把它的复制技术应用于现实。所以,他雇佣了一个年轻的工程师,两个人在长岛的 Astoria 的一个美容院的后库房中研究工艺。他们于 1938 年 10 月 22 日成功地做成了第一个副本,这个副本的名称为"10-22-38 Astoria," Carlson 称这个工艺为"电子摄影"。后来,这个名字改名为静电印刷术,其来自于希腊语"干(xeros)"和"书写(graphein)"的组合。静电印刷术的五个步骤如表 6-1 所示;你可以从描述和使用现代复印机的经验中,发现 1938 年的静电印刷术过程和现在几乎是一样的。

Chester Carlson 向 20 家公司介绍他的工艺,但没有一家感兴趣。过了一些年,IBM 考虑从 Carlson 那购买专利,但后来又否决了。最后在 1944 年,Carlson 说服位于俄亥俄州哥伦布市的 Batelle 纪念研究所把他的静电印刷术工艺商业化。Batelle 从中取得收入的 60%, Carlson 得到剩下的 40%。Batelle 的科学家对这个工艺的积极性不高,因为他们得继续从事与战争相关的研究。直到 1946 年,第二次世界大战结束后,Batelle 的研究人员改善了静电印刷术,使之应用于商业。1947 年 1 月 2 日,Batelle 以 50 000 美元外加销售专利税的条件把该工艺授权给 Haloid 公司,Haloid 是一个坐落于纽约州罗彻斯特的摄影用纸制造商。当这项业务签约后,Carlson 放弃了专利代理人的工作,坐等专利税滚滚而来。很快他意识到在 Haloid 能大规模生产静电印刷机之前,还有很多工作要做;一个月内 Carlson 又回到他的工作。最后，Carlson获得了200万美元和150 000股Haloid公司的股票。

1949年Haloid制造了他的第一台静电印刷机——A型施乐（Xerox）静电印刷机。第一台模型要求使用者执行14步，花45秒进行一次复印。1949年至1961年，Haloid投资了超过9 000万美元改进静电印刷机。1959年，Haloid发布了施乐914。通过租赁而非销售的方式，这种机器在IBM很受欢迎，截至1962年，Haloid已经投产了20 000台施乐914。每台机器每年产生的平均租赁收入为4 000美元，而Haloid仅需花费2 500美元去维修每台机器。Haloid成为了首只高科技、高成长的绩优股；1961年公司的市盈率超过了100。同一年，Haloid改名为施乐。

表6-1　静电印刷术的五个关键步骤

1. 一个由光导电性材料制成的金属板（或鼓），这些材料充满正的静电。Carlson最先用的是硫黄，现在常用的光导电材料是硒、锗和硅。
2. 金属板暴露在光下，反射将要进行复印的页面。当光落在光导电性材料上时，这些材料就变成了光电导体，正电荷被驱散了在阴影处（与将要复制的影像相对），正静电依然存在。
3. 金属板撒上负电荷粉，即增色剂。增色剂颗粒牢牢地黏在金属板正电荷区域，复制影像。
4. 已被超负荷正电的纸被放在金属板上，负电荷增色剂从金属板上被超负荷纸吸走。
5. 纸被加热，融化的增色剂和熔化的影像就到了纸上。

20世纪60年代至70年代，施乐依然因其创新产品而利润可观。1970年，公司在斯坦福大学旁创办了Palo Alto研究中心（PARC）。从20世纪70年代，很多在Palo Alto研究中心中开发的产品比当时的时代提前了20年，例如，截至1974年Palo Alto研究中心科学家已研制出个人电脑——Alto，拥有与Window类似的屏幕，用户可以移动和点击鼠标执行命令，并通过以太网与其他机器相连。1977年，Palo Alto研究中心研究人员已能够在网络配置中增加工业用的第一台激光打印机。不幸的是，位于东海岸、恪守传统的公司高管对西海岸Palo Alto研究中心研究者开发的个人电脑不感兴趣。Alto（而它的继任者，成了明星）从没有完全被用户（因为他们相对较高的价格）和施乐销售团队接受。20世纪80年代初期，施乐停止了个人电脑的生产。

补充

1988年3月17日，苹果公司起诉微软，宣称Window 2.03非法盗用苹果机生动的使用者界面的“视角和感觉”。据报道，比尔·盖茨的回应是，他和苹果的共同创办人史蒂夫·乔布斯都是从Palo Alto研究中心得到启发的。

20世纪80年代，施乐面临来自日本的诸如佳能和理光等复印机制造商的激烈竞争。施乐能通过积极削减成本和提高质量维持利润。20世纪90年代，施乐面临另一个威胁，公司更关注“电子文档”，这引发了对大规模纸质复印机需求的质疑。施乐以它的电子和彩色打印机以及它“文档公司”的口号积极应对。1999年中期，施乐的业务战略起了作用。

1999年7月，公司的股票交易价格为每股50.00美元，财务分析师预测下一年（会计年度2000）将会是破纪录的一年，预计利润将达到每股3.00美元（与会计年度1999年预计报告的每股2.67美元相比）。

1999年7月，分析师和投资者意想不到的是，1997年至1999年施乐可观的收入和利润数更多的是会计操纵而不是有效地业务实践的结果。据后来SEC的调查显示，施乐加速了收入确认，同时通过使用非公认会计原则（non-GAAP）会计惯例和改变GAAP会计惯例增加利润。这些都没有向财务报表使用者披露。一些惯例如下：

> **补充**
>
> 施乐在复印机业务很成功，公司很难保留“施乐”这个商标地位，就像阿司匹林、自动扶梯和拉链这些曾经是特定商品的商品名一样，“施乐”一词也面临着逐渐变成一般的用语而失去法律保护的风险。

巴西子公司的租赁折扣率。施乐把有些复印机的出租作销售处理，资金由施乐提供。这是完全可以接受的，这将会在《中级会计学：应用篇》第15章销售型租赁中进行介绍和讨论。销售型租赁包括初始销售收入和整个租赁期间的利息收入。与融资租赁相关的适当利息率的会计假设决定了首次销售收入和以后的利息收入的混合。例如，假设复印机出租10年，每年的租赁费用为1 000美元。在租赁期间，应确认10 000美元的总收入(10年 × $1 000)。如果假设适当利息率为6%，立即销售的收入为7360美元(在6%的折现率下每年1 000美元的10年现值)，租赁期间的利息收入为2 640美元($10 000 - $7 360)。相比之下，如果假设适当的利息率为25%，立即销售收入为3 571美元，后来的利息收入为6 429美元。销售收入和利息收入的一个重要区别是销售收入立即得到确认，而利息收入在整个租赁期间确认。为了增加巴西子公司报告的收入，施乐会计人员假设关于租赁的利息收入低达6%，而施乐自己在巴西的借款利率超过了25%。施乐没有向财务报表使用者披露关键会计假设的详细信息。

英国子公司的应收所得税退款。1995年，施乐在英国赢了一场税务纠纷。因此，可以退回多支付的2.37亿美元税款。施乐把应收退税款记录在借方。然而，施乐并没有按照GAAP的要求把2.37亿美元立即计入贷方利润中，而是把大部分利润递延在未来的期间。如本章中解释的那样，这被称为建立“饼干罐储备”。一般来说，通过这个会计程序，施乐在应确认的期间并没有确认2.37亿美元利润，是为了在以后需要利润的季度满足分析师预期的绩效目标。

施乐墨西哥子公司的坏账和销售退回。20世纪90年代中期，施乐墨西哥子公司的管理层为了满足公司总部制定的收入目标，放宽了对客户的信用标准。这项措施的确立既增加了销售收入，但同时也增加了估计坏账1.27亿美元。为了避免确认1.27亿美元的坏账损失，施乐墨西哥子公司的管理层重新协商了信用期限，延长了拖欠账款的支付期，使这些款项看上去仍然可以收回。另外，施乐墨西哥子公司在1998年至2000年间，收到0.27亿美元销售退回。为了避免记录货物退回(与净销售收入的减少有关)，管理层租用了秘密仓库来存放这些退回的货物。施乐墨西哥子公司的管理层采取这些措施的目的是为了满足施乐公司总部的扩张目标。

总体上，施乐在1997—2000年加速确认了超过60亿美元的收入和14亿美元的净利润。在1998年盈余操纵的最高峰，施乐报告的净利润中30%来自未披露的会计实务的变化。SEC调查揭示了施乐的会计滥用，导致该公司1 000万美元罚款；该罚款是那时因误导财务报告处以的最大罚款。

至2001年，施乐的审计师是毕马威(KPMG)。1997—2000年，毕马威要求施乐对其财务报表做出多项调整。例如，当施乐提出创建资产负债表外实体“莫扎特项目”时，毕马威坚决反对这项计划，因为这是一个极为明显的企图，试图把施乐利润表上的损失转移到莫扎特项目利润表上来。2000年年初，除非施乐完成其内部会计实务调查并进行一系列的更正，否则毕马威拒绝签发1999年的审计报告。由于毕马威坚定的立场，施乐1999年12月

31 日的财务报表直至 2000 年 6 月 7 日才发布。然而，很多商业人士和监管者认为毕马威不够强硬。对于毕马威关于施乐在收入的会计判断和估计上与真实数据间高达 60 亿美元的巨大差异的宣告，科罗拉多州立大学会计学教授，同时也是 SEC 前首席会计师 Lynn E. Turner 说道："我告诉我的学生，如果他们的作业答案不是与这些数额相近，他们将无法通过。"2005 年 4 月，毕马威同意支付 0.22 亿美元来解决由 SEC 提出的关于对施乐审计的法律诉讼。

资料来源：James Bandler and Mark Maremont, "KPMG's Auditing with Xerox Tests Toughness of SEC", *The Wall Street Journal*, May 6, 2002, p. A1.

Richard Hamner, "There Isn't Any Profit Squeeze at Xerox," *Fortune*, July 1962, pp. 151—155 and 208—216.

Jeremy Kahn, " The Paper Jam from Hell," *Fortune*, November 13, 2000.

"Publishing: Revolution Ahead?" *Time*, November 1, 1948, pp. 82—83.

"Printing With Powders," *Fortune*, June 1949, pp. 113—122.

Securities and Exchange Commission, plaintiff, v. Xerox Corporation, Defendant, Civil Action No. 02-272789(DLC), April 11, 2002.

Lynn E. Turner, "Just a Few Rotten Apples? Better Audit Those Books," *The Washington Post*, July 14, 2002, p. B1.

问题：

1. 20 世纪 80 年代和 90 年代的什么商业事件使得施乐有利润报告的压力？

2. 为了避免报告由于退回货物导致净销售收入减少了 0.27 亿美元，墨西哥施乐的管理层采取了哪些行动？

3. 毕马威对施乐财务报表的审计给毕马威造成了什么后果？

问题的答案可以在第 252 页找到。

这个关于施乐盈余管理案例的最终结果都是负面的。截至 2002 年 8 月，在公开披露和会计重述被市场消化后，施乐总市场价值下降至 50 亿美元。施乐公司受损的声誉需要花几年去重新建立，至 2008 年 5 月，公司的市场价值只升回至 130 亿美元，与 1999 年顶点的 460 亿美元相差很大。在施乐公司进行上述盈余管理期间任职的 CEO 和 CFO 被撤职，6 个前施乐执行董事成员达成一致，决定个人支出超过 2 000 万美元来解决 SEC 的罚款。毕马威失去了在施乐的审计业务，后任审计师仅在 2001 年单独一年的审计费收入达 6 000 万美元。然而，美国经济的损失是最大的。2001 年至 2002 年不间断的会计丑闻引发投资者的信任危机，导致美国股票价格下降超过 20%，投资者财富损失超过 2 万亿美元。

这一章主要讨论公司的盈余管理行为。因为会计数字在很多决策中很重要，所以管理层倾向于操纵报告的数字，使其尽可能看上去令人满意。而且因为财务会计涉及很多的判断和估计，使得这种操纵成为可能。这一章我们将讨论盈余管理中使用的常见方法和公司进行盈余管理是否体现其最大利益这一难题。我们同样将依次回顾一些有代表性的盈余管理事件。本章开头施乐的例子是管理层为了弥补惨淡的经营表现而试图操纵会计数据的典型例子。本章结尾的讨论同样具有重要的价值：建立一套完善的会计准则体系与培养会计人员的职业道德有助于经济发展。

盈余管理动机

1 识别引起盈余管理动机的因素。

WHY 理解盈余管理背后的经济动机,使得财务报表编制者、审计师和财务报表使用者可以识别什么情况下报告的盈余更有可能被操纵。

HOW 有四个典型的因素促使管理层进行盈余管理:满足内部目标,满足外部预期,平滑利润,IPO或贷款申请前粉饰财务报表。

数字对人们观点的形成很重要。我们很少问数字是如何计算出来的。例如,美国2000年胜负难辨的总统大选引发对佛罗里达投票程序的仔细审察。这次仔细的审察让我们所有人意识到与其关注给出的最后投票总数,不如多关注并合理怀疑将来选举中的投票表格。另一个例子,美国联邦政府的预算决策不是基于一些理论上“真实的经济”来预算盈余或赤字,而是基于报告的盈余或赤字做出的。提高或降低税收的压力,增加或削减支出,竞选议员等等,都来源于报告的数字,而很少有人探究这些数字是如何计算出来的。在政府的预算领域,以下陈述可能有点言过其实,但还是包含了一些真相:

感觉支配政策,
会计决定感觉,
因此,会计统治了世界。

在公司领域,报告的数字对观点的影响有相似的力量。因为报告的净利润最能引起投资者的关注,所以这同样是公司管理层最有可能操纵的数字。本节中描述了四种盈余管理的原因。如在施乐公司的案例中介绍的和本章下面将更详细的介绍的那样,这些并不是很好的理由。但是,它们确实反映了经常被提及的推动管理层进行盈余管理的压力。主要有以下四个理由:

1. 满足内部目标。
2. 满足外部预期。
3. 平滑利润。
4. 为IPO或贷款申请进行粉饰。

这一节中将依次讨论这四种盈余管理动机。

满足内部目标

如本章开篇讨论的施乐中的情形,施乐墨西哥子公司管理层在公司利润和收入目标的压力下放宽了信用标准,因此错误地估计了坏账,最后欺诈性地隐瞒销售退回。为满足内部目标,最臭名昭著的会计操纵案例是1998年的MiniScribe。为了满足浮夸和反复无常的总经理制定的几乎不可能实现的收入目标,MiniScribe(一家硬盘公司)的员工在每个季度末,不得不往装磁盘驱动器的盒子中放入砖头。

内部收益目标代表了在激励管理层增加销售努力、控制成本和更有效使用资源方面的重要工具。如同任何一种绩效考核工具一样,现实是一旦一个人被评估,他就会趋向关注考核的数字本身而忽略考核数字所代表的经济因素。如果你对这种现象表示怀疑,你可以考虑在这个中级会计课程中，你是仅关注学习财务会计本身，还是为了一个更好的成绩而把主要的注意力集中在考试上。

学术研究同样证实了当存在以利润为基础的内部红利时，将导致盈余管理的倾向。比如，研究证实了在存在以利润为基础的红利计划时，如果盈余数字很接近红利门槛时，管理层更可能操纵利润使其往上，而如果利润已大大超过了最大的红利水平，则更可能操纵利润使其往下。[①] 后者说明了当下一期的经营结果并不那么令人满意时，管理层有把利润推迟至"雨天"的倾向。这种趋势是通过使用公司层面的信息和公司部门管理层报告的利润发现的。[②] 由于以利润为基础的红利计划增加了管理层操纵报告的数字的动机，所以审计师在计划他们审计工作的性质和范围时会把这种计划作为一个风险因素进行考虑。

满足外部预期

众多外部利益相关者对公司的财务绩效很感兴趣。例如，员工和顾客希望公司经营得不错，可以持续很长的时期，兑现其长期退休金和保修的义务。供应商希望确保款项的收回，并且更重要的是，采购公司是一个值得信任的购买者，可以维系至未来很长的期间。对于这些利益相关者，负利润等财务劣势的信号，是一个很糟的消息。所以，我们也就不奇怪在一些公司中，首次计算的结果显示公司的利润为负时，公司的会计人员就被要求重新进行权责发生制的判断和估计，看是否可以挤出一些收入以获得正的利润。如果这些情形是真的，我们只能期望公司低于期望收益的数字很小，公司高于期望的收益数字也很小。会出现这样的结果是因为任何一个小额负利润的公司都有强烈的动机推动利润变为正数。这个直觉通过图 6-1 收入分配信息的重演得到检验。如图中所示，一家公司平均的年净利润大致等于公司市值的 7%，正常情况下净利润在零上下的公司数字的分配应该形成熟悉的钟形曲线。然而，在零以下你可以看到分配上形成一个槽，这说明利润恰好在零下面一点的公司严重低于预期，另外，分配额恰好在零以上的数字呈现一个突起，说明利润恰好在零上一点的公司严重高于预期。这个简单的图形为证明公司以避免报告损失使外部利益相关者失望而进行盈余管理提供了一个有力的证据。

> **补充**
>
> 根据 CFO. com，2003 年至 2004 年，财富 500 强公司的首席财务官（CFO）的离职增加了 21%。不能满足分析师的收入预期和遵守萨班斯法案的压力是 CFO 离职的主要原因。查看 Lisa Yoon，"CFO Resignations Soared in 2004，" *CFO. com*，April 5，2005。

① P. Healy, "The Effect of Bonus Schemes on Accounting Decisions," *Journal of Accounting and Economics*, 1985, p. 85.

② F. Guidry, A. Leone, and S. Rock, "Earnings-based Bonus Plans and Earnings Management by Business-Unit Managers," *Journal of Accounting and Economics*, 1999, p. 113.

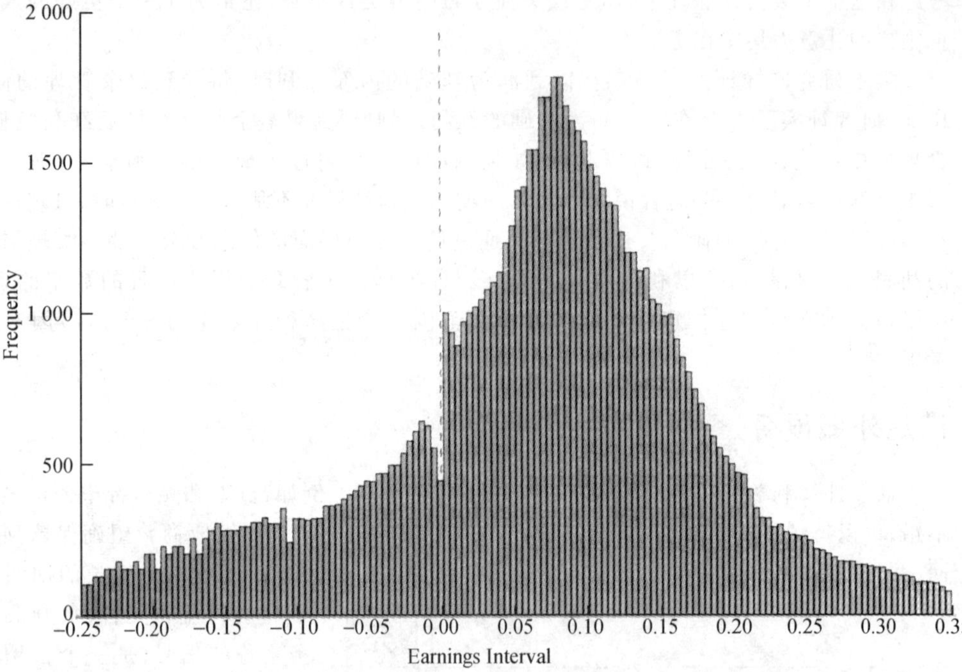

图 6-1　年净利润的标准化分布

资料来源：D. Burgstahler and I. Dichev, "Earnings Management to Avoid Earnings Decreases and Losses," *Journal of Accounting and Economics*, 1997, p. 99. The diagram is from Figure 3 on page 109.

财务分析师对于外部财务报表使用者来说是一个非常重要的部分。除了做出关于公司股票买入卖出的推荐外，财务分析师同时也给出对公司利润的预测。大量研究显示当报告的净利润低于利润预期时，会导致股价的下降。因此，公司有动机进行盈余管理来确保报告的金额至少等于外部分析师期望的收益。

我们都知道，不可能存在很多公司都能一直满足分析师的盈利预期，除非这些公司至少进行了一些盈余管理。例如，除了 2001 年 9 月 11 日世界贸易中心遭袭击导致未预期收入的下降，通用电气持续 29 个季度满足或超过了分析师的预期。微软连续 52 个季度满足或超过了分析师的预期，直至 2000 年第一季度终止，这样的"直线"现象明显违背了概率法则：如果分析师做出无偏的估计且公司没有进行任何盈余管理的努力来达到预测水平，报告的盈利将有一半超过预测，而另一半没有达到预测。在这种场景中，连续 52 个季度达到或超过了分析师的预测随机发生的概率只有 $(1/4.5)^5$，研究表明管理层不仅进行了盈余管理来达到分析师的预测，同时"引导"分析师过于乐观地认为预测没有那么难以达到。③

平滑利润

查看图 6-2 所示 A 公司和 B 公司的盈利时间序列。对于 A 公司，从第 1 年到第 10 年，每年利润稳定增长。对于 B 公司，利润序列就像过山车。在第 1 年和第 10 年，A 公司和 B

③ D. Matsumoto, "Management's Incentives to Avoid Negative Earnings Surprises," *The Accounting Review*, July 2002, P. 483.

公司有相同的利润，同时10年间总的利润数是一样的。在第10年年末，如果你被问及哪个公司你更愿意贷款或投资，你很可能选择A公司。A公司的收入趋势给你一种稳定、可靠和风险较小的感觉。

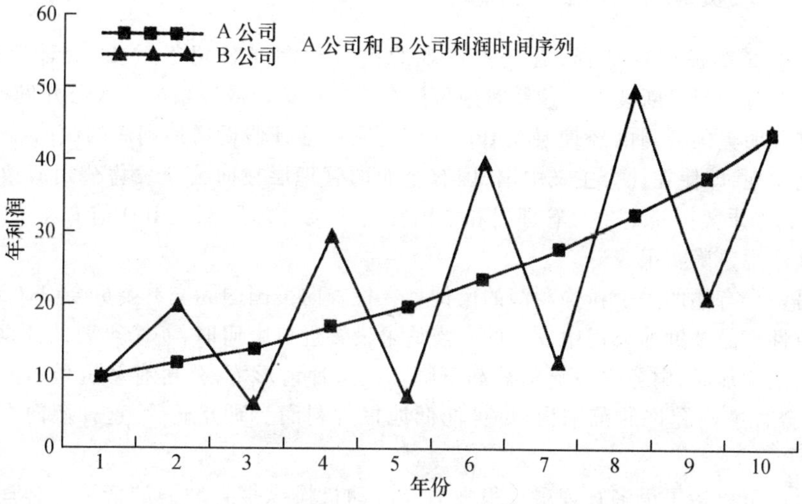

图 6-2　利润平滑

现在假设你自己是B公司首席执行官。你知道可以通过激进的会计假设，战略性地推迟或加速一些收入和费用的确认，从而平滑利润流，使其看上去像A公司那样。你会那样做吗？当然，你肯定会的。通过计算收入和费用确认的时间使年与年之间报告的利润数额平整的方法称为利润平滑。通过使公司看上去比较稳定，利润平滑能够使公司更容易在有利的期间获得贷款和吸引投资者。④

利润平滑公司的冠军是通用电气。事实上，通用报告稳定增长的能力是传奇式的。至2001年年末，通用电气连续105个季度报告利润增长（这一趋势在2002年年末中止）。通用的业务结构很适合盈余管理，因为公司有很多独立的经营单元（金融服务、重工业、家庭器具，等等）。一个业务单元的一次大型损失能立刻被另一单元的利得抵消。通过仔细计算这些利得和损失的确认时间，通用可以避免年与年之间利润的剧烈波动。例如，在它2001年第四季度报纸上发布的宣告结果显示，通用金融（GE Capital Service）子公司报告了在改组全球卫星合伙企业中获得6.42亿美元的税后利得。在同一季度中，通用金融因退出一些不盈利的保险和金融产品线，报告其税后损失为6.56亿美元。这些交易中的其中一个交易时间被推迟了，所以它们都发生在2002年第一季度。通过确保它们在同一季度被确认，通用电气可以提供一个更平滑的利润流。1994年，华尔街日报的一篇文章指责通用电气进行利润平滑。⑤ 之后不久，通用的一位财务执行官给一些会计学者做演讲，其中一位学者直接询问通用是否进行了利润平滑操作。通用执行官笑了一下答道："我们一些利

---

④ 参见 R. Dye, "Earnings Management in an Overlapping Generations Model," *Journal of Accounting Research*, 1988, p. 195；和 B. Trueman and S. Titman, "An Explanation for Accounting Income Smoothing", *Journal of Accounting Research*（supplement），1998, p. 127。要获得盈余管理的更多讨论，参见 K. Schipper, "Commentary on Earnings Management," *Accounting Horizons*, December 1989, p. 91。

⑤ Randall Smith, Steven Lipin, and Amal Kumar Naj, "Managing Profits: How General Electric Damps Fluctuations in its Annual Earnings," *The Wall Street Journal*, November 3, 1994, p. A1.

得和损失的时间确认最好是碰巧的”——这句话暗含的意思是，当然，在会计准则规定的范围内，通用确实进行了利润平滑。

为 IPO 或贷款申请进行粉饰

如第 5 章提到的那样，看上去可观的报告利润对公司很重要，会计假设是有弹性的——有时候到了断裂点。这些时刻包括在贷款申请前或股票的首次公开发行(IPO)。很多研究证明美国公司的经理层在 IPO 前期有利用会计假设增加利润的倾向。[6] 对中国 IPO 的研究发现，即使在社会主义中国，国有企业的管理层在向公众发售公司股票前仍会操纵利润。[7] 如果美国资本主义管理层和中国社会主义管理层都在 IPO 前有粉饰利润的行为，说明这个现象确实很普遍。

另一个有趣的关于粉饰利润的反例是在检查向美国国际交易委员会(ITC)申请进口国外竞争性产品补助的公司中发现的。当请求设置进口障碍时，一个重要的证据是当外国竞争性产品增加时，财务报表显示盈利下降。在这种情形下，公司有动机做出悲观的会计假设，在会计准则允许的范围内，尽可能低地报告利润。研究显示，这种倾向在现实中确实存在。[8]

这一节概括了很多管理层有很强的经济动机操纵报告利润的情形。管理层是否企图进行盈余管理是本章下一节要讨论的话题。

盈余管理技术

2 列出盈余管理的常用技术手段。

WHY 保持财务报告模式的可靠性需要监管者、准则制定者、审计师和财务报表编制者对其的持续博弈，因为处于压力下的管理人员(在会计人员帮助下)会不断发明和完善新的盈余管理技术。

HOW 盈余管理一般包括一系列逐渐加码的步骤。这些步骤包括同一时间内利得和损失的战略匹配，完全披露会计政策或会计估计的变更，不披露或很少披露会计政策或会计估计的变更，非 GAAP 会计处理，虚构的交易。

> **补充**
>
> 为了对 2001 年至 2002 年发生的会计丑闻提高警惕，国家继续教育中心决定把盈余管理课程的标题改成“如何识别操纵性的会计操作”。然而课程的提纲和原来的“如何管理盈余”一样。

在上一节我们提到了盈余管理的相关动机，这就不奇怪管理人员有时会利用权责发生制会计的弹性进行盈余管理。一个人接受的会计训练越多，他就越容易发现能用于提高报告的金额的会计判断和估计。事实上，全国范围内有很多研讨班是关于如何有效管理盈余的。2001 年，一个很流行的国家继续教育中心

⑥ 作为一个例子，参见 S. Teoh, T. Wong, and G. Rao, “Are Accruals during Initial Public Offering Opportunistic?” *Review of Accounting Studies*, May 1998, p.175。

⑦ J. Aharony, J. Lee, and T. Wong, “Financial Packaging of IPO Firms in China,” *Journal of Accounting Research*, 2000, p.103.

⑧ J. Jones, “Earning Management during Import Relief Investigations,” *Journal of Accounting Research*, 1991, p.193.

举办的研讨班是"如何顺应 GAAP 进行盈余管理"。两天研讨会的对象为首席财务官、注册会计师、财务主管、审计师、银行家、分析师和证券律师。

通过使用权责发生制会计观念和已发布的会计准则，会计师使用估计和假设把未处理的现金流数据转化成权责发生制数据，增加了信息的价值。然而，同样的灵活性使得会计人员可以使用专业判断提供精确反映公司财务状况的财务报表，同时也允许绝望的管理层操纵报告的数据。接下来的部分描述了盈余管理常用的方法。

盈余管理活动集合

并非所有的盈余管理计划一样。图 6-3 的集合显示盈余管理范围包括从交易时间的巧妙安排至彻底的骗局。这一节介绍了盈余管理活动集合中的各项活动。记住，大部分公司如果进行盈余管理，不会超出图 6-3 活动集合左边所示的巧妙安排交易时间。然而，由于灾难性的报告失败在经济上的重要性，公司有时候会从事更复杂的盈余管理，这里将介绍整个盈余管理活动集合。

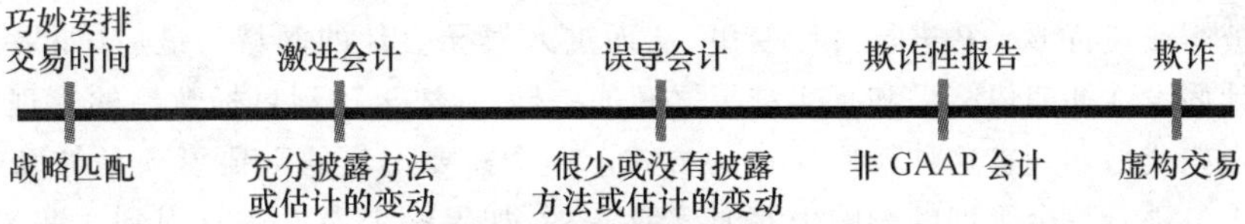

图 6-3　盈余管理活动集合

战略匹配　如前讨论的收入平滑，通用电气是一个公认的管理交易时间的高手，可以将大的一次性利得和损失安排在同一季度内，形成一个平滑向上的盈利趋势。由于意识到持续满足盈利目标或报告稳定收入流带来的好处，一家公司可以进行额外的努力来确保一些重要的交易立即完成或推迟，使它们可以在最有利的季度完成。

充分披露会计政策或会计估计的变更　公司经常改变有关坏账、养老基金回报、折旧期限等会计估计。例如，1998 年达美航空公司增加了其一些飞机的折旧年限，由原来的 20 年上升为 25 年，由此降低了折旧费用，其税前利润增加了 0.92 亿美元，尽管这是调整会计估计以反映大多数当前可获得信息的常见变化，它们也可用于管理报告的利润。这些变动的影响将全部披露，因此只要财务报表使用者稍做一些侦查工作，任何盈余管理的动机都能被发现。

没有披露或很少披露会计政策或会计估计的变更　与之前段落中提到的会计变更相反，有时候其他会计变更没有完全披露。例如，在开篇案例中提到施乐公司改变了用于记录销售型租赁的估计利息率，而没有在财务报表附注中描述这些变化。有人可能会考虑新的估计利率是否更合适，但可以确信的是，没有披露其变化的影响会误导财务报表的使用者。这些使用者在按照持续的会计方法和假设编制财务报表这个前提下评估施乐变更的利润，并与前一年的结果进行比较，如图 6-3 的标注所示，很显然会受到误导。

非 GAAP 会计　归属于盈余管理工具的盈余管理活动集合靠近最右边的可以礼貌地称之为"非 GAAP 会计"，在很多案例中更形象的标题是"欺诈性的报告"，尽管非 GAAP 会计可能是非故意的结果。例如，第 1 章中介绍的安然特殊目的实体（SPEs），有些（尽管不是全部）特殊目的实体建立的目的很显然是为了向财务报表使用者隐瞒信息，这么做违背了会计准则的精神。同时，在 GAAP 下不能采用 SPE 会计时，安然的做法也违背了会计准则的形式。在世通的例子中,其在2002年将38亿美元的本地电话入网费用资本化(比如,确认为资产),而事实上这项支出应作为经营费用。顺便说一下,当世通丑闻真相大白时,预计的总会计欺诈为11亿美元。

虚构交易 本章开篇案例中提到施乐墨西哥子公司的管理层租入秘密仓库用来存放退回的货物,从而避免记录销售退回。这是一个彻底欺诈的例子,它可称为欺骗性的交易隐藏(像销售退回)或创造虚构交易。后者的典型例子是著名的ZZZZ Best案例。ZZZZ Best主要经营地毯清洁和火灾破坏恢复业务,其创立者为了满足银行和投资者不断增长的经营表现预期而开始虚构销售合同。例如,ZZZZ Best宣称在加利福尼亚州的Arroyo Grando有8幢建筑物的23 000 000美元恢复业务,而事实上那个小镇除了三个商场外并无其他建筑物。

图6-3显示的5项内容同样反映了个别公司盈余管理战略的实施过程,这些活动从小的、合法的,只是巧妙安排交易时间而达到平滑报告的结果开始。而对经营低于预期,公司可能会在会计估计上进行一些小的非实质性的改变来达到利润预期,但通过完全披露的方式避免严重误导财务报表使用者。如果经营结果离预期很大,绝望的管理层会越过界线通过不披露或违背GAAP进行会计变更,从而进入误导会计的领域。最后,如果无法通过任何会计假设弥补期望结果和真实结果之间的差异,专注于达到目标数额的管理人员可能会使用虚构交易和顾客这种彻底欺诈的方式。一个需要记住的重要事项是鼓励管理人员和会计人员进行盈余管理的影响力是真实存在的,如果一个人没有意识到这些影响力,他很容易慢慢地从盈余管理活动集合的左边滑到右边。

Levitt主席所述的五种最常见会计欺诈项目

1998年9月28日,时任SEC主席Arthur Levitt在纽约大学法律和商业中心做了一场题为"数字游戏"的演讲。[⑨] 他利用这个机会表明SEC对日益增加的盈余管理行为的焦虑。Levitt先生在宴会上的评论很坦诚且与美国事实很相符,对当时的报道如下:"一开始,人们放下了餐叉……而后掏出了便笺纸。"[⑩]Levitt先生描述了五种极明显的在权责发生制会计弹性下滥用的"会计欺诈"技术,具体如下所示。在每一种技术下我们同时讨论会计准则和实务应如何改变来应对这些滥用。

洗大澡支出 查看图6-4显示的C公司和D公司的利润时间序列。对于C公司,前4年收入稳定增长,第5年趋势开始发生转变,那以后收入开始平稳下降;对于D公司,第5年利润急剧下降,以后维持在每年15美元。在图中的15年内,C公司和D公司总利润是一样的。在第10年年末,如果问你会选择贷款或投资给哪家公司,你可能会毫不犹豫选择D公司。D公司遇到的问题似乎已在第5年解决,最近的利润图显得很稳定。相反,C公司的问题似乎没有止境。D公司第5年利润的急剧下降是"洗大澡"的一个例子。洗大澡背后的观点认为如果一家公司期望未来能达成一系列的利润目标,其最好在一年中确认所有负面信息,使持续的损失不成为未来的负担。进行洗大澡的一种方法是通过第4章中讨论的大型重组费用。作为重组费用的一部分,资产被注销,与未来重组义务相关的费用立即得到确认,在1998年Levitt先生演讲后,FASB通过*SFAS No. 144*减值损失和*SFAS No. 146*重

⑨ 这个里程碑式的演讲的文本可以在http://www.sec.gov/news/speech/speecharchive/1998/spch220.text查到。
⑩ Carol Loomis, "Lies, Damned Lies, and Managed Earnings," *Fortune*, August 2, 1999, p. 74.

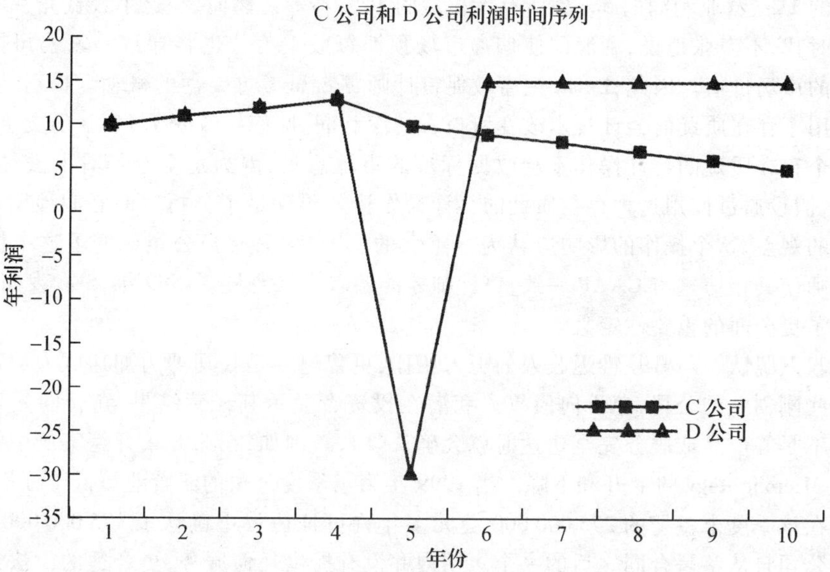

图 6-4 洗大澡

组义务确认时间来充分限制公司确认洗大澡重组支出的随意性。

> **补充**
>
> 一般来说，有时公司经历一次“洗大澡”是与管理上的变动同时发生的。在这种情形下，“洗澡”的年份可归责于过去的管理。

创造性的收购会计 一家公司收购了另一家公司后的一个重要会计任务是把总收购价款分配至被收购公司的单项资产上。这个过程将在第 10 章中进行描述。Levitt 先生在他的演讲中给出的一个常用方法是把购入价格的很大一部分分配至正在进行的研究和开发项目的价值上。如第 10 章描述的那样，为了与美国 GAAP 对所有研发支出的处理一致，归属于“购入正在进行中的研发”应立即予以费用化。这样的结果类似于洗大澡，大型研发费用在收购当年被确认，相对于把收购价格分配给可折旧的资产，这样做的结果是未来几年的费用会比较低。自从 1998 年，*SFAS No. 141* 和 *No. 142* 被采纳后，这些准则对业务收购中收购价格的分配给出了更明确的指导。另外，SEC 通知对任何在企业收购中把一大部收购价款分配给正在进行中的研发的公司，他们将抱着怀疑的态度审查会计操作。

甜饼储备罐 我们很熟悉这样的劝告，好日子的时候要为雨天做些准备。在利润方面，公司有时候也遵从了这些建议。例如，当利润很高时通过确认较高的坏账费用等额外支出来平滑利润，而未来当利润不那么乐观时，公司又可以确认较低的坏账费用。类似地，通过把一些收到的现金作为预收收入而不是作为收入，公司可以为雨天的时候或未来某一年、某一季度有可能不能满足市场盈余预期时储备收入。微软曾被指责这么做，SEC 对微软推迟收入确认的会计操作调查导致其在 2002 年出台一项法令，用来停止任何未来不恰当的会计实务。1998 年以后，SEC 发布了员工会计公报（SAB）第 101 号和第 102 号，之后 SEC 更加审慎地识别公司推迟收入适当性的情形。

重要性 如第 1 章中讨论的那样，审计师对重要性金额的确定有较大的弹性，从销售收入的1%、营业利润的5%到所有者权益的10%不等。然而,在这个日益完善的分析师预期的时代,不夸张地说,利润即使偏离市场预期每股1美分也将导致一家公司损失上百万美元的市场价值。因此,Levitt主席敦促审计师重新思考重要性的概念。特别是,当一家公司使用了存在质疑的会计技术改变所报告的净利润,即使仅改变了1%。历史上,审计师对于这个存在质疑的会计操作不会收回标准的审计意见,因为这个金额看上去是不重大的。然而,假设通过使用这种存在质疑的会计操作让公司满足了分析师的利润预期,根据Levitt主席的观点,这个操作的影响应认为是重大的。因此,只有当公司改变了这个操作或说服审计师使其相信这与GAAP一致,审计师才能签署审计意见。1999年,SEC发布了*SAB 99*,列出了更全面的重要性定义。

收入确认 与微软推迟收入的努力相比,更普遍的是公司努力加速收入的确认。特别是一些刚创立的公司,急于向债权人和潜在投资者显示其经营结果,在合同签署或部分完成而不是等产品或服务完全送达时就会确认收入。例如,在第8章开篇案例中描述的软件公司MicroStrategy的上升和下降。当1999年第三季度公司的经营业绩低于分析师预期时,公司在该季度末签署的275 000 000美元多年许可证协议中确认了175 000 000美元收入。由于公司自从签署合同之后的一个短期内并没有提供任何服务,更合适的做法是根本不确认任何收入。然而这么做将导致该季度MicroStrategy报告损失,收入比前一季度下降20%。如之前提到的那样,SEC已经发布了*SAB 101*,降低了公司收入确认时间的弹性。包含在*SAB 101*中收入确认的指导将在第8章中详细介绍。由于收入确认的重要性,FASB目前已重新全面审查这个关键的会计主题。

如前所述,监管部门已采取措施减少这五类欺诈性项目的发生。然而,这些项目仍然是审查公司企图进行盈余管理的有用起点。由于新的会计准则和SEC监管降低或消除了个别类型的盈余管理,可以肯定的是足智多谋的管理层和会计人员将发明新的方法,这些方法将和Levitt主席分享的一般性欺诈项目有所变化,权责发生制过程的判断使得绝望的管理层有能力加速或推迟确认利润来达到其目的。

预计利润

报告预计利润是盈余管理实务中一个有趣的转折。预计利润数不完全是GAAP下常规的利润数,可能排除了部分收入、费用、利得或损失。之所以排除这些项目,是因为公司宣称,根据GAAP的确认结果不能公平反映公司业绩。例如,2001年1月,Corning宣布2000年第四季度预计利润为3.15亿美元,这个预计金额远远大于依据GAAP报告的利润,主要因为有3.23亿美元用于研发。根据GAAP,这3.23亿美元必须立即以费用报告。然而,Corning公司认为这项会计处理过于悲观,所以提供给财务报表使用者预计数以反映如果购入的研发做更合理的处理,Corning的利润将如何反映,在Corning的观点中,购入的研发应作为一项资产而不是费用。

对预计利润的担心是因为公司可能会滥用政策,报告预计利润只是为了通过努力使他们的结果看上去比实际的好。事实上,预计利润被贴上"EBS"或"差劲的东西"的标签。[11]存在很多令人质疑的预计利润的例子。例如,2001年8月8日,Waste Management宣布了

[11] 2000年10月12日,SEC首席会计师Lynn Turner在伊利诺伊州伊文斯顿西北大学法学院第39届年度企业顾问机构上发表的评论。

2001年第二季度的利润。报告的GAAP利润为1.91亿美元,一定程度上低于分析师的预期。然而,预计利润为2.12亿美元,高于分析师预期。GAAP利润和预计利润结果的不同是因为,在预计利润时,Waste Management公司管理层认为100万美元的货车油漆成本和300万美元的咨询费用不能作为营业费用处理。Waste Management公司管理层宣称货车之前已经油漆过了,进行油漆的工作在经济上等同于一项资本支出(一项资产)而不是一项费用。咨询费用是战略改进的第一步,所以,Waste Management公司管理层宣称这些成本作为一项资产报告更合适,而不是按GAAP下的费用报告。⑫

关于预计利润的一个重要问题是,这个数字是否能帮助财务报表使用者更好地理解一家公司,或者预计利润只是公司试图掩盖糟糕业绩的一种企图。对这个问题的研究显示两个回答都是正确的。对于很多公司,比如之前Corning公司的例子,事实上预计利润与GAAP的净利润相比更好地反映了潜在的经济表现。因此,管理人员可以使用预计利润报告的弹性来反映额外的、有用的信息。另一方面,有证据显示,一些管理人员利用预计利润的发布企图隐藏糟糕的经营表现。对1998年1月至2000年12月间的1 149份预计利润的研究显示,只有38.7%的公司其GAAP利润满足或超过了分析师的预期,而有80.1%的公司其预计利润数额满足或超过分析师的预计。⑬

> **补充**
>
> SEC第一次停止有关预计利润的指令是由特朗普酒店和赌场度假村(Trump Hotels & Casino Resort)引发的。1999年第三季度,根据GAAP特朗普损失为$67 000 000。然而,去除了$81 000 000一次性支出后,特朗普报告的预计利润为$14 000 000。在$14 000 000预计利润中包含了$17 000 000一次性利得,特朗普并未提及。
>
> 资料来源:Securities and Exchange Commission, Accounting and Auditing Enforcement Release No. 1499, Administrative Proceeding File No. 3-10680, January 16, 2002。

管理层在"预计利润"中对报告什么的取舍正是管理层在报告GAAP利润上的选择的扩大版本。如果一个管理层值得信赖,GAAP利润是可靠的,管理层可以通过在计算预计利润时进行适当的调整来提供潜在经济业务的更有用信息。但预计利润的优势会被抵消(有些人可能会说盖过),因为绝望的管理层会利用报告预计利润的机会来报告欺诈性的正预计结果,从而粉饰经营问题。预计利润的潜在误导报告促使国际财务执行官机构(FEI)和全美投资者关系协会2001年4月建议公司在报告预计数字时给出其至GAAP净利润的调整过程,即强调了管理层在报告预计利润时做出的调整。2001年12月,SEC鼓励在GAAP和预计利润间提供两者的调整过程,具体案例如表6-2所示。Quantum公司是一家坐落于加利福尼亚州Milpitas的数据存储和网络保护系统的供应商。注意两项最大的调整(将在第10章中解释的与*SFAS No. 142*有关的商誉注销,和将在《中级会计学:应用篇》第14章讨论的投资注销)都是非现金项目,与公司核心经营业绩没有关联。

---

⑫ Aaron Elstein, "Unusual Expenses Raise Concerns," *The Wall Street Journal*, August 23, 2001, p. C1.

⑬ N. Bhattacharya, E. Black, T. Christensen, and C. Larson, "Assessing the Relative Informativeness and Permanence of Pro Forma Earnings and GAAP Operating Earnings," *Journal of Accounting and Economics*, 2002.

表 6-2 预计利润至 GAAP 利润的调整过程

Quantum 公司 GAAP 至预计净损失的调整	
	截至 2002 年 6 月 30 日的三个月
GAAP 净损失	$(130 883)
调整项目:	
会计变更累计影响(SFAS No. 142 调整项)	94 298
权益投资组合注销	17 061
特殊支出	4 885
无形资产摊销	4 092
所得税收益	(3 411)
预计净损失	$(13 958)
预计每股净损失	$ (0.09)

这一节中已经讨论了盈余管理活动集合,它介绍了一家公司如何设法从巧妙安排交易时间滑动至报告更有吸引力的利润的骗术。以上五种会计欺诈技术是运用会计策略进行盈余管理的典型例子。最后,宣告预计利润要么是管理层试图提供 GAAP 数据外增加的有价值的信息,要么是其在使用 GAAP 下不能满足利润目标所进行的最后一道防线。记住会计准则和 SEC 的相关监管减少了一些当前普遍使用的盈余管理方法,在未来将会有一些变动。然而,孤注一掷的管理层和有创造力的会计人员将会继续创造新的方法对他们报告的结果进行管理。

盈余管理的利弊

3 辩证地讨论一家公司是否要进行盈余管理。

WHY 财务报告是一家公司全部公共关系努力的典型组成部分。因此,有责任的管理层必须考虑财务报表的影响,并使公司尽力去满足投资者的需求。

HOW 我们知道公司能管理它的盈余,问题是公司是否必须对其盈余进行管理。一个重要的指导原则是故意试图欺骗其他人是错误的。

前两节讨论了公司为什么和如何管理盈余,这一节将进入一个困难的话题:一家公司是否必须进行盈余管理。认为公司在任何情况下都不应进行盈余管理的完美理论,在现有财务报告的环境下是幼稚的,也是不完全正确的。另一方面,开始在盈余管理的光滑斜坡上下滑存在很大的风险。

作为公共关系一部分的财务报告

在很多上市公司的网站上,可以在"投资者关系"的标题下找到财务报告。从这个意义上说,财务报告只是公共关系的子范畴。财务报告只是公司向公共交流其信息的多种方式之一。和其他形式的公司交流一样,一家公司必须在其以尽可能好的方式构筑信息与维持对公司股东可靠性的需求之间的平衡。

在财务报表作为公司与公共交流的一种方式的背景下,思考你对以下问题的答案。

问题:管理层是否有受托责任谨慎经营上市公司的资源以最大化股东价值?

回答:是的,这是一个关于公司管理层责任的明确定义。

问题:在寻找客户,加强供应商关系,吸引员工,获得选举官员和监管者合作方面,公众的感知对公司的成功有影响吗?

回答:当然。除非他们相信公司会成功,要不然几乎没有人会把时间和金钱投入一家公司。

问题:报告的利润数额会影响公众对一家公司的感知吗?

补充

当然,当一个管理者花太多时间管理盈余是以推进公司战略的努力为代价的,这自然在浪费公司资源。一个首席执行官估计其35%的时间用于考虑初步的财务报告,为分析师和公司股票提供利润指引。

回答:绝对地,会计利润不只与评估公司生存性相关,同时也是一个很有影响力的数据。

问题:在GAAP的范围内,管理人员有责任管理报告的盈余吗?

回答:对这个问题很难回答"不"。根据前一个问题,在GAAP的约束下,不采取什么行动来改善公司的公众印象,对管理层来说是不负责任的。

盈余管理符合道德标准吗?

参考之前的图6-3,每个人都认为在盈余管理活动集合的右边,虚构交易是不符合道德标准的。但人们对于道德的标准有不同见解。例如,管理层和审计师常常在什么构成欺诈性、非GAAP报告的问题上意见不同。在之前提到的世通的例子中,公司CFO坚定地为有争议的38亿美元当地电话许可支出资本化而非费用化进行辩护。在持续多天的会议中,CFO基于其对相应会计准则的理解,向外部审计师和审计委员会重申了这个抗辩。[14] 从CFO的角度来看,这个"欺诈性报告"既是符合道德标准的,同时也符合GAAP。如果距离盈余管理活动集合左边越远,这项行为是否符合道德标准的分歧将会越大。例如,当一家公司做出了一项会计变更,怎么对充分披露和欺诈性披露进行明确的界线划分?谁能够判断通用电器利得和损失的战略匹配是不道德的或仅仅是慎重的商业策略?

图6-5是题为"GAAP椭圆"的图形。椭圆代表在GAAP下,管理层拥有的弹性,以在基于不同方法和假设下报告多种可能的利润数额。很清楚,在GAAP椭圆外面的D点或E点报告相应的数额是不合乎道德的。一个道德困境是管理人员是否有责任正好在一定范围的中间,如图6-5中的B点。抑或管理层有责任报告保守、最差情况下的金额,如图中的A点?在依然遵守GAAP的情况下,管理层利用会计弹性在C点相应的位置报告可能的最高利润数额是否就是错误的?从可靠性方面来说,可能当一年中整体经营表现较好时,经理人员做出保守的会计假设,而在试图隐藏下一年暗淡的业绩时,其又做出激进的假设,这里的成本到底是什么?最后,注意椭圆的边界是模糊的,所以有时候一系列会计处理是否遵守GAAP并不是很清晰的。

---

⑭ Jared Sandberg, Deborah Solomon, and Rebecca Blumenstein, "Inside WorldCom's Unearthing of a Vast Accounting Scandal," *The Wall Street Journal*, June 27, 2002, p. A1. WorldCom公司首席财务官Scott Sullivan因为参与证券欺诈和作虚假陈述而获罪。

GAAP 椭圆

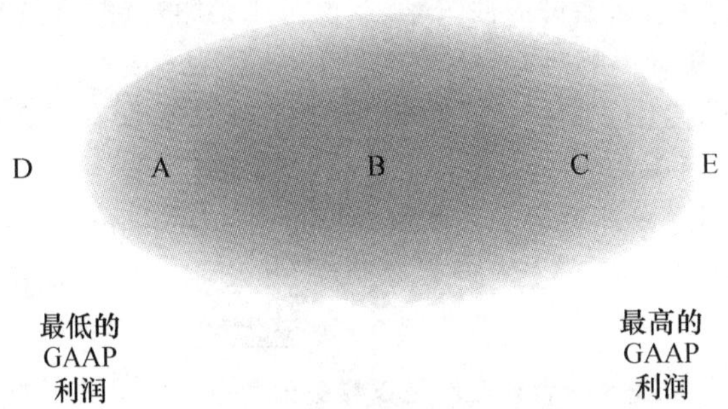

图 6-5　GAAP 椭圆

亚瑟·安达信:两种选择的传说

和任何一个拥有悠久历史的公司一样,亚瑟·安达信(Arthur Andersen)拥有很多传说帮助定义其特征。公司前 50 年官方记录中的一个传说是:

> 大约 1915 年,亚瑟·安达信先生(公司的创立者)面临有关中西城际铁路公司财务报表的一些困境。该公司通过把应确认为当期经营费用的大型支出推迟而歪曲净利润。安达信先生坚持相关的财务报表必须披露事实。公司总裁去了芝加哥,要求安达信先生发布报告,同意公司推迟这些经营支出。安达信先生通知公司总裁,芝加哥没有足够的钱说服他改变报告。当然我们失去了客户,当小公司艰难航行的时候,失去一个客户可能事关生死。在这件事中,安达信先生的正确判断后来被几个月后那个公司被迫呈交的破产申请所证实。

与这里的叙述相反的是亚瑟·安达信在安然丑闻中的个人关联行为。在受雇于安然时,安达信帮助安然建立了特殊目的实体用于改善安然母公司报告的会计数字。安达信的合伙人也没有提醒安然董事会关注安然的会计。最后,安达信的专家销毁了文档试图隐藏公司卷入了安然的会计欺诈。这种存在质疑的行为,没有慎重考虑就做出了决策,这个由亚瑟·安达信在 1913 年创立的公司最终垮了。

问题:

坚定正直的名声是以何种特殊的方式帮助一家会计师事务所的? 一家制造公司? 一家服务公司?

资料来源:Arthur Andersen & Co., "The First Fifty Years: 1913—1963," Chicago, 1963, pp. 19—20.

当然,一个管理人员是否确实进行盈余管理和是否它超过界线违反了 GAAP,部分归因于被查获的恐惧(成本)和公司道德文化的作用。它同样随着管理者个人道德和识别欺诈性财务报表是盈余管理活动集合的一部分的能力的不同而不同,很多欺诈性财务报表都是从无罪的粉饰开始而以完全的欺诈结束。没有霓虹灯牌给出最后的警告,"注意:不要超过这条线。”因此,每个人都必须时刻注意在图 6-3 盈余管理集合和图 6-5 GAAP 椭圆中所处的位置。董事会和财务报表编制者需要注意,作为一个团队,众所周知管理层容易过于乐观地看待他们公司未来的商业前景。一家公司持续保守的会计政策与管理层试图通过即将到来的商业转变证明其乐观的会计假设是一个很好的互补。

个人道德

补充

在非会计人员印象中可能没有 GAAP 椭圆,相反,他们认为 GAAP 是一个点,用一个单一的量表示,就是真实的盈余数字。管理人员必须意识到如果公司被发现使用了“合法”的盈余管理,公众可能并不能原谅。

可能大家并不希望在中级财务会计课程中学习个人道德。然而,2001 年和 2002 年大量的会计丑闻证明了个人道德和财务报告是密切联系的。图 6-5 中的 GAAP 椭圆说明公司可以在一年中报告一系列严格遵守 GAAP 的利润数字。换句话说,企业确实可以进行盈余管理而不违反任何会计准则。如果从严格的法律视角看这句话,当管理层得出丧失可靠性的潜在成本低于财务报告所获得收益这个结论时,管理层很显然会进行盈余管理,因为可以在不违背任何规则的情况下管理盈余。

补充

为了增加公司执行人员同意报告违反 GAAP 利润的个人成本,SEC 在 2002 开始要求 CEO 和 CFO 提交宣誓报告,表明他们个人可以确保公司财务报表并未包含重大误导项目。

与之形成鲜明对比的一个观点是财务会计实务并不是对一系列客观事实所适用准则的简单应用,管理层意图常常影响某一特殊项目的报告。例如,除非管理层打算在资产负债表日一年内出售,土地一般作为长期资产在资产负债表中报告。在盈余管理的背景下,一个重要的考虑事项是交易时间的巧妙安排或改变会计方法和估计是否向财务报表使用者更好地报告了业务的经济业绩还是使用盈余管理技术只是试图欺骗?如果管理层的确只是试图欺骗潜在投资者、债权人、监管部门、员工或其他公司股东,那么盈余管理将面临在未来丧失可靠性的风险。最后一个需要考虑的重要事项是——大多数人认为不管经济后果如何,故意试图欺骗他人是不对的。

盈余管理失败的因素

4　讨论盈余管理失败的一般因素。

WHY　盈余管理失败不是一步就会发生的。一家公司经历了一个较长的过程,这之中一系列的错误决定最终导致对公司、投资者和经济的一个坏结果。

HOW　盈余管理失败包括七个步骤:业务低迷,满足预期的压力,尝试用会计方法解决,审计师的预期风险,财务报表使用者的怀疑,监管调查,信誉的巨大损失。

自从进入新世纪,重大会计失败骇人听闻的数字时有发生。这些公司包括但不限于施乐、安然、世通、南方保健(HealthSouth)、房地美(Freddie Mac)等等,在你阅读到此章节的时候毫无疑问将会有更多。当然,每次失败的具体情况是不一样的,但它们都来自于不成功的盈余管理的企图，且它们有共同的因素。这些共同的因素列在表6-3中，将在这一节中进行讨论。

表6-3 盈余管理失败的七个组成部分

1	2	3	4	5	6	7
业务低迷	满足预期的压力	尝试用会计方法解决	审计师的预期风险	财务报表使用者的怀疑	监管调查	信誉的巨大损失

业务低迷

过度的盈余管理往往是从业务低迷开始的。当经营业绩一直都很好时，盈余管理的需求也就没有那么大。施乐通往会计丑闻的第一步是由于美国电子文档逐渐流行导致销售的下降，以及公司墨西哥和巴西子公司主要业务的困难。世通在当时则陷入了大量的通信公司倒闭中。从1997年至2002年，电信公司花费了4万亿美元铺设光缆，预期每一季度的数据通信变成2倍或3倍。当通信量并没有实现时，通信公司合计市场价值总共下降了2.53亿美元。[15] 在这一行业背景下，世通感受到一些利润压力。对于安然，公司收入的快速增长（第1章图1-1所示）部分掩盖了经营利润的重大下降。图6-6显示了安然最大部门1996年至2000年的资产收益率（营业利润/资产）。安然会计丑闻直至2001年年末才被发现，你应注意资产回报不只下降，且其处于很低的水平，甚至低于2%。逐渐减少的盈利增加了安然管理层盈余管理的压力。

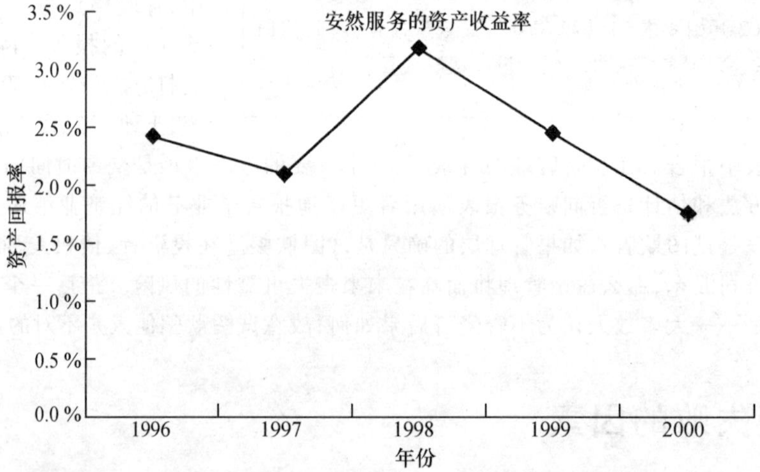

图6-6 安然经营活动盈利能力的下降

满足预期的压力

如前所述，促使管理层进行盈余管理一个强有力的因素是继续满足外部期望。根据SEC，如果没有本章开始列示的会计操纵，施乐在1997年、1998年和1999年的前11个季度

[15] Geoffrey Colvin, "When Scandal Isn't Sexy", *Fortune*, June 10, 2002.

将不能满足分析师的预期。通过会计操纵，施乐满足或超过了 12 个季度的预期。如第 8 章描述的那样，当 MicroStrategy 不能满足 2002 年 3 月的市场预期，公司股票开始不断回落，在 16 个月内公司价值下降了 99.9%。

尝试用会计方法解决

> **补充**
>
> 1993 年，戴姆勒奔驰（Daimler-Benz）的 CFO 参与使用德国会计准则漏洞来进行盈余管理，隐藏公司较差的经营表现，同意管理层推迟做出改善公司的艰难决定。具体请查看案例 22-8（和相关联的解决方案）。

对于业务低迷和可能不能满足市场预期的一个解决方案应是重起炉灶，努力改善业务。例如，如《中级会计学：应用篇》第 23 章开篇案例描述的那样，1986 年年初 Home Depot 正处于这样的时期。公司利润下降，低迷的市场使 Home Depot 股票价值下降了 23%。1986 年 Home Depot 的回应是更有效地管理存货，削减日常开支，更积极地回收外部应收账款。这项措施推动 Home Depot 在几年间销售收入和利润呈两位数增长。而另一种方法，要求会计人员，而不是经营或销售人员，通过盈余管理的手段为公司增加利润，充其量只是暂时性的解决方法。最坏的情况是，通过盈余管理掩盖公司的问题这种适得其反的心态最终会导致更大的业务问题。

审计师的预期风险

财务报表的决策有用性观点认为，它代表了公司管理层和公司审计师磋商达成的结果。如贯穿本章所描述的那样，管理层有很多动机来尽可能地粉饰财务报表。另一方面，会计师事务所希望保持其名声和避免投资者的法律诉讼，所以会计师事务所会要求撤回过于乐观的会计处理。所以当管理层和审计师就某一项目的适当会计处理存在分歧时，他们最终对财务报表达成的协议意味着这份财务报表管理层和审计师都可以接受并向公众发布。

> **补充**
>
> 公司支付越多的非审计费用（如税务工作）给审计师，越能频繁地通过使用权责发生制会计达到或满足分析师的预期。这说明公司与它们的审计师有越多的经济联系，越有可能管理盈余。查看 R. Frankel, M. Johnson, and K. Nelson, "The Relation between Auditors' Fee for Non - Audit Services and Earning Quality," Presented at the American Accounting Association Quality of Earning Conference, January 2002。

你可以想象，一个审计师经常要决定是否接受一个有争议的会计处理，做进一步讨论，试图说服管理层放弃会计处理或把撤离审计作为最后的手段。在做出这个决定时，审计师必须权衡继续作为公司的审计师未来多年的收入和卷入会计丑闻的潜在成本，包括信誉丧失和法律诉讼损失。因此，签署审计意见的决定通常是一个预期风险。

从安然的案例中我们可以得到一个教训，即所有审计师，不只是安达信，在签署有问题会计事项的财务报表的审计意见时，低估了其潜在的成本。在安然和安达信的例子中，安达信审计项目组的预期风险导致了一个令人尊敬的公司的快速倒闭，数以千计的安达信员工丢掉了工作，合伙人的权益受到数十亿美元的损失。与安然审计有关的安达信的预期风险导致的巨大经济损失不但促使 SEC 新规则和新法律的出台，同样也使其他会计师事务所更加小心，并在财务报表会计处理的协商一致方面更不轻易妥协。

财务报表使用者的怀疑

事后回想，我们很容易提前看到即将发生的会计丑闻的警示信号。例如，当我们看到图 6-6 中安然不断下降的资产收益率数字，我们很想知道为什么在会计丑闻席卷公司前，人们没有怀疑其主要经营业绩。事实上，2001 年 10 月，离安然因利润重述导致公司破产不到两个月前，13 名财务分析师中有 11 名建议“买入”或“强力买入”安然公司的股票。类似于事后诸葛亮的发现是：尽管安然发布的财务报表为误导性的正数，财务报表中仍然有很多引起分析师和投资团队质疑公司主要业绩模型的指标。

补充

2001 年 4 月 2 日，对 26 000 份分析师建议的分析显示，只有 0.3% 的建议是“强力卖出”。相反，67.7% 的建议是“买入”或“强力买入”。查看 Lynn E. Turner, “The State of Financial Reporting Today: An Unfinished Chapter Ⅲ,” 2001 年 6 月 21 日 SEC 首席会计师在加利福尼亚州的圣佛朗西斯科举办的 Glasser LegalWorks Third Annual SEC Disclosure & Accounting Conference 上的评论。

关于为什么财务报表使用者以前没有表示合理怀疑的疑问是一个很有意思的问题且没有一个明确的答案。一个原因可能和之前提到的关于审计师的预期风险观念类似。财务报表使用者在接受财务报表账面价值时可能已经意识到存在欺诈报告的风险，但没有意识到欺诈可能导致的损失。如同审计师们从安然、世通和其他会计丑闻的巨大损失中以新的见解衡量他们的风险一样，现在财务报表使用者对报告的财务结果抱有更大的怀疑。

分析师和投资团队没有表示对财务报表足够怀疑的另一个原因是这些当事人可以从公司获得贷款、发行股票、创造复杂的融资工具和参与合并和收购活动中受益。如第 1 章中提到的那样，华尔街投资公司如通用金融、摩根大通（J. P Morgan Capital）、美林证券（Merrill Lynch）和**摩根士丹利（Morgan Stanley）**作为投资者都从安然用于隐藏资产负债表部分信息的特殊目的实体中获利。

一个极端的财务分析师故意忽略差劲的业绩表现的例子是纽约州对美林证券征收的 1 亿美元罚款的案例。调查显示，在美林证券分析师公开推荐作为“买入”的股票时，其内部流传很多对该股票的负面评论。比如，InfoSpace 2000 年 4 个月被列入美林证券“最受欢迎前 15 只股票”的买入列表，但公司其他分析师的说法是“导火索”和“垃圾”，同时分析师们也收到很多关于公司的负面评价。[16] 在分析师个人持有很怀疑的态度下却如此公开评论，背后的动机如下：“分析师充当公司的准投资银行家，帮助公司发行，通常是初次发行，第二次发行或操纵研究新闻，主要是为了吸引和保持投资银行客户。”

监管调查

如上面描述的纽约相关监管部门对美林证券分析团队进行调查的那样，当一家公司被

⑯ 2002 年 4 月，依据《纽约州一般商业法》条款 23-A，关于美林证券和其他公司的行为和做法，纽约州首席检察官 Eliot Spitzer 调查支持宣誓书。

怀疑超出了图 6-5 中 GAAP 中椭圆的边界而进入欺诈财务报告领域内,调查就开始了。如本章开篇所描述,SEC 对施乐进行了调查,揭示出计划周密的财务误报事实,导致对施乐 1 000 万美元的罚款和 2 200 万美元的民事判决。SEC 经常对存在质疑的会计事项进行调查并要求违法的公司签署一项指令同意“停止和断绝”误导性会计处理。

除了监管部门的调查,欺诈性财务报告同时会导致刑事控告,例如在安然的例子中,安达信因毁灭审计电子工作表和妨碍公正而获罪。[17]安然的一些执行官被宣判有罪,其中一位前任 CEO 至今仍在联邦监狱里,如之前提到的,世通 CFO 因被指控欺诈而获罪,世通的 CEO 在公开审讯中因欺诈获罪。

信誉的巨大损失

盈余管理失败的最后一步是那些被发现操纵盈余的公司声誉的巨大损失。声誉损失损害了公司所有的关系并严重削弱了其经济价值。如之前提到的,因施乐不正确的报告手段,SEC 对其处以罚金 3 200 万美元。然而,这些罚金相比 2001 年 4 月 3 日施乐股东损失的 7.64 亿美元市场价值显得少很多,在该日的前一天,施乐公司宣布由于审计师需要额外审查而推迟发布 2000 年财务报表。总体上,从 1999 年利润操纵的最高点至 2002 年 6 月会计丑闻的判决,施乐股东的市场价值损失将近 400 亿美元。

从 1997 年至 2002 年,发生了四次主要的全球股价下跌。第一次在 1997 年,是由对许多亚洲国家银行和财务信息的可靠性的担心引爆的。第二次在 2000 年,主要是由最初对与因特网相关业务过于乐观的估计回归现实引起的。第三次发生于 2001 年,是由 2001 年 9 月 11 日世贸大楼遭袭击后引发的对政治和经济不确定的担心引发的。第四次股票价格广泛下降发生在 2002 年,主要是对美国公司财务报告可靠性的怀疑激起的。这次信任危机已经以图解的形式介绍了高质量和透明的(如容易理解)财务报告的真实经济价值。

在结束这一节前,我们再最后思考一下盈余管理失败。借鉴表 6-4,它代表了盈余管理失败的七个因素,如果我们在 1999 年时讨论这个话题,施乐失败处于第 5 阶段,意味着盈余管理操纵正在全面进行,审计师做出了一个预期风险,对财务报告签署了审计意见,投资团队看涨施乐股票而没有意识到即将来临的大灾难。类似地,当你在阅读本章时,肯定有些大型的公司处于盈余管理失败的第 5 阶段,而此时公众并没有完全意识到。相应地,无论你是会计师、审计师、财务分析师、监管者、私人投资者或仅仅是一个尽责的公民,对财务报表保持合理的怀疑态度是很有必要的。

表 6-4　盈余管理失败的七个组成部分

1	2	3	4	5	6	7
业务低迷	满足预期的压力	试图会计解决	审计师的预期风险	财务报表使用者的怀疑	监管调查	信誉的重大损失
直到第 5 阶段,公众还没有意识到盈余管理即将失败。						

⑰ 安然和安达信故事一个奇怪的转折是,由于法官给陪审团错误的判断指令,美国最高法院后来推翻了对安达信的定罪。然而不幸的是,由于信誉的巨大损失,安达信公司的经营业务长期终止了。

透明的财务报告:最好的实践

5 解释好的会计准则和会计人员职业道德行为如何降低融资成本。

WHY 高质量的会计准则和强有力的监管实施行动降低了信息风险,由此降低了公司的资本成本。

HOW 公司提供的信息越可靠,潜在投资者对信息越有信心。高质量的信息可以做出更好的决策。做出更好决策的能力降低了潜在投资者和债权人的风险,因此降低了公司的资本成本。

财务报表编制者和使用者经常忘记一个重要的事实:会计的整个目的,包括财务上和经营上的,都是为了降低企业运营的成本。一个好的管理会计系统可以使经营者更有效地获取与经营决策相关的信息。好的财务会计降低了与公司相关的信息不确定性,从而使债权人和投资者这样的外部团体在贷款给公司时就不用承受过多的风险。这一节解释了尽管从短期来看管理层有很强的动机操纵盈余,从长期来看,透明的财务报告代表了最好的业务实践。

什么是资本成本

资本成本是一家公司获取外部融资承受的成本。债务融资成本可简单视为与借入的资金相关的税后利息成本,权益融资成本是吸引投资者提供权益资本的必要预期回报(包括股利和投资的市场价值增加)。公司经常计算的加权平均资本成本是债务和权益融资成本乘以各自的比例确定的平均成本。

一家公司的资本成本是很重要的,是因为它决定了从事哪个长期项目可以盈利。在资本预算中,资本成本可以被视为在评估长期项目时所使用的折现率或必要报酬。获取资本的成本越高,公司从事长期项目的盈利越少。从经济观念出发,一个低资本成本公司的盈利项目对于一个高资本成本公司来说可能是不盈利的。

> **补充**
>
> 财务报表缺乏可靠性比没有财务报表更糟糕。当管理层试图通过误导性财务报告欺骗债权人和投资者时,这些借款人和投资者自然会想到管理层试图进行其他类型的欺骗。这称之为“蟑螂理论”:如果你发现了一种欺骗手段,很有可能会有更多欺骗。

决定公司资本成本的一个重要因素是与公司相关的风险。对于一个高风险公司,债权人和投资者向这些公司提供资金时会要求更高的回报率。因此,与公司相关的风险越高,其资本成本越高。其中一个风险因素是与公司未来前景不确定相关的信息风险。公司通过财务报表更好地向债权人和投资者报告其过去的业绩;它们可以通过使用这些信息对公司未来业绩进行更好的预测。因此,好的财务报告降低了债权人和投资者的不确定性,因此他们愿意提供低成本的融资。然而,当财务报表丧失了可靠性,它们对降低与公司相关的信息风险不起任何作用,公司的资本成本将会更高。

会计准则扮演的角色

第 1 章介绍了组织在制定会计准则方面的重要作用,这些组织有 FASB、AICPA、SEC

和IASB。我们这里讨论的内容是,考虑每个组织在帮助降低资本成本方面所起的作用。FASB和AICPA通过发布统一的确认和披露标准为美国的公司所使用,从而降低资本成本。尽管本章讨论了美国资本市场上发生的会计丑闻,美国的财务报告系统仍被认为是全球最好的。换句话说,在美国资本市场上广泛使用的高质量的会计准则与全球任何地方的其他准则相比,更有效地降低了财务报表的信息风险。

根据SEC的观点,它的"首要职责……是保护投资者和保持证券市场的健全"。财务报告方面,保护投资者意味着SEC监督FASB的会计准则制定过程,要求公开上市公司在适当的基础上向投资者提供季度财务报表,对于像施乐等发生会计丑闻的公司,SEC有权调查并对欺诈性财务报表进行惩罚。所有这些举措都增加了资本提供者对在美国证券市场交易的公司的财务报表的信心。因此,SEC的贡献在于降低了信息风险和资本成本。

IASB在增加国际财务报告可靠性方面扮演着越来越重要的角色,在国际范围内,透明和可靠的财务报告对资本提供者尤为重要,因为与提供资本者相比,这些有融资需求的公司可能处于不同的业务环境和不同的文化中。因此,IASB的重要努力同样是通过降低信息风险来降低资本成本。

然而,不是所有人都认同采纳IFRS的美国公司能降低资本成本。美国GAAP由于包含具体的会计准则而著名。相反,IFRS只是基于一般原则,具体的应用则要通过会计师的专业判断。美国GAAP有25 000页,而IFSB只有2 500页;这额外的22 500页代表了在IFRS下不存在的大量美国GAAP下的具体会计指导信息。需要考虑的一个问题是原则导向的会计准则在美国的法律环境中是否起作用?会计师和审计师担心他们对没有细节指导的会计原则的应用,在审判律师、陪审团和法官的事后审视中是否能够得到支持。而财务报表使用者担心逐渐增加的判断将使在IFRS下报告的数字更易被操纵,增加信息风险从而增加资本成本。未来几年当SEC指导美国会计准则向IFRS过渡时,这些问题将会显现出来。

道德行为的必要性

一个使人困扰的问题是:尽管美国拥有由高质量的会计准则组成,同时由活跃监管系统作为补充的完善体系,为什么会计丑闻还是持续发生?这个问题的答案在本章中多次提及:管理层有强烈的经济动机来报告令人满意的财务结果,这些动机将导致误导性或欺诈性的财务报告。但管理层同样有强烈的动机维持其公司和自己可靠性的声誉。这两种相互冲突的力量并不只是存在于财务报告领域,我们都面临着有动机行骗或欺诈的情形。例如,美国所得税申报系统运作正常只是因为大部分税收支付者诚实上报了他们的所得税收入,即使他们可以通过少报收入节省税收获益。如果没有这些自愿的遵守,美国IRS会发现,审计和调查每一张纳税申报表格以确保税收的成本高得惊人。

每个大学生都知道,好的成绩更容易在校园招聘面试中获得肯定。因此,在考试或写简历时就有动机作弊。因此,有些学校考试监管的内部控制系统让人印象深刻。另一些学校发现诚信规范或行为规范是降低作弊发生的低成本方法。例如,位于得克萨斯州休斯敦的莱斯大学,刚进校的学生就要做出保证遵守学校的诚信系统。在这个系统下,学校讲师禁止在考试期间监督学生。替代外部监督的是,要求每个学生在他的试卷上写下如下声明："我以人格担保，在这次考试我不会参与任何作弊行为"。

会计师有他们自己的诚信系统，被称之为美国注册会计师协会（AICPA）职业行为规范。这种行为规范的一个重要观念是：

> 除了他们的专业职责，会员可能会遇到冲突的压力……为了解决这些冲突，会员必须正直，承担将公众、客户和员工利益最大化的责任时，在准则的指导下行事。[18]

本质上，这段话说的是道德行为也是最好的长期业务实践。为了证明这一点，再次考虑本章开始的施乐案例。施乐为隐藏糟糕的经营业绩，进行欺诈性会计工作，但这仅仅是推迟了必然的事实。当这些问题最终显露出来，由于会计欺诈，所有施乐的股东——投资者、债权人、顾客、员工——遭受的经济损失被大大地放大了。公司损失的经济价值不只是因为其经营表现下降，更是因为公司失去了它的可靠性。施乐的研究人员和市场人员很快设计和改造了产品，用来扭转公司的经营麻烦，但公司信誉的损伤可能在很多年都不能恢复。

在完全理性世界中，企图通过盈余管理操纵公众印象是无果的，因为财务数据的合理怀疑者会意识到潜在的盈余管理，并使用替代的信息资源来去除这些偏见，解读报告的数字。然而，世界并不是完全理性的。很少有财务报表使用者有充足的时间和资源去剖析他们看到的每一组数字是否有潜在的操纵。事实上，财务报表使用者相信会计准则的准确性，编制数据的管理层的正直，审计师的技能和缜密。源自2001年和2002年会计丑闻的一个令人失望的教训是一些财务报表使用者可能过于信赖一些公司的财务报表数字。由于投资者和债权人损失了大量的金钱，他们将来会更加心存怀疑。但愿从这些相同的丑闻中得到一个正面的教训是，社会上大多数人能看到值得信赖的（或令人质疑的）财务报告对经济的巨大影响；但愿，财务报表使用者和编制者都坚持报告的透明度来降低信息风险从而降低资本成本。但愿能再次提醒个别管理层、会计人员和财务报表使用者，道德行为是长期业务最好的实践。

开放式场景问题的答案

1. 20世纪80年代，施乐面临来自日本复印机制造商激烈的竞争。20世纪90年代，施乐面临另一个威胁，公司更加关注"电子文档"，引发对大型复印机需求的疑问。

2. 为了避免记录2 700万美元的销售退回，施乐墨西哥子公司的管理层租入秘密仓库用来存放退回的货物。

3. 2005年4月，毕马威答应支付2 200万美元来解决SEC呈交的关于施乐审计的民事诉讼，毕马威失去了施乐审计项目，导致丧失了每年数千万的审计费。

本章小结

1. 识别盈余管理动机的因素。

四种促使管理层管理报告盈余的因素如下：

- 满足内部目标；

---

[18] *AICPA Code of Professional Conduct*, *Section 53-Article* Ⅱ: *The Public Interest*, par. 02 (New York: AICPA, 19).

- 满足外部预期；
- 平滑利润；
- 为 IPO 或贷款进行粉饰。

2. 列出盈余管理常用的技术手段。

盈余管理活动集合包含以下五个项目：

- 战略匹配；
- 完全披露会计政策或会计估计的变更；
- 不披露或很少披露会计政策或会计估计的变更；
- 非 GAAP 会计处理；
- 虚构交易。

1998 年时任 SEC 主席 Arthur Levitt 识别的五种会计欺诈技术如下：

- 洗大澡支出；
- 创造性的收购会计；
- 甜饼储备罐；
- 重要性；
- 收入确认。

预计利润数是一个常规的 GAAP 利润数，排除了某些收入、费用、利得和损失。管理人员可以使用预计利润报告的弹性来反映企业基础经济表现的更好信息。然而，预计利润的发布同样可用于隐藏糟糕的经营表现。

3. 批判性地讨论一家公司是否要进行盈余管理。

财务报告是一家公司全部公共关系努力的典型组成部分。因此，有责任的管理层必须考虑财务报表的影响，使公司尽力去满足投资者的需求。没有“真的”盈余数，同样管理层也没有必要期望在可能的数字范围的中间进行盈余报告。使用非 GAAP 方法计算盈余显然是不道德的，但 GAAP 和非 GAAP 处理之间也没有明确的界限。如果使用盈余管理技术的意图是欺骗，那么大部分人认为盈余管理是错误的，而无论其是否严格遵守 GAAP。

4. 讨论盈余管理失败的共同因素。

盈余管理失败的七个阶段如下：

- 业务低迷；
- 满足预期的压力；
- 尝试用会计方法解决；
- 审计师的预期风险；
- 财务报表使用者的怀疑；
- 监管调查；
- 信誉的巨大损失。

在任何时候，至少有一些大型公司在盈余管理失败的中间位置，还未被公众发现。

5. 解释良好的会计准则和会计师的道德行为如何降低融资成本。

通过降低信息风险，好的财务报表可以降低资本成本。仅仅依靠高质量的会计准则和广泛的监管措施，并不能确保财务报表的可靠性。如果没有管理层和会计人员个人的道德行为，确保财务报告可靠性的监管成本高得惊人。由于公司声誉具有很高的价值，合乎道德标准的财务报告是长期业务最好的实践。

IASB 概述

主题	美国 GAAP	IASB 准则
准则的一般描述	规则导向。GAAP 的准则包含 25 000 页,有许多详细的指导。	原则导向。IFRS 只包含 2 500 页,很多具体的会计决策留给会计师的专业判断。

关键术语

洗大澡
盈余管理集合
内部收益目标
加权资本成本
资本成本
预计利润
粉饰
债务融资成本
权益融资成本
GAAP 椭圆
利润平滑

问题

1. 对于被审计公司存在的以利润为基础的红利计划时,审计师的反应是什么?
2. 关于以利润为基础的红利门槛,学术研究显示的结果是什么?
3. (a) 内部收益目标的目的是什么?(b) 与内部收益目标相关的风险是什么?
4. 促使管理层企图进行盈余管理的四个因素是什么?
5. 解释连续很多季度满足或超过分析师的盈利预测的重要性。
6. 解释图 6-1 的意义。
7. 通用电器长期以平滑利润而著名,是什么使得通用电器可以平滑利润?
8. 利润平滑这个术语的含义是什么?
9. 描述管理层有动机操纵权责发生制假设降低报告利润的情形。
10. 在权责发生制会计下,估计和判断的弹性是使得孤注一掷的管理层能操纵报告数字的重要部分。为什么不去除这些弹性而仅要求公司报告未经处理的现金流数字,这些数字不包含坏账百分比假设、折旧期限、预期未来保修费等?
11. 研究人员在西方资本主义管理层和中国社会主义管理层中发现了同样一个现象。这个现象是什么?
12. 盈余管理集合(查看图 6-3)的五个标志是什么,与每个标志相关联的主要行动类型是什么?
13. A 公司利用虚假交易来报告更令人满意的利润。这只是 A 公司进行盈余管理的唯一行动吗?请解释。
14. 是否只要所有的估计都在行业公认的范围内,今年和去年相比使用不同的会计估计有什么问题吗?
15. 引起非 GAAP 会计的两个潜在原因是什么?
16. 1992 年时任 SEC 主席的 Arthur Levitt 做了一场识别五种会计欺诈技术的演讲。请列出这些技术。

17. 从 1998 年 Levitt 主席演讲以来采取了哪些会计举措来限制收入确认的滥用从而进行盈余管理?

18. 公司报告预计利润的好处是什么? 预计利润数的危险是什么?

19. *SAB 99* 中的重要性观念和传统的重要性观念的区别是什么?

20. 什么是预计利润数?

21. 什么类型的公司更倾向建立甜饼罐储备?

22. 当对另一家公司的收购进行记录时,公司以什么方式“洗大澡”?

23. 从“洗大澡”中得到的利益是什么?

24. 自从 1998 年 Levitt 主席演讲以来采取了哪些会计行动来限制洗大澡支出的使用从而进行盈余管理?

25. 用什么方法来区别在道德上正确的盈余管理和在道德上不正确的盈余管理?

26. 借鉴图 6-5 中的 GAAP 椭圆。(a) E 点和 C 点的重要不同之处在哪里? (b) A 点和 C 点的重要不同之处在哪里?

27. 从何种意义上,财务报告作为公司一般公众关系努力的一部分?

28. 关于预计利润数,对于国际财务执行官机构(FEI)和全美投资者关系协会的建议,SEC 认可哪些?

29. 什么因素影响一个管理层是否实际上违反 GAAP 进行盈余管理?

30. 在面对经营业绩向下转折时,处于满足期望压力下的管理层可能试图通过会计解决,使用权责发生制估计和判断来管理报告的盈余,管理层对这种压力的其他可能的反应有哪些?

31. 盈余管理失败的七个组成部分是什么?

32. 当 SEC 对一家公司进行调查并发现了误导性财务报告的证据时,历史上 SEC 使用过哪种类型的惩罚?

33. 本章的课本中包含了盈余管理失败七个阶段的讨论。盈余管理失败的哪个阶段已经在公众认知的范围内?

34. 资本成本的含义是什么?

35. 财务分析师有时候忽略公司明显的缺陷,继续向投资者推荐“买入”,其经济动机是什么?

36. 当签署审计意见时,审计师需要平衡的成本和风险是什么?

37. 最好的长期业务实践是什么?

38. 根据 AICPA 职业行为规范,当 AICPA 会员遇到其客户、投资者和商业团体、政府等之间相冲突的压力时,他们的指导原则是什么?

39. 会计准则如何影响资本成本?

40. 财务报告如何影响一家公司的资本成本?

案例

[案例 6-1]　我是这里的新人,我想我得洗个澡

Frank Elsholz 是 Kearl Street 公司新上任的首席执行官(CEO)。你是 Kearl Street 的管理层;你已经在这个公司工作了 15 年。在编制今年的财务报表时(旧的管理团队离职后第一次编制),Frank 让你给他列一张包括所有有形和无形资产在内的长期资产列表,看其未来三年内是否有可能减值。Kearl Street 的部分长期资产自购入以来发生了很大的增值,因此在可预见的未来几乎不可能减值。然而,其他资产在未来三年是否发生减值则要依据当地业务条件。如果长期资产发生减值,如第 11 章阐述的那样,它承载的价值将降低,损失将确认。你很好奇为什么新 CEO 要让你编制这张表,请你猜测 Frank 考虑的是什么。

[案例 6-2] 如果这不是欺诈行为,那它就是合乎道德的

Cruella DeVil 是当地一家上市公司的首席财务官(CFO)。她最近应邀向当地一所大学的会计专业学生作一场讲座。一个学生问 Cruella 是否她认为盈余管理是合乎道德的。Cruella 笑着回答,她的观点是只要是会计准则或政府法规没有明确禁止的就是符合道德的。你认为 Cruella 的观点怎样?

[案例 6-3] 利润平滑和 IPO

你是一位首次公开发行公司(IPO)投资基金的分析师。你正在查看 Clark 公司和 Durfee 公司这两家公司的财务报表。这两家公司计划不久之后上市。过去三年两家公司的净利润如下(单位:千):

年限	Clark 净利润	Durfee 净利润
2008	$10 000	$17 000
2009	14 000	1 000
2010	20 000	26 000

如果两家公司发行的股票数和首次股价都相同,哪家公司看上去更具有投资吸引力?解释你的原因。为了找出报告的利润数是否真实描绘了这两个公司过去三年的经营业绩,你会查看哪些相应的数据来源?

[案例 6-4] 我们有必要实施一个以利润为基础的红利计划吗?

Benjamin Vincent 是 Annie 公司的首席财务官(CFO)。公司的首席执行官(CEO)让 Benjamin 设计一个激励计划来激励员工更加关注公司业绩。Benjamin 在考虑一个计划,给每个员工一个基于当年公司报告的净利润的红利。每个员工将会收到数量等于公司每股净利润乘以 10 000 倍、50 000 倍或 200 000 倍的金额,这取决于员工在公司所处的级别。去年,Annie 公司每股利润为 1.32 美元。Benjamin 向你寻求意见。特别是,他希望你解释以利润为基础的红利机制的劣势。

[案例 6-5] 所有的分析师都有相同的动机吗?

大致有两类财务分析师:

• 买入一方的分析师。分析师被像共同基金之类的实体雇佣,这类公司投资于自己的账户。不像那些由中介公司雇佣的卖出一方的分析师那样,买入一方分析师的分析报告在雇佣分析师公司的外部很难获得。

• 卖出一方的分析师。分析师被中介公司或管理客户账户的另一家公司雇佣。不像那些由共同基金公司雇佣的买入一方的分析师那样,公众一般可获得卖出一方分析师的分析报告。

这些定义来自于 http://www.investorwords.com。

一些财务分析师遭到公众批判,因为其为了讨潜在客户的欢心而对这些公司进行过于乐观的盈利预测。你认为这些批评针对的是买入一方的分析师还是卖出一方的分析师?请解释。

[案例 6-6] 如果报告是自愿的,谁将会报告?

Tarazania 是一个拥有小型但活跃股票市场的国家。然而,该国没有会计准则。事实上,发布财务报表是不合法的。这个古怪的法律源自 Tarazania 的开国国王曾经参加过一个中级会计课程,对现金流章节不知所措,他发誓不再查看另外的财务报表。结果,在 Tarazania 公开交易的 100 家公司没有一家向公众披露财务报表。当然,这么多年,每家公司都编制财务报表和其他报告供内部使用。上一星期,Tarazania 的开国国王死了。现在他最大的女儿登上了君主的宝座。新国王迷恋财务报表多年。她的第一项正式法案是使公开发布财务报表合法化,但非强制。在 Tarazania 的 100 家公开交易的公司中,哪些会第一个向公众发布其财务报告?所有这 100 家公司都会这么做吗?

[案例 6-7] 我如何解释预计数额

在发布最近季度结果时,Worthington 公司和 Millward 公司会同时报告预计利润数。公告中都包括了预计利润到 GAAP 利润数的换算过程。这些换算过程如下:

Worthington 公司预计净利润	
(单位:千)	
GAAP 净利润	$50 000
加购买正在进行的研发支出	35 000
减销售建筑物一次性利得	(17 000)
预计净利润	$68 000

Millward 公司预计净利润	
(单位:千)	
GAAP 净利润	$50 000
加策略性改制创新相关的费用	10 000
加员工培训费用	8 000
预计净利润	$68 000

你认为两个披露的预计利润数哪个更具信息含量?请解释。

[案例 6-8] 我需要立即确认收入

香港 Clark 健身俱乐部出售终身会员资格,每个 5 000 美元。会员身份使会员无限期使用俱乐部的举重房、健身器械、游泳池和桑拿浴。终身会员费一旦支付,任何理由都不能要求偿还。根据 *SAB 101* 规定,销售终身会员资格的收入必须递延,并根据一个会员持续使用俱乐部器材的平均预期年限进行确认。如果会员协议进行得顺利,5 000 美元首次费用的大部分可作为收入立即确认。Kristen 和她的合伙人拥有这家健康俱乐部。为了解决现金短缺的问题,他们打算向银行借入新贷款。Kristen 和她的合伙人同他们的会计人员见面,提供信息以准备编制财务报表。在确认已收齐的全部终身会员资格费作为收入时,Kristen 和她的合伙人的动机是什么?既然全部金额最终会被确认,确认时间不同的区别是什么?依据 *SAB 101*,Kristen 和她的合伙人有任何提前或推迟会员资格收入的经济动机吗?

[案例 6-9] 解析财务报表(施乐)

如本章开头案例中说明的那样,在 1997 年至 1999 年间,施乐进行了利润操纵。以下是 1997 年至 2000 年施乐的收入、毛利润、净利润和经营现金流数据。

(单位:百万)	2000	1999	1998	1997
收入	$18 701	$19 228	$19 447	$18 144
毛利润	7 601	9 003	9 580	9 036
净利润(损失)	(257)	1 424	395	1 452
经营现金流	(663)	1 224	(1 165)	472
应收账款证券化融资	0	1 495	0	0

应收账款证券化融资指的是把应收账款出售给第三方。销售收入的现金流入在现金流量表经营

活动部分显示。

使用这些数据,识别证明施乐在该期间管理其报告盈余的部分。

[案例 6-10] 研究会计准则

为了帮助你熟悉会计准则,这个案例将带你去 FASB 的网站,让你接触各种不同的发表物。FASB 网站是 http://www.fasb.org。点击"Pronouncements & EITF Abstracts"。

这一章中,我们讨论了盈余管理以及公司可能试图通过高估收入或低估费用的方式增加利润。在这个案例中,我们将使用 *SFAS No. 48*"当收入权利存在时的收入确认",打开 FASB 第 48 号公告。

1. 阅读第 4 段。如果客户退回一个有缺陷的物品,会计准则提供如何处理了吗?

2. 阅读第 6 段。这一段的部分内容说明在确认收入时,必须合理估计未来退回的金额。然而,脚注 3 显示并没有涉及准则中提及的退回。哪种类型的退回须排除在外?

3. 阅读第 8 段。必须估计未来的退回。这段中确定了当可靠估计无法取得时的实例。举出两个估计退回的能力受到影响的案例。

[案例 6-11] 道德困境(对于不合意和不受欢迎的审计证据时,你会做什么?)

你是当地一家中等规模会计师事务所 Doman & Detmer 的经理。你在公司已经 6 年了。目前,你正在对 McMahon 公司进行审计。你负责管理一个由七名员工和高级会计师组成的团队。你的直接上级是负责这项业务的合伙人 Giff Nielsen。在审计计划阶段,你对 McMahon 公司进行了经济分析。大量指标显示这一年 McMahon 的业务严重下降。相应地,你仔细查看这种下降是否正确反映在了报告的财务报表数字中。

在审查 McMahon 接近年末的会计销售时,你的审计团队发现了一系列可疑的交易。它显示 McMahon 在没有收到客户购买订单的情况下运出货物,另外,在 McMahon 收到购买订单的情况下,货物的运送量是购买量的两三倍。你的审计团队认为 McMahon 在从事"填塞分销渠道",为了在当期增加报告的销售收入,运出过量的货物给客户。

你把审计组的发现递交给审计项目的合伙人 Giff Nielsen,建议进行附加的实质性测试来找出 McMahon 是否真的在填塞分销渠道。Nelson 指示你忽略填塞分销渠道的证据并进行剩下的审计项目。Nelson 要求把这项业务的工作时间限定在预算以内。另外,Nelson 不想让 McMahon 的高级管理团队感到不快。McMahon 已经表达了一些对 Doman & Detmer 审计团队今年进行的细节测试水平的忧虑。McMahon 的管理层暗示 McMahon 明年可能更换新的审计师。因为 McMahon 是 Doman & Detmer 最大的客户之一,Giff Nelson 担心如果失去 McMahon 这个客户,他在 Doman & Detmer 的未来将会很不妙。

对于你的审计组收集到的渠道填充的审计证据,你将会怎么做?

模块 1　回顾货币时间价值

货币时间价值这个概念在当今商业界是非常重要的。毫无疑问你已经在会计学基础、金融学和商业数学的课堂上学习过这个概念。这一模块主要是回顾一下这个概念，并且说明这个概念的常见应用。

货币时间价值概念

决策者，不管是体育人物、演员、企业主管人员还是为子女大学教育进行储蓄的父母都必须试着根据利率和变化的市场价格不断调整决策。考虑以下情况：

• 你想在市场上购买一辆二手车，报纸上的广告为你提供了两种购买选择。你可以选择以现金直接支付 22 500 美元，或者选择一个年利率为 6%，每月月底支付 395 美元，期限为五年的融资期权。你将会选择哪种购买方式？

• 你打算为你的退休金储蓄。如果你现在 20 岁，为了设立一个足够支付你在 45 岁退休时的基金账户，你现在应该投资多少？

• 许多人每个月都要为他们的房子还贷款。因为这些付款当中的一部分是利息，而这具有税收减免作用，因此需要一个方法来计算每个月付款中的利息部分。在整个贷款期间，计算每次支付款项的利息和本金部分的步骤是怎样的？

在上述任何一种情况下，都需要做出涵盖一定期间的跟现金流入或流出有关的决定。做出正确的财务决策需要考虑货币的时间价值。这意味着在未来收到或者支付的现金需要被“折现”，或者调整到其现值。相反地，货币的现值应该要被“累积”或者调整到其终值价值，以保证不同时期货币价值的可比性。

在上述第一个例子中，你要选择当下以现金方式支付 22 500 美元还是每月支付 395 美元，期限为 60 个月。假设你拥有足够的现金，现在为购买汽车支付 22 500 美元现金是不是比 23 700 美元（支付 395 美元，期限为 60 个月）的每月支付计划更好？答案是“不一定”。该项决策需要在这两种选择中考虑货币的时间价值。也就是说，这两种选择一定要以其实际代表的价值来表示。

第一种选择的现值，即现金购买，就是现在以现金支付的价值 22 500 美元。第二种选择的现值等于其 60 次支付的现值，如下面所示。

60 次 395 美元的支付以 6% 的利率折现到购买日的总现值为 20 432 美元。[①] 这个数额

---

① 后面会解释，20 432 美元是通过年复利率为 6%，60 个月 395 美元的年金折现计算出来的。

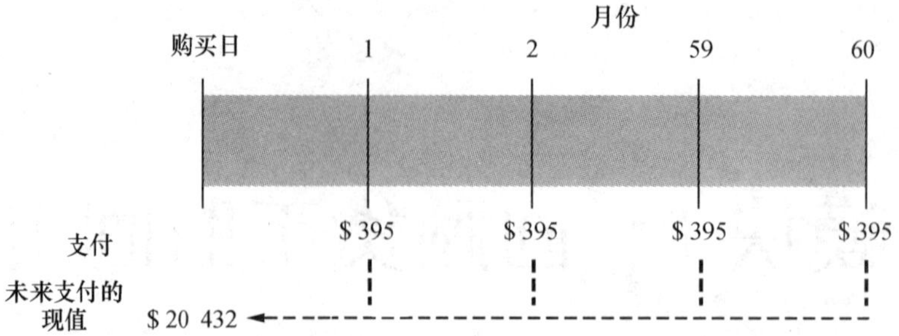

低于购买者愿意支付的22 500美元。因此,假设不考虑其他相关因素,你应该选择月支付计划。这个结论以及这章的其他例子都不考虑税收作用,但这在实际决策中需要注意。

在很多商业情况下,财务决策都要应用现值和终值的概念。其在会计的一般应用包括以下几种:

1. 衡量没有固定利率或者固定利率不反映现金经济状况的长期应收票据和长期应付票据的价值。

2. 确定债券的价格以及运用实际利率法摊销债券的溢价和折价。

3. 确定长期融资租赁的价值以及计算租赁每期支付的利息费用和本金。

4. 进行养老金账户的账户处理,包括应计利息和摊销的分录。

5. 分析投资的不同选择。

6. 为按揭设立摊销计划以及计算长期购买合同的每期支付额。

7. 在收购和商业兼并中确定资产、负债和所有者权益的真实价值。

8. 计算应当记录的减值损失数额。

9. 无形资产公允价值的估值。

因为终值和现值技术已经广泛地应用于商业当中,而且对会计人员的重要性日益增加。这一模块介绍了这些方法,并举出了一些例子来说明其应用。由于很多会计中需要将未来价值折现为现值,所以现值技术是这一模块的重点。但是在解释终值和现值之前,首先得来回顾一下利息这一概念。

利息的计算

货币,就像其他商品一样,也是一种稀缺资源,它的使用也是需要代价的。使用货币的成本就是利息。比如说,如果你借了100美元,不管从个人、公司还是银行借的,你需要还110美元,这10美元的利息就是你使用100美元所付出的代价。因此,如下所示,利息指的是你支付或者收到的超过你所借入或贷出金额的部分。

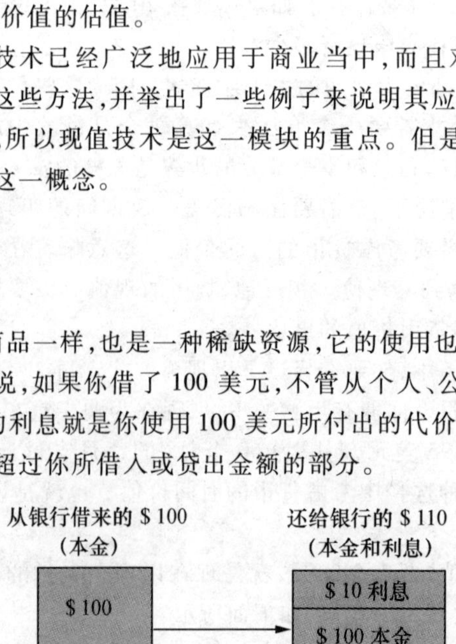

单利

一般来说，利率是以百分比的形式表现。它是对某一时间段来说的，通常是1年。例如，利率8%表示借款1年的成本等于借入金额，即本金的8%。如果以8%的利率借入期限为1年的100美元，那所应归还的金额是108美元——100美元的本金，一年的利息8美元($100×0.08×1)。一张面额为1 000美元，年利率为8%的六个月期票据的利息是40美元($1 000×0.08×6/12)。在这个例子中，因为利息的计算少于一年，所以年利率8%乘以6/12。所以，计算单利的公式如下：

$$i = p \times r \times t$$

其中：

i = 单利的利息金额

p = 本金金额

r = 利率（每段时间）

t = 时间（期间数量）

单利和复利之间的不同之处

前面的公式用于计算单利。但是，很多交易事项使用复利。这意味着对于下一期来说某一期间所得到的利息被加到本金里。接下来的期间利息计算有不同的结果，该结果包括了本金和累计利息。

单利和复利之间的区别是很显著的，特别是对于很长的一段期间来说。我们来思考克里斯多弗·哥伦布的例子。1492年10月12日，哥伦布登陆美洲。虽然很少人知道，但他做的第一件事就是在美洲第一银行存入100美元，年利率是5%。2011年10月12日，哥伦布的后代来到银行查询他们先祖的账户。银行经理告诉他们该记录已丢失，无法知道哥伦布先生当初选择的是单利账户还是复利账户。后代们现在有选择的权利。经过计算，后代们选择了复利。为什么呢？使用单利，哥伦布的账户每年增加5(100×0.05)美元，现在的账户总额为2 695美元(本金$100＋利息$2 595)。使用复利，哥伦布的账户总额（加上了每期得到的利息）约等于9.9万亿美元。

复利的计算　为了解释复利的计算，假设存入银行100美元，为期两年，年利率6%。在第一年年末，100美元得到了6美元($100×0.06×1)的利息。在第二年年末，第一年得到了6美元，加上另外的6.36美元利息（第二年期初106美元的账户余额，利率6%）。因此，在复利的影响下，得到的总利息是12.36美元，而不是12美元。下面的表格是在上述例子的基础上，解释了四年期单利和复利的计算。

年份	单利			复利		
	计算	利息	总额	计算	利息	总额
1	($100×0.06)	$6	$106	($100.00×0.06)	$6.00	$106.00
2	($100×0.06)	6	112	($106.00×0.06)	6.36	112.36
3	($100×0.06)	6	118	($112.36×0.06)	6.74	119.10
4	($100×0.06)	6	124	($119.10×0.06)	7.15	126.25

复利期的影响　复利问题中的利息率是实际利率，一般都是年利率，然而，如果复利的

计息期间不是一年，那就要调整票面利率，计息期数也要做出相应的调整。每期利率就等于票面利率除以每期复利次数。期数就等于年数乘以每年的复利次数。因此，在计算半年期、季度和月度的复利利息时，需要对利率(i)和期数(n)进行调整。如下所示：

例子	年度复利	半年度复利	季度复利	月度复利
1	$i=6\%, n=10$	$i=3\%, n=20$	$i=1.5\%, n=40$	$i=0.5\%, n=120$
2	$i=12\%, n=5$	$i=6\%, n=10$	$i=3\%, n=20$	$i=1\%, n=60$
3	$i=24\%, n=30$	$i=12\%, n=6$	$i=6\%, n=12$	$i=2\%, n=36$

如上表所示，计算半年期复利利息时，需要将年利率减半，期数加倍。计算季度复利利息时，所需利率要调整成1/4年利率，期数则要变为原来的四倍，以此类推。由于复利效应，一个投资者如果采用按照半年期计息赚得的利息要比按年计息的多。从一个投资者的角度来讲，按月计息的方式也要优于按季度计息。

现值和终值的计算

随着时间的推移，钱能赚取利息。今天的100美元要比从今天起一年后的得到的100美元更有价值。终值和现值的分析就是将在各个不同期间得到的钱的价值或者期望得到的金钱的价值进行对比的一种方法。

这项分析需要我们将现在的美元和未来美元的价值进行对比，我们可以选择现在或未来的某一时点作为对比的时点。如果选择的是未来时间，那么就要把所有的现金流累计到未来的某一时点。在这种情况下，随着时间的推移，所得到的利息会增加资金的金额或价值，因此，所得的终值要大于现有的金额。例如，如果一项投资的年复利利率是8%，现在投资500美元，10年后的累计终值是1 079美元(四舍五入)。

另一方面来说，如果选择现在作为评估两者价值的时点，那么需要将未来所有的现金流折现到现在时点。在这种情况下，折现会使资金的金额或价值减少。举例来说，投资者想持有一份三年期的应收票据，三年后能得到10 000美元，它的年利率是10%，那么投资者所能接受的全部支付是多少，或者说，应收票据的现值是多少？假设10%利率是令人满意的，其他条件不变，投资者愿意接受的金额是应收票据的折现值——7 513美元。投资者的依据是，现在投资7 513美元，按10%复利计息，三年后累计金额是10 000美元。

如上所述，所涉及的单项支付的现值和终值是可逆的，而且现值和终值都是以利息观念为基础的。因此，如果按年利率8%来计息的话，100美元从现在开始一年后的终值就是108美元。相反，假设利率相同，一年后支付的108美元的现值是100美元[$108 ÷ (1 + 0.08)]。相似地，一年后会收到100美元，按年利率8%来计息，它现在的实际价值是$92.59($100 ÷ 1.08)，因为现在投资92.59，年利率是8%，一年后的金额是100美元。

公式的应用

这里有四种常见的求解终值和现值的情形，每种都有对应公式。其中两种情形处理的是一次性支付或收入[②]（现值或终值），另外两种情况处理的是年金（现值和终值）。年金是指一定时期内，每期金额相等的一系列收付款项。例如，一份合同要求连续三年每年支付3 000 美元，那这就是年金。但是，如果一份合同要求三年分别支付的金额是2 000 美元、3 000 美元和4 000 美元，因为支付金额不相等，所以不是年金。

这里没有阐明公式的推导过程，四种情形的公式如下所示：

1. 单笔支付的终值：$FV = P(1+i)^n$。其中：

FV = 终值

P = 本金金额

i = 每期利率

n = 期数

例子 1 500 美元按年利率是10%复利计息，那么5年后的终值是多少？

$FV = \$1\,500(1+0.1)^5$

$FV = \underline{\underline{\$2\,416}}$（四舍五入）

2. 单笔支付的现值：$PV = A[1/(1+i)^n]$。其中：

PV = 现值

A = 折现金额

i = 每期利率

n = 期数

例子 计算当利率是10%时，2 416 美元5年期的折现现值。

$PV = \$2\,416[1/(1+0.1)^5]$

$PV = \underline{\underline{\$1\,500}}$（四舍五入）

3. 年金终值：$FV_n = R\{[(1+i)^n - 1]/i\}$。其中：

FV_n = 年金终值

R = 年金单笔支付金额

i = 每期利率

n = 期数

例子 当年利率为12%时，每年支付年金2 000 美元，计算连续支付10年的年金终值。

$FV_n = 2\,000\{[(1+0.12)^{10} - 1]/0.12\}$

$FV_n = \underline{\underline{\$35\,097}}$（四舍五入）

4. 年金现值：$PV_n = R\{[1 - 1/(1+i)^n]/i\}$。其中：

PV_n = 年金现值

R = 需要折现的年金支付

i = 每期利率

n = 期数

例子 当折现率为11%时，每年支付年金5 000 美元，计算连续支付3年的年金现值。

$PV_n = 5\,000\{[1 - 1/(1+0.11)^3]/0.11\}$

$PV_n = \underline{\underline{\$12\,219}}$（四舍五入）

---

② 在本模块中，"支付"与"收入"两个术语可以互换，交易中一方的支付就是另一方的收入，反之亦然。

系数表的应用

在前面的例子中,我们都是应用公式来计算。接下来介绍用商业计算器或 Excel 进行计算,这也是很容易实现的。另外,四种情形中,每种都有一个终值和现值的系数表。这些表格计算列示了当年利率不同,期数不同时 1 美元的价值,可以参考本模块末所提供的表格。所以可以用系数表中查得的 1 美元价值乘以特定情况下所提供的年金或单项支付的金额来计算现值和终值。因此,四种情形可以改成如下形式。

1. 单笔支付的终值

$FV = P(1+i)^n$或者 $FV = P(FVF_{n,i})$或者

$FV = P$(表Ⅰ指标)

其中($FVF_{n,i}$)指利率(i)和期数(n)一定的情况下,从表Ⅰ中查得的终值指标。

例子 (同例 1,如前所述。)

FV = \$1 500(1.6105 = 表Ⅰ指标;$n=5$;$i=10\%$)

FV = \$2 416(四舍五入)

2. 单笔支付的现值

$PV = A[1/(1+i)^n]$或者 $PV = A(PVF_{n,i})$或者

$PV = A$(表Ⅱ指标)

其中:($PVF_{n,i}$)指利率(i)和期数(n)一定的情况下,从表Ⅱ中查得的现值指标。

例子 (同例 2,如前所述。)

PV = \$2 416(0.6209 = 表Ⅱ指标;$n=5$;$i=10\%$)

PV = \$1 500(四舍五入)

3. 年金终值

$FV_n = R\{[(1+i)^n - 1]/i\}$或者 $FV_n = R(FVAF_{n,i})$ 或者

$FV_n = R$(表Ⅲ指标)

其中:

$FVAF_{n,i}$指利率(i)和期数(n)一定的情况下,从表Ⅲ中查得的年金终值指标。

例子 (同例 3,如前所述。)

FV_n = \$2 000(17.5485 = 表Ⅲ指标;$n=10$;$i=12\%$)

FV_n = \$35 097(四舍五入)

4. 年金现值

$PV_n = R\{[1 - 1/(1+i)^n]/i\}$或者 $PV_n = R(PVAF_{n,i})$或者

$PV_n = R$(表Ⅳ指标)

其中:

$PVAF_{n,i}$指利率(i)和期数(n)一定的情况下,从表Ⅳ中查得的年金现值指标。

例子 (例 4,如前所述。)

PV_n = \$5 000(2.4437 = 表Ⅳ指标;$n=3$;$i=11\%$)

PV_n = \$12 219(四舍五入)

注意:在上述例子中,用系数表得到的计算结果和用公式得到的结果是相同的。

商业计算器按键

在前述例子中,如果采用商业计算器进行计算也会得到相同的现值和终值结果。必要按键如下所示:(注意:所列示的一系列按键依据的是惠普(Hewlett-packard)商业计算器,其他商业计算器的按键大致相同但并不完全一样。)

1. 计算单笔支付的终值的商业计算器按键:

1 500——按下 **PV**(最初或现在金额)

5——按下 **N**(期数)

10——按下 **I**(每期利率;不用小数)

按下 **FV** 得到结果 = \$2 415.7650 = \$2 416(四舍五入)

2. 计算单笔支付的现值的商业计算器按键:

2 416——按下 **FV**(最初或现在金额)

5——按下 **N**

10——按下 **I**

按下 **PV** 得到结果 = \$1 500.1459 = \$1 500(四舍五入)

3. 计算年金终值的商业计算器按键:

2 000——按下 **PMT**(每期等额支付金额)

10——按下 **N**

12——按下 **I**

按下 **FV** 得到结果 = \$35 097.4701 = \$35 097(四舍五入)

4. 计算年金现值的商业计算器按键:

5 000——按下 **PMT**

3——按下 **N**

11——按下 **I**

按下 **PV** 得到结果 = \$12 218.5736 = \$12 219(四舍五入)

注意

商业计算器的一个普遍错误来源是在计算下一次现值时忘记将之前的计算结果"清零"。

Excel 电子表格函数

用 Microsoft Excel® 也可以来计算现值和终值,相关的函数和输入方法如下所示。

1. 单项支付终值的 Excel 输入

在 Excel 表格中,点击"插入函数"或者 f_x 按钮,然后你可以通过浏览"财务"函数找到 FV 函数,FV 函数的应用说明如下:

Excel 标签	所需输入
Rate	利率——输入“.10”代替 10%
Nper	期数
Pmt	单笔年金支付金额
Pv	单项原始金额
Type	现金流发生在期初或期末的说明。如果未来现金流发生在期末，那此区域空白或输入 0，如果未来现金流发生在期初，那需在此区域输入 1。

用前面的例子来进行讲解，将以下数据输入 FV 函数：

Excel 标签	所需输入
Rate	.10
Nper	5
Pmt	0——这里没有年金金额，只有最初一笔总金额
Pv	1 500
Type	0

点击 Enter 键可以看到结果显示为 2 416 美元。实际上结果显示为 -2 416 美元。用 Excel 来计算资金的时间价值的结果都为负数。为了方便，也可以在 FV 函数前加负号将这些数字转换成正数。通常来说，不用担心 Excel 函数输入和输出符号的问题。需要注意的几种情况稍后介绍。

2. 单项支付现值的 Excel 输入

在 Excel 表格中，点击“插入函数”或者 f_x 按钮，然后你可以通过浏览“财务”函数找到 PV 函数，PV 函数的应用说明如下：

Excel 标签	所需输入
Rate	利率——输入“.10”代替 10%
Nper	期数
Pmt	单笔年金支付金额
Fv	单项未来现金流
Type	现金流发生在期初或期末的说明。如果未来现金流发生在期末，那此区域空白或输入 0，如果未来现金流发生在期初，那需在此区域输入 1。

用前面的例子来进行讲解，将以下数据输入 PV 函数：

Excel 标签	所需输入
Rate	.10
Nper	5
Pmt	0——这里没有年金金额，只有最初一笔总金额
Fv	2 416
Type	0

点击 Enter 键可以看到结果显示为 1 500 美元。

3. 年金终值的 Excel 输入

应用 FV 函数：

Excel 标签	所需输入
Rate	.12
Nper	10
Pmt	2 000
Pv	0——此例中没有最初金额,只有年金。
Type	0

点击 Enter 键可以看到结果显示为 35 097 美元。

4. 年金现值的 Excel 输入

应用 PV 函数:

Excel 标签	所需输入
Rate	.11
Nper	3
Pmt	5 000
Fv	0——此例中没有最终总计金额,只有年金。
Type	0

点击 Enter 键可以看到结果显示为 12 219 美元。

商业应用

对年金的现值和终值在解决商业问题中的应用,下面我们将举例说明。其他的应用在后面的部分和本模块的练习中也会见到。

例 1——单项支付终值 Marywhether 公司贷款 45 000 美元给它的董事长——Celia Phillips 买一辆车,Marywhether 公司接受了一张 4 年到期的票据,按照 10% 的利率每半年计息。当票据到期时,Marywhether 公司期望从菲利普斯那里得到的现金是多少?

解答:这个问题涉及的是单项支付累计四年的终值问题。在很多现值和终值的问题中,时间轴的应用可以使问题清晰明了。注意:每个例子中,由于四舍五入的影响,时间轴上利息金额的合计与相应的累计余额并不是恰好相等的。

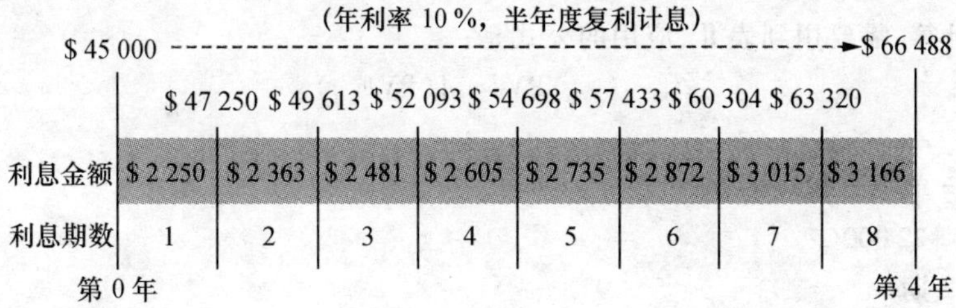

计算当年利率为 10%,按半年度复利计息时,45 000 美元累计四年的终值。

可以利用表 Ⅰ,应用的公式为:

$$FV = P(FVF_{n,i})$$

其中:

FV = 单项支付终值

P = \$45 000

n = 8 期(4 年 ×2)

i = 每期有效利率 5%(10% ÷2)

FV = \$45 000(表 $\text{I}_{8,5\%}$)

FV = \$45 000(1.4775)

FV = \$66 488(四舍五入)

四年后,Marywhether 公司期望得到 66 488 美元,包括 45 000 美元的本金和 21 488 美元的利息。

商业计算器按键:

45 000——按下 **PV**

8——按下 **N**

5——按下 **I**

按下 **FV** 得到结果 = \$66 485.49497 = \$66 485(四舍五入)

Excel 电子表格函数:

FV 函数

Excel 标签	所需输入
Rate	.05
Nper	8
Pmt	0
Pv	45 000
Type	0

点击 Enter 键可以看到结果显示为 66 485 美元。

例 2——单项支付现值 Edgemont 企业持有一往来客户的应收票据,应收票据金额是 22 000 美元,包括了本金和利息,2 年到期支付。而客户想要现在支付,双方达成协议按年利率 10% 折现。那么该客户要付多少钱给 Edgemont 企业才能解除债务?

解答:单项未来支付的金额需要按照协议 10% 年利率折现成现值。因为涉及单项支付现值的计算,需要用到表Ⅱ,应用的公式是:

$$PV = A(PVF_{n,i})$$

其中:

PV = 单项支付现值

A = \$22 000

n = 2 期

i = 每期有效利率 10%

PV = \$45 000(表 $\text{II}_{2,10\%}$)

PV = \$22 000(0.8264)

PV = \$18 181(四舍五入)

现在客户需要支付 18 181 美元来解除债务。

商业计算器按键:

22 000——按下 **FV**

2——按下 **N**

10——按下 **I**

按下 **PV** 得到结果 = \$18 181.8182 = \$18 182（四舍五入）

Excel 电子表格函数：

PV 函数

Excel 标签	所需输入
Rate	.10
Nper	2
Pmt	0
Fv	22 000
Type	0

点击 Enter 键可以看到结果显示为 18 182 美元。

例 3——一系列不等金额支付的现值　Casper 体育用品公司考虑投资 100 万美元，在接下来的 6 年里期望的净收入如下所示：

年份	期望净收入
1	\$195 000
2	457 000
3	593 000
4	421 000
5	95 000
6	5 000

只有当报酬率高于 12% 时，Casper 才决定投资。那么 Casper 会投资吗？

解答：这些不等的未来收入金额需要与现在的单项支付的投资金额进行对比。为了对比，所有未来的现金流就需要折现到现在的时点。

如果投资报酬率高于 12%，那么净收入按 12% 进行折现的现值总计应大于现在的投资金额。由于未来的收入不等，这种情况并不涉及年金。每笔收入需要单独折现。查询表Ⅱ，应用公式是：$PV = A(PVF_{n,i})$ 其中：

(1) 年份 = n	(2) A（净收入）	(3) 表Ⅱ $_{n,12\%}$	(2) × (3) = (4) PV（折现值）
1	\$195 000	0.8929	\$174 116
2	457 000	0.7972	364 320
3	593 000	0.7118	422 097
4	421 000	0.6355	267 546
5	95 000	0.5674	53 903
6	5 000	0.5066	2 533
		合计	\$1 284 515（四舍五入）

因为收入折现值的总计大于100万美元的投资,所以报酬率高于12%。因此,其他条件相同的情况下,Casper会进行此项投资。(注意:使用商业计算器或者使用电子表格解决思路是相同的。计算步骤与例2中的操作类似。)

例4——年金终值 Boswell公司有一分期付款债务,还款期为5年,每季度需要偿还1 000美元。但是,债权人表示希望在第5年期末收到一笔等价的付款,而不是每个季度末等额付款。如果这笔钱按年利率16%,每季度复利计息,合同期期末等价的单项支付金额是多少?

解答:计算等价单项支付需要将各季度付款1 000美元累计到期末,因为付款是等额的,所以这是年金。需要用到表Ⅲ,应用的公式是:

$$FV_n = R(FVAF_{n,i})$$

其中:

FV_n = 未知等价总付款

R = 季度分期付款额 \$1 000

n = 20 期(5 年 ×4 季度)

i = 每期有效利率 4%(16% ÷4)

FV_n = \$1 000(表Ⅲ$_{20,4\%}$)

FV_n = \$1 000(29.7781)

FV_n = $\underline{\underline{\$29\,778}}$(四舍五入)

第5年年末支付的29 778美元约等于20个季度的付款额加上利息,其中每个季度付款为1 000美元。

商业计算器按键:

1 000——按下 **PMT**

20——按下 **N**

4——按下 **I**

按下 **FV** 得到结果 = \$29 778.0786 = $\underline{\underline{\$29\,778}}$(四舍五入)

Excel电子表格函数:

FV函数

Excel标签	所需输入
Rate	.04
Nper	20
Pmt	1 000
Pv	0
Type	0

点击Enter键可以看到结果显示为29 778美元。

例5——年金现值 有两人同时向Sabin电器的老板——Mary Sabin表示要购买最后一台豪华冰箱。Jerry Sloan付现金6 500美元。Elise Jensen先付1 000美元定金,以后的12个月每月付500美元。如果分期付款的利率是24%,按月复利计息,Sabin会接受谁的价格呢?

解答：为了比较两种付款方式，所有的现金流要被累计或折现到某一时点，如下面时间轴所示，它选择现在时点作为对比时点。

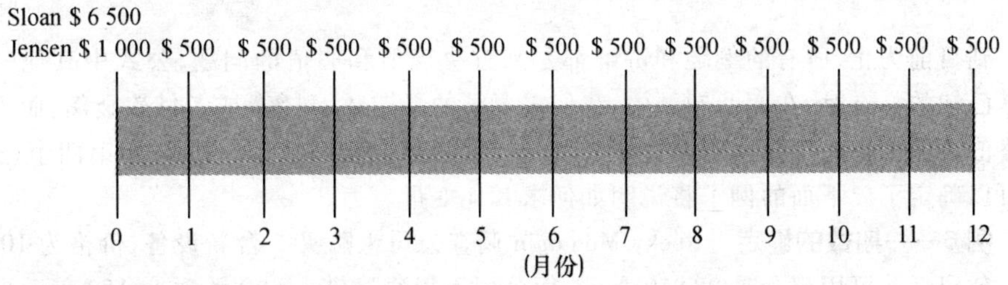

现在 Sloan 付 6 500 美元，现在所付 6 500 美元的现值就是 6 500 美元。Jensen 的付款包括连续 12 个月付款的一项年金，加上现在支付的 1 000 美元，这是不属于年金的一部分。使用表Ⅳ将年金折现到现在的时点，应用的公式是：

$$PV_n = R(PVAF_{n,i})$$

其中：

PV_n = 未知的连续 12 笔付款的折现值

R = 需要折现的每月付款额 $500

n = 12 期(1 年 × 12 月)

i = 每期有效利率 2%(24% ÷ 12)

PV_n = $500(表$Ⅳ_{12,2\%}$)

PV_n = $500(10.5753)

PV_n = $\underline{\underline{\$5\,288}}$

Jensen 年金折现值	$5 288
$1 000 定金的折现值	1 000
Jensen 付款的总计折现值	$\underline{\underline{\$6\,288}}$

因此，相对于 Jensen 的付款额，Sloan 支付的 6 500 美元为更优选择。

商业计算器按键：

500——按下 **PMT**

12——按下 **N**

2——按下 **I**

按下 **PV** 得到结果 = $5 287.6706 = $\underline{\underline{\$5\,288}}$(四舍五入)

Excel 电子表格函数：

PV 函数

Excel 标签	所需输入
Rate	.02
Nper	12
Pmt	500
Fv	0
Type	0

点击 Enter 键可以看到结果显示为 5 288 美元。

期数、利率或者付款金额的确定

到目前为止,所有的例题和讲解都是来解决现值和终值的问题,公式中其他三个变量都是已知的。有时,在商业问题中,我们需要求的是期数、利率③或者付款金额,而不是现值和终值金额。在每个公式中都有四个变量,如果已知其中的三个变量,那第四个(未知的)就可以确定了。下面的例子将说明如何求其他变量。

例 6——期数的确定 Rocky Mountain 调查公司想购买一台新设备,价格为 100 000 美元。公司目前可用现金是 88 850 美元,而公司不想通过借入剩余款项 11 150 美元来购买设备。如果现在公司用 88 850 美元来投资,年利率是 12%,按季度复利计息。多少年之后,Rocky Mountain 调查公司才能有 100 000 美元来购买设备?

解答:如下所示,Rocky Mountain 调查公司用 88 850 美元来投资,年利率是 12%,按季度复利计息。要求的是将这笔钱累计到 100 000 美元需要多长时间。

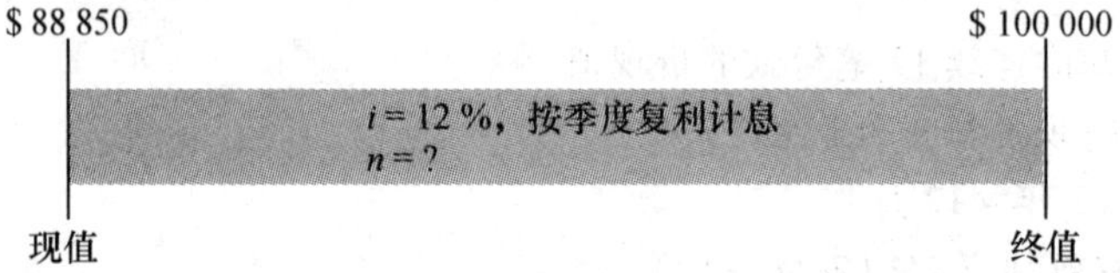

这种情况涉及了现值和终值,所以用表 I 或表 II 均可,若用表 I,应用公式是:

$$FV = P(FVF_{n,i})$$
$$FV = P(\text{表I指标})$$

步骤如下:

$$\frac{FV}{P} = \text{表I指标}$$

$$\frac{\$100\,000}{\$88\,850} = 1.1255$$

在表 I 中找到 3% (12% ÷4) 一栏,价值指标为 1.1255 时,$n=4$。因此,经过 4 期(季度)或者一年的时间,Rocky Mountain 调查公司才能赚得足够的利息使 88 850 美元的终值达到 100 000 美元。

若用表 II,应用公式是:

$$PV = A(PVF_{n,i})$$
$$PV = A(\text{表II指标})$$

步骤如下:

$$\frac{PV}{A} = \text{表II指标}$$

$$\frac{\$88\,850}{\$100\,000} = 0.8885$$

在表 I 中找到 3% (12% ÷4) 一栏,价值指标为 0.8885 时对应的 $n=4$(季度)或者一

③ 当利率未知时,其正确的名称应为"隐含利率",即某情形或合同所隐含的利率(见本模块的例 7 和例 10)。

年。这又一次证明了单项支付现值和终值的可逆性。

商业计算器按键：

-88 850——按下 **PV**（输入负数，表示初始现金流出）

100 000——按下 **FV**

3——按下 **I**

按下 **N** 得到结果 = 3.9995 期 = 4 期（四舍五入）

Excel 电子表格函数：

解决期数问题，需要用到一个新的 Excel 函数，NPER。

在 Excel 表格中，点击"插入函数"或者 f_x 按钮，然后你可以通过浏览"财务"函数找到 NPER 函数，NPER 函数的应用与我们使用过的函数非常相似。应用 NPER 函数，按如下所示输入：

Excel 标签	所需输入
Rate	.03
Pmt	0
Pv	-88 850（输入负数，表示初始现金流出）
FV	100 000
Type	0

点击 Enter 键可以看到结果显示为 3.9995 期。

例 7——利率的确定 Hughes 一家想要购买一架二手优质钢琴，这架钢琴从现在开始一年后的价格为 5 800 美元。如果他们现在投资 5 000 美元，一年之后要达到 5 800 美元，那该项投资的年利率是多少呢？

解答：Hughes 现在投资 5 000 美元，一年之后达到 5 800 美元。对应投资年利率的计算如下所示。

若用表Ⅰ，应用公式是：

$$FV = P(FVF_{n,i})$$

$$FV = P(\text{表Ⅰ指标})$$

$$\frac{FV}{P} = \text{表Ⅰ指标}$$

$$\frac{\$5\,800}{\$5\,000} = 1.1600$$

找到 $n=1$ 的一列，价值指标为 1.1600 时对应的年有效利息率为 16%。所以 Hughes 一家的投资要达到 16% 的年利率才能实现目标。若用表Ⅱ解决这个问题，可以得到相同的结果。

商业计算器按键：

-5 000——按下 **PV**（输入负数，表示初始现金流出）

5 800——按下 **FV**

1——按下 **N**

按下 **I** 得到结果 = 16.00000% = 16%（四舍五入）

Excel 电子表格函数：

解决利率问题，需要用到一个新的 Excel 函数，RATE。在 Excel 表格中，点击"插入函数"或者 f_x 按钮，然后你可以通过浏览"财务"函数找到 RATE 函数，RATE 函数的应用与我们使用过的函数非常相似。应用 RATE 函数，按如下所示输入：

Excel 标签	所需输入
Nper	1
Pmt	0
Pv	-5 000（输入负数，表示初始现金流出）
FV	5 800
Type	0

点击 Enter 键可以看到结果显示为 16.0%。

例 8——支付金额的确定 Provo 第一国家银行贷款 75 000 美元给一客户购买仓库。这项贷款需要 5 年期的按揭，年利率为 12%，在这 5 年期内，每年需要等额支付一笔款项。每年的付款额是多少？

解答：这是一个未知年金付款额的例子。因为现值（$75 000）已知，利率（12%）和期数（5）也都已知，那就可以用表Ⅳ来确定年金支付额。应用公式是：

$$PV_n = R(PVAF_{n,i})$$

$$PV_n = R(\text{表 IV 指标})$$

$$\$75\,000 = R(3.6048)(\text{因为 } n = 5, i = 12\%)$$

$$R = \frac{\$75\,000}{3.6048}$$

$$R = \underline{\underline{\$20\,806}}(\text{四舍五入})$$

该 5 年期的按揭，每年需要支付 20 806 美元。

商业计算器按键：

75 000——按下 **PV**

5——按下 **N**

12——按下 **I**

按下 **PMT** 得到结果 = $20 805.7299 = $\underline{\underline{\$20\,806}}$（四舍五入）

Excel 电子表格函数：

解决支付额问题，需要用到一个新的 Excel 函数，PMT。在 Excel 表格中，点击"插入函数"或者 f_x 按钮，然后你可以通过浏览"财务"函数找到 PMT 函数，PMT 函数的应用与我们使用过的函数非常相似。应用 PMT 函数，按如下所示输入：

Excel 标签	所需输入
Rate	.12
Nper	5
Pv	75 000
FV	0——这个金额代表贷款末期照常支付外的金额
Type	0

点击 Enter 键可以看到结果显示为 20 806 美元。不要因为结果为负数而产生怀疑。

普通年金和预付年金

关于这点的讲解非常简单。但是在实例中,由于情况复杂,现值和终值的计算也就比较困难。其中一种复杂性就涉及普通年金和预付年金的差别。

年金有两种类型:普通年金(递延年金)和预付年金(提前支付年金)。普通年金是指每期的收支款项在期末发生,最后一笔发生的时间正好是年金期限的期末。预付年金是指每期的收支款项在期初发生,最后一笔金额发生的时间距离年金期限结束还有一期的时间。区别如下所示:

1 美元的普通年金,期限为 3 年,年利率 10%

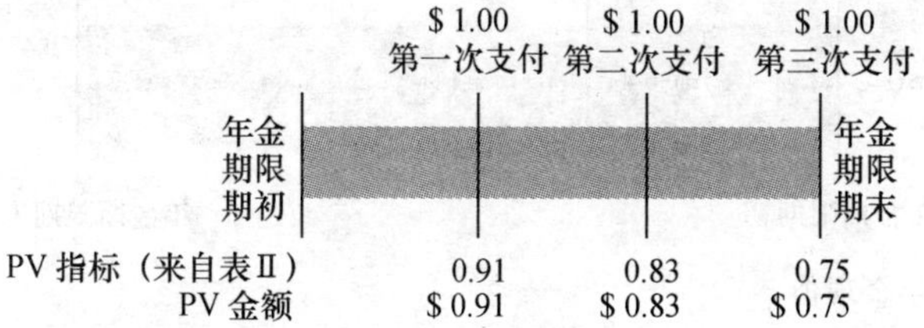

因此,假设年利率为 10%,以后三年,每年年末支付 1 美元年金的现值为 \$2.49(\$0.91 + \$0.83 + \$0.75)。注意:最后 1 美元支付是在到期日或者年金期限期末。

再假设年利率为 10%,以后三年,每年年初支付 1 美元年金的现值为 \$2.74(\$1 + \$0.91 + \$0.83)。注意:最后 1 美元是在到期日前一年支付的。

1 美元的预付年金,期限为 3 年,年利率 10%

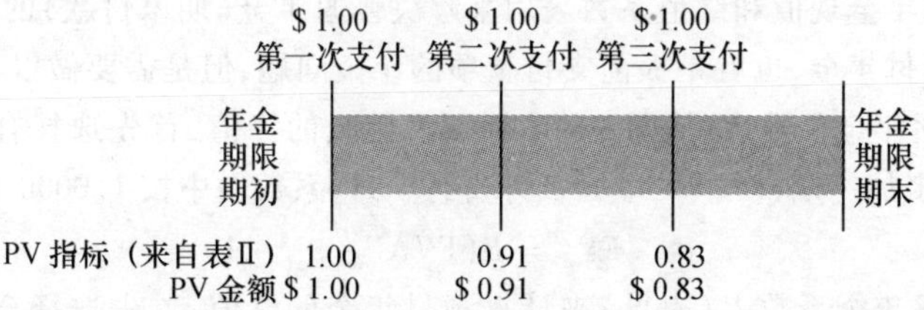

两种年金的区别在于支付时间的不同,而这涉及利息期数的问题。如下所示,两种年金都需要三次付款。但是普通年金是在期末付款。所以只有两期利息累计。预付年金是提前支付款项或者是期初付款,所以有 3 期利息累计。

三年期普通年金终值

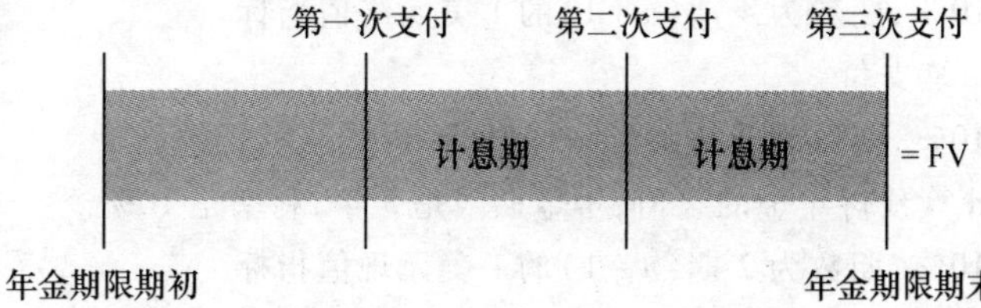

三年期预付年金终值

从现值的角度来看,前面的情况是正好相反的。普通年金有三个利息期或折现期,预付年金有两个折现期,如下所示:

三年期普通年金现值

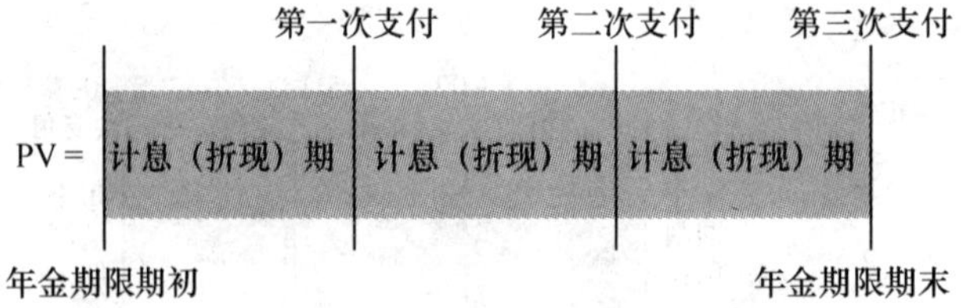

三年期预付年金现值

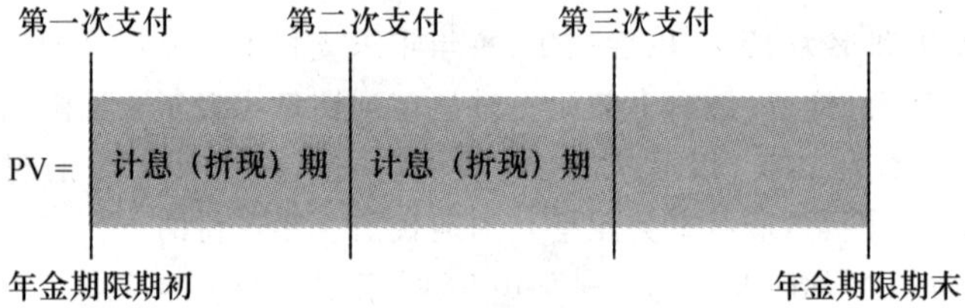

尽管多数年金现值和终值系数表用来解决普通年金(期末付款)的问题,这些系数表也可用来解决预付年金,也就是提前支付款项的年金问题,但是需要做以下的调整。

1. 用普通年金系数表(表Ⅲ)来计算预付年金的终值,首先选择合适的普通年金系数表,然后期数多加一期($n+1$),减去额外支付(\$1,系数表中按 1.0000 计)。公式是:

$$FV_n = R(FVAF_{(n+1),i} - 1)$$

2. 用普通年金系数表(表Ⅳ)来计算预付年金的终值,首先选择合适的普通年金系数表,然后期数减少一期($n-1$),加上额外支付(1.0000)。公式是:

$$PV_n = R(PVAF_{(n-1),i} + 1)$$

当预付款项时,通过上述的调整,普通年金系数表适用于所有年金的情形。例如,用表Ⅲ来计算预付年金的终值,年金期限是 3 年,利率是 10%。

(1) 利率 10%,期数为 4 期($n+1$)的 1 美元终值指标	4.6410
(2) 减去一笔支付	1.0000
(3) 利率 10%,期数为 3 的 1 美元终值指标	3.6410

用表Ⅳ来计算预付年金的终值,年金期限是 3 年,利率是 10%。

(1) 利率 10%,期数为 2 期($n-1$)的 1 美元现值指标	1.7355
(2) 加上一笔支付	1.0000
(3) 利率 10%,期数为 3 的 1 美元现值指标	2.7355

如上所述,可以转化普通年金系数表来解决预付年金的问题。这里也有可用的预付年金系数表,但是却不能进行上述转化。表 V 和表 VI 提供预付年金系数指标。注意,如果对于预付年金进行上述的调整,表 III 和表 IV 是相同的。

用商业计算器对预付年金进行计算是很容易的。商业计算器有切换键,标示为"BEG/END"。默认假设是支付发生在期末(普通年金)。按一下切换键,假设就改变为:支付发生在期初(预付年金)。再按一下切换键,便又回到支付发生在期末的初始假设。

用 Excel 电子表格函数对预付年金进行计算也是很容易的。我们需要做的就是在之前用过的函数中,在 Type 栏输入 1 而不是 0。

下面举例说明预付年金计算的应用。

例 9——预付年金终值的计算 Porter 公司期望筹集资金在第 15 年年末偿还发行债券的金额 200 000 美元,为偿还债券留取的资金投资报酬率 8%,从现在开始,每年存入多少资金才能达到所需资金的数目?

解答:将未知每期支付金额的预付年金,按照已知的利率,累计到一具体的金额。因为第一笔支付是当即发生的,所以所有的支付是在期初发生的,这是预付年金。因此要用到表 V,公式同前面列示的普通年金的公式是相同的。唯一的区别就是从不同的表引用年金指标。

$$FV_n = R(FVAF_{n,i})$$

其中:

FV_n = \$200 000

R = 未知年度付款额

n = 15 期

i = 年利率 8%

$$\$200\,000 = R(\text{表 V}_{15,8\%})$$

$$\$200\,000 = R(29.3243)$$

$$\frac{\$200\,000}{29.3243} = R$$

$$\$6\,820(\text{四舍五入}) = R$$

现在开始,Porter 公司每年存入 6 820 美元,利率 8% 时,15 年后累计达 200 000 美元。

商业计算器按键:

按切换键,使假设变为支付发生在期初(BEG)。

200 000——按下 **FV**

15——按下 **N**

8——按下 **I**

按下 **PMT** 得到结果 = \$6 820.2861 = \$6 820(四舍五入)

Excel 电子表格函数:

应用 PMT 函数

Excel 标签	所需输入
Rate	.08
Nper	15
Pv	0
Fv	200 000
Type	1——此栏中的“1”代表，第一笔支付当即发生。

点击 Enter 键可以看到结果显示为 6 820 美元。

例 10——预付年金终值的计算 Utah 公司已达成一协议，以市场价 45 897 美元租赁一台设备。租赁合约规定，每半年支付金额 3 775 美元，当即开始，连续支付 10 年，租赁期末，Utah 公司可以用名义金额购买此项设备，该项租赁内含年利率是多少？

解答：这是会计中预付年金问题的常见应用，因为多数的租赁合约需要提前付款。计算的是预付年金现值的内含利率。现值是设备的市场价格，支付是租赁付款。用表Ⅵ，应用公式为：

$$PV_n = R(PVAF_{n,i})$$

其中：

PV_n = \$45 897

R = \$3 775

n = 20 期（10 年 × 每年 2 期支付）

i = 未知半年利率

$$\$45\,897 = \$3\,775(\text{表 Ⅵ}_{20,i})$$

$$\frac{\$45\,897}{3\,775} = 12.1581 = \text{Table Ⅵ}$$

$$i = \underline{\underline{6\%}}$$

表Ⅵ中，与期数为 20，指标为 12.1581 对应的 $i = 6\%$，内含利率就是双倍的半年利率或者 $2 \times 6\% = 12\%$。

商业计算器按键：

-45 897——按下 **PV**

20——按下 **N**

3 775——按下 **PMT**

按下 **I** 得到结果 = \$5.999965% = $\underline{\underline{6\%}}$（四舍五入）

Excel 电子表格函数：

应用 Rate 函数，按如下所示输入。

Excel 标签	所需输入
Nper	20
Pmt	3 775
Pv	-45 879（输入负数代表初始现金流出）
Fv	0
Type	1

点击 Enter 键可以看到结果显示为 6.0%。

总结评论

在第 1 章中讲到，FASB 概念框架允许多种计量属性并存，其中一种就是现值。这种计量属性引起了 FASB 的关注。2000 年 2 月，FASB 颁布了《财务会计概念公告第 7 号文件》，"在会计计量中使用现金流信息和现值"。

FASB 出台这份文件以满足对以现值为基础的计量的综合性研究的需要。FASB 论及了以下问题：(1) 什么样的情况下，财政报告中估计未来现金流应以现值确认。(2) 在资产或者负债的有效期内，何时使用实际利率法进行分摊比较恰当？(3) 当利息涉及现值计量时，什么时间应被作为利息收入或者利息费用确认。(4) 如何反应现值计量中的不确定性。

本模块讲了很多现值和终值计量工具在商业中的应用问题。与会计目标有关的公允价值计量工具的应用将在本书的公允价值模块讲到。

表 I　单一支付终值表

	1%	2%	3%	4%	5%	6%	7%	8%	9%	10%	11%	12%	14%	16%	20%
1	1.0100	1.0200	1.0300	1.0400	1.0500	1.0600	1.0700	1.0800	1.0900	1.1000	1.1100	1.1200	1.1400	1.1600	1.2000
2	1.0201	1.0404	1.0609	1.0816	1.1025	1.1236	1.1449	1.1664	1.1881	1.2100	1.2321	1.2544	1.2996	1.3456	1.4400
3	1.0303	1.0612	1.0927	1.1249	1.1576	1.1910	1.2250	1.2597	1.2950	1.3310	1.3676	1.4049	1.4815	1.5609	1.7280
4	1.0406	1.0824	1.1255	1.1699	1.2155	1.2625	1.3108	1.3605	1.4116	1.4641	1.5181	1.5735	1.6890	1.8106	2.0736
5	1.0510	1.1041	1.1593	1.2167	1.2763	1.3382	1.4026	1.4693	1.5386	1.6105	1.6851	1.7623	1.9254	2.1003	2.4883
6	1.0615	1.1262	1.1941	1.2653	1.3401	1.4185	1.5007	1.5869	1.6771	1.7716	1.8704	1.9738	2.1950	2.4364	2.9860
7	1.0721	1.1487	1.2299	1.3159	1.4071	1.5036	1.6058	1.7138	1.8280	1.9487	2.0762	2.2107	2.5023	2.8262	3.5832
8	1.0829	1.1717	1.2668	1.3686	1.4775	1.5938	1.7182	1.8509	1.9926	2.1436	2.3045	2.4760	2.8526	3.2784	4.2998
9	1.0937	1.1951	1.3048	1.4233	1.5513	1.6895	1.8385	1.9990	2.1719	2.3579	2.5580	2.7731	3.2519	3.8030	5.1598
10	1.1046	1.2190	1.3439	1.4802	1.6289	1.7908	1.9672	2.1589	2.3674	2.5937	2.8394	3.1058	3.7072	4.4114	6.1917
11	1.1157	1.2434	1.3842	1.5395	1.7103	1.8983	2.1049	2.3316	2.5804	2.8531	3.1518	3.4785	4.2262	5.1173	7.4301
12	1.1268	1.2682	1.4258	1.6010	1.7959	2.0122	2.2522	2.5182	2.8127	3.1384	3.4985	3.8960	4.8179	5.9360	8.9161
13	1.1381	1.2936	1.4685	1.6651	1.8856	2.1329	2.4098	2.7196	3.0658	3.4523	3.8833	4.3635	5.4924	6.8858	10.6993
14	1.1495	1.3195	1.5126	1.7317	1.9799	2.2609	2.5785	2.9372	3.3417	3.7975	4.3104	4.8871	6.2613	7.9875	12.8392
15	1.1610	1.3459	1.5580	1.8009	2.0789	2.3966	2.7590	3.1722	3.6425	4.1772	4.7846	5.4736	7.1379	9.2655	15.4070
16	1.1726	1.3728	1.6047	1.8730	2.1829	2.5404	2.9522	3.4259	3.9703	4.5950	5.3109	6.1304	8.1372	10.7480	18.4884
17	1.1843	1.4002	1.6528	1.9479	2.2920	2.6928	3.1588	3.7000	4.3276	5.0545	5.8951	6.8660	9.2765	12.4677	22.1861
18	1.1961	1.4282	1.7024	2.0258	2.4066	2.8543	3.3799	3.9960	4.7171	5.5599	6.5436	7.6900	10.5752	14.4625	26.6233
19	1.2081	1.4568	1.7535	2.1068	2.5270	3.0256	3.6165	4.3157	5.1417	6.1159	7.2633	8.6128	12.0557	16.7765	31.9480
20	1.2202	1.4859	1.8061	2.1911	2.6533	3.2071	3.8697	4.6610	5.6044	6.7275	8.0623	9.6463	13.7435	19.4608	38.3376
21	1.2324	1.5157	1.8603	2.2788	2.7860	3.3996	4.1406	5.0338	6.1088	7.4002	8.9492	10.8038	15.6676	22.5745	46.0051
22	1.2447	1.5460	1.9161	2.3699	2.9253	3.6035	4.4304	5.4365	6.6586	8.1403	9.9336	12.1003	17.8610	26.1864	55.2061
23	1.2572	1.5769	1.9736	2.4647	3.0715	3.8197	4.7405	5.8715	7.2579	8.9543	11.0263	13.5523	20.3616	30.3762	66.2474
24	1.2697	1.6084	2.0328	2.5633	3.2251	4.0489	5.0724	6.3412	7.9111	9.8497	12.2392	15.1786	23.2122	35.2364	79.4968
25	1.2824	1.6406	2.0938	2.6658	3.3864	4.2919	5.4274	6.8485	8.6231	10.8347	13.5855	17.0001	26.4619	40.8742	95.3962
26	1.2953	1.6734	2.1566	2.7725	3.5557	4.5494	5.8074	7.3964	9.3992	11.9182	15.0799	19.0401	30.1666	47.4141	114.4755
27	1.3082	1.7069	2.2213	2.8834	3.7335	4.8223	6.2139	7.9881	10.2451	13.1100	16.7386	21.3249	34.3899	55.0004	137.3706
28	1.3213	1.7410	2.2879	2.9987	3.9201	5.1117	6.6488	8.6271	11.1671	14.4210	18.5799	23.8839	39.2045	63.8004	164.8447
29	1.3345	1.7758	2.3566	3.1187	4.1161	5.4184	7.1143	9.3173	12.1722	15.8631	20.6237	26.7499	44.6931	74.0085	197.8136
30	1.3478	1.8114	2.4273	3.2434	4.3219	5.7435	7.6123	10.0627	13.2677	17.4494	22.8923	29.9599	50.9502	85.8499	237.3763
35	1.4166	1.9999	2.8139	3.9461	5.5160	7.6861	10.6766	14.7853	20.4140	28.1024	38.5749	52.7996	98.1002	180.3141	590.6682
40	1.4889	2.2080	3.2620	4.8010	7.0400	10.2857	14.9745	21.7245	31.4094	45.2593	65.0009	93.0510	188.8835	378.7212	1469.7716

表 II　单一支付现值表

	1%	2%	3%	4%	5%	6%	7%	8%	9%	10%	11%	12%	14%	16%	20%
1	0.9901	0.9804	0.9709	0.9615	0.9524	0.9434	0.9346	0.9259	0.9174	0.9091	0.9009	0.8929	0.8772	0.8621	0.8333
2	0.9803	0.9612	0.9426	0.9246	0.9070	0.8900	0.8734	0.8573	0.8417	0.8264	0.8116	0.7972	0.7695	0.7432	0.6944
3	0.9706	0.9423	0.9151	0.8890	0.8638	0.8396	0.8163	0.7938	0.7722	0.7513	0.7312	0.7118	0.6750	0.6407	0.5787
4	0.9610	0.9238	0.8885	0.8548	0.8227	0.7921	0.7629	0.7350	0.7084	0.6830	0.6587	0.6355	0.5921	0.5523	0.4823
5	0.9515	0.9057	0.8626	0.8219	0.7835	0.7473	0.7130	0.6806	0.6499	0.6209	0.5935	0.5674	0.5194	0.4761	0.4019
6	0.9420	0.8880	0.8375	0.7903	0.7462	0.7050	0.6663	0.6302	0.5963	0.5645	0.5346	0.5066	0.4556	0.4104	0.3349
7	0.9327	0.8706	0.8131	0.7599	0.7107	0.6651	0.6227	0.5835	0.5470	0.5132	0.4817	0.4523	0.3996	0.3538	0.2791
8	0.9235	0.8535	0.7894	0.7307	0.6768	0.6274	0.5820	0.5403	0.5019	0.4665	0.4339	0.4039	0.3506	0.3050	0.2326
9	0.9143	0.8368	0.7664	0.7026	0.6446	0.5919	0.5439	0.5002	0.4604	0.4241	0.3909	0.3606	0.3075	0.2630	0.1938
10	0.9053	0.8203	0.7441	0.6756	0.6139	0.5584	0.5083	0.4632	0.4224	0.3855	0.3522	0.3220	0.2697	0.2267	0.1615
11	0.8963	0.8043	0.7224	0.6496	0.5847	0.5268	0.4751	0.4289	0.3875	0.3505	0.3173	0.2875	0.2366	0.1954	0.1346
12	0.8874	0.7885	0.7014	0.6246	0.5568	0.4970	0.4440	0.3971	0.3555	0.3186	0.2858	0.2567	0.2076	0.1685	0.1122
13	0.8787	0.7730	0.6810	0.6006	0.5303	0.4688	0.4150	0.3677	0.3262	0.2897	0.2575	0.2292	0.1821	0.1452	0.0935
14	0.8700	0.7579	0.6611	0.5775	0.5051	0.4423	0.3878	0.3405	0.2992	0.2633	0.2320	0.2046	0.1597	0.1252	0.0779
15	0.8613	0.7430	0.6419	0.5553	0.4810	0.4173	0.3624	0.3152	0.2745	0.2394	0.2090	0.1827	0.1401	0.1079	0.0649
16	0.8528	0.7284	0.6232	0.5339	0.4581	0.3936	0.3387	0.2919	0.2519	0.2176	0.1883	0.1631	0.1229	0.0930	0.0541
17	0.8444	0.7142	0.6050	0.5134	0.4363	0.3714	0.3166	0.2703	0.2311	0.1978	0.1696	0.1456	0.1078	0.0802	0.0451
18	0.8360	0.7002	0.5874	0.4936	0.4155	0.3503	0.2959	0.2502	0.2120	0.1799	0.1528	0.1300	0.0946	0.0691	0.0376
19	0.8277	0.6864	0.5703	0.4746	0.3957	0.3305	0.2765	0.2317	0.1945	0.1635	0.1377	0.1161	0.0829	0.0596	0.0313
20	0.8195	0.6730	0.5537	0.4564	0.3769	0.3118	0.2584	0.2145	0.1784	0.1486	0.1240	0.1037	0.0728	0.0514	0.0261
21	0.8114	0.6598	0.5375	0.4388	0.3589	0.2942	0.2415	0.1987	0.1637	0.1351	0.1117	0.0926	0.0638	0.0443	0.0217
22	0.8034	0.6468	0.5219	0.4220	0.3418	0.2775	0.2257	0.1839	0.1502	0.1228	0.1007	0.0826	0.0560	0.0382	0.0181
23	0.7954	0.6342	0.5067	0.4057	0.3256	0.2618	0.2109	0.1703	0.1378	0.1117	0.0907	0.0738	0.0491	0.0329	0.0151
24	0.7876	0.6217	0.4919	0.3901	0.3101	0.2470	0.1971	0.1577	0.1264	0.1015	0.0817	0.0659	0.0431	0.0284	0.0126
25	0.7798	0.6095	0.4776	0.3751	0.2953	0.2330	0.1842	0.1460	0.1160	0.0923	0.0736	0.0588	0.0378	0.0245	0.0105
26	0.7720	0.5976	0.4637	0.3607	0.2812	0.2198	0.1722	0.1352	0.1064	0.0839	0.0663	0.0525	0.0331	0.0211	0.0087
27	0.7644	0.5859	0.4502	0.3468	0.2678	0.2074	0.1609	0.1252	0.0976	0.0763	0.0597	0.0469	0.0291	0.0182	0.0073
28	0.7568	0.5744	0.4371	0.3335	0.2551	0.1956	0.1504	0.1159	0.0895	0.0693	0.0538	0.0419	0.0255	0.0157	0.0061
29	0.7493	0.5631	0.4243	0.3207	0.2429	0.1846	0.1406	0.1073	0.0822	0.0630	0.0485	0.0374	0.0224	0.0135	0.0051
30	0.7419	0.5521	0.4120	0.3083	0.2314	0.1741	0.1314	0.0994	0.0754	0.0573	0.0437	0.0334	0.0196	0.0116	0.0042
35	0.7059	0.5000	0.3554	0.2534	0.1813	0.1301	0.0937	0.0676	0.0490	0.0356	0.0259	0.0189	0.0102	0.0055	0.0017
40	0.6717	0.4529	0.3066	0.2083	0.1420	0.0972	0.0668	0.0460	0.0318	0.0221	0.0154	0.0107	0.0053	0.0026	0.0007

表III 普通年金终值表

	1%	2%	3%	4%	5%	6%	7%	8%	9%	10%	11%	12%	14%	16%	20%
1	1.0000	1.0000	1.0000	1.0000	1.0000	1.0000	1.0000	1.0000	1.0000	1.0000	1.0000	1.0000	1.0000	1.0000	1.0000
2	2.0100	2.0200	2.0300	2.0400	2.0500	2.0600	2.0700	2.0800	2.0900	2.1000	2.1100	2.1200	2.1400	2.1600	2.2000
3	3.0301	3.0604	3.0909	3.1216	3.1525	3.1836	3.2149	3.2464	3.2781	3.3100	3.3421	3.3744	3.4396	3.5056	3.6400
4	4.0604	4.1216	4.1836	4.2465	4.3101	4.3746	4.4399	4.5061	4.5731	4.6410	4.7097	4.7793	4.9211	5.0665	5.3680
5	5.1010	5.2040	5.3091	5.4163	5.5256	5.6371	5.7507	5.8666	5.9847	6.1051	6.2278	6.3528	6.6101	6.8771	7.4416
6	6.1520	6.3081	6.4684	6.6330	6.8019	6.9753	7.1533	7.3359	7.5233	7.7156	7.9129	8.1152	8.5355	8.9775	9.9299
7	7.2135	7.4343	7.6625	7.8983	8.1420	8.3938	8.6540	8.9228	9.2004	9.4872	9.7833	10.0890	10.7305	11.4139	12.9159
8	8.2857	8.5830	8.8923	9.2142	9.5491	9.8975	10.2598	10.6366	11.0285	11.4359	11.8594	12.2997	13.2328	14.2401	16.4991
9	9.3685	9.7546	10.1591	10.5828	11.0266	11.4913	11.9780	12.4876	13.0210	13.5795	14.1640	14.7757	16.0853	17.5185	20.7989
10	10.4622	10.9497	11.4639	12.0061	12.5779	13.1808	13.8164	14.4866	15.1929	15.9374	16.7220	17.5487	19.3373	21.3215	25.9587
11	11.5668	12.1687	12.8078	13.4864	14.2068	14.9716	15.7836	16.6455	17.5603	18.5312	19.5614	20.6546	23.0445	25.7329	32.1504
12	12.6825	13.4121	14.1920	15.0258	15.9171	16.8699	17.8885	18.9771	20.1407	21.3843	22.7132	24.1331	27.2707	30.8502	39.5805
13	13.8093	14.6803	15.6178	16.6268	17.7130	18.8821	20.1406	21.4953	22.9534	24.5227	26.2116	28.0291	32.0887	36.7862	48.4966
14	14.9474	15.9739	17.0863	18.2919	19.5986	21.0151	22.5505	24.2149	26.0192	27.9750	30.0949	32.3926	37.5811	43.6720	59.1959
15	16.0969	17.2934	18.5989	20.0236	21.5786	23.2760	25.1290	27.1521	29.3609	31.7725	34.4054	37.2797	43.8424	51.6595	72.0351
16	17.2579	18.6393	20.1569	21.8245	23.6575	25.6725	27.8881	30.3243	33.0034	35.9497	39.1899	42.7533	50.9804	60.9250	87.4421
17	18.4304	20.0121	21.7616	23.6975	25.8404	28.2129	30.8402	33.7502	36.9737	40.5447	44.5008	48.8837	59.1176	71.6730	105.9306
18	19.6147	21.4123	23.4144	25.6454	28.1324	30.9057	33.9990	37.4502	41.3013	45.5992	50.3959	55.7497	68.3941	84.1407	128.1167
19	20.8109	22.8406	25.1169	27.6712	30.5390	33.7600	37.3790	41.4463	46.0185	51.1591	56.9395	63.4397	78.9692	98.6032	154.7400
20	22.0190	24.2974	26.8704	29.7781	33.0660	36.7856	40.9955	45.7620	51.1601	57.2750	64.2028	72.0524	91.0249	115.3797	186.6880
21	23.2392	25.7833	28.6765	31.9692	35.7193	39.9927	44.8652	50.4229	56.7645	64.0025	72.2651	81.6987	104.7684	134.8405	225.0256
22	24.4716	27.2990	30.5368	34.2480	38.5052	43.3923	49.0057	55.4568	62.8733	71.4027	81.2143	92.5026	120.4360	157.4150	271.0307
23	25.7163	28.8450	32.4529	36.6179	41.4305	46.9958	53.4361	60.8933	69.5319	79.5430	91.1479	104.6029	138.2970	183.6014	326.2369
24	26.9735	30.4219	34.4265	39.0826	44.5020	50.8156	58.1767	66.7648	76.7898	88.4973	102.1742	118.1552	158.6586	213.9776	392.4842
25	28.2432	32.0303	36.4593	41.6459	47.7271	54.8645	63.2490	73.1059	84.7009	98.3471	114.4133	133.3339	181.8708	249.2140	471.9811
26	29.5256	33.6709	38.5530	44.3117	51.1135	59.1564	68.6765	79.9544	93.3240	109.1818	127.9988	150.3339	208.3327	290.0883	567.3773
27	30.8209	35.3443	40.7096	47.0842	54.6691	63.7058	74.4838	87.3508	102.7231	121.0999	143.0786	169.3740	238.4993	337.5024	681.8528
28	32.1291	37.0512	42.9309	49.9676	58.4026	68.5281	80.6977	95.3388	112.9682	134.2099	159.8173	190.6989	272.8892	392.5028	819.2233
29	33.4504	38.7922	45.2189	52.9663	62.3227	73.6398	87.3465	103.9659	124.1354	148.6309	178.3972	214.5828	312.0937	456.3032	984.0680
30	34.7849	40.5681	47.5754	56.0849	66.4388	79.0582	94.4608	113.2832	136.3075	164.4940	199.0209	241.3327	356.7868	530.3117	1181.8816
35	41.6603	49.9945	60.4621	73.6522	90.3203	111.4348	138.2369	172.3168	215.7108	271.0244	341.5896	431.6635	693.5727	1120.7130	2948.3411
40	48.8864	60.4020	75.4013	95.0255	120.7998	154.7620	199.6351	259.0565	337.8824	442.5926	581.8261	767.0914	1342.0251	2360.7572	7343.8578

表Ⅳ　普通年金现值表

	1%	2%	3%	4%	5%	6%	7%	8%	9%	10%	11%	12%	14%	16%	20%
1	0.9901	0.9804	0.9709	0.9615	0.9524	0.9434	0.9346	0.9259	0.9174	0.9091	0.9009	0.8929	0.8772	0.8621	0.8333
2	1.9704	1.9416	1.9135	1.8861	1.8594	1.8334	1.8080	1.7833	1.7591	1.7355	1.7125	1.6901	1.6467	1.6052	1.5278
3	2.9410	2.8839	2.8286	2.7751	2.7232	2.6730	2.6243	2.5771	2.5313	2.4869	2.4437	2.4018	2.3216	2.2459	2.1065
4	3.9020	3.8077	3.7171	3.6299	3.5460	3.4651	3.3872	3.3121	3.2397	3.1699	3.1024	3.0373	2.9137	2.7982	2.5887
5	4.8534	4.7135	4.5797	4.4518	4.3295	4.2124	4.1002	3.9927	3.8897	3.7908	3.6959	3.6048	3.4331	3.2743	2.9906
6	5.7955	5.6014	5.4172	5.2421	5.0757	4.9173	4.7665	4.6229	4.4859	4.3553	4.2305	4.1114	3.8887	3.6847	3.3255
7	6.7282	6.4720	6.2303	6.0021	5.7864	5.5824	5.3893	5.2064	5.0330	4.8684	4.7122	4.5638	4.2883	4.0386	3.6046
8	7.6517	7.3255	7.0197	6.7327	6.4632	6.2098	5.9713	5.7466	5.5348	5.3349	5.1461	4.9676	4.6389	4.3436	3.8372
9	8.5660	8.1622	7.7861	7.4353	7.1078	6.8017	6.5152	6.2469	5.9952	5.7590	5.5370	5.3282	4.9464	4.6065	4.0310
10	9.4713	8.9826	8.5302	8.1109	7.7217	7.3601	7.0236	6.7101	6.4177	6.1446	5.8892	5.6502	5.2161	4.8332	4.1925
11	10.3676	9.7868	9.2526	8.7605	8.3064	7.8869	7.4987	7.1390	6.8052	6.4951	6.2065	5.9377	5.4527	5.0286	4.3271
12	11.2551	10.5753	9.9540	9.3851	8.8633	8.3838	7.9427	7.5361	7.1607	6.8137	6.4924	6.1944	5.6603	5.1971	4.4392
13	12.1337	11.3484	10.6350	9.9856	9.3936	8.8527	8.3577	7.9038	7.4869	7.1034	6.7499	6.4235	5.8424	5.3423	4.5327
14	13.0037	12.1062	11.2961	10.5631	9.8986	9.2950	8.7455	8.2442	7.7862	7.3667	6.9819	6.6282	6.0021	5.4675	4.6106
15	13.8651	12.8493	11.9379	11.1184	10.3797	9.7122	9.1079	8.5595	8.0607	7.6061	7.1909	6.8109	6.1422	5.5755	4.6755
16	14.7179	13.5777	12.5611	11.6523	10.8378	10.1059	9.4466	8.8514	8.3126	7.8237	7.3792	6.9740	6.2651	5.6685	4.7296
17	15.5623	14.2919	13.1661	12.1657	11.2741	10.4773	9.7632	9.1216	8.5436	8.0216	7.5488	7.1196	6.3729	5.7487	4.7746
18	16.3983	14.9920	13.7535	12.6593	11.6896	10.8276	10.0591	9.3719	8.7556	8.2014	7.7016	7.2497	6.4674	5.8178	4.8122
19	17.2260	15.6785	14.3238	13.1339	12.0853	11.1581	10.3356	9.6036	8.9501	8.3649	7.8393	7.3658	6.5504	5.8775	4.8435
20	18.0456	16.3514	14.8775	13.5903	12.4622	11.4699	10.5940	9.8181	9.1285	8.5136	7.9633	7.4694	6.6231	5.9288	4.8696
21	18.8570	17.0112	15.4150	14.0292	12.8212	11.7641	10.8355	10.0168	9.2922	8.6487	8.0751	7.5620	6.6870	5.9731	4.8913
22	19.6604	17.6580	15.9369	14.4511	13.1630	12.0416	11.0612	10.2007	9.4424	8.7715	8.1757	7.6446	6.7429	6.0113	4.9094
23	20.4558	18.2922	16.4436	14.8568	13.4886	12.3034	11.2722	10.3711	9.5802	8.8832	8.2664	7.7184	6.7921	6.0442	4.9245
24	21.2434	18.9139	16.9355	15.2470	13.7986	12.5504	11.4693	10.5288	9.7066	8.9847	8.3481	7.7843	6.8351	6.0726	4.9371
25	22.0232	19.5235	17.4131	15.6221	14.0939	12.7834	11.6536	10.6748	9.8226	9.0770	8.4217	7.8431	6.8729	6.0971	4.9476
26	22.7952	20.1210	17.8768	15.9828	14.3752	13.0032	11.8258	10.8100	9.9290	9.1609	8.4881	7.8957	6.9061	6.1182	4.9563
27	23.5596	20.7069	18.3270	16.3296	14.6430	13.2105	11.9867	10.9352	10.0266	9.2372	8.5478	7.9426	6.9352	6.1364	4.9636
28	24.3164	21.2813	18.7641	16.6631	14.8981	13.4062	12.1371	11.0511	10.1161	9.3066	8.6016	7.9844	6.9607	6.1520	4.9697
29	25.0658	21.8444	19.1885	16.9837	15.1411	13.5907	12.2777	11.1584	10.1983	9.3696	8.6501	8.0218	6.9830	6.1656	4.9747
30	25.8077	22.3965	19.6004	17.2920	15.3725	13.7648	12.4090	11.2578	10.2737	9.4269	8.6938	8.0552	7.0027	6.1772	4.9789
35	29.4086	24.9986	21.4872	18.6646	16.3742	14.4982	12.9477	11.6546	10.5668	9.6442	8.8552	8.1755	7.0700	6.2153	4.9915
40	32.8347	27.3555	23.1148	19.7928	17.1591	15.0463	13.3317	11.9246	10.7574	9.7791	8.9511	8.2438	7.1050	6.2335	4.9966

表Ⅴ 预付年金终值表

	1%	2%	3%	4%	5%	6%	7%	8%	9%	10%	11%	12%	14%	16%	20%
1	1.0100	1.0200	1.0300	1.0400	1.0500	1.0600	1.0700	1.0800	1.0900	1.1000	1.1100	1.1200	1.1400	1.1600	1.2000
2	2.0301	2.0604	2.0909	2.1216	2.1525	2.1836	2.2149	2.2464	2.2781	2.3100	2.3421	2.3744	2.4396	2.5056	2.6400
3	3.0604	3.1216	3.1836	3.2465	3.3101	3.3746	3.4399	3.5061	3.5731	3.6410	3.7097	3.7793	3.9211	4.0665	4.3680
4	4.1010	4.2040	4.3091	4.4163	4.5256	4.6371	4.7507	4.8666	4.9847	5.1051	5.2278	5.3528	5.6101	5.8771	6.4416
5	5.1520	5.3081	5.4684	5.6330	5.8019	5.9753	6.1533	6.3359	6.5233	6.7156	6.9129	7.1152	7.5355	7.9775	8.9299
6	6.2135	6.4343	6.6625	6.8983	7.1420	7.3938	7.6540	7.9228	8.2004	8.4872	8.7833	9.0890	9.7305	10.4139	11.9159
7	7.2857	7.5830	7.8923	8.2142	8.5491	8.8975	9.2598	9.6366	10.0285	10.4359	10.8594	11.2997	12.2328	13.2401	15.4991
8	8.3685	8.7546	9.1591	9.5828	10.0266	10.4913	10.9780	11.4876	12.0210	12.5795	13.1640	13.7757	15.0853	16.5185	19.7989
9	9.4622	9.9497	10.4639	11.0061	11.5779	12.1808	12.8164	13.4866	14.1929	14.9374	15.7220	16.5487	18.3373	20.3215	24.9587
10	10.5668	11.1687	11.8078	12.4864	13.2068	13.9716	14.7836	15.6455	16.5603	17.5312	18.5614	19.6546	22.0445	24.7329	31.1504
11	11.6825	12.4121	13.1920	14.0258	14.9171	15.8699	16.8885	17.9771	19.1407	20.3843	21.7132	23.1331	26.2707	29.8502	38.5805
12	12.8093	13.6803	14.6178	15.6268	16.7130	17.8821	19.1406	20.4953	21.9534	23.5227	25.2116	27.0291	31.0887	35.7862	47.4966
13	13.9474	14.9739	16.0863	17.2919	18.5986	20.0151	21.5505	23.2149	25.0192	26.9750	29.0949	31.3926	36.5811	42.6720	58.1959
14	15.0969	16.2934	17.5989	19.0236	20.5786	22.2760	24.1290	26.1521	28.3609	30.7725	33.4054	36.2797	42.8424	50.6595	71.0351
15	16.2579	17.6393	19.1569	20.8245	22.6575	24.6725	26.8881	29.3243	32.0034	34.9497	38.1899	41.7533	49.9804	59.9250	86.4421
16	17.4304	19.0121	20.7616	22.6975	24.8404	27.2129	29.8402	32.7502	35.9737	39.5447	43.5008	47.8837	58.1176	70.6730	104.9306
17	18.6147	20.4123	22.4144	24.6454	27.1324	29.9057	32.9990	36.4502	40.3013	44.5992	49.3959	54.7497	67.3941	83.1407	127.1167
18	19.8109	21.8406	24.1169	26.6712	29.5390	32.7600	36.3790	40.4463	45.0185	50.1591	55.9395	62.4397	77.9692	97.6032	153.7400
19	21.0190	23.2974	25.8704	28.7781	32.0660	35.7856	39.9955	44.7620	50.1601	56.2750	63.2028	71.0524	90.0249	114.3797	185.6880
20	22.2392	24.7833	27.6765	30.9692	34.7193	38.9927	43.8652	49.4229	55.7645	63.0025	71.2651	80.6987	103.7684	133.8405	224.0256
21	23.4716	26.2990	29.5368	33.2480	37.5052	42.3923	48.0057	54.4568	61.8733	70.4027	80.2143	91.5026	119.4360	156.4150	270.0307
22	24.7163	27.8450	31.4529	35.6179	40.4305	45.9958	52.4361	59.8933	68.5319	78.5430	90.1479	103.6029	137.2970	182.6014	325.2369
23	25.9735	29.4219	33.4265	38.0826	43.5020	49.8156	57.1767	65.7648	75.7898	87.4973	101.1742	117.1552	157.6586	212.9776	391.4842
24	27.2432	31.0303	35.4593	40.6459	46.7271	53.8645	62.2490	72.1059	83.7009	97.3471	113.4133	132.3339	180.8708	248.2140	470.9811
25	28.5256	32.6709	37.5530	43.3117	50.1135	58.1564	67.6765	78.9544	92.3240	108.1818	126.9988	149.3339	207.3327	289.0883	566.3773
26	29.8209	34.3443	39.7096	46.0842	53.6691	62.7058	73.4838	86.3508	101.7231	120.0999	142.0786	168.3740	237.4993	336.5024	680.8528
27	31.1291	36.0512	41.9309	48.9676	57.4026	67.5281	79.6977	94.3388	111.9682	133.2099	158.8173	189.6989	271.8892	391.5028	818.2233
28	32.4504	37.7922	44.2189	51.9663	61.3227	72.6398	86.3465	102.9659	123.1354	147.6309	177.3972	213.5828	311.0937	455.3032	983.0680
29	33.7849	39.5681	46.5754	55.0849	65.4388	78.0582	93.4608	112.2832	135.3075	163.4940	198.0209	240.3327	355.7868	529.3117	1180.8816
30	35.1327	41.3794	49.0027	58.3283	69.7608	83.8017	101.0730	122.3459	148.5752	180.9434	220.9132	270.2926	406.7370	615.1616	1418.2579
35	42.0769	50.9944	62.2759	76.5983	94.8363	118.1209	147.9135	186.1021	235.1247	298.1268	379.1644	483.4631	790.6729	1300.0270	3538.0094
40	49.3752	61.6100	77.6633	98.8265	126.8398	164.0477	213.6096	279.7810	368.2919	486.8518	645.8269	859.1424	1529.9086	2738.4784	8812.6294

表Ⅵ　预付年金现值表

	1%	2%	3%	4%	5%	6%	7%	8%	9%	10%	11%	12%	14%	16%	20%
1	1.0000	1.0000	1.0000	1.0000	1.0000	1.0000	1.0000	1.0000	1.0000	1.0000	1.0000	1.0000	1.0000	1.0000	1.0000
2	1.9901	1.9804	1.9709	1.9615	1.9524	1.9434	1.9346	1.9259	1.9174	1.9091	1.9009	1.8929	1.8772	1.8621	1.8333
3	2.9704	2.9416	2.9135	2.8861	2.8594	2.8334	2.8080	2.7833	2.7591	2.7355	2.7125	2.6901	2.6467	2.6052	2.5278
4	3.9410	3.8839	3.8286	3.7751	3.7232	3.6730	3.6243	3.5771	3.5313	3.4869	3.4437	3.4018	3.3216	3.2459	3.1065
5	4.9020	4.8077	4.7171	4.6299	4.5460	4.4651	4.3872	4.3121	4.2397	4.1699	4.1024	4.0373	3.9137	3.7982	3.5887
6	5.8534	5.7135	5.5797	5.4518	5.3295	5.2124	5.1002	4.9927	4.8897	4.7908	4.6959	4.6048	4.4331	4.2743	3.9906
7	6.7955	6.6014	6.4172	6.2421	6.0757	5.9173	5.7665	5.6229	5.4859	5.3553	5.2305	5.1114	4.8887	4.6847	4.3255
8	7.7282	7.4720	7.2303	7.0021	6.7864	6.5824	6.3893	6.2064	6.0330	5.8684	5.7122	5.5638	5.2883	5.0386	4.6046
9	8.6517	8.3255	8.0197	7.7327	7.4632	7.2098	6.9713	6.7466	6.5348	6.3349	6.1461	5.9676	5.6389	5.3436	4.8372
10	9.5660	9.1622	8.7861	8.4353	8.1078	7.8017	7.5152	7.2469	6.9952	6.7590	6.5370	6.3282	5.9464	5.6065	5.0310
11	10.4713	9.9826	9.5302	9.1109	8.7217	8.3601	8.0236	7.7101	7.4177	7.1446	6.8892	6.6502	6.2161	5.8332	5.1925
12	11.3676	10.7868	10.2526	9.7605	9.3064	8.8869	8.4987	8.1390	7.8052	7.4951	7.2065	6.9377	6.4527	6.0286	5.3271
13	12.2551	11.5753	10.9540	10.3851	9.8633	9.3838	8.9427	8.5361	8.1607	7.8137	7.4924	7.1944	6.6603	6.1971	5.4392
14	13.1337	12.3484	11.6350	10.9856	10.3936	9.8527	9.3577	8.9038	8.4869	8.1034	7.7499	7.4235	6.8424	6.3423	5.5327
15	14.0037	13.1062	12.2961	11.5631	10.8986	10.2950	9.7455	9.2442	8.7862	8.3667	7.9819	7.6282	7.0021	6.4675	5.6106
16	14.8651	13.8493	12.9379	12.1184	11.3797	10.7122	10.1079	9.5595	9.0607	8.6061	8.1909	7.8109	7.1422	6.5755	5.6755
17	15.7179	14.5777	13.5611	12.6523	11.8378	11.1059	10.4466	9.8514	9.3126	8.8237	8.3792	7.9740	7.2651	6.6685	5.7296
18	16.5623	15.2919	14.1661	13.1657	12.2741	11.4773	10.7632	10.1216	9.5436	9.0216	8.5488	8.1196	7.3729	6.7487	5.7746
19	17.3983	15.9920	14.7535	13.6593	12.6896	11.8276	11.0591	10.3719	9.7556	9.2014	8.7016	8.2497	7.4674	6.8178	5.8122
20	18.2260	16.6785	15.3238	14.1339	13.0853	12.1581	11.3356	10.6036	9.9501	9.3649	8.8393	8.3658	7.5504	6.8775	5.8435
21	19.0456	17.3514	15.8775	14.5903	13.4622	12.4699	11.5940	10.8181	10.1285	9.5136	8.9633	8.4694	7.6231	6.9288	5.8696
22	19.8570	18.0112	16.4150	15.0292	13.8212	12.7641	11.8355	11.0168	10.2922	9.6487	9.0751	8.5620	7.6870	6.9731	5.8913
23	20.6604	18.6580	16.9369	15.4511	14.1630	13.0416	12.0612	11.2007	10.4424	9.7715	9.1757	8.6446	7.7429	7.0113	5.9094
24	21.4558	19.2922	17.4436	15.8568	14.4886	13.3034	12.2722	11.3711	10.5802	9.8832	9.2664	8.7184	7.7921	7.0442	5.9245
25	22.2434	19.9139	17.9355	16.2470	14.7986	13.5504	12.4693	11.5288	10.7066	9.9847	9.3481	8.7843	7.8351	7.0726	5.9371
26	23.0232	20.5235	18.4131	16.6221	15.0939	13.7834	12.6536	11.6748	10.8226	10.0770	9.4217	8.8431	7.8729	7.0971	5.9476
27	23.7952	21.1210	18.8768	16.9828	15.3752	14.0032	12.8258	11.8100	10.9290	10.1609	9.4881	8.8957	7.9061	7.1182	5.9563
28	24.5596	21.7069	19.3270	17.3296	15.6430	14.2105	12.9867	11.9352	11.0266	10.2372	9.5478	8.9426	7.9352	7.1364	5.9636
29	25.3164	22.2813	19.7641	17.6631	15.8981	14.4062	13.1371	12.0511	11.1161	10.3066	9.6016	8.9844	7.9607	7.1520	5.9697
30	26.0658	22.8444	20.1885	17.9837	16.1411	14.5907	13.2777	12.1584	11.1983	10.3696	9.6501	9.0218	7.9830	7.1656	5.9747
35	29.7027	25.4986	22.1318	19.4112	17.1929	15.3681	13.8540	12.5869	11.5178	10.6086	9.8293	9.1566	8.0599	7.2098	5.9898
40	33.1630	27.9026	23.8082	20.5845	18.0170	15.9491	14.2649	12.8786	11.7255	10.7570	9.9357	9.2330	8.0997	7.2309	5.9959

关键术语

年金	现值
终值	单利
普通年金	复利
本金	预付年金现值
年金	实际利率
预付年金终值	利率

习题

[习题 M-1] 单利和复利

Dietrick 公司向其大股东,也就是公司的董事长,借入利息率为 12% 的借款,共计 30 000 美元。

1. 假设是单利,

(a) 如果这项贷款将在 12 个月内偿还,为履行这项义务,Dietrick 共需支付多少金额?

(b) 支付的利息是多少?

(c) 如果贷款于 18 个月到期,Dietrick 需支付多少金额?

2. 如果贷款在 18 个月内付清,并且每年按复利计算,Dietrick 需要支付多少金额?

3. 比较(1)和(2)的结果,并解释为什么两者不同。

[习题 M-2] 相互关系:终值和现值

确定以下投资的累积金额:

1. 年利率为 10% 的投资 10 050 美元,按每年计算复利,期限为 6 年。

2. 年利率为 12% 的投资 650 美元,按季度计算复利,期限为 10 年。

3. 年利率为 16% 的投资 5 000 美元,按每年复利计算,期限为 4 年;然后以年利率 16% 重新投资,半年计算一次复利,期限为 4 年。

4. 年利率为 8% 的投资 1 000 美元,半年计算一次复利,期限为 5 年,后又增加 1 000 美元,总投资年利率为 12%,按季度计算复利,期限为 3 年。

[习题 M-3] 相互关系:终值和现值

为了能够提供以下每个项目的金额,如果按照复利计算,确定现在应储存的金额:

1. 期限为 10 年,年利率为 6% 的投资,半年计算一次复利,到期值为 17 000 美元。

2. 期限为两年半,年利率为 8% 的投资,按季度计算复利,到期值为 5 000 美元。

3. 期限为 15 年,年利率为 12% 的投资,半年计算一次复利,然后以 16% 的年利率重新投资 5 年,按季度计算复利,到期值为 25 000 美元。

4. 期限为 3 年,年利率为 8% 的投资,半年计算一次复利,然后增加 5 000 美元,以相同的利率再投资 3 年,半年计算一次复利,到期值为 12 500 美元。

[习题 M-4] 年金数未知

Ryan Henry 想要给他儿子买一辆车,作为其 21 岁的生日礼物。如果 Ryan 的儿子现在 16 岁,年利率为 8%,半年计算一次复利,那么汽车的价格是 26 000 美元,假设第一次支出是半年后,Ryan 每半年需要投资多少金额?

[习题 M-5] 年金投资期限未知

为了使以下的年金投资累计达 20 000 美元,确定其投资期限。假设在每年年末发生支出。把期限转化成年。

1. 以年利率12%每年支出5 927美元,按年计算复利。

2. 以年利率16%每半年支出3 409美元,半年计算一次复利。

3. 以年利率20%每季度支出4 640美元,按季度计算复利。

[习题 M-6]　确定内含利率

Valley 技术学院需要购入一些电脑。由于学院现金短缺,电脑销售公司同意半年后每台支付2 500美元,现在就把电脑卖给学校。如果当前的现销价格是2 404美元,学校支付的利率为多少?

[习题 M-7]　互斥租赁支出的选择

花园城市建设公司正在建设一个新的办公楼,经理层正在讨论如何确定办公室的租赁费用。可供选择项如下:

计划A　每年年末支出15 000美元

计划B　每月月末支出1 200美元

假设按月计算复利,利息率为12%,花园城市建设公司会使用哪项费用计划?

[习题 M-8]　使用公式计算按揭支出

George 和 Barbara Shrub 想购买一个大的白色住宅,正在进行融资选择评估。A银行提供年利息率为12%的10年期贷款,按月计算复利,支出在每月月末发生。B银行提供年利息率为13%的10年期贷款,按年计算复利,支出在每年年末发生。白色住宅的购入价格为250 000美元。

1. 使用公式计算以下金额:

(a) 为偿还A银行贷款,每月的支出额。

(b) 为偿还B银行贷款,每年的支出额。

2. 你会建议Shrub选择哪项融资计划?

[习题 M-9]　互斥支出计划的选择

提供以下支付计划来购买新冰箱:

计划A　现金375美元。

计划B　每个月支付55美元,共计8个月。

计划C　首付100美元,以后6个月每月支付50美元。

如果你是购买者,假设年利率为24%,按月计算复利,你会选择哪项支付计划?如果你是卖方又会怎样?(假设适用于普通年金。)

模块 2　公允价值

学习目标

1. 理解财务报告对公允价值的需求。
2. 识别财务报告中公允价值应用的领域。
3. 定义“公允价值”，描述确定公允价值时的估值观念。
4. 使用多种估值模型。
5. 在 *SFAS No. 157* 准则的要求下，进行第一、二、三层级的公允价值信息披露。

对公允价值的需求

1　理解财务报告对公允价值的需求。

WHY　公允价值在财务报表中的使用在增加。会计师和财务报表使用者不能佯装财务报告完全基于历史成本而忽视估值背后的实务和原理。

HOW　公允价值在财务报告中变得更加普遍了，因为近些年公允价值在业务中越来越重要。不断增加的复杂金融工具和风险管理实践成为财务报表的组成元素，对于这些，历史成本是不相关的，而公允价值以及公允价值变动则非常相关。

大部分会计的旁观者，甚至大部分的会计师，有个错误的观念认为财务报告总是建立在历史成本的基础上。那是不正确的。例如，10 年间，FASB，在 *SFAS No. 33* 的规定下，要求大型企业在财务报告中以附注的形式报告非经营性流动资产。这项要求在 1986 年的 *SFAS No. 89* 中被取消。更早的一个例子，在 1934 年 SEC 成立前，美国的公司对不动产和设备升值重新估值，以使长期资产以它们估计的公允价值报告，这种做法是很常见的。然而，1940 年，SEC 取消了这个做法，不是明确禁止，而是通过非正式的监管压力。许多关于资产重估的怀疑来自于联邦贸易委员会（Federal Trade Commission）1935 年完成的调查，调查显示，公共设施行业中有很多案例，都是一个实体不恰当地评估资产，使资产增加来扩大其估值基础。同样的问题在关于公允价值报告的今天仍然值得关注——狡诈的经营者可能会操纵公允价值数值，来误导银行、董事会、供应商、客户、员工以及当前和潜在的投资者。

另一方面，很多财务报表使用者对财务报表缺乏公允价值抱怨了很多年。例如，20 世纪 80 年代晚期，公众把储蓄贷款业（S&L）贬值 5 000 亿美元而没有提前提醒的原因归于 S&L 没有报告贷款组合的公允价值。导致重新审视财务机构制定的 *SFAS No. 115* 会计准则，发现大部分投资证券都需要以公允价值报告。*SFAS No. 133* 要求衍生品以公允价值报告，以引起对这些难以理解和容易忽视的金融工具的关注和审查。

所以，对于公允价值和历史成本之争由来已久。这几年这场争论逐渐升温。两个正好相反的观点如下：

"我建议 FASB 在 SEC 和联邦以及国家银行、保险监管当局的帮助下，尽快推进公允价值计量方法在资产负债表所有资产和负债上的运用。如果那样，FASB 就可以解散了，我们不需要会计准则，当今复杂的会计准则会大大简化，当然也就不需要 FASB 了。"①——SEC 前首席会计师，FASB 注册会员 Walter P. Schuetze。

"在现实世界中我们需要应付那些可能由于压力和有动机操纵会计数据的人。因而接下来要做的是提供一个客观的、以交易为基础的模型……历史成本恰好就是这个控制点。会计师不用试图提供财务报表来满足短期投机者的需要，他们应该以基于交易而非基于猜测的价值来满足长期股票持有者和投资者的需要。"②——拥有通用汽车 28 年会计从业经验，10 年审计助理经验的 Eugene H. Flegm。

财务报表中的公允价值越来越受到关注的原因至少有两个。其一，过去的 20 年间全球的业务性质发生了实质性的改变。投资、融资和风险管理活动更加复杂多变。计算机监控的风险管理系统使交易自动进行，同时为了管理现代企业所面临的复杂风险，很多企业都进入了衍生品合同领域。如《中级会计学：应用篇》第 19 章阐述的那样，这之中有价格风险（对未来资产价格的不确定性）、信用风险（对其他人或公司承诺是否最终实践的不确定性）、利率风险（未来利率的不确定性）、汇率风险（未来外汇的不确定性）。其他风险包括流动性风险、盗窃风险、竞争风险和产业周期风险。随着量化技术的发展，很多定量方法被应用到这些复杂的金融工具领域来缓和风险，财务报告的编制者和使用者意识到只有采用公允价值才能反映这些风险缓和活动的经济效果。例如，因为衍生工具没有或很少有公开的历史成本，运用传统会计上的历史成本将会是一种误导。对于衍生工具，价格或利率的重大变化对决定衍生工具的公允价值影响很大，而这些变化在传统的会计中通常被忽略。

另一个财务报表公允价值日益受到关注的原因是无形资产变得越来越重要，所以对业务收购中公允价值的计算变得越来越难。如前美联储主席艾伦·格林斯潘所说："事实上，半个世纪前绝对无法想象在制造产品和服务上的人力和体力会在一定程度上被观念和想法替代。"③如本书图 3-5 所示，从 1980 年开始，公司账面价值和市场价值的关系发生了很大的变化。图 3-5 显示，1980 年前，60%—80% 的公司的市场价值是由其资产负债表中报告的资产和负债余额所反映。自从 1995 年，资产负债表只反映了公司 20% 的市场价值。差异的原因很大程度上来自无形资产逐渐增加的经济重要性。推进财务报告中的公允价值在某种意义上是防止财务报表变成不相关的历史古玩的早期措施。

为了应对如上所述的压力及财务报表使用者的需求，FASB 和 IASB 确认公允价值对许多资产和负债来说是最相关的计量属性。公允价值被定义为"在市场参与人有序的交易中，出售一项资产时收到或转移一项负债时支付的价格"④。由于会计长期建立在历史成本

---

① Walter P. Schuetze, "In Defense of Fair Value," *The CPA Journal*, February 2006.

② Eugene H. Flegm, response to Walter P. Schuetze(*The CPA Journal*, February 2006), and *Accounting: How to Meet the Challenge of Relevance*(Elsevier Ltd., 2004, Foreword).

③ Alan Greenspan, quoted in *Cracking the value Code: How Successful Business Are Creating Wealth in the New Economy* [Richard E. S. Bolton, Barry D. Libert, and Steve M. Samek (HarperCollins, 2000)].

④ *Statement of Financial Accounting Standards No. 157*, "Fair Value Measurements" (Norwalk, CT: Financial Accounting Standards Board, September 2006), par. 5.

的基础上，FASB 和 IASB 正在一项一项小心过渡到公允价值。

过渡中很重要的一步是 *SFAS No. 157* 的发布，*SFAS No. 157* 对公允价值进行了标准化定义，同时大大扩展了公允价值披露的数量和质量。这些披露将在这一单元解释和介绍。在 *SFAS No. 157* 之后发布了 *SFAS No. 159*，FASB 在增加公允价值使用上走出了大胆的一步，允许企业在报告资产和负债时有公允价值选择权⑤，如《中级会计学：应用篇》第 12 章介绍的那样，在 *SFAS No. 159* 下，公司拥有报告选择权，可以在每个资产负债表日，将任何一个或所有金融资产和负债以资产负债表日的公允价值报告。要求或批准公允价值确认的财务报告准则数量在未来将只增不减。

财务报表哪里用到了公允价值？

2 识别财务报表中公允价值应用的领域。

WHY 列出要求或允许用公允价值报告的财务报表项目，识别财务报告中公允价值反常的项目。

HOW 在现有的会计准则中，*SFAS No. 157* 对公允价值的使用进行了标准化。这些准则影响了很多在本书中提到的财务报告领域。这些领域以及本书中涉及的相关方面在本部分进行了概括。

公允价值模块这一节的目的很简单——介绍公允价值在财务报表中是如何广泛使用的。下表列示了财务报表中使用的公允价值。这些列示包括各种项目，简单介绍公允价值在这些项目中如何使用，美国 GAAP 依据（哪里适用）和本书相关内容的章节。⑥

如同表中看到的那样，公允价值已经在财务报表中广泛应用。除在其他报表中要求的之外，*SFAS No. 157* 没有额外的使用公允价值的要求，相应地，*SFAS No. 157* 规范了公允价值的定义，解释见下一节。

财务报表项目	公允价值使用的描述	美国 GAAP 依据	本书相关章节
投资证券	分类为交易性或可供出售的金融投资证券在资产负债表上以资产负债表日的公允价值列示	*SFAS No. 115*	《应用篇》第 14 章
拥有公允价值选择权的金融资产	公司拥有对资产负债表中几乎所有金融资产以公允价值报告的选择权。与之相关的未实现利得和损失在利润表中报告	*SFAS No. 159*	《应用篇》第 12 章和第 14 章
长期应收款项	长期应收款项以其未来合同能收到的现金收入的现值进行初始确认。正确指定折现率是公允价值正确计量的基础，或以出售时能收到的金额作为公允价值	*APB Opinion No. 21*	第 7 章
年金计划资产	年金计划资产以资产负债表日的公允价值计量。公允价值和预计的义务相互联系在一起，在资产负债表中以单个金额列示	*SFAS No. 87* *SFAS No. 158*	《应用篇》第 17 章

⑤ *Statement of Financial Accounting Standards No. 159*, "The Fair Value Option for Financial Assets and Financial Liabilities—Including an amendment of FASB Statement No. 115" (Norwalk, CT: Financial Accounting Standards Board, February 2007).

⑥ 这里列出的很多项目来自 *SFAS No. 157*。

（续表）

财务报表项目	公允价值使用的描述	美国 GAAP 依据	本书相关章节
企业合并中获得的资产	企业合并中获得的资产以收购日被收购企业资产的公允价值列示	*SFAS No. 141*	第 10 章
耐用品减值	如果耐用品确定发生减值，使账面价值减记至它的公允价值	*SFAS No. 144*	第 11 章
无形资产和商誉的减值	如果长期无形资产，包括商誉确定发生减值，减记至公允价值	*SFAS No. 142*	第 11 章
衍生工具（资产或负债）	所有衍生工具以公允价值在资产负债表中确认和报告	*SFAS No. 133*	《应用篇》第 19 章
拥有公允价值选择权的金融负债	公司拥有对资产负债表中几乎所有金融负债以公允价值报告的选择权。与之相关的未实现利得和损失在利润表中报告	*SFAS No. 159*	《应用篇》第 12 章
长期应付款项	长期应付款项以其未来合同能收到的现金收入的现值进行初始确认。在正确指定折现率下，这类似于公允价值，或以把应付义务转移给第三方支付的金额	*APB Opinion No. 21*	《应用篇》第 12 章
企业合并中获得的负债	企业合并中获得的负债以被收购企业资产收购日公允价值列示	*SFAS No. 141*	第 10 章
资产弃置义务	一项资产弃置义务是以引发该项义务发生时的公允价值确认，长期经营资产的获得成本将增加和这些公允价值相同的金额	*SFAS No. 144*	第 10 章和第 11 章
类似于资产或服务的非现金项目的估值	非现金资产或服务在资产或服务收到或放弃时以公允价值计量，无论哪个都可以更加清晰地确定	*APB Opinion No. 21*	第 10 章

什么是“公允价值”？

3 定义“公允价值”，描述确定公允价值时的估值观念。

WHY 发布 *SFAS No. 157* 的一个重要原因是这些年在会计准则中创造了很多相关但不同的关于“公允价值”的定义。

HOW 基于财务报告的目的，可能有很多种定义“公允价值”的方法。FASB 选择的“公允价值”定义为计量日市场参与者在有序的交易中出售资产时收到或转移负债时支付的价格。

考虑以下假定的例子。Lorien Franklin 是当地中等规模公司的会计和财务分析师，同时也负责买卖房地产。特别是，她密切关注当地的土地出售情况，价格合适的时候就购入一块土地持有，并等待出售给合适的买者（通常是六个月或一年）。她做这项工作 15 年，在当地房地产市场拥有很多联系人和信息来源。

Lorien 打算编一张个人的资产负债表，并考虑她当前持有的一块土地的金额该如何报告。她收集了如下关于土地的事实：

（a）一年前当她购入土地时，她支付了 220 000 美元。

（b）去年一年房地产价格飙升得很快。通过对这个地区当前土地价格的分析显示，如果 Lorien 要购入一块等价的土地将支付 260 000 美元。记住，Lorien 是一个尤其有技巧的购买者；其他市场参与者购买一块相同土地将支付更多的钱。

（c）Lorien 收集了这个地区近三个月可比土地价格的销售数据。平均销售价格为每平方英尺 21.55 美元，最低为每平方英尺 20.06 美元，最高为每平方英尺 24.78 美元。以一般市场交易来说（不包括 Lorien 和她特殊的技术），每平方英尺 21.55 美元的价格很容易销售出去。Lorien 的土地共有 13 000 平方英尺。

（d）基于她销售土地的历史轨迹记录，Lorien 能以 310 000 美元将土地售出。最终实现销售将花费她总计 20 000 美元的各种费用。

（e）Lorien 确定该土地能以每年 20 000 美元出租，并维持 20 年。20 年后，Lorien 估计土地能以 400 000 美元出售。在估计未来现金流时适当的利息率为 8%。

在资产负债表中，Lorien 只能用单个数值报告土地价值；Lorien 应该用哪个值报告土地价值呢？

在财务会计概念公告第 5 号中，FASB 描述了 5 个计量属性。[7] Lorien 的土地以 5 个计量属性报告的数值如下：

- 历史成本：指支付的所获得资产的金额（经折旧调整后）。根据现行的美国会计准则，Lorien 可以以其 220 000 美元的历史成本报告土地。这个数值的优点是可证实和客观的。然而，它的缺点是它在这 5 个数值中是最不相关的。
- 重置成本：指获得相同或类似土地支付的金额。如果 Lorien 以其 260 000 美元报告土地金额，它是重置成本，能反映当地土地价格的普遍上涨。260 000 美元数额和 220 000 美元数额类似，它们都是购入价，反映了 Lorien 购买土地的成本。260 000 美元重置成本可仅仅视为更新的购入价格。重置成本的缺点在于它是假设的，房地产市场越活跃，重置成本越可靠。
- 公允价值：指市场参与者在有序的交易中出售资产时收到或转移负债时支付的价格。[8] 公允价值 280 150 美元（平均每平方英尺 \$21.55 × 13 000 平方英尺）反映了两个不相关市场参与者间土地预期出售的价格。这个假设的价格是一般市场价格，而没有考虑 Lorien 高于一般的市场洽谈能力因素。
- 可变现净值：指一项资产在适当的业务进程中减去直接成本后的金额。无论如何，这项业务必然能完成。可变现净值为 290 100 美元（\$310 000 出售价格减去 \$20 000 预期销售成本）。可变现净值 290 100 美元高于公允价值 280 150 美元，它反映出 Lorien 在土地销售中的个人销售能力。
- 未来现金流量的现值：指一项资产预期带来的未来现金流入的现值。未来现金流现值为 282 182 美元（$N = 20$，$I = 8\%$，PMT = \$20 000，FV = \$400 000→PV = \$282 182）。有人可能会提出，从概念上，未来现金流现值就是一项资产或负债的公允价值，当设定市场交易价格时，市场参与者肯定会进行现值计算。在 *SFAS No. 157* 中，FASB 确认现值技术是估计公允价值的一种方法（看 B1 段和 C58 至 C61 段）

Lorien 应在她个人报表中包括哪个数值呢？当然，如果根据美国 GAAP，她当然应以历史成本 220 000 美元报告土地价值。公允价值 280 150 美元（使用平方英尺估计）反映了现

---

⑦ *Statement of Financial Accounting Concepts No. 5*, "Recognition and Measurement in Financial Statements of Business Enterprises" (December 1984), par. 67. 在 *SFAC No. 5* 中，"公允价值"称为"当前市场价值"。

⑧ *Statement of Financial Accounting Standards No. 157*, "Fair Value Measurements" (September 2006), par. 5.

在两个任意但拥有充分信息的市场参与者在有序交易中出售土地的价格。至少,公允价值数是非常相关的,事实上,如果公司和整个国家经济对新信息反应更快,当前公允价值中反映的数值将更加相关。

在 *SFAS No. 157* 第 5 段中,FASB 定义"公允价值"如下:

> 公允价值是指在计量日市场参与者在有序的交易中出售资产时收到或转移负债时支付的价格。

注意,*SFAS No. 157* 中公允价值的定义涵盖了资产和负债。本节中的讨论主要集中在资产的公允价值。

SFAS No. 157 中,FASB 解释了与估值相关的主要原则。这些原则被专业的鉴定人使用了很多年,当然 FASB 并不是想让所有会计师成为鉴定人,然而,随着在财务报告中公允价值运用的增加,所有会计人员、审计师和财务报表使用都需要了解在定义和估计公允价值时所使用的主要概念。这些主要概念如下:

- 假设的交易
- 主要(或最有利的)市场
- 市场参与者
- 最高出价和最佳地运用
- 估值技术
- 估值技术输入变量

假设的交易

公允价值是基于在计量假设的交易中出售资产时收到或转移负债时支付的价格。[9] 假设的交易假定交易是有秩序的,意味着这不是强迫或草率的交易。另外,假设的交易假定交易发生在两个没有关联的,拥有充分信息的市场参与者之间。因此,当一家公司试图确定它所持有资产的公允价值,它并不关注出售资产可以收到的价格,该价格基本上等于之前 Lorien 的例子中的可变现净值。当然,在没有特殊销售能力或不利条件的情况下,公司必须确定出售者可接受的价格是多少。

主要(或最有利的)市场

像之前段落中介绍的那样,假设的交易是一个有序的市场交易。当然,一个很自然的问题是:什么是市场?对某些资产,存在资产交易的主要市场。主要市场与被谈论资产的最大交易量相联系。比如,如果谈论的资产是微软的股票,主要的市场是纳斯达克(NASDAQ)市场,确定股票公允价值的相关价格是计量日在纳斯达克市场上股票持有者出售股票的价格。类似地,生猪期货交易的主要市场是芝加哥商品交易所(Chicago Mercantile Exchange)。如果一个将要出售的资产没有主要交易市场,那么公允价值可以使用那些能获得的最有利市场的价格。[10]

---

⑨ *SFAS No. 157*, par. 7.

⑩ *SFAS No. 157*, par. 8—9.

市场参与者

如前所述,假想交易的价格确定的资产的公允价值发生在两个没有关联的、拥有充分信息的市场参与者之间。特别是,假设市场参与者对谈论的资产很了解,拥有财务资源可以买入和卖出,同时对买入和卖出该资产很感兴趣。⑪ 举个例子,你和本书的作者对生猪期货都不了解,所以我们达成的价格对于确定生猪期货的公允价值是不恰当的,因为我们都不了解,又没有足够的财务资源和兴趣买入或卖出。

最高出价和最佳地运用

评估资产的一个重要假设是在非强迫市场中,市场参与者有足够的时间考虑是否购入一项资产,资产将出售给那些能最有效利用资产,对资产出价最高的市场参与者。简言之,它假设这里所讨论的资产会被"最高出价和最佳地运用"。⑫ 对大部分财务资产来说,如股票,"最高出价和最佳地运用"建立在独立运行的基础上。例如,如果你拥有一块未开发的房地产和经营炼铁厂的许可证,一股微软股票可能值不了多少钱。在这种情况下,微软股票最佳的运用是"交易",也就说,使股票获得最大收益的方法是交换或出售。相对地,对于非财务资产,像生产粗钢的熔炉,最佳的运用是指和相关资产一起使用时。相应地,钢铁熔炉对你或本文的作者可能是没有多大价值的,但对于拥有一块未开发房地产和经营炼铁厂许可证的公司则很有用。当出价最高和最佳地运用的资产正在使用中,在确定资产公允价值时,它假定购入资产的假想市场参与者拥有相关资产,可以使购入资产的使用价值最大化。

估值技术

在资产评估领域,主要有三种估值技术:市场法、收益法和成本法。⑬ 在这里通过确定商品房公允价值的例子对每种方法进行简要说明。

市场法 市场法使用来自特定或相似资产价格的数据。比如,在确定一个商品房的公允价值时,很自然地,我们需要观察类似房地产的销售价格。

收益法 收益法是估值技术的常用方法,它直接或间接地基于现金流折现分析。使用收益法对商品房估值,你得用估计的不动产每年产生的现金流加上末期出售产生的现金。使用适当的利率将这些现金流折成现值,在这一模块中将给出一些现金流折现分析的例子。

成本法 成本法是基于资产的重置资本。通常,重置成本建立在重新购置新资产所花费的成本的假设基础上,然后通过对磨损和裂缝的调整来反映资产的折旧。成本法较公允价值潜在概念有微妙的变化,因为成本法是基于进入价格(购买成本)而不是退出价格(资产出售价格)。如果最近没有类似不动产转手,成本法可应用于商品房。比如,假设房地产包括土地、建筑物和周边停车场地。成本法包括估计购买相似土地、建筑物和停车场地的

⑪ *SFAS No. 157*, par. 10—11.
⑫ *SFAS No. 157*, par. 12—14.
⑬ *SFAS No. 157*, par. 18—20.

成本。

这一模块接下来还将介绍这些方法的不同应用。

估值技术输入变量

所有以上列出的估值技术在估计公允价值时都需要输入数据。像股票的市场价格或可比投资性房地产的售价等这些输入量是可验证的。当缺乏基于市场的可观察输入量时，公司必须运用自己的假设生成对现金流的合理预期，折现率预测或其他可被市场参与者使用的估值变量。这些称之为不可观察输入量。*SFAS No. 157* 中说道，公司在估计公允价值时，应最大可能地使用可观测输入量。[14]

下一节将给出各种估值模型的例子以及这些模型的输入量。

估值模型举例

4 使用多种估值模型。

WHY 财务报表的编制者和使用者不必成为估值专家。然而，与包含公允价值的财务报表相联系的任何个人都必须了解估值过程以及一般估值模型输入量和输出量之间的联系。

HOW 估值模型使用了可观测和不可观测的输入量。使用可观测输入量的估值模型关注把可观测市场数据转换为所涉及资产的公允价值之间的调整。像收益法之类的使用不可观测输入量的模型，列示了更多的对潜在模型输入量的敏感性。

这一节将介绍以下一些简单的估值模型：

- 市场乘数
- 矩阵价格
- 有限期的折现现金流
- 无限期的折现现金流
- 调整后的重置成本

记住本模块的目的不是要把你训练成为专业的鉴定师，相反，你只需大致了解一般的估值模型，那样当你收到专业的鉴定人用于编制财务报告、审计报告或解释报告的公允价值信息时，你就能成为一个明智的使用者。

市场乘数

作为企业并购的一部分，Taraz 公司购入了两幢建筑物。在购买日，建筑物需以公允价值在 Taraz 的账面上反映。每幢建筑物都是独特的，因此 Taraz 不能通过观察其他建筑物的销售直接确定每幢建筑物在销售交易中将带来的收入。然而，Taraz 收集了以下市场数据，是基于过去六个月这一地区投资性房地产的销售情况，这些数据可以间接估计 Taraz 购入的每幢建筑物的销售价格。

---

⑭ *SFAS No. 157*, par. 21.

销售价格					
	平方英尺				
资本化率	10 000	20 000	30 000	40 000	50 000
7%	$700 000	$1 425 000	$2 000 000	$2 500 000	$3 000 000
8%	625 000	1 250 000	1 750 000	2 250 000	2 625 000
9%	550 000	1 100 000	1 550 000	2 000 000	2 300 000
10%	500 000	1 000 000	1 400 000	1 800 000	2 100 000

Taraz 获悉建筑物销售价格同时与规模(在表中以平方英尺列示)和预期建筑物出租收益的稳定性有关。预期稳定性以"资本化率"表示,它是指建筑物产生的租赁收入除以建筑物价格。较高的资本化率说明市场参与者认为未来的收益流入风险很大。风险与位置、周围不动产的性质等有关。

对于购入的两幢建筑物,Taraz 测量了它的规模,基于位置和周围不动产预计了资本化率。这些估计如下。

	平方英尺	资本化率
建筑物 1	15 000	9%
建筑物 2	22 000	10%

两幢建筑物的公允价值估计如下:

建筑物 1

- 看资本化率为 9% 的那一行
- 基于平方英尺,建筑物 1 处于 550 000 美元和 1 100 000 美元的中间
- 估计建筑物 1 的公允价值 = $825 000 = $550 000 + 0.5($1 100 000 - $550 000)

建筑物 2

- 看资本化率为 10% 的那一行
- 基于平方英尺,建筑物 2 处于 1 000 000 美元和 1 400 000 美元间的 20% 处
- 估计建筑物 2 的公允价值 = $1 080 000 = $1 000 000 + 0.2 ($1 400 000 - $1 000 000)

矩阵价格

Han 公司购入了两个公司的债券作为短期投资。在资产负债表日,债券投资额以公允价值在 Han 的账面上报告。每种债券都有独特的条款,且未在活跃市场中交易,所以,Han 找不到类比市场价格直接确定债券在销售交易时的价格。然而,Han 收集了以下活跃交易债券的债券价格矩阵,能间接估计 Han 的债券的销售价格。

债券价格(票面的%)					
	债券等级				
期限(年)	AAA	AA	A	BBB	BB
2	103.85	103.56	102.71	102.37	100.29
5	103.66	102.53	101.45	100.17	98.50
10	101.64	100.29	99.56	98.54	91.98
20	95.66	91.49	90.00	89.31	82.06

Han 认识到债券的销售价格与期限(债券到期的年限)和发行债券的公司潜在风险有关。(注意:另一个重要的估值变量是债券的息票利息率。在这个例子中,假设所有债券的利息率都是一样的,所以这个因素在分析中可以忽略。)潜在的风险可以用"债券等级"表示,它是债券评级机构,如标准普尔,评定的与债券相关的标签。评级机构在分析了债券发行公司的财务状况以及行业实力后评定级别。较低的债券评级(表中 AAA 表示最高,BB 表示最低)表明评级机构认为债券发行公司相对风险较大。在其他相同的情况下,风险越大,价格越低。同时,有些因素与债券发行公司潜在的风险无关,债券到期时间越长,风险越大。因此,假设其他一致的情况下,债券到期时间越长,价格越低。

对于购入的两只债券,Han 已经确定了其到期时间,同时也从标准普尔查询了其债券等级。两个债券的数据如下:

	期限	债券等级
债券 1	15	AA
债券 2	6	BBB

每只债券的公允价值估计如下。注意:每张债券的面值为 1 000 美元,债券价格矩阵中给出的数字以面值百分比的形式列示。

债券 1

- 看债券等级为 AA 的那一列
- 基于债券期限,债券 1 的价格处于 100.29 和 91.49 中间
- 估计的债券价格面值百分比 = 95.89 = 100.29 − 0.5(100.29 − 91.49)
- 估计债券 1 的价格 = 0.9589 × $1 000 = $958.90

债券 2

- 看债券等级为 BB 的那一列
- 基于债券期限,债券 2 的价格处于 100.17 和 98.54 之间 20% 处。
- 估计的债券价格面值百分比 = 99.844 = 100.17 − 0.2(100.17 − 98.54)
- 估计债券 2 的价格 = 0.99844 × $1 000 = $998.44

有期限的折现现金流

如 FASB 概念公告第 7 号中描述的那样,未来现金流现值是估计公允价值的两种方法中的一种。在传统方法中,通常未来现金流的金额和时间由合同确定,现值由经调整后的利息率计算而成,这个利息率是由公司预期的合同性现金流收回的不确定性确定的。在预期现金流方法中,一系列可能的结果是可以确定的,每种可能结果的现金流现值可以计算出来(使用无风险利息率),加权平均现值可以通过对每种现金流结果的加总乘以各自发生的概率得到,为了介绍传统法和预期现金流法,思考以下两个例子。[15]

传统法 无形资产 A 是一项在未来收到特许权使用费的权利。接下来的五年,特许权使用费的未来现金流每年为 1 000 美元,无风险利率为 5%,这项特许权使用费现金流的收回是不确定的,所以用经风险调整后的利息率 12% 来计算现值。无形资产 A 的公允价值估

[15] 这些例子在第 10 章中同样可以找到。

计如下。

用计算器计算:

N = 5 年

I = 12%

PMT = $1 000

FV = $0(第五年年末无需额外支付)

PV = $3 605

估计的无形资产公允价值是 3 605 美元。

预期现金流法 无形资产 B 是一种用来加工速食奶酪汉堡的秘方,加工成的这种汉堡含有 25 种人体必需的维生素和矿物质,降低胆固醇,同时补充臭氧层。秘方的未来现金流是不确定的;以下是各种可能的估计及其产生的可能性。

结果 1 未来 10 年每年产生 5 000 美元现金流的可能性为 10%。

结果 2 未来 4 年每年产生 1 000 美元现金流的可能性为 30%。

结果 3 未来 3 年每年产生 100 美元现金流的可能性为 60%。

在预期现金流法下,未来现金流的不确定性不是通过风险调整利率反映的,而是通过评估各种结果的可能性及发生的概率反映的,因此无风险利率(5%)可用来计算各种结果的现金流现值。

	现值	可能性	加权现值
结果 1	$38 609	0.10	$3 861
结果 2	3 546	0.30	1 064
结果 3	272	0.60	163
估计的公允价值总额			$5 088

估计的无形资产公允价值是 5 088 美元。

无期限的折现现金流

第 1 年年初,Rockmimi 公司收购了一个位于内华达州温尼马卡市的出租车公司。被收购公司的其中一项资产是一个由温尼马卡市颁发的许可证。这些执照很有价值,但不经常交易,最近一次类似执照的单独销售在 15 年以前。相应地,Rockmimi 决定用收益法来确定所获得许可证的公允价值。因为相似的许可证有时被用于发放派生执照或出租,Rockmimi 打算用"特许权使用费豁免"法替代基于特许权使用费计算的出租车总收益来估计许可证的公允价值。Rockmimi 已经确定了主要市场中这种特许费率为 6.0%。使用这种方法,由于 Rockmimi 拥有许可证从而避免了需要从其他公司租入,许可证的税后特许权的现值就是其公允价值。

Rockmimi 使用"特许权使用费豁免"法生成了以下输入量。

- 特许权使用费费率:总出租收入的 6.0%(减去任何费用前)。
- 折现率:11.0%。
- 第 1 年预期出租收入:1 000 美元。
- 第 2 年至第 5 年每年出租收入预期成本率:20.0%。

Rockmimi 预期接下去的五年收入快速增长,但那之后,增长维持在长期可持续水平。

- 五年后(第 6 年及以后)预期出租收入每年的长期增长率:4.0%。
- 所得税税率:40%。

如你所见,除了重要的特许权使用费率 6.0% 以外,大部分估值模型的输入量是不可观测的,特许权使用费率取决于参考的其他类似的特许权安排。根据这些数据,许可证公允价值预计为 817 美元,计算如下:

						增长率 4.0%
	第 1 年	第 2 年	第 3 年	第 4 年	第 5 年	第 5 年以后
每年总收入	$1 000	$1 200	$1 440	$1 728	$2 074	
税前特许权使用费(6%)	$ 60	$ 72	$ 86	$ 104	$ 124	
所得税(40%)	24	29	34	42	50	
税后特许权使用费	$ 36	$ 43	$ 52	$ 62	$ 74	$1 057
折现现金流	$ 32	$ 35	$ 38	$ 41	$ 44	
总折现现金流	$ 190					
永续现值	627					
总现金流折现值	$ 817					

这个计算中的一个数据,627 美元,需要进一步的解释。现金流在第 6 年及以后构成一个无限序列。无限序列不是永续年金的,是因为支出不是均衡的而是以每年 4.0% 的速度增长。1 057 美元是使用戈登(Gordon)增长模型计算得出的。

$$\text{现值} = \text{初始现金流} / (r - g)$$

这里 g 代表预期增长率,r 是折现率。在这个例子中,计算如下:

$$\text{第 5 年的现值 + 现金流} = \$74 \div (0.110 - 0.040) = \$1\,057$$

这 1 057 美元是无限序列现金流基于首次现金流发生的前一年的现值。在这个序列中首次现金流发生在第 6 年年末,所以 1 057 美元是基于第 5 年年末的现值。这个数额必须折现至 5 年前在第 1 年年初的值,这里产生的 627 美元被定义为永续现值。

对于一个不熟悉估值模型的人而言,对许可证的预估公允价值 817 美元的报告,会使其产生公允价值是一个确切数字的错觉。学习估值基础有用的一个原因是,能够了解估计的公允价值对输入量变化的敏感性,特别是那些不可观测的输入量。举个例子,在这个例子中,改变五年后的折现率和增长率,使得公允价值在 453 美元至 5 490 美元间变动,显示如下。

估计的许可证公允价值					
			折现率		
5 年后的增长率	7%	9%	11%	13%	15%
2%	$1 269	$ 888	$ 678	$545	$453
3%	1 533	1 002	739	582	477
4%	1 973	1 163	817	626	505
5%	2 852	1 403	922	682	538
6%	5 490	1 804	1 069	754	579

可以从中看出理解估值的原理对于一个会计师、审计师或财务报表使用者来说,在评估报告的公允价值时是多么重要。

调整后的重置成本

Kamaraz 公司以 10 000 000 美元购入了一个滑雪度假胜地。为了正确记入收购，Kamaraz 必须估计购入资产的公允价值。其中一项资产是全功能滑雪升降系统。因为滑雪缆车系统与特殊的场地和滑雪道升降曲线联系在一起，对于这个特殊的系统，没有直接的出售价格。然而，Kamaraz 能够估计重新构建该系统将花费的成本，成本为 1 200 000 美元。已存在的系统使用了 5 年，这种系统一般预计使用寿命为 20 年，残值为 10%。与计算折旧账面价值的过程类似，我们可以估计出一个“折旧”重置成本为 930 000 美元。计算如下：

- 每年的折旧（$1 200 000 – $120 000）÷20 年 = $54 000
- 5 年 × 每年的折旧 $54 000 = 总折旧 $270 000
- 重置成本 $1 200 000 – 折旧 $270 000 = 调整后的重置成本 $930 000

这 930 000 美元调整后的重置成本是滑雪缆车系统的基于成本估计的公允价值。

这里再强调一下，这个模块的目的不是要把你培养成专业的评估人员。相反地，只有对这些一般的估值模型很熟悉，你才能更好地理解专业评估师提供的估值，进一步询问对模型有重大影响的、关键的输入量。

公允价值披露

5 在 *SFAS No. 157* 准则的要求下，进行第一、二、三层级下的公允价值信息披露。

WHY 估值模型输入变量的可能性在不同情形和不同模型中是不同的。因此，模型的输出量在可靠性上会有很大不同。*SFAS No. 157* 要求在编制财务报表时披露相关信息以帮助财务报表使用者评估公允价值的可靠性。

HOW 第一层级下的输入量是最可靠的，它来自活跃市场完全相同的资产或负债的价格。第二层级下的输入量可靠性其次，在模型中它使用的是类似（而不是相同）资产或负债的可观察市场价格为输入量。第三层级使用的是不可观测输入量，如内部现金流预测、折现率估计，等等。

在 *SFAS No. 157*（第 21 段），FASB 陈述公允价值计量产生于可观测和不可观测变量的组合。思考 A 公司估计其对 B 公司股票投资公允价值估计的例子。可观测变量的例子是 B 公司股票的报价以及 B 公司和行业内其他公司的市场乘数（如市销率、市盈率和市净率）。不可观测输入量的例子是 A 公司自己估计 B 公司未来现金流以及估计这些现金流时使用的回报率。使用估值技术估计公允价值时，FASB 要求最大化使用可观测输入变量，最小化使用不可观测输入变量。

FASB 把可观测/不可观测二分法提炼为三层级“公允价值等级”，如下所示：

- 第一层级输入变量——活跃市场同一资产（或负债）的引用价格
- 第二层级输入变量——活跃市场同一资产（或负债）的引用价格外的可观测输入变量
- 第三层级输入变量——不可观测输入变量

在估计公允价值时，第一层级的输入变量优于第二层级的输入变量，第二层级的输入变量优于第三层级的输入变量。回到上面提到的 A 公司对 B 公司的投资。如果 B 公司股票报价存在的话，A 公司必须使用这个价格。如果没有报价，A 公司必须最大化使用市场乘数和其他相似公司的市场数据。最后,如果没有与 B 公司公允价值相关的市场支持的数据存在,公司 A 使用内部产生的现金流和要求回报率来估计。

很清楚,第一层级输入变量下的公允价值比第三层级输入变量下的公允价值更可靠,包含更小的不确定性。相应地,在 *SFAS No. 157* 下,公司被要求对其计算的公允价值输入变量的来源进行一定量的披露。

公允价值的披露分为两类:第一类是以重复发生为基础的公允价值来计量的资产和负债。例子是交易性证券、可供出售证券和衍生工具。这些项目在每个报告日以公允价值计量。对于这些以重复发生为基础进行公允价值计量的项目,估值输入变量的第一个披露要求是一个以资产为行、三个输入变量层级为列的表。以下例子来自于 *SFAS No. 157* 第 A34 段。

单位:1 000 美元		报告日使用公允价值计量		
描述	XX/12/31	活跃市场同一资产的报价(第一层级)	其他重要的可观测输入变量(第二层级)	重要的不可观测输入变量(第三层级)
交易性金融资产	$115	$105	$10	
可供出售金融资产	75	75		
衍生工具	60	25	15	$20
风险投资	10			10
合计	$260	$205	$25	$30

为了说明这种披露形式比用总的公允价值计量提供更多的信息,考虑报告的可供出售金融资产(75 美元)和风险投资(10 美元),这张表中的数据告诉财务报表使用者尽管在资产负债表中都是以公允价值金额报告,这两个数字的可靠性有很大的区别。75 美元这个数字更可靠是因为如表头所示,它来自于"活跃市场同一资产的报价",相应地,10 美元的可靠性没有那么高,因为它来自内部判断和估计,没有被独立的市场观测证实。

先前的段落强调对来自第三层级输入变量的公允价值数额给予更多的关注。因此,对于这些项目需要进一步的披露。例子如下表所示。

单位:1 000 美元	用重要不可观察输入量的公允价值计量(第三层级)		
	衍生工具	风险投资	总计
期初余额	$14	$11	$25
总利得和损失(实现/未实现)			
包含在净利润中(或净资产变化)	11	(3)	8
包含在其他综合收益中	4		4
购入、发行或处置	(7)	2	(5)
由第三层级转入或转出	(2)	0	(2)
期末余额	20	10	30

这张表列示了第三层级下公允价值如何从期初余额变化为期末余额的过程。总之,对以重复发生为基础进行公允价值计量的项目,整张表格显示了使用第一层级、第二层级和

第三层级输入变量计算的公允价值相关性。另外，一个更详细的表格对使用第三层级输入量的公允价值提供了期初至期末变化的解释。

大多数资产负债表项目不以重复发生为基础的公允价值报告，却有时用到公允价值。一个普通的例子是减值资产。以公允价值报告而基于非以重复发生为基础的资产披露如下。这张表来自 *SFAS No. 157* 第 A36 段。

单位：1 000 美元		使用公允价值计量			
描述	XX/12/31	活跃市场同一资产的报价（第一层级）	其他重要的可观测输入变量（第二层级）	重要的不可观测输入变量（第三层级）	总利得（损失）
持有供使用的长期资产	$75		$75		$(25)
商誉	30			$30	(35)
持有供出售的长期资产	26		26		(15)
					$(75)

你首先得注意这些项目的公允价值是基于非重复原则的，它第一层级的输入变量是不可获得的。同时注意包含利得和损失的最后一列，它是第二张表格的简缩版，要求这些项目基于重复原则报告公允价值。

SFAS No. 157 下要求的第一层级、第二层级、第三层级的披露帮助会计师、审计师和财务报表使用者评估编制的财务报表中使用的公允价值数额的可靠性。记住公允价值的优点是它的相关性，但劣势是有时候它缺乏可靠性。*SFAS No. 157* 下的披露使得可以评估其可靠性。

习题

[习题 FV-1] 使用市场乘数

LO4 Polly 公司购入了三幢建筑物。Polly 收集了以下市场数据，是基于过去六个月这一地区商业地产的销售情况，这些数据可以间接估计 Polly 购入的每幢建筑物的销售价格。

销售价格					
	平方英尺				
资本化率	10 000	20 000	30 000	40 000	50 000
7%	$700 000	$1 425 000	$2 000 000	$2 500 000	$3 000 000
8%	625 000	1 250 000	1 750 000	2 250 000	2 625 000
9%	550 000	1 100 000	1 550 000	2 000 000	2 300 000
10%	500 000	1 000 000	1 400 000	1 800 000	2 100 000

对于购入的三幢建筑物，Polly 测量了它的面积，基于位置和周围不动产预计了资本化率。这些估计如下：

	平方英尺	资本化率
建筑物 3	38 000	7%
建筑物 4	41 000	8%
建筑物 5	46 000	10%

估计每幢建筑物的公允价值。

[习题 FV-2]　**使用债券矩阵价格**

LO4　Bodie 公司购入了三个公司的债券作为短期投资。Bodie 收集了以下活跃交易债券的债券价格矩阵，能用于间接估计 Bodie 的债券的销售价格。

债券价格（票面%）					
	债券等级				
期限（年）	AAA	AA	A	BBB	BB
2	103.85	103.56	102.71	102.37	100.29
5	103.66	102.53	101.45	100.17	98.50
10	101.64	100.29	99.56	98.54	91.98
20	95.66	91.49	90.00	89.31	82.06

对于购入的三只债券，Bodie 已经确定了其到期日，同时也从标准普尔查询了其债券等级。三只债券的数据如下：

	期限	债券等级
债券 3	3	AAA
债券 4	18	BB
债券 5	9	A

估计每只债券的公允价值。注意：每张债券的面值为 1 000 美元，债券价格矩阵中给出的数字以面值百分比列示，

[习题 FV-3]　**预期现金流法**

LO4　作为业务联合的一部分，Mother Ryan 公司获得了一个顾客列表和一项特许代理协议。Mother Ryan 公司使用预期现金流法估计这两项无形资产的公允价值。适当的利息率为 8%。这两项无形资产潜在的未来现金流和相关可能性如下：

顾客列表

结果 1　未来 5 年每年年末产生 40 000 美元现金流的可能性为 20%

结果 2　未来 4 年每年年末产生 18 000 美元现金流的可能性为 30%

结果 3　未来 3 年每年年末产生 9 000 美元现金流的可能性为 50%

特许代理协议

结果 1　未来 10 年每年年末产生 450 000 美元现金流的可能性为 10%

结果 2　未来 4 年每年年末产生 12 000 美元现金流的可能性为 20%

结果 3　未来 3 年每年年末产生 500 美元现金流的可能性为 70%

使用预期现金流法估计顾客列表和特许代理协议的公允价值。

[习题 FV-4]　**无限期折现现金流法**

LO4　第 1 年年初，Sophie Zincmann 公司收购了一个位于亚利桑那州图森市的自动修理部门。被收购公司的其中一项资产是一个由图森市颁发的许可证。这些执照很有价值，但不经常交易，最近一次类似执照的单独销售在 10 年以前。相应地，Sophie Zincmann 决定用收益法来确定所获得许可证的公允价值。因为相似的许可证有时用于发派生执照或出租，Sophie Zincmann 打算用“特许权使用费豁免”法替代基于特许权使用费的总修理店收入来估计许可证的公允价值。Sophie Zincmann 已经确定了主要市场中这种特许使用费费率为 2.0%。使用这种方法，由于 Sophie Zincmann 拥有许可证从而避免需要从其他公司租入，许可证的税后特许权使用费的现值就是其公允价值。Sophie Zincmann 使用“特许权使用费豁免”法生成了以下输入量。

- 特许权使用费费率：修理店总收入的2.0%（减去任何费用前）
- 折现率：15.0%
- 第1年预期修理店收入：300 000美元
- 第2年至第5年每年修理店收入预期成本成长率：10.0%

Sophie Zincmann预期接下去的五年收入快速增长，但那之后，增长维持在长期可持续水平。

- 五年后（第六年及以后）预期修理店收入每年的增长率：3.0%
- 所得税税率：30%

使用这些数据，估计许可证的公允价值。

［习题 FV-5］ 调整后的重置成本

LO4 Burton Dee公司以1 000万美元购买了一个采砾场。为了正确记录收购，Burton Dee必须估计并购所获得资产的公允价值。其中一项资产是碎石系统。这个系统包括一个压碎机、一条传输带和一个控制室。因为碎石系统为所处的矿井量身打造的，所以不能通过经验法直接确定这个特殊系统的出售价格。然而，Burton Dee能够估计重新构建该系统将花费的成本，成本为800 000美元。已存在的系统使用了7年，这种系统的一般预计使用寿命为16年，残值为5%。

使用这些数据，估计碎石系统的公允价值。

案例

［案例 FV-6］ 公允价值和减值

Sprint和Nextel都从事电信这个竞争行业。1984年以前追溯到Alexander Graham Bell时期，电话业务都被AT&T垄断。Nextel成立于1987年，刚成立时被称为“移动呼叫”，因为它利用无线电频率，曾被出租车派送员使用。Sprint成立于1899年，是由包括当地电话公司在内的若干个公司组成的，它通过使用南太平洋铁路磁道通行权系统进行无线传输，在AT&T垄断的日子里与之抗衡。Sprint和Nextel于2005年8月12日正式合并。

从技术角度出发，Sprint和Nextel的合并面临重大挑战。世界上共有三种常用的数字无线技术：GSM、CDMA和iDEN。这些不同的技术间在处理同时传输几个电话的技术挑战方面有很大不同。GSM（开发于欧洲，GSM是Groupe Spécial Mobile的简称）是目前世界上最通用的移动电话技术。在美国，AT&T和T-Mobile都使用GSM。CDMA（全称是code division multiple access）在美国曾被Sprint使用，Verizon现在也在使用它。iDEN（integrated digital enhanced network）由Motorola开发，曾被Nextel使用多年。这三项技术彼此并不兼容，因此使用CDMA建立的移动电话在iDEN的网络中不能工作。因此，Sprint和Nextel的合并导致的一个重大问题是如何使两家公司的CDMA和iDEN系统兼容。2008年年初，Sprint和Nextel仍然同时使用两种技术，在2007年10-K中公司描述了如下的持续风险：“我们的无线网络提供的服务使用了CDMA和iDEN技术。使用这两项技术服务的无线用户意味着使用GSM技术的用户只是其中的一小部分。因此我们基于CDMA和iDEN网络设备和电话听筒的成本将持续高于仅使用GSM技术的竞争对手的可比成本，这导致了一个我们的竞争劣势。”

Sprint Nextel的合并也导致了组织行为的挑战。Sprint的管理方法可描述为“官僚主义的”，相反，Nextel的方法则是“进取的，创业的”。[16] 很多次共同会议以Nextel的员工摔门而出，Sprint的员工困惑地留下来而结束。Sprint的人认为Nextel做出了轻率的决定，花钱很冲动。Nextel的人对流程导向的节奏感到很压抑。

2007年，Sprint Nextel的蜜月期过去了，陷入困境的迹象包括如下方面：

- 2007年每季度的经营利润与2006年相比下降了很多，高达63%。

[16] Kim Hart, “No Cultural Merger at Sprint Nextel,” *Washington Post*, November 24, 2007, p. D01.

• 2007年每季度每个使用者产生的平均收入与2006年同期相比有所下降。Sprint Nextel解释下降的原因如下:"每月通话平均收入的下降主要归因于服务计划较高的定价导致客户流失,因为新客户和其他客户可以从PCS Affiliates得到较低价格的服务。"

• 公司的市场价值从2007年前三季度稳定的550亿美元直线下降到11月底的440亿美元,年底又跌至370亿美元。

财务困境引发减值分析。这些分析包括考虑有形和无形长期资产的可补偿成本,同时也需要评估潜在的商誉减值。基于这些分析的数据详列如下。

注意:这些数据来自于2007年Sprint Nextel 10-K文件,它们是Sprint Nextel用于内部减值分析的真实数据的近似值。

不动产、厂房和设备的减值分析

如前所述,减值主要关注无线分部。2007年12月31日,无线分部的不动产、厂房和设备数据如下。(所有数据单位为百万)

土地	$ 277
网络设备	30 764
建筑物及改建	4 054
非网络软件、办公设备	2 844
减:累计折旧	(18 545)
	19 394
在建工程	3 488
不动产、厂房和设备(净值)	$22 882

为了减值测试目标的实现,Sprint Nextel把不动产、厂房和设备中归类于最低组织层级,这些组织的现金流"很大程度上独立于其他资产和负债部分产生的现金流"。Sprint Nextel确定了分部层面是进行此类分析的适当层级。

Sprint Nextel"电池和开关、房地产、信息技术和网络设备以及办公场地"的出租拥有活跃市场。来自活跃租赁市场的数据可用于估计无线分部不动产、厂房和设备产生的现金流。预计当前无线分部每年为不动产、厂房和设备支付的租赁支出如下:

	预计每年的租赁支出
土地	$ 30
网络设备	2 840
建筑物及改建	299
非网络软件、办公设备	437
在建工程*	1 073

* 预计每年的租赁支出针对的是完工资产。在建工程已完工60%。

根据*SFAS No. 144*第18段,"资产组剩余使用年限要基于资产组剩余的有效使用寿命"。主要的资产是应计折旧资产,即"资产组中产生现金生成能力最重要组成部分的资产"。对于无线分部的不动产、厂房和设备,这些资产是网络设备,平均还有8年的使用寿命。

商誉减值分析

在任何减值确认前,2007年12月31日无线分部的净账面价值为52 808美元,计算如下:

流动资产	$ 7 414
不动产、厂房及设备(净值)	22 882
无形资产:	
商誉	30 664

FCC 许可证	21 123
客户关系(净值)	4 203
其他确定寿命的无形资产	1 835
其他资产	733
总无线资产	88 854
流动负债	$ 7 793
长期负债	17 521
递延所得税负债	7 438
其他负债	3 294
总无线负债	$36 046
无线分部净账面价值	$52 808

2007 年每季度末 Sprint Nextel 的总市场价值如下：

	市值(亿)
2007 年 1 月 1 日	$542
2007 年 3 月 31 日	538
2007 年 6 月 30 日	588
2007 年 9 月 30 日	541
2007 年 12 月 31 日	374

Sprint Nextel 报告的所有商誉都与无线分部相关。Sprint Nextel 估计无线分部公允价值使用的程序描述如下："我们通过估计有线线路报告单元的价格降低我们股票的价格，然后按 FASB 指导原则中允许的那样，加上控制权溢价，来确定无线报告单元的权益估价。"

其中一种估计无线分部公允价值的方法是市场法，基于相似经营活动的公开交易公司的价格销售收入比率和价格息税前比率。这些分析数据如下：

	市值	经营收入	EBITDA*
Qwest	$82.9	$137.3	$46.1
Level 3	49.6	43.1	7.6
世界资源研究所交通与环境中心(Embarq)	67.9	63.5	26.7
Windstream	60.0	32.6	16.7
Centurytel	38.0	27.0	13.7
Sprint Nextel 无线分部	?	64.6	10.7

所有数据都来自 2007 年，单位为亿。

* EBITDA = 利息、所得税、折旧和摊销前利润

Sprint Nextel 提到的"控制权溢价"是在报告的销售收入或现金流之外的额外价值，是一个实体控制经营业务积累的价值。在这个例子中，控制权溢价是来自拥有或控制无线分部的额外价值，因为可以制定关于使用这个部分资产的战略决定。学术文献中设置的溢价范围为 5% 至 10%。

Sprint Nextel 同样可通过使用收益法估计无线分部的公允价值，这种方法通过计算这个部分预计产生的现金流的现值实现。这个分析使用的数据如下：

计算加权平均资本成本	
无风险利率(2007 年 12 月 31 日)	4.0%
股权溢价	7.0%

行业平均 β	1.55
债务利息率	7.0%
预期未来5年增长	
OIBDA 年增长率*	13.0%
资本支出年增长率	10.0%
* OIBDA = 折旧和摊销前营业利润，也等于税后分部的利润	
永久增长率(5年后)	6.0%
所得税税率	38.0%
2007年报告金额	
分部利润	$9 914
资本支出	5 067

注意：2007年12月31日 Sprint Nextel 的总负债为421亿美元。

非商誉无形资产公允价值的估计

作为无线分部商誉减值分析的一部分，Sprint Nextel 估计了与无线分部相关联的无形资产的公允价值。Sprint Nextel 的 FCC 许可证数据和客户关系如下。

注意：在这个分析中，假设账面价值近似等于无线分部报告的"其他确定寿命的无形资产"和"其他资产"的公允价值。

FCC 许可证

Sprint Nextel 拥有大量 FCC 许可证。这些许可证对 Sprint Nextel 很重要。该公司在2007年年度报告中陈述到："我们拥有几种 FCC 许可证来部署我们的无线服务：1.9GHz 个人交流服务或 PCS 许可证用于 CDMA 网络，800MHz 和 900MHz 许可证用于 iDEN 网络，2.5GHz 许可证我们将之用于第一代无线因特网准入服务。我们同样拥有 2.5GHz、1.9GHz 和其他还未应用于我们网络或服务的 FCC 许可证。只要我们在要求和管制范围内行动，更新和扩充许可证的成本将是最小的。FCC 许可证授权无线载体使用无线频谱。这个频谱是可更新、重复使用的资源，不会随着时间耗尽。我们没有注意到任何技术的发展会使频谱过期。目前，没有任何竞争或法律环境的变化引发未来对频谱许可证需求的疑问。"

估计 Sprint Nextel FCC 许可证公允价值的一种方法是"特许权使用费豁免法"。这种方法使用支付给类似于 Sprint Nextel 这类拥有许可证公司的特许权使用费率。使用这种方法，许可证的公允价值是 Nextel 因拥有许可证而避免支付的税后特许权使用费现值。

当然，这种方法中一个重要的变量是特许权使用费率。特许权使用费率数据库显示该费率从2%至8%不等，平均比率为4.2%。特许权使用费是基于减除任何费用前的收入来计算的。

这种分析的另一个重要变量为每个使用者的平均收入，APRU。Sprint Nextel 在10-K文件中报告其 APRU 从2005年第四季度的每月63美元下降至2007年第四季度的每月58美元。由于无线服务供应商竞争的加剧，Sprint Nextel 预期 APRU 将继续下降。

特许权使用费豁免法估值分析中使用的概要数据如下：

特许权使用费率	4.2%
初始每月 ARPU	$58
ARPU 年增长率	-1.0%
顾客数(2007年12月31日，单位：百万)	40 751
所得税税率	38%
接下来的五年：	
顾客每年增长率	13.0%
终极增长率(5年后)	6.0%

客户关系

2007 年 12 月 31 日,Sprint Nextel 拥有 4 100 万无线用户。这些用户代表着未来继续将产生现金流的用户现存基础。假设这些已存在的客户中没有新客户加入和老客户正常流失,这些减去了使用其他资产的合理回报后的税后现金流折现值,就代表了 2007 年 12 月 31 日客户关系的公允价值。

已存在客户关系价值的一个重要变量是 Sprint Nextel 正常每月的"流失率",它代表一个正常月份离开公司的顾客的比率。在 2007 年 10-K 文件的呈报中,Sprint Nextel 披露 2007 年第四季度的流失率为 2.3%。过去三年这个比率相对较稳定,在 2005 年第一季度较高的 2.5% 至 2007 年第二季度较低的 2.0% 间变动。

在评估 Sprint Nextel 无线客户关系价值中另一个重要的因素是与无线收入相关联的贡献率。定义的成本变量为在 Sprint Nextel 利润表中报告的"服务和产品成本",公司年边际贡献率 2005 年为 56.4%,2006 年为 59.1%,2007 年为 57.2%。在估值分析中,使用 2006 年和 2007 年的加权比率,其中 2007 年的权重加倍。这个加权平均边际贡献率为 57.8%。

为了使与客户关系相关的价值独立开来,有必要减去其他可辨认资产产生的收益估计。这些资产包括无线分部报告的资产(减去商誉)58 190 美元($88 854 - $30 664)加上任何记录的资产公允价值超出账面价值的金额。回报率是公司加权资本成本。

客户关系估值分析中使用的概要数据如下:

每月流失率	2.3%
初始每月 ARPU	$58
ARPU 年增长率	-1.0%
变动成本占收入的百分比	42.2%
所得税税率	38%

注意:在客户关系估值分析中,假设客户关系的经济寿命可持续至久远的未来,只要超额现金流是正的。每月流失率为 2.3% 的情况可能延续 3—4 年。

问题:

1. 在任何减值确认前,2007 年 12 月 31 日 Sprint Nextel 无线分部的不动产、厂房和设备记录的净值为 22 882 美元。无线分部的不动产、厂房和设备减值了吗? 如果是,应确认的减值额为多少?

2. 在任何减值确认前,2007 年 12 月 31 日 Sprint Nextel 无线分部的商誉记录的净值为 30 664 美元。Sprint Nextel 的商誉发生减值了吗? 如果是,应确认的减值额为多少?

3. 关于上面数据描述的无线分部长期资产(有形和无形),在 *SFAS No. 157* 要求下,2007 年 12 月 31 日需要披露哪些公允价值信息?

4. 参考问题 1。如果你所使用的折现率提高 0.5%(50 个基本点),答案会如何变化? 如果降低 0.5% 呢? 请解释。

5. 参考问题 2。如果你所使用的折现率提高 0.5%(50 个基本点),答案会如何变化? 如果降低 0.5% 呢? 请解释。

6. 在进行商誉减值分析时,你使用了几种不同的估值技术。

- 无线分部估值使用价格销售收入比和价格息税前利润比数据
- 无线分部估值使用折现现金流分析
- FCC 许可证估值使用"特许权使用费豁免"法
- 客户关系估值使用折现现金流分析法

这些估值技术中哪种方法对你来说更可靠? 请解释。

第二部分

公司日常经营活动

第 7 章　收入/应收账款/现金循环

学习目标

1. 说明一个企业的正常经营周期。
2. 编制反映销售收入的分录,包括坏账和保修或更换保证的核算。
3. 分析应收账款账户,判断一家公司运用经营资产的效率。
4. 讨论现金的构成、管理和控制,包括银行余额调节表的使用。
5. 确认财务报表中对销售收入和应收账款的恰当披露。

扩展资料

6. 解释如何通过担保借款或销售将应收账款转化为现金资源。
7. 描述应收票据的正确核算和估值。
8. 理解坏账对现金流量表的影响。

A. P. Giannini 1879 年出生在加利福尼亚的圣何塞。在他 7 岁的时候,父亲被谋杀,母亲改嫁,举家搬到了旧金山,在那里,他的继父开始了水果批发生意。Giannini 在批发店全职工作,19 岁时便成为了西海岸最成功的水果批发公司的初级合伙人。他将自己挣的钱投资于旧金山的房地产市场,31 岁时,从财力上讲他就能够颐养天年了。

Giannini 退休之后的生活很随意。他继续经营着自己的房地产投资组合,并且是旧金山第一个意大利人投资的银行——哥伦布储蓄信贷(Columbus Saving & Load Association)的董事会成员。虽然它有移民背景,但是 Giannini 学习其他地方银行的操作,出借一部分存款收入给一些当地大型企业,剩下的存入纽约和芝加哥的中央银行。当看到与他常打交道的农民、商人或工人无法贷款时,他很是焦虑。但 Giannini 对这个政策无能为力,于是,他退出了董事会并且发誓创立自己的银行。1904 年 10 月 17 日,Giannini 虽然没有傲人的银行家经验,但就在旧金山一栋旧楼里创立了意大利银行,开拓了自己的第二事业。

1906 年 4 月,Giannini 的银行在意大利人聚集区仍然鲜为人知。1906 年 4 月 18 日清晨,旧金山经历了历史上最严重的地震袭击。城市的三分之一遭受破坏,500 人死亡。基于地震的后果,许多当地的商人和城市领导主张放慢重建速度,并延长所有建筑贷款 6 个月。Giannini 强烈反对:“先生们,你们在犯一个严重的错误。现在是做生意的很好时机。明天早晨,我就将标有意大利银行标志的桌子摆放在华盛顿街的码头,任何想要重建旧金山的人都能在那里得到需要的钱款。”

Giannini 的这个小银行最终发展成为世界上最大的银行之一——美洲银行。2007 年 12 月 31 日,美洲银行总资产超过 1.7 万亿美元,名列美国商业银行第二(排在花旗集团之后)。美洲银行最大的资产是它的贷款组合,超过 8 760 亿元;美洲银行仅贷款组合就是埃克森美孚的基础资产总额的四倍(2 420 亿元)。正如你所想,这样的贷款规模,美洲银行需要不断的和无法偿还的客户进行交涉。2007 年,美洲银行为预期无法收回的贷款确认的费用超过 83 亿元。

问题:

1. 你认为银行最大的收入是哪类收入? 最大的支出呢?

2. 银行给予的贷款可分为两大类:消费贷款和商业(企业)贷款。截至 2007 年年底,美洲银行的应收贷款总额为 8 760 亿美元。你认为这些贷款主要来自个人(消费贷款)还是企业(商业贷款)?

3. 美洲银行公布了每个主要贷款种类的“净冲销率”。这个比率是用当年某一贷款种类中冲销的贷款额,除以当年的日贷款平均余额来计算的。2007 年美洲银行前四大消费贷款种类是住宅抵押贷款、房屋净值贷款、直接/间接个人贷款和国内信用卡。这四种贷款形式中,你认为哪种的净冲销率最低? 最高的又是哪种?

问题的答案可以在第 345 页找到。

第 4 章关于利润表的讨论主要集中在投资者和债权人对净利润重要性的判断上。在本章及后一章,我们将集中讨论利润产生的环节——销售。因为财务报表是相互联系的,对于利润表中销售的研究分析,同样是对资产负债表中应收账款或(和)现金的深入分析。

图 7-1 显示的是收入/应收账款/现金循环的时间链。本章将首先介绍收入/应收账款/现金循环的时间链。我们首先介绍产品销售或提供劳务的账务处理。在此基础上,再介绍更复杂的经济活动——商业折扣、销售退回及折让、坏账、担保——以及它们对资产负债表的影响。2007 年美洲银行确认的大量坏账支出显示,收入确认、应收账款的正确估值与否对资产负债表产生重大的影响。

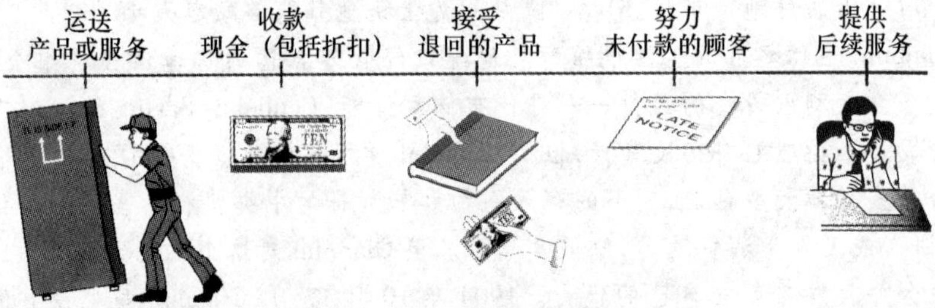

图 7-1　收入/应收账款/现金循环的时间链

当我们讨论与收入、应收账款和现金循环有关的事项时,自然而然也会思考监控应收账款及现金管理和控制的方法以及如何在财务报表中列报销售收入、应收账款和现金。在这章的拓展资料部分,我们将要讨论怎样将应收账款作为企业现金的来源。本章将总结坏账费用对经营现金流的影响。第 8 章将进一步围绕收入确认展开讨论。

企业经营周期

1 说明一个企业的正常经营周期。

WHY 因为经营周期是每个企业的生命之源，了解企业的经营周期是正确分析公司经营状况的第一步。

HOW 销售产品或服务得到现金或者(和)应收账款。最终应收账款得到兑现，产生的现金在经营中进行再投资，这样，经营周期又重新开始。

> **补充**
>
> 当销货方接受了购货方的信用卡作为收入(例如 VISA、MasterCard、American Express)，发出信用卡的银行将要收取一定的服务费，这个费用就作为销货方的额外费用进行确认。

一般的经营周期包括购买存货(用现金或信用卡)到产品销售，通常是赊销。当应收账款最终收回，经营周期又重新开始。这个周期由图 7-2 展示，它不停地重复，是任何企业经营活动的生命之源。如果你要去理解公司如何运作和财务信息在公司经营中的角色，那么理解这个经营周期十分重要(包括收入确认、应收账款记录和之后的现金收讫)。因此，让我们开始对收入、应收账款和现金循环进行详细讨论。

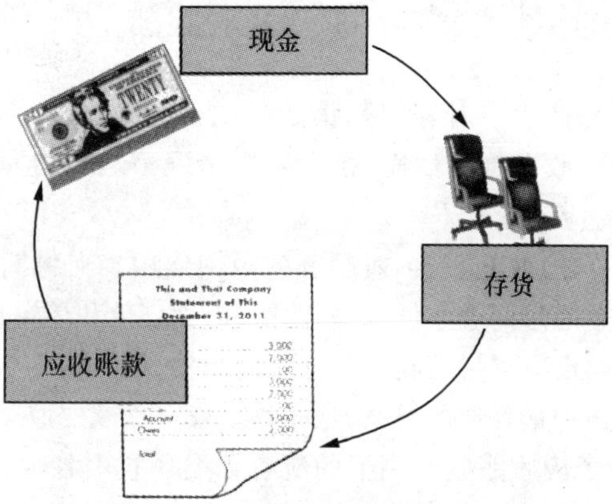

图 7-2 经营周期

收入确认一般关系到应收账款确认，因为当收益过程结束，获得了有效的支付承诺(或者支付)，这笔收入就将被反映，当产品的所有权转移到真实的购货方，随后而来的就是销售的应收账款的增加。所有权转移会随销售期间不同而发生变化，这也是一个关键。因此，当产品交付给客户时，收入确认是个常规事项。目前收入确认的会计标准比较完善。包退包换的产品在收到购货方发票之前不能进行收入确认，委托代销的产品在受托人将物品全部卖完前也不能进行收入确认。对消费者的服务要在完成后才能进行适当的收入确认。在这里值得再提的是，在第 8 章我们将讨论有关收入确认的更加复杂的事项。

收入确认和销售产品或服务的应收账款的分录如下：

借：应收账款	xx	
贷：销售收入		xx

当资金收回，应收账款得到兑现，现金计入借方，分录如下：

借：现金　　　　xx

　贷：应收账款　　　　xx

因为百货公司和一些主要的石油煤气公司有自己的信用卡，因此销售收入的很大一部分来自于信用卡。比如在2007年的会计年度内，Neiman Marcus，美国最大的奢侈品零售商，它44亿美元的营业收入中有55%是顾客使用了它自己的专用信用卡。该公司估计有近300万的顾客持有它们的专用信用卡。这样的收入确认和导致的应收账款与之前的案例接近。

思考

思考为什么公司会首先选择赊销？也就是说，为什么不规定"所有经营都使用现金"？下列哪个是对公司赊销的最合理的解释？

a）允许消费者赊购会吸引更多顾客。

b）应收账款的建立使得公司能够更加精准地管理自己的资产组合。

c）过多的现金销售交易将压垮公司的现金管理系统。

d）美国公司法要求总资产超过10万美元的公司，允许顾客赊购。

在我们继续介绍更多销售方面的内容前，让我们花些时间讨论一下不同的典型的应收账款类型。从广义上讲，应收账款期限应该与对资金、产品或服务的要求权的时间相一致。从会计目的来看，这个期限却一般被狭义地定义为预期收回现金的期限。

在应收账款分类中，销售应收款和其他应收款有明显的区别。**销售应收款**是应收账款中最重要的部分，它产生于公司的正常经营活动，也就是说，产生于对客户赊销产品或服务。销售应收款可以表现为正式的书面付款承诺并归类为应收票据。然而，在大多数情况下，销售应收款是无担保的"未清偿"款项，通常简单地称为应收账款。

应收账款表现为一定时间范围内对顾客的短期信用。支付期限一般为30—90天。这样的信用安排是买卖双方通过商业文件，比如发票、销货订单和运输合同构成的典型的非正式协议。尽管在规定时间内没有支付会收取利息或服务费，但销售应收款通常不包含利息。销售应收款是应收账款账户中最普通的类型，是应收款账户总额中最重要的组成部分。

其他应收款包括了应收账款中剩下的所有种类。它由各种各样的交易产生，例如：(1) 销售存货以外的证券或资产；(2) 保证合同履行或费用支付的存款；(3) 索取还款和退税；(4) 应收红利和利息。其他应收款应被结转至合适的同名账户，并且在财务报表中单独列示。另一种应收款的分类方法和应收款的流动性分类有关，分为流动（短期）应收款和非流动（长期）应收款。在第3章流动资产的分类中，应收账款属于常见的类别，它依据应收款的收回期间是否在一年或一个经营周期内来分类。因此，按分类的目的，所有的销售应收款应该归为流动应收款；对每个其他应收项目应该单独分析以判断是否有足够理由在一年内收回。其他应收款列示于投资或其他非流动资产科目之下，或者作为一个单独项目进行适当描述。

总之，应收款有很多种分类方法，例如，应收账款或应收票据，销售应收款或其他应收款，流动应收款或非流动应收款。这些类型并不互相排斥。比如应收账款可以是销售应收款和流动应收款；应收票据可能是销售应收款和某些情况下的流动应收款，但它在另一种情况下也可能是其他应收款，不论是流动或非流动应收款。这些分类通常在实务中会用到，本书简单地将应收款分为应收账款、应收票据和其他应收款。

销售收入账户

2　编制反映销售收入的分录,包括坏账和保修与更换保证的核算。

WHY　一旦确认了销售,按照配比原则也要确认与本期销售相关的费用,比如坏账、保修与更换费用。

HOW　坏账的估计有以下两种方法:销货百分比法或者应收账款百分比法。每种方法都包含了对应收账款无法收回的可能性的估计。通常,根据过去的经验,通过估计未来担保成本的可能值来确定担保事项的担保数额。而这笔数额在相关销售业务所在的期间被确认为费用。

销售收入往往是利润表中金额最大的项目(如果不是,公司就存在着比担心交易如何核算更重要的问题),应收账款是一家公司资产负债表中最典型的、最大的流动资产项目之一。这两个账户的金额比较大,却不能够让我们忽视与销售业务相关的其他因素。尽管这些项目跟销售和应收账款相比数目很小,但是,了解它们对公司交易的恰当会计核算十分重要。在这部分,我们将要研究的项目如下:

- *折扣*——销售或支付时一般会提供折扣。
- *销售退回及折让*——销售退回及折让一般发生在销售之后,而且在支付款项之前或之后都会产生。
- *坏账账户*——一旦赊销,就会产生账款回收问题。在赊销发生或应收账款存在的任何期间,对于赊销或应收账款都要进行坏账估计。
- *保修和更换保证*——销售发生和账款收回后的很长一段时间,和销售有关的保修和更换保证仍然存在。

折扣

很多公司给顾客的售价会比标明的价格少,这笔金额就是商业折扣。折扣因顾客而不同,根据交易量或订单规模而变化。事实上,商业折扣将标价减少到净价,即顾客最终支付的金额。该净价就是应收账款和相应的收入记录的金额,而标价仅仅是买卖双方进行价格协商的开始。

另一种折扣是现金(销售)折扣,是商家鼓励顾客即时付款而提供的优惠。当顾客在一定时间内支付货款,一般是 30 天或更短,才会享受现金折扣。应收账款应以原价入账,不扣除现金折扣。如果在折扣期限内付款,“销售折扣”(一个与销售收入相反的账户)需要记借方,以区别应收账款金额和实际收到的现金金额。这种方法(总额法)简单,并且被广泛使用。信用条件一般表示为 2/10,*n*/30(30 天内付款,10 天内付款给予 2% 的折扣)。

现金(销售)折扣——总额法

销售收入 \$1 000,折扣 2/10,*n*/30:		
借:应收账款	1 000	
贷:销售收入		1 000
在规定折扣期内支付了 \$300:		
借:现金	294	
销售折扣	6	

（续表）

现金（销售）折扣——总额法		
贷：应收账款		300
在规定折扣期外付清剩余 700 元：		
借：现金	700	
贷：应收账款		700

销售折扣的净额法反映的是销售收入和除去折扣后的应收账款数额。沿用上例，应收账款和销售收入应该记为 980 美元（$1 000 × 0.98）。如果在折扣期内没有收到货款，那么顾客比得到折扣多支付的款项应记到收入账户里。净额法的分录如下：

现金折扣——净额法		
销售收入 \$1 000，折扣 2/10，*n*/30：		
借：应收账款	980	
贷：销售收入		980
在规定时间内支付了 \$294：		
借：现金	294	
贷：应收账款		294
在规定折扣期后付清剩余 700 元：		
借：现金	700	
贷：未用折扣		14
应收账款（\$700 × 0.98）		686

销售退回和折让

> **补充**
>
> 冲抵账户带来的有用信息会对公司决策提供参考。例如，假设 A 公司和 B 公司都有销售净额 10 000 美元，A 公司总共销售了 1 000 000 美元，但销售退回有 990 000 美元。B 公司总共销售了 10 000 美元，并且没有销售退回。这个信息是否影响公司决策？

在现实交易中，商品在运输过程中或其他原因受损，或商品的型号、数量错误，部分商品就会被顾客退回，那么商家会提供一部分销售折让。当发生销售折让时，净销售额和应收账款都会减少。为了说明这点，我们假设红毛衣成本 600 美元，售价为 1 000 美元，客户打电话称寄到的是绿色毛衣，与寄回毛衣相比，顾客更愿意留下绿色毛衣，并得到一笔 200 美元的折让。分录如下：

借：销售退回与销售折让　　200

　贷：应收账款　　200

尽管应该直接计入销售收入借方，减少销售收入金额，但是用相反分录，保存了原始的销售收入额。销售退回和折让的作用关系到销售收入，对经营管理有帮助。

假设顾客选择了退还毛衣而不是接受销售折让，那么分录如下：

借：销售退回与销售折让　　1 000

　贷：应收账款　　1 000

借:存货　　600

　贷:销售成本　　600

在第 9 章我们将要讨论到,存货的账面价值不能高于其现值。成本与市价孰低法对损坏的存货也很重要,也经常适用于被退回的货物。

应收账款的计量——坏账的核算

理论上说,所有的应收账款应该以未来可收回金额的现值来计量。因为应收账款的收回需要经过一个较短的期间,一般在 30 天到 90 天之间,利息占应收账款数额比重很小。因此,会计人员也许不会考虑利息因素在销售应收款中的作用。①

公司一般会选取应收账款的可变现净值入账,即将要收回的款项,而不是以贴现后的应收账款现值入账。这就意味着应收账款账户将扣除不可收回的款项后入账。应收账款账户反映未来能收回的现金金额。

不可收回的应收账款　总有一些应收账款无法收回。确认这笔无法收回的损失最简单的方法就是借记费用账户,例如呆账费用账户、坏账费用账户或者无法收回账款费用账户。并且在能确定账款无法收回的当期贷记应收账款。这种方法叫做**直接转销法**。因为其会计处理简单,许多小企业经常使用。尽管在这个时期内无法收回账款的确认简单方便,但是这种方法不能提供匹配的现时收入的费用,也不能说明应收账款的可变现净值。因此,GAAP 中不允许使用直接转销法。下面的部分,我们将介绍 GAAP 所要求使用的备抵法。

> **补充**
>
> 坏账的直接转销法被(美国)IRS 要求用来处理应纳税收入的项目。

坏账准备的备抵法。使用备抵法时,应收账款中估计的无法收回金额要记入坏账费用账户的借方和坏账准备账户的贷方。这些账户的专用名词各地叫法不一。比如,坏账准备账户可能叫做无法收回账款备抵或呆账账款备抵。费用账户名称一般和备抵账户对应。

坏账准备账户是与资产账户相反的、抵消应收账款的一个账户,使得应收账款的余额反映的是它的可变现净值。准备账户的贷方余额反映的是估计的未来不可收回的项目金额。借方反映的是已核实的无法回收的项目金额。如果随着时间的推移,准备账户的贷方数额越来越大,那么说明估计的坏账数额要远高于实际的坏账数额,这样的估计坏账的方法可能需要变更。

典型的确认坏账费用的分录,一般要进行期末调整,具体如下:

反映这个期末所估计的无法收回的账户金额。

借:坏账费用　　xx

　贷:坏账准备　　xx

这笔费用可以最终作为销售或者管理费用来处理,准备账户可以用来作为应收账款账户的抵减账户,从而能够报告应收账款的可变现净值。

---

① 参见 *Opinions of the Accounting Principles Board No. 21*, "Interest on Receivables and Payables" (New York: American Institute of Certified Public Accountants, 1971), par. 3(a)。

备抵法下的坏账损失实际发生时的记录。当有充分证据表明某一应收款项部分或全部被确认为无法收回时，将该账户转销，即借记坏账准备，贷记应收账款。若有充分证据表明购货方破产、死亡、失踪，无法通过合法方式收款，或因其法律主体地位的原因不能按时收款，那么应收项目将发生减值。直接转销应该获得一些确认坏账的权威团体的认可，比如法院、律师或者信用机构。坏账损失确认的分录如下：

坏账的直接转销。

借：坏账准备	xx	
贷：应收账款		xx

注意这时不使用坏账费用的分录，坏账费用账户在计提坏账准备时使用。当销售发生时估计坏账费用，而没有必要在某一特定账款无法收回时确定坏账费用。

在一些情况下，有的已经被转销的账户会意外地收回账款，需要做撤销转销账户的分录，并且记录收回的账款。假设有 1 500 美元的坏账已被转销，但以后又收回，这时的分录如下：

恢复已经转销的账户。

借：应收账款	1 500	
贷：坏账准备		1 500

反映账款的收回。

借：现金	1 500	
贷：应收账款		1 500

对于很多公司来说，对于已经冲销的账户再收回的金额并不多。但在某些行业，它能够达到数百万美元。例如，2007 年，美洲银行就恢复了 12.5 亿美元的已冲销或核销的贷款。表 7-1 就是美洲银行 10-K 报告，显示了在上述三年内，美洲银行一共恢复了 38 亿美元已冲销的账户金额。

表 7-1　美洲银行收款情况表　　（单位：百万）

	2007	2006	2005
1 月 1 日的结存余额	$ 9 016	$8 045	$8 626
采用 SFAS 159 后的调整	(32)	—	—
2007 年 10 月 1 日 LaSalle 余额	725	—	—
2007 年 7 月 1 日美国信托公司余额	25	—	—
2006 年 1 月 1 日 MBNA 余额	—	577	—
转销的贷款	(7 730)	(5 881)	(5 794)
恢复转销的贷款	1 250	1 342	1 232
转销净值	(6 480)	(4 539)	(4 562)
贷款减值准备	8 357	5 001	4 021
其他(净额)	(23)	(68)	(40)
12 月 31 日的结存余额	$11 588	$9 016	$8 045

用 T 账户来表示，准备账户的金额随着坏账估计的增多而增加(记贷方)，并视为一笔费用，随着坏账的确认和冲销而减少(记借方)。另外，准备账户金额也会随着冲销账户金额的恢复而增加。这个情况的原因是，如果最初的坏账估计正确，坏账的金额恢复意味着会有另一处的坏账出现。

坏账准备	
实际核销的坏账	估计的坏账费用 恢复冲销的坏账

销货百分比法下估计坏账损失。按当期期末赊销金额的一定百分比估计坏账损失的方法。当使用一个销售基准时,可以根据过去的经验估计坏账损失和与赊销净额之间的比率。这个比率也会根据当前经验而进行修正。因为呆账只有在赊销时才会发生,所以根据以往赊销的经验为呆账设置一个百分比是合理的。这个百分比将运用在当前的赊销业务中。但是,因为在保持区分现金销售和赊销或者分析销售数据时需要额外工作,因此这个百分比在总销售额下需要经常的完善。除非在现金销售和赊销中有大量的波动,销货百分比法通常都会给出令人满意的结果。

> **补充**
>
> 对一个发展稳定的公司来说,即一个已经经营了很多年,并且保持稳定的应收账款水平的公司,当年按赊销额估计的坏账费用几乎和实际冲销的金额相同。

如果当期的销售额是 100 000 美元,估计的坏账损失率是 2%,那么坏账费用应为当期销售额的 2%,也就是 2 000 美元。注意,这是没有加上已经存在的以往坏账费用的金额。这个期间的会计分录如下:

记录本期估计的坏账费用(\$100 000 × 0.02 = \$2 000)。

借:坏账费用	2 000	
贷:坏账准备		2 000

坏账损失的销货百分比法因为易于操作,所以在实务中大量使用,很多公司利用这个方法定期对坏账进行估算,并在年终调整应收账款的准备账户余额,并且当做经验数据应用到下一年或下一个经营周期中,如下节所述。

以应收账款余额为基础估计坏账损失。应收账款余额百分比法不是用销货总额的百分比来估计坏账,而是用应收账款期末余额的比率估计坏账损失。该方法强调坏账损失的发生与应收账款的余额直接相关。例如,应收账款总额是 50 000 美元,估计有 3% 的款项无法收回,那么准备账户余额应该是 1 500 美元(\$50 000 × 0.03)。如果准备账户贷方已经有 600 美元的余额,那么当前的调整分录如下:

反映该期间估计的坏账

(坏账准备账户要求的余额 \$1 500 − 坏账准备实际发生额 \$600 = 应调整的数额 \$900)。

借:坏账费用	900	
贷:坏账准备		900

在这个分录做完以后,坏账准备账户余额应该是 1 500 美元或者是应收账款总额的 3%。注意,这个方法以应收账款的百分比算出金额,将已经存在的余额调整到期望的余额数。在刚才的例子中,如果因为冲销坏账,坏账准备账户有了比之前估计的更多的 200 美元的借方余额,那么为了将准备账户贷方余额调整到 1 500 美元或者应收账款总额的 3%,调整 1 700 美元才能达到应计提的金额。

账龄分析法是依据未偿付的应收账款确定坏账准备的最常用的方法之一。分析单个账户来确定那些尚未到期和已经到期的款项,已经到期的账户根据到期时间的长短进行分类。如下是账龄分析表应收账款。

为了提高总的估值准确性,到期未付账户应该逐个分析并估计收回的可能性和金额。另一种可选的做法是计算一系列估计的损失比率,并将其应用到不同的应付账款分类账户中。ICO 有限公司以后者为基础计算的备抵如下所述。

ICO 有限公司应收账款分析

2011 年 12 月 31 日

顾客	金额	未到期	30 日内到期未付	31—60 日到期未付	61—90 日到期未付	91—180 日到期未付	181—365 日到期未付	超过一年到期未付
A. B. Andrews	$ 450			$ 450				
B. T. Brooks	300				$100	$200		
B. Bryant	200		$ 200					
L. B. Devine	2 100	$ 2 100						
K. Martinez	200						$200	
M. A. Young	1 400	1 000		100	300			
Total	$47 550	$40 000	$3 000	$1 200	$650	$500	$800	$1 400

ICO 有限公司坏账的估算

2011 年 12 月 31 日

分类	余额	坏账历史百分比	估算的坏账
未到期	$40 000	2%	$ 800
30 日内到期未付	3 000	5	150
31—60 日到期未付	1 200	10	120
61—90 日到期未付	650	20	130
91—180 日到期未付	500	30	150
181—365 日到期未付	800	50	400
超过一年到期未付	1 400	80	1 120
	$47 550		$2 870

用之前的应收账款百分比法,准备账户达到要求的余额需要借记坏账费用,贷记坏账准备账户。假设 ICO 有限公司计算的未收回金额估计是 2 870 美元,在此之前准备账户贷方余额是 620 美元,分录调整如下:

记录当期的坏账费用(要求的 \$2 870 - 现有的 \$620 = 调整后的 \$2 250)。

借:坏账费用	2 250	
贷:坏账准备		2 250

账龄分析法提供了最令人满意的估算应收账款的可变现净值的途径。此外,通过账龄分析法,数据变得更加完善,并且对以赊销的分析管控为重要目标的企业管理非常有用。

坏账准备的调整。就像之前讲到的,在会计期末,要对坏账准备账户余额进行调整。如果坏账准备余额过多,那么备抵账户余额将虚高,利润及应收账款将会比实际金额偏低;如果准备计提额过少,那么备抵账户余额将过少,应收账款和利润将被夸大。

我们必须认识到,准备账户余额是根据日常交易经验得来的。账龄法在不同时间内可能被用来检查准备账户余额是否真实并且可靠。这样期间性的复核说明需要经常将准备账户余额进行调整，也需要变更估计坏账的比率以及估计坏账的方法。

注意

在计算坏账时最常见的错误就是混淆这两种方法——销货百分比法和应收账款百分比法。记住，当你使用销货百分比法时，计算出坏账费用后，才能决定准备账户余额。当你使用应收账款百分比法时，计算出准备账户余额后，才能决定坏账费用数额。

当依照经验算出的坏账和实际发生的损失接近，那么这种估计坏账的方法就是可行的，并且不需要进行调整。当不能准确地估算坏账数额，导致准备账户的余额明显错误或者离谱，那么就需要进行调整。这种估算的变化需要在当期和将来期间，作为一个常规项目在利润表中进行报告，通常作为坏账费用项的附注或摘要。

坏账的核销可能使得备抵账户暂时出现借方余额，这种情形下的借方余额并不意味着坏账准备不足，而只是将期末对坏账的调整提前了。调整后，准备账户将会有贷方余额。试想，如果调整后备抵账户依然有借方余额，结合应收账款账户余额，说明你期望收到比你现有应收账款更多的资金，而这是几乎不可能的事情。

保修和更换保证

补充

很多销售电器产品的公司都通过维修协议而赚取大量利润。因为这些维修协议会带来丰厚的利润，因而激励很多销售人员而去销售它们。尽管很多消费者杂志都告诫过消费者，这些维修协议并不应该有这么高的费用，并且不应该让消费者花钱。

正如刚才你所阅读的，必须进行坏账估计，这样才能有合适的费用与该期间的收入相匹配。这个同样适用于**保修项目**。很多公司为那些对产品不满意或退还有瑕疵产品的顾客提供免费服务。如果这些服务协议或保证包含较少的花费，那么这些消耗将确认为当期损益。当这些服务协议包含较大数额的长期花费，并且经验说明公司存在很明显的长期负债，那么这些费用就要抵减当期收入。

这些估算的金额通常借记一个费用类账户，贷记一个负债类账户。随之而来的履行保修义务的花费则借记负债类账户，贷记一个合适的账户，例如现金或者存货。与坏账的准备账户相似，保修费用的预计负债账户借方记载的是真实的保修费用，而贷方代表的是估算的费用。

以下面的案例来说明保修的账务处理。MJW 音像公司出售保修期为 2 年的小型立体声音响。根据过去的经验，10% 的产品会在第一年需要修理，20% 的产品在第二年需要修理。平均的修理费为每套 50 美元。2010 年和 2011 年各销售了 5 000 套和 6 000 套。实际发生的修理费用 2010 年为 12 500 美元，2011 年为 55 000 美元；假设所有的修理费都是现金支出。

2010	反映根据已销售量估算的保修费支出（5 000 美元 ×0.30 × \$50 = \$75 000）。		
	借：保修费	75 000	
	贷：预计负债——保修费		75 000
	记录 2010 年花费的真实维修费。		
	借：预计负债——保修费	12 500	
	贷：现金		12 500
2011	记录根据已销售量估算的保修费支出（6 000 ×0.30 × \$50 = \$90 000）。		
	借：保修费	90 000	
	贷：预计负债——保修费		90 000
	记录 2011 年花费的真实维修费。		
	借：预计负债——保修费	55 000	
	贷：现金		55 000

对预计负债账户应当定期进行分析，看实际的维修费和估算的是否一致或接近。当发现实际的和估算的相差很多时，那么对估算使用的百分比数需要进行调整。这些估算调整需要有预见性，也就是适用当前以及以后时期。假设在刚才的例子中销售和维修数量在两年中是平均的，2011 年负债类账户的分析表明期末余额是 97 500 美元（\$75 000 + \$90 000 − \$12 500 − \$55 000），它和根据 10% 和 20% 的比例估算出的维修费 100 000 美元几乎是一致的（注意：假设按整年平均计算每月的销售额等于按每半年平均计算的每月销售额）。

计算	
2010 年还有 6 个月保修期的销售：	
\$50 × [5 000 × (6/12 × 0.20)]	\$ 25 000
2 011 年还有 18 个月保修期的销售：	
\$50 × [6 000 × (6/12 × 0.10) + 6 000 × (12/12 × 0.20)]	75 000
总计	\$100 000

在一些情况下，估算和实际的出入会很大。如果没有做出调整，那么很容易导致误导性的财务报告。在这些例子中，本期都会做出对预计负债类账户的调整。继续刚才的例子，假设 2011 年的维修费突然降至 35 000 美元，那么最终的余额变为 117 500 美元，比估算的 100 000 美元高了很多。如果认为 17 500 美元具有重要性，那么 2011 年维修费调整如下：

记录维修费估算的调整。		
借：预计负债——保修费	17 500	
贷：保修费		17 500

应收账款的管理

3 分析应收账款账户，判断一家公司运用经营资产的效率。

WHY 应收账款账户的管理效率对于赊销经营很重要。

HOW 管理应收账款最常用的指标是平均回收期，它反映的是销售完成和资金收回之间的时间差。

公司管理者及财务信息的外部使用者需要衡量公司在使用经营资产时的效率，尤其是营运资金部分，例如应收账款、存货和应付账款。最常用的应收账款监管指标是平均回收期。

平均回收期

平均回收期有时也叫平均收账期,它反映了销售业务发生日与款项收回日相隔时间的平均值。未收回的平均应收款项根据日常销售的平均回收期来进行划分。WS 公司利用这个方法,计算如下:

	2011	2010
平均应收款	$397 500	$354 250
净销售额	$1 425 000	$1 650 000
日均销售额(净销售额/365)	$3 904	$4 521
平均回收期(平均应收款/日均销售额)	102 天	78 天

这种衡量方法也可以通过用应收账款周转率来划分一年中的天数来获得。依据当年平均应收账款来除以净销售额,并且依据这个来决定应收账款周转率。为了更准确地计量平均应收账款,年初余额和年末余额通常都会用到。但是,利用季末余额或月末余额是个更好的方法。

WS 公司 2010 年和 2011 年应收账款周转率计算如下:

	2011	2010
净销售额	$1 425 000	$1 650 000
应收账款净额		
年初	$375 000	$333 500
年末	$420 000	$375 000
平均应收账款[(年初+年末)/2]	$397 500	$354 250
年应收账款周转率	3.6 次	4.7 次

应收账款周转率的计算表明了一个会计年度企业销售收入/应收账款/现金循环的次数。

在一些案例中,计算期末未收回应收账款的平均回收期,要比计算整年的平均回收期要有用。这点对评价当前的应收账款状况,尤其是特定日期的应收账款至关重要。WS 公司的平均回收期计算如下:

	2011	2010
年末应收账款	$420 000	$375 000
日均销售额	$3 904	$4 521
平均回收期(年末)	108 天	83 天

对于不同的企业来说,什么样才是合理的平均回收期呢?例如,如果一个商品的净销售期是 45 天,那么 40 天的平均回收期就是合理的,但如果净销售期是 30 天,那么 40 天则是个缓慢的回收期。表 7-2 给出了一些公司的平均回收期。注意有两个不同的企业,一个是经营销售和融资租赁重型装备的卡特彼勒公司,平均回收期是 73 天;一个是家得宝公司,相对来说很少赊销存货,平均回收期是 11 天。也请注意西尔斯公司,其平均回收期相对较短,只有 6 天。在 2003 年将其国内信用卡业务出售给花旗集团前,西尔斯公司的平均回收期超过 200 天,因为使用信用卡的顾客还款期限很长。

表 7-2 2007 年各公司的资金回收期

公司	平均回收期
卡特皮勒	73.31
埃克森美孚	30.57
家得宝	10.57
麦当劳(特许经销费)	54.99
微软	73.73
西尔斯	5.74

在一个会计期间结束前需要在报表中说明应收账款的计量方法时,应考虑企业的销售活动。如果销售额在报告期期末异常变动,也会对应收账款总额产生影响。因此,如果发生这样的情况,那么最好以到期日的数据来分析应收账款,就像前面所讨论的那样。

如何在不流失客户的前提下使应收账款最小化,这是个很重要的问题。应收账款一般不计息,但其成本要用利润来弥补。应收账款收回时间(没有利益)拖得越长,那么资产投资的收益实现率将越少。

为了吸引客户,通常赊销方会给予一个很长的还款期限。那么就要考虑长时间的赊销成本。假设,一项交易的日均销售额为 5 000 美元,平均应收账款额为 250 000 美元,这相当于是 50 天的销售额。如果资金回收期和赊销时限能够缩短至 30 天,那么应收账款可以变为 150 000 美元。假设持有这笔应收账款的持有和服务成本为金额的 10%,那么,每 100 000 美元的金额就能每年节省 10 000 美元的成本。

现金管理和控制

4 讨论现金的构成、管理和控制,包括银行余额调节表的使用。

WHY 因为货币资金是流动性最强的资产,使用现金结算时必须做好保护以保证货币资金的安全。

HOW 通常通过银行余额调节表来进行资金控制。银行余额调节表的使用要求公司的会计人员将银行对账单上的余额和公司的日记账余额进行比对。当发现任何差异时,都要进行相应调整分录和更正。

至此,本书主要介绍了销售收入和应收账款。但是,收入和应收账款之所以有价值,是因为它们能转变成现金。现金很重要,因为现金为其他项目的核算提供了基础。另一个原因是,个人、企业,甚至政府都必须保持一定的资金流动性;也就是说,它们必须持有足够的库存现金来偿还自己的到期债务,维持日常运转。FASB 的概念框架一开始就意识到应该将现金和资金的流动性作为财务报告的最关键的部分来进行报告。这样的重视程度最后导致现金流量表是基础的财务报表之一。

现金是流动性很强的资产,与它的这个重要性形成鲜明对比的则是它的非增长性。因为现金是价值的表现形式,除非转变成其他的资产,否则它不能扩张或者增加。它是一项被动的资产,例如它自身不会增长或增值,但是如果持有土地的话,就有可能实现增值。过多的库存现金余额被称作闲置现金。有效的现金管理,要求的是将合理的现金不断地通过不同方式运用到经营中去,或者进行长期或短期投资。因此,现金的管理至关重要。

因为现金是最具流动性的资产,因此也是最需要保护的资产。我们将花一些时间来讨论现金，还有与之同等重要，也是作为现金保护盾的银行余额调节表，它通常是保证现金结算正确的重要手段。

现金的构成

现金是流动资产中流动性最强的。作为“现金”，该项目应当能够随时并无障碍地偿还流动负债。一个普遍的参考指标是，该资产是否能够以面值作为存款存入银行或者其他金融机构。

现金分为库存现金和非限制用途的银行存款，通常称为活期存款，因为它能根据需要而随时取出。活期存款包括支票、存款和投资于资本市场的资金。零星支出的小额现金、找零备用金、可转让票据，例如个人支票和银行支票，都属于现金的范畴。这些现金总和加上非银行存款，通常被称作库存现金。另外，很多公司会在资产负债表中将投资的短期带息有价证券（如三个月的美国国库券）作为现金等价物列报。不能被及时取回或者有其他障碍的存款通常叫作定期存款。这些存款有时被单独划为短期投资。例如定期存单（CDs）和货币市场储蓄券。定期存单一般只有在到期日才能将钱取出。

存入国外银行的活期存款也视为现金，以资产负债表日的汇率折算成本币金额在表中列示。但是存入国外银行的存款在用途或取出上受限时，就将其作为流动或非流动的应收账款，并且要列报估计的无法收回的坏账准备。

一些项目不符合存款面值的标准，因而不能作为现金来列报。例如邮票（一般由办公室提供）、远期支票、欠条和存款不足支票（这些事实上都是应收账款）。

现金余额应该根据不同的管理目的单独进行报告。例如，留出一部分资金用于回购债券；这些现金叫做**偿债基金**。有严格定义的现金应当作为流动资产披露，除非它们有了流动性目的或偿还债务的安排。现金余额以流动性和非流动性为依据的分类应该和负债分类相似。

现金账户的贷方余额是由支出超过已知存款而导致的，也就是现金透支，应当报告为流动负债。

总之，现金是一项流动资产，包括金属货币、流通货币和其他项目，包括：(1) 货币兑换的中介资产；(2) 提供会计计量基础的资产。大多数可兑现工具（比如支票、银行汇票、商业汇票）也可以作为现金，因为它们在需要时能够兑换成货币，或者能够被银行计入存款面值中去。对于很多公司来说，它们持有的“现金”形式为短期的计息有价证券。被限制用途或取出的现金应当以投资、应收账款或其他资产单独披露或报告。表 7-3 就总结了刚刚讨论的这些分类项目。披露这些的目的是为了将信息提供给财务信息的使用者，告诉他们公司的偿债能力（包括流动性和偿付能力）并评定公司的资金管理效率。

表 7-3 现金及非现金项目分类

项目	分类
库存现金	现金
活期存款	现金
小额现金、找零备用金	现金
可转让票据，如支票、银行汇票和商业汇票	现金
未寄出但公司已签的支票	现金

（续表）

项目	分类
定期存款，如定期存单、货币市场储蓄券	投资
外国银行存款	
无限制	现金
有限制的	应收账款
邮票	行政费用
欠条、远期支票、存款不足支票	应收账款
有特定用途的现金	有限制资金*
现金透支	流动负债

*以现金使用是否受限将现金分为流动资产或非流动资产。

补偿性余额

公司为了融资往往需要在银行或者其他贷款机构持有一定金额的存款。**补偿性余额**被 SEC 定义为“一家公司持有的任何活期存款的一部分（或定期存款的一部分或者定期存单的一部分），实际上是一家公司现有的向某个借款机构借款的保证协议。这样的协议包括未还的借款和将来的信用保证。”②

补充

实际借款利率可以被看作（利息 ÷ 实际拿到手的借款）。因为补偿性余额要求减少实际拿到手的借款，但同时也要求利息可以以全部借款为基础计算得来，这将会增加实际利率。

补偿性余额是给予那些债权人提供了信用贷款的一部分资金补偿。事实上，这些协议增加了借款者偿还的利息，因为这些存款中有一部分是不能被动用的。从披露的角度看，这些余额显示了一些财务问题。财务报表的使用者通常会假设整个现金余额都能用来偿还流动负债，然而有部分现金的使用是受限的。

解决这个问题的办法就是在报表中披露补偿性余额。SEC 规定：持有的任何“法律上受限”的存款都应该作为补偿性余额单独列报。如果余额来自于短期金融协议，那么它们就应该在流动资产部分的现金项目下单独列示；如果补偿性余额与长期协议有关，那么它应该以非流动资产，或者以“投资”、“其他资产”列示。很多时候，存款并非受限，但是补偿性余额依旧存在是因为合同中有相关的信用贷款最高限额。在这些情况下，协议的数量和性质就应该在财务报表的注释中披露出来，如表 7-4 所示 2001 年 Taser International 的例子。它们这样描述自己的产品：“我们的武器利用浓缩氮，碰撞两个小型的带点探头，使它们最远能达到 21 英尺。在燃烧后，探头从子弹里放电，子弹当时依旧由高压绝缘导线来连着武器。而这个导线将带电的子弹射向目标。”

② Securities and Exchange Commission, *Accounting Series Release No. 148*, “Disclosure of Compensating Balances and Short-Term Borrowing Arrangements” (Washington, DC: U.S. Government Printing Office, 1973). Currently listed in *SEC Regulation S-X*, Rule 5-02, Caption 1.

表 7-4 Taser International——补偿性余额披露

现金和现金等价物包括库存现金和 3 个月及以内到期的短期投资。2001 年 12 月 31 日,现金及现金等价物包括了 490 万美元的高流动性的定期存单和货币市场基金。这些账户 2001 年的利息平均收益为 1.86%。在这 490 万美元内,依照协议,有 150 万美元的现金和现金等价物将作为补偿性余额。

现金的管理和控制

如前所述,每个企业需要保留足够的现金以保证日常经营和偿债。而多余的现金应该用来进行暂时的投资,给股东更多的回报。有效的现金管理也要求防止现金失窃或诈骗。因为现金是流动性最强的资产,最容易受到不适当的使用,所以必须要有适当的监管措施。

资金控制系统必须适应特定的企业,所以它不可能描述所有行业及不同规模的企业的现金控制特点。但是,从总体上讲,这个系统将现金出纳与现金记录人员分离开来,这样就减少了隐藏现金收支错误的可能。如果滥用现金需要有 2 个或更多的雇员合谋的话,那么挪用的概率就会降低很多。此外,该系统通常能将现金的收入与支付分开。这个现金管控系统的基本特点如下:

1. 明确负责现金收入的职责分工。
2. 处理和反映现金收入业务由不同经办人员负责。
3. 将每日收到的现金及时存入银行。
4. 用付款凭单制度来控制现金支付。
5. 不定期的内部审计。
6. 现金的双轨记账制度——编制银行日记账和现金日记账,并由不负责记账的人员对账。

这些控制措施一般适用于员工较多的大企业。而员工较少的企业则很难将记账与出纳的责任分开。但是,哪怕是小企业,都应该尽量采用更多的现金管控手段。

在一定程度上,当一家公司能够进行有效的内控,那么它就能减少现金管控会计业务中的失窃、丢失或者疏忽的机会。但是,即便是最精确的现金控制系统,也不能消除失误或疏忽。因此,定期性地核对银行对账单,就能帮助确认记账过程中出现的差错。另一种通常用的现金管控方法——小额现金基金,在与本章相关的网络资料中进行讨论。网址是 www.cengage.com/accounting/stice。

银行存款余额调节表

当日常收益存入银行,款项由支票支付后,存款者的银行账户反映表可以与企业的现金日记账进行核对。这样的核对每月一次,银行的对账表称作**银行存款余额调节表**。银行存款余额调节表旨在发现银行或企业的现金记录中的错误或异常的项目。表中指出两组数据不同的原因并予以调整。而这个审核工作应该由既不是出纳也不是记账的人员担任,因为盗用资金的人进行对账,太容易掩盖其罪行。

当对账单与日记账对比时,会有只出现在某一方记录而另一方没有记录的事项,从而导致两边反映的结果有差异。大多数差异因为暂时的时间差导致的,这是很正常的现象。四种常见的差异如下:

1. 月末企业存款,企业计入了日记账,而银行未记录。这个金额称作**未达账项**,需要添加到银行账单余额中去,使它和公司的存款日记账金额相等。

2. 月末公司签出了一张支票,公司的日记账中余额已经减少,但是银行还没有记录在对账单中。这些未付支票需要在银行账单余额中进行剔除,使之能够与公司的存款日记账中金额相等。

> **注意**
>
> 在核对银行对账单时,了解银行是怎么处理交易很重要(比如真的有存款不足支票的话,分录如何做),这样才能从公司记录的角度做出合适的调节。

3. 银行每月会收取一定的账户服务费。银行会自动从存款者的账户中进行**银行手续费**的扣除,然后在银行对账单中标注。公司必须在现金日记账中将这笔费用进行扣除,使存款日记账余额与对账单一致。退还客户的存款余额不足的支票,操作方法相似。

4. 当第三方将欠公司的债务直接支付给银行时,公司的存款账户余额增加了。根据银行对账单(假设之前银行的通知公司并没有收到),这笔款项需要增加到公司的存款日记账中。比如,对于一个私企的应付职工薪酬账户,银行会将增加的利息直接打进该账户。同理,存款可能会被第三方划走(比如转账给一个储蓄计划)。这些划款需要在公司的存款日记账中扣除。

> **注意**
>
> 账面余额的调整应该反映通过银行对账单得来的新的信息。银行余额的调整需要反映银行尚未确认的已签支票和已存款项。

如果,在调整完这些项目后,银行对账单和公司的日记账依旧不一致,那么,需要一份关于双方记录的详细报告,才能判断哪一方在记录中发生了错误异常。

银行存款余额调节表的准备

银行存款余额调节表的基本形式如下。调节表分为两部分:第一部分,把银行对账单余额调整到正确的现金余额;第二部分,将公司的日记账余额调整到相同的现金余额数。在第一部分中,那些银行没有确认的项目(例如未达存款或未付支票),还有银行记录错误的项目都需要进行调整更正。第二部分的调整中包括企业未确认的项目(例如直接打进账户的金额和存款不足的支票,或者银行手续费)和记录错误的项目。

将银行存款余额调节表和企业的日记账余额调整到一个正确的数额有两个重要的好处:它提供了一个修正过的数据,并且显示了存款者账户中所有都需要调整的项目。

另一种可选的调节方法则是调节银行的对账单,使之与企业的日记账相同,这种方法很难得出一个正确的现金余额数,而且也使得以对账单余额调节日记账余额很困难。

Svendsen 公司银行余额调节表

2011 年 11 月 30 日

每个银行对账单余额(2011 年 11 月 30 日)		$2 979.72
加:未达存款	$658.50	
银行错误收取的存款账户利息费用	12.50	671.00
		$3 650.72
减:未付支票		
No. 1125	$ 58.16	
No. 1138	100.00	

（续表）

No. 1152	98.60	
No. 1154	255.00	
No. 1155	192.07	703.83
调整后的银行账户余额		$2 946.89
每个日记账的余额(2011 年 11 月 30 日)		$2 952.49
加：截至 11 月的利息收入	$ 98.50	
No. 1116 支票将支付的广告费 $46 错记成 $64	$ 18.00	116.50
		$3 068.99
减：银行手续费	$ 3.16	
退还给客户的 11 月 25 日存款不足支票	118.94	112.10
调整后的日记账余额		$2 946.89

思考

假设经过以上的步骤后，银行的余额和日记账上的余额依旧不等。假设更正后的银行对账单的存款额大于日记账余额。以下哪种错误会导致如此状况？

a）银行存款余额调节表遗漏了该月最后一天的存款未达账项。而公司的日记账记录了这个款项。

b）公司将一张给供应商的支票错写成 50 美元，而应该是 500 美元，银行记录的是正确的金额 500 美元。

c）公司错误记录了一笔月中的存款，将 50 美元写成了 500 美元，而银行记录的是正确的 50 美元。

d）一张三个月前签的支票，银行还未支付。在调节表中遗漏了该未支付支票。

调整了余额调节表，企业应该记录出现在银行对账单上并需要在企业日记账中确认的项目及企业日记账中发现的错误。企业还应立刻告知银行其发生的错误。经过 11 月 30 日的调整，Svendsen 公司应做如下分录：

记录截至 11 月的利息收入。

借：现金	98.50	
贷：利息收入		98.50

将广告支付费用的 64 美元改为 46 美元。

借：现金	18.00	
贷：广告费用		18.00

记录 11 月的应收账款和银行费用。

借：应收账款	118.94	
普通杂项费用	3.16	
贷：现金		122.10

当这些调整全部结束后，最终的现金账户余额为 2 946.89 美元。如果财务报表在 11 月 30 日编制完成，那么这个数据应该作为现金在资产负债表中进行报告。我们还应注意到，银行余额调节表是不提供给外部使用者的。它作为管理控制的程序和会计核算的工具，使现金账户和相关的账户余额能够及时调整并更新。

财务报表中销售收入和应收账款的报告

5 确认财务报表中对销售收入和应收账款的恰当披露。

WHY 财务报表中销售收入和应收账款的披露随企业不同而有差异。销售收入和应收账款应该在财务报表和附注中都进行披露。

HOW 在财务报表中,销售收入一般以扣除折扣和备抵项目后的净额进行列示。应收账款则经常以扣除准备账户后的净额进行列示,并且在附注中披露其他相关信息。

企业在利润表中往往会提供收入来源的系统分析。例如,迪士尼公司的资产负债表就列示了四种收入来源:媒体网络、主题公园观光浏览、室内娱乐、纪念品销售。另一个例子中,麦当劳提供的财务报表的注释中,按区域分别确认了收入、营业利润和可辨认资产(见表7-5)。这些信息对于财务报表使用者判断公司未来收益的来源很有帮助,也有助于使用者判断资产盈利的效率。在麦当劳的例子中,我们可以计算不同地方的收入比率,总结出欧洲的收入百分比增长缓慢(2005年的37%增长到2007年的39%)。在计算美国每美元资产产生的收益时,我们注意到增速很缓慢(从2005年的0.78增长到2007年的0.79)。并且这个数字在欧洲的增速也只是从2005年的0.75增长到2007年的0.78。根据这个来分析,我们能够看出,每美元资产在欧洲所产生的收益几乎和在美国的相等。

表7-5 麦当劳的合并财务报表注释

区域和地理信息

单位:百万

	2007	2006	2005
美国	$ 7 905.5	$ 7 464.1	$ 6 955.1
欧洲	8 926.2	7 637.7	7 071.8
中东及非洲地区	3 598.9	3 053.5	2 815.8
其他国家及地区	2 356.0	2 739.9	2 274.6
收入总额	$22 786.6	$20 895.2	$19 117.3
美国	$ 2 841.9	$ 2 657.0	$ 2 421.6
欧洲	2 125.4	1 610.2	1 449.3
中东及非洲地区	616.3	364.4	345.1
其他国家及地区	(1 704.6)	(198.6)	(232.0)
营业收入总额	$ 3 879.0	$ 4 433.0	$ 3 984.0
美国	$10 031.8	$ 9 477.4	$ 8 968.3
欧洲	11 380.4	10 413.9	9 424.6
中东及非洲地区	4 145.3	3 727.6	3 596.5
其他国家及地区	3 834.2	3 529.4	5 891.0
待售资产		1 631.5	1 517.6
中止经营		194.7	590.8
资产总额	$29 391.7	$28 974.5	$29 988.8

在资产负债表中,流动资产中的应收账款项目有:(1) 应收票据——债务方名称;(2) 应收账款——债务方名称;(3) 其他应收账款。或者,将应收票据和应付账款单独列报。其他应收账款的详细报告,需要根据其重要性来列报。估价账户金额需从其个别应收账户

余额或者合并的账户余额中扣除。在资产负债表中,长期应收款和其他应收款应划为“其他非流动资产”。企业还应该披露它的应收账款是否有使用限制,比如该款项是否已被用来支付某项负债或者为某项贷款提供抵押担保。最后,公司应该披露和应收账款回收有关的重大信用风险。例如,公司与一个买方存在大量的销售(赊销)业务,这说明这笔应收账款的风险很集中,需要披露。在本章末的拓展资料中,我们将要解释,当抵押或销售应收账款时,与之相关的销售或者借款事项需要披露。披露的内容包括,协议条款、应收账款的价值、债权人的追索权限。

表7-6展示的是卡特彼勒公司10-K文件中报告的2007年的应收账款和应收票据金额。与应收账款有关事项也进行了披露,包括:应收账款到期日、租用设备的残值和赊销损失估计。注意,在三年内,该公司估计的赊销损失比实际发生额多。(估计的为2.57亿美元,而实际发生额是2.16亿美元)。

表7-6 应收账款报告——卡特彼勒公司报表附注披露

未到期应收账款余额表

单位:百万

到期时间	2007年12月31日				
	零售业务的分期付款	零售业务的融资租赁	零售业务的应收票据	批发业务的应收票据	总计
2008	$3 313	$2 938	$1 829	$11	$ 8 091
2009	2 310	2 231	1 186	—	5 727
2010	1 434	1 395	841	—	3 670
2011	712	692	531	—	1 935
2012	265	269	524	—	1 058
后续期间	113	231	976	—	1 320
	$8 147	$7 756	$5 887	$11	$21 801
残值	—	1 384	—	—	1 384
减:预收收入	(821)	(938)	(110)	—	(1 869)
总计	$7 326	$8 202	$5 777	$11	$21 316

减值贷款和租赁	2007	2006	2005
已确认的平均投资	$200	$168	$233
12月31日:			
已记录的投资	$219	$193	$171
已计提减值准备的减值贷款和租赁	166	133	98
减值贷款和租赁的坏账准备	35	26	20
没计提坏账准备的减值贷款和租赁	$ 53	$ 60	$ 73

贷款减值准备	2007	2006	2005
年初余额	$315	$302	$278
贷款减值准备	97	68	92
冲销的应收账款	(91)	(63)	(62)
恢复冲销的坏账损失	23	16	17
其他——净额	7	(8)	(23)
年末余额	$351	$315	$302

扩展资料

在第一部分，我们讨论了经营的中心环节——销售商品、提供劳务和应收账款的回收。我们也讨论了与收入、应收账款、现金循环有关的事项。下面，我们将讨论如何将应收账款作为现金资源。一家公司会因很多原因而急需现金。公司可以用很多方法，在应收账款没有收回的情况下，将其转为现金。这些方法的共同点将在这里讨论。我们也会探讨应收票据及其估价，以及如何用作现金资源。拓展资料简单讨论了现金流量表中未收回款项对企业的影响。

作为现金来源的应收账款

6 解释如何通过担保借款或销售将应收账款转化为现金资源。

WHY 一家公司可以出售应收账款或者作为增加贷款额度的抵押担保，以此加速资金的回收。一家公司采用的方法和成本也取决于公司能承受的风险水平。

HOW 采用有担保的借款的方法时，公司可以只需将应收账款用作贷款抵押。应收账款也可以出售给第三方，例如银行或者其他金融机构。当出售应收账款附加追索权时，那么售出企业必须确认附有追索权而导致的预期支出。

应收账款的循环是企业经营循环中的一部分，往往需要几个月才能完成。有时，公司在收款前就急需现金，有时，公司虽无财务压力，但是想缩短资金回笼的时间，降低信用风险，转移赊销压力，将应收账款贴现。

应收账款转化为现金有两种途径，即出售应收账款（附追索权或不附追索权）或者担保借款。FASB 在第 140 号公告中细化了出售应收账款需符合的条件，具体如下。

1. 已转让的资产与转让方从此分离。也就是说转让方和债权人无法再接触该资产。
2. 受让方有权抵押或交换受让的资产。
3. 转让方不能通过以下方式对已转让的资产进行实质地控制：

(a) 与受让方签订在到期日回购该资产的协议；

(b) 拥有让受让方退回资产的权利。

这三个条件详细地阐述了不附追索权地转让金融资产的情况。如果不附追索权地转让金融资产，就说明转让方没有回购该资产的权利，受让方可随意处置该资产。这样的转让方式作为销售核算。若没有满足这三个条件，这个转让只能看作抵押借款。接下来，我们将要讨论应收账款的出售和将其作为借款抵押的核算。

不附加追索权的应收账款出售

某些银行、做市商和金融机构会购买企业的应收账款。很多情况下，是不附加追索权的，意味着购买者承担了应收账款不能回收的风险。若附追索权，在应收账款无法回收时，受让方有权向最初的转让方偿还。出售不附追索权[3]的应收账款,称作**应收账款售让**,购买应收账款的一方称作应收账款代理商。购货方通常会被告知他们的货款应付给该售让方,该售让方承担兑现账单和回收资金的风险。应收账款出售的流程在图 7-3 中描述。

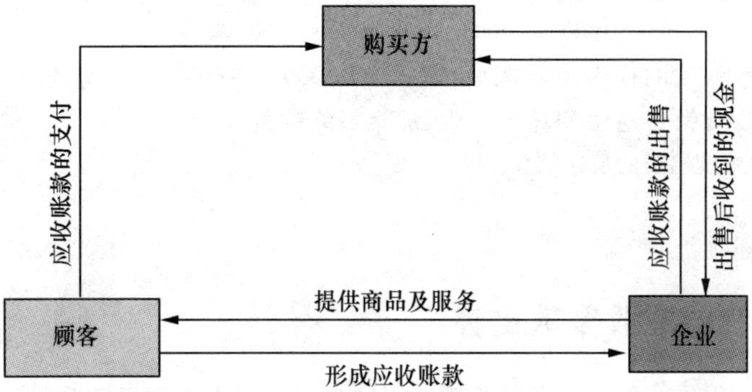

图 7-3　应收账款保理的流程

> **补充**
>
> 助学贷款通常保理给专门的贷款服务机构。

在很多情况下,应收账款的保理不仅仅包括应收账款的购买和资金的回收,它通常还包含后续合约,在这份合约中,筹资机构会有放贷和回款的作用。在这样的协议下,应收账款代理商可以自行同意或拒绝赊购,处理应收账款、要求顾客付账和回收账款。这样,对于企业来说货物的贸易就独立于这些金融活动,出售货物就能立刻收到现金。因为应收账款代理商承担了坏账的损失,并且通常承担了回款的责任。售让应收账款的收入高于将应收账款作为贷款抵押的利息。通常应收账款代理商会收取大约应收账款净额的 10%—30% 作为费用,而保理信用卡的收益率仅为 3%—5%。应收账款代理商往往会收取一部分费用来应对将来可能出现的顾客的退货和保修或其他意外情况。在应收账款回收后将进行最终的结算。

当企业不附加追索权地售出应收账款,获得了现金,应该结清应收账款账户及相关的准备账户。保理的费用将借记为损失。当应收款账款购买方预先扣留一部分款项,购买方那里便形成了待其最终支付的应收账款。当收到银行或者金融机构的现金后,才会冲销这个账户。为了说明,我们假设有一笔 10 000 美元的应收账款将以 8 500 美元不附加追索权地销售给一家金融机构。该应收账款已计提的坏账准备为 300 美元。这笔项目在应收账款销售后冲销。金融机构保留价款的 5% 作为顾客销售退回与应收账款发生坏账的准备。出售分录如下:

借:现金	8 075
保理的应收账款	425
坏账准备	300

③　FASB 将追索权定义为"应收账款的购货方在以下情况下,从售出方获得补偿:(a) 到期时债务方未付款;(b) 偿还带来的影响;(c) 转让资产的缺陷带来的调整"。*Statement of Financial Accounting Standards No. 140*,"Accounting for Transfers and Servicing of Financial Assets and Extinguishments of Liabilities: A Replacement of FASB *Statement No. 125*," September 2000, Appendix E。

应收账款保理损失	1 200	
贷:应收账款		10 000

确认应收账款的出售,计算如下:

现金 = \$8 500 - \$425 = \$8 075

保理的应收账款 = \$8 500 × 0.05 = \$425

保理损失 = (\$10 000 - \$300) - \$8 500 = \$1 200

保理应收账款的损失由其账面价值(\$10 000 - \$300)和可变现净值(\$8 500)相比较得出。假设没有销售退回和坏账产生,那么最终的处理如下:

确认应收账款出售的最终结算。

借:现金	425	
贷:保理的应收账款		425

附加追索权的应收账款出售

出售附加追索权的应收账款也能获得现金。它与不附加追索权的应收账款出售不同。附加追索权的应收账款出售意味着购买者(银行或金融机构)在购买应收账款时支付款项,在买到的应收账款到期无法从债务人处收回时,银行或金融机构有权向出售方追偿。

根据 FASB 第 140 号公告,卖方被要求对被追索的债务进行估价并确认,也就是说,卖方必须补偿买方购买的应收账款中无法收回的那部分资金。沿用前例,假设出售有追索权的应收账款,估计追索权的公允价值为 500 美元。在本例中,需要确认的交易损失为 1 700 美元,计算如下:

收到的现金	\$8 500
估计的追索责任价值	(500)
出售净值	\$8 000
应收账款的账面价值	\$9 700
将收到的出售净值	(8 000)
出售损失	\$1 700

出售附加追索权的应收账款的分录如下:

借:现金	8 075	
保理的应收账款	425	
坏账准备	300	
应收账款出售损失	1 700	
贷:应收账款		10 000
估计的追索责任		500

思考

当可以不附加追索权出售应收账款时,为什么公司还会选择附加追索权的应收账款出售?

a) 不附加追索权的应收账款出售在某些国家是违法的。

b) FASB 第 140 号公告不同意附加追索权的应收账款出售。

c) 附加追索权的应收账款出售,所付费用更低。

d) 可追索的负债一般与坏账准备金额相等。

若在将来发现估计的追索责任是不正确的。少于 500 美元的金额则确认为利得,多于 500 美元的金额则确认为损失。

FASB 公布的第 140 号公告取代了 1996 年 6 月公布的第 125 号公告。虽然第 140 号公告未改变出售应收账款的会计准则,但它修改了特殊目的实体(SPE)可作为独立购货方的要求。这看似微小的变动却有着重大影响,对于应收账款的销货方,这是个重大事件。比如,这个改变导致西尔斯公司必须确认一笔81亿美元的信用卡应收账款,这笔款项之前已被"出售"给了一个特殊目的实体。

正如之前提到的,附加追索的应收账款转移会让应收账款出售方保留账面上所记载的资产的主要控制权和风险。具体来说,如果没有达到之前提出的三个条件,那么这个应收款只能用作借款抵押担保,这将在下一节进行讨论。

有担保的借款

在应收账款作为担保抵押的条件下,银行或其他贷款机构一般都会给企业提供贷款。不论是一般性抵押贷款还是特定抵押贷款,都会有书面证明作为贷款凭据。除了应收账款周转率,没有需要特别处理的问题了。双方只需核算贷款(借记现金,贷记应付票据)和负债(贷记现金,借记应付票据)。但是,资产负债表上需要在附注中披露抵押贷款的应收账款的数量和性质。

下面举例说明。假设借款人通常状况下都能收回应收账款。

2011年7月1日,Provo商品公司将总额为300 000美元的应收账款抵押给Salem银行,贷款200 000美元,双方商定的利率为12%。Provo商品公司没有告知自己的债务人,并且准备继续回收那些已经抵押的应收款。Salem银行除了收取贷款利率,又加收1%的财务费用。Provo商品公司每个月将这笔应收款所回收的现金支付给Salem银行。

补充

应收账款的打包或转让,有时称为证券化。本书中,当你看到"证券化"的概念时,应立即联想到这是将应收账款转化为现金的过程。

如果在下面的例子中,假设Salem银行有收回应收账款的责任,并且债务人已经接到通知,将账款直接支付给银行。Salem银行将用一个负债类账户(如应付账款——Provo商品公司)来核算在这期间收回的资金。因为该应收账款依旧由Provo商品公司拥有,因此银行不能将它作为自己的资产。当协议上的款项和利息都付完,银行将把超出协议的款项连同未收回的账款一并退回给Provo商品公司。分录如下:

应收账款协议的具体分录

Provo商品公司			Salem银行		
2011年7月1日,应收账款协议及票据签发:					
借:现金	197 000		借:应收票据		200 000
财务费用	3 000*		贷:财务费用		3 000*
贷:应付票据		20 000	现金		197 000
*(0.01 × $300 000)					
7月收回的应收账款$180 000,扣除现金折扣$1 000;7月份的销售退回$2 000:					
借:现金	179 000		没有分录		
销售折扣	1 000				
销售退回和保修	2 000				
贷:应收账款		182 000			

（续表）

Provo 商品公司			Salem 银行	
8 月 1 日支付给 Salem 银行 7 月收回的账款和应付利息：				
借：利息费用	2 000*		借：现金	181 000
应付票据	179 000		贷：利息收入	2 000
贷：现金		181 000	应收票据	179 000
*（$200 000 × 0.12 × 1/12）				
8 月收回剩下的应收账款，扣除 $800 已冲销的坏账：				
借：现金	117 200		没有分录	
坏账准备	800			
贷：应收账款		118 000*		
*（$300 000 − $182 000）				
9 月 1 日支付 Salem 银行剩下的余额和利息：				
借：利息费用	210*		借：现金	21 210
应付票据	21 000†		贷：利息收入	210*
贷：现金		21 210	应收票据	21 000†
*（$21 000 × 0.12 × 1/12） †（$200 000 − $179 000）				

总之，应收账款是公司资金来源的重要渠道。应收账款转移给第三方，从而获得资金，通常是通过抵押贷款的方式（将应收账款作为抵押）或者保理的方式（不附加追索权的应收账款出售）。财务安排通常比较复杂，并且可能进行附有追索权的应收账款交易。每种转移需要仔细分析，从形式和实质来看，它是抵押贷款形式还是出售形式，并以此为依据。

应收账款的终止确认：*IAS 39*

IASB 在 *IAS 39* 中规范了应收账款的转让。*IAS 39* 涉及诸多方面，例如证券投资的会计处理、金融衍生工具的会计处理还有金融资产转移的会计处理，比如应收账款。正如之前讨论的 *SFAS No. 140*，重点阐述应收账款的转移是否以出售的形式，即应收账款是从公司账上销去，还是保留，只将其作为贷款抵押而转让。IASB 用“终止确认”来表示从出售方账上冲销应收账款。

为了规范应收账款实质性转让的会计处理，*SFAS No. 140* 规定必须满足三个条件。*IAS 39* 阐述了相同的观点，但实际处理与 *SFAS No. 140* 略有差异。*IAS 39* 用两步法来进行应收账款的终止确认：

1. 确定该转让是否包括与应收账款的所有权有关的主要风险和报酬的转移（与应收款项现金流量的权利不发生转移），如果包括的话，这项交易便被确定为应收账款的出售，如前所述。若不包括，则进入步骤 2。④

2. 如果该项转让并未包括与应收账款的所有权有关的主要风险和报酬的转移，则需进

④ *International Accounting Standard 39*, “Financial Instruments: Recognition and Measurement” (London: International Accounting Standards Board, August 18, 2005), par. 20.

一步确认该项应收账款的控制权是否转移;如果控制权已发生转移,则确定为应收账款已出售。若没有,则该项转让被确定为担保贷款,如前所述。

IAS 39 的两步法强调了与应收账款所有权有关的风险与报酬是否转移。关于应收账款,与所有权有关的风险和报酬即现金是否收到,这取决于欠款的客户最终是否会偿还。例如,应收账款的转让者已经拥有了用应收账款换来的不可归还的固定数额的现金,因此不管顾客是否偿付这笔款项,转让者都已将与所有权有关的风险和报酬转移了出去。相反,如果转让者收到的是预付现金而且同意归还一部分现金或得到额外现金(这取决于顾客最终偿还的数额),那么与所有权有关的风险和报酬就并未转移。

大家可以将 *SFAS No. 140* 与 *IAS 39* 的两步法进行对比学习。通常,美国会计准则较为详细,国际会计准则较为概括,不过在应收款项转让的处理上,依据两个准则的处理结果是一致的。

应收票据

7　描述应收票据的正确核算和估值。

WHY　应收票据代表的资产比应收账款更加正式。应收票据往往包含利息与确定的到期日。

HOW　应收票据一般以其票面价值的现值和应收利息来计量。当应收票据与商品或服务兑换时,对应收票据的估价就比较困难,因为确定相关商品和服务的公允价值比较困难。

承兑票据是在确定日期无条件地支付特定款项给持票人的书面保证。它由出票人签发,并按收款人或持票人要求进行支付。票据通常计息,按年利率根据面值支付。大部分票据都是**可转让票据**,它们是可以合法背书或转让的。

在列报上,应收商业票据仅仅指从债务人那收取的未到期的可转让短期票据。通常,赊销的信用期一般是30—90天,当购买者想在信用期以后支付大额货款时就会使用商业票据。有时,卖方也会在应收款过期时,要求买方给予票据。但是,大部分公司持有的应收票据相对较少。

其他应收票据应当在资产负债表中以适当名称单独列示。例如,顾客、高级职员、雇员和关联方贷款的应收票据都应该单独报告。

应收票据的估价

应收票据期初应按现值入账,而现值是根据未来的现金流入乘以贴现率计算出来的。[5]在一笔贷款业务中,现值就是贷款者拿到的资金;当票据转化为资产、产品或服务,那么其现值就等于出售这些资产后获得的对价。现值与到期收回的资金之间的差额等于利息费用。

> **补充**
>
> 应收票据贴现又叫作未实现的利息收入。

不相关的各方之间的正常交易都会产生应收票据。但应收票据有带息票据和无息票据之分。**带息票据**是承诺支付票据面值加上一定利息的书面保证。在不考

[5] 请看"模块 1　货币时间价值",用来讨论现值的概念与运用。

虑下节将要讨论的特殊情况的前提下,带息票据的面值就是票据发行时的现值。

无息票据的票面上没有标示利率,但面值包含了利息费用。因此,现值就是面值与在票据期内发生的利息的差额,这个利息通常称作**内含利息**。

收到应收票据时,按应收票据面值借记"应收票据"。在无息票据中,当面值与现值不等时,这个差额记作溢价或折价,并在票据有效期内进行摊销。在下面的例子中,一个企业通过赊销取得折价的应收票据。票据的票面价值和实际价值的差额是票据内含利息,它在到期日时确认为利息收入。

假设 High Value 公司在 2011 年 1 月 1 日销售了价格为 1 000 美元的产品。买方以一张到期日为 2012 年 12 月 31 日的承兑票据支付。票据的到期价值包含了 10% 的利率。因此,High Value 公司在票据支付时将收到 1 210 美元(\$1 000 × 1.21)。[6] 带息票据和无息票据的会计处理将在下面讲解。

2011 年 12 月 31 日,无息票据未摊销的 110 美元的贴现值将从资产负债表的应收票据中扣除。如果无息票据以面值入账,并且未确认所含的利息,那么销货方售价及利润将会被高估。以后的期间,利息收入就会低估。未记录贴现值将会导致资产的高估。

票据的核算分录

带息票据 面值 = 现值 = \$1 000 票面利率 = 10%			无息票据 面值 = 到期值 = \$1 210 无票面利率		
销售产品 \$1 000,记录应收票据:					
2011 年 1 月 1 日					
借:应收票据	1 000		借:应收票据	1 210	
贷:销售收入		1 000	贷:销售收入		1 000
			应收票据贴现息		210
记录一年的利息收入(\$1 000 × 0.10):					
12 月 31 日					
借:应收利息	100		借:应收票据贴现息	100	
贷:利息收入		100	贷:利息收入		100
记录到期日的票据回收及一年利息[(\$1 000 + \$100) × 0.10]:					
2012 年 12 月 31 日					
借:现金	1 210		借:现金	1 210	
贷:应收票据		1 000	应收票据贴现息	110	
应收利息		100	贷:应收票据		1 210
利息收入		110	利息收入		110

尽管应收账款需要用刚刚阐述的方法进行摊销,但在条件受限的情况下或者实际操作中也会有例外。APB 第 21 号意见对应收款和应付款的利息的确认和所有相关会计方法做出了指导。但委员会说明该文件不是任何情况都可使用,以下情况便是例外:

> "在惯常的商业条款中,与顾客或供应商交易的应收款和应付款的收款期限不超过一年"。[7]

⑥ 如利率为 10%,按年度计算复利,则现在的 1 美元两年后的终值为 1.21 美元。

⑦ *Opinions of the Accounting Principles Board No. 21*, "Interest on Receivables and Payables".

据此,交易产生的短期票据和应收账款可以按回收数额确认,不用单独扣减内含利息。

应收票据与应收账款一样可能无法收回。若在日常交易中,应收票据占应收款项的大部分,那么就应该对未收回的款项进行分类,像应收账款那样建立准备账户。

特别的估值问题

APB 的第 21 号意见旨在阐明和完善应收款和应付款的会计处理。它适合其他的长期票据,如有担保的和无担保的票据、公司债券、融资租赁和抵押票据。以下将会列举票据兑换为现金、资产、产品或服务的例子。

票据兑换为现金　当应收票据转换为现金,并不附带任何其权利时,票据的现值就是假定收到的现金数额。票据应以面值入账,任何面值与得到的现金之间的差异需作为票据溢价或折价确认。溢价或者折价应在票的有效期内进行摊销,如 High Value 公司阐述的一样。利息总额为借款人得到的金额与贷款人将来收到的归还金额之间的差额。任何未摊销的溢价或折价,将在资产负债表中从应收款面值中添加或扣除,以显示它们的净现值。

票据兑换为资产、商品或服务　当一张票据在正常交易中兑换为资产、商品或服务时,那么票据现值则以交易记录或支持文件为依据。通常的假设是,当事人确定的利息是对交易所借款项使用上的足够的补偿。[8] 当以下某种情况发生时,估值就会出现问题[9]:

1. 没有票面利率。
2. 考虑到交易实质和当前的环境,票面利率不合理。
3. 在交易日,转换的资产、商品或服务的价格,或者当前市场上类似票据的价值与账面价值差异过大。

不论在以上何种情况下,APB 第 21 号意见要求对交易的经济实质进行会计确认,而不仅仅流于形式。票据应记录(1) 交换的资产、商品或服务的公允价值;(2) 票据的公允价值,这个能比较清晰地确定。票据面值和确认记录的价值之间的差异作为折价或溢价,并在票据期限内摊销。

> **注意**
>
> 在举例之前,请确保你对之前讨论的货币时间价值概念有清晰的了解。

假设 2011 年 7 月 1 日,Timberline 公司将三年前买入的一块土地以 250 000 美元的价格卖出。购货方支付了一张面值为 310 000 美元的一年期票据,票面利率为 8%。在销售前,评估公布的土地市场价值是 300 000 美元,本例中认为这是记录销售的合理价格,分录如下:

2011 年 7 月 1 日

借:应收票据	310 000	
贷:应收票据贴现息		10 000
土地		250 000

---

⑧ 同上,par. 12。
⑨ 同上。

销售土地的利得 50 000

到期日应付票据得到支付后，Timberline 公司会收到票据的面值（$310 000）加上利息 24 800 美元（$310 000 × 0.08），总额为 334 000 美元。然而，当确认利息时，应该确认为 34 800 美元——票据到期值与交易日市场价值的差额。因此，实际票面利率为 11.6%（$34 800/$300 000）。

假设采用直线摊销法，Timberline 公司的每个会计年度的结束日为 12 月 31 日，确认利息收入和记录票据到期支付的分录如下。

2011 年 12 月 31 日		
借：应收利息	12 400*	
应收票据贴现息	5 000	
贷：利息收入		17 400

* $310 000 × 0.08 × 6/12 = $12 400

2011 年 6 月 30 日		
借：现金	334 800	
应收票据贴现息	5 000	
贷：应收票据		310 000
应收利息		12 400
利息收入		17 400

5 000 美元的未摊销额应在 2011 年 12 月 31 日的资产负债表应收票据账户中扣除。

出售应收票据：它的价值是多少？

在这章前面我们讨论过，将应收账款与应收票据出售的所得可以用作现金的来源。当一张票据出售后，它的价值由多种因素决定，包括票面利率、贴现率以及票据的期限等。

假设你是一个银行工作人员，什么因素会影响你愿意付给票据贴现者的金额呢？首先最重要的是出票人的信誉；其次是你收回款项的时间；第三则是到期时你能收到的金额。每个原因都会影响你进行票据现值的计算。银行贴现票据的计算步骤如下：

1. 票据到期值的计算。

到期值 = 面值 + 利息

利息 = 面值 × 利率 × 利率期限

利率期限 = 出票日至到期日的时间

到期值是到期日你会收到的金额。

2. 票据贴现的计算。

贴现息 = 到期值 × 贴现率 × 贴现期

贴现期 = 贴现日至到期日的时间

到期日一旦确定，第二个因素便开始发挥作用：你需要多久才能收回资金，这个期限就是贴现期。最终信誉将发挥关键作用，出票人信誉越差，贴现率则越高，同时经济环境也会影响贴现率。

3. 余额确定。

收益 = 到期值 − 贴现息

当余额一旦确定,这笔交易将被记录。确认债务和净利息收入或费用(若是借款事项),或者利得与损失(销售业务)。

看下面的例子。Meeker 公司 9 月 1 日收到顾客的一张支付到期应收账款的票据,面值 5 000 美元,期限 3 个月,票面利率 10%。一个月后,公司将票据以 15% 的贴现率在银行进行了贴现,收益计算如下:

票据到期值 = \$5 000 + (\$5 000 × 0.10 × 3/12) = \$5 125

贴现息 = \$5 125 × 0.15 × 2/12 = \$128.13

利得 = \$5 125 − \$128.13 = \$4 996.87

在这个例子中,Meeker 公司应当确认 3.13 美元(\$5 000 − \$4 996.87)为贴现损失。

内含报酬率　若资产、商品或服务与票据都没有真实市价,那么票据的现值需要选择一个合适的利率将未来价值贴现至当前价值。在兑换日应确定内含报酬率,并不会在将来发生变化。

适当的利率受很多因素影响,包括出票人的信用,以及与其性质、时间相似的负债类工具的主要利率。APB 第 21 号意见如下:

> 任何事务中,估值所用的利率,应与交易日当天,债务人以其他财务工具融资所能接受的利率一致。从这条意见的目的来看,这是在可比期间及环境下,使独立的借款人与贷款人协商确定的支付金额的利息率,接近到期票据所含的利率而设置的。[10]

为了说明内含报酬率的确定,假设 Horrocks & Associates 联营公司为 Mountai Meadow 牧场勘测了一片 800 000 英亩的山地。2011 年 12 月 31 日,Horrocks & Associates 公司收到了 45 000 美元的汇票作为报酬。该汇票为三年期分期付款的无息票据,每年年末支付 15 000 美元,从 2012 年 12 月 31 日开始付款。假设该票据没有现时市场价格,也没有该公司提供的服务的公允价值可供参考。考虑了当前的基础利率、该牧场的信誉、可用的抵押、支付期限和出票人其他债务的主要利率,最终确定 10% 的内含报酬率。该票据以现值入账,确认贴现息。现值计算如下:

面值	\$45 000
减票据现值:	
PV_n: PMT = \$15 000; N = 3; I = 10%	37 303*
票据的贴现息	\$ 7 697

*四舍五入至美元。

收到票据时的分录如下:

2011 年 12 月 31 日

计算既定的 10% 内含报酬率下的无息票据的现值。

借:应收票据	45 000	
贷:应收票据的贴现息		7 797
服务收入		37 303

[10] 同上,par. 13,由 *SFAS No. 157* 完善,par. EIb。

以下是应收票据贴现的摊销计算表。计算使用的是**实际利率摊销法**。

	(1) 分期付款前 的面值	(2) 未摊销的 贴现息	(3) (1)—(2) 的净值	(4) 贴现的摊销 10% ×(3)	(5) 收到的款项
2012 年 12 月 31 日	$45 000	$7 697	$37 303	$3 730	$15 000
2013 年 12 月 31 日	30 000	3 967*	26 033	2 603	15 000
2014 年 12 月 31 日	15 000	1 364†	13 636	1 364	15 000
				$7 697	$45 000

* $7 697 - $3 730 = $3 967

† $3 967 - $2 603 = $1 364

每年年末分录如下：

2011 年 12 月 31 日

记录第一年应收票据的偿还金额和当期利息收入。

借：现金	15 000	
应收票据贴现息	3 730	
贷：利息收入		3 730
应收票据		15 000

按照实际利率法，到第三年期末贴现息将全部摊销为利息收入。应收票据的面值将全部收回，服务收入也会在当期进行确认。每年年末，资产负债表中应收票据显示的是从应收余额中扣除未摊销贴现息的净额。

只有当应收项目的现值无法由现时市价确定时，我们才运用内含报酬率计算其现值。不过应收票据的计算方法不影响对企业价值和利润的列报：在应收账款回收期内，不管应收票据是以其公允价值计量还是以现值计量。

坏账对现金流量表的影响

8 理解坏账对现金流量表的影响。

WHY 在列报与应收账款相关的经营现金流量时，必须解释坏账准备账户与坏账费用账户的金额。

HOW 使用间接法时，因应收账款余额变动而调整现金流的最佳方法是列报应收款净额（应收账款余额减去坏账准备）。使用直接法时，坏账费用表示的是应收账款净额的减少，并且不构成现金流入。

第 5 章曾提到，在权责发生制下，销售收入与净利润必须随应收账款余额变化而调整，从而得出相应的经营现金流。为坏账设立相应的坏账准备科目，以及对无法收回账项的转销，将会影响调整分录，该调整是以应收项目总额或净额为基础的。

基于这点，我们假设每笔应收账款的减少代表了收到了一笔款项。实际上，应收账款的减少有两个可能：购货方付款或者购货方无法付款。因此，应收项目的减少反映企业收到现金或该应收项目的冲销。

通过以下信息，了解编制现金流量表时，应收账款账户需做的调整。

	期初余额	期末余额
应收账款	$20 000	$25 000
坏账准备	4 000	4 800
应收账款净值	$16 000	$20 200
当年的销售收入	$1 000 000	
当年的净利润	100 000	
当年的坏账费用	2 000	
当年冲销的无法收回款项	1 200	
当年的现金费用	898 000	

为了说明坏账对现金流量表的影响,我们假设除了坏账费用以外的经营费用都以现金支付。除了应收项目外,流动资产和流动负债项目均不变。

应收账款账户和相关的准备账户用 T 账户表示如下:

应收账款

借方		贷方
期初	20 000	
	1 000 000	
		993 800
		1 200
期末	25 000	

坏账准备

借方	贷方	
	期初	4 000
1 200		2 000
	期末	4 800

应收账款从 20 000 美元增加到 25 000 美元。假设的销售收入为 1 000 000 美元,应收账款贷方总额为 995 000 美元,但这个数额并不完全和回款的金额相符。其中,1 200 美元是坏账,它不能作为资产,需要被冲销。因此,收回资金总额为 993 800 美元。

这些信息如何在现金流量表中反映? 应用第 5 章的方法,对利润表进行如下调整:

利润表		调整		经营现金流
销售收入	$1 000 000	$(5 000)	$995 000	从顾客处收回的现金
坏账费用	(2 000)	800	(1 200)	
现金费用	(898 000)	0	(898 000)	费用的现金支付
净利润	$ 100 000	$(4 200)	$ 95 800	经营现金

最初的($5 000)调整反映的是销售(应收账款的借方)导致的应收账款贷方的增加(回收的现金和实际发生的坏账)。第二项调整将在权责发生制下确认的坏账费用(坏账准备的贷方),调整为实际发生的坏账(坏账准备的借方)。结合以上两项调整,993 800 美元($995 000 - $1 200)为该期间收回的资金。

使用以上信息,该期间经营产生的净现金流如下:

直接法	
顾客处收回的现金	$993 800
现金费用	(898 000)
经营产生的净现金流	$ 95 800

（续表）

间接法	
净利润	$100 000
减：应收账款增加额	(5 000)
加：坏账准备增加额	800
经营产生的净现金流	$ 95 800

应收账款账户经常会显示坏账费用净值。请看以下显示净值的 T 账户。

期初：	16 000		
销售收入	1 000 000		
		收回	993 800
		坏账费用	2 000
期末：	20 200		

因无法收回而冲销的 1 200 美元的资金去哪了？因为在应收账款贷方出现的金额和准备账户借方的金额相互抵消后余额为 0 美元，因此不再单独显示。

当应收账款净值计算出来后，现金流量表可以列示以下内容：

利润表		调整		经营现金流
销售收入	$1 000 000	$(4 200)	$995 800	从顾客处收回的现金
坏账费用	(2 000)	0	(2 000)	
现金费用	(898 000)	0	(898 000)	费用的现金支付
净利润	$ 100 000	$(4 200)	$ 95 800	经营现金

销售收入随净应收账款账户的改变而进行简单调整。在这个例子中，为什么没有坏账费用的调整？因为当两个账户合并到一起，所有的调整都会合并，最终的结果就是 4 200 美元。

使用应收账款净值，该期间经营获得的净现金流如下：

直接法	
从顾客处收回的现金	$993 800
现金费用	(898 000)
经营产生的净现金流	$ 95 800
间接法	
净利润	$100 000
减：应收账款增加	(4 200)
经营产生的净现金流	$ 95 800

在大部分实例中，列报的是应收账款净额，并使用间接法。在这些例子中，调整都与应收账款净额的调整有关。

开放式场景问题的答案

1. 银行的大部分收入来自于贷款的利息收入。2007 年美洲银行公布的贷款利息收入是 557 亿美元。另外,美洲银行还公布了投资的利息收入另有 316 亿美元,银行最大的支出费用也是利息支出。2007 年,美洲银行公布的利息支出为 529 亿美元,其中 181 亿美元是支付给债权人的。

2. 2007 年 12 月 31 日,美洲银行的消费贷款余额为 5 510 亿美元,商业贷款余额为 3 250 亿美元。至今为止,最大的贷款种类为居民住宅抵押贷款,为 2 750 亿美元。

3. 居民住宅抵押贷款的冲销比只是 0.02%,住房权益贷款的冲销比稍高,为 0.28%。直接/间接个人消费贷款的冲销比是 1.95%,国内信用卡贷款的冲销比是 5.29%。

思考题答案

1. (第 314 页)正确答案为 a。赊销让企业更能吸引顾客。“只用现金付款”的规定会使顾客选择别的商家,尤其是那些允许赊销的商家。

2. (第 329 页)正确答案是 d。若未兑现支票在对账过程中从银行对账单的未兑现支票列表中去掉,那么纠正过的银行对账单中的余额会大于公司日记账中的余额。但是,若没有调整银行对账单,那么查看下个月的银行对账单的相关记录,以确认未兑现支票是否兑现。本题的其他选项均会使银行对账单的余额小于其调整后的金额。

3. (第 334 页)正确答案是 c。购买者将会以其假设的风险为基础进行收费。不带有追索权的出售使得购买者假设资金回收可能遇到很大风险,为了规避风险,购买者会索取更高的费用。如果资金回收的风险由企业(售让方)承担,则购买方将会索取较低的费用。

本章小结

1. 说明一个企业的正常经营周期。

经营循环是经营的支柱,最重要的事项是产品或服务的销售。这样的销售会导致应收账款。当应收账款收回后,现金再次回到经营中去,这个循环又重新开始。

2. 编制反映销售收入的分录,包括坏账和保修或更换保证的核算。

销售贷记主营业务收入,借记应收账款或者现金账户。相应准则要求与销售相关的费用需要在销售期间确认。同时,坏账或者保修将在该期间估计并且确认。

坏账可以用两种方式来估计:销售收入百分比或者应收账款百分比法。每个方法都需要估计应收账款中无法收回的金额。借记坏账费用,贷记坏账准备。备抵账户是与资产账户相反的账户,当应收账款账户被抵销了,那么资产的价值就是它的可实现净值。

保修的估计依赖过去的经验来估计未来的担保费用,借记担保费用账户,贷记一个负债类账户。当保修真正发生时,负债类账户余额减少,贷记现金账户或者职工薪酬类账户等。

3. 分析应收账款账户,判断一家公司运用经营资产的效率。

对运营的现金流来说,应收账款的管理效率很重要。常用的监管工具是平均收款期,它反映的是从销售起始日到现金回收日之间的平均时长。首先,应收账款周转率由销售收入除以平均应收账金额计算得来。得出的结果除以 365(一年的天数)来计算平均收账期。

4. 讨论现金的构成、管理和控制,包括银行余额调节表的使用。

对于每个成功的交易来说,现金的管理和控制都很重要。因为现金是流动性最高的资产,必须制定相关措施来确保资金被合理地运作和会计处理。最常用的控制包括使用银行存款余额调节表。银行存款余额调节表要求会计人员将银行存款日记账与银行存款余额进行对比调节。任何的不一致都需要解释并进行合适的更正。

5. 确认财务报表中对销售收入和应收账款的恰当披露。

财务报表中销售收入和应收账款的披露在各个公司有所不同。在财务报表中,销售收入一般报告扣除折扣和担保的净值。应收账款通常报告扣除减值准备金额后的净值,同时在资产负债表的附注中提供补充信息。

扩展资料

6. 解释如何通过担保借款或销售将应收账款转化为现金资源。

在大多数情况下,当客户在经营期间进行了支付,应收账款就转换为了现金。而且公司可以用应收账款来帮助获得贷款,以加速资金的回收速度。这种方法的使用和花费,需要建立在这个公司希望承担的风险程度上。在抵押贷款的情况下,公司只需要将应收账款作为贷款抵押。应收账款也可以卖给第三方,例如银行或者其他金融机构。当应收账款被附加追索权销售时,销货方公司必须确定可能作为追索权的预期金额。

7. 描述应收票据的正确核算和估值。

应收票据代表着两个当事人之间的正式借贷安排。一张应收票据上应该标注利率及到期日。应收票据应通过现值进行估值,这个估值的计算应该用准则下的面值和将来收到的利息进行计算。当用应收票据购买产品或服务,或者这些产品或服务的公允市场价格很难确定时,应收票据的估值将出现难题。在一些例子中,应该计算出一个有效的利率。

8. 理解坏账对现金流量表的影响。

在决定与应收账款相关的现金流量数额时,必须注意坏账准备账户与坏账费用账户。使用直接法还是间接法,现金流量表的调整方法也不同。这些调整的目的是为了正确确认现金回收。

IASB 概述

主题	美国 GAAP	IASB 准则
应收账款的终止确认	*SFAS No. 140* 当金融资产的交换时资产的所有权进行了转移,那么这就是销售。	*IAS 39* 金融资产交换时,如果风险和相关的现金流进行了转移,那么这就是销售。

关键术语

应收账款
应收账款周转率
应收账款账龄
备抵法
平均收账期
银行存款余额调节表

银行手续费
现金
现金等价物
现金折扣
现金透支
补偿性余额
活期存款
在途存款
直接转销法
可变现净值
其他应收款
应收票据
存款不足支票(NSF)
未兑现支票
现值
收入
定期存款
商业折扣
应收账款
保修

扩展资料

应收账款保理
应收账款周转率
内含利率
带息票据
可转让票据
无息票据
本金(面值)
承兑票据
带追索权的应收账款出售

问题

1. 12 月 31 日，Melvin 公司的现金余额，在 A 银行为 66 500 美元，在 B 银行透支 1 500 美元。B 银行将透支视为对该公司的贷款，并且在透支账户进行计息计算。你怎么样来报告这两个银行的余额？当某些支票已签收，但被证明无法收回，透支额上升，你的答案会不会改变？那当 1 月初，Melvin 公司及时清偿了透支的款项，你的答案会改变吗？

2. 下面是 Lawson 公司在资产负债表中作为现金的项目。每项该如何报告？
(a) 银行的活期存款
(b) 外国银行的限制性现金存款
(c) 应付职工薪酬的银行账户
(d) 在一个用于当前在建工程的现金账户里的现金
(e) 银行退还的顾客的存款不足支票
(f) 顾客的过期支票
(g) 雇员的借据
(h) 推销邮件里的邮票
(i) 未存的顾客的邮政汇票
(j) 银行持有的收回资金的应收票据
(k) 已存入特别账户的收到的营业税
(l) 未兑现的顾客支票

3. 为什么持有的现金不能增值？

4. 为什么一个企业产品保修的会计处理要以权责发生制为基础？

5. (a) 应收账款周转率怎么计算？
(b) 平均收账期怎么计算？

(c) 这两个衡量标准显示了什么?

6. 12月31日,Jorgenson公司的应收账款余额8 702美元的分析如下:

前三个月的销售收入(可以都收回)	$7 460
10月1日前的销售收入(有无法收回项)	1 312
已知无价值账户	320
退回给顾客的无法承兑票据	800
顾客账户的贷方余额	1 190

(a) 需要怎样调整?

(b) 在资产负债表上,这么多种余额如何显示?

7. 在处理无法收回的应收账款时,为什么GAAP要求使用备抵法而不是使用直接转销法?

8. 解释以下各个因素是怎样影响应收账款的分类的:(a) 应收账款的分类;(b) 应收账款的来源;(c) 到期日或者收账期。

9. (a) 描述建立并维持坏账准备账户的方法。

(b) 在各种方法下,用来估计坏账的百分比是怎么决定的?

10. (a) 给出至少四个企业和银行余额不同的常见原因。

(b) 以上的原因中,哪些需要在企业的银行存款日记账中进行分录调整的?

11. Mills工厂被它的银行要求保持1 500美元的最低补偿存款余额,以保证其开出信用证。这笔存款余额是合法受限使用的。那么这笔存款额怎样在资产负债表上进行报告?为什么?

扩展资料

12. 描述*IAS 39*要求的两步法,以此来判断一个应收账款是否能够撤销。

13. 根据FASB的第140号公告,附加追索权的应收账款销售需要达到哪三个条件?

14. (a) 什么时候应收票据不以面值金额进行记录?

(b) 描述对应收票据票面价值和账面价值金额不同的会计处理步骤。

15. 内含利率是什么含义?这个利率是怎么被决定的?

16. 解释当应收账款作为贷款抵押时,需要怎样特别的会计处理过程?

17. (a) 区别应收账款的销售和将应收账款作为贷款抵押。

(b) 描述每个情况下的会计处理。

18. 随着应收账款融资的改变,人们对此的看法是怎么改变的?你认为这是如何造成的呢?

练习

[练习7-1] 基本的坏账分录

LO2 当年估算的坏账费用为12 000美元,当年未收回项目的冲销总额为8 100美元。根据这些信息做出简要分录。

[练习7-2] 已冲销账户的重新收回

LO2 因为顾客的财务状况一再恶化,在6月23日,该顾客的应收账款因无法收回而冲销7 500美元。11月1日,顾客的财务状况好转,并能将账款全额支付。做出6月23日冲销应收账款的分录与11月1日收回应收账款的分录。

[练习7-3] 简单的赊销分录

LO2 当年赊销金额为100 000美元,账户回收金额为88 000美元。依此做出简单分录。

[练习7-4] 销售折扣——全额法

LO2 1月16日,发生两笔赊销,一笔300美元,一笔400美元。信用期均为3/15,*n*/30。300美元的交易中,现金于1月25日收回。400美元的交易中,现金于2月14日收回。做出这两笔交易及资金收回的分录。用总额法来处理销售折扣。

[练习7-5] 销售折扣——净额法

LO2 根据练习7-4,做出两笔交易及资金收回的分录。用净额法处理销售折扣。

[练习7-6] 销售退回及备抵

LO2 7月15日,销售一批产品,成本为7 000美元,售价为10 000美元。顾客在支付前退货,做出销售者记录退货的分录。假设产品无损坏,可再次以正价销售,公司使用永续盘存制。

[练习7-7] 坏账:应收账款百分比法

LO2 坏账费用可用应收账款百分比法来估算。当年的销售总额为600 000美元。应收账款年末余额为200 000美元。年末审核发现应收项目余额的14%最终无法收回。在调整之前,坏账准备余额为900美元(贷方),当年冲销的金额为16 600美元,为这些坏账信息编制简要的分录。

[练习7-8] 保修费用的估计与确认

LO2 按历史经验,保修费用一般是销售收入的4%。当年的销售总额为650 000美元。实际发生的售后维修费用为29 000美元。做出保修相关业务的分录。

[练习7-9] 坏账——销售收入百分比法

LO2 坏账费用用销售收入百分比法估计。当年年销售收入总额为500 000美元。应收账款余额为100 000美元。据以往经验,坏账是销售收入总额的3%。而赊购顾客的经济状况与往年相同。当年冲销的账户金额是13 700美元。根据这些信息,做出分录。

[练习7-10] 平均收账期

LO3 当年销售收入为400 000美元。年初应收账款余额为50 000美元,年末余额为65 000美元。计算平均收账期:(1) 使用平均应收账款余额;(2) 使用应收账款期末余额。

[练习7-11] 银行存款余额调节表

LO4 月底,公司收到一张银行对账单,对账单包含以下信息:

期末余额	$9 500
当月银行手续费	65
账户余额的利息收入	45

将银行对账单与现金记录进行对比,公司发现:

银行未记录的存款	$2 700
银行未记录但已签并发出的支票	3 900

在做出调整前,银行存款日记账余额为8 320美元。月底正确的现金余额应该是多少?根据日记账,调节银行记录和日记账来证实这个数据。

扩展资料

[练习7-12] 带息票据分录

LO7 作为提供服务的偿付,该公司在1月1日收到一张18个月的票据,面值为3 000美元,票面利率为9%(年复利),该利率与市场利率相等。票据的全值,包括利息,会在18个月后收到,做出这18个月的票据分录及年底调整。

[练习7-13] 票据转换成为产品或服务

LO7 1月1日,公司收到一张以土地交换来的12个月的票据,面值为2 000美元。票面利率为年复利12%,这个与市场利率相等,最初的土地花费为2 450美元。票据的全值包括利息,将在12个月到期后的12月31日收到,做出记录该票据在这12个月里的分录。

[练习7-14] 无息票据的会计处理

LO7 作为服务的报酬,公司在1月1日收到一张24个月到期的票据,票据面值为1 000美元,属于无息票据,服务的价格为857美元,市场利率为8%(年复利)。票面的面值1 000美元将在24个月到期后收到,做出该票据的分录,包括24个月内所需的分录。不要忘了年底调整。现金将在第2年的12月31日收到。

[练习7-15] 内含利率摊销法

LO7 作为服务的报酬,公司在1月1日收到一张36个月到期的票据。票面价值为1 000美元。该票据是无息票据,该服务无公允价值。市场年利率为复利10%。面值的1 000美元将在36个月到期后收到。做出该公司在收到这张票据后36个月内的分录。不要忘记年终调整。

习题

[习题7-16] 销售退还

LO2 7月23日,Louie公司将成本为3 000美元的产品以4 500美元的价格卖了出去。折扣期限为*n*/30。3 000美元的付款在8月17日收到。同时,在8月17日,顾客退还了价值1 000美元的产品(销售价格为1 500美元),原因为产品质量不达标。

1. 做出7月23日销售的分录。Louie使用永续盘存制。
2. 做出8月17日资金回收的分录。
3. 做出8月17日产品退回的分录。
4. 考虑到已退回产品的价值时,存在什么问题?

[习题7-17] 销售折扣

LO2 11月1日,Rosario公司销售了价值为7 000美元的产品。销售折扣为3/10,*n*/40。11月9日,收到一笔3 000美元的支付,剩余的4 000美元在12月9日收到。

1. 这7 000美元中,Rosario公司收到的现金是多少?
2. 用全额法处理,11月9日及12月9日,Rosario公司如何做分录?
3. 用净额法处理,如何做这两笔分录?

[习题7-18] 应收账款冲销的分录

LO2 McGraw医疗中心收到Phillip Hollister的破产公告。Hollister欠医疗中心1 350美元。破产公告说明医疗中心无法收回这笔1 350美元的应收账款。

1. 做出收到破产公告时医疗中心应做的分录。
2. 收到破产公告6个月后,Hollister再次出现,并且需要医疗诊治。他同意全额偿还旧债。做出医疗中心收到这笔应收账款时的分录。

[习题7-19] 应收账款账龄

LO2 Blanchard公司的应收账款附属账簿显示以下信息:

顾客	2011年12月31日 应收账款余额	发票金额及日期	
Allison公司	$8 795	$3 500	11/12/6
		5 295	11/11/29
Bros.银行	5 230	3 000	11/9/27
		2 230	11/8/20
Barker公司	7 650	5 000	11/12/8
		2 650	11/10/25
Marrin公司	11 285	5 785	11/11/17
		5 500	11/10/9
Ring公司	7 900	4 800	11/12/12
		3 100	11/12/2
West集团	4 350	4 350	11/9/12

Blanchard公司的应收账款回收经验表明的平均额损失发生如下：

账龄	无法收回百分比
0—30天	0.7%
31—60天	1.4%
61—90天	3.5%
91—120天	10.2%
120天以上	60.0%

2011年12月31日，坏账准备账户的贷方余额在调整前为2 245美元。

1. 准备一个应收账款账龄表。
2. 使用(1)中的账龄表来计算2011年12月31日坏账准备账户的余额。
3. 准备年底调整分录。
4. (a) 在这个例子中，应收账款哪里数额比较少；用账龄法估计坏账时，可能存在的缺点是什么？

(b) 其他的坏账估计法也会有相同的缺点吗？请说明。

[习题7-20]　有限制性用途的现金

LO4　Baltic集团有限公司，经营着Baltic在美国、墨西哥、加勒比地区、亚洲、南太平洋地区和印度洋海域的资源。Baltic集团会日常地收到旅行者的预付金。在一些国家，当地法律规定，Baltic集团要将预收的资金存入专门账户。这些账户中的现金是被限制使用的。

假设12月31日，Baltic集团收到一笔总额为7 450 000美元的资金，作为该集团某一旅游胜地的旅游预付款。这个旅游胜地所在国要求现金存入特殊账户。

1. 做出收到7 450 000美元现金的分录。
2. 解释12月31日，这7 450 000美元的现金怎么样在资产负债表中进行报告。

[习题7-21]　应收账款分析

LO3　Trend产业公司报告了2010年和2011年的财务数据，具体如下：

	2011	2010
应收账款	$ 235 000	$ 210 000
坏账准备	12 000	8 000
销售净额	1 430 000	1 260 000
销售成本	1 067 000	856 000

1. 计算 2011 年的应收账款周转率。

2. 2011 年的平均收账期是多少？(使用 365 天。)

[习题 7-22] 银行余额调节表和调整分录

LO4 财务部门提供了 9 月 30 日 Clegg 汽车公司的银行对账单信息：

银行的期末现金余额	$18 972.67
日记账期末余额	16 697.76
在途存款	3 251.42
银行手续费	20.00
未结支票	4 163.51
银行收回的包括 50 美元利息的票据(Clegg 公司还未被告知)	2 150.00
银行错误——Clegg 公司的支票记在了 Clegg 公司的账上	713.18

一笔销售的存款 1 628.00 美元在销售收入和现金分录中记成了 1 682.00 美元

1. 做出 9 月 30 日的银行余额调节表。

2. 做出日记账中现金账户的调整分录。

扩展资料

[习题 7-23] 无息票据的会计处理

LO7 Zobell 公司销售的设备，账面价值是 8 000 美元，收到一张面值是 10 000 美元，期限是 3 年的无息票据。该设备无可参照的公允价值。相似债券的利率约为 12%。计算这笔交易的盈利或者损失，以及票据的贴现值，做出记录该销售的分录。还要做出第一年年末、第二年年末、第三年年末使用实际利率摊销法对票据贴现的摊销分录。(四舍五入至美元。)

[习题 7-24] 带息票据的会计处理

LO7 Abacus 公司购买了价值 95 000 美元的存货。现金折扣为 3/10，n/30。Abacus 公司使用的是永续盘存制。为了能够得到现金折扣，Abacus 公司从第一商业银行借了 75 000 美元的资金，借款期限为两个月，利率 8%。银行要求该公司每个月支付贷款利息。做出分录记录以下事项：

1. 最初赊购的会计处理。

2. 在折扣期内支付给供应商。

3. 从银行取得贷款。

4. 第一个月向银行支付。

5. 第二次和最后一次向银行支付。

[习题 7-25] 应收账款出售的会计处理

LO6 7 月 15 日，Mann 公司将 600 000 美元的应收账款出售，收到 500 000 美元现金。购买方保留 10% 的金额，作为客户的退货及账项调整准备金额。Mann 公司已提取相关的坏账准备 80 000 美元。

1. 做出 Mann 公司记录这笔应收账款销售的分录。

2. 在 Mann 公司的现金日记账中，做出记录这笔交易的最终清算分录。并没有发生与该账户有关的退回和账户调整。

难题

[难题 7-26] 应收账款会计处理——分录

LO2 以下的交易事项，对 Wonderland 公司 2011 年 1 月 31 日的应收账款账户产生影响：

销售收入(现金或赊销)	$591 050

顾客均在 4/10, n/30 的折扣期内付款	303 800
从现金购买顾客处收到的现金	210 270
冲销的应收账款	5 250
赊销中的销售退回和保修	63 800
销售退回和保修时退还给顾客的现金	13 318
已冲销账户的恢复(不包括上面的现金账户)	8 290

以下的两个余额来自 2010 年 1 月 31 日的资产负债表。

应收账款	$95 842
坏账准备	9 740(贷方)

公司提供的坏账的净损失记入坏账准备贷方,是当年赊销净额的 1.5%。

要求:

1. 做出 2011 年 1 月 31 日记录这些交易的分录。
2. 做出 2011 年 1 月 31 日估计坏账的调整分录。

[难题 7-27] 补偿性余额和实际利率

LO4 Krebsbach 公司正在与 FIS 银行洽谈一笔贷款。Krebsbach 公司需要 900 000 美元。作为协议的一部分,FIS 银行要求该公司在银行的支票账户里存有一笔贷款额 15% 的补偿性余额。Krebsbach 公司近期在这个支票账户里有 50 000 美元的余额,贷款利率是 12%,FIS 银行支票的利率为 4%。

要求:

1. 计算贷款额。
2. 确定贷款的实际利率。(提示:计算贷款所支付的利息净额和实际可用的贷款额。)

[难题 7-28] 质保负债

LO2 Lafayette 公司是你的一个客户,要求你计算出 2011 年 6 月 30 日的报表中估计的产品保修账户余额。

Lafayette 公司生产电视机部件,售卖时附加 6 个月的质保期,在质保期内,任何有瑕疵的部件都可以被无偿替换。2010 年 12 月 31 日,估计的产品保修账户的余额为 620 000 美元。到 2011 年 6 月 30 日,这个余额下降至 120 400 美元,这是因为借记估计的净成本归还,并且在 2010 年卖了出去。

该公司在 2011 年年初估计销售额的 7% 会发生销售退回。但是,通过当年新模型的引入,这个估计的百分比在 5 月 1 日升至 10%。假设在某一月份售出的部件没有在当月退回。每个部件都会盖有售出日期的戳,以便准确进行质保。以下表格里的百分数显示了从售出部件的那个月开始,这 6 个月内可能的销售退回的模式。

售出后的月份	销售退回百分比的期望值
第一个月	30%
第二个月	20%
第三个月	20%
第四个月	30%
第五个月至第六个月—每个月 10%	100%

2011 年前 6 个月的部件销售总额如下:

月份	金额	月份	金额
1	$4 200 000	4	$3 250 000
2	4 700 000	5	2 400 000
3	3 900 000	6	1 900 000

部件的保修包括了新旧部件替换的运输费用。这笔运输费用大约是退还的部件售价的5%。而部件的生产成本约是销售价格的70%,而回收部件的残值约是它们售价的10%。2010年12月31日,库存的回收部件,价值大概是它们最初售价的10%。

要求:

使用以上所给数据,准备一张到期日为2011年6月30日的估计的质保负债的时间表,并做出调整分录。

[难题7-29] 现金折扣的会计处理

LO2 Stockton公司在8月17日赊销了一批售价为70 000美元的产品,折扣为2/10,*n*/30。

要求:

1. 用总额法来记录该笔销售的现金折扣。
2. 用净额法来记录该笔销售的现金折扣。
3. 假设8月25日收到了货款。用净额法和总额法分别记录货款的入账。
4. 假设9月15日收到了货款。用总额法和净额法分别记录货款的入账。净额法会使用资产、负债、收入或者费用中的哪个账户?
5. 哪个方法更加理论化——总额法还是净额法?为什么?为什么更多的公司不使用净额法?

[难题7-30] 分录与资产负债表

LO2,LO4,LO5 Itex公司在2010年12月31日的资产负债表,包含以下现金和应收账款余额。

现金——第一保险银行		$45 000
库存现金		16 000
小额现金基金		1 000
偿债基金的现金		15 000
应收票据(包括附加追索权票据 $15 500)		36 500
应收账款	$85 600	
减:坏账准备	4 150	81 450
应收利息		525

2010年12月31日列报的资产负债表中的流动负债如下:

应收票据贴现息	$15 500

2011年包含如下交易:

(a) 赊销金额767 000美元。

(b) 收回现金576 500美元,包含了附有2%折扣的93 000美元的现金。

(c) 应收票据清算总额为82 500美元。

(d) 应收票据在2010年12月31日贴现,将到期付款额为3 090美元的票据贴现至3 000美元,其中包含了利息及拒付通知费。该票据估计在2012年年初收回。

(e) 价值58 500美元的顾客票据在这年进行了附加追索权的贴现,这58 500美元(所有的折现交易均作为贷款进行记录)的总额,贴现为48 000美元,不含拒付通知费用。

(f) 客户账户的8 720美元在当年因无法收回而冲销。

(g) 先前冲销的坏账得到恢复的金额为2 020美元。

(h) 应收账款当年收回的总额是27 000美元,收回的利息是2 450美元。

(i) 12月31日,应收票据的应收利息是630美元。

(j) 2011年12月31日,无法收回项目资金估计是应收账款账户的5%。

(k) 以40 000美元的应收账款作为贷款担保,从第一保险银行借入了35 000美元的现金。这些应收账款已经收回19 500美元(包括在交易事项(b)里),这些金额在12月31日,作为贷款的利息,付出了 600 美元，余额作为了贷款的部分支付金额。

(l) 根据费用单，补充小额备用金（指用银行存款补充小额备用金）。

旅游花费	$112
娱乐费用	78
邮费	93
办公用品	173
现金余缺（一个收入类账户）	6

(m) 债券注销基金增加 3 000 美元现金。

(n) 2011 年 12 月 31 日，库存现金有 12 000 美元。

(o) 当年支付费用的现金总额为 680 000 美元，记入管理费用。

要求：

1. 做出以上事项和交易的分录。
2. 准备一个资产负债表上流动现金和应收账款的总结展示。

［难题 7-31］　银行余额调节表

LO4　Abstract 公司的现金账户，在 12 月 31 日披露的余额是 16 348.82 美元。银行 12 月 31 日的对账单显示的余额是 19 711.75 美元。根据两者的现金记录，以下事项需要完善。

(a) 10 月 26 日，Abstract 公司的日记账记入了一笔客户的无法收回账款 1 927 美元。

(b) 一张到期日是 8 月 25 日，利率为 8%，金额为 1 350 美元的两个月票据在 12 月 12 日进行了贴现，但在 12 月 26 日成为了银行的拒绝往来账户，因此银行向 Abstract 公司收取了 1 374.91 美元，其中包括拒付通知费用 6.91 美元。

(c) 一张 580 美元的顾客支票被银行和公司的日记账均记为了 530 美元，但随后银行进行了更改。

(d) 第 661 号支票的 1 838.00 美元在现金支出里记成了 1 383.00 美元，第 652 号支票的 47.50 美元记成了 475.00 美元。公司使用的是凭证体系。

(e) 银行 12 月的账户服务费 54.81 美元未在日记账中记录。

(f) 一张银行备忘录记录 C. 面额为 1 800 美元，利息为 74.20 美元的支票已于 12 月 29 日付款，银行收取 15.00 美元的服务费。（票据在寄往银行途中，企业日记账上未记录）

(g) 12 月 29 日收到现金 5 450 美元，于 11 月 1 日存入银行。

以下是 12 月 31 日的未结支票：

No. 620	$1 075.00	No. 671	$ 567.55
No. 621	2 199.98	No. 673	337.99
No. 632	2 765.25	No. 675	375.80
No. 670	1 776.89	No. 676	1 189.49

要求：

1. 准备 12 月 31 日的银行余额调节表。
2. 做出以上信息所需要的分录。

案例

［案例 7-32］　现金的分配和准现金资产

Bruno Johnson 是 Tollerud 公司的首席财务总监，决定 Tollerud 公司应该持有 350 万美元的现金或者速动资产，以保证适当的流动性。Bruno 现在正在考虑怎样将 350 万美元分配到支票、存款和国债中去以使收益最大。什么样的因素会影响他的决策？

[案例 7-33] 坏账的会计处理

在审计 Montana 公司应收账款的期间,首席执行官 Joe Frisco 被问到了为什么当年的坏账费用借记到了明年可能发生的无法应收项目中去。Frisco 相信财务报表应当以可靠性为基础,并建立在客观证据上。从这个观点来看,当具体某账户确定坏账后,再将这笔费用入账比较客观。这个案例中包含了哪些会计问题?你建议用哪种核算方法来处理无法收回的资金?为什么?

[案例 7-34] 可能的销售退回的会计处理

Ultimate 公司是个电脑产品供应商。它将产品销售给经销商,然后经销商将产品销售给最终消费者。大多数该公司的竞争者都要求经销商在 45—60 天内支付运费。Ultimate 公司有个较为宽松的政策;2011 年该公司平均的应收账款回收期为 158 天。(这个回收期由平均应收账款余额/日销售额计算)。作为这个政策的回报,经销商允许该公司运输比需求多的产品给他们,并且允许 Ultimate 公司将超额的运费作为销售收入进行确认。2012 年,Ultimate 公司想通过加快回收力度来减少应收账款。结果,经销商退货量增长迅猛。

1. 假设 Ultimate 公司当年的销售额为 1 000 美元,成本是 600 美元。为了简便,我们还假设所有的销售都发生在 12 月 31 日,并且,Ultimate 公司预期有 15% 的产品从不满意的经销商或者无法卖出产品的经销商那里退回。如果需要进行分录调整,那么,请做出反映未来销售退回的分录。

2. 销售退回的备抵和坏账的备抵相似。大多数公司只披露坏账准备却不披露销售退回的备抵,为什么?

3. 对于可能的销售退回,其他保守的会计处理方法是什么?

扩展资料

[案例 7-35] 作为现金来源的应收账款的会计处理

假设你是 Fullmer 产品公司的财务,你的职责之一就是保证公司在购买产品时总能得到合适的现金折扣。公司需要在一周内交出 150 000 美元的现金以便得到现金折扣。银行的信贷部门坚持要足够的抵押才能给予 150 000 美元的贷款。综合各种原因,你原计划的资产不能够作为抵押,但是你的应收账款余额是 205 000 美元。你会考虑哪种选择来得到足够的现金呢?

[案例 7-36] 解析财务报表(沃尔玛超市)

使用以下所给的沃尔玛超市的财务报表信息来回答下列问题:

1. 在给出的近几年的数据中,计算沃尔玛的平均收账期。假设:在计算时使用销售净额。

2. 在给出的近几年的数据中,应收账款占流动资产的比例是多少?

3. 在给出的近几年的数据中,给出沃尔玛的销售以外收入来源所占的百分比。

沃尔玛超市及其子公司
合并财务报表
(单位:百万)

1 月 31 日	2007	2006
资产		
流动资产:		
现金及现金等价物	$ 7 373	$ 6 193
应收账款	2 840	2 575
存货	33 685	31 910
预付账款及其他	2 690	2 468
中止经营中的流动资产	—	679
流动资产总额	$46 588	$43 825

沃尔玛超市及其子公司
合并财务报表
（单位：百万）

截至 1 月 31 日的会计年度	2007	2006	2005
收入：			
销售净额	$344 992	$308 945	$281 488
成员及其他收入	3 658	3 156	2 822
	348 650	312 101	284 310
成本与费用：			
销售成本	264 152	237 649	216 832
经营、销售和管理费用	64 001	55 739	50 178
经营利润	20 479	18 713	17 300
利息：			
负债	1 549	1 171	931
资本租赁	260	249	253
利息收入	（280）	（242）	（204）
净利息	1 529	1 178	980
息税前收入	18 968	17 535	16 320
营业税：			
当期	6 276	5 932	5 326
递延	89	（129）	236
	6 365	5 803	5 589
包含少数股东权益的营业收入	$12 603	$11 732	$10 731
少数股东权益	（425）	（324）	（249）
持续经营收入	12 178	11 408	10 482
税后贴现损失	（894）	（177）	（215）
净利润	$11 284	$11 231	$10 267

[案例 7-37] 解析财务报表（沃特·迪士尼公司）

关注网络上沃特·迪士尼公司的 2007 年财务报表。使用报表里的信息回答以下问题：

1. 浏览迪士尼公司披露的信息，分析该公司是怎样确认各种收入的。

2. 依你对迪士尼的了解，估计它的平均收账期。当你做出了估计，使用该公司的报表来计算。你的估计值和计算值相符吗？

3. 浏览和迪士尼公司部分数据相关的信息。哪个部分是该公司的主营业务收入？哪部分收入从 2005 年到 2007 年增长最快？哪部分是营业利润最大的来源？

4. 使用财务报表上的信息，计算 2007 年从客户处收回的现金。

5. 迪士尼公司怎样定义现金与现金等价物？

[案例 7-38] 研究会计准则

为了帮助你对会计准则更加熟悉，这个案例将带你进入 FASB 的网站，让你接触各种不同的出版物。FASB 的网站是 http://www.fasb.org。点击“Pronouncement & EITF Abstracts”。

在这章里，我们讨论了坏账费用和质保费用的估计。在这个案例中，我们需要使用 *SFAS No. 154*，“会计估计和差错更正”。打开 *SFAS No. 154*。

1. 阅读文章“Reason for Issuing this Statement”，这个会计准则发布的主要原因是什么？

2. 阅读第 19 段。如果一家公司正常经营，每年会修改一次坏账费用的估计方法，该公司需要提供详细信息，以便信息使用者知道以前使用的估计方法吗？

3. 阅读第 22 段，在哪个例子中，坏账的估计方法更改后需要进行披露？

第8章 收入确认

学习目标

1. 识别收入确认的主要原则。

2. 基于 *SAB 101/104* 中使用的例子应用收入确认概念。

3. 描述现在 FASB 和 IASB 正在考虑的两种收入确认的资产负债方法:顾客导向模式和计量模式。

4. 使用完工百分比和完成合同法对长期建造合同进行核算。

5. 使用完工比例法对长期劳务合同进行核算。

6. 解释通过分期收款法、成本补偿法以及现金法,在交付商品或者提供服务后何时才对收入进行确认。

伴随着与高新技术行业有关的几起会计丑闻发生,MicroStrategy 股价的涨落反映了它从 1998 年到 2002 年间的繁荣和衰退。在股价的最高点,MicroStrategy 市值 311 亿美元,市销率为 152,市盈率达 2 220。但是由于收入相关的会计报表重述导致投资者大量抛售股票,股价从 2000 年 3 月 10 日 333.00 美元的最高峰跌到 2002 年 7 月 26 日的 0.45 美元(跌幅达 99.9%)。在这次崩盘之际,MicroStrategy 的首席执行官受到 SEC 的罚款,公司的审计师被愤怒的投资者控告。下面我们对 MicroStrategy 的大起大落进行简单的回顾。

很多人将 MicroStrategy 的首席执行官 Michael Saylor 描述成他们所知道的最聪明的人。[①] 他在俄亥俄州的代顿附近长大,是一位空军警官的儿子,拿到后备军官训练队奖学金,进入麻省理工学院学习,打算成为一名空军飞行员。在麻省理工学院,Saylor 致力于计算机仿真技术的学习,在他的毕业论文中,使用计算机模拟技术模拟各种不同类型政府系统在针对灾难如战争或流行病所做出的各种反应。由于心脏杂音,Saylor 无法成为一名空军,而是成为了杜邦公司的一名计算机建模程序员。

1989 年,Saylor 与他在麻省理工的室友 Sanju Bansal 合伙开办了他自己的计算机建模公司,叫 MicroStrategy。MicroStrategy 产品的基础是它的企业数据挖掘程序。这项程序是在一个庞大的企业数据库中梳理数据来寻找企业间有趣的关联关系。比如,MicroStrategy 的客户麦当劳和沃尔玛能够使用这种程序侦测到顾客的购买趋势,比方说比较加利福尼亚州和得克萨斯州在夏天的星期一下午的顾客购买情况以帮助当地的市场推广工作。这项数据

① Mark Leibovich, "MicroStrategy's CEO Sped to the Brink," *The Washington Post*, January 6, 2002, p. A01. 这篇文章是 Leibovich 在《华盛顿邮报》2002 年 6 月 6—9 日所写的四部分系列文章中的第一部分。所有四部分文章都作为这里 MicroStrategy 简短历史的原始材料。

挖掘程序非常成功，从1994年到1998年，MicroStrategy年年收入翻番，从1994年的4 980 000美元到1998年的106 430 000美元。公司在1998年6月11日上市，以每股12美元开盘，并在首个交易日以每股21美元收盘。

1999年年初，MicroStrategy成为一家颇有实力的商业软件制造商，具有不错的收入和利润增长。然而，公司的市销率仅为12，而其他网络公司这一比率通常大于100。这是因为MicroStrategy并没有从那个年代任何与网络有关的"因特网光环"中受益。Saylor的梦想不仅是做一家软件公司，更想要做他自己的公司。这一梦想在公司箴言里得到体现："信息如水"。Saylor想将MicroStrategy提供给公司的数据挖掘软件的能力植入个人用户的手中。于是，1999年7月MicroStrategy启动Strategy. com，通过电子邮件、网络、无线电话将个性化信息提供给个人用户。订阅者能够收到关于财经、新闻、天气、运动、交通的个性信息，而这仅仅是开始。1999年年末，Strategy. com还没有为MicroStrategy赚入1美元，但是这种首创性使股价飙升，市销率由12上升到150。2000年1月，当所有1 600名MicroStrategy雇员在公司的游艇上环游开曼群岛时，公司股票价值在一天内增长19%，Saylor个人持股价值增加了10亿美元。Saylor开玩笑说："我们应该经常在游艇上度假。"

150的市销率意味着投资者期望销售额在未来有实质性地增长(并最终得到实质性的盈利和现金流增长)，同时也意味着公司任何方面出现的错误都会导致股票价格灾难性的下跌。比如，如果一家公司具有300亿元的市价，市销率为150，像2000年年初的MicroStrategy那样，后来关于未来的负面消息使得市销率降低到一个低的但还算体面的水平，比如说6(这是2000年年初可口可乐的市销率)，会导致公司的股票价格下降96%到12亿美元。这种不稳定的估价使得管理层不断披露收入增长以满足市场期望。在面对这种压力时，MicroStrategy像之前许多以及之后许多公司一样，在披露销售业务时违反了会计准则。

2000年3月12日，MicroStrategy首席财务官接到负责公司审计的事务所的电话。这家会计师事务所是普华永道，它审查了MicroStrategy收入确认的做法并认为有必要进行重述。这项调查最初是针对记者David Raymond在2000年3月6日《福布斯》发表关于质疑MicroStrategy销售披露的文章的部分回应。[②] MicroStrategy董事会不愿意对收入部分进行报表重述，因为最初的1999年收入数字已经报告了，并促使公司股票价格一直保持坚挺。然而，随着董事会最终被说服重述是必要的，公司发布了一份新闻稿将其1999年收入由之前报告的2.05亿美元降低到1.5亿美元至1.55亿美元之间。这条消息在2000年3月20日星期一清晨8:06发布，MicroStrategy股票价格在当天结束时由开盘价226.75美元跌到86.75美元，跌幅高达62%。

随后，SEC调查确定MicroStrategy确实存在高估其收入的行为，并对其暴露的大量违规做法进行调查。[③] 以下给出两个示例：

- 合同签订。SEC公布的MicroStrategy最终报告包括以下事项："为了保持取得期望的季度财务成果的最大灵活性，MicroStrategy直到季度结束还保留客户已签字、但MicroStrategy还未签字的合同，当MicroStrategy决定了期望的财务成果时，未签署的合同才在即将结束的季度和即将开始的季度按比例签字并给出生效日期。在某些情况下，合同签署时不

---

② David Raymond, "MicroStrategy's Curious Success," *Forbes*, March 6, 2000.

③ Securities and Exchange Commission, *Accounting and Auditing Enforcement Release No. 1350*, Administrative Proceeding File No. 3-10388: In the Matter of MicroStrategy, Inc., December 14, 2000.

注明日期,使得公司在之后能更加灵活地决定签署日期。”

- NCR 交易。1999 年 10 月 4 日宣布已经以 27 500 000 美元将长年的软件和服务许可协议出售给 NCR。尽管这项交易是在第三季度结束后四天宣布的,而且许可协议将持续好几个年度,MicroStrategy 立即确认了超过一半的金额作为收入(也许是追溯的),使三季度收入增加了 17 500 000 美元。没有这 17 500 000 美元的收入,MicroStrategy 第三季度报告收入将会比前年该季度下降 20%。当季报告的利润会变成亏损。或许更糟,MicroStrategy 会远远低于分析师的期望,使得股票的价格急剧下降。正是由于这一报告,MicroStrategy 的股票价格在 1999 年 10 月间飙升 72%。

MicroStrategy 危机余波对所有涉及的主要人物均产生不好的影响。Saylor 被 SEC 指控欺诈,他被要求没收从股票交易中获得的额外的 8 300 000 美元,并罚款 350 000 美元。2008 年 6 月他在 MicroStrategy 的股份市值从公司鼎盛时的 140 亿美元跌到 2.19 亿美元。MicroStrategy 股东控告因审计所的忽略导致 MicroStrategy 的财务报告在这么长的时间内不正确,2001 年 5 月普华永道同意支付 55 000 000 美元来解决这一诉讼。2003 年 8 月,SEC 宣布负责 MicroStrategy 审计的普华永道合伙人的诉讼案件已解决,该合伙人同意被禁审计公共客户。MicroStrategy 自己正从收入泡沫破灭中复苏,2000 年到 2003 年四年中有三年公司报告亏损,但是 2004 年到 2007 年每年财报都反映出不错的净利润。并且,在 2008 年 6 月,公司的市销率从收入确认丑闻初期最低点仅 0.25 上升为 2.63,但比起丑闻发生前高峰值 152 相差很远。

问题:

1. 为什么你会认为市销率(相对于市盈率)常用于对新兴技术型公司的股票评估,特别是那些与因特网有关的公司?

2. 2000 年 3 月 20 日星期一,MicroStrategy 发布一则新闻说明 1999 年收入大约 155 000 000 美元,而不是之前宣布的 205 000 000 美元。这表示报告收入下降 24%。为什么报告收入只是 24% 的下降会导致股票价格跌幅达 62% 呢?换言之,为什么股价跌幅不是 24%?

3. 2000 年 3 月月初,MicroStrategy 董事会收到公司审计师的请求收入重述消息,董事会不愿意进行重述,是害怕(已被证实)重述会影响公司的股票价格。如果你作为董事会成员,能举出 2—3 条理由支持重述吗?

问题的答案可以在第 391 页找到。

在 MicroStrategy 的案例中,其繁荣与萧条都与收入确认的会计准则有关。高成长公司一旦将市销率鼓吹到 150 或更高时,一份 10 000 000 美元的合同收入报告的延迟能轻易导致超过 10 亿美元市场价值的损失。正因为公司报告收入有如此多的把戏,很多公司要么屈从于管理层确定收入报告的诱惑,要么在报告收入上进行明目张胆的欺诈活动。由于收入确认在当今经济中是如此重要的课题,SEC 颁布 *SAB 101*——1999 年 12 月的“财务报告中的收入确认”,接着是 *SAB 104*——2003 年 12 月的“收入确认修订版”。*SAB 101/104* 是过去的 15 年中最具影响和争议的会计准则。

FASB 还进行了关于收入确认的会计准则的全面检查。投资者努力在不确定的情况下将他们的投资资金得到最有价值地使用,高技术企业间公平的竞争环境和可靠的收入确认财务报告很重要。

这一章结构如下:第一部分包括收入确认的一般准则概述;下一部分使用 *SAB 101/104*

为框架并对收入确认困难问题给出说明，总结具体收入确认做法以及介绍完工百分比法、完成合同法和分期收款法。

收入确认

1 识别收入确认的主要原则。

WHY 确认收入是衡量利润的开始。一旦收入被确认，费用也相应被计量。另外，企业如果没有确认收入，便不会有任何盈利。因此，会计人员通常在巨大压力下尽可能快地确认收入。

HOW 确认收入的原则通常有两个：第一个是收入已实现（或可实现），指的是销售方收到买方的付款或是买方有效的付款承诺；第二个是与该交易有关的经济利益很可能流入企业。

确认是指某项交易反映在账簿上。FASB规定的确认收入和利得的两项原则，在FASB第5号概念公告中有清楚的表述，在本书第4章中曾提到，本章重复强调。只有在以下条件均得以满足时才能确认收入：

1. 收入和利得是已经实现或可实现的；
2. 取得收入和利得的经济活动基本完成。

通常交付商品或提供服务时，这两个原则一般都能得到满足。因此，往往我们同时确认资产和收入。因此，销售存货会导致现金或应收账款增加以及销售收入增加。然而有时我们在确认收入之前就收到资产。比如，如果一位客户提前支付咨询费，即使收入没有被确认，也形成一项资产，借记现金账户。同时也确认一项负债——预收账款。当完全满足收入确认原则时，确认收入，减少负债。

表8-1给出了确认收入的时间轴。在销售时，两个收入确认的条件都完全满足。即，公司已提供产品或服务（原则2），顾客已付款或承诺付款（原则1）。但是正如表中指出的那样，也存在例外情况，收入能在销售之前确认，或者在某种条件下，收入必须延迟到完成销售以后才能确认。

总之，收入不会在销售之前确认，因为：(1) 还不能从顾客那里得到有效的付款承诺；(2) 公司还没有提供产品或服务。有一种例外是当顾客给出付款的有效承诺，能够按合同确保销售商品。这种情况最普遍的例子发生在长期合同中，合同双方有法定义务履行合同条款。在这种情况下，收入（或至少整个合同价款中的一部分）能在最终销售行为发生之前得以确认。

> **补充**
>
> “实现”或“可实现”能解释为已经收到现金或其他资产，或者是在未来时间里能收到现金或其他资产的有效承诺。

另一种特殊情况是销售行为发生时，两个收入原则只能满足一个。在某些时候，产品或服务可能提供给顾客却没有收到有效的付款承诺，在这种情况下收入不予确认直到收到付款或有效付款承诺。现在你会问自己：“为什么有人在提供产品或服务给顾客时没有收到有效付款承诺呢？”最常见的例子是家庭医生，他们经常是先提供治疗随后再得到付款。[4] 同样，如果顾客已提供付款，实质性的服务仍然必须由公司提供，收入

④ 最近任何一个就医的人都发现，大部分私人医师现在尽最大努力在提供服务之前确保收款或获得付款的有效承诺（一般通过保险）。他们知道世事艰难。

的确认必须推迟至服务提供完成。在任何情况下，如果在销售之前这两个收入确认标准都满足，收入才能够确认。如果在销售时两条标准都没有达到，那收入确认就要延期。

表 8-1　收入确认时间流程和标准

项目	销售之前	销售时	销售之后
	例外——收入可以在销售之前确认，如果：	正常——收入通常在这个时候及时确认。	例外——收入的确认必须推迟，如果：
准则 1：已实现	顾客提供有效的付款承诺，并且，	准则 1 在这个点上通常得到满足；	顾客在收到产品或服务后不提供有效的付款承诺，或者，
准则 2：实质性的完成	根据合同保证随后销售的条件存在。	准则 2 在这个点上通常得到满足。	有重要的合同未完成事项。

> **补充**
>
> 迪士尼财务报表的注释提供了一个很好的例子，说明一家公司可能有多种不同的收入确认政策，取决于销售的产品的类型。

虽然“销售行为发生时确认收入”的做法在收入确认实践中占多数。但是对于这种做法却存在显著不同。事实上，在表 8-1 中右侧一栏的情况下收入应该在销售之后得以确认，已被证明是有争议的。正如本章开始关于 MicroStrategy 案例中描述的，面对市场和分析师对收入预期的压力使得公司，特别是刚起步的公司，不情愿推迟到销售之后才确认收入。

另外，当业务变得复杂时，收入确认的时间也变得复杂。公司经常面临与多方的交易，这种交易提供不同的商品和劳务给客户，收入是各项交易的总和。比如，技术服务公司可能会签署某个合同，规定了提供全部商品及服务的总价。例如，提供硬件、软件、安装、服务以及两年的数据支持，这些交易涉及“多次交付”，是 FASB 和 IASB 研究和争论的焦点，多次交付安排将在本章后面做详细讨论。

因为每个利润表的第一项是总收入，收入的计量是应计项目核算的基础。正如你想象的，收入确认的话题在近几年来有深入的研究。FASB 已经启动了一些关于收入确认的研究项目。⑤

AICPA 也已经颁布了许多详细的指南来帮助收入确认准则在特殊行业中的应用。事实上，*SOP 97-2* 中的“软件收入确认”规范对于指导高科技公司进行收入确认实践非常有指导意义。在 *SOP 97-2* 中，通过更详细地阐述这两个标准的四个条件来给予公司在实务上更多的指导⑥：

(a) 交易行为发生；

⑤ 在 20 世纪 80 年代初期，FASB 发布了关于收入确认的三项研究报告。这些报告被 FASB 用于制定第 5 号概念公告和若干特殊行业的准则。这些报告是：(1) Yuji Ijiri, *Recognition of Contractual Rights and Obligations* (Stamford, CT: Financial Accounting Standards Board, 1980)；(2) Henry R. Jaenicke, *Survey of Present Practice in Recognizing Revenues, Expenses, Gains and Losses* (Stamford, CT: Financial Accounting Standards Board, 1981)；(3) L. Todd Johnson and Reed K. Storey, *Recognition in Financial Statements: Underlying Concepts and Practical Conventions* (Stamford, CT: Financial Accounting Standards Board, 1982)。

⑥ *American Institute of Certified Public Accountants Accounting Standards Executive Committee Statement of Position 97-2*, "Software Revenue Recognition," October 27, 1997, par. 08.

(b) 交付行为发生;

(c) 与该交易有关的费用能可靠计量;

(d) 与该交易有关的经济利益很可能流入企业。

通常,前两个条件是关于是否发生产生收入的经济活动,后两个条件关系到收入的实现。虽然这四个条件是在确认软件收入中提出的,这些原则的应用却已经扩大到其他业务中。事实上,SEC 使用这四项原则作为 *SAB 101* 中收入确认的框架。具体的四个条件将在下一节进一步讨论。

通过以上讨论,你应该意识到,在规范收入确认的准则上,FASB 已失去建立概念和标准的主导权。这个过程很困难,因为相较于 FASB 更倾向于制定概念来制定会计准则,其他的组织像 SEC 和 AICPI 倾向于从实践及解决问题的视角制定会计准则。解决问题的视角能很快地解决问题,但是会导致产生一套没有概念框架支撑的标准。FASB 的进度虽然不快,却对会计准则做出更多的指导和逻辑框架。FASB 在 2008 年 6 月加入与 IASB 接轨的"收入确认"的项目。FASB 尝试性地决定从以上描述的可实现和实质性完成的标准转向强调资产负债法,这与 FASB 的概念框架一致。这种方法的执行细节仍然未颁布,因此在这里介绍这种方法为时过早。然而,资产负债法的两种模式:计量模式和顾客导向模式将在本章后面介绍。

SAB 101/104

2 基于 *SAB 101/104* 中使用的例子应用收入确认概念。

WHY *SAB 101* 的颁布是消除收入确认实践中某些准则滥用行为。*SAB 101* 的指导精神是不允许公司自行决定加快或延迟确认收入,而交易本身的经济特征才能决定何时确定收入。

HOW 公司在与货物所有权有关的风险和报酬转移之前不应该确认收入。预付的费用通常根据直线法在劳务合同期间内分摊,确认为收入。在涉及多项交易时,只要每项交易能分别确认,与特定交易相关的收入就能分别确认。如果在交易中允许顾客退款,除非产品情况特别好,否则只能到退款期结束时才能确认收入。

SAB 101 是一个很特别的准则,采用一问一答形式,即先根据 SEC 在实务中发现的各种不规范的做法提出这样的问题:"某企业在以下情况中能确认收入吗",然后阐明正确的处理方法。如本章开篇的案例所示,有的企业为了创造漂亮的业绩故意在会计处理时不遵守准则的规范。

SAB 101 只是规范确认收入时的特殊情况,而不是规范整个收入的会计处理。对于收入确认,大多数企业在实务中采用相同的做法,并得到 SEC、会计师事务所及股东的一致认同。但是,这对高速增长的高新技术行业来说而言,可靠、透明的会计实务对企业意义重大。因此,*SAB 101* 并非旨在规范有关收入确认的所有会计处理,但它针对实务中出现的特殊情况予以规范,其重要性不言而喻。*SAB 101* 采用一问一答的形式,并基于 *SOP 97-2* 的有关收入确认的四大原则框架。⑦

SEC 颁布 *SAB 101* 后,在会计理论和实务界引起了不小的轰动。首先,*SAB 101* 规范的

⑦ 本节参考了普华永道编制的一份 *SAB 101* 执行指南。见"Revenue Recognition: SEC Staff Accounting Bulletin 101 and Related Interpretations, Version 1.0," PricewaterhouseCoopers, January 10, 2001.

是会计的基本问题(收入确认),而且很快就颁布了,不像 FASB 花很长的时间对征求意见稿反复地修改。因此,*SAB 101* 的颁布就像引爆了一颗炸弹,其影响不言而喻。FASB 随之对收入确认的相关准则进行了一次全面的修订,前文我们提到过。新兴问题任务组(EITF)已达成的共识(*EITF 00-21* ,见附注)对有关收入确认准则的修订也产生一定影响。SEC 也发布了关于 *SAB 101* 的"常见问题答疑"文件。2003 年 11 月,即 *SAB 101* 准则发布四年之后,SEC 又颁布了 *SAB 104*,其中包括 *SAB 101* 的修订版,修订版根据四年期间企业关于收入确认实务中的变化对旧准则进行了更新。以下的内容涵盖了之前提到的所有准则及文件。

合同的要件

判定一笔交易最重要的证据是买卖双方签订了符合交易惯例而且公允的合同。*SAB 101* 开篇两个问题就指出卖方容易操纵收入确认时间的若干情形。若没有可靠的内控体系,卖方的管理层更容易操纵收入确认的时间。同样,当卖方与买方签订附属协议,一笔正式的交易可能就会变成寄售合同。

***SAB 101*,问题 1** A 公司要求每笔交易都附上买卖双方授权的销售代表签字的销售合同。若在该季度发货,但销售合同在该季度的最后几天前还未签订,那么 A 公司在该季度能确认收入吗?[8]

若企业没有一个具有可靠性、系统性和可控性的内部控制环节来管理合同,那么在每个季度末期,管理层更容易产生加快确认收入的主观动机。从这个意义上讲,尽管 *SAB 101* 规范的范围比较集中,但是它有助于企业设立良好的收入确认的内控制度,进而减少不规范的会计处理。这也是 2002 年《萨班斯—奥克斯法案》精神的体现。《萨班斯—奥克斯法案》第 404 条指示 SEC 要求所有的上市公司都要披露财务报告的内控报告,其中包括所有业务的管控制度,这样向公众披露的财务报表受附属合同左右的概率就减少了。好的内控还要求所有的交易必须通过必要的授权审批流程,并建立制度来保护企业的资产。

就像在本章开始提到的,MicroStrategy 管理层故意延长同客户签订合同的日期到季度末,方便其决定有多少订单才能达到本季度的收入目标。

***SAB 101*,问题 2** Z 企业通过寄售方式销售商品,发出商品时能确认收入吗?

问题 1 涉及收入确认的内控,而问题 2 讨论了实务中通过与客户签订附属合同来规避内控的不规范的做法。因此,问题 2 的答案肯定是否定的,即,签订了寄售合同不能确认收入,因为没有实际的销售发生。从更广的意义上讲,通过签订附属合约,买方可以把一笔销售变成一笔寄售合同。例如,卖方可以承诺宽松的销售退回条件,买方可以等到售出商品后才付款;或者卖方答应售后以同样的售价回购,而且期间向购货方提供免息信贷。在这两种情形下,卖方也许在确认收入和签订合同时符合内控规范,但是附属合同将交易的性质变成寄售而非真正意义上的销售。

为更好地说明寄售的账务处理,假设商品运费 1 000 美元,零售价 1 500 美元,虽然不能确认销售,但是也要确认作为寄售商品的存货,会计处理如下:

借:寄销存货	1 000	
贷:存货		1 000

---

⑧ 本节所涉及的 10 个 *SAB 101* 问题均做了简化,原文见 http://www.sec.gov。

> 可口可乐被 SEC 查出其在日本的子公司进行“渠道共谋”。SEC 于 2005 年 4 月 18 日做出以下公告:“1997—1999 年,可口可乐公司进行‘渠道共谋’,这种财务造假手段,在日本称为‘加速销售’,通过与客户共谋,用虚假销售来暂时提高一段时期的销售和业绩。为了增加销量,可口可乐为它的日本经销商提供长期借款,方便它们先下订单,不然它们就要等到下次才能订货了……这种做法为可口可乐每季度增加了 0.01 到 0.02 美元的每股收益,而且在 1997 年到 1999 年期间的 8 个季度都如此,超出分析师们一致认同的收入预测。”

销售商品和提供劳务的收入确认的具体应用

两大收入确认的原则之一是企业已经实质性地完成收入环节。*SAB 101* 有四个问题是关于该原则的。问题 3 和问题 4 解释了商品所有权转移的判定标准,问题 5 和问题 6 阐述了收入确认的若干步骤。

***SAB 101*,问题 3**　A 公司生产出了顾客订购的商品并单独放置,A 公司能确认收入吗?若 A 公司将货物运送到第三方的仓库储存(仍保留货物的所有权)时,A 公司能确认收入吗?

***SAB 101*,问题 4**　R 公司采用预收款商品销售,即购买方在商品尚未收到前按合同约定先付部分款项,销售方在收到剩余的付款时才交货。那么 R 公司何时能确认收入?

以上两个问题讨论的是“开出账单但保留商品”(bill and hold)合同。顾名思义,“开出账单但保留商品”合同是指卖方开出发票但延迟交货。在这种该情况下,只有当与商品所有权有关的主要风险和报酬都转移给买方后才能确认收入。由于销售方在收到最后一次付款之前,仍然保留了商品。因此,对于商品交付前预收的货款应作为销售企业的负债处理,计入“预收账款”或“应收账款”账户,待商品实际交付后才能确认销售收入。

法律上所有权的转移取决于货运条款:若货运条款是起运点交货价 FOB (free on board),那么在发运时所有权转移;若是目的地交货价 FOB,那么所有权在购货方收到货物时转移。因此,问题 4 中提到的预收款销售商品并非真正的销售,因为卖方保留了货物的所有权。同样地,在购货方收到货物时,才能确认收入。

例如,销货方收到预付的部分货款现金 100 美元,货物成本为 1 000 美元,售价为 1 500 美元,购货方支付完剩余的 1 400 美元货款,销货方才交付货物,分录如下:

收到 100 美元现金预付货款时:

借:现金	100	
贷:预收账款		100

销货方收到剩余的货款 1 400 美元并交付货物时:

借:现金	1 400	
预收账款	100	
贷:销售收入		1 500
借:销售成本	1 000	
贷:存货		1 000

> Whitehall Jewelers 是一家著名的珠宝店，其分店遍布全国的各大商业中心。在 *SAB 101* 颁布之前，其对预收款商品销售的会计处理是这样的："预收款商品销售的应收款项包括当年年末未全额收到的货款。预收款商品销售中的应收款中扣除了购买方目前已经支付的货款以及估计的当年坏账。估计基于企业以往坏账所占比例而得出。"2000 年，Whitehall 改变了确认收入的会计处理，只有当货物运抵购货方时，才确认收入。

当你考虑到问题 3 中的情形时，也许就会明白 SEC 如此重视此类问题的原因了。若对"开出账单但保留商品"合同没有严格的收入确认的规范，当销货方在季度末想要人为地增加收入时，只要把产成品放在专用的仓库中，声明这些货物已经被订购，并完成组装可供发运。不过，若要确认收入，销货方必须清楚地解释这些订购的产品必须已经与卖方的其他存货分开放置，不能再用来满足其他订单，更重要的是，购货方向销货方索要了买卖合同。有了它，就可以确认收入了，而销货方是否把产成品放在自己的仓库中，并声明这些货物马上要运送到其他地方（如连锁店的仓库）就不重要了。[9] 因此，基于法律上及经济上所有权转移的思路，销货方只能在购货方收到满意的货物时才能确认收入。例如，销售精密仪器的合同包括必须符合购货方的要求，即销货方负责运输、安装、调试，使购货方满意。因此，若销货方没有满足购货方的条件同样不能确认收入。这种情况的前提是，购货方拟定的接受条件对于它而言十分重要，否则它不会在买卖合同签订时就提出来。因此，销货方不能达到购货方的要求，就不能确认收入。

为更好地说明顾客接受条款，假设出售一批设备，收到现金货款 1 500 美元，设备成本是 1 000 美元。卖方负责设备的运输、安装、调试。现金收入和安装完成后会计处理如下：

全额收到现金货款时：

借：现金	1 500	
贷：预收账款		1 500

卖方安装货物后，购货方接受货物：

借：预收账款	1 500	
贷：销售收入		1 500
借：销售成本	1 000	
贷：存货		1 000

> 在 *SAB 101* 颁布前，Levitz 家俬在签订销售合同和生产出产成品时就确认收入。按照准则规定，Levitz 家俬在货物销货方满意地接受货物时才确认收入。

***SAB 101*，问题 5** H 公司要求购货方在每月支付服务费前先付定金（不可退还），H 公司在收到顾客的定金时能确认收入吗？

***SAB 101*，问题 6** A 公司为顾客提供 IT 服务，顾客需要预先支付全部的费用。A 公司为顾客安装了其购买的软件，顾客能自动地进入系统享受后续的服务。那么 A 公司何时能确认收入？

---

⑨ 一些非大陆法系的国家的法条规定，在赊销时，销货方必须保留货物的所有权，避免购货方无法支付货款。在问题 3 的第二部分（签订合同的有效证明），在 *SAB 104* 中进行了说明，SEC 申明，规定卖方保留货物的所有权只是为了督促买方尽快支付所欠货款，而不是像非大陆法系的国家的法条，规定在赊销时卖方不能确认收入。

问题5、6涉及的是企业在较长的时期内提供劳务或提供多种服务的情形。销货方希望提前确认收入，甚至销货方希望立刻就确认所有的收入。*SAB 101* 规定，在合同期内按直线法确认收入。对于特定的服务，只有依据合同判断该服务可单独出售时才确认额外的收入。

问题5中提到的预付款应该立即确认为收入，因为购货方不会在"订购"该服务时还要分期付款。预付款是整个收入合同的一部分，整个劳务带来的收入在会计处理时应作为一个整体。*SAB 101* 中举了这样的例子。一名顾客预付一笔不可退回的费用，成为一家健康会所的终身会员。预付的入会费和后续每月的会费作为收入整体入账。因为几乎没有人愿意只花入会费而不继续交钱享受接下来的真正的服务。*EITF 00-21* 也有类似的规定"分期付款"。新兴问题任务组使用标准的商业语言，以每个会计单元确认收入，而每个会计单元是指"给顾客带来的价值"。

> ITT 教育服务公司是美国一家技能培训机构，学生有3000多名。*SAB 101* 以如下方式影响了收入确认的会计政策："自2000年1月1日 *SAB 101* 生效，我们就实施了该文件，改变了我们将向学生收取的实验费和考试费确认为收入的做法。我们开始在24个月的学生课程期间内将这些费用平均确认为收入。以前，我们在每个学期开始时将每季度的实验费确认为收入，考试费是在收到时将其确认为收入。

问题6所描述的情境中，卖方可能会同意在整个服务合同期内分期确认收入，但是同时也期望能在合同期期初因起始准备活动的完成确认一笔收入。没有顾客会将准备活动作为一项独立的商品来付款，所以收入不能分配给该准备活动。用 *EITF 00-21* 的术语来讲，起始的准备活动不是一个独立的"会计单元"。另外，*SAB 101* 也指出不能仅仅因为在准备活动期间耗用的成本较多，便在交易开始时确认收入。收入的确认应该设立在已经提供的预计数量的服务基础上，而不是已经发生的成本基础上。除非有强有力证据证明收入应该按照直线法确认，且独立于已经发生的费用。另外，收入只有在协议的条款生效后才加以确认。例如，双方于12月10日签署一项专利使用权转让协议，但是直到1月1日才生效，收入也只能到1月1日才能开始确认。

下面我们对提供后续劳务的会计处理做一下说明：假设顾客支付1 000美元作为初始报名费，之后的每月为这项服务支付50美元。这项服务协议的预计经济期限是100个月。收到初始报名费、第一笔每月支付的费用以及第一个月之后针对初始费用的部分收入确认的会计分录如下：

收到1 000美元现金作为初始报名费用：

借：现金	1 000	
贷：未实现初始报名费		1 000

收到第一笔每月50美元的支付：

借：现金	50	
贷：每月服务收入		50

初始报名费作为收入进行部分确认（$1 000/100个月）：

借：未实现初始报名费	10	
贷：初始报名费收入		10

Genentech 公司是一家致力于研发医药产品的生物科技公司。这家公司对 *SAB 101* 的影响做了如下解释:“在以前,我们在转让了技术且履行完相应的合同义务之后,将不可退还给客户的预收款确认为收入。自 *SAB 101* 2000 年 1 月 1 日生效之后,我们改变了不可退还预收款的核算方法,将这些预收款在研发的会计期间确认为收入,因为协议执行时,研发期间隐含研发失败的重大风险;或者将预收款在制造义务履行的会计期间确认为收入,因为协议在执行时,只要产品达到预定可使用或可销售状态,或者接近达到预定可使用或可销售状态时,研发的风险才基本上消除。与制造产品相关的递延收入将在合同期间或在提供产品的期间用直线法确认。”

EITF 00-21 是关于“会计单元”的,如果多要素协议中的一个已经发出的产品具有独立的价值基础,并且可以确定其他任何未发运的产品的公允价值,那么这件已发货的产品就被认为是一个会计单元。一件已经发出的产品具有独立的价值是指它可以(由任何人,而不只是卖方)独立地卖出,或者顾客可以重新出售。

下面我们解释 *EITF 00-21* 所规定的多要素协议的收入确认的会计处理,假设 Lily Kay 公司以总价 1 000 美元销售产品 A 和 B,Lily Kay 公司已经发出产品 A,在 *EITF 00-21* 的规定下有三种可能的收入确认方案。

1. 产品 A 和产品 B 都具有客观、可靠的公允价值。在这种情况下,产品 A 的收入可以基于其可靠的公允价值进行确认。如果产品 A 的公允价值是 300 美元,产品 B 的公允价值是 800 美元,则销售产品 A 的收入是 273 美元[$1 000 × $300/($300 + $800)]。

2. 只能确定未发出的产品 B 的公允价值。这种情况下,与产品 A 的收入要使用余值法计算和确认。我们再假设产品 B 的公允价值是 800 美元。使用余值法,将产品 B 的价格从总价中扣除,就得到产品 A 的售价 200 美元($200 = $1 000 - $800)。

3. 只能确定已发出的产品 A 的公允价值。在这种情况下,不能单独确认产品 A 的收入,这里不能使用“反向余值法”的原因在于,如果没有 B 的公允价值,交易总价款 1 000 美元不可能公允地分摊至发出的各批产品中。相应的销售总额 1 000 美元,只有在产品 A 及产品 B 都发出后才能确认。

价格确定或可确定

SOP 97-2(包括之前解释的 4 条规定)收入确认准则(c)规定,在交易价格最终确认前不能确认收入。这里要注意两点。第一,当交易双方未商定最终交易价格,就不能确定该交易的公平合理性。第二,当交易价格确定后,与该交易有关的经济利益不是很可能流入卖方企业。因此,该笔交易的价值也待评估。如果交易的结果的不确定性过高,相关信息则不够可靠,不能进行确认并注入报表。*SAB 101* 的问题 7、8、9 涉及了交易价格不固定或未商定的情形。

SAB 101,问题 7 M 公司是一家零售商,每年提前收取当年的会员费,顾客可以随时退会,并被全额退还会员费。那么,M 公司能在年初的时候就确认会员费的收入吗? M 公司能用直线法在全年分摊会员费的收入吗?

第一,注意这种情况与估计确认坏账损失不同。如果是坏账的话,买方有法律义务向卖方付款,卖方会估计买方到期不能偿还的金额。但是,在问题 7 描述的情况下,会员可以随时退会，并索要会员费，因为入会合同里没有规定会员一定要付会员费。而且 *SAB 101* 要求年末才能确认收入。从另一个角度看，只有到年末，提供服务方才能知道是为会员提供服务而收取会员费，还是退还会员服务费。若提供服务方能合理估计会员要求退还的会员费的金额，*SAB 101* 允许按月确认会员费的收入。规定满足下列的情形才能保证估计的合理：

- 提供服务方从事该业务有一定年限（至少两年）以建立足够的历史数据来进行估计。
- 基于大量本质上相同的交易做出估计。
- 前期的估计与实际发生额无重大差异。

为解释可退还会员费的会计处理，假设公司收到会员一年的会费，1 200 美元，并在会员要求时全额退还。公司为每位会员提供的服务成本为每年 360 美元。卖方公司根据以往经验估计 40% 的会员会要求在年末退还会费，所以每位顾客都会发生 360 美元的劳务成本。共有 1 000 位顾客在 1 月 1 日缴纳 1 200 美元的现金作为会员费，相关账务处理如下：

收到可退还会员费的现金（$1 000 × 1 200）		
借：现金	1 200 000	
贷：预收账款（40%）		480 000
未确认会员费（60%）		720 000
1 个月后确认收入和成本		
借：未确认会员费（$720 000/12 个月）	60 000	
贷：会员费收入		60 000
借：会员费成本（60%）	18 000	
管理费用（40%）	12 000	
贷：现金[（$360/12 个月）× 1 000]		30 000
12 月 31 日退还会员预付的会费：		
借：预收账款	480 000	
贷：现金		480 000

应注意的是，可能退还的顾客会员费与提供服务的成本要分别核算。因此，我们在核算可退还会员的服务费用等具体项目时，不应直接计入管理费用，而应将其记入明细科目中。

> **MemberWorks 公司**是一家提供团体服务的综合服务公司，其经营项目有保健品、保险、处方药、家电维修等，公司规定入会即可享受折扣。*SAB 101* 对该公司的收入核算产生了如下影响："首先 *SAB 101* 明确了 SEC 的规定，该公司在会员退费之前不能确认利润。其次，*SAB 101* 也不反对将扣除预计退回的会员费的收入在入会期间给予确认（该公司以前的做法），但这种核算方法只能在满足 *SAB 101* 其他关于收入确认的条件时才能采用。该公司规定退还入会费的截止日期为 2000 年 7 月 1 日。所有预计退还的入会费不在入会期间确认为收入，但可以到退还入会费的截止日期后确认为收入。"

***SAB 101*，问题 8**　A 公司将一房屋出租给一商户，合同规定年基本租金为 120 万美元，如果商户的年销售额超过 2 500 万美元时，需要多交销售额 1% 的租金。根据当时市场情况，商户的销售额可能会超过 2 500 万美元。A 公司是否应该在当年用直线法将商户超过 2 500 万美元销售额的 1% 估计并确认为收入。

> **补充**
>
> 在上个例子中，会计人员应估计及确认未来经济事项在未来期间产生的影响。在《中级会计学：应用篇》第16章中我们提到，递延所得税资产的确认条件之一，即一个会计主体应有足够的税前利润来支付未来应缴的税金。

在问题8的情境下，承租者在销售额未达到2500万美元时，没有义务多付额外的并且相当于销售额1%的租金。因此 *SAB 101* 规定A公司不能提前确认以销售额为基础的租金收入。这种情形说明了估计过去的事项对未来的影响（比如，提供售后服务的商品）与估计未来的事项对未来的影响（比如，未来的销售额）之间的差别很小，但是很重要。会计人员通常只注意了前者而忽略后者。

为了说明或有租赁的会计处理，假设Owner公司1月1日签订了一份租赁合同，金额为120000美元，每月月末付租金1000美元。承租人若年销售收入超过3000000美元，就要额外付给出租人当年销售收入10%的租金。在每年12月31日一次性支付当年的或有租金。每年1月31日出租人收到第一笔租金，当时承租人的销售收入为700000美元；7月31日出租人收到每月支付的租金，当时承租人的销售额为3150000美元；12月31日出租人收到最后一笔租金及或有租金。承租人全年的销售额为5000000美元，其中12月的销售收入达1000000美元，出租人于1月31日、7月31日、12月31日的账务处理如下：

1月31日		
借：现金	10000	
贷：租赁收入		10000
7月31日		
借：现金	10000	
贷：租赁收入		10000
借：应收或有租金	15000	
贷：或有租金收入		15000
（\$3150000 − \$3000000）×10% = \$15000		
12月31日		
借：现金	10000	
贷：租金收入		10000
借：应收或有租金	10000	
贷：或有租金收入		10000
（\$1000000 ×10% = \$100000）		
借：现金	200000	
贷：应收或有租金收入		200000
（\$5000000 − \$3000000）×10% = \$200000		

> **Kimco地产公司**是全美最大的社区购物中心拥有者和运营商之一。当其租户销售收入达到一定金额时，出租人会要求它支付额外的租金。Kimco地产公司这样描述它的收入确认的会计政策："基本的租金在全年按照直线法摊销。当销售收入达到一定金额时，向出租方支付额外的租金。一旦销售额达到某个水平就确认相应的额外支付的租金。"

SAB 101，问题 9 依据 FASB 第 48 号公告规定，企业若不能合理地估计退货量就不能确认相应的收入。那么，哪些因素会导致企业对未来收入的估计不准确呢？

问题 9 涉及的销售退回和问题 7 涉及的退还预付会费的会计核算是相似的。因为只有当一切都尘埃落定才能确认未来实际发生的销售额，所以这两种情况下的收入都存在极大的不确定性。问题 9 强调这点的重要性，因为 SEC 尤其关注"渠道共谋"，这是一种销货方在季度末加速确认销售的做法，销售给顾客的产品远远超过顾客的需要量。虽然这种做法会使下个季度的销售量减少，但是企业只注重眼前利益，并不担心以后的销售量。若没有相应的准则来规范预计的销售退回，企业就更容易只注意当期的报表数字而忽视产生的长期的负面影响及未来可能的销售退回。

FASB 第 48 号公告指出了一家公司不能合理预测其产品退货金额的几种情况[10]：

- 该产品易受需求影响或容易被快速淘汰；
- 退货时间过长；
- 公司没有发生过类似产品的退货情况；
- 发生退货时没有发生大量可参考的类似交易。

依据 SEC 工作人员的近来经验，*SAB 101* 补充了 FASB 第 48 号公告描述的情况。无法估计退货的情况包含以下几种：

- 买方或卖方存货的巨额增加。（注意：这些增长的存货将成为渠道共谋的直接证据。）
- 信息系统的不完善，比如不能确定是否卖方的顾客所拥有的产品是否增加。
- 出现新产品，或预期新的代替品或竞争产品的引入。

如果主体不能依据 FASB 第 48 号公告和 *SAB 101* 中所规定的情况对退货进行合理估计，就只能在退货期限过期后才能确认收入。

Palm 公司是 Palm 掌上电脑的制造商。在 2001 年 3 月 2 日结束的季度，这家公司报告了 4.71 亿美元的收入，而一个季度前的收入为 5.22 亿美元。收入下跌的公告使得该公司在同一天内股价下跌 50%。与此同时，一些分析师认为这条新闻将引发更严重的后果。这些分析师怀疑 Palm 公司涉及渠道共谋。随着接下来的一个季度后的报告，在 2001 年 6 月 1 日，收入大幅下跌到仅 1.65 亿美元，这个怀疑至少被部分证实。

合理地确定可回收性

因为可回收性是收入确认的两项基本原则的其中一项，所以出于完整考虑，它被纳入 *SAB 101* 中。但是，在 *SAB 101* 中没有任何有关评定可收回性的指导内容。因为本章开头就提到，*SAB 101* 被用来减少具体的滥用，同时，它不能作为在收入确认的整体范围上一种易于理解的规定。当可回收性不能被合理地确信，对收入的会计处理将在稍后的分期收款销售会计处理章节中讨论。

[10] *Statement of Financial Accounting Standards No. 48*, "Revenue Recognition When Right of Return Exists" (Stamford, CT: Financial Accounting Standards Board, June 1981), par. 8.

利润表中收入的列报:总额或净额

SAB 101 中的问题10并没有说明什么时候应该确认收入,而是阐述了收入应该怎样在利润表中列报。

***SAB 101*,问题10**　A公司是一家电子商务公司,顾客可以通过它来订购T公司的产品。T公司直接将产品运送给顾客,同时,A公司从不拥有产品的所有权。通常售价为175美元,A公司从中获得25美元。A公司应该报告175美元的收入及150美元的成本,还是应该只是报告25美元的委托销售收入?

SAB 101 清楚地阐明了总额法(在问题10中,确认175美元的销售收入及150美元的销售成本)是不恰当的,因为当企业只是经销商的话,与商品所有权相关的风险和报酬并未发生实质性的转移。在 *EITF 99-19* 中对此有详细的解释,当以下情况发生时,企业需按照净额法确认收入:

- 企业未保留产成品,只是发货给上游供应商。
- 企业不对顾客的订货要求及投诉等承担主要责任,而上游的供应商对此负全责。
- 企业按照合同或协议获得固定的收益或按照一定的比例提成,不承担销售的盈亏风险。
- 企业不承担来自顾客的信用风险,而由上游供应商承担。

> 第1章中提到,安然公司2002年以其1390亿美元的年销售收入位列《财富》500强的第五位。由于会计准则对能源贸易企业的收入确认存在分歧,所以安然公司按照全额法而非净额法对销售收入进行披露。例如,假设安然公司作为一家天然气供应商和一家当地发电厂的中介,从天然气供应商手中以100万美元的价格买入天然气使用权,并以105万美元的价格卖给发电厂。天然气供应商和发电厂成交后,安然公司将获得5万美元的收益。由于准则没有明确规定能源交易的收入确认原则,安然公司可以将105万美元(成本为100万美元)确认为收入,而不是仅仅确认5万美元的佣金收入。

在本节开始就提到,*SAB 101* 并不是关于收入确认的全面的规范。2003年12月SEC发布了 *SAB 104*,它基于 *SAB 101*,并且涵盖实务界和理论界对 *SAB 101* 的讨论及疑问。FASB首先颁布了关于收入确认的全面的规范准则。

IASB准则在收入确认准则方面与美国GAAP保持一致,但不如美国GAAP详细。其中,基础性的准则是《国际会计准则第18号——收入确认》。FASB和IASB共同致力于以资产负债观为基础确认收入,这部分内容将在下一节介绍。

收入确认的资产负债观

3 描述现在FASB和IASB正在考虑的两种收入确认的资产负债方法:顾客导向模式和计量模式。

WHY 随着"盈利过程"这一普遍概念数年来的广泛应用,实务界普遍重视收入的确认。FASB和IASB希望简化收入确认的核算,并同时使收入确认的处理符合两个概念框架中的资产负债观。

HOW FASB和IASB正考虑两种不同的资产负债模式。顾客导向模式使用各项交易的独立售价来估计卖方履行合同的义务的公允价值。计量模式则直接预计卖家应履行的各种义务的公允价值。

FASB 和 IASB 都有各自的概念框架以指导准则的制定。框架的关键在于资产与负债的确定。设定标准的两者的关注点在于新准则中对资产及负债的正确列报。资产与负债的确认在 FASB 和 IASB 关于收入确认的合作项目中占有核心位置。[11]

FASB 和 IASB 以资产负债为中心,由此认为,当与协议或合同相关的资产增加或负债减少时,收入就会上升。虽然资产负债观在大多数情况下并不能改变收入的最终计算结果,但新模式反映了由传统的重视盈利过程的观念向重视资产负债的观念性转变。其目的在于使此模式更有效地适用于更多的情形,不过目前不同的行业及特定的情况已存在其特定的做法。

现以 Wilks 公司向一位消费者出售总价为 2 000 美元的一台等离子电视屏和两年的质保为例,来说明收入确认的资产负债观。为了简化,假设 Wilks 所有收款的日期都为合同签订时间。对于此类销售,Wilks 公司提供信息如下:

- 等离子电视屏的成本为 1 500 美元
- 等离子电视屏的单独售价为 1 785 美元
- 2 年质量保证协议的单独售价 315 美元
- Wilks 需要向提供等离子电视的一家电视批发商支付的总额为 1 650 美元
- Wilks 需要向提供两年质保的一家电视售后服务公司支付的总额为 240 美元

FASB 和 IASB 正考虑两种不同的资产负债模式。顾客导向模式使用各项交易的独立售价来估计卖方履行合同的义务的公允价值。当合同由多个交易组成,合同的公允价值由各项交易的单独售价进行确认。当交易包含各组成部分,计量模式则直接预计卖家应履行的各种义务的公允价值。从以下例子我们可以看到,两种模式最大的区别在于:计量模式在签订销售合同的时候便能确认收入,即使卖方没有交付货物或提供劳务。

顾客导向模式

顾客导向模式是资产负债观下的收入确认。当消费者签署合同从 Wilks 公司购买等离子电视屏和两年产品质量保证,Wilks 就创造了 2 000 美元的资产,同时还产生了两项负债,即为顾客提供等离子电视屏和提供两年产品质量保证的义务。困难的是确定电视屏和产品质量保证这两项负债的价值。顾客导向模式通过运用长期沿用下来的方法解决了这一难题,而这种方法我们在早先的 *EITF 00-21* 讨论中进行了说明,即合同的总价由其中各交易的单独定价组成。根据电视屏和产品质量保证的单独售价,相关计算如下:

交付电视屏产生的负债 $1 700 = $2 000 × [$1 785/($1 785 + $315)]

产品质量保证产生的负债 $300 = $2 000 × [$315/($1 785 + $315)]

1 700 美元和 300 美元是合同中估计的 Wilks 履行债务的公允价值。这两项负债由 Wilks 获得的 2 000 美元现金资产抵销。由合同产生的这笔资产和两项负债的分录如下:

---

[11] 收入确认项目的概述参见 http://www.fasb.org/project/revenue_recognition.shtml(2008 年 6 月)。

借:现金 2 000

贷:合同负债——电视屏 1 700

合同负债——担保 300

当等离子电视屏送到消费者手中后,合同中的义务就得到了履行,同时,相关负债降至0美元。在运用资产负债表法时,当履行完合同中对消费者的义务时,相应的负债减少,收入就得到了确认。分录(假设为永续盘存制)如下:

借:合同负债——电视屏 1 700

贷:销售收入 1 700

借:销售成本 1 500

贷:库存商品 1 500

当履行完保修服务时,卖方的负债相应减少,收入也就得到了确认。这种减少可能是按直线法分摊的,也可能是第一年的负债减少额比第二年多。如果是这种情况,那么第一年确认的质保收入比第二年多。

顾客导向模式易于理解,运用起来相对简单,与以往惯例基本相符,并且容易在实务中得到验证。事实上,在这个简单的例子中,顾客导向模式就像是已存在的惯例,不必这么费事。然而,将重点从盈利转移到资产生成和债务的履行上来,使收入确认过程同FASB和IASB的概念框架相一致,增加了其灵活性,可适用于各种情况。

计量模式

运用计量模式,可直接估算签订合同时形成债务的公允价值,不用像顾客导向模式那样,需要对合同价格进行分解。如以下分录所示,这种看似简单的区别却很值得玩味。下面的分录反映了签订合同所产生的现金资产和两项偿付义务负债:

借:现金 2 000

贷:合同负债——电视屏 1 650

合同负债——担保 240

营业收入 110

运用计量模式,偿付义务负债以公允价值计算,而公允价值由第三方履行义务所需费用来决定。首先,我们研究一下向顾客运送等离子电视屏相关的义务。从前面的例子中我们得知,电视的单价为1 785美元,为什么制造商愿意承担这项负债来换取1 650美元?这个区别反映了一个事实,那就是向消费者销售产品或服务最重要的一点在于,吸引消费者进店并说服他们购买自己的商品,并且让消费者认为自己购买的这些商品绝对与众不同。让消费者最终购买,需要进行大量的广告宣传、促销,当然还要有一点点的运气。在这个例子中,电视制造商非常乐意委托Wilks为它们做好所有工作,包括吸引顾客,使他们签订销售合同。制造商愿意接受这样的交易:卖出成本为1 500美元的电视,并得到1 650美元。同样地,制造商愿意接受240美元来签订一个担保合同,因为制造商履行该合同进行售后维修的花销低于240美元。采用计量模式,而经销商将商品销售给最终消费者所花的110美元成本在与厂商协议签订时也就得到了补偿。

顾客导向模式和计量模式的重大区别是,运用计量模式,收入在合同签订当天就得到了确认。会计专家和准则制定者称此为“首天收入”。两个模式之间的另一个重要区别是,运用顾客导向模式,在签订合同之后,不需要重新核算偿付义务。然而,如果使用计量模式，这些负债需要以后再次核算。负债的公允价值减少，则产生额外收入；负债公允价值增加，则收入会减少。

2008 年 6 月，FASB 和 IASB 准备发表“初步观点”的联合文件来征集对顾客导向模式和计量模式各自特点的评论。究竟两个模式中的哪个，还是两种模式的合体会为 FASB 和 IASB 制定的收入确认标准提供框架基础，尚且无人得知。

货物运送或服务提供前确认收入

4　使用完工百分比和完成合同法对长期建造合同进行核算。

WHY　在一些情况下，收入也许会运送货物和提供服务之前进行确认。长期建造合同就是典型的例子。这种确认方式的目的在于向财务报表的使用者提供报告期间公司的经营情况。

HOW　在以下四种情况下，收入确认会提前于货物运送或服务提供：(1) 可以合理预计剩余的工作量；(2) 存在可以规定各利益相关方责任的合同；(3) 可以合理预期买方履行合同；(4) 可以合理预期卖方履行合同。

在前面的章节中，只有在 FASB 和 IASB 规定下才运用资产负债观确认收入。目前，美国 GAAP 下收入确认同样是基于传统方法下的盈利过程。下面的三个部分将解释在三种不同的情况下这种基本方法如何进行收入确认。

在一些情况下，收入的确认会先于运送货物或提供服务。如 *IAS 41* 规定，对于生物资产，如家畜、果树和可伐树林，在资产负债表日会以它们的公允价值（减去估计的销售成本）列报在资产负债表上。这些生物资产公允价值的增值会确认利得，减值会确认为损失。在国际会计准则下，一家伐木公司将在每个资产负债表日，如木材 30 年的生长期，以公允价值（减去销售费用）确认木材的价值。那么在木材没有卖出或运送给顾客之前，木材每一年公允价值的增值或减值会以利得和损失反映在利润表上。但这种方法目前不适用于美国 GAAP。

在美国 GAAP 下，在货物运送前进行收入确认的最常见的情况是，当前的建设期或提供服务的期间相当长，即多于一年。此时，如果公司等到运送货物或提供服务后再进行收入确认，那么其利润表很可能不会在提供劳务的各期间真实地反映其收益。这种方法即**完成合同法**，所有的合同收入都会在合同履行完后才确认，即使可能当年只有很少的收入。在完成合同法下，合同完成以前履行的义务不在各个期间确认为相应的收入，收入会以销售费用、管理费用及其他与合同相关的费用表示，但是不会以存货成本反映。

除完成合同法的另一种方法是**完工百分比法**。**完工百分比法**是在长期建造合同中，根据合同完工进度确认收入的方法。类似地，**完工合同法**，是在劳务合同完成之前，根据交易完成的阶段确认收入的方法。这种劳务合同的例子包括电子办公室设备的维护、学校、信托服务、健身俱乐部、律师和会计师等的专业服务，以及银行的抵押贷款服务。完工百分比法和劳务合同的完工比例法在应用方面很相似。然而，在劳务合同中会出现一些特别的问题。下节的讨论和案例中，将探讨长期建造合同及劳务合同的特别问题。

完工百分比法下的基本概念

> **思考**
>
> 以下选项的哪一个不是衡量合同完工进度的方法?
>
> a）本期耗费的成本与预计总成本的比值
>
> b）影响公司完成其收入和利润目标的收入百分比
>
> c）工程师对完工比例的估计
>
> d）合同完成的量（如高速公路已完成的公里数），与该合同预期完成的量。

在完工百分比法下，公司会将合同的收入和费用按完工的进度确认，而不是推迟到合同完工。每期要确认的收入金额视完工进度的计量方法而定。这就需要对未发生费用进行估计。预计费用的变动很正常，需要在年末对估计数额进行复核并进行相应的调整。那么，当年收入和费用余额会受到已经确认的收入和费用的影响。合同收入应于工程量完成的会计期间在利润表中确认为收入，其间已发生的成本将归集到存货成本。每一个期间所取得的利润也将确认为资产。那么，存货将以可变现净值表示：销售收入（或合同收入）减去完成合同的成本和因未完成工程量而未实现的利润。（可变现净值的相关概念和计算可参见第 9 章。）如果一家公司在合同完成前推测会发生损失，那么所有的损失应立即确认。可以通过减记资产至其预期的可变现净值来确认损失。如果只确认部分的损失，那么资产的余额将超过可变现净值，这样就会违背在第 9 章所讨论的成本与市价孰低法。

使用完工百分比法的必要条件

大多数的长期建造合同都应使用完工百分比法进行收入确认。但是相关准则没有规定企业何时必须使用完工百分比法，何时必须使用完成合同法。这套权威的会计准则由会计程序委员会于 1955 年推出。[12] 1981 年，美国注册会计师协会会计准则部的建造合同委员会发布了《立场声明书 81-1》，来解释“履行建筑类和生产类合同的会计处理”。在该声明书（SOP）中，委员会强烈建议根据具体情况选择合适的方法。委员会进一步指出，即使在同样的情况下，两种方法并不能互相替代。委员会还明确了使用完工百分比法时需要确定的几个要素[13]：

1. 能够可靠估算出合同收入、合同成本和预计完工的时间。
2. 合同明确规定了与各方提供和接收的货物、服务相关的可行使权利，交换的意见，结算的方式及条款。
3. 买方能够依照合同履行义务。
4. 承包方能够依照合同履行义务。

只有当主体签订的主要是短期合同，使用完工百分比法的条件不完备，或者合同存在固有的不确定性，并超出了正常商业风险，才可使用完成合同法。此外，根据 *IAS 11*，国际

---

⑫ *Committee on Accounting Procedure*, *Accounting Research Bulletin No. 45*, “Long-Term Construction-Type Contracts” (New York: American Institute of Certified Public Accountants, 1955).

⑬ *Construction Contractor Guide Committee of the Accounting Standards Division*, *AICPA*, *Statement of Position 81-1*, “Accounting for Performance of Construction-Type and Certain Production-Type Contracts” (New York: American Institute of Certified Public Accountants, 1981), par. 23.

财务报告准则不允许使用完成合同法。

长期以来,所得税允许主体可任意选用完工百分比法和完成合同法。从 1986 年的税收改革法开始,税法开始限制使用完成合同法,提倡使用完工百分比法。这种做法在不改变税率的情况下,加快了税收收入,也形成了类似的针对税收和财务报告的收入确认法。

测算完工百分比

目前,多种方法都用于计算盈利过程。可简单地将这些方法分为两类:投入估算法和产出比例法。

投入估算法 投入估算法是估算投入到合同上的成本。投入估算法需建立在估算单位投入和产出的比例上,包括广泛应用的成本比例法和其他耗费量衡量的方法。

成本比例法。也许投入估算法当中最常用的当属成本比例法。使用成本比例法,通过将已经实现的投入同最新测算的完成工程所需总投入相比,得出累计完工的比例。将这一比例应用于合同总价,以得出需确认的收入,以及该项目的预计净利润。部分已发生的成本,尤其是合同早期产生的成本,在使用成本比例法时不予考虑,因为这些成本并不直接投入到后续的工程中去。这些成本包括分包合同成本和尚需安装的设备。运用这种方法的难点在于测算尚未投入的成本。人们经常就完工百分比咨询工程师。无论计算过程多么复杂,在报告利润时都会涉及它。

为了便于说明,我们假设 Strong 建筑公司于 2010 年 1 月份签订了一份总金额为 300 万美元的建造合同。Strong 建筑公司预计盈利 40 万美元,换句话说,这单合同的总成本预计为 260 万美元。建筑工程历时三年,在此期间,成本数据和百分比列示如下:

年份	(1) 已产生的 实际成本	(2) 预计完成 所需成本	(3) 总成本 (1)+(2)	(4) 成本百分比 (1)/(3)
2010	$1 040 000	$1 560 000	$2 600 000*	40%
2011	910 000			
合计	$1 950 000	650 000	2 600 000*	75
2012	650 000			
合计	$2 600 000	0	2 600 000#	100

* 预计合同总成本
#实际合同总成本

耗费量衡量法。耗费量衡量法基于所做工作的一些测量单位测量,包括劳动时间、劳动工资、机器运转时间和原材料数量。在每种情况下,完工百分比的测算方法都与成本比例法的计算方法相似:已完成工程量发生的合同成本占合同预计总成本的比率。例如,如果作业的测量单位是劳动时间,那么迄今花费的时间同预计花费的总时间的百分比就可用来测算收入。

产出比例法 产出比例法是计算所取得的成果的方法。该类方法包括生产量、合同的完成量以及创造的产值。例如,合同收入是以产量计量,如公路的里程数,那么完工程度为已完成的里程数与合同中的总里程数的比率。建筑师和工程师有时需要估算工程完成的百分率。事实上,这些估算就是产出比例法,并经常以合同中完成的工作量为依据。

长期建造合同的核算

无论是完工百分比法还是完成合同法，所有合同产生的直接或间接成本都记入存货。两种方法下收入支出确认的时间不同导致核算存在差异。即在利润表和资产负债表中确认估算的收入及成本时，这种差异就出现了。在建筑工程施工期间，用这两种方法计算出的年收入额会有所不同。然而，当合同完成后，用这两种记账方法计算出的总收入是相等的，并且在工程结束时资产负债表的列报也是相同的。

通常情况下，合同要求承包方按进度确认成本，发包方按进度支付工程款项。工程成本和收入在两种方法下都以同样方式进行确认。如何支付工程款通常由合同条款规定，并且可能由实际成本确定。通常在最后结算前，需要对合同进行审查。工程成本将计入应收账款的借方，并贷记一个递延科目工程结算，工程结算确认发生的存货、在建工程等成本。因此，通过工程结算科目，资产从存货转移到了应收账款。但是由于合同期限长，工程成本会一直反映在账面上。

为了说明长期建造合同的账务处理，我们将沿用 Strong 建筑公司的例子。之前提到建筑工期历时三年，合同价格为 300 万美元。2010 年、2011 年和 2012 年的直接和可分配的间接成本、工程结算和实收款项[14]如下：

年份	直接和可分配间接成本	工程结算	实收款项
2010	$1 040 000	$1 000 000	$ 800 000
2011	910 000	900 000	850 000
2012	650 000	1 100 000	1 350 000

无论是用完工百分比法还是完成合同法，承包方三年的会计处理如下。

	2010		2011		2012	
登记实际发生的合同成本						
借：在建工程	1 040 000		910 000		650 000	
贷：材料、现金等等		1 040 000		910 000		650 000
登记已结算的合同价款						
借：应收账款	1 000 000		900 000		1 100 000	
贷：工程结算		1 000 000		900 000		1 100 000
登记实际收到的合同价款						
借：现金	800 000		850 000		1 350 000	
贷：应收账款		800 000		850 000		1 350 000

如果使用完成合同法，那么 2010 年和 2011 年不需要记账。在这两年里，在建工程余额超过工程结算余额。因此，工程结算科目会在资产负债表上转销到存货科目。

继续后面的内容之前，我们先来研究一下在建工程账户和工程结算账户的关系。在建工程科目确认的金额代表某单个具体合同迄今为止已经产生的成本。如果客户未偿付这笔款

⑭ 为了保护发包方，长期建造合同通常让发包方在进度款中预留一部分。该款项通常按累计完成工程的价款的比例计算，如 10%—20%，并在工程验收时支付。因此，工程实际收到的款项往往小于合同初始年份中的总造价。

> **补充**
>
> 在不同的收入确认方法下的会计分录是相同的,原因是这些分录是“合同”这一术语的体现,这些合同说明将何时进行支付。

> **思考**
>
> 用在建工程余额去抵销工程结算余额,产生的净额代表什么?
>
> a) 已完工工程的公平市场估计价值
>
> b) 在合同下收回的现金金额
>
> c) 客户尚未支付的已完工工程的价值
>
> d) 与工程相关的未收回款项的估值

项,那么这一整项花费代表公司未来可能获得的利润,应该作为一笔资产在资产负债表中列报。如果客户已偿付了部分款项,那么实际上,公司是用一笔资产换取了另一笔资产。公司现在有一笔应收账款,而不是存货(若应收账款已收,那么就是一笔现金)。

因此,如果在建工程余额超过了工程结算余额,那么超过的部分代表承包方尚未向客户收取的施工成本。[15] 客户未付款应归在应收账款或现金。如果工程结算科目的余额超过了在建工程科目的余额,那么差额代表一项负债,因为客户支付了比实际花费更多的款项。

因为从事长期合同业务公司的运营周期一般超过一年,所有之前确认的资产负债项目均划归为流动项目。使用完成合同法,在2011年年末,资产负债表会显示出以下关于建筑合同的款项:

流动资产:		
应收账款		$250 000
在建工程	$1 950 000	
减:工程结算	1 900 000	50 000

如果工程结算款超过了工程施工款,超过的部分应在资产负债表的负债部分予以显示。

使用完成合同法,要做以下分录来确认收入和支出,并且在2012年合同完成时,结清与存货和工程相关的各个科目。

借:工程结算	3 000 000	
贷:长期建造合同收入		3 000 000
借:长期建造合同支出	2 600 000	
贷:在建工程		2 600 000

第一笔分录代表合同上的债务在合同完成时等于合同总收入。第二笔分录将合同成本从存货科目转移至利润表中的相关费用科目。2012年的利润表会显示营业收入和相应的支出,因此,确认一年的总利润为40万美元。

运用完工百分比法:成本比例法

如果公司用完工百分比法,那么40万美元收入会根据每年的完工百分比在三年内分摊。沿用Strong建筑公司在2010年和2011年年末的预计完工所需成本和2012年年末的

[15] 接下来我们将学到,在完工百分比法下,合同成本和合同毛利均计入“在建工程”。

实际总成本,依照完工百分比法,计算每年的完工百分比:

	2010 年	2011 年	2012 年
完工百分比	40%	75%	100%

完工百分比法能直接确定利润表中的毛利润,即 2010 年利润表中列报的建造合同的毛利为 160 000 美元(2010 年估计毛利, $400 000 × 0.40 = $160 000)。通常,通过完工百分比法能确认提供劳务的收入金额和成本金额,进而确认毛利,这和利润表的编制顺序一致。美国注册会计师协会的《建造合同审计和会计指南》建议各会计主体使用这种能清晰地反映完工进度的方法。这将在本章的报表案例中体现。[16] 步骤如下:

1. 提供劳务收入总额乘以完工进度,确认当期累计劳务收入。当期的劳务收入即为提供劳务收入总额乘以完工比例的金额与以前会计期间累计已确认提供劳务收入的差额。

2. 与收入计算类似,提供劳务成本总额乘以完工进度,确认当期累计劳务成本。当期的劳务成本即为提供劳务成本总额乘以完工比例与以前会计期间累计已确认提供劳务成本的差额。

3. 累计利润是累计收入与累计成本的差额,当期的毛利即是当期收入和成本的差额。

如果用成本比例法预计获取的收入,分摊到各期的成本正好等于实际发生的成本。

例如,一份建造合同的总收入为 3 000 000 美元,2010 年,确认 40% 的合同收入($12 000 000)及 40% 的成本($1 040 000)。三个会计年度确认收入的会计处理一样,如下表所示。

	2010 年		2011 年		2012 年	
借:长期建造合同成本*	1 040 000		910 000		650 000	
在建工程	160 000		140 000		100 000	
贷:长期建造合同收入		1 200 000		1 050 000†		750 000‡

* 实际成本
† ($3 000 000 × 0.75) − $1 200 000 = $1 050 000
‡ $3 000 000 − $1 200 000 − $1 050 000 = $750 000

每年所确认的毛利应记入在建工程,所以,应该采用可变现净值来反映存货科目。注意,运用完工百分比法确认收入并不影响工程结算的金额或者实际收到的款项。这些金额在合同中规定,并不受所使用的会计方法影响。

因为在建工程中,包括了发生的费用以及确认的利润(这二者之和等于当期确认的总收入),工程完工时,该账户的余额恰好等于工程合同中的工程总价款。因为,工程结算账户反映了合同的价格(或者总收入)。工程完工的分录如下:

借:工程结算	3 000 000	
贷:在建工程		3 000 000

运用完工百分比法:其他方法

如果不能运用成本比例法衡量建筑合同的进展情况,在这种方法下,根据工程进度确

[16] *Construction Contractor Guide Committee of the Accounting Standards Division, AICPA*, "AICPA Audit and Accounting Guide for Construction Contractors" (New York: American Institute of Certified Public Accountants, 1999).

认的成本可能不会等于实际发生的成本。例如,某企业于2010年用工程评估方法,预计完成42%的工程量。毛利润的确认过程如下所示:

借:实际发生收入($3 000 000 的 42%)	$1 260 000
贷:成本($2 600 000 的 42%)	1 092 000
净利润($4 000 000 的 42%)	$ 168 000

一些会计师认为确认的成本应该与实际发生的成本相等,成本比例法在 *SOP 81-1* 中已做说明。[17] 在这种实际成本方法下,收入被定义为按照合同实际发生的成本加上在此期间获得的毛利润。利用前例的数据,2010年利润表中的收入和成本列示如下:

借:实际成本	$1 040 000
确认的毛利润($400 000 的 42%)	168 000
贷:确认的收入	$1 208 000

这与成本比例法下1 260 000美元的收入形成了对比,两种方法计算出来的毛利润都为168 000美元。

在SOP关于这个讨论的附注中,委员会阐明了实际成本法和成本比例法都能够使用。尽管如此,若使用实际成本法,在完工的确认方法与成本比例法不同时,会使得各会计期间的毛利率不一致,所以本书的作者赞同成本比例法。无特别说明,本书中涉及的例题、章末的练习均用成本比例法。

会计估计的复核

在前面的例子中,假设估计的成本在合同前期不变,但实际情况并非如此。一旦估计有所变动,也要调整相关账户。为了更好地说明会计估计变更的影响,假设在2011年年末,估计完成这个建筑合同剩下的成本是720 000美元而不是650 000美元。估计总成本为2 670 000美元,减少预期利润330 000美元,并在2011年年末前,完工进度为73%($1 950 000/ $2 670 000)。

下面的分析显示了这种变化会影响每年需要报告的收入及费用,假设2012年发生的实际成本为700 000美元。

	2010	2011	2012
合同价款	$3 000 000	$3 000 000	$3 000 000
累计实际成本	$1 040 000	$1 950 000	$2 650 000
预计完工尚需成本	1 560 000	720 000	0
预计总成本	$2 600 000	$2 670 000	$2 650 000
预计毛利	$ 400 000	$ 330 000	$ 350 000
累计完工百分比	40%	73%	100%

[17] *SOP 81-1*, pars. 80 and 81.

	累计额	已确认金额（以前年度）	已确认金额（当前年度）
2010 年			
确认的收入（$3 000 000 × 0.4）	$1 200 000	0	$1 200 000
成本（实际成本）	1 040 000	0	1 040 000
毛利	$ 160 000		$ 160 000
2011 年			
确认的收入（$3 000 000 × 0.73）	$2 190 000	$1 200 000	$ 990 000
成本（实际成本）	1 950 000	1 040 000	910 000
毛利	$ 240 000	$ 160 000	$ 80 000
2012 年			
确认的收入	$ 300 000	$ 219 000	$ 810 000
成本（实际成本）	2 650 000	1 950 000	700 000
毛利	$ 350 000	$ 240 000	$ 110 000

根据各项预估金额，三年的收入和费用如下表所示：

	2010		2011		2012	
借：长期建造合同成本	1 040 000		910 000		700 000	
在建工程	160 000		80 000		110 000	
贷：长期建造合同收入		1 200 000		990 000		810 000

思考

什么情况下会引起今年一份合同被确认当前可能亏损，但整个合同是盈利的呢？

a）低估了本期完成的比例

b）高估了本期完成的比例

c）低估了前期完成的比例

d）高估了前期完成的比例

在某些情况下，估计总成本的增加会导致一年中损失的增加。在之前的例子中，假设在 2011 年年末预计需要 836 000 美元来完成施工，这是在 2012 年发生的实际费用。下面的分析展示了到 2011 年年末，估计的成本将使完工比例降到 70%，2011 年年末累计利润为 150 000 美元。因为在 2010 年已确认了 160 000 美元的总利润，2011 年确认的损失为 10 000 美元。

	2010	2011	2012
合同价款	$3 000 000	$3 000 000	$3 000 000
累计实际成本	$1 040 000	$1 950 000	$2 786 000
预计完工尚需成本	1 560 000	836 000	0
预计总成本	$2 600 000	$2 786 000	$2 786 000
预计毛利	$ 400 000	$ 214 000	$ 214 000
累计完工百分比	40%	70%	100%

	累计额	已确认金额（以前年度）	已确认金额（当前年度）
2010 年			
确认的收入（$3 000 000 × 0.4）	$1 200 000	0	$1 200 000
成本（实际成本）	1 040 000	0	1 040 000
毛利	$ 160 000		$ 160 000
2011 年			
确认的收入（$3 000 000 × 0.70）	$2 100 000	$1 200 000	$ 990 000
成本（实际成本）	1 950 000	1 040 000	910 000
毛利	$ 150 000	$ 160 000	$ (10 000)
2012 年			
确认的收入	$3 000 000	$2 100 000	$ 900 000
成本（实际成本）	2 786 000	1 950 000	836 000
毛利	$ 214 000	$ 150 000	$ 64 000

根据 2011 年估计的损失，下面分录给出了三年的收入和成本金额：

	2010		2011		2012	
借：长期建造合同成本	1 040 000		910 000		836 000	
在建工程	160 000			10 000	64 000	
贷：长期建造合同收入		1 200 000		900 000		900 000

报告预计合同损失

注意

不要混淆整个合同的全部损失以及整体盈利的合同在某个会计期间的损失。这两种情况的会计处理是完全不同的。

在上面的例子中，预计总成本的增加导致在相应的会计期间可能会出现亏损，但是整个合同仍然盈利。在某些情况下，预计的总成本会大幅增加，整个合同会亏损，也就是说，预计合同总成本将超过合同总收入。此时，GAAP 要求报告合同期间总的亏损额，并在发生亏损的当期便要进行确认。这在完成合同法或完工百分比下都有可能发生。

沿用前面的例子，预计 2011 年年末，完成施工尚需 1 300 000 美元的成本。因为 1 950 000 美元为已经发生的成本，估计合同总成本将达到 3 250 000 美元（$1 950 000 + $1 300 000），即超过合同价款 250 000 美元。假设 2012 年的实际成本等于预计的成本。

	2010	2011	2012
合同价款	$3 000 000	$3 000 000	$3 000 000
累计实际成本	$1 040 000	$1 950 000	$3 250 000
预计完工尚需成本	1 560 000	1 300 000	0
预计总成本	$2 600 000	$3 250 000	$3 250 000
预计毛利（损失）	$ 400 000	$(250 000)	$(250 000)
完工百分比	40%	60%	100%

使用上例资料，接下来将分别说明完成合同法及完工百分比法的会计处理。

> **补充**
>
> 在完成合同法下，在建工程存货账户用以累计实际发生的工程成本，这些分录将确保在合同到期时，存货账户的金额不会比合同价高。

预期合同损失：完成合同法 使用完成合同法确定预计合同损失比较简便。损失的金额借记相应的损失科目，并用存货的可变现净值贷记存货、在建工程。下面是 2011 年年末预计 250 000 美元的合同损失的账务处理。

借：预计长期建造合同损失	250 000	
贷：在建工程		250 000

预期合同损失：完工百分比法 在完工百分比法下确认预计合同损失的金额较在完成合同法下复杂。为了正确地反映在首个会计期间的预计合同总损失，从累计收入中扣除的累计成本并不是实际发生的成本之和，而是累计的合同收入加上预计的损失。因此，延续上例，累计的已确认收入于 2011 年年末将达到 1 800 000 美元（60% × \$3 000 000），当日的累计成本为 2 050 000 美元（ \$1 800 000 + \$250 000）。因为到 2011 年，合同总损失是 410 000 美元（ \$160 000 + \$250 000）。下面的分析反映了未来三年合同的预计损失。

	累计额	已确认金额（以前年度）	已确认金额（当前年度）
2010 年			
确认的收入（ \$3 000 000 ×0.4）	\$1 200 000	0	\$1 200 000
成本（实际成本）	1 040 000	0	1 040 000
毛利	\$ 160 000		\$ 160 000
2011 年			
确认的收入（ \$3 000 000 ×0.6）	\$1 800 000	\$1 200 000	\$ 600 000
成本（确认的收入加预计的损失）	2 050 000	1 040 000	1 010 000
毛利（损失）	\$(250 000)	\$ 160 000	\$(410 000)
2012 年			
确认的收入	\$3 000 000	\$1 800 000	\$1 200 000
成本	3 250 000	2 050 000	1 200 000
毛利（损失）	\$(250 000)	\$(250 000)	\$ 0

2011 年收入、成本和调整在建工程的损失的会计处理如下：

借：长期建造合同成本	1 010 000	
贷：长期建造合同收入		600 000
在建工程		410 000

需要注意的是，2011 年年末两种方法下的余额均为 1 700 000 美元，如下所示。

完成合同法下的在建工程

2010 年成本	1 040 000	2011 年损失	250 000
2011 年成本	910 000		
余额	1 700 000		

完工百分比法下的在建工程

2010 年成本	1 040 000	2011 年损失	410 000
2010 年毛利	160 000		
2011 年成本	910 000		
余额	1 700 000		

长期劳务合同:完工比例法

5　使用完工比例法对长期劳务合同进行核算。

WHY　为了向财务报表使用者提供企业在报告期间的经营状况,提供劳务方在合同到期前经常确认长期劳务合同的收入。

HOW　长期劳务合同中,提供劳务方在全部的劳务完成之前就能确认收入。因此,基于完成的作业量或所提供劳务的公允价值确认合同的完工比例,并用该比例与合同价款的乘积计算出当期的收入。

至此,本章讨论的是与建造工程相关的长期合同。如前面所述,另一种合同的合同期往往持续的时间较长,这种合同便是劳务合同。当提供的劳务能单独确认或提供劳务的时间较短,一般不会产生收入确认的问题。因为,我们能依据收入的定义确认收入,并且在收入确认期间归集所有直接和间接成本和费用。然而,当提供多个劳务作业时,我们也会遇到长期建造合同相同的收入确认问题。

之前在关于 *SAB 101* 收入确认的讨论中我们知道,若一个合同中提供的劳务或商品不止一种时,只有各要素能够区分而且单独计量,企业能分别确认收入。*EITF 00-21* 也认定该方法可行。如果合同涉及一定数量的相同或相似的行为,例如,销售体育比赛的季票,那么,每场比赛算一个商品,完工百分比法适用。在这种情况下,按照完成的劳务数量占合同期间总劳务量的比例确认收入。如果一个合同涉及一定数量的但不能单独辨认的劳务行为,那么应按照该劳务的对价占合同对价的比例确定收入。如果不能确认劳务的类型或在同一段时间内的劳务包含若干相似的作业,例如,维护电子办公设备的合同,应按照直线法确认,即在提供劳务期间平均确认。表 8-2 中,微软的收入确认案例反映了企业如何确认长期劳务合同的收入。

表 8-2　微软的收入确认账务处理——部分确认收入

与长期使用费的有关的收入按照订购进行账务处理的,买方应付的合同成本按照使用时间的长短确认为未实现的收入。该使用合同还包括允许用户使用新软件产品的权利。

当然,只有收到的现金是合理的并且收不到剩下货款的金额确定时才能将收到的部分款项确认为收入。

劳务合同中成本费用的确认与长期建造合同不同。大多数劳务合同涉及三种类型的成本:(1) 为获取合同和提供首次劳务时发生的初始直接成本,如佣金、诉讼费、信用调查、相关的资料费;(2) 为提供劳务发生的各种直接成本;(3) 用以维持相关劳务合同的间接成本,如管理费用。初始直接费用,一般都在确认收入时便确认。提供劳务期间的直接成本一般作为实际发生的费用,同样,间接成本也在实际发生时确认作为费用。如同建造合同,在预计发生损失的首个会计期间便要确认损失,若提供劳务的收入及成本的归集具有极大的不确定性,收入的确认不应按作业量而是按照本节后面介绍的几种方法确认。

为了解释如何用完工比例法核算劳务合同,假定 100 名学员报名参加写作培训班,每位学员的课程费为 500 美元,开课前付款。此费用包括学校提供的各种培训服务,如提供课程的教材及资料、批改作业、组织阶段测试及考试并颁发证书。学校提供课程需花费的直接成本为 5 000 美元。第一阶段课程的直接成本总额为 12 000 美元。学员也可单独购买该课程,第一阶段是 24 000 美元;全部课程为 60 000 美元。相关分录如下:

借:现金	50 000	
贷:递延课程收入(负债科目)		50 000
借:递延初始成本(资产科目)	5 000	
贷:现金		5 000
借:合同成本(费用科目)	12 000	
贷:现金		12 000
借:递延课程收入	20 000*	
贷:已实现的课程收入		20 000
借:合同成本	2 000†	
贷:递延初始成本		2 000

* 相关销售价值的百分比:$24 000/ $60 000 = 40%;$50 000 × 0.40 = $20 000

† $5 000 × 0.40 = $2 000

合同期间的毛利为 6 000 美元($20 000 - $12 000 - $2 000)。递延的首付成本和递延的课程收入通常会在资产负债表的递延项目中列报,因为学校的运营周期往往接近于一年或接近完成合同所需的时间。

发出货物或提供劳务之后的收入确认

6 解释通过分期收款法、成本补偿法以及现金法,在交付商品或者提供服务后何时才对收入进行确认。

WHY 当未收到买方承诺支付的款项,企业通常不会在销售时确认销售收入。在这种情况下,只有真正收到货款时才确认收入。

HOW 当最后一笔货款收到的可能性很小时,我们有几种收入确认的方法。其中,最常用的方法是分期收款法,这种方法是基于毛利率的百分比来确认利润。在分期收款法下,根据毛利率的百分比确认的收入作为企业的收益。

本章开始提到,FASB 关于收入确认的两个准则之一规定,在盈利过程实质上结束时才能确认收入。正常情况下,盈利过程实质上在交货或提供劳务时便完成了。应收账款通常是按照惯常的做法归集,提供售后服务的成本费用也是事先估计的。然而,在某些情况下,销售收入能否收到具有相当大的不确定性。当该销售业务的性质很特殊或合同的规定对于顾客拒付的惩罚很轻的话，这种情况通常就会出现。因此，发生这种情况时，现金收回的不确定性要求在实际收到现金时确认收入。

根据收到现金方式的不同，至少有三种方法确认收入：分期收款法、成本补偿法和现金法。这些方法的区别在于收入确认的时点及分摊成本的方法不同。下表对以上几种方法进行了总结归纳。

方法	确认收入或盈利的时点	商品成本及直接劳务成本的处理
权责发生制法	销售发生时	销售商品或提供劳务的时候确认成本
分期收款法	收到现金时确认。通常是确认为收益的那部分现金	在每期收现时确认成本。通常在确认收益时确认
成本补偿法	在收到全部现金时确认	在收到所有收入时确认成本
现金法	实际每期收到现金时	确认为实际发生的费用

然而，这些方法并非没有共同点，准则也没有明确规定其适用的范围。随着收款的不确定性增加，GAAP 规定会计主体应该依次使用权责发生制法、分期收款法、成本补偿法及使用条件最严格的现金法，进行收入确认。现金法是最保守的核算方式，因为当期的成本必须用当期收入进行补偿。在下文将逐一介绍每一种方法的具体运用。

分期收款法

> **注意**
>
> 不要混淆分期付款销售与会计核算方法中的分期收款法。大多数分期付款销售使用权责发生制会计。只有销售款项的收回具有高度不确定性的销售业务才用分期收款法进行会计处理。

处理现金收入的不确定性的最常用方法是分期收款法。在这种方法下，利润是在收到现金时确认而不是在销售发生时确认。分期收款法在房地产行业应用最广，因为其业务的特殊性，首次付清整笔款项的情况很少或根本没有。款项分期在 10 年到 30 年或 40 年不等。合同初期的违约情况屡见不鲜，是由于买方只支付了一笔小投资，或是因为房地产市场的价格经常波动。在这种情况下，运用权责发生制往往会导致利润虚增，因为与合同相关的成本在以后期间可能并未发生，其中包括买方的违约成本。FASB 考虑到这三种销售情况，并得出结论，权责发生制会计用于这些情况往往导致"前期贷款"，即在销售发生时确认所有的收入并不恰当地与合同的相关成本匹配。因此，委员会规定房地产销售、土地买卖业务在用权责发生制法确认收入前必须满足相应的原则。如果不能完全满足相关原则，那么使用分期收款法，或在某些情况下，成本补偿法更能准确地反映销售业务的实质。[18] General Growth 资产公司是一家房地产开发企业，表 8-3 展示了其收入确认的有关政策及会计处理。请注意它是如何根据销售业务判断是否符

⑱ *Statement of Financial Accounting Standards No. 66*, "Accounting for Sales of Real Estate" (Stamford, CT: Financial Accounting Standards Board, October 1982).

合准则标准并在四项收入确认方法（权责发生制法、分期收款法、成本补偿法、完工百分比法）中选择的。

表 8-3 General Growth 资产公司的收入确认案例

只有当出售土地使用权的销售合同内容及后续手续符合权责发生制的各项要求时，才能用权责发生制法确认收入。若不符合要求，就等到各项指标符合权责发生制要求的时候再用它确认，或根据具体情况用分期收款法或成本补偿法确认收入。出售土地使用权的销售业务在所有权转移后会发生后续相关的服务及实际发生的成本，这时要根据所提供服务的比例来确认收入和成本。

> **补充**
>
> 分期收款法的会计核算是基于所得税考虑的。允许使用该方法主要是因为在较长的合同期收现时，销售当期卖方无足够的款项支付全年的应纳税所得额。

分期收款法的账务处理，是用递延的毛利确认收入，要求确定当年的毛利率并在发生销售业务的当期设立应收账款账户和递延毛利账户。随着当年应收账款的收回，递延的毛利等于毛利率乘以收到的现金，即当年的收益。下例将清楚地讲解这个问题。

商业企业的分期收款法

Riding 公司分期收款销售商品，收现具有不确定性，所以用分期收款法进行账务处理。以下为连续三年发生的业务。为了简化计算，不考虑相关利息费用。

	2010	2011	2012
分期付款销售收入	$150 000	$200 000	$300 000
分期付款销售成本	100 000	140 000	204 000
毛利	$ 50 000	$ 60 000	$ 96 000
毛利率	33.33%	30%	30%
收现金额			
2010 年销售	$ 30 000	$ 75 000	$ 30 000
2011 年销售		70 000	80 000
2012 年销售			100 000

2010 年交易的分录如下：

年度期间

借：分期付款销售应收账款——2010	150 000	
贷：分期付款销售		150 000
借：分期付款销售成本	100 000	
贷：存货		100 000
借：现金	30 000	
贷：分期付款销售应收账款——2010		30 000

年末：

借：分期付款销售	150 000	
贷：分期付款销售成本		100 000
递延毛利——2010		50 000

借:递延毛利——2010　10 000*
　贷:已实现的分期付款销售毛利　10 000

* $30 000 × 33.33%

上面的账务处理方法同第 7 章中提到的销售的账务处理方法相似。年末,收入和成本结转到递延毛利科目而不是留存收益。实现的毛利等于毛利率与收到的现金之积。其他期间费用也在此期间一并核算。

2010 年利润表的首项科目列报的是收入,收入的金额要减去递延毛利,加上下个会计年度实现的毛利进行列报。销售成本(假设销售成本在本例中为 5 000 美元)也同其他销售费用一样在发生当期扣除。

销售收入	$150 000
减:递延毛利	(50 000)
加:已实现毛利	10 000
	$110 000
减:分期付款销售成本	(100 000)
其他管理费用	(5 000)
销售收益	$ 5 000

未来两年的会计处理见下表:

	2011 年		2012 年	
年度期间:				
应收分期付款费——2011	200 000			
应收分期付款费——2012			300 000	
分期付款销售		200 000		300 000
分期付款销售成本	140 000		204 000	
存货		140 000		204 000
现金	145 000		210 000	
应收分期付款费——2010		75 000		30 000
应收分期付款费——2011		70 000		80 000
应收分期付款费——2012				100 000
年末:				
分期付款销售	200 000		300 000	
分期付款销售成本		14 000		204 000
递延毛利——2011		6 000		
递延毛利——2012				96 000
递延毛利——2010	25 000*		10 000†	
递延毛利——2011	21 000‡		24 000§	
递延毛利——2012			32 000#	
已实现的分期付款销售毛利		46 000		66 000

* $75 000 × 0.33333 = $25 000

† $30 000 × 0.33333 = $10 000

‡ $70 000 × 0.30 = $21 000

§ $80 000 × 0.30 = $24 000

\# $100 000 × 0.32 = $32 000

> **注意**
>
> 注意，单独的递延毛利账户每年都要列报，应收账款账户也要每年核算。这样做是为了确保运用合适的毛利率来收回现金。

如果一家公司大多数业务是分期收款销售，其经营周期通常是分期收款销售的平均合同期。因此，目前关于流动资产和流动负债的定义要求应收账款及其相关递延毛利也要列报在资产负债表的流动资产及流动负债部分。递延毛利则作为其相关的应收账款科目的抵减科目。因此，在2010年年末前，流动资产栏目，将包括下列账户余额。

分期付款的应收账款	$120 000	
减：递延毛利	40 000	$80 000

> **思考**
>
> 80 000 美元的净值代表什么？
>
> a）与120 000美元的分期应收账款相关的存货成本
>
> b）120 000美元的分期应收账款中最终可收回的金额
>
> c）120 000美元的分期应收账款的净现值
>
> d）120 000美元的分期应收账款的当前部分

分期收款法的复杂性 在前面的例子中没有提到利息费用。在实务中，分期付款销售合同往往包括利息，只不过有的在合同中做了明确的说明，而有的并没有明确地提出。利息收入通常在收到现金期间作为收益，顾客的付款额即是分期付款销售业务收到的款项。因此，在前例中，2010年收到的75 000美元包括2011年40 000美元的利息。只有35 000美元将用于计算2010年销售的已实现毛利润。2010年的销售收入75 000美元在2011年的账务处理如下：

借：现金	75 000	
贷：利息收入		40 000
贷：应收分期付款费——2010		35 000
借：递延毛利——2010	11 666*	
贷：已实现的分期付款销售毛利		11 666

* $35 000 × 0.33333 = $11.666

分期收款法的另一个难点是关于坏账的核算。若顾客未付款，卖方有权不发货或暂扣商品，因此坏账准备可能低于预期。只有当应收账款大于暂扣货物的价值时才发生了潜在的亏损。在第9章中将讨论暂扣商品的会计处理。从理论上讲，将收入与估计的损失进行合理地匹配，即从实务上讲，将估计的损失在收款期间与相应的收入进行匹配。因此，估计坏账的会计处理与第7章相似。通常，在分期收款销售法下，坏账的影响不大，因为收入及应收账款只在很有可能收到现金时才确认。

成本补偿法

成本补偿法下，只有业务发生的成本得到现金补偿时才确认收入。收到的现金，不管是利息还是货款，必须要首先补偿耗费的成本费用。后续收入作为收益，补偿所有的成本后确认的收入为利润。这种情况只是在与销售业务不确定性很大，收到货款的可能性很小的时候才运用。

继续使用Riding公司的例子，现金的收回具有不确定性，符合采用成本补偿法的条件。

即使分期付款销售收入,现金的回笼、递延毛利的核算同分期收款法相同,但是确认毛利的科目并不一样。

2010 年没有确认毛利,因为收现额($30 000)比出售的存货金额少($1 000 000)。与 2010 年销售有关的 2011 年收现额超过销售成本($30 000 的销售成本 + $75 000 > $100 000)。因此,2010 年的销售收入在 2011 年确认毛利为 5 000 美元。毛利确认的账务处理如下:

借:递延毛利——2010	5 000	
贷:已实现的分期付款销售毛利		5 000

因为 2011 年销售在 2011 年的收现金额为 70 000 美元,低于出售的库存商品的成本($140 000),因此 2010 年的销售业务在 2010 年确认的毛利为 0 美元。2010 年的销售业务在 2012 年收到 30 000 美元现金,确认为毛利润。2011 年销售业务的收现额 80 000 美元加上在 2011 年收到的现金 70 000 美元,超过 2011 年的销售成本 140 000 美元。因此,2011 年 10 000 美元的毛利润,递延到 2012 年确认。账务处理如下:

借:递延毛利——2010	30 000	
递延毛利——2011	10 000	
贷:已实现的分期付款销售毛利		40 000

比较在各种方法下确认的 2010—2012 年毛利润能清楚地反映其对利润表各项目的影响。

	毛利确认		
收入确认法	2010 年	2011 年	2012 年
权责发生制	$50 000	$60 000	$96 000
分期收款法	10 000	46 000	66 000
成本补偿法	0	5 000	40 000

现金法

如果存货成本或服务成本回收的可能性甚微,就采用现金法。这种方法很少用于商品和房地产销售,因为收回权对卖方比较有利。但是,现金法适用于初始成本高和应收账款的收回情况不确定的劳务合同。根据这种方法,所有成本应扣除当期费用,并确认应收账款的收入。这种特别的收入和费用确认方式仅仅适用于不能明确估计合同潜在损失的情况。

开放式场景问题的答案

1. 首先,对于刚成立的公司,特别是互联网公司来说,常常不盈利。因此,其市盈率对于股价的估计几乎毫无价值。其次,互联网一直并且仍然会保持高升值潜力,但是对于哪一种互联网业务模式会取得最终成功又有很大的不确定性。在这种不确定的环境中,衡量一家公司未来互联网盈利能力的最好尺度是其当前的互联网规模。这要通过业务量或销售量来衡量。

2. 这里有两个影响因素。

(1) 预期增长趋势的转变:MicroStrategy 公司的股价基于投资者对未来销售和利润的预测。投资者已经通过以往增长趋势推断出其未来的发展。因此,重述的收入不仅降低了收入水平,而且还明显地降低了预期增长趋势。

(2) 蟑螂理论:当你在你家厨房里看到一只蟑螂,你会怎么想? 你会觉得还有其他的蟑螂。重述的收入公告会让人质疑 MicroStrategy 公司的一切所作所为。所有该公司过去的声明会因为这一次缺乏信誉而被重新评判。

3. 这里有三种可能性。

(1) 这是一件道德的事。所有公众人物应该有一种受托责任,不应该欺骗那些处于信息劣势的人。那些大家伙们(银行、机构投资者等),它们能够照顾自己。而小家伙们,那些完全依靠大家伙的人们,才是应该加以注意的。

(2) 从危机管理的角度来看,我们一次次地看到(例如水门事件、安然丑闻和任何你能想象到的丑闻)由于一家公司试图掩盖过失而造成的严重后果。

(3) 那些报告更透明而且信誉良好的企业,在长久经营过程中拥有较低的资本成本。这些企业是值得信赖的,因此信息风险较低。

思考题答案

1. (第 376 页)正确答案是 b。其他三个选项都可以用来衡量合同完成比率。因为这个比率对一家公司报告的利润影响很大,所以它必须客观地避免因为管理上的压力报告不真实的利润率,以达到利润目标。

2. (第 379 页)正确答案是 c。当工程结算的账面价值大于在建工程的账面价值时,由此产生的净额代表客户尚未支付的合同款(包括成本以及预期利润的一部分)。

3. (第 382 页)正确答案是 d。如果前期出现了严重的高估,那么过高的收入(和利润)就会在早期报告。只有当期记录损失才能保证收入(和利润)正确确认。

4. (第 390 页)正确答案是 a。8 万元代表 12 万元收入的销售成本,它将影响应收账款余额。因为应收账款余额收现不确定,所以会以成本的数额反映。假设最糟的情况就是客户不支付这 8 万元,那么卖方至少也可以收回存货。

本章小结

1. 识别收入确认的主要原则。

收入在两个标准下确认和反映。第一个标准是可实现,意思是卖方已收到买方的货款或有效的付款承诺。第二个标准在收入进度实质完成时得到满足。实质完成意味着卖方已经提供产品或服务(或大部分产品或服务)给买方。

2. 基于 *SAB 101/104* 中使用的例子应用收入确认概念。

SAB 101 由 SEC 工作人员于 1999 年发布,用以规范收入确认的具体做法。*SAB 101* 要求企业实施更好的内部控制,以保证确认收入时间的可靠性。企业绝不能在法律和经济意义上的货物所有权转移之前做出收入确认。而且,整个服务协议的初始费应当确认为收入,一般用直线法确认。在客户可以收到退款的案例中,收入要到退款期结束时才能确认,

除非满足特定的条件。最后,对于大多数网上代理业务的收入,应当报告收入净额而非总额。*SAB 104* 包括 *SAB 101* 的大部分内容和针对 *SAB 101* 的讨论中反馈的议题和问题。

3. 描述现在 FASB 和 IASB 正在考虑的两种收入确认的资产负债方法:顾客导向模式和计量模式。

关于收入的确认,FASB 和 IASB 正在审议两种不同的资产负债模式,这两种模式比那些不成体系的准则能更好地反映概念框架的基本内涵。尽管那些不成体系的准则很早就颁布了,不过只是强调盈利过程。

顾客导向模式使用相应的独立售价来估计顾客履行的各项义务的价值。计量模式则直接估计买方应履行的各种义务的公允价值。在计量模式下,收入在签订合同时就能确认,即使卖方还未运送货物或提供劳务。

4. 使用完工百分比和完成合同法对长期建造合同进行核算。

在某些情况下,收入可能在实际交付产品或者服务之前就被确认。关于这个最常见的例子是长期合同。在这种情况下,如果达到四个衡量标准,收入可能在交付之前确认:(1)能够估计余下的工作量;(2) 合同明确规定双方的义务;(3) 购买方预期能够履行合同义务;(4) 卖方预期能履行合同义务。如果这些条件都符合,收入可以在销售发生之前确认。这种收入确认的方法被称为完工百分比法。在这种方法下,收入根据完工比例进行确认。用成本比例法估算工程进度来得到同估算出的收入相匹配的实际成本。长期合同的分录要求反映所耗费的成本、应向顾客收取的费用,以及顾客实际支付的款项。完工百分比法和完成合同法的账务处理是一样的,不过完工百分比法相对多了反映该期间收入和相关费用的分录。被确认的收入是到期工作完工百分比的函数。在完成合同法下,只有当合同完成时收入才得以确认。

5. 使用完工比例法对长期劳务合同进行核算。

在长期劳务合同下,收入可以在合同的完成程度的基础上在合同到期前确认。对完工程度的估量主要基于能确认的完成作业量的百分比或完成作业量占作业的售价的比例。确认的收入由这个比例与合同价格相乘而得出。

6. 解释通过分期收款法、成本补偿法以及现金法,在交付商品或者提供服务后何时才对收入进行确认。

在一些情况下,当没收到有效的付款承诺时,在销售发生的时点对收入进行确认并不是很恰当。在这些情况下,收入的确认将推迟到实际收到现金的时候,但也有一些方法用于确认收入。分期收款法在毛利百分比的基础上确认利润。用收到现金乘以毛利率即是利润。在成本补偿法下,现金收入首先要补偿与销售相关的成本。一旦成本收回,之后每一笔收到的现金都被记为利润。当采用现金收付法时,从客户得到的现金超过所耗费的成本及劳务的金额时便盈利。

IASB 概述

主题	美国 GAAP	IASB 准则
收入确认	长期以来,有多条准则予以规范。目前,两个有影响力的规范是 *SAB 101/104* 和 *EITF 00-21*。	*IAS 8* 与美国 GAAP 的规范相似,但并不如前者详细。因此,在细节上一般援引美国 GAAP。
收入确认的资产负债观	FASB 和 IASB 共同规范收入确认的准则,将合同的签订导致资产、负债的增加或减少作为收入确认的依据。	两者表述一致。
销售前确认收入	*SAB 101/104* 通常情况下,只有在销售和发货行为实际发生时才能确认收入。	*IAS 41* 生物资产(如奶牛)的公允价值变动形成的损益,在发生时即可确认,不必等到销售之后。
完成合同法	*APB No. 45* 和 *SOP 81-1* 企业特定情况下应采用完成合同法。	*IAS 11* 禁止企业采用完成合同法。

关键术语

现金法
顾客导向模式
分期收款法
完工百分比法
完成合同法
耗费量衡量法
计量模式
完工比例法
成本比例法
投入计量法
产出计量法
收入确认

问题

1. 哪种补充合同能将一笔销售业务变成一笔寄售业务?
2. 什么是“开出账单但代管商品”合同?在何种情况下,卖方能在发货前确认“开出账单但代管商品”的销售收入?
3. 通常情况下,为什么可退还的预付款不能立刻确认为收入?
4. 买方接受条款的重要性体现在哪些方面?
5. 为什么 *SAB 101* 中的问题 1 强调销售要规范签订销售合同?
6. 为什么 SEC 要颁布 *SAB 101*?
7. 在美国注册会计师协会颁布的 *SOP 97-2* 中认定的四个收入确认的因素是什么?它们与收入确认的两大基本原则有何联系?
8. 收入确认的两大基本原则是什么?
9. 在何种情况下可归还的初始费在退款期结束前能被视为收入?

10. 为什么直到交易金额能确定后收入才能被确认？

11. 为什么在一年中或有租金不能以直线法进行预估或确认？

12. 在 *EITF 00-21* 下，何时一个多元素协议中已交付的元素被认为是“核算单元”？

13. 在 *EITF 00-21* 下，余值法和反向余值法有何区别？

14. 相比报告营业收入而言，为什么公司更青睐报告净收入？

15. 简要描述两个目前受 FASB 和 IASB 认可的资产负债观下的收入确认模式。

16. 在何种情况下，完工百分比法适用于建造合同？

17. 在何种情况下，公司能够合理预测产品的退回数量？

18. 两个资产负债收入确认模式中的哪一个是目前 FASB 和 IASB 认为与现行方法更相似的？

19. 当使用完工百分比法而不是成本比例法时，通常用完工百分比法记录的消耗成本总量会与实际发生的成本有出入。AICPA 成员建议如何处理这种情况以平衡消耗成本和已发生的成本？

20. 在建工程和工程结算的关系是怎样的？这两个科目应怎样在资产负债表中列报？

21. 在完工百分比法中，产出比例法比投入比例计量法更受青睐。请列举几个常用的产出比例法。

22. 辨别成本比例法和耗费量衡量法在完工百分比法中的区别。

23. 区分三种根据收现时间而确认收入的方法。这些方法如何处理实际发生的成本？

24. 在完工百分比法和完成合同法中如何处理预期合同损失？

25. 根据投入比例法和产出比例法如何确定长期劳务合同中的完工比例？

26. 有时长期建造合同的毛利率每一年会不相同，最主要的原因是什么？

27. 在建工程科目用于累计工程中发生的所有成本。在使用完工百分比法时哪笔金额还要计入在建工程科目？

28. 完工比例法在提供服务的各期分别确认为利润。这种收入确认的方式会对新成立的服务业公司产生何种影响？

29. 用于分期收款的普通会计分录要求分别反映收款年份、回收款项和递延毛利率。为何这样分别反映是必要的？

30. 在什么条件下，分期收款的方法优于应计会计的方法？

31. 在何种情况下，收入确认中的现金法更利于列报？

32. 分期付款销售合同通常包含利息。对比确认利息和确认毛利的核算方法。

练习

［练习 8-1］　收入确认基础

LO1　公司预收 1 000 美元为顾客提供服务，随即公司提供了服务。做出相关分录：(1) 收到现金；(2) 后续完成服务。

［练习 8-2］　可退还的初始费及会员费

LO2　在一所旅游俱乐部，会员可低价预订机票、酒店及租车，每年支付可退还的 2 000 美元订购费便可享有一年的服务。顾客在这一年中可随时无条件地取回订购费，服务费为每年 240 美元。这些现金费用在年内平均分摊。公司能够可靠地预计有 25% 的顾客会要求退还订购费。1 月 1 日，公司收到 2 000 个顾客的订购费，做出相关所需分录：(1) 收到 2 000 个顾客的订购费；(2) 1 月后，部分订购费用确认为收入(并确认1月发生的成本);(3) 12月确认最后一笔收入(并确认期间的相关费用)以及实际发生25%顾客的退款。

[练习8-3] 预付款销售

LO2 1月1日,某公司收到两位顾客预订款项,每人50美元。12月24日,预约期到期时,公司收到甲顾客300美元付款并向其交付价值200美元的货物。乙顾客并未支付剩余的款项所以损失了预付款50美元。做以下业务的分录:(1) 收到预订款项;(2) 收到最后一笔货款并向甲顾客发货;(3) 乙顾客损失的款项。该公司使用永续盘存制。

[练习8-4] 或有租金

LO2 1月1日,Owner公司签订了一份为期一年的租赁合同,合同总额为480000美元,每月月底支付租金40000美元。另外,出租方需缴纳或有租金总额的2%,即每年超过5000万元。或有租金需在12月31日一次付清。1月31日,Owner公司收到了第一笔租金款项。这时,租赁方销售额已达到1000万美元。5月31日,该公司收到月租金;5月底,租赁方销售额已达到5500万美元规模。12月31日,该公司收到最后一笔月租金即或有租金。租赁方年销售额总计8000万美元,其中1200万美元的销售发生在12月。为Owner公司做相关分录:(1) 1月31日;(2) 5月31日;(3) 12月31日。

[练习8-5] 营业收入和净收入报告

LO2 Shop-At-Home公司运营一家网络百货店。顾客提交在线订单至该公司,该公司随后将订单转交至一家全国杂货连锁店负责安排所订货物的装运。Shop-At-Home公司只收到它所接到的所有订单零售价值的3%。1月,Shop-At-Home公司收到了零售价值为40万美元的杂货订单。这些货物花去了杂货连锁店28万美元的成本。杂货连锁店从消费者手中收到了40万美元的现金,并用现金支付给Shop-At-Home公司一定比例的佣金。根据以上信息,分别做出1月Shop-At-Home公司和杂货连锁店所发生业务的会计分录。假定杂货连锁店使用永续盘存制。

[练习8-6] 成本比例法

LO4 某公司签订了建造通往南柳湖的环保型通道的合同,总价为80万美元,完工时间预计为三年。以下是此项工程的各年信息——第一年、第二年和第三年:

	当年耗费的成本	预计至完工尚需发生的成本	当年需要铺设的支架木材	还需铺设的支架木材	当年建设的通道长度	将要建设的通道长度
第一年	$100 000	$450 000	150	850	3 000	15 200
第二年	150 000	280 000	300	520	7 500	8 200
第三年	250 000	0	500	0	8 000	0

公司使用完工百分比法计算长期建造合同的收入。假设公司使用成本比例法估计完工进度。计算第一年、第二年和第三年确认的收入数额。

[练习8-7] 用产出比例法计算完工百分比

LO4 参考练习8-6。假设公司采用产出比例法估计完工百分比。特别地,公司根据已经完工的通道长度来计算工程进度。计算第一年、第二年和第三年确认的收入数额。

[练习8-8] 基本建造合同的会计分录

LO4 参考练习8-6。除了完工百分比的信息,还有以下有关工程结算和收到工程价款的信息:

	第一年	第二年	第三年
在建工程	$200 000	$200 000	$400 000
收到的现金	180 000	170 000	450 000

做出第一年、第二年和第三年的在建工程、工程结算、收到现金的相关会计分录。

[练习 8-9] 耗费量衡量法

LO4 参考练习 8-6。假设公司采用耗费量衡量法估计完工进度。特别地，公司根据在通道上所铺设的支架木材的数量测量其施工进度。计算第一年、第二年和第三年确认的收入数额。

[练习 8-10] 完工百分比法的会计分录

LO4 参考练习 8-6 和练习 8-8。假设公司使用完工百分比法，且在确定完工进度时使用成本比例法。做出相关会计分录来反映第一年、第二年和第三年的工程建造成本和收入。

[练习 8-11] 完成合同法的会计分录

LO4 参考练习 8-6 和练习 8-8。假设公司使用完成合同法。做出第三年完工工程确认收入和成本的会计分录。

[练习 8-12] 长期收入与费用：成本比例法

LO4 公司签订了建造通往 Timpanogs Caves 的环保型通道的总价为 180 万元的合同。此项工程预计用时三年。以下是各年的信息——第一年、第二年和第三年：

	当年耗费的成本	预计至完工尚需发生的成本	当年建设的通道长度	将要建设的通道长度
第一年	$280 000	$760 000	9 800	20 300
第二年	390 000	380 000	10 200	10 000
第三年	370 000	0	10 000	0

公司使用完工百分比法计算长期建造合同的收入。假设公司使用成本比例法估计完工进度。做出第一年、第二年和第三年各年的会计分录以反映建设工程的收入和成本。

[练习 8-13] 分期收款销售：应收账款的利息

LO6 Transistor 电子公司通过赊销的方式销售产品，并使用分期收款法进行账务处理。假设销售均发生在每年的第一天，收现均在每年的最后一天。Transistor 电子公司对尚未支付的款项余额按 18% 收取利息。第一年、第二年和第三年的数据如下：

	第一年	第二年
销售额	$200 000	$220 000
销售成本	110 000	130 000
现金款项的收取（本金和利息）		
来自第一年的销售	90 000	100 000
来自第二年的销售	0	100 000

做出第一年和第二年所有业务的分录。

[练习 8-14] 成本补偿法：基本会计分录

LO6 公司在第一年有 35 万美元的分期收款销售额，第二年为 27 万美元，第三年有 21 万美元。

每年的毛利率依次是20%、25%、30%。根据过去的经验,在销售当年收回销售款项的40%,销售之后的第一年收回50%,在销售后的第二年及以后没有款项收回。由于现金收回的不确定性,公司使用成本补偿法。做出第一年、第二年和第三年所有的会计分录。

习题

[习题 8-15] 完工百分比分析

LO4 Espiritu 建筑公司已经使用成本完工比例法确定了收入。Tony Espiritu 在他的父亲 Howard 死后继承了其领导职位。在审核过去的账目时,Tony 发现了一项合同总价为200万元的最近完工的建筑项目的以下有关信息。

	2010 年	2011 年	2012 年
毛利润(亏损)	$ 75 000	$140 000	$(20 000)
发生的成本	360 000	?	820 000

Espiritu 想了解公司在过去的三年中在此项工程上的经营效率,因为信息不完全,他寻求以下问题的答案。

1. 2011 年发生了多少成本?
2. 至 2011 年年末工程完工的比例。
3. 至 2011 年年末此项工程的总的预计毛利润。
4. 在 2011 年年末完成此项工程的估计成本。

[习题 8-16] 委托代销的会计核算

LO2 2011 年,Rawlings 批发商将货物移交给某一零售商委托其代销。Rawlings 将此项交易确认为销售。该批货物成本是45 000美元,正常情况下以成本的130%销售。2012 年,价值12 000美元(成本)的商品由零售商以成本的130%的价格销售,剩余商品退还给 Rawlings。零售商从销售款项中收取15%的佣金。做出2012年的会计分录来纠正2011年的错误(假设2011年已经结账),并做出与2012年委托代销业务相关的正确分录。

[习题 8-17] 预付款销售货物的会计核算

LO2 12月30日,Shady 公司将一批成本为530 000美元的货物运送给客户——Point 公司。要求 Point 公司支付890 000美元。做出以下分录来反映该业务。假设各小题相互独立。

(1) Point 公司是个老客户,Shady 公司已经预期过去两周内有预订。为了确保 Point 公司实际发出订单时有足够的货物供应,Shady 公司已经将货物分离出来。

(2) 正常的程序是 Shady 公司的购货代理每次购货时都签订正式的销售协议。协议再由 Shady 公司的销售经理签署。货物已经由公司电话通知进行单独存放;Shady 公司打算下周完成正式的文书工作。

(3) Point 公司已经以书面形式要求 Shady 公司单独存放货物。Shady 公司正在对其储存货物的仓库进行临时性的修理,因此为了保证修理活动,Point 公司已经安排好了直接从 Shady 的仓库运输货物。货物已为客户单独放置,因此 Shady 公司的雇员不会再将它们运送给其他客户。

(4) Shady 公司与 Point 公司之间签订的销售协议要求所有货物必须要经过 Point 公司工程师的质量控制检验。此项质量控制检验要到1月初才会发生。

[习题 8-18] 完工百分比法的会计核算

LO4 Perfectionist 建筑公司以低价中标修建办公楼。合同投标价是900万美元,预计完成此工程的成本是700万美元。合同期间自2010年5月1日起,共30个月。公司采用成本比例法来估计收益。应客户要求，合同价格在 2011 年 5 月 1 日调低至 860 万美元。

2010—2013 年的建造活动的相关反映如下：

年份	实际成本——当年	工程结算	实际收到的价款
2010	$1 900 000	$2 500 000	$1 900 000
2011	3 600 000	3 400 000	3 100 000
2012	1 670 000	2 700 000	2 500 000
2013			1 100 000

在每一个会计期期末预计至完成合同尚需发生的成本

2010	$5 150 000
2011	1 600 000
2012	0

使用收入确认的完工百分比法计算 2010—2012 年的毛利润。

[习题 8-19]　完工百分比法分析

LO4　Smokey 国际有限责任公司最近收购了 Kurtz 建筑公司。Kurtz 建筑公司的分录不完整。对于一项特殊工程，只能获得以下信息：

	2010	2011	2012
当年发生的成本	$200 000	250 000	?
预计至完工将要发生的成本	450 000	190 000	$　0
确认收入	220 000	?	?
合同总的毛利润	?	10 000	(10 000)
合同价款	850 000		

由于信息不完整，现在要求你回答以下问题：(假定使用完工百分比法，且使用产出比例法估计完工百分比，收入的反映使用实际成本法。)

1. 2010 年应当报告的毛利率是多少？
2. 2011 年应当报告的收入额是多少？
3. 2012 年应报告的收入额是多少？
4. 2012 年发生的成本是多少？
5. 合同总成本是多少？
6. 如果使用成本比例法而不是产出比例法，2011 年的毛利润将会是多少？(提示：不考虑 2010 年的收入数额和 2011 年报告的毛利润额。)

[习题 8-20]　报告建筑合同

LO4　Kylee 建筑有限责任公司正在为 Cassie Proffit 建造一栋房屋，合同价格为 17 万美元。签订合同时(2011 年 1 月 2 日)估计总成本为 11.5 万美元。2011 年 12 月 31 日，实际发生的总成本为 6 万美元，预计至完工尚需发生成本 5.9 万美元。Kylee 建筑有限责任公司已为工程开出 8 万美元的账单，实际收到 5.5 万美元的支付款项。写出 Kylee 建筑有限责任公司资产负债表和利润表中受这些事项影响的部分，分别使用(1) 完工百分比法，(2) 完成合同法。

[习题 8-21] 合同变更的完工百分比法

LO4 Build-It 建筑公司在 2011 年 1 月 1 日签订了建造一座 20 层办公大楼的合同,合同价款为 4 200 万美元。在施工期间,许多合同条款在原来的基础上有变化。下面的表格概括了 2011 年所做的变动。

	实际发生的成本——2011	预计至完工尚需发生的成本	合同价格
基本合同	$8 000 000	$28 000 000	$42 000 000
变更条款 1	50 000	50 000	125 000
变更条款 2	0	50 000	0
变更条款 3	300 000	300 000	仍待谈判;最少是成本额
变更条款 4	125 000	0	100 000

假设采用成本比例法确定完工比例,计算 2011 年确认的收入、成本和毛利润。(四舍五入法,保留小数点后两位。)

[习题 8-22] 服务业的会计核算

LO5 Spectrum 健身俱乐部对其提供给会员的服务收取 1 200 美元的不可退还的年费。对应于这项费用,每一名会员可以接受一项健康测评(价值 200 美元)、月度杂志(一年的价值为 25 美元)和每周两小时的设备使用权(一年价值为 1 100 美元)。年卡中的三项服务均可以单独购买。获得会员资格的初始直接费用是 180 美元。健康测评的直接成本是 100 美元,每月提供其他服务的直接费用估计为每人 25 美元。请做出 2011 年 5 月 1 日顾客入会的会计分录。

[习题 8-23] 分期收款销售的会计核算

LO6 Jordan 公司 2010 年的销售额为 15 万美元,2011 年为 18 万美元,2012 年为 22.5 万美元。各年的毛利率依次是 26%、29% 和 32%。过去的资料显示在第一年收回销售价款的 20%,第二年收回 40%,第三年收回 20%。假设这些款项预期得以收回,请使用分期收款法做出 2010 年、2011 年和 2012 年的会计分录。不考虑坏账和利息。

[习题 8-24] 成本补偿法

LO6 K. B. Sayer 家具公司 2011—2013 年的销售额和毛利率如下:

年份	销售额	毛利率(%)
2010	$60 000	55
2011	65 000	51
2012	72 000	56
2013	76 000	57

根据以前的资料,公司在销售当年收回销售款项的 60%,第二年收回 25%,第三年收回 10%。建设款项用以上方式收回,请使用成本补偿法做出 2010—2013 年的会计分录。(不考虑坏账。)制作一个表格来比较权责发生制与成本补偿法下确认的毛利润。

[习题 8-25] 成本回收分析

LO6 Hatch 企业对所有的分期收款销售使用成本补偿法。完成下面的表格。

	2010	2011	2012
分期收款销售额	$92 000	$103 000	$(1)
分期收款销售成本	(2)	62 830	74 750
毛利率	36%	(3)	35%
现金收款			
2010 年销售额	27 200	48 300	12 200
2011 年销售额		36 600	(4)
2012 年销售额			43 450
分期收款销售实现的毛利润	(5)	(6)	19 250

难题

[难题 8-26]　委托代销会计

LO2　Tingey 工业公司委托他人向零售商出售产品。出售商品的价格大概为商品成本的 125%，每出售一件产品，零售商可得到 10% 的佣金。2011 年委托销售如下：

委托出售商品的成本价	$250 000
商品零售价	220 000
扣除佣金后的收益	139 000

要求：

1. 请做出委托方的委托销售分录。
2. 假设只有一名零售商参与买卖，请做出零售商的分录。
3. 编制 Tingey 工业公司 2011 年 12 月 31 日与此委托销售额相关的财务报表。

[难题 8-27]　或有租金

LO2　Reschke 公司于 1 月 1 日签订一份一年期的租赁合约，总金额计 90 000 美元，分为四季度付款，每季度末支付 22 500 美元。此外，承租人需付超过 1 200 000 美元销售额部分 3% 的或有租金。或有租金于 12 月 31 日一次付清。Reschke 公司于 3 月 31 日收到第一笔租金付款。当时承租人销售额达 450 000 美元。承租人使用该建筑时长五年，年销售额都达到了 1 200 000 美元的或有租金额度。因此，Reschke 公司会计确认第一季度总收入为 27 000 美元——其中 22 500 美元由现金支付，其余 4 500 美元算做或有租金。或有租金的计算是依据超出第一季度 1 200 000 美元的 1/4 的销售额度做出的 [($450 000 - $300 000) × 0.03]。以 6 月 30 日为期的该季度销售额为 350 000 美元，Reschke 会计依据同样的流程计算或有租金。第三季度销售额为 390 000 美元，然而 Reschke 会计得知或有租金不应该分别计算，而应在总额达到一定额度时才计算。第三季度账单以正确方式做出，对于第一、第二季度的错误也进行了相应调整。第四季度承租人销售额为 500 000 美元。

要求：

重新编制 Reschke 公司的会计账务：

1. 第一季度分录。
2. 第二季度分录。
3. 第三季度分录。
4. 第四季度分录。

你的分录应当包括第一、第二季度中的错误分录以及第三季度的调整分录。

[难题 8-28] 建造合同会计

LO4 2011 年 Uptown 建筑公司正式运营。2011 年建筑项目见下表。

项目	合同总价格	到 2011 年 12 月 31 日发生的成本	完成合同的估计额外成本	到 2011 年 12 月 31 日的现金收入	到 2011 年 12 月 31 日的工程结算
A	$ 420 000	$340 000	$ 30 000	$270 000	$310 000
B	440 000	22 500	325 500	75 000	105 000
C	500 000	390 000	0	405 000	500 000
D	400 000	105 500	314 500	0	80 000
	$1 760 000	$858 000	$670 000	$750 000	$995 000

该公司是你的客户。董事长要求你计算到 2011 年 12 月 31 日的收入总额，所计算出来的收入总额将按照长期合同的核算方法——完成合同法和完工百分比法来列报。以下是已知信息：

(a) 每份合同都是与不同的客户签订的。

(b) 任何在合同上还没完成的施工预期在 2012 年完成。

(c) 公司一直以完成合同法记账。

要求：

1. 按照项目，编制一个计算到年末 2011 年 12 月 31 日，收入、成本和总利得(损失)的清单，将通过(a) 百分比完工法和(b) 完全合同法披露。(百分比四舍五入到小数点后两位。)

2. 在完成合同法下编制一个清单，为(a) 超过工程结算的成本和(b) 超过成本的工程结算，计算在公司 2011 年 12 月 31 日的资产负债表上的数额。

3. 在百分比完成法下编制一个清单，为(a) 超过工程结算的成本与估计盈利和(b) 超过成本与估计盈利的工程结算，计算在公司 2011 年 12 月 31 日的资产负债表上的数额。

案例

[案例 8-29] 我认为它们可以被算作销售额!

Rain-Soft Water 公司销售软水剂，并负责运送软水剂。合同约定经销商可在收到货物的 90 天内付款。90 天后，经销商退货并不承担违约金。期间如果软水剂遭到损坏，Rain-Soft Water 公司同意以之前的卖价收回损坏的软水剂。以往经验证明，在此销售政策下，75% 的软水剂由经销商成功代销。6 月，100 个的软水剂以每件 800 美元的单价销售给经销商。每个软水剂的成本为 600 美元。根据预计销售额，Rain-Soft Water 公司列报的利润为 15 000 美元。

请你判断该利润表是否符合 GAAP，你会提出哪些改进建议?

[案例 8-30] 哪种方法更加适合?

Green Brother 家具公司出售打折家具并且提供宽松的信贷条件，因此薄利多销。它的客户一般为低收入群体，没有能力在其他机构获得信贷服务。Green Brother 公司在收到付款总额前保留家具的所有权。20% 的坏账比例也并不罕见。

Green Brother 公司正在考虑扩大企业规模，并在获得外部资金前雇用了独立审计师检查财务报表。审计师对使用权责发生制，在收到首付款时确认收入存有疑问，并建议 Green Brother 公司使用分期收款法。审计师的理由是由于较高的坏账率，盈利过程并未在销售时完全结束。根据分期收款法调整的财务报表显示，在刚刚结束的会计年度中净收益额减少 17%。

Green Brother 公司财务总监则持反对意见，如果预提坏账，即使坏账很高，使用权责发生制方法也是合理的。会计师还注意到重述财务报表显示较低净利润，从而使其从外部融资更加困难。

你认为 Green Brother 公司应该使用哪种方法确认收入? 理由是什么? 请注意你的决定有可能影

响公司获得可观的外部借款。

[案例 8-31]　何时算为收入?

Hertzel 广告公司为客户提供广告文案、广告版面设计以及将广告在各类媒发布的业务,向客户收取广告费的 15% 作为佣金。该公司以广告费加上佣金向客户开账单。通常情况下,预收款不会调整。在广告见诸媒体之前 Hertzel 公司就向顾客开具发票并收到客户的付款。

近日,公司管理人员与新的会计师事务所召开会议讨论进行年审。会议期间,针对如何计算收益有以下四点考虑:(1) 发生预收款并向客户开发票时;(2) 在收到客户付款时;(3) 在广告发布于媒体的当月;(4) 广告在媒体发布后约一个月收到媒体开出的发票。在过去几年中,公司都采用第一种方法,即在开发票时确认收入。当向客户开出发票时要确认应收账款及对媒体的负债。与合同相关的预计成本也要确认。实际成本与预计成本的差异则要对分录进行调整。

假设你是会计师事务所的一名职员,你如何看待该广告公司计算收入的方法?讨论每种收入确认方法的利与弊,并且表明你建议该公司遵循哪种方法进行收入确认。

[案例 8-32]　用完工百分比法确认收入

作为 Enclave 建筑公司的财务总监,公司会建议你将所有的收入和支出以项目的形式归类,每一个经营项目都是独立的。那些从未完成的项目中获得的所有收入都被看做未实现的收入。那些用到每个未完成的项目中的所有支出都被看做生产过程中的在产品存货。因此,当年的利润表上只需表明整个一年中与完成的项目相关的收入和支出。

你怎样看待前面的财务总管所使用的完工百分比的方法?你能否向公司管理层提出其他可行方案?

[案例 8-33]　何时赚得会费?

Superb 健康会所经营了五年,但是最近将被出售。它拥有五十家沙龙,这些沙龙分布在美国的不同城市。对于一个新开业的沙龙来说,其普遍的经营模式是大力宣传,并提供各式各样的会员套餐,有一年的、三年的和五年的。在缴纳了基本会费后,会员可以免费游泳、健身、蒸桑拿,免费使用其他的娱乐设施。如果要参加一些特定的课程或项目,会员要额外交钱。尽管如此,会员也享有某些特权,其缴纳的费用也要比非会员少。另外,所有会员每月需缴纳 10 美元会费。非会员也可以使用这些设施,但是他们必须为每天所享受到的服务支付高昂的费用。

你的客户 Dickson 公司正考虑买下这些保健沙龙,并需要你对其管理给出一些意见。你得到的财务报表显示了过去五年内的收入及利润的增长方式。从资产负债表上可以明显地看出沙龙里的设施都是自有的,并非租赁的。但是,你发现这些沙龙和其他所有服务行业一样都存在同样的问题,即难以确定其收入。

在为 Dickson 准备的报告中你将解决哪些问题?

[案例 8-34]　解析财务报表(Ben & Jerry's Homemade 公司)

Ben & Jerry's Homemade 公司是一家冰激凌制造商。2000 年,它被联合利华买下。在这之前,Ben & Jerry's 是一家上市公司。以下是该公司 1998 年年度报表中有关收入确认的记载:

收入确认

该公司在产品发运时确认收入以及相关的费用。当履行完合同义务时,该公司将加盟店交付的特许经营费确认为收益。区域特许经营权协议中特许使用费的确定是与获得特许经营权的商店的数量呈正比的。

1998 年、1997 年和 1996 年的特许使用费分别为 708 000 美元、553 000 美元、301 000 美元。该公司将特许使用费确认为利润及收益。

1. Ben & Jerry's 公司冰激凌销售的重要事件是什么?

2. Ben & Jerry's 公司在确认特许使用费作为收入时的重要条件是什么?注意,Ben & Jerry's 对于两种不同类型的特许使用费的处理。

[案例 8-35] 解析财务报表(Lockheed Martin 公司)

Lockheed Martin 公司主要研究、设计、开发、制造、整合、运营以及维持先进的技术系统和产品,并且在其四个业务领域(即:航空航天、电子系统、信息系统及全球服务、空间系统)提供了广泛的管理、工程、技术、科学、物流和信息服务。因此,Lockheed Martin 公司与客户签订了很多长期合同。以下内容来自 Lockheed Martin 公司 2007 年度报表,其很好地阐述了与收入确定和长期合同相关的概念。

销售额和利润——对于长期且价格固定的开发及生产合同以完成的作业量及成本比例法来确认完工百分比,即用实际发生的成本占预计合同总成本的比例来确定完工比例。然后将完工比例乘以预计总利润确认当期累积实现的利润。当合同完成时,如果实际的成本及收入与当初预计的金额不一致时,需要在完工的当期进行调整,从而使预计的金额同实际的金额保持一致。另外,对于具有成本补偿性质的合同,按所付出的成本来确认收入金额,并且只有当成本得到现金补偿时才确认收入。

若我们判断是否交付货物及提供劳务的标准,通常是与货物所有权的有关的风险和报酬是否转移及基本的商业条款。

我们根据设计、开发和生产合同中预计销售额及利润率的完成情况给予相应的奖励或处罚。当然,我们要根据可靠的完工比例确认完工进度。

当承包商达到或超过既定的完工标准时,给予奖励。奖励款同时满足以下条件的才予以确定:(1) 根据合同目前的完成情况,足以判断工程进度和工程质量能否达到或超过规定的标准。(2) 奖励金额能够可靠的计量。

1. 在大多数的长期合同中,Lockheed Martin 公司是如何计算完工百分比的?

2. 针对仍然有效的长期合同,Lockheed Martin 公司是如何确定收入和利润的?

3. 若合同变更,该变更何时在收入中确认?

4. 通常情况下,Lockheed Martin 公司如何计算不涉及产品设计、开发或生产活动的劳务合同的收入?

5. Lockheed Martin 公司计算劳务合同费用的方法与计算收入的方法是否一致?请予以解释。

[案例 8-36] 研究会计准则

为了使你熟练掌握会计准则,这个案例会带你进入 FASB 网站,并使你能访问到各种出版物。进入 FASB 网站(http://www.fasb.org)。点击“Pronouncements & EITF Abstracts”。

在这一章中,我们讨论收入确认的重要性。针对这一案例,我们将使用财务会计第 5 号概念公告,“企业财务报表的确认和计算”。翻开第 5 号概念公告。

1. 阅读第 83a 段,什么时候确认收入?也就是,收入的确认需要哪些条件?

2. 阅读第 83b 段,当提及盈利过程,收入和利得的区别是什么?

第9章 存货与销售成本

学习目标

1. 定义商贸企业的存货，并区分制造企业存货的不同种类。

2. 解释定期盘存制与永续盘存制的优缺点。

3. 确认存货在交易中的所有权问题以及在何种环境下需要把运输过程中的存货留在账上。

4. 计算存货的总获取成本。

5. 会用四种基本的存货计价方法：个别计价法、平均成本法、先进先出法和后进先出法。

6. 解释后进先出法计量下账目中新增的存货是怎么计量的，并叙述后进先出储备的重要性。

7. 依据经营中不同方法对所得税、库存成本以及财务状况的影响来选择存货计价方法。

8. 使用成本市价孰低法(LCM)来反映存货市场价值的降低。

9. 使用毛利法来估计期末存货价值。

10. 确认存货记录错误对财务报告的影响。

11. 运用财务比率进行存货分析，并且对不同企业间不同存货计价方法调整后的比值进行财务比率对比分析。

扩展资料

12. 使用零售盘存法计算先进先出法、后进先出法、平均成本法以及成本与市价孰低法下的估计存货。

13. 使用后进先出池、美元币值下的后进先出法和美元币值下的后进先出零售法来计算期末存货。

14. 计算在购货承诺中价格变化的影响。

15. 记录以外币计量的存货交易。

让我们回到1974年的8月。整个美国都陷入了对当时的美国总统尼克松"水门事件"的调查中。在春天，Hank Aaron 打出了他职业生涯中第715支全垒打，打破了 Babe Ruth 714支全垒打的当时史上最佳纪录。传统摇滚乐陷入低迷，当年的最佳销量歌曲很容易让人忘记，包括 Bo Donaldson 和 Heywoods 的 *Billy, Don't Be a Hero*，以及 Terry Jacks

的 *Seasons in the Sun*。然而，第一首"迪斯科"节奏——*Rock the Boat*(出自 Hues 公司)，在1974 年横空出世。在电影方面，美国开始接连上映灾难片，譬如 *Earthquake* 和 *The Towering Infemo*。

在会计方面，1974 年是不同以往的一年，这一年美国自第二次世界大战后首次通货膨胀率超过 10%。高通胀给历史成本计量的可靠性带来严重打击。事实上，高通胀的经历使得 FASB 在 70 年代后半期，开始着手准备更加适应环境变化的财务规范。

高通胀也放大了存货不同计量方法之间的差异，其中包括先进先出法(FIFO)以及后进先出法(LIFO)。在价格上升时，先进先出法导致商品的销售成本偏低，因为此方法假设先入账的成本较低的存货先销售出去。以此类推，后进先出法就会使商品销售成本偏高，因为该方法假设后入账的成本较高的存货被销售出去了，如图 9-1 所示。以下案例显示了1974 年通货膨胀时先进先出法与后进先出法的不同：杜邦公司在 1974 年用后进先出法计量存货销售，使得其成本相比于之前用的先进先出法计量时多出了 6 亿美元。

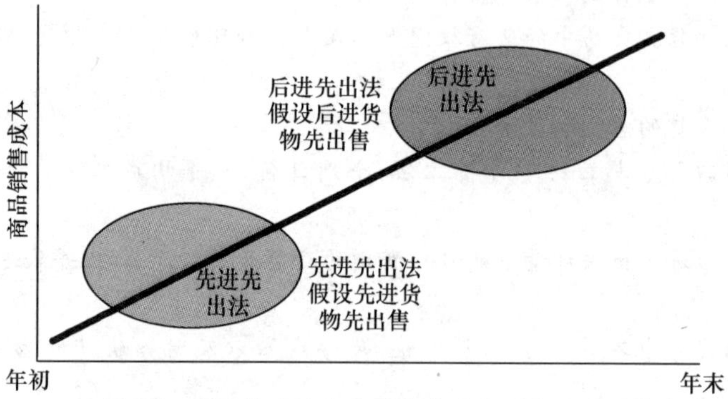

图 9-1 后进先出法与先进先出法在通货膨胀时的表现

当然，杜邦公司就是在 1974 年才把存货成本计量方法从先进先出法调整为后进先出法的。这样的事情不止发生在杜邦公司一家，有超过 700 家的美国公司在 1974 年把存货计量方法转换为后进先出法。为什么这些公司都热衷于后进先出法给其带来的高成本低利润呢？唯一的答案就是税负。IRS 要求企业如果用后进先出法来计算所得税，那么其会计报表中也应同样要采用后进先出法。所以，如果一家公司想要获得更低的税负则要通过后进先出法来计量存货成本，造成高成本，同时，公司也必须接受其在报表中体现的较低的净利润。① 在杜邦的案例中，1974 年转换为后进先出法后为其节省了约 2.5 亿美元的税负，但是也在报表中降低了超过 3 亿美元的净利润。

对会计研究者来说，一个很有趣的问题是，到底在投资者眼中 1974 年的大量将存货计价方法调整为后进先出法的做法是利还是弊？利则是因为后进先出法可以减少税负，弊则是在会计报告中净利润的减少。该问题给出投资者在会计问题上是否明智的答案。一个明智的投资者会视在通货膨胀下调整为后进先出法是利大于弊的，因为他意识到这个企业更加关注真实的现金流储备(因为支付较低的税款)，而不是担忧报表当时是否看起来够漂亮。一个不够明智的投资者则会选择报表显示的收益，而认为向后进先出法的调整弊大于利，因为它降低了企业净利润。

---

① 这里的"后进先出法一致性规则"是一个特例：在很多情况下，税务报告中使用的计量方法，在财务报告中不一定也使用同样的方法计量。

1982 年，William E. Ricks 教授发表了一项研究，认为后进先出法调整被视为弊大于利，这表明在 1974 年的投资者们都是对后进先出以及先进先出法的认识不准确的。[②] 他发现当企业把计量方法调整为后进先出法后，其市场价值平均一周要下降 2% 左右。很多研究开始重新检验这个结论，结果则是谁也无法明确证明市场价值下降的原因。对众多解释进行一番全面的分析后，John R. M. Hand 教授[③]总结道："在 1974 年出现大量后进先出法的调整后，出现了负的股票回报率，同时反映了投资者的明智与不明智。这两种反应很难分得清……"

学习这一章节的目的就是理解存货的会计处理，使你自己成为明智的决策者。

问题：

1. 什么原因导致后进先出法与先进先出法有如此大的不同？
2. 是什么原因导致如此多的美国企业在 1974 年选择调整存货计量方法？
3. 一个不明智的投资者关注什么？

问题的答案可以在第 458 页找到。

图 9-2 的流程介绍了与存货有关的经营过程，而会计处理也是遵循着这样的流程。

图 9-2 与存货有关的经济业务流程

- 何时确认存货已被买入——何时下了订单，何时开始装运，何时确认收到货物，以及何时支付货款。
- 同样地，何时确认存货被卖出？
- 很多成本计量都遵循着"价值增加"的过程——哪些支出在当期确认为存货成本的一部分，而又有哪些支出在当期确认为费用？
- 存货的总成本是如何分为已售存货成本（销售成本）和尚未销售的库存成本（期末存货）的？

存货确认的项目要多于你实际能看见的存货。资产负债表中的存货包括一些在运输途中的货物或是暂时托管在其他公司的货物，这些项目都不能在库房中看到。对公司在特定日期存货价值的合理确认是独立外部审计师在审计时最重要的任务之一。

合理地分配存货成本是成本会计系统的主要功能之一。自 1980 年开始，因为成本会计应用的发展，使得其从一个无人问津的话题转变为产品定价的重要因素继而成为市场焦点。本章只是简单地陈述了成本会计的最主要的一部分，具体的处理还要在成本会计课程

② William E. Ricks, "The Market's Response to the 1974 LIFO Adoptions," *Journal of Accounting Research*, Autumn 1982, p. 367.

③ John R. M. Hand, "1974 LIFO Excess Stock Return and Analyst Forecast Error Anomalies Revisited," *Journal of Accounting Research*, Spring 1995, p. 175.

中体现。这一章节的主要内容是存货的价值计量问题。在美国,大多数企业都在使用一种或是多种基本存货计量方法,基本存货方法包括:先进先出法、后进先出法和平均成本法。存货计量的目标是把期间内待销商品的总成本分为两类:与已经销售的商品相关的花费(销售成本)和没有被销售的商品有关的花费(期末存货)。对于后进先出法的描述在本章中占用了大量的篇幅,因为它关于后进、先出的假设涉及存货会计处理中很多有趣的问题。

这一章继续讨论当存货市场价值下降时的会计处理方法。然后,我们讨论一个通用的计量存货价值的方法——毛利法。除了可以用于存货在火灾或是水灾中损失的计量,毛利法也适用于定期盘存制,在不能进行实际盘存制的月报或是季报中对期末库存进行计价。存货估价相对于永久性库存记录更能为存货的非正常减少起到预警的作用。总之,外部审计师和 IRS 都用存货估价记录销售成本。在扩展资料中,介绍了一种更加精确计算存货估值的方法,同时介绍了购货承诺以及外币核算下的存货计量。

什么是存货?

1 定义商贸企业的存货,并区分制造企业存货的不同种类。

WHY 因为企业持有的存货都是为了一个目的,即销售,在会计计量中,也许有些资产与存货在形式上相同,但是因为其自身被企业持有使用着,这些资产不能归类为存货。

HOW 在普通的商业流程中专门为零售而持有的物品称为存货。在制造企业中,存货成本还包括产品的生产成本。

存货是指企业正常经营过程中所持有的可供销售的商品,对制造商而言,存货则是那些为了生产而持有的货物或是在生产过程中需要的货物。是否将物品归为存货,在很大程度上取决于经营活动的性质,在特定情况下企业的资产也可以被归为存货。例如,地产商持有的土地和房地产都是为了零售,部分已经完工的房地产将卖给建筑公司;证券投资人在进行证券投资过程中所持有的股票也是为了能够卖掉。这些商品都可以在其特定的企业中被归类为存货。

对于一些企业,存货代表了企业经营中的最活跃的因素,或是用于生产,或是用于再销售。一个企业的很大一部分资源可能投入货物购买或是生产上。但是,信息技术的高速发展为企业的存货管理提供了更有效的管理方法。如图 9-3 中所介绍的,美国规模前 50 的企业在 1979 年到 2006 年间,存货占总资产中的比例从 15.8% 降低到 5.2%。事实上,这种趋势的产生主要受到两个因素的共同影响:更有效的存货管理和持有大量库存的传统企业的减少。不断增长的服务行业、高科技行业和信息行业一般都持有很少的或是零存货。

商业企业持有的存货(或是商品存货),可以用来批发销售也可以用来零售,这需要视具体情况来定。原材料、在产品和产成品在制造企业中都被归类为存货。

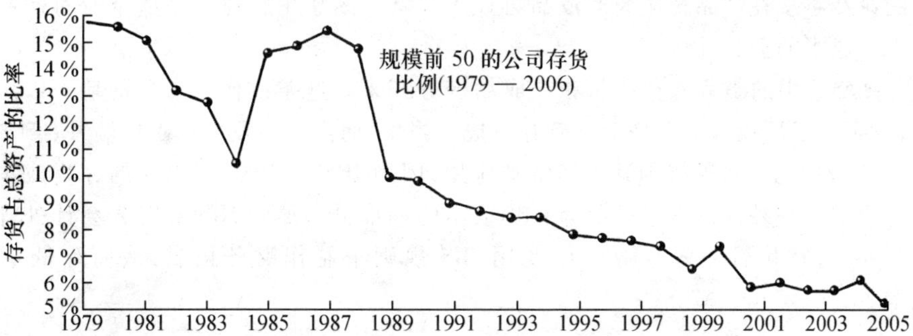

图 9-3　公司有多少存货?

资料来源:Standard and Poor's *COMPUSTAT*.

原材料

原材料是生产过程中需要的物品。一些原材料的获得直接来源于自然资源。更多的时候,原材料是从其他企业购买得来,代表着供应商的产成品。例如,高质量无酸纸张是纸制企业的产成品,但是却是书本发行商的原材料。

尽管原材料可以广泛地涵盖制造企业所有的使用材料,但这种定义通常只是局限于整体都用于制造产品的原材料。因为这些材料被直接用来制造商品,所以通常视它们为直接材料。而间接材料则是指附加材料,即那些产品制造过程中不可缺少的但不是直接进行制造的材料。在工业设备中所要求的石油和燃料、清洁用品或一些类似的细目,都包括在这里面,因为这些项目都不包含于产品中,但都为产品生产提供着便利。

尽管间接材料可能会单独存在,但是它们也应该在将要被完全用于生产时,作为公司存货的明细披露。而为了交货、销售和公司管理而使用的采购物资不能作为存货报告,而是作为销售费用和管理费用报告。一定要记住的是,存货一定是为了企业日常销售而存在的资产,或者是直接或间接地用于加工待售商品的资产。

在产品

在产品是指一部分在生产过程中,或是在销售之前还需要进一步加工的产品。这类存货包括三种成本:

1. 直接材料——与在产品直接相关的材料成本。
2. 直接人工——与在产品直接相关的人工成本。
3. 制造费用——在产品生产过程中需要分配的日常费用。

制造费用是指在生产过程中除了直接材料和直接人工外的所有费用。它包括企业为生产产品和提供劳务而发生的各项间接费用。具体说来包括折旧费用、维护费、修理费、财产税、保险费、电费、供暖费和机物消耗费,同时包括去除了那些直接归属于销售费用与管理费用后留下的管理成本。

产成品

产成品是指可以作为商品对外销售的产品。因为产品已经生产完成,在生产过程中累计的花费将从在产品转换为产成品再计入存货。图 9-4 表现了制造企业对产品生产过程中生产成本的会计计量。

图 9-4 中的虚线把在产品和产成品区分开来。这条线代表工厂的墙。以历史经验来看,发生在工厂墙内的花费分配到存货成本当中,而当费用发生在工厂墙外(例如产成品仓库),则费用化。这种规则并不经常被应用,因为 IRS 在 1986 年出台的存货成本资本化规则中规定一些外部成本也被归为存货成本的一部分。尽管 IRS 对财务会计处理方法没有强制要求,但此后一些企业开始使用 IRS 规则来制作财务报表,从而降低单独记录的成本。④

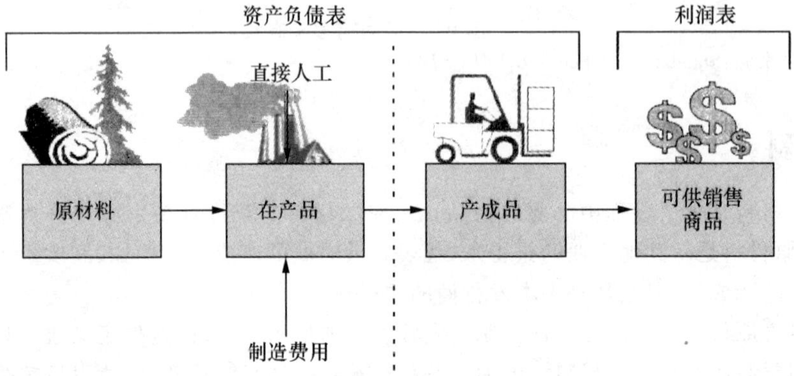

图 9-4 存货成本流程

存货系统

2 解释定期盘存制与永续盘存制的优缺点。

WHY 清楚定期盘存制与永续盘存制的成本与收益,使企业能够决定使用哪种制度来满足自身需求。

HOW 定期盘存制的使用很简单,使用成本也较低,但同时提供的信息质量也相对较低。使用永续盘存制则需要成本更高的技术,但是其得到的信息质量也会更高。

思考下你最近一次的购买行为,交易发生时你是否记录了卖方提供的产品名称,还是你只记录了它的价格?在传统的现金登记制度中,对于卖方的记录只局限于销售价格;卖方不会记录到底有多少的存货项目已经被销售出去。会计师把这种制度称为定期盘存制,因为在此制度下,唯一能查证都有哪些存货被销售了,而又有哪些存货剩余的方法是定期的实地盘存。

定期盘存制以外的另一种制度称为永续盘存制,这种制度可以记录每一次交易的销售价格和销售的产品种类。条形码扫描系统就是一个应用永续盘存制的例子。在永续盘存制下,卖方知道每个销售产品的编码,同时这些编码也直接连接着存货的记录。在永续盘存制下,定期地对存货进行实地计算能更准确地监测到存货的"收缩"——存货的损失、被盗或是变质。

④ 新兴问题任务组(EITF)曾讨论一项存货成本的资本化程度在税报中与财务报表中是否需要统一。新兴问题任务组达成了一个共识,在税务处理中应该考虑其资本化问题但是其处理不应该影响会计处理。见 *EITF* 86—46,"Uniform Rules for Inventory under the Tax Reform Act of 1986"(Stamford, CT: Financial Accounting Standards Board, 1986)。

下面来介绍定期盘存制与永续盘存制之间的区别，以 CyBorg 公司在期间内发生的交易为例：

	数量	单价	总价
期初存货	50	$10	$ 500
本期购买	300	10	3 000
本期销售	275	15	4 125
期末存货(实地盘存)	70	10	700

以下是公司分别用定期盘存制和永续盘存制记录的购买和销售行为：

定期盘存制			永续盘存制		
本期购买			本期购买		
借：采购	3 000		借：存货	3 000	
贷：应付账款		3 000	贷：应付账款		3 000
本期销售			本期销售		
借：应收账款	4 125		借：应收账款	4 125	
贷：产品销售		4 125	贷：产品销售		4 125
			借：销售成本	2 750	
			贷：存货		2 750

这两种方法在公司日记账中的设置有两点不同。第一，在永续盘存制下多出了一个分录，该分录是根据销售库存来记录销售成本的。在定期盘存制下，销售成本的数据并不可知(至少没有被记录)。第二，在定期盘存制下，购买存货时记入采购账户的借方而不是存货账户的借方。采购账户是为了计算存货成本而设置的临时性账户，在期末时会分配到存货和销售成本中。在定期盘存制下，在本期购买时直接计入存货账户借方会使得关于存货数量的信息产生错误，因为存货账户在本期是不能因销售成本而减少的。对定期盘存制来说，存货账户的数值在期间内不会发生变化，只有在期末实地盘存结束后才会根据盘存结果来变更。

当企业应用永续盘存制时，它可以在期间内的任何一个时点了解到存货的具体价值。通过存货记录与实地盘存的比较，公司可以发现存货记录与实际的差异。因此，即使在永续盘存制下，仍然要求经营者每年至少一次通过实地盘点来确认记录的余额是否准确。实地盘点的频率将依据商品的属性、周转率和内部控制制度来决定。⑤ 库存的不断变化也会使实地盘点发生的频率增加。

存货账面数量和实际数量之间的差异可以由很多种原因导致，其中包括记账错误、存货的损耗、损坏、失窃等。企业应当在差异产生时实施实地盘点，适时调整存货账户。为了说明这一问题，现以 CyBorg 公司的销售成本为例：

⑤ 当在一个小型便利店购买汽水时，作者注意到一个收银员在一张存货表内记录下了汽水的购买。作者想到，这个地方使用的是永续盘存制，当问到他们多长时间进行一次实地盘存时，收银员回答说，“在每个货架卖空后。”很明显，这个便利店的管理者在使用永续盘存制和频繁的实地盘存相结合的方法来减少顾客和雇员的偷盗行为。

	定期盘存制	永续盘存制
期初存货	$ 500	$ 500
+ 采购	3 000	3 000
= 可供出售商品成本	$3 500	$3 500
-期末存货	700(计算)	750(会计记录)
= 初步计算的销售成本	$2 800	$2 750(会计记录)
+ 存货损失的成本	不知	50($750 - $700)
= 报告的商品销售成本	$2 800	2 800

在永续盘存制下,实地盘点之前的会计记录中已经包含了期末库存和销售成本。实地盘点是为了查证会计记录是否准确。在这个例子中,CyBorg公司相对于账簿记录实际上产生了价值50美元的差异:在账簿中记录的期末存货为750美元,而实地盘点的结果则是700美元。公司会根据这个损耗来调整永续盘存制下的存货记录:

借:销售成本	50	
贷:存货		50

这表明,这种因损耗和损坏而进行的存货调整在利润表中是作为销售成本的一部分来报告的。

思考

如果永续盘存制有这么多优点,那么为什么不被所有的公司使用?

a) 永续盘存制可能会增加公司的坏账水平。

b) 永续盘存制在美国之外的大多数国家是非法的。

c) 永续盘存制比定期盘存制需要更多的费用。

d) 永续盘存制只适用于那些低价值并拥有高周转率的商品计量。

在定期盘存制下,期末存货的记录是实地盘点的结果。所以,销售成本只能在实地盘存后才会被计算出来。在定期盘存制下是不会出现损耗调整的,因为其会计记录中无法表明实际的存货价值。事实上,在定期盘存制下,表中的"销售成本"项目以"商品销售、失窃、损失和毁坏的成本"替代也许会更好——这些都是使商品减少的原因。鉴于对外的财务报告目标,不管是定期还是永续盘存制都会报告相同的销售成本。但是,在内部管理目标中,永续盘存制区分了销售成本和存货损耗成本。

实践中,所有大型的贸易和制造企业以及很多小规模的组织都使用永续盘存制。在现今快节奏的社会,计算机和POS机的使用成本很低,永续盘存制则显得更加经济和必需。这种制度能够对存货实施连续的检查和控制,有助于制订购买和制造计划,确认实际存货价值,当因为灾难和失窃而发生损失时可以及时披露。

谁的存货?

3 确认存货在交易中的所有权问题以及在何种环境下需要把运输过程中的存货留在账上。

WHY 总体来说,一家公司在其资产负债表中报告的所有存货都应该是其拥有合法所有权的。但对在资产负债表日实际保管存货的一方,其合法所有权则不是必须的。因此,我们很难计算出一家公司在资产负债表日所拥有的存货数。

HOW 商品在运输过程中如果是目的地交货则其所有权属于卖方，如果寄发地交货则其所有权属于买方。委托销售商品并不属于公司拥有所有权的商品。

总体来说，交易中持有合法所有权的商品都归属于存货。所有权转移是指在指定的法定期限内所有权的转移。当所有权转移的规则并不明显，报表应该适当对特殊的行为进行披露并且披露其发生的理由。以下将介绍一些典型情况下的所有权认定问题。

在途物资

当商品从卖方运到买方的过程中，谁拥有它们的所有权呢？答案要依据销售条款来看。如销售条款中规定的是**寄发地交货（FOB shipping point）**，商品从起运点开始其所有权就转移到买方了。因为所有权从起运点就开始转移，年末即使买方没有收到商品，在途物资也应该包含在买方的存货内。

如条款中规定的是**目的地交货（FOB destination）**，直到买方收到货，其所有权才会转移。即使卖方很难判断其商品是否已到达目的地，由于目的地交货的原因，在期末卖方都不能确认销售，并且也不能记录存货的减少，这种状态一直维持到确认买方收到货为止。

总之，商品遵循寄发地交货时，它们在运输过程中的所有权都属于买方，并在买方的存货中记录。当商品遵循目的地交货时，它们在运输过程中的所有权都属于卖方，并在卖方的存货中记录。图 9-5 总结了运输条款对在途物资所有权的各种影响。

图 9-5 货物运输中的所有权

在一些事例中，商品所有权可能会在运输之前就发生了转移。例如，如果是为了一些购货方的特殊订单而单独制造的商品，也许会在销售后就马上完成了对销售行为的记录，并把此商品从日常记录的存货中分离出来。一旦商品确认从卖方处分离出来，商品则不能成为卖方的存货。买方则应该从此刻就确认商品为自己的存货。

一定要注意，存货的运输条款在会计期期末才是一个问题。在大多数情况中，商品从卖方运出和买方收到都是在一个会计期间内完成的，因此这样就不会出现会计记账的问题了。

委托代销商品

商品通常以委托代销的方式移交给商家或是顾客，货主保留所有权并将商品作为自己的存货到商品被销售出去或是已经被商家或顾客实际使用。例如，NN 公司是一家生产制造业需要的耐磨钢珠和滚轴的公司，提供寄销商品给一些大客户。通过这种安排，顾客可以保留最低的存货水平。NN 公司也可以从寄销中获益，因为这种服务将会增强顾客的满意度,从而增加订单,提高销售量。货主会承担委托代销商品在转移到商家或是顾客过程中的成本以及处理和运输成本。商品在货主的资产负债表中以委托代销商品单独列示。另外,委托代销存货的数量也可能会在附注中披露。例如,在2007年12月31日的财务报表附注中,NN公司披露在5 180万美元的存货中包括570万美元的委托代销存货。商家或是客户都不拥有委托代销商品的所有权,委托代销商品也就没必要在它们的报表中披露。委托代销商品相关的收益确认问题已在第8章详细讲述。

商家有所有权但是被别人使用的商品,比如销售商或是代理人手中的商品、批准给客户持有的商品,或是正被其他人储存、加工、运输的商品都将在商家的期末存货中作为自己的商品而记录。

审计委托代销存货表现着审计师对于特殊问题的处理能力。记录中的存货也许并不属于公司,也许只是委托代销商品,或者存货寄存在千里之外的商家,但其所有权也应该属于公司。想象一个审计师步入一个仓库并四周环视,以"这并不是我们的,我们只是代销而已"这样的语气嘲讽仓库管理员。这时仓库管理员会带领审计师们去运输站台,"看到那些刚开走的卡车了吗?那辆卡车以及其他上百辆的车都载着存货,这些存货仍然是我们的,但是已经被运走代销了,请审计它们吧!"

> **补充**
>
> 20年前,审计师们一致把存货的审计难度称为"战争故事"。那些日子经常会听到审计师们抱怨法律诉讼和电脑系统的混乱。

附条件买卖、分期付款销售和回购协议

附条件买卖和分期付款销售合同可能会一直保留着卖方的所有权直到销售款全部收齐。在这种情况下,保留所有权的卖方可能会继续在它的账目中记录着商品,随着销售款的收取,卖方记录的商品因买方权益的增加而减少;而对于买方来说,可以报告通过应付账款方式获得的商品权益。但是,通常来说,当回收和违约概率很低的时候,卖方会预期合约的实现和最后所有权的转移,可以像常规销售一样确认交易和转移商品来记录存货;对于买方来说,试图遵守合同并获得所有权,也可以像常规购买商品来确认交易。分期销售收益确认的会计记录已在第8章中详细阐述。

想要在短期内获得现金,公司会给出一个新的销售方式:即销售存货给另一家公司,并在同一时间商定在未来某一天回购。回购价格会包括原始的销售款再加上财务和保存费用。在本质上,卖货公司用存货来获得短期贷款,但是也同意之后回购存货。熟悉这样的过程后,会发现这与当铺的工作有些相似。FASB规定,对这种事情应该记录它们的经济实质——即不用记录在销售中,存货不能从卖

> **补充**
>
> 在一些国家,比较普遍的是,卖方在买方交齐货款之前都保留商品的所有权。SEC(在*SAB 104*中)表示当这种现象出现时,如果卖方的权利受限于确保当款项在没被付清的情况下收回商品的话,可以在会计记录中记录商品所有权的转移。

方企业的资产负债表中移出，并且卖方应当在该过程中把"销售"记录为一项负债。[⑥]

什么是存货成本？

4　计算存货的总获取成本。

WHY　存货的成本通常包括比仅仅用于存货的物质原料成本更多的花费。存货成本的适当会计计量决定着资产和费用记录的正确性。

HOW　计算存货的成本，特别是用于生产的存货，包括多种成本加上物质生产中的合理成本计量。在制造企业，包括在生产过程中投入的原材料、人力和管理费用以及存货的销售费用。

在确认了存货中包括的商品后，会计必须把一美元的价值分配到各个实际单位上。美国和国际会计准则都规定以历史成本来计量存货价值。请将注意力集中于该节以明确组成存货成本的因素。

包含在存货成本中的项目

存货成本包括其在获得、准备和销售中所有的直接和间接支出。在原材料或获得的转售商品中，成本包括购货款、运费、接受、存储和其他发生在商品预备销售过程中的所有花费。有些花费可追溯至特定项目，或是平均分配给存货的各个项目。其他相关支出金额较小则很难分配。这些项目通常不包括在存货成本的计算中，而是确认为当期费用。这些项目被称为**期间费用**。

已经提到的包括在制造产品成本中的费用，被称为生产成本或**可计入存货成本**。对原材料、人力和制造中的管理费用的恰当核算和在产品和产成品的确认过程都是通过成本会计系统来计量的。某些与取得商品或制造商品有关的成本是非经常性的，则不在存货成本之内。例如，由于闲置生产力、过度损坏和过度使用而导致的当期成本上升应该作为当期的费用。[⑦] 只有明显与采购和生产有关系的管理费用应该包括在存货成本内。

注意

一个警告——不要让短期经常费用的分配迷惑了你。这个重要的问题引起了一系列讨论，包括很多教科书和专家们的咨询意见。

存货的成本核算对财务报告的目标而言是十分重要的，而对于产品的生产、定价和战略制定也至关重要。例如，在日趋紧张的竞争压力下，公司一种产品的销售价格不能高于每单位 10 美元，对企业来说，它就一定要清楚这种产品的成本到底是每单位 8 美元或者是 11 美元。就像前面章节提到的，制造费用的分配技术的日益提高，也增强了成本会计核算系统的效率。

以传统方法来说，制造费用对产品的分配要基于直接人工成本的计算。这种分配计划通常并不科学，因为直接人工成本在账目中占产品成本的比例很小，但该产品实际上却可

⑥ *Statement of Financial Accounting Standards No. 49*, "Accounting for Product Financing Arrangements" (Stamford, CT: Financial Accounting Standards Board, 1981).

⑦ *Statement of Financial Accounting Standards No. 151*, "Inventory Cost: An Amendment of ARB No. 43, Chapter 4" (Norwalk, CT: Financial Accounting Standards Board, November 2004). *SFAS No. 151* 明确了存货成本的定义，并且与 IASB 趋同。

能占用大量制造费用,包括对机器的维护、大量发票单的编写以及重要的管理监督等。**作业成本(ABC)制度**试图依据明确划分的**成本驱动**——用产品生产过程中的角色(例如:机器的重新配置或是产品发生故障的平均频率制定都需要管理干预)来分配经常费用。一个好的存货成本核算系统可以为内部决策的制定提供更客观的信息。正因如此,在所有的管理会计课程中都不会丢下这么一个重要的课题。

制造企业通常要编制成本列表以说明各种成本要素如何影响存货的成本以及如何最终影响商品的销售成本。表 9-1 展示的是一个成本列表说明。[⑧]

表 9-1 产品生产的成本列表

Bartlett 公司产品生产的成本列表 2011 年 12 月 31 日		
直接材料:		
原材料(2011 年 1 月 1 日)	$ 21 350	
采购品	107 500	
可供使用原材料成本	$128 850	
减:原材料(2011 年 12 月 31 日)	22 350	
制造用原材料		$106 500
直接人工		96 850
制造费用		
间接人工	$ 40 000	
工人监督	29 000	
折旧——厂房和设备	20 000	
电、热和能源	18 000	
工厂供应品	15 000	
制造费用杂项	12 055	134 055
总制造成本		$337 405
加:在产品(2011 年 1 月 1 日)		29 400
		$366 805
减:在产品(2011 年 12 月 31 日)		26 500
产成品成本		$340 305

在实践中,公司对于一些成本种类的划分有所不同。例如,采购部门发生的成本,生产制造活动的会计成本,产品生产人员的养老金等在有些公司中作存货的成本处理,而在另一些公司则作为期间费用处理。

折扣抵减成本

购买存货中的折扣应该作为存货成本的扣减来处理。**商业折扣**是指买方所承担的约定价格与实际价格相差的那一部分。成本则是清单价格减去商业折扣的那部分。商业折扣不用入账,购买只需要记录价格净值就可以了。

⑧ 为了使该表对本书的财务会计学生更为直观,该表列示了实际的制造费用。一个合理的成本核算计划应该尽量调整避免过多或少分摊间接费用,因此在总制造费用的计算中应包括应用的(而不是实际的)制造费用额。

现金折扣是指在限定期限内付款而给予的优惠。现金折扣会在特定付款日期内按照一定比例来给予优惠。例如,2/10,*n*/30,表示买方在发票发出后 10 天内付齐款,卖方就给予 2% 的现金折扣,但如果是在发票发出后 10 天后付齐款项,卖方则不提供任何优惠。

理论上,存货应以扣除折扣后的净值记录(例如,发票价格扣除约定折扣后的净值)。净值法反映了以下事实:未在折扣期内付款而损失的折扣实际上是一项财务费用。未享受的折扣在“折扣损失”账户记录,在利润表中单独记录。折扣损失通常暗含了相对较高的利率。例如,假定购买一件价值 10 000 美元的商品提供的折扣是 2/10,*n*/30。图 9-6 具体说明了这个购买行为和付款操作。

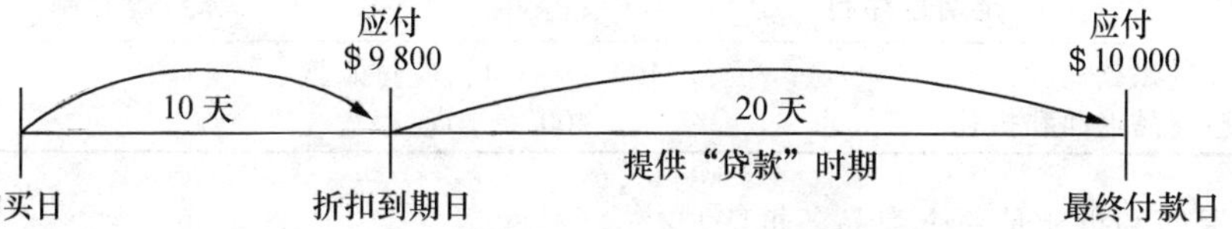

图 9-6　现金折扣的影响

如果买方在 10 天内付款,只需付 9 800 美元的价款,20 天之后则需付全款。因此,如果延迟付款超过 20 天则需多付 200 美元。实质上,这就是一个卖方给买方提供的 20 天的贷款。利率则是 2.04%($200/$9 800)。因为一年中有 18 个 20 天,所以这个贷款的年利率成本超过 36%,也就是说如果错过一个现金折扣是非常昂贵的错误。没有取得现金折扣代表着付款选择的不谨慎。如果用净值法计算现金折扣,那么错过的 200 美金的折扣不包括在存货成本当中,但是作为财务费用计算。

在**总值法**下,现金折扣只在取得时被记录。净值法记录没有取得的折扣,而总值法没有提供这些信息,存货以总单位价值计量。当存货计价采用实地盘存制时,现金折扣通过一个备抵购买账户反映。采用永续盘存制时,折扣被直接计入存货贷方。

企业偏好于采用净值法;然而,许多公司仍然遵循历史方法来确认现金折扣,只有当付款完成时确认。下面的表格介绍了净值法和总值法要求的分录,假设存货计价采用永续盘存制。

交易	净值法购买记录			总值法购买记录		
购买机器价格 10 000 美元伴随 2% 的现金折扣	借:存货	9 800		借:存货	10 000	
	贷:应付账款		9 800	贷:应付账款		10 000
(a) 假设在折扣期期内付款	借:应付账款	9 800		借:应付账款	10 000	
	贷:现金		9 800	贷:存货		200
				现金		9 800
(b) 在折扣期期后付款	借:应付账款	9 800		借:应付账款	10 000	
	折扣损失	200		贷:现金		10 000
	贷:现金		10 000			
(c) 期末调整时未付款则折扣无效	借:折扣损失	200		无须记录		
	贷:应付账款		200			

这两种方法的不同之处是,净值法以单独的一个财务费用项目(折扣损失)显示折扣成本,另外,总值法把这项财务费用纳入存货成本。如果采用实地盘存制的话,结果也是相同的。在实地盘存制下,日记账不同的是采购成本,而不是存货,计入原始采购的借方。另

外,在总值法下,当在折扣期间付款,购买折扣取代存货计入借方。

商品退回和折让

当商品损坏或者质量不符合要求时,就会对商品原价进行调整。有时购买者会将货物完全退还给供货商。在另外一些情况,购买者允许供应商对损坏的或质量不好的商品提供一些补偿。

一笔因为商品缺陷而补偿的 400 美元应该做如下记录:

定期盘存制			永续盘存制		
借:应付账款	400		借:应付账款	400	
贷:商品退回和折让		400	贷:存货		400

商品退回和折让是一个商品备抵账户。

计算存货的总购买成本,总结如下:

发票原价加上货运、储存、准备成本

－现金折扣(在总值法下只有现金折扣被采用时)

－商品退回和折让

＝存货成本

存货估值方法

5 会用四种基本的存货计价方法:个别计价法、平均成本法、先进先出法和后进先出法。

WHY 在很多情况下,在资产负债表和利润表中分配存货成本要求有一个成本流动假设。这个成本流动假设可以在很大程度上影响利润表和资产负债表上的数值。

HOW 个别计价法将存货实际成本与被销售时的收入相配比。另外一些估值方法——后进先出法、先进先出法和加权平均法在时间假设基础上服从成本与收入相配比。

在一个会计周期结束时,总存货成本必须在库存存货(在资产负债表中当做资产)和已出售存货(在利润表中被作为费用"销售成本")之间进行分配。很多方法都被用于分配库存存货成本与销售成本。最常用的方法有如下几种:

- 个别计价法
- 平均成本法
- 先进先出法(FIFO)
- 后进先出法(LIFO)

每个方法都有一定的特点,都有特定的适用条件。所有四种方法都有一个共同之处,就是存货成本在利润表与资产负债表之间进行分配。只有个别计价法根据自然存货流转决定成本分配。除了个别存货,例如汽车,可以被清晰定义外,存货货物可以被交换。因此,在存货估值中,通常重点强调成本分配,而不是实物流转。

先进先出法是美国迄今最常用的存货估值方法。表 9-2 表示了在 1979 年和 2006 年美国公司存货估值方法的使用频率。百分比合计超过 100%,说明很多公司运用多于一种存货计价方法,对不同种类的存货提供不同的估值方法。回顾本章的开始,在通货膨胀的情况下后进先出法节省所得税。1979 年到 2006 年的美国,通货膨胀率的下降很可能是后进先出法运用减少的重要原因。最后注意到大公司与小公司运用后进先出法的不同。这个很可能是维护后进先出法系统可能导致大规模记录成本的后果。

表 9-2 存货不同价值计量方法的使用频率

使用存货计价方法频率
美国公司
1979 年和 2006 年

存货计价方法	1979 年所用公司	2006 年所有公司	2006 年规模大的公司
先进先出法	75.6	67.8	62.2
后进先出法	25.8	13.1	26.8
平均成本法	20.8	31.7	45.6
个别计价法	3.7	4.7	3.8

资料来源:标准普尔 *COMPUSTAT*。

职业界研究出了一些专业的指引可以帮助企业选择存货估值方法。有一些人说成本流应该反映货物的实物流转。另一些人认为存货估值应该强调当前成本与当前收入的配比。还有另外一些人认为必须强调资产负债表中存货的适当估值。下面这些关于分配方法的讨论说明了每种方法是如何与上述不同观点相联系的。

这四种方法将通过下面 Dalton 公司的简单例子来介绍。Dalton 公司在 2011 年年初没有存货。

	数量	单价	总成本
购买:			
1 月 1 日	200	10	2 000
3 月 23 日	300	12	3 600
7 月 15 日	500	11	5 500
11 月 6 日	100	13	1 300
购买总量	1 100		$12 400

销售:700 单位的单价为每件 15 美元,假定所有销售发生在 12 月 31 日。

个别计价法

根据具体单元的实际成本,成本将在这个时期的已销售商品与库存商品之间进行分配。这种个别计价法要求有一种方法可以辨认每个存货个体单元的历史成本。在个别计价法下,成本记录的流转符合商品实物流转。

从理论上讲,个别计价法是很受欢迎的,特别当每个存货项目很独特并且成本很高的时候。但是,当存货是由很大数量的物品组成,或者是在不同时间以不同价格取得相同的物品时,个别计价法就很可能效率低、工作量大、成本大,甚至采用电脑追踪系统都不能应对所有实际要求。如在一个自助五金店里,考虑通过存货个别计价库存系统来进行任务,要求具体追踪到与每一个螺丝刀、每个螺旋、每一块木材、每桶油漆相关的费用。

除了实际问题,当存货单元相同并且可以互换时,个别计价法给通过选择发送特定的商品提供了操作利润可能性。考虑到 Dalton 公司的例子，如果 Dalton 公司希望最小化 2011 年售出商品的成本（从而最大化报告净收入），它可以有策略地选择运送 700 单位最低成本的货物。这些售出商品的成本计算如下：

Dalton 公司个别计价法成本计量

	数量	单价	总成本
购买批次：			
1 月 1 日	200	$10	$2 000
7 月 15 日	500	11	5 500
销售总成本	700		$7 500

个别计价法是本章介绍的四种方法中最不常用的。表 9-2 指出在 2006 年，个别计价法只被 4.7% 的美国公司所运用。亚马逊公司（Amazon.com）是其中之一。这家公司有一个极其复杂的存货追踪系统，而且这个相同的系统使执行个别计价法容易可行。表 9-3 提供了这家公司与存货估值方法相关的注意事项披露。

但是，在 2002 年 1 月 1 日，亚马逊将它的存货估值方法从个别计价法改为先进先出法，这反映了为了财务报告目的而不采用个别计价法的持续转变。请注意，这并不表示亚马逊改变了它实际上追踪商品流转的方式；这个转变仅仅代表为了财务报告目的的假设的一个转变。

表 9-3 亚马逊公司的存货计价方法

存货，包括可供销售商品，使用个别计价法记录并且使用成本与市价孰低法进行后续计量。

平均成本法

平均成本法将成本分配平均至每个单位。这个方法建立在销售商品有相同的平均成本假设上，这个平均是通过加权所有单位购买价格得出的。以 Dalton 公司的成本数据作例子，每个单元的加权平均成本可以这样计算：

总购买：1 100 单位总成本是 $12 400

加权平均成本：$12 400/1 100 单位 = $11.27/单位（四舍五入）

> **补充**
>
> 当西方会计实践被第一次介绍到苏联，苏联会计抱怨后进先出法与先进先出法并没有任何意义。他们被平均成本法的逻辑所吸引。

用平均成本法，售出商品的成本只是简单地用售出单位数量乘以单位平均成本：7 890 美元（700 单位 × $11.27/单位，四舍五入）。

平均成本法更符合现实的、平行的实物流转，特别是这些存货由相同的存货单位构成。不像其他存货估值法，平均成本法给用途相同的相似单元分配了相同成本。这种方法并不允许利润操纵。但是这种方法有一个局限，就是在价格飞速上涨或下降时，存货价值可能会明显滞后于当前价格。

先进先出法

先进先出法(FIFO)是建立在被销售的那些商品是最先进货假设之上的。比如说 Dalton 公司,用先进先出法计算商品成本如下:

Dalton 公司先进先出法的成本计量

	数量	单价	总成本
购买批次:			
1 月 1 日	200	$10	$2 000
3 月 23 日	300	12	3 600
7 月 15 日	200	11	2 200
销售总成本	700		$7 800

请注意从 7 月 15 日开始这批购进存货只有 200 单位的商品被假设售出,这批次剩下的 300 单位被假设为期末存货未售出。

当获取个别成本不切实际或不可能的时候,先进先出法被看成是一个合理的且实际的存货成本流转方法。先进先出法假设成本流转与销售商品的实物流转是平行的。费用是由实际销售商品的成本来承担的。先进先出法提供了很小的利润操纵机会,因为成本发生的顺序决定了成本的分配。另外,先进先出法下,期末剩下未售出的商品成本大多数是最近购买的商品,所以报告成本与期末重置成本是非常接近的。

后进先出法

后进先出法(LIFO)是建立在最新购入的商品最先被卖出的假设之上的。以 Dalton 公司为例,后进先出法成本计算如下:

Dalton 公司后进先出法的成本计量

	数量	单价	总成本
购买批次:			
11 月 6 日	100	$13	$1 300
7 月 15 日	500	11	5 500
3 月 23 日	100	12	1 200
销售总成本	700		$8 000

注意

实物流转与存货估值方法之间并没有必须的联系。

请注意,假设 3 月 23 日这个批次购买中只有 100 单位的商品出售;这批购买中剩下的 200 单位商品作为期末存货。

从理论上看,后进先出法频繁地被批评。它并不符合商业商品的实物流转(尽管它很不幸符合大学生冰箱里的食物流转——最后剩下来都是讨厌的东西)。正如接下来的各节,后进先出法造成了在资产负债表上的旧值,而且当存货水平下降时,它产生了非常奇怪的销售成本。然而,后进先出法是最好配比现存货成本与存货收入的方法。维护后进先出法系统的难题将会在本章后面部分进行详细介绍。

方法比较:销售成本和期末存货

存货估值方法的目的是为了在销售成本和库存存货两项中分配总存货成本。比如 Dalton 公司,2011 年总存货成本是 12 400 美元。在表 9-4 中展示了用四种不同存货估值方法在销售成本与期末存货中分配这些成本的情形。请注意,平均成本法与其他三种方法的不同之处在于,没有任何关于销售特定单元的假设。取而代之的是,假设所有单元的销售成本都是一样的。

表 9-4 存货计价方法的比较

Dalton 公司

销售成本与期末存货

	单位成本	个别计价法	平均成本法*	先进先出法	后进先出法
购买:					
1 月 1 日 ……	\$10	200	200	200	200 200
3 月 23 日………	12	300	300	300	100
7 月 15 日………	11	500	500	200 300	500
9 月 6 日 ………	13	100	100	100	100
			已卖出 ▇	仍在库 ▭	
销售成本(700 单位):					
		200 × \$10 = \$2 000	700 × \$11.27 = \$7 890†	200 × \$10 = \$2 000	100 × \$13 = \$1 300
		500 × \$11 = 5 500		300 × \$12 = 3 600	500 × \$11 = 5 500
				200 × \$11 = 2 200	100 × \$12 = 1 200
		\$7 500	\$7 890	\$7 800	\$8 000
期末存货(400 单位):					
		300 × \$12 = \$3 600	400 × \$11.27 = \$4 510†	300 × \$11 = \$3 300	200 × \$10 = \$2 000
		100 × \$13 = 1 300		100 × \$13 = 1 300	200 × \$12 = 2 400
		\$4 900	\$4 510	\$4 600	\$4 400
总存货成本:					
		\$12 400	\$12 400	\$12 400	\$12 400

* 使用平均成本法时,对哪些单位被售出不做假设。单位平均成本计算如下: \$12 400/1 100 = \$11.27(四舍五入)。

† 四舍五入。

在物价上涨时用先进先出法,将最早入库的成本较低的存货与不断上涨的销售价格进行匹配,因此增加毛利。在物价下跌时,最早入库的成本较高的存货与不断下降的销售价格配比,从而减少了毛利。用平均成本法,毛利变化的趋势与价格的变化趋势相近。另一方面,在物价上涨时期,用后进先出法,可以将当前购买商品的高费用与不断上涨的销售价格相关联,因此,后进先出法趋向于使毛利稳定。

采用先进先出法,存货以近期的成本在资产负债表中进行报告。在后进先出法下,存货则以最开始的采购价格报告。如果后进先出法在很长一段时间被运用,那么存货现值与后进先出法下报告成本之间的差距将越来越大。用平均值法大致提供了与先进先出法相似的存货成本,因为平均成本在很大程度上受现在成本的影响。个别计价法可以产生很多种结果,取决于那些被选中售出的特定单位。

当商品的价格没有很大波动时,供选择的存货方法在财务报表中产生很少的区别。虽然,在价格稳步上升或下降的时期,这些替代方法可以造成实质的不同。

永续盘存制的复杂性

在 Dalton 公司的例子中,简单假设所有 700 单位商品在 12 月 31 日售出。实质上,这个假设是建立在实地盘存制基础上的。永续盘存制下计算平均成本和后进先出法是非常复杂的,因为当每笔购买发生时销售商品平均成本都会发生变化,并且“后进”单元的认定在每一笔购买完成时也在变化。永续盘存制的复杂性将在表 9-5 中介绍,该表中,假设在 6 月 30 日 Dalton 公司有 300 单位的商品已被销售,在 12 月 31 日有 400 单位的商品已被销售的基础上,计算 2011 年的销售成本以及期末库存。

表 9-5 存货计价方法与永续盘存制

Dalton 公司
永续盘存制的复杂性

	单位成本	平均成本法*	先进先出法	后进先出法
6 月 30 日售出 200 单位				
购买:				
1 月 1 日	$10	200	200	200
3 月 23 日	12	300	100 200	300
		已卖出	仍在库	
销售成本(300 单位):				
		300 × $11.20 = $3 360	200 × $10 = $2 000	300 × $12 = $3 600
			100 × $12 = $1 200	
		$3 360	$3 200	$3 600
6 月 30 日存货(200 单位):				
		200 × $11.20 = $2 240	200 × $12 = $2 400	200 × $10 = $2 000
12 月 31 日售出 400 单位				
购买:				
6 月 30 日存货		200 × $11.20	200 × $12	200 × $10
7 月 15 日 ………………	$11	500	200 300	200 300
11 月 6 日 …………………	13	100	100	100
			已卖出	仍在库
销售成本(400 单位):				
		400 × $11.30 = $4 520	200 × $12 = $2 400	100 × $13 = $1 300
			200 × $11 = $2 200	300 × $11 = $3 300
		$4 520	$4 600	$4 600

（续表）

	单位成本	平均成本法†	先进先出法	后进先出法
期末存货(400 单位)：				
		400 × $11.30 = $4 520	300 × $11 = $3 300	200 × $10 = $2 000
			100 × $13 = $1 300	200 × $11 = $2 200
		$4 520	$4 600	$4 200
总存货成本：				
6 月 30 日售出		$ 3 360	$ 3 200	$ 3 600
12 月 31 日售出		4 520	4 600	4 600
总销售成本		$ 7 880	$ 7 800	$ 8 200
12 月 31 日存货		4 520	4 600	4 200
总存货成本		$12 400	$12 400	$12 400

* 平均成本法下，对哪些单位被售出不做假设，单位平均成本计算如下：

[(200 × $10) + (300 × $12)]/500 单位 = $11.20/单位

† [(200 × $11.20) + (500 × $11) + (100 × $13)]/800 单位 = $11.30/单位

研究表 9-5 并且思考下列观点。

1. 在这个非常复杂的例子当中，每一种存货估值方法的结果都是将总成本 12 400 美元在销售成本和期末库存之间进行分配。

2. 在先进先出法下，无论是采用实地盘存制（假定所有的销售在年底发生）还是永续盘存制（假定销售在整个年度之间发生），销售成本和期末库存是相同的。比较表 9-4 和表 9-5，出现这种情况是由于无论销售发生在一年当中的什么时候，最旧的单位商品（最先购买的）总是那些。

3. 因为在 6 月 30 日最新购入的商品（最后购买）与 12 月 31 日最新购入的商品并不一样，永续盘存制基础上使用后进先出法计算销售成本与期末库存不同于实地盘存制。

4. 类似地，在 6 月 30 日平均销售成本（$11.20）与全年购买的平均销售成本（$11.27）不同。因此，在永续盘存制下与实地盘存制下，采用平均成本法会产生不同的结果。

因为永久的后进先出法与永久的平均成本法有许多不必要的复杂性，很多存货采用平均成本法或者后进先出法进行财务报告的企业都采用简单的先进先出法取得每天的永续盘存记录。这些永续的先进先出法记录接着转换成周期性平均成本法或者后进先出法进行财务报告。

更多关于后进先出法的内容

6 解释后进先出法计量下账务中新增的存货是怎么计量的，并叙述后进先出储备的重要性。

WHY 经过了这些年，后进先出法层的创建造成存货的市场价值与后进先出法报告的存货成本的重大不同。因此，理解一家公司采用后进先出存货估值方法假设的财务用意是很重要的。

HOW 后进先出法在购买超过销售的年度造成存货的“层”。在通货膨胀时期，原来的后进先出的存货批次成本与当前存货成本之间的不同叫做后进先出储备，它可以看作是累计的存货持有利得。当后进先出法的存货批次被清算时，则存货的持有利得实际上减少了本期的报告销售成本。

在前一节 Dalton 公司的简单例子中，后进先出法的计算并没有比其他方法显得更难。

在更多的例子中，后进先出法的复杂性将会体现。在本节中，一个跨年度的例子被用来解释后进先出法层和后进先出法流动性。本章稍后还将介绍运用后进先出法池的优势和美元价值下的后进先出法减少记账工作量而创造的价值。

后进先出法层

以下是 Ryanes 公司成立后的前三年数据：

	2008	2009	2010
购买	120 单位@ \$5	150 单位@ \$10	160 单位@ \$15
销售	100 单位@ \$10	120 单位@ \$15	120 单位@ \$20

注意

对于本章这部分内容要格外留意，你可能认为你了解了后进先出法，但是直到你解决了这里展示的难题之前，你都还没有。

在 2008 年年底，期末存货的成本为 100 美元(20 单位 × \$5/单位)。这些存货在 2009 年实现销售了吗？根据先进先出法的假设，答案是肯定的。如果运用先进先出法，则在 2009 年销售的 120 单位商品是最先入库的：其中 20 单位商品是 2008 年购买的，另外 100 单位商品是 2009 年购买的。但是，在后进先出法的假设下，则 2008 年剩下的 20 单位的商品在 2009 年并没有被销售。取而代之的是，2009 年购买的 120 单位的最新商品实现销售。后进先出法下，三年中销售成本和期末库存如下：

	2008	2009	2010
后进先出法销售成本	100 × \$5 = \$500	120 × \$10 = \$1 200	120 × \$15 = \$1 800
期末存货			
年度购买			
2008	20 × \$5 = \$100	20 × \$5 = \$100	20 × \$5 = \$100
2009		30 × \$10 = 300	30 × \$10 = 300
2010			40 × \$15 = 600
期末存货	20 单位 \$100	50 单位 \$400	90 单位 \$1 000

注意到每一年购买的商品数量超过了销售的商品数量，由此形成了期末存货中的一个后进先出法层。只要存货继续增长，每一年都会形成一个新的后进先出法层，另外旧的后进先出法层仍然保持不变。

后进先出法层的产生阐明了后进先出法的一个缺点，即在几年之后，运用后进先出法的结果是期末存货是以旧价格表示的旧存货。在 Ryanes 的例子中，2010 年期末存货假定是追溯到 2008 年购买的存货。而且因为存货成本在此期间增加了，2010 年报告的 1 000 美元期末存货并不能代表这 90 单位存货的实际价值。例如，如果使用先进先出法，那么 2010 年这 90 单位存货的价值是 1 350 美元(90 单位 × \$15/单位)，是用 2010 年的购买价格(每

单位 $15)计算得到的。用后进先出法计量的期末存货与用其他方法(如先进先出法或者平均成本法)估计的期末存货价值之间的差额叫做后进先出储备。在这个例子当中,后进先出储备是350美元(先进先出法期末存货 $1 350 - 后进先出法期末存货 $1 000)。

表9-6包括了杜邦公司2007年年报中关于后进先出储备的披露。注意杜邦运用平均成本法做全年的会计记录,然后将估值方法调整为后进先出法进行财务报告。

表9-6 杜邦公司后进先出储备记录

9. 存货

12月31日	2007	2006
产成品	$3 043	$3 075
半成品	1 865	1 616
原材料、备用品和供应品	1 000	804
合计	$5 908	$5 495
后进先出调整	(630)	(554)
	$5 278	$4 941

存货价值,在后进先出调整之前,是使用平均成本法来计算的,接近于现价成本。存货中除了种子、备用品和供应品外都是由后进先出法计算的,它们占后进先出调整前2007年和2006年的年末合并报表存货的80%。

很多采用后进先出法的公司都报告它们的后进先出储备,要么将其作为资产负债表中的一个附加说明,要么作为财务报告附注。表9-7给出了一些美国大公司的后进先出储备规模。

表9-7 2007年美国拥有最多的后进先出储备的公司

公司名称	披露的后进先出法存货	后进先出储备
通用汽车	$14 939	$1 432
卡特彼勒公司	7 204	2 617
福特汽车公司	10 121	1 100
迪尔有限公司	2 337	1 233
通用电气公司	12 834	623

这些后进先出储备披露有助于企业财务报表的使用者对采用不同的存货估值方法的企业进行比较。通过这些披露的信息,可以在先进先出法或平均成本法的基础上使用后进先出法重新计算期末存货和销售成本。为了说明这一点,可以用下面的数据来计算先进先出法下 Ryanes 的销售成本:

	2009	2010
后进先出法下期末存货	$ 400	$1 000
后进先出法准备	100	350
后进先出法销售成本	1 200	1 800

先进先出法的计算如下所示:

后进先出法		先进先出法	
$ 400	月初存货	$ 500	($400 + $100 先进先出法准备)
2 400	+购入	2 400	(160 单元 × $15 LIFO 与 FIFO 相同)
$2 800	=存货成本	$2 900	
1 000	-期末成本	1 350	($1 000 + $350 LIFO 准备)
$1 800	=销售成本	$1 550	

思考

根据早前 Ryanes 公司数据，计算 2008、2009 和 2010 年先进先出法下的销售成本。

a) 2008 = $500;2009 = $1 200;2010 = $1 550

b) 2008 = $100;2009 = $400;2010 = $1 550

c) 2008 = $500;2009 = $1 100;2010 = $1 550

d) 2008 = $100;2009 = $1 100;2010 = $1 550

在这个简例中，购买成本根据以前的数据算出。另外，购买还可以通过期初存货、期末存货和销售成本算出。重点是无论使用先进先出法还是后进先出法，购买成本都是相同的。

后进先出清算

接以上 Ryanes 公司案例，推测 2011 年的购买和售出情况如下：

购买	60 单位@ $20
售出	150 单位@ $25

由于购买数量没有超过售出数量，2011 年没有新增的后进先出法层。事实上，由于 2011 年购买量很低，往年积压的后进先出法层必须售出。这就是所谓的后进先出清算。2011 年后进先出法下的销售成本计算如下：

	年度购入量	
2011	60 单位@ $20	$1 200
2010	40 单位@ $15	600
2009	30 单位@ $10	300
2008	20 单位@ $ 5	100
总数	150 单位	$2 200

后进先出清算导致往年积压的后进先出存货成本流向销售成本，有时会伴随着奇怪的结果。在这个案例中，如果 Ryanes 在 2011 年没有减少存货量，后进先出法下的销售成本是 3 000 美元(150 单位 × $20/单位)。因此，减少存货水平和将往年积压的后进先出法层计入销售成本的影响将减少披露的销售成本 800 美元($3 000 - $2 200)。后进先出清算的影响将在财务报表的附注中披露。

存货的急速减少可能是由于停工、业务放缓或财务问题导致的。当公司在升值期间已经使用后进先出法(如 Ryanes 案例)，一次不幸的存货减少将导致奇怪的结果，即后进先出清算会使销售成本减少和净收入上升。后进先出清算的潜在影响是许多国家限制后进先出法使用的特定原因。

中期后进先出清算　通常，如果公司在中期报告数据中显示存货会下降，在财务年度后期基本会将存货补满。举例来说，商业中的存货水平呈现季节性波动是非常普遍的现象。对那些使用后进先出法的公司,临时过渡的存货减少不被视为后进先出清算。为了保持后进先出层的历史成本,公司会建立一个临时账户,在存货补满后再将其冲销。[9]

为了说明适当的分录,假设 Ryanes 公司 2011 年的后进先出清算实际上发生在 2011 年第一季度的期末,并且存货将在年底补回。800 美元的后进先出清算影响记录如下:

借:销售成本	800	
贷:存货跌价准备		800

当成本超过了其记录的后进先出数量,这个临时账户代表了一项取代存货的负债。它仅仅是为中期报告中而做的记录;一次后进先出清算是否记录在财务年度期末取决于年底存货的减少是否是暂时的。

后进先出法和所得税

后进先出法是美国20 世纪30 年代发展起来的作为价格上涨期间一种减少所得税的方法。但是,当美国国会授权使用后进先出法用于所得税目的的同时,一个独特的规定随之出台。这个规定就是后进先出法的一致性原则。它指定只有那些在财务报告中使用后进先出法的纳税者可以使用它用于税收目的。后进先出法是必须以同样的方式进行税收和报告目的的唯一会计方法。在早年,后进先出法的一致性原则被严格执行,无论是在财务报表主表中还是在附注中,公司都不被允许使用其他方法来报告存货价值。1981 年,美国 IRS 的规定被放宽。只要信息在收益表中不出现,公司可以提供补充的非后进先出披露(如先前讨论的后进先出储备披露)。[10]

注意

后进先出法是不同的!在所有其他案例中,如果出于所得税目的,公司不需要在资产负债表中使用相同的会计方法。因此,一项财务会计决策通常对应付所得税没有影响——后进先出法是个例外。

与之前比较宽松的后进先出法一致性原则一样,所得税规定也管理用于财务报告的目的的后进先出法的详细应用。而且事实上,IRS 仍是非常重要的,它决定了公司如何将后进先出法用于财务报告。但是,SEC 和 AICPA 都已经颁布关于怎样在财务报告中运用后进先出法的指南,且不同于 IRS 关于后进先出法的规定。[11] FASB 从没发布关于后进先出法的议题,它认为 SEC 和 AICPA 指南对其的解释已经足够了。

为了说明后进先出法如何在通货膨胀期间减少税收,我们回到 Ryanes 公司的数据中。简要地说,假设销售成本是唯一的费用,税率是 40%。使用后进先出法和先进先出法计算所得税如表 9-8 所示。

---

⑨ 参见 *Opinions of the Accounting Principles Board No. 28*,"Interim Financial Reporting"(New York: American Institute of Certified Public Accountants, May 1973), par. 14b.

⑩ IRS 已经在很大程度上放宽了后进先出法一致性,正如 IRS 关注的那样,用于税收目的的使用后进先出法的公司可能为外部使用者提供了不匹配的财务报表:资产负债表以先进先出法计算存货价值,利润表以后进先出法报告销售成本。但是这种资产负债表和收入表的不匹配可能违反了美国 GAAP。

⑪ 参见 *Issues Paper*,"Identification and Discussion of Certain Financial Accounting and Reporting Issues Concerning LIFO Inventories"(New York: American Institute of Certified Public Accountants, 1984);和 *Staff Accounting Bulletin* (*SAB*) *58*(Topic 5. L.)(Washington, DC: Securities and Exchange Commission, March 1985)。

表 9-8　Ryanes 案例：后进先出法和先进先出法下的所得税比较

	2008		2009		2010		2011	
后进先出法：								
销售收入	100@ $10	$1 000	120@ $15	$1 800	120@ $20	$2 400	150@ $25	$3 750
销售成本	100@ $5	500	120@ $10	1 200	120@ $15	1 800	60@ $20	
							40@ $15	
							30@ $10	
							20@ $5	2 200
毛利润		$ 500		$ 600		$ 600		$1 550
所得税(40%)		$ 200		$ 240		$ 240		$ 620
先进先出法：								
	2008		2009		2010		2011	
销售收入	100@ $10	$1 000	120@ $15	$1 800	120@ $20	$2 400	150@ $25	$3 750
销售成本	100@ $5	500	20@ $5		50@ $10		90@ $15	
			100@ $10	1 100	70@ $15	1 550	60@ $20	2 550
毛利润		$ 500		$ 700		$ 850		$1 200
所得税(40%)		$ 200		$ 280		$ 340		$ 480

从 2008 年到 2010 年，随着价格和存货水平的上升，使用后进先出法节省了总共 140 美元的所得税[($280 - $240) + ($340 - $240)]。因为无论使用后进先出法还是先进先出法，销售、费用、购买和支付都是一样的，唯一不同的现金流就是用现金支付的所得税。因此，如果使用后进先出法，2010 年年底 Ryanes 会拥有额外的 140 美元现金（节税收入）。

同时要注意到累计的节税恰好等于 2010 年年底的后进先出法储备（前面已推算出是 $350）乘以税率（$350 × 0.40 = $140）。后进先出法储备等于先进先出法期末存货价值和后进先出法期末存货价值的差异。

从另一个角度来看，后进先出法储备表示一种存货持有收益——由于价格上升引起的存货价值上升。事实上，当公司使用先进先出法时，当存货的持有收益发生时，它就变成应税收入。而正如 2011 年的例子，直到存货清算前后进先出法下的存货持有收益才用交税的。

2011 年的存货清算还说明出于为了节税使用后进先出法将导致税务递延，而不是减少。但是由于许多公司在可预见的未来几乎不可能进行存货清算，使用后进先出法可以在长时间内延缓对存货持有收益的税收支付。

后进先出法组和美元价值下的后进先出法

作为一种简化评估程序和扩大其适用范围的方法，IRS 发展了建立后进先出法基本相似商品存货组的技术。形成后进先出法组的目的是为了简化后进先出法下大量商品的计算。如果执行后进先出法很困难和严格，这种简化将导致销售成本的预估。

即使将相似商品进行分类至数量组，也不能得到渴望从使用后进先出法中可得的所有好处。为了进一步简化和后进先出法相关的计算问题并消除关于新产品取代旧产品的问题，美元价值下的后进先出法存货法得到了发展。在这种方法下，后进先出法积压的存货水平是基于整体美元变动而不是数量变动。后进先出法组和美元价值下的后进先出法将在本章扩展资料中详细讨论。

全面对比先进先出法、后进先出法和平均成本法

7 依据经营中不同方法对所得税、库存成本以及财务状况的影响来选择存货计价方法。

WHY 当 GAAP 允许许多不同的会计处理时，谨慎的经理必须考虑到选择一种会计方法所带来的全部影响。选择何种会计方法是非常重要的，因为它不仅会影响会计报表还会影响潜在的现金流。

HOW 每种存货估值法各有利弊。税收效应、记账成本和适当的收入费用配比都会影响存货估价方法的选择。

表 9-9 所示为先进先出法和后进先出法优缺点的简要对比。平均成本的优缺点可以视为处于两者之间。

表 9-9 先进先出法和后进先出法的简要对比

	先进先出法	后进先出法
利润表	**优点**：通常和商品实物流转保持一致。 **缺点**：1. 导致旧的成本和现行收入配比。2. 总利润包括存货持有收益或损失。	**优点**：1. 现行成本和现行收入配比。2. 总利润不包括存货持有收益或损失。 **缺点**：1. 通常不能和商品实物流转保持一致。2. 潜在的后进先出法清算意味着往年积压的后进先出法存货成本将计入销售成本。
资产负债表	**优点**：期末存货余额基本和现行重置成本保持一致。	**缺点**：期末存货余额构成了往年积压的后进先出法存货成本，并基本上比现行重置成本低。这些被补充披露抵消了部分。
所得税	**缺点**：通货膨胀时期，如果存货水平不变或是上升，应税收入增加。	**优点**：通货膨胀时期，如果存货水平不变或是上升，应税收入减少。 **缺点**：当存货水平下降时，后进先出法清算将导致税收支付的大量增加。

因此，公司应当选择哪种存货估价法呢？公司与公司之间的情况有所不同，因此选择何种存货估价法要基于以下四方面的考量：

- 税收效应
- 对财务报表的影响
- 记账成本
- 行业比较

税收效应

如果一家公司拥有大量存货，已经历重要存货成本的增加并预期不会减少存货水平，由于税盾效应，使用后进先出法会带来许多现金流好处。这就是许多公司选择后进先出法的主要原因。如果公司拥有较少的存货水平或是拥有持平或下降的存货水平，后进先出法基本不会带来税收效应。这些公司一般不倾向于使用后进先出法。

记账成本

如本章所述，记账成本和后进先出法的关系比记账成本和先进先出法或平均成本法的关系更复杂一些。从货币成本看，后进先出法系统运作成本更高。由于这个原因，后进先

出法在小公司中较罕见。在小公司中,基本上后进先出法税收效应都小于簿记成本。但是,随着先进的信息技术、后进先出法组的简化和美元价值下的后进先出法的发展(本章的扩展材料将进行讨论),增加的后进先出法记账成本会逐渐最小化。

对财务报表的影响

虽然后进先出法提供了税收效应,但它同时还减少了记录的收入和存货。这些消极的财务报告影响可能会吓跑股东、潜在投资者和银行,从而损害公司利益。解决方法是提供补充的披露来允许使用者查看公司在先进先出法或平均成本法下的财务报表。

行业比较

虽然财务报表使用者应该熟悉存货会计的情况,但事实上他们并不都是如此。他们忽略了补充的后进先出法披露并仅仅比较未经调整的数字。如果同一行业的其他公司使用先进先出法,使用后进先出法的公司的报表看起来会比较糟糕。

国际会计和存货价值

思考

为什么不能在利润表中使用后进先出法,在资产负债表中使用先进先出法?

a) 所得税费用将加倍。
b) 期末存货金额和销售金额是相同的。
c) 毛利将都是负的。
d) 如果没有一个特殊的调整,资产负债表将不平。

IASB 在关于后进先出法的意见上含糊其辞。在早期的存货准则(*ISB 2*)中,IASB 将后进先出法和先进先出法、平均成本法、所谓的基本存货方法(后进先出法的极端形式)并称为允许使用的存货估值方法。IASB 在 1989 年计划取消基本存货方法,并在 1991 年决定暂时取消后进先出法和基本存货方法。1992 年,IASB 决定正式认可先进先出法和平均存货法,废除了基本存货法,并让后进先出法居于次级的"允许替代方法"。最终在 2003 年 12 月,IASB 通过了修正版 *IAS 2*,永久废除了后进先出法.

存货会计处理的变更

当一家公司改变存货估值方法,这种改变将被解释为会计原则的改变。如果是从后进先出法改变为平均存货法或先进先出法,期初和期末存货通常都以新基准计算。因此,改变存货方法的影响将被确定并在财务报表中有所体现,如同《中级会计学:应用篇》第 20 章解释的那样。但是,如果是从别的方法变为后进先出法,公司通常不会去重新计算之前年度的存货积压成本,因此基准年的新后进先出法积压存货是后进先出法实施那年的期初存货(也是后进先出法实施前一年的期末存货)。对于这种变更,财务报表并没有进行任何调整。但是,这一改变会影响当年的收入,因此必须在报表附注中披露。表 9-10 中列示了 2001 年纽约最大的连锁药店 Duane Reade 10-K 文件中关于这种改变的一段描述。从报告直截了当的描述中,我们可以注意到当存货成本上升时,公司使用后进先出法带来了节税效应。

表 9-10 Duane Reade:关于变更为后进先出法的披露

会计政策变更
在 2002 年第一季度,我们计划在会计方法上进行变更,具体是存货成本的计价方法由先进先出法变更为后进先出法,这一变更将导致第一季度应确认近 900 万美元的非现金支出的税收。另外,预期 2002 年存货需求成本会上升,存货成本费用也会上升。我们估计本年的存货需求成本将上升 1% ,因此,在 2002 会计年度,这项会计政策变更将减少 120 万美元的净利润。采用后进先出法将导致在我们报告的毛利率中体现最新的成本价值,并使我们在同一行业内与其他零售商更有可比性。在通货膨胀期间,后进先出法还会在减少税收、增加现金流方面发挥积极作用。

当存货在企业中占的比重较大时,存货会计方法的变更可能会影响公司本年度财务报告和以前年度或其他实体财务报告的可比性。因此,改变存货的会计方法需要慎重考虑,只有在管理层能够清楚地判断备选方法中较好的选择时才能进行。这一点在 APB 第 20 号意见中也进行了强调:"变更会计政策的成本取决于该主体的决策"。[12]

存货估值与成本比较

8 使用成本与市价孰低法(LCM)来反映存货市场价值的降低。

WHY 成本与市价孰低法反映了会计的谨慎性原则。谨慎性原则要求当存货价值发生下降时应该充分记录,但是却未必在存货价值上升时确认存货持有收益。

HOW 用成本与市价孰低法,期末存货的计量是比较历史成本与市场价值来进行的。"市场价值"被视为存货的重置成本,也许是天花板,也许是地板。如果市场价值低于历史成本,那么期末存货将以市场价值计量。

对于总存货成本在销售成本与期末存货间的分配基本程序已经在前面讲过了。在一些案例中,这些产品的成本分配结果可能会导致存货的成本超过当时的市场价值。在后面的段落里我们将讨论当存货市场价值降低时,应该怎样做出决定。本节还包括对于在非市场交易下取得的存货(如缺陷产品的召回)的计量方法。

成本与市价孰低

在会计的传统原则中包括着谨慎性原则,有时被总结为"记录所有可能发生的损失,但不记录不确定的收益。"当对资产进行估值时,因谨慎性原则,所以我们开始使用成本与市价孰低法来计量,也就是说资产价值是以成本与市价较低者计量的。[13] 成本与市价孰低法会记录不确定的跌价,但不会记录不确定的增值。[14]

在成本与市价孰低法中,期末存货的成本应与基于成本分配之后的价值与存货期末的市场价值相比较。如果市场价值低于成本,会对期末存货价值进行跌价调整,并最终以市

⑫ *Opinions of the Accounting Principles Board No. 20*, "Accounting Changes" (New York: American Institute of Certified Public Accountants, 1971), par. 16. 相同的表述见 *SFAS No. 154*, par. 13。

⑬ 历史上,投资证券、存货以及不动产、工厂和设备的记录都在使用成本与市价孰低法。采用 1993 年的 FASB 第 115 号公告,多数投资证券现在都以当前的市场价格记录,不管是高于还是低于成本。

⑭ 在一段时间里,FASB 要求公司建立以存货替代成本的补充披露。这个要求(FASB 第 33 号公告)反映了 20 世纪 70 年代末的高通胀所导致的历史存货成本要比当前市场的替代成本低很多。当通胀消失后,这种对补充披露的呼声也逐渐消失了,第 33 号公告也废止了。

场价值计量。[15]

什么是市场价值？　这个市场价值在成本与市价孰低法中解释为被重置成本，也许是高价也许是低价。重置成本有时被解释为进入成本，包括产品的购买价格或是材料减去所有其他收购成本和制造成本。重置成本是测量存货未来经济收益的好方法，因为对于收购成本的降低通常可以预示着产品销售价格的降低。但是，销售价格并不能立即做出反应，并且在重置成本中也不能做出相应的转变。

因此，重置成本作为存货市场价值的一种衡量方法，会受到上下限的约束。[16]

1. 上限。存货的市价不能大于存货的可变现净值。可变现净值(NPV)等于存货的估计销售价格减去所有的正常销售成本。合理上限背后的原理是存货的市价绝不能被认为少于可从存货销售上收回的净值。

2. 下限。存货的市值不少于可变现净值减去正常毛利。如果存货小于此下限，存货在未来售出后结算的收入将大于正常毛利。

简要地说，存货的市值不少于下限也不超过上限。当重置成本介于上下限之间时，存货的市值等于重置成本。这种关系简要地列示在图 9-7 中。

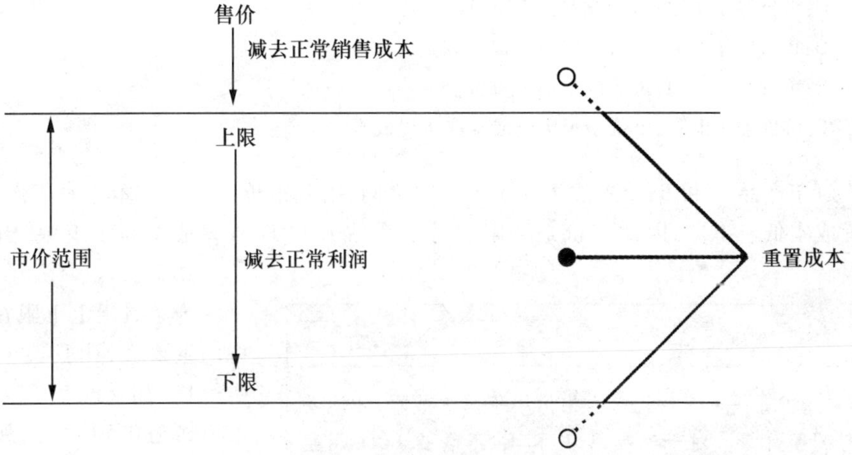

图 9-7　介于上下限金额时，市值等于重置成本

> **补充**
>
> 应用上下限规则的好方法是记住市价将一直位于三种价值中间——重置成本、上限和下限金额。

成本与市价孰低法的应用

应用成本与市价孰低法决定存货价值有以下步骤：

1. 定义相关价值：历史成本、上限(NRV－正常利润)、重置成本和下限(NPV)。

2. 计算“市价”(重置成本被限制在上下限之间)。

---

⑮ 任何对后进先出法成本的调整都不被税法接受。如果 IRS 的要求得到肯定，那么出于财务报告目的，对后进先出法存货运用成本与市价孰低法并不违反“后进先出法一致性规则”。

⑯ *Accounting Research and Terminology Bulletins—Final Edition*, *No. 43*, “Restatement and Revision of Accounting Research Bulletins” (New York: American Institute of Certified Public Accountants, 1961), Ch. 4, Statement 6.

3. 比较成本和市价(步骤2),并选择两者间价格较低者。

为了阐明这些步骤,假设 Fezzig 公司出售六种产品(以 A 到 F 表示)。对于各种产品,售价均为每单位 1 美元,销售费用均为每单位 0.2 美元,正常利润为售价的 25% 或每单位 0.25 美元,但每种产品的历史成本或现行重置成本不同。每种产品的成本与市价孰低法价值在下表列示,并用适当的“市价”显示。

种类	历史成本	上限	重置成本	下限	市价	成本与市价孰低
A	$0.65	$0.55	$0.70	$0.80	$0.70	$0.65
B	0.65	0.55	0.60	0.80	0.60	0.60
C	0.65	0.55	0.50	0.80	0.55	0.55
D	0.50	0.55	0.45	0.80	0.55	0.50
E	0.75	0.55	0.85	0.80	0.80	0.75
F	0.90	0.55	1.00	0.80	0.80	0.80

A:市价等于重置成本;历史成本小于市价。

B:市价等于重置成本;历史成本大于市价。

C:市价等于下限;历史成本大于市价。

D:市价等于下限;市价大于历史成本和重置成本。

E:市价等于上限;历史成本小于市价。

F:市价等于上限;市价小于历史成本和重置成本。

对于产品 A 和 B,重置成本介于上下限之间,因此市价是重置成本。对于产品 C 和 D,重置成本低于下限,因此市价是下限。对于产品 E 和 F,重置成本高于上限,因此市价是上限。

注意

不要得意忘形——记住只有当市价小于历史成本,才能使用真实的调整分录。对于产品 A、D 和 E,不需要 LCM 调整分录。

为了看出上下限在计算市价中的重要性,让我们来看看产品 C 和 F。如果没有下限,C 产品的市值将是 0.50 美元,那么存货价值将从 0.65 美元的成本减记至 0.5 美元的市价。但是 0.5 美元的价值太低了,因为当存货售出时,它将导致公司把额外的利润记入下个期间。例如,售价 1 美元减去销售费用 0.2 美元,再减去记录的存货成本 0.5 美元,等于报告的利润——每单位 0.3 美元,而正常利润为每单位 0.25 美元。没有下限,C 产品会在此期间被高估,从而导致下个期间不正常的高利润。

对于产品 F,没有上限约束,市场价值将等于 1 美元的重置成本。由于 1 美元的市价高于 0.9 美元的成本,存货价值将仍以成本记录。但是上限金额显示可实现的销售产品 F 的最高售价应为可变现净值 0.8 美元。在此案例中,上限金额确定存货成本被减记,因此记录的存货成本不应当超过预期的可实现的存货销售金额。

成本与市价孰低法可以应用于各个存货种类、主要类别、存货组或整体存货。成本与市价孰低法应用于个别存货种类将导致更低的存货价值,因为某种存货科目市价的增加不允许抵消其他科目价值的减少。[17]

为了阐明成本与市价孰低不同的应用价值，假定Fezzig公司的存货拥有产品A到F各1 000个单位。下表将列示Fezzig公司存货的市价与成本孰低法价值如何变化，这将决定是否将成本与市价孰低法应用于整体存货还是各类产品。

如果对单一产品使用成本与市价孰低法，将导致整体存货价值为3 850美元（产品A到产品F）。如果将存货看做一个整体而使用LCM，市价将是合计的4 100美元，相比于合计成本4 000美元，存货价值将以4 000美元记录。

产品	单位数量	总成本	总市价	总LCM
A	1 000	$ 650	$ 700	$ 650
B	1 000	650	600	600
C	1 000	650	550	550
D	1 000	500	550	500
E	1 000	750	800	750
F	1 000	900	800	800
	6 000	$4 100	$4 000	$3 850

如果将成本与市价孰低法应用于各类产品，分录通常如下记录：

借：存货跌价损失　250

　贷：存货（ $4 100 – $3 850）　250

市价降低带来的损失将作为利润表中的独立科目或包含在销售成本中。如果将损失单独列示会带给读者一种好处，那就是为预测经营成果和现金流的增加信息。作为一个例子，2001年思科系统确认了一笔27.7亿美元的存货减值，“原因是公司产品需求的突然剧烈下降”[18]。

一旦一种产品市场价值降低，新的市价将被看做此类产品的未来存货价值。成本一旦减少将不会被恢复。因此必须调整存货记录以反映新的价值。

还有一种方法不是直接减少存货，而是保持存货账户成本不变，用一个新的备抵账户记录存货价值的下降。这种方法通常应用于将存货看做产品类别或者整体的情况。将存货看成整体记录减值的分录通常如下：

借：存货跌价损失　100

　贷：存货跌价准备（ $4 100 – $4 000）　100

备抵账户作为存货账户的抵减账户反映在资产负债表里。但问题是接下来的几年我们将如何对待这一备抵账户。假设在随后的一年里，Fezzig公司售出全部现存的产品A到F存货。由于需要备抵的存货已全部卖出，公司将不再需要备抵账户。在随后一年需做以下调整分录：

[17] IRS要求LCM规则应用于单一产品。为了减少保持两套存货记录的负担，公司通常将同样的办法用于财务报告目的。关于什么是可识别的存货价值下降，纳税者和IRS之间有许多争议。作为一个重要的税收案例，1979年美国最高法院在此问题上做出了判决。Thor Power工具公司冲销了为了满足未来的保修要求而持有的备件存货。即使售价没有下降，可随着时间的发展，商品售出的可能性和可变现净值降低了。公司记录的减值和会计准则的规定保持了一致。但是最高法院认为如果公司出于税收目的，必须等到售价真实下降时才能计提减值。

[18] 根据新兴问题任务组（EITF）96-9，“存货下降和有关重组的其他成本的分类”，存货减值，就像思科，应当视为销售成本的上升。

借:存货跌价准备　　100
　贷:销售成本　　100

贷方是销售成本而不是一种利得,主要有以下几种原因:

- 本年售出旧的存货的成本为 4 100 美元,是一种夸大的存货价值。账面净值只有 4 000 美元($4 100 - 备抵 $100)。备抵账户导致销售成本被高估了。

注意

当存货市价恢复,不得记录利得。

- 如果存货市价的恢复被看做一项利得,会产生误导。相反,一旦一个特殊存货品种或类别减值,它将没有后续的市场价值增长。

在随后年度的期末,通过存货评估来决定公司是否需要建立一个新的备抵账户来记录存货跌价损失。[19]

分配存货价值:关于存货退回的案例

在许多案例中,当存货成本很难界定时,上下限价值的讨论给合理分配存货价值提供了向导。作为一个案例,以下数据为被不满意的客户退回的 Inigo 公司产品情况。

- 退回的次品数量:1 000
- 正常产品的单位售价: $5
- 正常产品的单位成本: $3
- 正常毛利率:($5 - $3)/ $5 = 40%
- 退回的每单位商品作为废料售出价: $2
- 为了简化案例,假定次品售出过程中不产生额外的费用。

在这个案例中,以历史成本来记录次品显然是错误的,因为它们的售出价仅仅为 2 美元。由于没有人能提供次品的批次报价,也就是说没有重置成本,因此合适的存货价值为上下限中的某一点。

上限:售价 $2 - 销售费用 $0 = 可变现净值 $2

下限:可变现净值 $2 - 正常毛利润 $0.8($2 × 40%) = $1.2

如果存货价值减记至上限 2 美元,损失将变成 1 000 美元[($3 - $2) × 1 000]。如果存货价值减记至下限 1.2 美元,损失将变成 1 800 美元[($3 - $1.2) × 1 000]。记录的损失和随后售出次品的利润简要列示在下表中:

	减记至上限		减记至下限	
减值损失		($1 000)		($1 800)
次品售价	$2 000		$2 000	
销售成本	2 000		1 200	
次品毛利		0		800
次品总损失		($1 000)		($1 000)

[19] 消去上年的存货备抵以及创造新的备抵账户的两笔调整分录可以合并为一笔分录,只改变备抵账户的余额,然而,用两笔分录记录极大地明晰了分录背后的原因。

> **补充**
>
> 在以旧易新中向旧货分配存货价值时,同样的问题就会产生。例如,一个汽车经销商交易如何去评估用来交换新汽车时旧汽车存货的价值?

在没有一个可靠的重置成本金额下,退回存货应该是以上限、下限还是上下限中的某一点来记录呢?这种选择会产生差异么?或许你认为这没有什么不同,因为无论如何次品的总损失是1 000 美元。但是如果你是负责出售次品的经理,并且你的年终奖基于所在部门的利润额。你更倾向于选择哪种存货估价金额呢?你将倾向于下限金额,因为这将降低你售出商品的成本并使你的部门显示盈利。此案例的问题通常在此:当在分配存货价值上留有一些余地时,存货分配是非常重要的。因为在商业中,以不同的报告单位来进行存货分配可以决定利润和损失的情况。

简要地说,缺乏一个可信赖的资产记账价值(历史成本或重置成本)意味着存货价值将基于资产处置价值(可变现净值和正常销售利润)进行分配。如果经理在公司间谈判中,想要建立存货价值从而最大化本部门的报告利润,并使其他部门承担损失,选择上下限中的哪一点作为存货价值是一个有趣的问题。同样的问题也会在转移定价的情况下(从一个部门到另一个部门将库存价值分派到销售成本中)产生,这将在成本会计课程中另行讨论。[20]

计算存货价值的下降:*IAS 2*

在 *IAS 2* 准则下,存货减值金额最好使用“成本与可变现净值孰低法”。可变现净值就像前面描述的那样等于售出存货价值减去所有正常的销售费用。在 *IAS 2* 准则下,如果存货售出价格已经大幅下降(或大幅上升),存货成本将不能恢复到从前,这时存货价值就是可变现净值。这种方法比美国 GAAP 的成本与市价孰低法应用更简单,它没有上下限和重置成本的问题。*IAS 2* 仅仅是成本和可变现净值两者的简单比较,减值会计分录和之前案例中的相同。

还有一个不同点在于,*IAS 2* 规定如果影响售出价格的因素消失了,存货损失是可以冲回的。这种冲回会导致销售成本的下降,从而导致毛利的增加。

毛利法

9 使用毛利法来估计期末存货价值。

WHY 毛利法允许不执行实际盘点而近似估计期末存货和销售成本。

HOW 使用历史信息来计算毛利率并提供现在期间的销售数据来得出销售成本的估值。这种估计的销售成本是通过可得的商品成本算出来的,将用于估算期末存货。

当实物存货计量不切实际时,存货估值技术经常用于提供存货价值数据,并且能提供一个独立的检查会计系统提供的存货数据有效性的方法。最简单的存货估值技术是毛利法。**毛利法**应用的基础是销售收入和销售成本之间的关系比较稳定。**毛利率**[(售价 - 成

---

[20] 如上所述,分配存货价值可以决定公司的利润和亏损将在公司内部何处报告。想象一下这对于跨国公司的税收报告是多么重要。分配存货价值可以决定是在国外分公司还是美国总公司报告应税利润并交税。

本)/售价]乘以售价来估计商品销售成本。可出售商品的成本扣减估计的销售成本,就得到了估计的存货余额。

在使用过程中,所使用的毛利率法必须能够可靠测量当前的业务。而在可靠性上,可以参考历史比率,对当前的情况做一个调整。例如,当价格战略发生变化时,当销售组合发生变化或是应用不同的存货评估方法时,历史毛利率都应适当调整。

以下介绍毛利法在 Rugen 公司的具体应用:

期初存货,1 月 1 日	$25 000
销售,1 月 1 日—1 月 31 日	50 000
购买,1 月 1 日—1 月 31 日	40 000
历史毛利率:	
上年度	40%
两年前	37%
三年前	42%

Rugen 打算编报截至 1 月 31 日的报表,它想用一种评估方法来评估期末存货价值,而不是利用实际盘存的方法。假定去年的毛利率是 40%,可以很好地估计当前的毛利率。

存货估价有两个步骤:用假设的毛利率来计算毛利,从而计算出商品销售成本。然后,这个结果则用来评估期末存货价值。

当期销售(实际)	$50 000	100%
销售成本(估计)	30 000	60%
毛利(估计)	$20 000	40%
期初存货(实际)		$25 000
+购买(实际)		40 000
=可供销售的商品成本(实际)		$65 000
-期末存货(估计)		35 000
=销售成本(估计)		$30 000

期末存货估值可以用于 1 月 31 日的财务报表中,或是当做存货记录与以后持续经营对比,还可以在其存货遭到意外损失时计算赔偿价。两个步骤都在图 9-8 中展示。

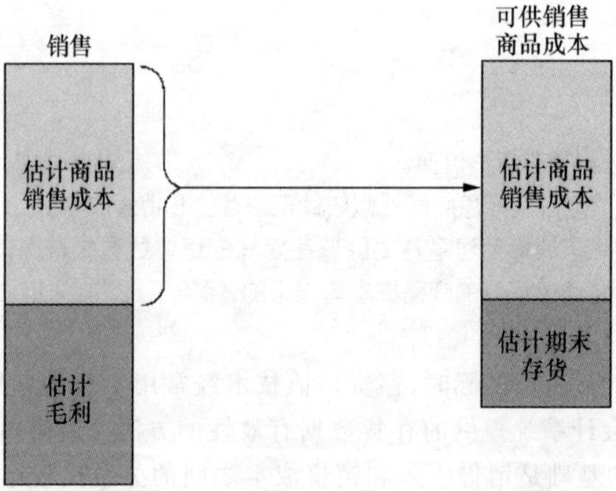

图 9-8　毛利法

假定 Rugen 做了存货实地盘点,得出 1 月 31 日的存货价是 32 000 美元,将其与上面的估值 35 000 美元作比较。这种差异是否合理,有没有深入调查的理由？解答上面问题的一个方法就是看存货估值在多大范围上解答历史毛利率。下面将讲述这种计算方法。

1 月 31 日存货评估价值的范围是 33 500—36 000 美元。而实地盘存得到的 32 000 美元则不在这个范围内,原因可能来自于:

- 当年的毛利率已不在历史观察的范围,这暗示着其价格战略或是产品组合可能发生了重大变化。
- 存货发生了损失。
- 低估了销售额。IRS 通常使用毛利法检查为逃避所得税而低估销售的行为。

	毛利率		
	40%	37%	42%
销售收入(实际)	$50 000	$50 000	$50 000
销售成本(估计)	30 000	31 500	29 000
毛利(估计)	$20 000	$18 500	$21 000
期初存货(实际)	$25 000	$25 000	$25 000
+购买(实际)	40 000	40 000	40 000
=可供销售成本(实际)	$65 000	$65 000	$65 000
-期末存货(估计)	35 000	33 500	36 000
+销售成本(估计)	$30 000	$31 500	$29 000

通常毛利法中最难的部分就是判定销售收入和销售成本的比例关系。以上面的例子来看,商品销售收入/销售成本的关系总结为毛利率 40%。这个比例关系至少还有另外两种解释:

1. 单位毛利率是售价的 40%。
2. 销售额是在成本上涨 66.6% 的基础上得来的。单位毛利是单位成本的 66.7%。

请仔细分析。

> **思考**
>
> 假设存货的实际数量少于估计的数量。以下说法哪个是错的?
>
> a) 估计过程是有缺陷的。
> b) 实际购买数量大于报告中记录的数量。
> c) 少的那部分存货是丢失了或是被偷了。
> d) 少的那部分存货被销售出去了,但是销售没有被记录。

在毛利法中,零售价盘存法可以在任何时段对存货形成一个可靠的估值。像毛利法这样的方法,对存货数量进行估计,从而省去了实际盘存与永续监盘过程中所耗费的时间和费用。零售法比毛利法更灵活,因为零售法允许存货估价认可先进先出法、后进先出法,或是平均成本估计假设,甚至是对成本与市价孰低的判断都允许。这一章节中,零售价盘存法包含了扩充原材料的具体实际记录。

存货记录错误的影响

10 确认存货记录错误对财务报告的影响。

WHY 存货记录的错误比财务报告的错误更加严重。因为一个期末存货的夸大记录会虚增当期的利润,很多企业经常利用存货记录的"错误"来达到目标利润或是隐藏其经营不善。

HOW 因为期末存货是下一期的期初存货,检查不出存货记录的错误会影响两个连续的会计期间。例如,虚增期末存货会降低当期的销售成本,增加下一期的销售成本。

存货记录的错误会影响到资产负债表以及利润表的编报。而且对于利润表的影响有时还很难计算,因为一个错误可能会造成不同的影响结果。用一个简单的计算公式来分析这些影响:

期初存货
+购买的存货
=可供销售商品
-期末存货
=销售成本

例如,期初存货的虚增会使得可供销售商品成本虚增,进而使得销售成本增加。因为毛利的计算是要从售价中扣除销售成本,所以销售成本的虚增会最终使得毛利虚减,从而使得净利润虚减。

补充

因为存货记录的错误会影响到下一年度的存货记录,人们一旦使用存货欺诈来高估利润,则一定要在未来年度创造更大的存货虚增以维持利润增长。这种欺骗手段经常被查出。

有时一个错误可能会影响到这个计算过程中的两个环节,但这两个环节互相抵消了。例如,如果一笔购买的存货还在运输过程中,既不能作为购买行为记录也不能包括在期末存货中,所以购买存货的低估则会导致可供销售商品的低估;但是,可供销售商品减去低估的期末存货,它们之间的低估相互抵消了,得出了一个正确的销售成本、毛利以及净利润。但是在资产负债表中的存货以及应付账款则会被低估。[21]

思考

为什么一个管理者甘愿冒着牺牲自己名誉的风险也要虚增存货,而这虚增的利润也会在以后年度得到抵消?

a) 管理者有信心下个年度的经营利润足以弥补现在的虚增。

b) 管理者知道并不是所有的存货错误都将被抵消。

c) 管理者知道存货错误不能对报告中的经营利润造成任何影响。

因为一个时期的期末存货会从期初存货延续到下一个期间,未查出的存货记录错误会影响到两个会计期间。检查不出错误,错误也会在先进先出法或是平均法下得到互相抵消。而在后进先出法下,错误如果发现不了则会一直影响着存货的记录直到后进先出层消失。

试图以寻找存货记录的错误来分析其对报表的影响是不明智

㉑ 只有运用先进先出法时,这种分析才是正确的。不管用后进先出法还是平均成本法,期末的购买都会影响到销售成本的计算。

的。人们更多的时候倾向于分析各种具体情况。分析下面三种错误对未来的实际影响：

1. 不正确的实地盘存导致期末存货的高估。
2. 不正确的实地盘存导致期末存货的低估。
3. 购买行为因为记录于下一个期间而导致期末存货的低估。

在表 9-11 中展示了上述三种错误对当期利润表和资产负债表的影响。

表 9-11　存货错误分析

	期末存货虚增		低估期末存货		购买日记账	
	错误年份	下一年	错误年份	下一年	错误年份	下一年
期初存货 + 购买	无效益	高估*	无效益	低估	无效益	低估
	无效益	无效益	无效益	无效益	低估	高估
= 可供出售商品 - 期末存货	无效益	高估	无效益	低估	低估	无效益
	高估	无效益	低估	无效益	低估	无效益
= 销售成本	低估	高估	高估	低估	无效益	无效益
利润表：						
销售成本	低估	高估	高估	低估	无效益	无效益
净利润	高估	低估	低估	高估	无效益	无效益
资产负债表：						
存货	高估	无效益	低估	无效益	低估	无效益
应付账款	无效益	无效益	无效益	无效益	低估	无效益
留存收益	高估	无效益	低估	无效益	无效益	无效益

错误 1：一家公司通常以欺骗手段来高估其期末存货记录。就像表 9-11 中展示的一样，这个期末存货的高估会降低销售成本同时虚增当年的净利润。因为期初存货被高估，这些期初的虚增也将在未来年度被补偿回来。

错误 2：期末存货的低估，造成了与错误 1 相反的结果，它会虚减当年的净利润。与错误 1 相同的是这些虚减也将在未来年度得到补偿。

错误 3：当一家公司不考虑购入货物的运输过程就会出现延迟记录购买行为或是低估期末存货和购入存货。在表 9-11 中，这种错误不会影响净利润，但是却导致存货和应付账款的记录被低估。

这些错误的纠正方法依赖于发现这些错误的时间。如果是当期发现了错误，及时的调整会使得最终的净利润以及资产负债表都正确。如果错误在以后的连续期间发现，如果前期的净利润已经被低估，那么会作为以前年度损益来调整。

对于以前年度的净利润错误的纠正会通过留存收益来调整。像例子中介绍的，不正确的实地盘存数会造成期末存货虚增 1 000 美元（错误 1）。需要做的调整分录则依赖于发现错误的时间，具体如下：

当期发现错误：

借：销售成本	1 000	
贷：存货		1 000

在以后年度发现错误：

借：留存收益	1 000	
贷：存货		1 000

财务分析中使用存货信息

11 运用财务比率进行存货分析，并且对不同企业间不同存货计价方法调整后的比值进行财务比率对比分析。

WHY 在对有关存货比率进行分析时要格外仔细，因为不同存货计价方法的使用可能会产生不同的结果。

HOW 存货周转率和库存周转天数都会反映存货的规模以及存货的销售数量。合理地解读这些指标需要有对企业存货管理的实际经验。

存货余额包含在财务报告中，经常被用来测算企业使用存货时的效率。存货的本期增加数量通常与其销售数量紧密相关。存货使用的状况以及规模都会被用来计算存货周转率。存货周转率等于销售成本除以平均存货额[(期初额＋期末额)/2]。

以下为 Deere & Co. 的存货信息。

Deere & Co. 主要存货 （单位：百万美元）

	2007	2006
原材料和补给品	882	712
在产品	425	372
产成品及配件	2 263	2 013
先进先出法下的总价值	3 570	3 097
调整到后进先出法的价值	1 233	1 140
存货	2 337	1 957
销售成本	16 252.8	—

Deere & Co. 的存货周转率为：

$$\frac{\text{销售成本}}{\text{平均存货额}}=\frac{\$16\,252.8}{\$2\,147}=7.57\text{ 次}$$

2007 年平均存货额计算过程：

$$(\$2\,337+\$1\,957)/2=\$2\,147$$

存货周转率为 7.57 次意味着，如果 Deere & Co. 用光所有存货，进而补全，这样的往复一年会进行 7.57 次。存货周转率越高，企业使用存货的速度就越快。

使用全部存货时，上面的例子被简单化了。如果分别计算原材料、在产品和完工产品的周转率，这些指标会表现着原材料在产品中的使用，商品销售成本的控制，以及对商品销售成本的影响。

注意，总销售额从来都不能合适地运用到存货周转率的计算中去，因为销售数量与销售价格有关联，而存货以购买和产品成本表示。例如，在零售业中，销售的都是零售数量但是存货是以整体来记录的，对计算过程中混合着的这些因素都会影响到对存货周转率的分析。[22]

---

[22] 尽管销售和存货之间不可比，但在实际工作中存货周转率的计算却经常有人用销售额。很明显，不是所有人都学过这一章节。

Deere & Co. 使用后进先出法。从公司后进先出法储备的披露中,也可以算出存货在先进先出法下的价值以及销售成本。如果 Deere & Co. 使用先进先出法而不是后进先出法的话,2007 年的存货周转率将为 4.85 次,计算过程如下:

$$\frac{\text{先进先出法下的销售成本}^{*}}{\text{先进先出法下的平均存货}^{\dagger}}=\frac{\$16\,159.8}{\$3\,333.5}=4.85\text{ 次计算:}$$

$$*\quad \$16\,252.8+(\$1\,140-\$1\,233)=\$16\,159.8$$

$$\dagger\ (\$3\,570+\$3\,097)/2=\$3\,333.5$$

这个计算说明两个公司如果一个使用先进先出法,而另一个使用后进先出法,则会产生不一样的结果。在任何重要的指标对比分析中,首先要考虑的就是调整不同的会计核算方法,使其统一,这样的会计数据才有可比性。

注意

在计算或比较财务指标前,人们应该首先清楚其会计核算政策,并对其会计核算政策做适当调整,使其统一。

平均存货通常表示存货周转天数。所以这些信息被用来考虑存货周转的平均时间。存货周转天数等于平均存货除以每日平均的销售成本。存货周转天数也可以用年为单位计算,用年存货周转率来计算。Deere & Co. 在接下来使用了最初的后进先出法数:

年存货周转率	7.57 次
年存货周转天数(365/存货周转率)或[平均存货/(销售成本/365)]	48.2 天

存货周转天数为 48.2 天意味着,平均说来,Deere & Co. 拥有足够的库存存货来维持 48.2 天的持续经营。

存货周转的加快,使得其必要投资额越来越少,从而,投资回报越来越高。这表示一家公司可以用更少的库存商品而不用支付过多的价格。如果一个制造业必须购买一个很大规模数量的商品来获得更低廉的价格,但其省下的购买款项必须与少量存货而省下的那部分花费对比。不同行业的存货投资和周转率不同,每个企业都会根据它来判断自己的财务结构和经营过程。在管理制度中必须建立一套完整的存货管理政策,以避免出现低库存的危险情况,针对销售和过度储存存货,以及长期资本中的损耗、毁坏和减价风险。

表 9-12 列示了 2007 年一些公司的存货周转天数。如你所看到的,这些数字在不同产业的公司会有很大不同。

表 9-12 2007 年部分公司的存货周转天数

公司	存货周转天数
IBM	17.51
戴尔	6.79
通用电器	31.68
福特汽车	25.78
耐克	83.60
K Swiss	101.28
沃尔玛超市	43.86
Target	56.78

有关存货的要求披露

资产负债表中单独为企业的存货列示一个账户。在制造业中，原材料的损耗、在产品和产成品都在财务报表附注中有具体说明。商业企业通常也提供存货中主要种类的数量的具体披露。计价的基础（例如成本与市价孰低），以及一些存货计量方法（后进先出法、先进先出法、平均成本法和其他方法）也都要在附注中明确披露。这些都记录着存货政策的变化，政策变化的原因，以及这些变化对财务报表的影响。

存货的成本与市价孰低法的减值结果也需要在报表附注中披露。如前面提到的，销售成本中也必须包含跌价准备。如果存货的跌价发生在资产负债表发生日和财务报表发表日，则不用对财务报表进行调整，但必须作为一个事后事项进行披露。当存货作为银行贷款的抵押品时，财务公司或是工厂都应该在资产负债表的附注中特别披露。

扩展资料

零售盘存法

12 使用零售盘存法计算先进先出法、后进先出法、平均成本法以及成本与市价孰低法下的估计存货。

WHY 零售盘存法是一种很灵活的存货估值方法。毛利法简单并且直接，但是不能顾及不同种类存货估值方法的差别。而零售盘存法则可以更加详尽地转述毛利法，这种方法可以评估任何状态下的存货。

HOW 依据存货估值假设，期末存货来自于期间购买、期初存货或是两者的平均值。仔细对待存货成本和零售价格之间的关系，期末存货可能会在先进先出法、后进先出法或是平均成本法下进行估值。另外，仔细处理零售的折扣，可以用于成本与市价孰低法中。

零售盘存法可以很广泛地应用于零售企业以克服其库存灵活的特点。这种方法就像毛利法一样，允许存货的估值可以节省掉实地盘存或维持详细的永续盘存记录所耗费的时间和费用。零售盘存法比毛利法更加灵活，它可以应用于先进先出法、后进先出法或者平均成本法核算下，甚至可以应用于成本与市价孰低法中。零售盘存法也可以为实地盘存提供财务报表目标，这些存货可以用于零售并且直接计入成本，而不需要单独的发票，因此这节省了时间和费用。[23]

当使用零售盘存法时，商品购买记录会有两个数字——成本和零售价。计算机通常要为零售存货保存上千条的费用记录。毛利率是由可供销售商品零售价除以可供销售商品成本得来的。这个毛利率可以应用于期末零售存货中，通过用期间可供出售的商品零售总额减去销售金额，可以很容易得出这个数字。这个过程如图 9-9 所示。

[23] 零售盘存法是税法认可的，可以使纳税者有充分的记录进行存货计算并将其一致地应用于后续的应税收入计算。

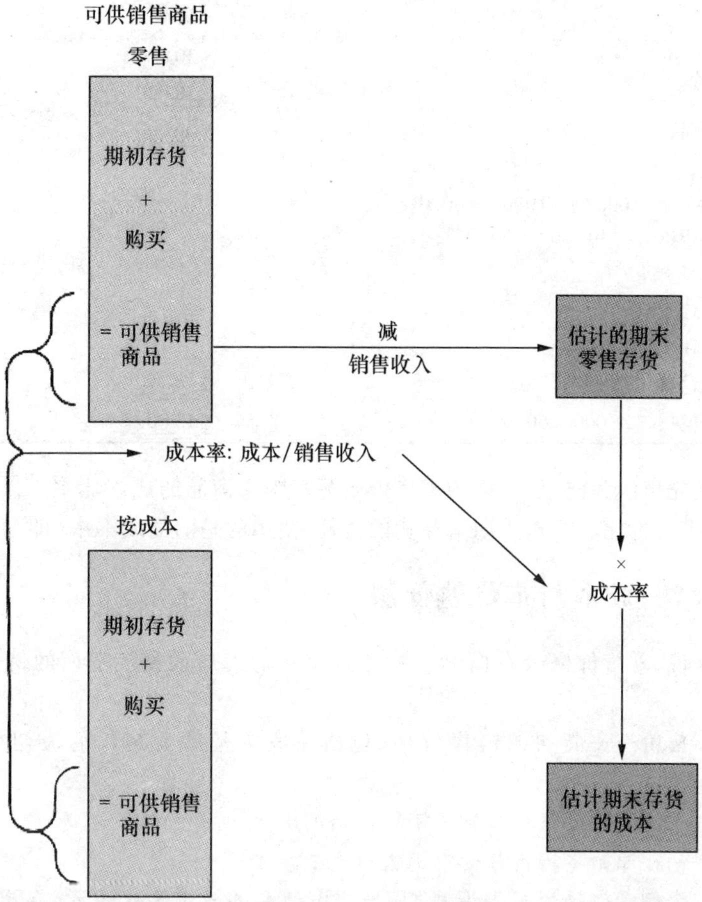

图 9-9　零售盘存法

以 Wesley 公司在 1 月末对零售存货的计算为例。这是以平均成本核算为基础的,因为期初存货和购买归在一起后统一计算毛利率。

	成本	售价
存货,1 月 1 日	$30 000	$50 000
1 月购入	30 000	40 000
可供销售商品	$60 000	$90 000
毛利率($60 000 ÷ $90 000) = 66.7%		
1 月扣除销售		65 000
存货,1 月 31 日零售		$25 000
存货,1 月 31 日估计成本($25 000 × 66.7%)	$16 675	

先进先出和后进先出假设使用不同的期初库存和购进成本百分比来计算。如下表所示:

	成本	售价
存货,1月1日	$30 000	$50 000
1月购买	30 000	40 000
可供销售商品	$60 000	$90 000
成本比率:		
初始存货($30 000/$50 000)=60.0%		
购买($30 000/$40 000)=75.0%		
1月销售扣除销售		65 000
存货,1月31日零售		$25 000
存货,1月31日估计成本:		
先进先出法($25 000×75.0%)	$18 750	
后进先出法($25 000×60.0%)	$15 000	

以先进先出法为前提,存货的零售价来测算购买商品的成本比率。以后进先出法为前提,就会用零售价比成本作为期末存货的测算,使用的是旧的成本率(即期初存货)。

零售盘存法:成本与市价孰低法

一般来说,零售价格会在商品最初进入市场后有所改变。下面的例子将会介绍这些改变。

原始零售价——最初的销售价格,包括在成本基础上增长的最初金额即原始成本加成。

加价——在原始零售价基础上销售价格的增长。

减价——在原始零售价基础上销售价格的减少。

介绍这个例子就是为了告诉我们,当假设商品的成本为4美元,在市场中的售价为6美元时,决定哪一个是它的原始零售价。如果零售价格增长到7.5美元,这就表示它有1.5美元的加价。如果商品的手机降到5美元,则其减价1美元。

零售价格的改变可能会因为价格策略而改变,也可能因为存货的价值改变而改变。这两种原因造成的商品售价改变可以使用零售盘存法两种不同方法来记录。例如,如前面例子假设,那么,Wesley公司1月原始零售价的加价为30 000美元,其减价总额为20 000美元。

	平均成本		成本与市价孰低	
	成本	售价	成本	售价
存货,1月1日	$30 000	$ 50 000	$30 000	$ 50 000
1月购买	30 000	40 000	30 000	40 000
	$60 000	$ 90 000	$60 000	$ 90 000
加价		30 000		30 000
减价		(20 000)		—
		$100 000		$120 000
成本比率				
平均成本:($60 000/$100 000)=60%				
成本与市价孰低:($60 000/$120 000)=50%				

（续表）

	平均成本		成本与市价孰低	
	成本	售价	成本	售价
减价		—		(20 000)
可供销售商品		\$100 000		\$100 000
1 月扣除销售		65 000		65 000
存货,1 月 31 日零售		\$ 35 000		\$ 35 000
存货,1 月 31 日估计成本:				
平均成本(\$35 000×60%)	\$21 000			
成本与市价孰低(\$35 000×50%)			\$17 500	

注意

平均成本法和成本与市价孰低法唯一的区别在于对减价的计算上。

在实际操作中,两种估值方法的区别只有当减价发生时才能体现——在成本率的计算之前或之后。唯一的计算不同反映了两种对于加价与减价原因不同的假设。对于减价主要假设其是在计算成本率之前的价格战略的调整。而在这种假设中,所有的加价和减价都应该反映在成本率的计算中,这个计算结果也将给期末存货的平均成本计算提供依据。而成本率之后计算的减价则反映的是存货的价值减少。所以减价并不能反映普通的成本率,它主要用来反映存货价值的直接减少。这种方法也可以扩展到存货成本与市价孰低的方法中去。

后进先出池、美元币值下的后进先出法、美元币值下的后进先出零售法

13 使用后进先出池、美元币值下的后进先出法和美元币值下的后进先出零售法来计算期末存货。

WHY 因为后进先出法层比较复杂,很多使用后进先出法的企业都允许其估计期末存货的成本。

HOW 后进先出法已经可以计算存货池中的存货、存货的美元币值,以及存货的零售价格了。这些方法需要使用成本率和价格指数。

在拥有大规模或是种类繁多的存货的公司中,对特定类别商品使用后进先出法会很烦琐。如果后进先出法层定义在具体的产品方面,频繁的后进先出法清算出现于个别产品的需求下降。有两种方法来简化后进先出法的应用:后进先出池和美元币值下的后进先出法。同时,零售盘存法也会结合美元币值下的后进先出法以使用零售成本估计后进先出法下的期末存货。

后进先出池

为了更好地简化估值过程和扩展其应用领域,IRS 发布了后进先出存货池的方法来计算单个商品。在会计期末,池内项目的数量是可定的,成本则在这些产品中分配。这些都等于期初池内数量以及期初的成本。如果期末存货的数字超过了期初的数字,那么额外的则作为池中的增长层。

为介绍后进先出池的构成，以下是 Elohar 公司——一家高端领带的销售企业的数据：

期初存货			
	宽领带	1 000 单位@ $10 =	$10 000
	窄领带	1 500 单位@ $ 8 =	12 000
购买			
1 月 16 日	宽领带	800 单位@ $13 =	$10 400
	窄领带	1 000 单位@ $11 =	11 000
12 月 19 日	宽领带	1 500 单位@ $15 =	22 500
	窄领带	2 000 单位@ $16 =	32 000
		5 300 单位	$75 900
销售			
12 月 31 日	宽领带	1 700 单位	
	窄领带	3 200 单位	
期末存货			
	宽领带	1 600 单位	
	窄领带	1 300 单位	

如果这两种领带是分开计量的，则后进先出法下计算其销售成本和期末存货是：

宽领带	窄领带
1 000 单位@ $10 = $10 000	1 300 单位@ $8 = $10 400
600 单位@ $13 = 7 800	
1 600 单位 $17 800	

后进先出法下的销售成本：

	宽领带	窄领带
期初存货	$10 000	$12 000
+购买	10 400	11 000
	22 500	32 000
=可供销售成本	$42 900	$55 000
-期末存货	17 800	10 400
=销售成本	$25 100	$44 600
总销售成本 = $25 100 + $44 600 = $69 700		

与其分开核算两种领带，可以把它们包含在一个后进先出池中。这将简化会计记录并具有概念上的意义（如下所示），因为两种领带是一种性质的商品，所以归为一组。同样地，主要的厨具，如冰箱、冰柜和微波炉，都可以组成一个存货池。

用后进先出法计算销售成本所需要的数据在两种领带组成后进先出池后会减少。需要以下三个项目。

期初存货总额：2 500 单位，22 000 美元的成本

新后进先出层的数量：400 单位（期末 2 900 – 期初 2 500）

年内购买的平均成本：14.32 美元（$75 900/5 300 单位）

后进先出期末存货使用后进先出池来计算：

期初存货	2 500 单位	= $22 000
新后进先出层	400 单位@ $14.32	= 5 728
		$27 728

后进先出销售成本：

	后进先出池
期初存货	$22 000
+购买	75 900
=可供销售成本	$97 900
-期末存货	27 728
=销售成本	$70 172

后进先出池的作用是为了使后进先出法在面对数量庞大的产品时计算更加简便。这种简便的结果导致对销售成本进行估计，其需要后进先出法更加严谨。在这个例子中，后进先出池中估计的销售成本（$70 172）不同于单独计算后进先出法的结果（$69 700），这主要是因为在给新的后进先出法层定价时采用了平均成本。[24]

后进先出池最早由 IRS 提出，并很快在财务报告中得到应用。尽管企业并不必须为税收以及财务报告目标而使用相同的分类，但是大多数公司都使用了相同的划分，即使 IRS 要求更多的池而不是仅仅满足会计目标。[25]

因为公司可能会选择拥有许多后进先出池，或者是仅用一个池，是什么因素决定最优的池的数量？主要的关注点在于所得税的影响，普通的观点都认为池越少越好，一个池是最好的。因为所有种类的存货在一个后进先出池中，这将使一种产品的减少被其他产品的增加抵消，从而减少后进先出清算突然使所得税增加的可能性。这种普遍观点重视的是后进先出的清算但是却忽视了后进先出法的最初目的，后进先出法的目标应该是递延所得税。选择一定数量的池可以最大化递延税务，这需要更加细致的分析并部分取决于不同类别存货价格变化的不同比例。[26]

美元币值下的后进先出法

即使将各个项目的收益归集在一起也不能得到期望中应用后进先出法所能获得的全部收益。例如，技术进步和营销方式的发展都会使个别产品被淘汰或被取代，同时会使一些新产品占据老产品的市场。在唱片店，就可以看到这种变化，在过去三十年里，其存货经历了从第一代专辑到第八代专辑到 CD 再到数字文件的发展。而会计问题就是对于旧的后进先出层级在新产品替代旧产品时是否应该继续使用。回答这个问题，也就规范了后进先出法的记录，美元币值下的后进先出法就在这其中发展起来。使用这种方法，后进先出层

---

[24] 单位成本的新层次可能会基于以下的方法计量：期限内收购的平均成本、期限内最早收购的实际成本、期限内最晚收购的实际成本。

[25] James M. Reeve and Keith G. Stanga, "The LIFO Pooling Decision: Some Empirical Results from Accounting Practice," *Accounting Horizons*, June 1987, p. 27.

[26] William R. Cron and Randall B. Hayes, "The Dollar-Value LIFO Pooling Decision: The Conventional Wisdom Is Too General," *Accounting Horizons*, December 1989, p. 57.

级是由总体的美元币值改变决定而不是数量改变决定。美元币值方法在后进先出概念中广泛适用。Reeve 和 Stanga 教授在对后进先出法使用者的调查中发现,在 206 家公司中有 95% 的企业都在用美元币值方法。[27]

使用美元币值下后进先出法的计量单位是美元。所有存货池中的产品都是使用美元币值的后进先出法确定成本。判定存货的美元价值在当年中是否增长,对基年价格下的存货池的期末存货进行估价是非常必要的。决定一种存货的期末价值的是基年价格(通常是企业使用后进先出法的第一年),而其期初价格同样基于基年价格。如果期末存货的基年价值超过了期初存货的基年价值,一个新的后进先出层级将建立。如果出现降低的现象,就减少最相邻的后进先出层级。

以 Elohar 公司的例子介绍美元币值下后进先出法的计算方法。

首先,期末存货的重置成本以当期期末的市场价格来计算。在例子中,期末的价格来自于 12 月 19 日的购买。对于 Elohar 公司来说,期末存货的重置成本为:

期末存货在期末的价值:	
宽领带	1 600 单位@ \$15 = \$24 000
窄领带	1 300 单位@ \$16 = 20 800
	\$44 800

因为期初存货只有 22 000 美元,而对于期中存货的增加,建议使用新的后进先出层级来记录。尽管如此,存货的增长可能会由其价格的增长造成,而不是由存货数量增长导致的价值增长。为了决定这一点,计算期初存货来推出期末价值:

期初存货在期末的价值:	
宽领带	1 000 单位@ \$15 = \$15 000
窄领带	1 500 单位@ \$16 = 24 000
	\$39 000

在调整了价格增长后,我们可以看出美元币值的存货增长了 5 800 美元:

期末存货在期末的价值	\$44 800
-期初存货在期末的价值	39 000
美元币值下后进先出新层级(期末的价值)	\$ 5 800

最后,美元币值下后进先出的期末存货的计算为:

期初存货(基年价值)	\$22 000
新后进先出层(期末的价值)	\$ 5 800
后进先出法下的期末存货	\$27 800

这种后进先出法下的期末存货也会使用于后进先出法下的销售成本计算中。

总之,美元币值下后进先出法的计算步骤:

1. 计算期末存货在期末的价值;
2. 计算期初存货在期末的价值;
3. 计算差异,建立一个新的后进先出层级;
4. 后进先出期末存货是由期初存货的基年价值加上新的后进先出层级得来。

在这个例子中,新的后进先出层级用来计算期末价格。这是可以的,但其实际上是与

[27] James M. Reeve and Keith G. Stanga, "The LIFO Pooling Decision: Some Empirical Results from Accounting Practice," *Accounting Horizons*, June 1987, p. 2.

后进先出假设不匹配的。事实上,这种方法在本质上导致了在新的层级上使用先进先出法假设进行估值。但是,新的后进先出层级可能使用期间的平均价格估值,或是使用第一次购买的价格。在计算步骤(1)和(2)中,“期末价格”被“第一次购买价格”或是“平均价格”替代。这个计算使用第一次购买价格来评估新的后进先出层级。第一次购买发生于 1 月 16 日。

期末存货在第一次购买价格下的价值:	
宽领带	1 600 单位@ $13 = $20 800
窄领带	1 300 单位@ $11 = 14 300
	$35 100
期初存货在第一次购买价格下的价值:	
宽领带	1 000 单位@ $13 = $13 000
窄领带	1 500 单位@ $11 = 16 500
	$29 500
期末存货在第一次购买价格下的价值	$35 100
-期初存货在第一次购买价格下的价值	29 500
美元币值下后进先出新层级(第一次购买价格下的价值)	$ 5 600
期初存货(基年价值)	$22 000
新后进先出层(第一次购买价格下的价值)	$ 5 600
后进先出法下的期末存货	$27 600

指数的使用

美元币值下的后进先出法只需要每种存货的基年价格和期末价格的记录。这种方法可以叫做**双重乘数法**。想象一下这么庞大的计算将使用到几千个产品中去。回想后进先出池和美元币值下后进先出法的目的就是为了简化后进先出的记录。当使用一个双重乘数法的价值指数时,美元币值下的后进先出法会更加简便。

价格指数表示在一年内价格的增长趋势。一个最常用的指数就是 CPI。CPI 测算的是消费价格指数。如果 CPI 一年内从 100 增长到 103,我们则说该年的价格增长 3%,或是说通胀为 3%。

Elohar 公司的价格指数计算过程如下:

期初存货在期末的价值:	
宽领带	1 000 单位@ $15 = $15 000
窄领带	1 500 单位@ $16 = 24 000
	$39 000
期初存货在期初的价值:	
宽领带	1 000 单位@ $10 = $10 000
窄领带	1 500 单位@ $ 8 = 12 000
	$22 000

年终的价格指数:$39 000/ $22 000 = 1.77,或是 177。

年初基数为 100,而期末的指数为 177 就意味着一年内平均增长 77%。这个指数将用于 Elohar 公司以后的美元币值下后进先出法中计算期末存货:

存货期末价值	期末指数	存货基年价值	层级的基年价值	层级指数	美元币值下后进先出成本
$44 800	/1.77	=25 311	$22 000	×1.00	= $22 000
			3 311	×1.77	= 5 860
			$25 311		$27 860

期末存货为27 860美元不同于27 800美元(新层级在期末价格下的价值),是因为它的指数为1.77(而之前是1.77272727……)。

注意,在工作表中记录指数的计算中产生期末价值中新的层级。所以评估新层级的第一个购买价格时,需要计算一个附加的指数:

期初存货在第一个购买价格下的价值:

宽领带	1 000 单位@ $13 = $13 000
窄领带	1 500 单位@ $11 = 16 500
	$29 500

第一个购买价格指数:$29 500/ $22 000 = 1.34

第一个购买指数将用于评估新的后进先出层级:

存货期末价值	期末指数	存货基年价值	层级的基年价值	层级指数	美元币值后进先出成本
$44 800	/1.77	=25 311	$22 000	×1.00	= $22 000
			3 311	×1.34	= 4 437
			$25 311		$26 437

回顾之前,一年的期末价格指数、第一次购买价格指数或是平均价值指数可以用来评估新的后进先出层级。

美元币值下的后进先出法:多年的例子

下面是对美元币值下的后进先出法更多的解释。这个例子介绍了当后进先出层级被清算时,美元币值下的后进先出法是如何计算的。

假设 Hsu Wholesale 公司的指数和期末存货价格为:

日期	期末价格指数*	期末价格下的存货价值
2007年12月31日	1.00	38 000
2008年12月31日	1.20	54 000
2009年12月31日	1.32	66 000
2010年12月31日	1.40	56 000
2011年12月31日	1.25	55 000

* 很多公开发表的指数用不带小数点的百分数表示,如100,120,132,140,125。

表9-13为其工作表,包含了 Hsu 每年的后进先出期末存货。

表 9-13 美元币值下的后进先出法:多年的例子

日期	期末存货价格	期末价格指数	基年价格下的存货	基年下的层级	层级比率	美元币值下的后进先出成本
2007 年 12 月 31 日	$38 000	÷1.00	= $38 000	$38 000	×1.00	= $38 000
2008 年 12 月 31 日	$54 000	÷1.20	= $45 000	$38 000	×1.00	= $38 000
				7 000	×1.20	= 8 400
				$45 000		= $46 400
2009 年 12 月 31 日	$66 000	÷1.32	= $50 000	$38 000	×1.00	= $38 000
				7 000	×1.20	= 8 400
				5 000	×1.32	= 6 600
				$50 000		$53 000
2010 年 12 月 31 日	$56 000	÷1.40	$40 000	$38 000	×1.00	= $38 000
				2 000	×1.20	= 2 400
				$40 000		$40 400
2011 年 12 月 31 日	$55 000	÷1.25	$44 000	$38 000	×1.00	= $38 000
				2 000	×1.20	= 2 400
				4 000	×1.25	= 5 000
				$44 000		$45 400

我们发现:

2008 年 12 月 31 日——基期价格的期末存货为 45 000 美元,2008 年存货增长了 7 000 美元,但是这 7 000 美元是以基期价值来计算的,在 2008 年年底应在基期基础上的 120% 重述。

2009 年 12 月 31 日——其基期价格的期末存货为 50 000 美元,表示 2009 年又增长了 50 000 美元的存货,同样这 50 000 美元是以基期价格计算的,在 2009 年底应以基期价格的 132% 重述。

2010 年 12 月 31 日——当期末存货为 40 000 美元(以基年价值表示),与期初的 50 000 美元(同样表现为基年价值)对比,明显地降低了 10 000 美元。在后进先出法下,在大多数增加的层级中出现的减价,都会被减少或是消除。例如 2009 年的层级,基年价格为 5 000 美元,就完全消除了,而 2008 年的 7 000 美元中的 5 000 美元也消除了。于是 2008 年层级中只剩下 2 000 美元,再加上基年数量。2008 年余下的 2 000 美元乘以 1.20 的指数来重新计算,并且加到了基年数量中,最后得出了期末存货数为 40 400 美元。

2011 年 12 月 31 日——基期价格的期末存货为 44 000 美元,表示在 2011 年增长了 4 000 美元。这个增长需要在 2011 年底以基期价格的 125% 重新计算。

在一些例子中,后进先出层级的基年指数不是 1.00。当使用外部建立的指数时这一点更加明确。当发生这种情况时,比较简单的做法是将所有的存货的基年指数定为 1.00 而不是使用后进先出层级的最初年份的指数。我们重做了上例中的计算,只是存货重估是基于基年指数而非第一年的存货层级。假定其他情况不变,只是外部指数的基年为 2003 年;在 2007 年,指数为 1.20;在 2008 年,指数为 1.44。下表显示了后进先出法存货计算在第一个两年后的调整。注意在任一情况下存货成本都是相同的。

日期	存货期末价值	期末价格指数	存货基年价值	层级的基年价值	层级指数	美元币值后进先出成本
2007 年 12 月 31 日	$38 000	/1.20	= 31 667	$31 667	×1.20	= $38 000
2008 年 12 月 31 日	$54 000	/1.44	= 37 500	$31 667	×1.20	= $38 000
				5 833	×1.44	= 8 400
				$37 500		$46 400

美元币值下的后进先出零售法

之前所说的美元币值下的后进先出法，可以结合零售盘存法来表示后进先出下存货的估值。用**美元币值下的后进先出零售法**，后进先出的批次以零售价计量，在识别后进先出零售批次并用价格指数定价之后，应对存货成本进行调整。这都需要多年的存货零售比例。

需要考虑的是，当计算美元币值下的后进先出零售法的成本比率时，是忽略期初存货价值的。当使用后进先出法时，一个新的存货批次从零售到成本的计算应使用近年购买的成本比率。

以下为 Miracle Max 商场 2010 年 12 月 31 日后进先出零售批次的数据，并使用美元币值下的后进先出零售法来计算。

年度	期末价格指数	成本增量比率	期末零售价格下的存货
2007	1.00	0.60	$60 000
2008	1.05	0.62	69 300
2009	1.10	0.64	77 000
2010	1.12	0.65	71 120

假设 2011 年期末价格指数为 1.08。成本增量比率和 2011 年期末零售价格下的存货的计算如下：

	成本	售价
期初存货（2010 年 12 月 31 日）	—	$ 71 120
购买	$59 780	$ 98 000
成本比率：（$59 780 ÷ $98 000）= 61%		
可供销售商品		$169 120
减：销售		90 820
期末零售价格下的存货		$ 78 300

从这些数据中看出，可以用前述美元币值下的后进先出法中的工作表来表示后进先出零售法的批次。为了计算零售存货的销售成本，必须增加一栏用来记录累计的成本比率。值得一提的是，累计成本比率只有在本期的存货批次增加时才需要记录。在上例中，2010 年没有存货批次的增加，所以没有采用适用于 2010 年购买的成本比率。像之前的美元币值下的后进先出法，存货批次消失后，当新批次产生它不会重新进入下一个连续年度。以下例子对此将有所解释，在 2010 年，2009 年新建的批次 4 000 美元消失了。在 2011 年，2009 年的 4 000 美元批次并不能重新引入。而建立的新层级包括 2011 年的比例。

日期	期末零售价格	期末价格指数	基年零售价格	层级	批次比率	成本比率	美元币值后进先出零售成本
2007年12月31日	$60 000	/1.00	= $60 000	$60 000	×1.00	×0.60	= $36 000
2008年12月31日	$69 300	/1.05	= $66 000	$60 000	×1.00	×0.60	= $36 000
				6 000	×1.05	×0.62	= 3 906
				$66 000			$39 906
2009年12月31日	$77 000	/1.10	= $70 000	$60 000	×1.00	×0.60	= $36 000
				6 000	×1.05	×0.62	= $ 3 906
				4 000	×1.10	×0.64	= 2 816
				$70 000			$42 722
2010年12月31日	$71 120	/1.12	= $63 500	$60 000	×1.00	×0.60	= $36 000
				3 500	×1.05	×0.62	= 2 279*
				$63 500			$38 279
2011年12月31日	$78 300	/1.08	= $72 500	$60 000	×1.00	×0.60	= $36 000
				3 500	×1.05	×0.62	= 2 279*
				9 000	×1.08	×0.61	= 5 929*
				$72 500			$44 208

* 四舍五入至美元。

购货承诺

14 计算在购货承诺中价格变化的影响。

WHY 当一家公司承诺在未来购买存货，那么采购公司将会有实际购买价格低于计划购买价格的风险。对价格下降期间的正确会计记录反映了任何来自跌价风险的经济损失。

HOW 当购买承诺发生后价格下降时，应该记录损失。这种损失类似于成本与市价孰低法。

存货购买价格的灵活性使得公司暴露在过多的风险中。可以有不同的方法来管理这些风险，最简单的是**购货承诺**，可以提前锁定存货购买价格。例如，对于石油价格的忽上忽下，航空公司可能会为购买下个月的燃油提前约定购买价格。

> **补充**
>
> 像在《中级会计学：应用篇》第19章中看到的一样，一个购货承诺与一种衍生工具——远期合约类似。

购买承诺产生的第一个会计问题是应该记录在资产内（因为存货将被收到）还是记录在负债内（因为这是付款义务）。这种类型的合同是一种对于未来行为的承诺交易，被称为待执行合同。另一个关于待执行合同的例子是公司的雇佣合同，即公司和雇员约定未来期间的雇佣事宜。会计规则要求一些待执行合同在财务报表中确认。[28]

在购货承诺情况下，货物未交割时，不需记录承诺。但是在成本与市价孰低法规则下，承诺后减值发生，会计期末承诺仍有效时，损失将如在手商品损失一样被确认。减值的记录借方为特定损失科目，贷方为一个资产备抵项目或是一个递延负债科目，例如在购买承诺中的估计损失。后续期间获得商品时，贷方为应付账款，借方为冲销资产备抵账户或递

[28] 租赁是一个待执行合同的好例子。租赁是一个对未来承诺的交易——出租人承诺提供资产（如建筑物）供使用，承租人承诺为使用资产而付款。在《中级会计学：应用篇》第15章讨论的租赁有一些记录在财务报表（融资租赁）中，而另一些并不记录（经营租赁）。

延债务的贷方余额，并将差额借记采购。

以购货承诺为例来说明这类合同的会计处理。Rollins Oat 公司在 2010 年 11 月 1 日有一个购货承诺，为 100 000 蒲式耳小麦，在 2011 年发货时每蒲式耳 3.4 美元。2010 年年末，市场价格降到每蒲式耳 3.2 美元。价值下降和发货的会计记录如下：

2010 年 12 月 31 日

借：购货承诺损失	20 000	
贷：购货承诺估计损失		20 000
(100 000 蒲式耳 × $0.2/蒲式耳)		

2011 年 3 月 31 日

借：购货承诺估计损失	20 000	
采购	320 000	
贷：应付账款		340 000

这种损失记录的期间是存货发生减价的当期。当承诺可以取消，承诺包括价格的调整或是减价中不会使销售价格下降时，当期确认损失是不正确的。如果在发货之前，市场价格增长，购货承诺的估值损失将减少或是记录利得。利得的数额确认不能高于之前确认的损失。

外币存货交易

15 记录以外币计量的存货交易。

WHY 外币交易使出口公司在与外币相关的购买和付款中都面临汇率的风险。

HOW 汇率变化的利得与损失都将在汇率变化当期确认。

对于存货的讨论都围绕在国内环境中的购买和估价上。像第 1 章中所说的，商业正加速全球化。出口与进口材料和完工品同样都成为企业存货的重要组成部分。取决于购买交易如何组织，可能会在外币交易中因为汇率的变化而发生额外的利得和损失。

不是所有的国际交易都会降低外币风险。对于美国公司，只有使用美国以外货币的交易才是外币交易。例如，一家美国公司从德国公司购买存货，在交易中如果使用的是美元则是一次普通交易。但是如果价格以欧元设定，那么对于美国公司来说，当存在应付账款就存在着外汇汇率风险。

注意

如果交易合同以美元记录，那么不管对方公司在阿塞拜疆还是津巴布韦都不存在外币交易风险。

为阐释这种外币交易的复杂性，假定 2010 年 11 月 1 日华盛顿公司从瑞士公司购买存货，并用瑞士法郎结算，购买价格为 50 000 法郎。购买时，汇率为 5 法郎/美元。这个比率称为**现汇汇率**，这个汇率是两个币种当时的交换比率。华盛顿公司会在账目中这样记录购买：

2010 年 11 月 1 日

借：存货	10 000	
贷：应付账款(fc)		10 000
(50 000fc/5 = $10 000)		

记号 fc 是外币的简称。华盛顿的账目记录要求换算成美元表示，这一点很重要。

外币存货交易会影响付款时的记录。如果应付账款在 2011 年 2 月 1 日付齐，那么该如何入账？它们的发票是以法郎来记录，并不是美元。华盛顿公司将从经纪商处购买 50 000 法郎。而公司应该付经纪商多少？这个答案需要依据现汇汇率计算。如果当天的现汇汇率为 4.7 fc/ $，那么华盛顿公司将支付 10 638 美元(50 000 fc/4.7)购买 50 000 法郎的货物。而在账目中应该这样记录与瑞士公司的交易：

2011 年 2 月 1 日		
借：应付账款(fc)	10 000	
汇兑损失	638	
贷：现金		10 638

华盛顿公司在其中产生的损失，是因为它的外币负债价值增长，法郎需要更多的美元去购买。2010 年 11 月 1 日，华盛顿公司只需要 10 000 美元购买 50 000 法郎的货物，而在 2011 年 2 月 1 日则需要 10 638 美元来买了。这种交易损失记入利润表的费用，在当期披露。

这种状况下如果能尽早交易则可能使华盛顿公司获得交易利得。如果法郎兑美元发生贬值，那么就可以用更少的美元去购买 50 000 法郎的货物。如果汇率在 2011 年 2 月 1 日时是 5.1 fc/ $。华盛顿公司则会做如下记录以确认交易利得：

2011 年 2 月 1 日		
借：应付账款(fc)	10 000	
贷：现金(50 000 fc/5.1)		9 804
汇兑利得		196

如果资产负债表日发生了外币资产或负债的记录，资产或负债的价值都应使用现汇汇率来计算。[29] 继续刚才的例子，如果华盛顿公司当期年末也就是 2010 年 12 月 31 日的汇率为 4.8 fc/ $，那么应该对报表负债进行调整。

2010 年 12 月 1 日		
借：汇兑损失	417	
贷：应付账款(fc)		417
(50 000fc/4.8 - 10 000 = $417)		

给定资产负债表日的现汇汇率，上述分录将负债调整为 10 417 美元，并将汇兑损失分配到汇率变化的期间。当负债在后来期间 2011 年 2 月 1 日偿付时的汇率为 4.7 fc/ $时，记录应为：

2011 年 2 月 1 日		
借：应付账款(fc)	10 417	
汇兑损失	221	
贷：现金(50 000 fc/4.7)		10 638

注意汇兑损失在 12 月 31 日和 2 月 1 日分别为 417 美元和 221 美元，总计 638 美元，这与之前不调整的数额是相同的。调整分录只是将汇兑损失分配到了适当的会计期间。

一个问题是，为什么华盛顿公司不为了避免交易损失而早点付款？如果华盛顿公司知

---

[29] *Statement of Financial Accounting Standards No. 52*, "Foreign Currency Translation" (Stamford, CT: Financial Accounting Standards Board, 1981), par. 16b.

道法郎会升值,它会这样做。但是预测这种汇率的变化是很难的,正如预测纽约证券交易所某一股票的涨跌一样。

外币交易风险是价格风险的另一种形式。就像国内的价格风险,外币交易风险可以被套期保值。套期是指,在一个特定的未来日期以一个特定的价格来交易以达到套期保值的作用。一个完全的对冲交易会导致没有汇兑收益或是损失。这种对冲的成本就是支付给经纪人的费用。收费后,经纪人会承担所有汇率风险。会计记录的外币交易套期保值将在《中级会计学:应用篇》第 19 章讨论。对于跨国公司的合并财务报表披露,将在该书第 22 章中讨论。

开放式场景问题的答案

1. 高通胀导致期末存货与商品销售成本在后进先出法和先进先出法中产生巨大的差异。高通缩同样如此,只是方向相反。

2. 1974 年的高通胀使得后进先出法的商品销售成本比先进先出法的商品销售成本要高很多。用后进先出法,公司可以记录更高的商品销售成本,可以付更低的所得税。

3. 一个不明智的投资者只关注于报告的盈余而不关注会计方法和假设的使用对于计算会计盈余的影响。

思考题答案

1. (第 412 页)正确的答案是 c。选择两种会计方法的过程是一种基于成本优先的考虑。永续盘存法能提供更多的信息,但是却耗费更多的成本。对于一些企业来说,成本超过所得,所以那些企业使用定期盘存制。拥有大量低价、相同的存货的企业更喜欢使用定期盘存。另外,一个小企业,因为它们本身没有什么利润,一般不会使用计算机存货盘存系统。

2. (第 427 页)正确的回答是 c。计算如表:

	2008	2009	2010
先进先出法商品销售成本	100 × \$5 = \$500	20 × \$5 = \$100	50 × \$10 = \$500
		100 × \$10 = 1 000	70 × \$15 = \$1 050
		\$1 100	\$1 550
期末存货	20 × \$5 = \$100	50 × \$10 = \$500	90 × \$15 = \$1 350

3. (第 431 页)正确的答案是 d。利润表使用后进先出法,资产负债表使用先进先出法会导致成本分配差异。在本质上,先进先出存货的估值在资产负债表中包括存货持有利得,但是后进先出法的净利润在利润表中不包括持有利得。除非这种分配差异被正确处理,资产负债表将不平。处理这种差异的一种可能方法是建立一个特别权益项目,这可能是一类新的累积其他综合收益项目。这种权益项目将会在贷方有余额(未确认存货持有利得),反映了先进先出法期末存货比后进先出法记录更多的事实。

4. (第 439 页)正确答案为 b。一个购买行为的低估可能会导致一个实际的存货数量大于估计值。如果实际的存货价值低于估值,则有以下解释:

(1) 估值过程有缺陷,(2) 存货有损失或是被偷盗,(3) 少的那部分存货被卖掉,但是销售没有被记录。聪明的舞弊者会使报告的毛利率与行业正常水平接近，并避免未报告销售在不同年度间有大的波动。和其他情况一样，成功的舞弊者需要多年持续、耐心的努力。

5.（第 440 页）正确答案为 a。任何管理者都很有自信，他们的错误都是暂时的。他们认为如果他们很快改正错误，企业将会在未来已然保持竞争力。因此，管理者并不关注会计记录中存货记录错误的影响，因为他们知道（或以为知道）业务将会在来年更好。另外，当一个管理者面临因未达到当年的利润目标而被解职时，去关注会计记录中的存货记录错误是无意义的。

本章小结

1. 定义商贸企业的存货，并区分制造企业存货的不同种类。

在商业企业，存货是在平常商务中销售的资产。商业企业的存货项目都决定于企业的性质而不是项目的性质。例如，一辆卡车在一家快递公司是固定资产，但在卡车公司却是存货。一个制造企业，有三种存货：

原材料是生产过程中需要的商品。直接材料都是直接用于制造产品的（例如车上的橡胶、家具中的木头），间接材料则用于使制造过程更方便（例如工业设备中的润滑剂）。

在产品是指一部分在生产过程中，或是在销售之前还需要进一步加工的产品。在产品包括三种类型成本：直接材料，直接人工和制造费用。

产成品是指可以作为商品对外销售的产品。在销售中，产成品的成本会变为商品销售成本。一个粗略的规定是在工厂内发生的费用记录为存货的成本，在工厂外部发生的费用则成为销售费用或是管理费用。

2. 解释定期盘存制与永续盘存制的优缺点。

下表总结了永续盘存制与定期盘存制的优缺点：

定期盘存	永续盘存
存货	
只在期末进行盘存后知道	每天都可以知道
商品销售成本	
在期末盘存后知道	每天都知道
存货转换	
不能计算	在比较了存货记录后可以计算
日记账	
在期末前不能记录商品销售成本	商品销售成本可以配比各个销售价格
存货购买记录于临时购买账户	存货购买直接记录于存货账户
信息质量 vs. 运行成本	
低信息质量但是低成本	高信息质量同时高成本

3. 确认存货在交易中的所有权问题以及在何种环境下需要把运输过程中的存货留在账上。

除了少数例外，不管实际位置如何，商品应包括在拥有其所有权的企业的存货中。

在途物资。以离岸价计价的商品在运输时属于卖方；以到岸价计价的商品在运输时属于买方。

委托代销存货。委托代销存货包括在委托人的存货中。寄销货物并不包括在被委托人的存货中，即使被委托人物理上拥有这件货物。

分期付款销售与附条件销售。即使卖方可能保留存货的合法所有权直至付款期期末，如果预期付款将顺利完成，卖方应在销售时就把商品移出存货记录。

回购条款。当卖方承诺在未来某日回购特定商品，其商品将不能移出卖方的存货记录。另外，“销售”金额将作为负债而记录。

4. 计算存货的总获取成本。

在购买商品中，存货数量的记录包括所有购买，收货，商品的准备过程中的相关花费。对于制造企业来说，成本包括直接材料、直接人工和制造费用。

购买存货的成本包括：

发票成本加运输、储藏和准备
－现金折扣
－购买折扣和优惠
＝存货成本

可以用净额法与总额法两种方法分别记录现金折扣。在净额法中，未享受折扣的成本被记录为单独的财务费用中。在总额法，没有实现的现金折扣包括在存货的成本中。

计算制造存货成本最难的一部分是如何分配制造费用。传统上，制造费用的分配是按照直接人工的比例来分配的。作业成本法对于制造费用的分配都是明确成本动因再分配。

5. 会用四种基本的存货计价方法：个别计价法、平均成本法、先进先出法和后进先出法。

存货估值方法是在留存存货与存货销售中分配存货成本。四种最普遍的方法是个别计价法、平均成本法、先进先出法与后进先出法。

- 个别计价法。实际销售存货被一一确认，其总成本被报告为销售成本。
- 平均成本法。每一单位存货有同样的平均成本。商品销售成本由平均成本乘以销售数量。
- 先进先出法。认定销售的都是先进入的存货。
- 后进先出法。认定销售的都是后进入的存货。

对于永续盘存制来说，平均成本和后进先出的计算都比较复杂，这是因为可供销售商品的平均成本和每一次购买和销售所导致的最新存货单位的确认问题。实际应用中，永续盘存记录经常保留在先进先出基础上，然后转化为平均成本或是后进先出法的财务报告。

6. 解释后进先出法计量下账目中新增的存货是怎么计量的，并叙述后进先出储备的重要性。

一个后进先出存货层级的创建都需要当年的购买超过销售。后进先出存货估值与先进先出法或是平均成本估值的那部分差异叫做后进先出储备。

后进先出假设意味着销售来自当前的购买，只要购买多于销售。因此，此前年度的存货记录于后进先出层级。

当存货水平下降时，从最新创建的层级开始，后进先出层级中的存货被销售。在价格上涨时，这些旧的后进先出层级的成本低于当前的重置成本。因此，后进先出清算经常导致商品销售成本更低从而获得更高的净利润。

公司使用后进先出法应该披露存货成本在旧层级与当前重置成本（先进先出法或平均

成本法下存货成本近似)之间的差异。这些后进先出储备的披露可以用于计算当企业用先进先出法(或平均成本法)时的商品销售成本与期末存货。

公司采用后进先出法最初的动机是递延存货持有利得的所得税支付。

7. 依据经营中不同方法对所得税、库存成本以及财务状况的影响来选择存货计价方法。

先进先出法

优点:与实际流动顺序更相关;期末存货的余额与当前重置成本相近。

缺点:当前收入与更早的成本配比;存货持有所得与损失作为毛利中的一部分;没有所得税递延。

后进先出法

优点:当前的成本与当前的收入配比;在毛利中不包括持有所得;有所得税递延。

缺点:与实际货物的流动顺序不一致;潜在后进先出清算可以导致更早的成本与商品销售成本配比;期末存货低于当前重置成本。

后进先出所得税递延的现金流好处必须与增加的记账成本以及更差的财务报表表现相权衡。对于一个拥有较低的存货水平或是存货成本增加不多的企业来说,所得税递延的好处或许并不重要。

当前来说,后进先出法不适用于 IASB 准则。

8. 使用成本市价孰低法(LCM)来反映存货市场价值的降低。

成本与市价孰低法导致确认存货市价的降低。使用成本与市价孰低法需要明确"市"价。使用成本与市价孰低法时,期末存货的成本与它的市场价格对比。如果市价低于成本,那么存货以市价记录。

存货的市价等于其重置成本,有上限与下限。上限是其市价不能高于可变现净值。下限是市价不能低于可变现净值减去正常的利润边际。总体来说,存货的市价不能低于下限也不能高于上限,等于的重置成本应该在上下限之间。

相比而言,*IAS 2* 下的存货减值可称为"成本与可变现净值孰低法"。在 *IAS 2* 下,如果存货销售价格回升,其存货减值在以后期间可以转回。

9. 使用毛利法来估计期末存货价值。

毛利法是一种简单的估计期末存货的方法。当没有实地盘存时,存货估计经常用于证实会计记录并替代存货盘点。这种方法的计算过程为:

- 基于历史成本,依据定价政策和销售产品组合的显著变化进行调整,来估计毛利率[(售价 - 商品销售成本)/售价]。
- 用毛利率估计商品销售成本。
- 从可供销售商品成本中减去销售商品成本,从而估计期末存货余额。

10. 确认存货记录错误对财务报告的影响。

存货记录的错误会影响财务报表,不管是对当年还是对以后年度都有影响。错误的性质不同就会对收益造成低估或高估。

回顾以下简单的计算过程有助于分析存货错误:

期初存货
+购买
=可供销售商品
-期末存货
=商品销售成本

因为期末存货在当期的记录会作为下一个期间的期初余额,也会影响以后年度的记录。一个普通的错误,例如高估期末存货,会在错误当年降低销售成本,增加净利润。相对的,净利润在以后期间会减少。

11. 运用财务比率进行存货分析,并且对不同企业间不同存货计价方法调整后的比值进行财务比率对比分析。

存货比率可以提供存货水平是否适合销售水平的信息。

存货周转率以商品销售成本除以平均存货计算,平均存货通常运用期初与期末值的平均。这个比率是一年内企业完全使用并置换其存货的次数。

存货周转天数以365除以存货周转率计算,这一比率显示了企业不购买或制造额外存货时能够持续经营的天数。

这些比率在相同的公司使用不同的计量方法时都是不一样的。在将后进先出法披露的存货比率与使用先进先出法和平均成本法所产生的数额进行比较前,需要先用披露的后进先出储备将后进先出法的存货转换为先进先出法或平均成本法存货。

扩展材料

12. 使用零售盘存法计算先进先出法、后进先出法、平均成本法以及成本与市价孰低法下的估计存货。

当使用零售盘存法时,商品购买的记录同时包括成本和售价。成本比率的计算是可供销售商品成本除以可供销售商品售价得来的。这个成本比率适用于期末存货的估值以及成本的计量。

不同的成本比率的计算涉及不同的存货估值假设,例如:

先进先出法。成本比率基于当前购买价格。

后进先出法。成本比率基于期初存货,调整附加的后进先出层级。

平均成本法。成本比率基于期初存货和当前的购买,包括涨价与减价的影响。

成本与市价孰低法。成本比率基于所有期初存货和当前购买,包括涨价的影响而不包括减价的影响。

13. 使用后进先出池、美元币值下的后进先出法和美元币值下的后进先出零售法来计算期末存货。

使用后进先出池消除了保持不同产品详细的后进先出层级信息的需要,从而简化了后进先出法。当后进先出池中的项目数量在当期有所增加时,就增加一个新的后进先出层级。项目的减少可以被其他项目的增加所抵消,从而减少后进先出清算的频率。选择合适的后进先出池以最大化税务递延,需要分析后进先出清算的可能性,以及不同种类存货价格变化的相对比率。

美元币值下的后进先出法进一步简化了后进先出法的记账。用美元币值下的后进先出法，存货的美元估值（而非物理数量）是度量的基本单位。

美元币值下的后进先出法的计算过程如下：

- 用期末价格计算期末存货的价值。
- 以价格指数将该价值转化为基年价格。
- 与基年价格下的期初存货比较，决定新的后进先出层级是否应该增加。
- 所有后进先出层级都基于适合层级创建年的价格指数转化为基年价格。新的层级可以使用期末价格指数（先进先出假设）、一个平均价格指数（平均成本假设）或是第一次购买价格指数（后进先出假设）。

几乎所有使用后进先出法的零售企业都使用美元币值下的后进先出零售法。美元币值下的后进先出零售法的计算过程如下：

- 使用当期购买的成本和售价信息计算当年的成本比率。
- 用价格指数决定是否创造一个新的后进先出层级。
- 用合适的成本比率将所有后进先出层级的零售价值转变为成本。

14. 计算在购货承诺中价格变化的影响。

购货承诺，也就意味着企业在实际购买之前就已经锁定存货的成本。在约定日期与购买日之间发生减价，适用成本与市价孰低规则。不需分录记录购货承诺，但是当承诺购货后，减价发生时，应该在减价当期记录这些损失。

15. 记录以外币计量的存货交易。

对于美国公司而言，以非美元交割的交易均是外币交易。外币交易将公司暴露在购买日与支付日之间的汇率风险下，汇率变化的利得或损失在汇率变化的当期确认。

IASB 概述

主题	美国 GAAP	IASB 准则
后进先出法	在美国 GAAP 下是可以使用的。遵循后进先出一致性规则，一个企业将后进先出法用于税务报告时，也必须将其用于财务报告。	*IAS 2* 后进先出法不被允许，这是在 2003 年的 *IAS 2* 修订稿中规定的。
成本与市价孰低法	*ARB 43* 存货记录使用成本与市价孰低法，其中，市价定义为存货的重置成本，并有上下限。如果市价低于历史成本，那么期末存货就使用市价来计量。	*IAS 2* 存货记录使用成本与可变现净值孰低法记录。不像美国 GAAP，如果存货价值后期恢复，则存货减值将被转回。

关键术语

作业成本法　　寄销品
平均成本法　　直接材料
现金折扣　　成本动因
最高限价　　美元币值下的后进先出法

进入成本
退出价值
产成品
先进先出法
最低限价
离岸价格
离岸点
总价法
毛利法
毛利率
间接材料
存货
存货周转
后进先出法
后进先出一致性规则
后进先出存货池
后进先出层级
后进先出清算
后进先出储备
成本与市价孰低法
制造费用
市价
净价法
存货周转天数
期间成本
定期盘存制
永续盘存制
产品成本
原材料
重置成本
损失
个别计价法
商业折扣
在产品

扩展资料

成本比率
美元币值后进先出零售法
双重乘数法
外币交易
初始成本加成
减价
加价
原始零售价
价格指数
购货承诺
存货零售法
现汇汇率

问题

1. 针对以下情况,应该选择永续盘存制还是定期盘存制?
(a) 珠宝店
(b) 学校书店的计算机室
(c) 学校书店的甜品点
(d) 汽车专卖行
(e) 汽车零件专卖行
(f) 小工具零售店
(g) 塑料制品零售店

2. 一个校园书店拥有电算化存货记录系统。该书店更倾向于永续盘存制还是定期盘存制?并解释原因。

3. 区分存货的相关成本应该包括在存货的成本中还是费用中的一般准则是什么?

4. 直接材料与间接材料的区别是什么?

5. 存货核算的四个相关问题是什么?

6. 通用汽车的产成品是最初的存货。那么,是不是所有的汽车都应该作为资产负债表中的存货？并解释原因。

7. (a) 在产品和产成品的三个成本因素是什么？

(b) 制造费用都包括什么项目？

8. 什么是作业成本法？

9. 寄销品和分期付款销售在期末存货成本中如何计量？

10. 存货销售回购的核算方法是什么？

11. 在什么情况下,交易是作为(a) 卖方,(b) 买方的存货？

12. 永续盘存制下的存货损耗如何计算？

13. 个别计价法可以应用于什么产品？

14. 哪个更匹配产品的实际流动,是先进先出还是后进先出？哪个更匹配当期成本和当期收入？

15. 现金折扣有哪两种核算方法？哪个更好？为什么？

16. 平均成本法有什么优点？

17. (a) 什么情况下新建后进先出层级？(b) 什么是后进先出储备？

18. 假设在实地盘存中没有存货的变化。在涨价期间,哪个存货估值方法(先进先出法和后进先出法)可以使期末存货余额更多？以及更低的应付所得税？

19. 什么是后进先出法的一致性原则？这一原则在第一次实行后如何调整？

20. 为什么后进先出法和平均成本法在永续盘存制中比在定期盘存制中更复杂？

21. 成本与市价孰低法的使用对于传统会计来说是不必要的。评论这个观点。

22. 为什么上限与下限是替代成本的必要考虑因素？

23. 什么企业最不倾向于使用后进先出法？并解释。

24. 当前在 IASB 准则中,是如何规定后进先出法的？

25. A 公司的存货周转率为 8.0,B 公司的存货周转比率为 10.0,两家公司都是做相同项目的,哪家公司管理存货更有效率？并解释。

26. 毛利法中需要什么信息计算合理的毛利率？

27. 阐述以下错误对当期或以后期间的 Clawson 公司的利润表与资产负债表产生的影响：

(a) 持有产品计数错误使期末存货虚增。

(b) 当年公司没有记录一项商品的购买,购买的商品也没有计入期末存货。

(c) 持有产品计数错误使期末存货被低估。

28. 怎样看待 *IAS 2* 中的条款与美国 GAAP 中成本与市价孰低准则的不同？

29. 为什么管理者都很在意存货交易中的的估值问题？

30. 成本与市价孰低法应用于个别存货而不是整个存货会产生什么不同？

扩展资料

31. 先进先出与后进先出假设怎样在零售盘存方法中应用？

32. 在毛利法中零售盘存法的优点是什么？

33. 一个企业考虑确认美元币值下的后进先出组的因素是什么？

34. (a) 在成本与市价孰低法中减价是如何被处理的?(b) 当零售盘存法评估成本与市价孰低时如何处理减价?

35. 在计算后进先出层级的成本以及美元币值下的后进先出法时,指数应用于两个不同的目的。明确区分这些应用并描述指数是如何应用的。

36. 美元币值下的后进先出法的主要优点是什么?

37. 当使用美元币值下的后进先出零售法时,期初存货怎样影响成本比率的计算?怎样处理减价?

38. 如何初始计量购货承诺?并解释。

39. 证明美元币值下的后进先出法中可以用来衡量新的后进先出层级的三个不同的指数。哪个指数更符合后进先出假设?

40. 为什么资产负债表日的调整反映了兑换比率的变化?

41. 是否所有与国外公司的交易都被定义为外币交易?如果不是,那什么样的交易被定义为外币交易?

练习

[练习 9-1] 永续盘存与定期盘存的计算

LO2 期初存货为 220 000 美元。在当期购买了 720 000 美元,卖出 1 250 000 美元。实地盘存期末存货为 145 000 美元。(1) 如果使用定期盘存制,计算销售成本。(2) 制作日记账并记录存货损耗,假定使用永续盘存制,其销售成本为 710 000 美元。

[练习 9-2] 在途物资以及寄销品

LO3 公司在 12 月 31 日计算期末存货。以下项目都没有包括在总的企业期末存货的计算中:

- 15 000 美元的商品在公司的仓库中,这都是另一家公司的寄销品。
- 公司卖掉的 20 000 美元的商品在 12 月 30 日离岸,并且交易于 12 月 31 日完成;这些商品到 1 月 2 日收到。这里用的是目的地交货。
- 公司购买的 30 000 美元的商品在 12 月 30 日离岸,并且在 12 月 31 日交易;商品在 1 月 2 日收到,用的是寄发地交货。
- 公司有 40 000 美元的商品在 12 月 30 日销售并运出,在 12 月 31 日交易,客户在 1 月 2 日收到。这里用的是寄发地交货。

公司记录存货(修正前)为 200 000 美元。公司应该在 12 月 31 日实际记录多少存货?

[练习 9-3] 存货计价:先进先出法、后进先出法和平均成本法

LO5 公司当年记录存货的数据如下:

	数量	单价
期初存货	300	$17.50
购买:		
3 月 23 日	900	18.00
9 月 16 日	1 200	18.25
期末存货	400	

计算销售成本和期末存货在先进先出法、后进先出法与平均成本法下的计价。公司使用定期盘存制。

[练习 9-4]　存货计价:永续盘存制的复杂性

LO5　对于练习 9-3 的假设,其销售发生如下:

	销售数量
1 月 16 日	100
6 月 15 日	600
9 月 1 日	1 300
总计	2 000

计算销售成本和期末存货在先进先出法、后进先出法与平均成本法下的计价。公司使用永续盘存制。

[练习 9-5]　记录购买折扣

LO4　5 月 23 日,公司购买 450 000 美元的存货。购买条款为 2/10,*n*/30。记录购买和后续账款,假设:(1) 公司使用净利法,付款日为 7 月 1 日;(2) 公司使用净利法,付款日为 6 月 15 日;(3) 公司使用毛利法,付款日为 7 月 1 日;(4) 公司使用毛利法,付款日为 6 月 15 日。假设公司采用永续盘存制。

[练习 9-6]　后进先出层级

LO6　公司在第一年开始经营。存货购买和销售也从第一年开始:

	购买数量	单位成本	销售数量
第一年	50	$2.50	40
第二年	80	3.00	65
第三年	90	3.40	90
第四年	130	4.00	100

计算公司在第四年的期末存货。公司使用后进先出存货计价法。

[练习 9-7]　后进先出储备和后进先出清算

LO6　参考练习 9-6,计算:

1. 在第四年年末的后进先出储备。
2. 第四年的销售成本。
3. 假设购买从 130 转为 75 后,第四年的销售成本。

[练习 9-8]　后进先出法和所得税

LO7　参考练习 9-6 中,假定公司在销售成本中没有其他费用,销售单价为 6 美元,所得税税率为 40%。计算第一年到第四年的所得税,假设:(1) 使用先进先出法;(2) 使用后进先出法。

[练习 9-9]　成本与市价孰低法

LO7　下表是公司期末存货的记录:

项目	初始成本	销售价格	销售成本	替代成本	利润
A	$ 575	$ 700	$ 50	$ 600	$100
B	700	820	80	550	150
C	1 180	1 250	100	1 100	300

应用成本与市价孰低法计算每个存货项目。在资产负债表中,总存货为多少?

[练习 9-10]　毛利法

LO9　7 月 23 日,公司存货因为飓风而遭受破坏。为了谨慎性原则,公司必须对其进行可靠的评估。公司使用定期盘存制，数据如下：

1月1日存货	$1 000 000
1月1日—7月23日购买	3 700 000
1月1日—7月23日销售	5 000 000
历史毛利率	
上一年	60%
两年前	55%

评估企业7月23日的存货，使用(1) 上年度毛利率和(2) 两年前的毛利率。

[练习 9-11] 计算存货比率

LO11 企业记录信息如下：

期初应收账款	$2 000
销售收入	8 000
期末存货	3 000
期末应收账款	2 400
销售成本	4 200
期初存货	2 600

计算存货周转率和存货周转天数。

扩展资料

[练习 9-12] 零售盘存法

LO12 公司的记录如下：

	成本	零售价
1月1日存货	$20 000	$30 000
1月购买	20 000	35 000

当月销售收入为47 000美元。使用平均成本法计算公司当月的期末存货成本。

[练习 9-13] 美元币值下的后进先出零售法

LO13 公司记录当年的零售数据如下：

日期	年末零售价格指数	新增层级指数	成本比率	零售存货
1月1日	1.00	1.00	65%	$80 000
12月31日	1.10	1.05	70%	110 000

使用美元币值下的后进先出零售法来计算年末的存货成本。

[练习 9-14] 外币交易中的存货购买

LO15 在第一年的11月6日，公司从印度尼西亚购买存货。购买价款为100 000 000印度尼西亚卢比。11月6日，汇率为8 700卢比兑1美元。12月31日，汇率为10 000卢比兑1美元。公司在第二年的3月23日付款。那一日的汇率为9 100卢比兑1美元。记录11月6日、12月31日以及3月23日的日记账。公司采用永续盘存制。

[练习 9-15]　购货承诺

LO14　在第一年的 11 月 17 日，公司建立购货承诺，即在第二年的 2 月 14 日购买 250 000 盎司黄金，平均每盎司 310.2 美元。在第一年的 12 月 31 日，黄金市价为每盎司 275.1 美元。2 月 14 日，黄金市价为每盎司 292 美元。记录 11 月 17 日的购货承诺、12 月 31 日的调整分录以及 2 月 14 日的实际购买。公司采用永续盘存制。

习题

[习题 9-16]　永续盘存制与定期盘存制

LO2　下面是 Stevenson 公司的存货信息：

期初存货	200 单位@ $8
购买	350 单位@ $8
期末存货	100 单位

当年销售收入 5 900 美元。所有这些销售和购买都记录在账户中。

1. 在定期盘存制下记录购买和销售。
2. 在定期盘存制下计算销售成本。
3. 在永续盘存制下，永续记录表示其销售收入 5 900 美元代表销售 400 单位产品，总成本 3 200 美元，为当年的购买、销售和库存损耗记录日记账。

[习题 9-17]　现金折扣

LO4　Olavssen 硬件从 Dawson 供应商购买货物。Olavssen 使用净值法来记录购买价和折扣。8 月 15 日，Olavssen 硬件从 Dawson 购买材料。发票中显示价格为 15 536 美元，附带条件为 2/10，n/30。在 8 月 28 日付款给 Dawson 供应商。公司采用定期盘存制。做出分录记录购买和后续支付（四舍五入至美元）。

[习题 9-18]　净值法与毛利法

LO4　12 月 3 日，Ainge 印刷购买了 7 400 美元的纸张材料。购买条款为 3/10，*n*/20。Ainge 印刷公司也在 12 月 10 日购买了墨盒 10 300 美元，其条款为 3/10，*n*/30。12 月 16 日，引述 Ainge 印刷公司付款。公司没有使用永续盘存制：

1. 给出记录购买和付款发票的分录，假定使用(1) 净值法与(2) 毛利法计算。
2. 假定 Ainge 印刷公司没有在 12 月 31 日前付款。那么给出年末净值法下的调整分录。

[习题 9-19]　存货方法的比较

LO5　Dutch Truck 公司销售拖车，当期的存货包括以下的五个拖车：

拖车	购买日期	成本
1	2011 年 4 月 3 日	$73 000
2	2011 年 4 月 10 日	70 000
3	2011 年 4 月 10 日	71 000
4	2011 年 5 月 4 日	77 000
5	2011 年 5 月 12 日	78 500

2011 年 5 月 20 日，一个卡车厂向 Dutch 购买 3 辆共计 86 000 美元的拖车。

1. 计算毛收益，假设 Dutch 使用：(a) 先进先出法；(b) 后进先出法；(c) 个别计价法。
2. 哪个方法你认为比较适用？为什么？

[习题 9-20] 用不同的成本流来计算存货

Webster 商场的信息如下：

存货,1月1日	300单位@ $17.50
销售,1月8日	200单位
购买,1月10日	900单位@ $18.00
销售,1月18日	800单位
购买,1月20日	1 200单位@ $19.50
销售,1月25日	1 000单位

在定期盘存制中,使用先进先出法、后进先出法和平均成本法时的期末存货成本各为多少(四舍五入至小数点后三位)?

[习题 9-21] 后进先出法下存货的计算

LO6 White 农场第一季度购买商品 Y2 的记录如下：

	数量	成本
8月	5 500	$28 050
9月	8 000	41 600
10月	5 100	27 030

商品 Y2 在使用先进先出法时10月的价值为36 390美元。

1. 假设8月和9月没有销售商品 Y2,使用后进先出法时10月的成本为多少?

2. 如果公司使用后进先出法,那么10月31日的季度报告中关于先进先出法的存货价值是多少?

[习题 9-22] 不能对后进先出层级进行替换的盈利影响

LO6 Harrison Lumber 公司使用定期盘存制下的后进先出法来记录存货成本。以下是其对夹板的记录：

日期	数量	后进先出成本层级
5月1日	600件	300件@ $8
		225件@ $11
		75件@ $13

夹板购买：

5月8日	115件@ $14
5月17日	95件@ $15
5月29日	200件@ $14.5

所有在5月的夹板销售单价都为20美元。5月31日,有360件夹板在商场中。

1. 计算5月的毛利,用美元币值表示并且计算其毛利率。

2. 假定因为其他公司冲击,本公司的夹板购买在6月10日之前都无法购进5月29日的货物。假定销售仍然进行,重新计算5月的毛利和毛利率。

3. 比较(1)和(2)的答案并解释不同。

[习题 9-23] 净利润的不同——先进先出法 vs. 后进先出法

LO7 假定 Bullock 公司某产品的购买和销售在前三年的记录如下：

年份	购买		销售	
	数量	单位成本	数量	单位成本
1	10 000	$10	8 000	$14
2	9 000	12	9 000	17
3	8 000	15	10 000	18
	27 000		27 000	

Bullock 只有销售成本，所得税税率为 40%。

1. 在先进先出法的历史成本记录下，计算前三年每年的净利润(税后)。

2. 在后进先出法的历史成本记录下，计算前三年每年净利润(税后)。

3. 比较总净利润。不同的成本记录会对净利润与现金流有怎样的影响？从现金角度看，哪个成本记录更有利？并解释。

[习题 9-24] 成本与市价孰低法

LO8 Newcomer 公司的存货价值使用成本与市价孰低法记录。存货在第一年与第二年的记录如下：

	成本	市价
第一年	$58 000	$53 000
第二年	75 000	73 800

1. 为年末存货计价做出必需的日记账(假设 Newcomer 使用存货备抵账户)。

2. 第一年，假设销售收入为 510 000 美元，购买为 440 000 美元。在第一年的利润表中，销售成本在以下两种情况下应如何记录：(1) 单独记录存货减少；(2) 不单独记录存货减少？

[习题 9-25] 存货损失——毛利法

LO9 在 2011 年 8 月 15 日一场飓风毁坏了 Rheinhart 的仓库。所有存货和会计记录都被毁坏。尽管存货没有保险，还有少量可以销售。通过留下的记录，我们可以看到：

存货，1 月 1 日	$ 375 000
购买，1 月 1 日—8 月 15 日	1 385 000
现金销售，1 月 1 日—8 月 15 日	225 000
应收账款收回，1 月 1 日—8 月 15 日	2 115 000
应收账款，1 月 1 日	175 000
应收账款，8 月 15 日	265 000
存货残留价值	5 000
销售毛利率	32%

计算存货损失。

[习题 9-26] 后进先出存货的调整

LO10 Manwaring 制造企业的存货记录：

	购买		销售
	数量	单位成本	数量
2009	8 200	$4.30	5 800
2010	8 900	4.80	9 200
2011	6 800	5.10	6 300

公司使用后进先出法计价。在前三年的期末存货记录为：

2009	$10 320
2010	9 630
2011	12 120

确定 Manwaring 制造企业的存货记录是否正确。假设 2011 年的会计记录没有终止，做出调整分录。

扩展资料

［习题 9-27］ 零售盘存法

LO12 Help-U-Succeed 书店最近收到一个发行商的会计教材。在收到之后，FASB 颁布了与书中一章直接相关的新会计准则。这一章的内容在 FASB 的新准则下立即就成为了废弃的内容。所以在销售这些书时，书店减价销售，并提供单独的新材料，这由发行商免费提供。关于成本和销售价格的相关信息都在 9 月的信息中给出：

	成本	售价
期初存货	$ 2 400	$ 3 000
购买	27 000	36 000
运输	1 800	
减价		2 600
销售		31 200

基于给出的数据，在零售盘存法下计算期末存货假设：

1. 成本与市价孰低估值。
2. 平均成本估值。

难题

［难题 9-28］ 计算制造公司的销售成本

LO1，LO4 以下为 Granite 公司的信息：

	2011	2010	2009
原材料：			
期初存货	$ 125	$?	$ 96
购买	372	410	?
可供使用的原材料	$?	$?	$ 463
期末存货	136	?	?
已使用的原材料	$?	$ 379	$ 369
直接人工	318	?	307
制造费用	398	401	?
总制造成本	$?	$1 093	$1 059
在产品(1 月 1 日)	78	?	74
	$1 155	$?	$?
在产品(12 月 31 日)	?	78	?
制造产品成本	$?	$?	$1 052
产成品(1 月 1 日)	?	90	83
	$1 167	$?	$?
产成品(12 月 31 日)	?	110	?
销售成本	$1 067	$1 076	$?

要求：计算打问号的数字。

［难题 9-29］　计算资产负债表中的存货和交易数据

LO4，LO5　Stark 公司的部分资产负债表为：

	2011 年 12 月 31 日	2010 年 12 月 31 日
资产：		
现金	$353 300	$100 000
应收票据	0	25 000
存货	?	199 875
负债：		
应付账款	?	75 000

Stark 公司已用现金支付了所有经营费用，并用信用购买所有存货。2011 年，现金 471 700 美元用于付款应付账款。经营费用在 2011 年为 220 000 美元。所有销售都是现金销售。存货以每月 1 500 单位的速度购进，使用定期盘存制下的先进先出法。2011 年 1 月存货单位成本为 32.6 美元，每月增长 0.1 美元。Stark 公司只制造一种产品。所有销售单价为 50 美元。2011 年期末存货的单位成本为 32.5 美元。

要求：

1. 计算 2011 年的销售数量。
2. 计算 2011 年 12 月 31 日的应付账款余额。
3. 计算期初存货数量。
4. 计算期末存货数量和价值。
5. 编制 2011 年的利润表（包括详细的销售成本部分，并忽略所得税）。

［难题 9-30］　后进先出存货系统的影响

LO6　Norsk 公司销售日常用品并使用后进先出法计算成本。存货包括 10 中不同的产品，在历史后进先出层级中包括了它们。后进先出层级的一个产品——厨具用品在 2010 年 12 月 31 日的记录如下：

2009 年层级	4 600@ $75	2000 年层级	2 300@ $58
2004 年层级	4 100@ $65	1998 年层级	5 000@ $50

要求：

1. 2010 年 12 月 31 日，厨具用品的期末存货价值是多少？
2. 2010 年 12 月 31 日，厨具用品的数量是怎样与 2009 年年末的数量相比较的？
3. 2011 年年末，假设持有 15 600 单位的存货，那么其期末价值为多少？
4. 继上题条件，如果 Norsk 公司 2011 年 12 月 31 日有 950 单位商品在交易中，其是如何影响净利润的？运输在 2011 年 12 月 26 日离岸，采用寄发地交货计价。发票成本为 78 850 美元。忽略所得税。假设 2011 年购买的所有产品以与这 950 单位产品相同的价格购入。

［难题 9-31］　成本与市价孰低法

LO8　Witte 公司有四种存货，以下为其 2011 年年末各存货的单位数据：

	数量	成本	替代成本	销售估价	销售成本	利润
类型 1:						
商品 A	2 500	$10.50	$10.00	$13.00	$1.25	$2.00
商品 B	1 850	7.00	6.50	9.75	0.75	1.10
类型 2:						
商品 C	4 000	3.00	2.25	4.65	0.75	0.60
商品 D	2 950	6.50	7.00	7.25	1.25	1.50

要求：

1. 计算存货在以下方法下的价值：

(a) 成本

(b) 对个别存货应用成本与市价孰低法

(c) 对存货类型应用成本与市价孰低法

(d) 对所有存货应用成本与市价孰低法

2. 假设存货按如下估值，做出反映合理存货价值的分录：

(a) 成本

(b) 对个别存货应用成本与市价孰低法

(c) 对存货类型应用成本与市价孰低法(提醒：使用估值备抵)

(d) 对所有存货应用成本与市价孰低法

[难题 9-32] 临时存货计算——毛利法

LO9 以下信息为 Prairie 公司的记录：

	2010 年 1 月 1 日—2010 年 12 月 31 日	2011 年 1 月 1 日—2011 年 9 月 31 日
销售收入	2 500 000	1 500 000
期初存货	420 000	785 000
购买	2 152 000	1 061 000
进货运费	116 000	72 000
购买折扣	30 000	15 000
购买转回	40 000	13 000
购买补贴	8 000	5 000
期末存货	785 000	?
销售费用	450 000	320 000

要求：使用毛利法计算 2011 年 9 月 30 日的存货，并制作一个期限 9 个月的利润表。

[难题 9-33] 存货转回分析

LO11 以下 Whittier 技术公司的信息摘自公司财务报表(单位：千)：

	2011	2010	2009	2008
销售收入	$60 000	$51 000	$39 000	$30 000
销售成本	41 200	34 900	26 500	22 200
存货	3 000	2 700	2 200	1 800
应收账款	5 600	5 200	5 100	4 700
应付账款	2 500	2 100	1 900	2 400
净利润	7 260	6 540	4 950	4 100

要求：

1. 计算 2009—2011 年的存货周转率和存货周转天数。使用平均存货法计算。
2. 评估公司的存货周转率。

扩展资料

[难题 9-34] 美元币值下的后进先出存货法

LO13 Bob 零件商场在 2006 年 1 月 1 日开始运营。在与会计师讨论后，Bob 决定使用美元币值下的后进先出法来计量存货。以下为零件商场的存货信息：

日期	期末存货价值	年末指数
2006 年 12 月 31 日	$32 400	1.00
2007 年 12 月 31 日	43 100	1.16
2008 年 12 月 31 日	61 300	1.34
2009 年 12 月 31 日	52 900	1.20
2010 年 12 月 31 日	79 700	1.68
2011 年 12 月 31 日	70 800	2.10

要求：计算每年年末在美元币值下的后进先出法下的存货价值，假定新增层级的计价使用年末价格指数。

[难题 9-35] 购货承诺

LO14 2011 年 11 月 17 日，Antarctic 航空签订一个购货承诺，在 2012 年 3 月 23 日以 150 000 美元购买 3 000 桶原油。公司用这个购货承诺来保护自己以抵御原油市场的涨价。12 月 31 日，购买价格跌至每桶 43 美元。但是在 2012 年 3 月 23 日，公司购买的 3 000 桶原油涨到了每桶 54 美元。

要求：

1. 为 2011 年 11 月 17 日的购货承诺记录日记账。
2. 对 2011 年 12 月 31 日的账目进行适当调整。
3. 以什么科目（如资产、负债或收入）来记录购货承诺的损失？
4. 对 2012 年 3 月 23 日的购买进行记录，公司采取定期盘存制。

[难题 9-36] 外币交易

LO15 Charles & Sons 是一家美国公司，在 2010 年 12 月进行了如下交易：

(a) Goldstar 公司是一家韩国企业，于 2010 年 12 月 12 日销售 5 000 个电脑硬盘给 Charles & Sons 公司，每台 100 000 韩元。Charles & Sons 公司在 2011 年月 13 日支付货款。

(b) Charles & Sons 公司在 2010 年 12 月 21 日销售 2 000 个电脑硬盘给瑞士的 Lockner 公司。Lockner 公司同意支付每个 135 美元的价款，并在 2011 年 2 月 4 日付齐。

(c) Charles & Sons 公司在 2010 年 12 月 28 日销售 2 400 个电脑硬盘给加拿大的 Geopacific 公司。公司每个支付 148 美元。在 2011 年 1 月 10 日收齐款项。

(d) Charles & Sons 公司在 2010 年 12 月 28 日收到日本的 Printco 公司的打印机 1 000 台。价值为每台 45 000 日元,公司于 2011 年 1 月 14 日付齐货款。

汇率信息如下:

	单位外币的美元价值		
	销售或购买日	报表日	付款或收款日
韩元	$0.00103	$0.00112	$0.00115
瑞士法郎	0.670	0.632	0.655
加元	0.910	0.935	0.905
日元	0.0075	0.0069	0.0073

要求:对 Charles & Sons 公司的以上交易进行记录:(1) 原始交易日期;(2) 报表日;(3) 付款或收款日。

案例

[案例 9-37] 我应该怎么做?

Fay Stocks 销售传统地毯。她使用先进先出法来计量存货成本。可供销售存货的记录如下:

存货日期	当前存货	成本
6 月 14 日	4	@ $1 200 每条
6 月 21 日	3	@ $1 500 每条
7 月 5 日	6	@ $1 700 每条

7 月 31 日,一个富有的顾客购买了三条地毯,为每一个支付 2 600 美元。Fay 立即换上新的地毯,价值为每条 2 300 美元。另外,Fay 也很快付齐 40% 的所得税。假定没有其他费用。那么 Fay 的税后净利润是多少? Fay 在销售地毯中的净现金流、所得税,以及以后的三条地毯支付数是多少? 为什么净利润与现金流入会不同? 在其他环境下使用不同方法之后的结果如何?

[案例 9-38] 我们应该使用后进先出法吗?

你是 Ford 轮胎公司的控制者。经济处在一个高通胀时期。尽管本年的利润相对于去年有所增长,但是你意识到成本也在逐渐增长。你意识到很多公司开始采用后进先出法以减少当期赋税,但是你担心这种增长也会有下降的时候,也就是价格下降时,后进先出法会造成更高的税负。因为降价经常等同于经济衰退,使得在收入下降的时候赋税更高。

在转换为后进先出法前你需要考虑什么因素? 基于以上考虑,你做何评价?

[案例 9-39] 解析财务报表(Circle K)

Circle K 是美国一家最大的平价商场。Circle K 把产品分为两种类型:汽油和商品(夹馅面包、牛肉、牛肉干和苏打水等)。以下为其 1994 年 4 月 30 日的节选财务报表数据。(记录:更多的当期财务报表数据不再可查,因为 Circle K 现在是一个更大型的企业。见第 5 章的开篇案例。)

	汽油	商品
销售收入	$15.625 亿	$17.103 亿
销售成本	13.721 亿	11.926 亿
期末存货	0.266 亿	0.939 亿

1. 计算两种产品的毛利率。给出这些数字,你对平价商场的自动付款系统怎样看待,即消除了进入商场购买汽油的需求?

2. 计算两种产品的存货周转率(基于期末存货)。

3. 计算两种产品的存货周转天数。为什么汽油的存货周转天数要少于商品的存货周转天数?

选择 Circle K 1988—1993 年的报表数据。所有单位都为百万美元。

	1993	1988
销售收入:		
汽油	$1 504.1	$ 964.6
商品	1 541.8	1 649.2
销售成本:		
汽油	1 354.5	862.4
商品	1 054.5	1 030.8
期末存货	131.2	191.0

1994 年,Circle K 总销售 3 272.8 美元,购买价 2 554 美元。

4. 1988 年和 1993 年哪一年的数据更适合评估 1994 年的毛利率?并做相应解释。

5. 使用毛利法,估计 Circle K 公司 1994 年的期末存货。

[案例 9-40]　解析财务报表(卡特彼勒和福特汽车)

福特汽车和卡特彼勒都使用后进先出法来计价存货。卡特彼勒应用其计量 75% 的存货和福特公司则为 25% 的存货。以下为两家公司的 2007 年 10-K 报告:

	福特汽车	卡特彼勒
销售成本	$142 587	$32 626
期初后进先出存货	10 017	6 351
期末后进先出存货	10 121	7 204
期初后进先出储备	1 015	2 403
期末后进先出储备	1 100	2 617

1. 对于所有公司来说,在 2007 年年末,因为后进先出储备的存在使得后进先出存货少于先进先出存货计价。计算 2007 年年末的后进先出存货/先进先出存货比率。评论这个结果。

2. 在卡特彼勒公司,2007 年如果采用先进先出法,销售成本为多少?

3. 什么原因使得卡特彼勒公司的后进先出储备多于福特公司?

4. 如果公司采用先进先出法,你能使用财务报表数据来计算公司使用后进先出法时的商品销售成本吗?并解释。

[案例 9-41]　解析财务报表(3M:明尼苏达采矿制造公司)

在明尼苏达采矿制造公司(3M)中给出了以下商业资料:

3M 是全球范围内如下行业的多元化技术公司:工业和运输、医疗健康、展览和绘画、住宿和办公、保全和保护服务、电力和交流。3M 是许多市场中的领导制造商。很多 3M 产品都是产品开发、制造和推广的精品。

与 3M 产品类似的包括透明胶带和无所不在的便利贴。

存货数据来自 3M 的 2007 年 10-K 报告:

（单位：百万美元）

	2007	2006
销售成本	$12 735	$11 713
存货：		
产成品	$ 1 349	$ 1 235
在产品	880	795
原材料	623	571
总存货	$ 2 852	$ 2 601

1. 计算 2007 年的制造商品销售成本。
2. 计算 2007 年的总制造成本。
3. 计算 2007 年的存货周转天数（使用平均存货）。计算使用：(a) 总存货；(b) 产成品存货。
4. (3) 中的两个数字，哪一个更有意义？请解释。

[案例 9-42]　道德困境（后进先出法和存货购买的时间战略）

你提高了对 Lam Tin 工厂当前的购买费用。Lam Tin 是一家私有公司，Kwun Tong 公司（一家大型上市公司）正在协商对其收购。12 月，Lam Tin 最终与 Kwun Tong 合并，包括购买价格，都将发生在 2 月，也就是在 Lam Tin 的财务报表被审计并公告之后。

你对早些日子收到 Lam Tin 财务经理的要求有些困惑。她来到你的办公室并想要推迟 12 月的存货购买记录到 1 月的第一个星期。你解释这将导致年末存货的减少，将少于之前年末水平的一半。这位财务副总在离开你办公室之前依然请求这么做。

这个请求看起来愚蠢，你拿出了 Lam Tin 往年的记录。你怀疑，Lam Tin 使用后进先出法并建立了很多后进先出储备。如果你推迟了 12 月的购买直到 1 月的话，Lam Tin 将会清算很大一部分旧的后进先出层级，会导致当年的报告中利润有很大的增长。对于 Lam Tin 来说，这是一个很大的利润增长，并可能会增大 Kwun Tong 对 Lam Tin 的购买价格。

你会对财务副总说出你的怀疑吗？对 Lam Tin 的独立审计师会说吗？或是对 Kwun Tong 协商组？请解释。

[案例 9-43]　累进式电子工作表分析

这个电子工作表作业是之前章节电子工作表作业的继续。如果你完成了这些作业，你将是这方面的领先者。

借鉴之前第 3 章第一部分累进式电子工作表分析作业的介绍，编制 2011 年修正的财务报表。

1. 天行者公司希望编制 2012 年预测资产负债表、预测利润表和预测现金流量表。使用 2011 年财务报表数据以及以下额外信息作为预测的基础。

(a) 2012 年销售收入从 2011 年的 2 100 美元增加 40%。

(b) 2012 年，天行者公司期望购买新的不动产、厂房和设备，总计成本 240 美元。

(c) 2011 年报告的 480 美元经营费用分解如下：15 美元折旧费用和 465 美元其他经营费用。

(d) 2012 年没有获得新的长期负债。

(e) 2012 年不支付现金股利。

(f) 获得新的短期应付贷款，使得 2012 年天行者公司的流动比率等于 2.0。

(g) 2012 年，天行者公司不打算回购任何额外的股票。

(h) 由于未来价格和汇率难以预测，天行者公司的最佳估计是 2012 年累计其他综合收益保持不变。

(i) 由于没有进一步的其他信息，假设 2012 年投资证券、长期投资、其他长期资产和无形资产将和销售收入增长同样的比例(40%)。

(j) 由于没有进一步的其他信息,假设 2012 年长期负债将和销售收入增长同样的比例(40%)。

(k) 投资证券被分类为可供出售证券。相应地,购买和销售这些证券的现金可以分类为投资活动。

(l) 影响其他长期资产和其他长期负债账户的交易属于经营活动。

(m) 现金和投资证券会与销售同比增长。

(n) 2012 年预测的应收账款使用预测年度平均收账期。平均收账期在 2012 年为 14.08 天。为使计算简便,14.08 天的数值基于年末应收账款的预测而不是平均应收账款的预测。

o. 2012 年存货数的预测由存货周转天数的预期数决定。存货周转天数在 2012 年预测为 107.6 天。为使计算简便,107.6 天的数值基于预测期末存货而不是存货的平均值。

p. 2012 年应付账款的预测由应付账款周转天数的预期数决定。应付账款周转天数在 2012 年预测为 48.34 天。为使计算简便,48.34 天的数值基于预测期末存货而不是存货的平均值。

明确列出任何你所做的附加假设。

2. 重复第一部分,用以下假设来计算:

a. 存货周转天数预期为 66.2 天。

b. 存货周转天数预期为 150.0 天。

3. 评论基于不同的存货周转天数假设下的 2012 年经营活动现金流的预测,存货周转天数的假设分别为:107.6 天、66.2 天、150.0 天。

4. 存货周转天数改变会不会影响预期的应付账款数？为什么？

5. 当存货周转天数为 66.2 天时,预期的短期负债有何变化？并做相关解释。

第10章　非流动性经营资产的投资——资产的取得

学习目标

1. 辨认各种类型非流动性经营资产的购买成本。

2. 正确做出各种特别方式下非流动性经营资产取得的会计处理，包括延期支付、自建和企业合并。

3. 区分应该立即费用化的支出和应该资本化的支出，并理解研发支出和石油、天然气开采支出的会计准则。

4. 单独取得、一揽子交易取得和商业并购取得的无形资产的确认。

5. 讨论用公允价值记录非流动性经营资产的利弊。

6. 运用固定资产周转率来衡量一家公司使用其不动产、厂房和设备的效率。

Jerry 1989年买下达拉斯牛仔队后的第一个举动是解雇了Tom Landry，他自从牛仔队进入全国足球联盟(NFL)后就一直是他们的教练，因此杰瑞在德克萨斯并没有交到太多朋友。当牛仔队第一年在新的教练吉米·约翰逊带领下输掉了16场比赛中的15场时，杰瑞变得更不受欢迎。[①] 在这些日子里，达拉斯牛仔队作为一个球队变得消沉了，但其却是一项精明的商业投资。当一个阿肯色州的石油商人Jones以1.5亿美元购买了这支球队时，他获得了各种各样的资产。这些资产包括各种足球设备、球场租赁权、广播和电视转播权、有线电视权、豪华球场套房、运动员合约、牛仔队豪华训练设备的租赁权和NFL的特许经营权。

将购买价格分配到各项资产并确定其使用寿命是一项困难又具挑战性的工作。当Jones的前任H.R“Bum”Bright在1984年以8 500万美元购买了达拉斯牛仔队时，他将一半的购买价格分配在了球员合约上。为了节税，那些需要摊销的资产在四年里就被注销了。[②] 当Jones取得牛仔队时，他也得到了同样的税收减免。

但是像Jones这样的企业家并不会只是依赖折旧的税收优惠致富。在球队这段黑暗的日子里琼斯很快着手让其财务状况回到过去——在1988年牛仔队亏损950万美元。琼斯鼓励球队的会计寻找减少费用的途径——重新商定保单、寻找更有竞争力的门票印刷商、提供训练室、移走训练中心停车场的照明灯。琼斯同时通过出租99个未出租的豪华包厢来提高收入(每年产生额外的850万美元收入)，并建了另外68个豪华包厢。到1992年，

---

① William P. Barrett, "Maybe They Should Let Jerry Play," *Forbes*, February 19, 1990, p. 140.

② Hal Lancaster, "Football Team's Sale Is Strictly Business," *The Wall Street Journal*, April 18, 1989, p. B1.

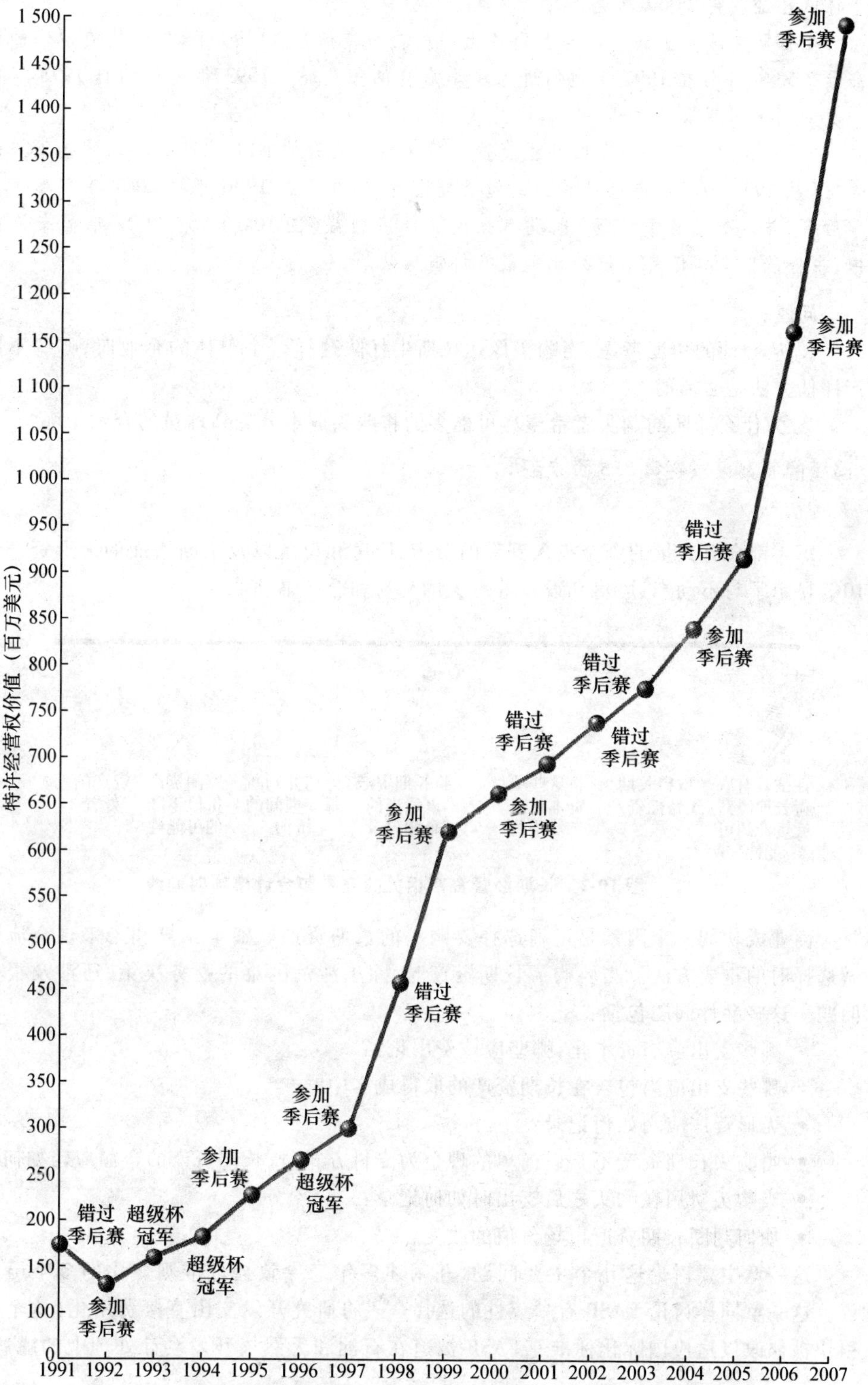

图 10-1　达拉斯牛仔队 1991 年至 2007 年特许经营权的商业价值

牛仔队已经获得2 060万美元的净利润了。③

牛仔队在球场上的表现与其财务上的成功一样精彩。1990年,牛仔队使他们的记录提高到7和9,并且在1991年他们进入了季后赛的第二轮。1993年是他们自1978年以来第一次回到美国超级杯大赛,并以52比17击败了野牛比尔队,赢回了球队的荣耀。1996年1月,牛仔队成为了第一个在四年里赢得三次超级杯大赛的NFL球队。其球队接下来的一般表现(从1996年以后再也没有回到超级杯比赛中,并且在1996年到2007年只参加了6次季后赛,并只赢了其中一场)也没有损失其经济利益(图10-1)。在2007年福布斯排行榜中,牛仔队以150亿美元位列北美最有价值球队。④

问题:

1. 从会计的角度考虑,当购买像达拉斯牛仔队这样一个整体的企业时,哪些不同的资产评估方法是必需的?

2. 为什么球队的购买者希望尽可能多的将购买成本分配到球员的合约中呢?

问题的答案可以在第515页找到。

每年都会有大量的资金投入到新的资产、厂房和设备以及不断增加的无形资产上。图10-2显示了与不动产、厂房和设备等有关的交易和会计事项。

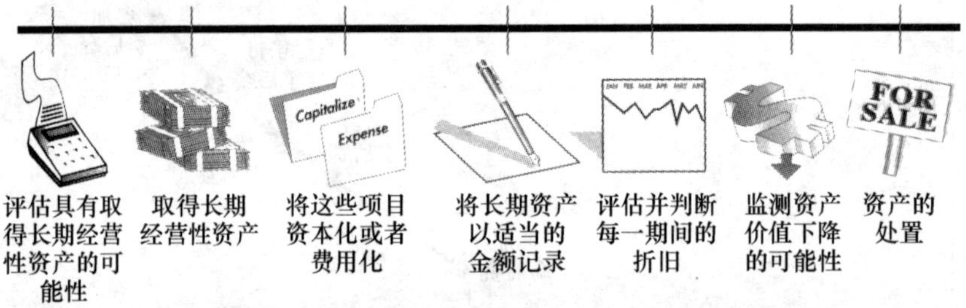

图10-2 长期经营资产相关的交易和会计事项时间线

商业成功的一个因素是正确选择要购买的长期资产。资本预算和未来现金流贴现是做选择时的重要方法。当要购买长期资产时,除了涉及困难的财务决策,还涉及很多会计问题。这些会计问题包括:

- 哪些支出应当资本化,哪些应该费用化?
- 哪些支出应当包含在长期资产的取得成本中?
- 无形资产应当如何记录?
- 当购买长期资产不是以简单的现金为支付方式时,长期资产的金额应当如何计量?
- 当购买费用在购买之后支出时如何记录?
- 如何判断长期资产市场价值的改变?

这一章主要讨论这几个主要问题,并阐述多年来导致会计准则变化的多个历史性争议。这一章同样讨论FASB有争议性的选择——将研究开发支出直接费用化(这个做法将很快被修改以适应国际化标准),FASB被迫在石油和天然气开发会计处理上的尴尬妥协,

---

③ David Whitford, "America's Owner," *Inc.*, December 1993, p.102.

④ 登陆http://www.forbes.com网站,在"Lists"下可以看到美国国家足球联盟中专业球队的现行价值。

利息资本化的历史根源,历史成本和现时成本的比较。第 11 章将会包含诸如判断长期经营资产的折旧,当资产价值明显下降时记录资产减值损失,并记录长期经营资产的处置。

什么支出包含在购买成本中?

1 辨认各种类型非流动性经营资产的购买成本。

WHY 发生的支出既可能费用化,也可能记录为资产。这些支出如何分类,对资产负债表和利润表都会产生巨大的影响。

HOW 非流动性经营资产的入账价值包括初始购买价格加取得资产并使资产达到既定使用目的的所有合理支出。与内在无形资产有关的支出大部分费用化,而外部购买无形资产的支出记录资本化。

非流动性经营资产最初以成本计量——最初的购买价格或现金销售价格。理论上来说,一家公司购买经营资产愿意支付的最高价是该公司预期能够从该经营资产的运营和处置中获得净利润的现值。在竞争性市场中,资产的市场价值或者购买成本应反映它未来利润的现值。

资产的成本不仅包括其初始购买价格或者等价物价值,也包括取得资产并使资产达到既定使用状态的其他支出。任何与购买资产相关的税费、运费、安装费和其他费用都应包括在资产的成本中。后期费用——发生在资产运行后的费用——通常进行费用化而不是加入购买成本中。这种一般原则的例外,适用于一些主要替换费用或者修理费用,将在本章的后面讨论。

注意

将资产分类为非流动性经营资产取决于管理层对该资产的经营目的。例如,用于长期投资目的的土地就不是经营资产;而一年内准备转售的土地则为流动资产。

虽然大部分非流动性经营资产科目有相似的成本项目,在长时期的会计实践中,也产生了一些包含在不同资产科目中的专门的成本。表 10-1 和表 10-2 就概述了包含在各个主要的非流动性资产科目中的成本类型。

表 10-1 有形非流动性经营资产的购买成本

土地	用于商业目的的不动产。	成本:购买价格、佣金、法律费用、合同费、测量费、清理和筑路费、街道修筑和水管安装费。
土地改良物	诸如风景、路面铺砌、围栏等能改善土地使用价值的资产。	成本:改良物的成本,包括材料费、劳动力的支出以及日常费用。
建筑物	用于企业运营的建筑。	成本:购买价格、佣金、修理费。
设备	用于生产商品和提供服务的资产。包括移动电话、卡车、机器、模型、器具及不动产附着物等。	成本:购买价格、税费、运费、保险费、安装费和任何使资产达到既定使用状态的支出(例如,修理费和检测费)。

表 10-2 商誉和其他无形资产的购买成本

专利权	由国家政府授予发明者的排他性的权利，使得发明者能够控制其发明的制造、销售和使用。在美国，专利的法律期限为从专利申请日起的 20 年。	成本：购买价格、归档和注册费用，之后为保护权利而支付的诉讼费。并不包括内部研究和开发费用。
商标权	由国家政府授予的排他性的许可，使用区别性的标志、标签和设计（例如，麦当劳的金色火炬标志，耐克的品牌球鞋，苹果电脑的名称和标识）。法律年限实际上没有限制。	成本：与专利权相同。
版权	由国家政府授予作者排他性的许可，使得作者可以出售、许可或者控制他（她）的作品。在美国，版权在作者去世 50 年后终止。	成本：与专利权相同。
特许经销权	公司或者个人获得的排他性的权利或者特权，使得他们能够起到某种功能或者销售特定的产品和服务。	成本：购买特许经营权的支出。取得特许经营权发生的法律费用和其他支出也包括其中。
已取得的客户名单	包含客户名字、地址、以往购买记录等信息的名单或者数据库。最初获得这些名单的公司通常将其出售或者出租给其他公司，除非被客户的秘密协议所禁止。	成本：从其他公司取得的购买价格。公司内部形成客户名单的支出费用化。
商誉	多方面的无形资源、因素和环境，使得公司利用其可辨认净资产能够获得超额利润。商誉只有当公司作为整体被购买时才确认。	成本：购买可辨认的有形或者无形资产时，购买价格超出总的现时市场价值的部分为商誉。

有形资产

土地 因为土地是不计提折旧的资产，归属于它的成本应该是与土地无限寿命直接相关的支出。清理费和筑路费，连同将不需要的建筑从新取得土地上移除的费用都被认为是使土地达到预定可使用状态的支出，并且被计入土地的购买成本中。对水管、下水道、道路和其他项目的政府评估费也被认为是土地成本的一部分，因为保养这些项目是政府责任的一部分；因此，对于土地所有者，土地有无限的寿命。不同于一般的支出，诸如地面风景、停车场、内部人行道等土地改善物是由所有者安装修置的，一定时间内需要更换。这种由所有者负责的改善物一般划分为土地改良物，并进行折旧。

2006 年前五大土地资产拥有者⑤（单位：百万）

沃尔玛	$18 612
家得宝	8 355
米高梅	7 905
皮博迪能源	7 127
劳氏	5 496

⑤ 资料来源：标准普尔 *COMPUSTAT*。

2006 年前五大建筑物资产拥有者(单位:百万)

沃尔玛	$64 052
美国电化学协会	23 977
麦当劳	21 682
威瑞森	19 207
塔吉特	16 110

建筑物 建筑物的购买成本包括在占有前任何必要的修理费用。因为自建建筑涉及很多特殊支出,在这一章后面将对自建建筑单独讨论。

设备 设备成本包括设备在运输过程中支付的运费和保险费并包括监测和安装费。为购买的已用的设备支出的修理费也是该资产成本的一部分。

无形资产

无形资产用来定义那些没有实物形态的资产(不包括金融资产)。很多无形资产产生于契约或者政府授权。这种无形资产的一个有名的例子是在大城市,例如纽约,经营出租车的权利。虽然这种权利由物理实体展现出来,即出租车经营权的徽章,但它法律上的权利才是有价值的。其他的一些无形资产并不是由专门的合同或是法律权利形成的。这些无形资产存在于它们单独或者连同更宽泛的资产整体被购买、出售、授权这些事实。这种无形资产的一个很好的例子是客户名单。杂志订阅公司、网络游览公司、房地产服务公司通过出售或者出租它们的客户名单而得到丰厚的收入。除此之外,购买者要购买现存公司的地址信息需要支付额外的费用,因为客户名单(以及客户关系)的价值与公司是相联系的;额外费用应该作为一项单独的无形资产入账。

从会计目的上来说,无形资产最重要的区分在于是内部产生的无形资产还是外部购买的无形资产。这种区分之所以重要是因为外部购买的无形资产为外部公平市场上的流转交易提供了一个可靠的依据,即这些无形资产可能带来未来经济利益。而内部产生的无形资产则没有这种可靠的依据。从而,大部分与生产和维持内部无形资产相关的支出在发生时都费用化。[6] 只有内部开发项目实际的法律和申请费用作为无形资产的一部分资本化。任何为保护权益并最后成功的行为发生的费用要计入无形资产成本。如果这些行为没有成功,所有与该权益有关的资产成本要取消并转为费用。

大部分内部产生无形资产的交易中会涉及其他资产。例如,购买一家工厂的建筑和相关机器等有形资产,有可能获得该工厂的经营权、与资产相连的用水权、由该工厂所有者内部取得的客户名单等无形资产。这种"一揽子购买"资产的会计处理将会在这一章的后面进行讨论。以下是一些常见形式的无形资产的简要介绍。

商标 商标是指一个区分性的名字、标志、标语,它们能够使一种商品或者服务区分于其他相似的商品或服务。很有名的例子包括可口可乐、微软、雅虎、耐克。在本章后面的表 10-6 中,可口可乐商标价值的估计值在 2007 年超过了 650 亿美元。因为可口可乐商标是内部产生的无形资产,所以在可口可乐公司的资产负债表上并没有记录。然而,可口可乐公司购买的其他商标(例如美汁源)共计 20 亿美元,这些被计入了可口可乐公司的资产负

⑥ *Statement of Financial Accounting Standards No. 142*, "Goodwill and Other Intangible Assets" (Norwalk, CT: Financial Accounting Standards Board, 2001), par. 10; 这一准则参考了 *APB Opinion No. 17*, par. 24。

债表中,见第3章。

> **补充**
>
> 瓶装可口可乐最初的特许经营权的售价为1美元。

特许经营权 特许经营权在生活中是如此的普遍,以至于我们经常没有注意到自己每天都在与它打交道。实际上,现在在一个典型的购物商场中很难找到一个没有特许经营权的企业。当企业获得特许经营权时,其入账价值包括专门为特许经营权支付的总费用以及法律费用和其他因取得特许经营权而发生的支出。虽然特许经营权的价值可能大大超出它的购买成本,但是其只能以实际购买价格入账。例如,大约65%的麦当劳是在特许经营权下经营的。一个麦当劳的特许经营权最初需花费大约25万美元,用来购买一些机器、标志和支付特许经营权费用。单独的特许经营权的价值远超过25万美元,但是在其财务报表上特许经营权的入账价值只能等于其购买价格(而不是其价值)。然而,当一家公司购买另一家公司,如果特许经营权已包括其中,假设整体价值已包括在购买价格中,则特许经营权以其市场价值作为无形资产计入取得者的资产负债表中。

未交货订货量 对一些公司来说,尤其是大型的机器制造商,未交货订货量是一项主要的经济资产。未交货订货量是指公司接到但是尚未生产或者运送的机器的订单。注意,这些订单没有形成收入,是因为它们不符合商品已经完成并运送的收入确认标准。然而,这些未交货订单代表了未来有价值的经济行为,这些未交货订单的契约权利形成了一项重要的无形资产。以下在2007 10-K文件中记录了波音公司的未交货订单。

合同订单(未审计的,12月31日)

(单位:百万)

	2007	2006	2005
商用飞机	$255 176	$174 276	$124 132
整体防御系统			
精密连接和移动系统	$ 22 957	$ 24 739	$ 21 630
网络空间系统	9 167	7 838	6 324
支持系统	9 664	9 714	8 551
总的整体防御系统	$ 41 788	$ 42 291	$ 36 505
总的契约订单	$296 964	$216 567	$160 637

和其他无形资产一样,这种内部产生的未交货订货量并不作为无形资产在波音公司的资产负债表中记录。然而,如果其他公司购买波音公司,支付价格中的一部分将被区分为未交货订货量的价值,并且一项相应的无形资产将会记录在购买企业的账簿中。

> **补充**
>
> 在会计上现在最重要的发展是FASB对可辨认单独无形资产的记录的强调。在之前,这些资产都被放在商誉中。

商誉 商誉代表了企业的商业联系、信誉、功能系统、员工友情、商业经验,使得企业不仅仅是简单的资产的组合。在前面已提到,如果这些因素是合同权利的结果或者与单独购买或者出售的无形资产有关,则这些因素的价值应该单独记录为无形资产。在本质上,商誉是一项剩余的金额,功能性企业协同优势的价值并不能专门被区分为某一无形因素。商誉仅在作为其他企业的一部分被购买时才予以确认。换句话说，一家公司自己的商誉，即它自产的商誉，不被确认。商誉将在本章后面的部分进行定义和深入的讨论。

现金支付以外方式的购买

2 正确做出各种特别方式下非流动性经营资产取得的会计处理，包括延期支付、自建和企业合并。

WHY 非流动性经营资产的后续计量取决于该资产初始记录的资产成本金额。当资产的取得不是简单的现金支付时，衡量初始成本就会比较困难。

HOW 理论上说，非流动性经营资产应当反映资产交换中支付的现金等价物的价值。衡量现金等价物价值往往包括现值计算、估计公允价值，或者估计总的自建成本。

当资产是以现金购买时，资产的取得很容易以支付的现金数额来记录，包括所有相关的购买支出以及使资产达到预定可使用状态的准备支出。资产可通过很多其他方式取得，然而一些支付方式在涉及成本记录时有些特别的问题。下面将讨论这些资产取得的方式：

1. 一揽子购买
2. 延期支付
3. 租赁
4. 非货币性交易
5. 通过发行证券取得资产
6. 自建
7. 通过捐赠或者发现取得的资产
8. 在使用终止时需支付大量修复费用取得的资产
9. 对资产的整体取得

一揽子购买

在一些购买交易中，很多资产以一个混合的总额以一揽子交易的方式取得。例如，在本章的开篇案例中，描述了 Jerry Jones 购买达拉斯牛仔队时取得了足球器械、电视版权、美国国家足球联盟的特许经营权。在个体基础上核算，总的购买价格应该分配到各个资产中。如果购买价格中的一部分可以清楚地对应某些专门的资产，那么就可以完成这一部分的成本分配并且剩下的购买金额在其他的资产中进行分配。当没有购买价格对应专门的资产时，所有的金额将在取得的不同资产中进行分配。由专业独立的权威机构提供的评估价值或简单的证明可以作为分配的依据。

为了说明对整体资产成本的分配，假设土地、建筑物、机器的共同取得成本为 16 万美元。进一步假设，专业评估人员在资产取得日对资产进行了评估。资产成本的分配如下所示：

分配资产	评估价值	根据评估价值的成本分配	分配到单个资产的成本
土地	$ 56 000	56 000/200 000 × $160 000	$ 44 800
建筑物	120 000	120 000/200 000 × $160 000	96 000
机器	24 000	24 000/200 000 × $160 000	19 200
	$200 000		$160 000

记录该购买的分录(假设是现金支付)如下所示:

借:土地	44 800	
建筑物	96 000	
机器	19 200	
贷:现金		160 000

这种一揽子交易的资产分配不仅仅是理论练习。有些资产是可折旧的,有些资产是不可折旧的。折旧资产可能会有不同的使用寿命。购买价格在相关长期资产中的分配对期间折旧费用有很大的影响。

注意

在这个例子中,每半年支付的利息会逐渐降低,因为计算利息的每年余额都会减少。例如,2012 年 1 月 1 日,支付总额为 8 000 美元,($5 000 + 利息 $3 000)。另外,合同要求持续支付或者以年金形式支付。以年金支付时,随着每期负债的减少,支付的本金金额增加(利息费用减少)。

延期支付

房地产或者其他资产的购买经常涉及一部分或全部购买的延期支付。购买者会签署票据或者抵押来明确其责任的确立。这个债务条款可能要求在未来某一时间付款或者在一段特定时期内连续付款。因条款中未支付的余额而缴纳的利息记录为费用。

为了说明延期支付合同的会计处理,假设土地在 2011 年 1 月 2 日的购买价格为 10 万美元;35 000 美元在购买日支付,余额每半年支付 5 000 美元并加上未付余额每年 10% 的利息。购买和第一次支付的分录如下所示:

交易	分录		
2011 年 1 月 2 日			
购买价格为 10 万美元; 35 000 美元在购买日支付, 余额每半年支付 5 000 美元 并加上未付余额每年 10% 的利息	借:土地 贷:现金 应付票据	100 000	 35 000 65 000
2011 年 6 月 3 日			
第一次支付 支付金额: $5 000 + $3 250(5% × $65 000) = $8 250	借:利息费用 应付票据 贷:现金	3 250 5 000	 8 250

在这个例子中,合同中明确了购买价格和未支付余额的给定利率。有时,合同中只简单提供了支付金额和方式,而没有涉及利息或者提供了一个在市场中不合理的给定利率。在这种情况下,票据,销售价格,资产成本、商品、服务交换票据的成本应该以资产、商品、服

务的公允价值或者现时的可确定的市场价值记录。[7] 以下的例子描述了在这种情况下购买者的会计处理。

假设某一机器，以延期付款的方式取得，其现金支付价格为 50 000 美元。合同规定购买日支付金额为 15 000 美元，7 年内每年支付金额为 7 189 美元，包括利息的总金额为 65 323 美元。虽然没有注明，隐含在该合同中的有效利率为 10%，该利率使得每年支付的 7 189 美元的折现价值为 35 000 美元，即现金支付价格与购买日支付定金的差额。[8] 如果因为延期支付资产的市场价格不同于合同价格，该差额应当被看做一种折扣（负债的备抵科目），并用隐含或者有效利率在合同期间进行摊销。根据前一个例子，资产的购买、前两年利息的摊销和价格的支付如下所示：

交易	分录		
2011 年 1 月 2 日			
以延期付款的方式取得某一机器，	借：机器	50 000	
其现金支付价格为 50 000 美元，	未确认融资费用	15 323	
购买日支付金额为 15 000 美元，	贷：应付账款		50 323
7 年内每年的支付金额为 7 189 美元，	现金		15 000
包括利息的总金额为 65 323 美元。			
2011 年 12 月 31 日			
第一次支付 7 189 美元	借：应付账款	7 189	
未确认融资费用的摊销：	贷：现金		7 189
\$50 323 − \$15 323 = \$35 000	借：利息费用	3 500	
10% × \$35 000 = \$3 500	贷：未确认融资费用		3 500
2012 年 12 月 31 日			
第二次支付 7 189 美元	借：应付账款	7 189	
未确认融资费用的摊销：	贷：现金		7 189
10% × \$31 311* = \$3 131	借：利息费用	3 131	
	贷：未确认融资费用		3 131

* \$50 323 − \$7 189 = \$43 134 应付账款
\$15 323 − \$3 500 = \$11 823 未实现融资费用
\$31 311 第一年年末应付账款的现值

> **注意**
>
> 未实现融资费用科目是负债的一个备抵科目，记录为应付账款的备抵项。它表示作为未来支付的利息费用。

当没有现成的资产、商品、服务的现金支付价格，并且合同中没有注明利率或者注明的利率在该市场环境下并不合理时，就需要用到一个估算的利率。估算的

[7] *Opinions of the Accounting Principles Board No. 21*, "Interest on Receivables and Payables" (New York: American Institute of Certified Public Accountants, 1971).

[8] 就如回顾货币时间价值模块中提到的，有效或隐含利率的计算如下所示。
商业计算器按键：
首先确定假设在该期间期末发生的支付金额。
现金价格和定金的差额为 350 000 美元
PV = (\$35 000)；*N* = 7；*PMT* = \$7 189 → *I* = 10.00%
"回顾货币时间价值"模块展示了计算隐含利率的其他例子。

利率是指借款公司在当前资信情况和市场利率环境下借款的估计利率。

租赁

租赁是合同一方(承租人)被授权在一段特定时间内支付一定费用后使用另一方(出租人)所拥有资产的协议。大部分租赁是简单的收取租金的租赁。这种租赁被称为经营租赁。然而,其他租赁,称为融资租赁,在经济上等同于销售租赁资产且出租人允许承租人在一段时间内以"租金"的形式连续支付价款。在这种情况下,这种租赁支付形式等同于按揭支付。这种例子中,租赁的资产应在使用该资产的企业(承租方)的报表中记录为资产,而不是在法律上拥有该资产的企业(出租方)。租赁资产以未来租金的现值来记录。因为租赁会计是一个复杂的领域,《中级会计学:应用篇》第15章整章用来讨论租赁会计。

补充

在这一章节中,"摊销"被用于无形资产和租赁改良物的期间费用;"折旧费用"被用于有形资产。

即使租赁没有等同于购买且每一期的租金记录为租赁费用,由承租人支付的某些租赁预付款或者该资产的改善应予以资本化。因为租赁资产的改善设施,例如建筑物的隔离物、增加物、附加设备等在租赁期终止后归承租人所有。其应当恰当地在承租人的报表上予以资本化并在租赁的剩余期间进行摊销。有一些租赁支出确实属于费用,则不应当资本化。这包括用来代替租赁的改善物,例如承租人在租赁的仓库中修建了隔离物以储存产品,出租人同意以这一期间此项支出来抵销租金。该支出应由承租人费用化。

非货币性交易

在一些情况下,一个企业通过交换其已有的资产来获得新的资产。[⑨] 一般来说,该新资产应以其公允价值或者被换出资产的公允价值来计量,主要看哪个更能清楚地确定。[⑩] 如果非货币性资产是一项使用过的机器,则新资产的公允价值更能清楚地确定,因此以该公允价值记录该交易。如果交易的一方可以选择收取现金来替代非货币性资产,则现金的数额是交换资产的公允价值的很好反映。

可以看出,有时候新资产公允价值的确定也是有困难的。资产的报价或者标价未必是该资产市场价值很好的指导,经常会高于资产实际的现金支付价格。一项抬高的标价使得销售者能提高指定的二手资产的以旧换新的折让。而资产现金交易中的价格才应是记录在该交易中的公允价值。

例如,假设在销售大厅中一辆新车车窗上的标签显示其价格为33 500美元。该标签价格包括基本价格加上被列入的逐条登记的各个选项。如果你作为一个买家,带着你那破旧不堪的汽车来以旧换新,你会惊讶于一辆不值1 000美元的汽车能值3 000美元。如果你是

⑨ 货币性资产是指那些通过合同或者其他方式使得其以货币计量的金额确定的资产。例如,现金、应收账款。非货币性资产包括其他所有资产,例如存货、土地、建筑物和机器。

⑩ *Opinions of the Accounting Principles Board No. 29*, "Accounting for Nonmonetary Transactions" (New York: American Institute of Certified Public Accountants, 1973), par. 18, as amended by *Statement of Financial Accounting Standards No. 157*, "Fair Value Measurements" (Norwalk, CT: Financial Accounting Standards Board, 2006), par. E3.

以现金形式购买而不是以旧换新,只需要支付大概 31 500 美元或者在标价的基础上降低被抬高的以旧换新折让金额。该新资产的公允价值不是标价的 33 500 美元,而是实际现金支付的 31 500 美元。

如果获得新资产而换出的非货币性资产也是一项资产或者机器,那么在取得资产的同时也发生资产的销售业务。在非货币性资产交易发生时,在非货币性资产处置时因公允价值的存在而发生处置收入或损失。在一些限制性条件下,收入可能会推迟记录并在换入资产的使用寿命期间确认。[11] 因为在描述销售资产的会计处理前要先讨论资产的折旧方法,在第 11 章将全面讨论资产的取得和处置。

通过发行证券取得资产

一家公司可能通过发行自己的债券或者股票来取得某一资产。当证券的公允价值能够确定时,以其公允价值确认资产;当证券的公允价值不能确定时,则要用取得资产的公允价值作为计量基础。举例说明,假设一公司发行 1 000 股票面价值为 1 美元的普通股以获取土地,该股票现在的市场价值为每股 45 美元。以下为该交易的分录:

借:土地	450 000	
贷:股本		1 000
资本公积——股本溢价		44 000

当证券没有既定的市场价值时,就要用到独立的权威机构对资产评估以达到确定资产公允价值的目的。

就如第 5 章讨论的那样,通过发行长期债券或者股票来购买非货币性资产是一种典型的非货币性交易。这种交易没有体现在企业现金流量表的投资或融资活动项目中。但是,如果交易比较重大,需要单独进行披露。

自建

有时企业也会自己建造以自用为目的的建筑物或者机器。这样做可以节省建造成本,利用闲置设施或者达到更高的建造标准。

自建的资产　就像购买资产一样,记入成本的支出包括建造资产发生的所有支出和使其达到既定使用目的的支出。以下将讨论确定自建资产成本要考虑的一些因素。

自建的间接费用　与建造相关的所有支出都应记录到该建造中的资产成本中。把与新建工程相关的直接材料和劳务费用计入资产成本中没有任何问题。然而,涉及一般管理费用可分配到建造工程中的数额,不同人有不同的观点。一些会计师认为,在建资产成本只应记录增加的费用,即因为专门的在建工程而增加的费用。其他人认为,一般管理费用应当被记录到资产成本中,就像它被记录为一般性经营项目一样。这就要求资产成本不仅包括因建造活动而增加的费用,而且包括按比例分摊的公司的固定费用。实践中一般的情况是将变动一般管理费用和按比例分摊的固定费用都计入在建工程中。一个资本化间接费用的例子是 2007 年 12 月 31 日美国的 Gyrodyne。这家公司在 1946 年成为直升机制造商,后来转变为房地产开发商。Gyrodyne 公司称:“除了土地、土地扩展物、开发成本,开发

---

⑪　*Statement of Financial Accounting Standards No. 153*, “Exchanges of Nonmonetary Assets: An Amendment of APB Opinion No. 29” (Norwalk, CT: Financial Accounting Standards Board, 2004).

的房地产成本还包括了利息、房产税、相关的开发、建造中的间接成本，这些在开发和建造期间都应资本化。”

自建中的节省或损失 当自建一项资产的成本少于通过购买或外部建造取得的成本时，其中的差额不是会计中的利润而是一项节省。建造一般以其实际成本记录。节省的成本将会增加资产使用期间的净利润，因为对应每期的收入，折旧费用降低了。假设，另一方面，自建成本高于最初接受外部建造的投标价。一般并不保证在其他可选情况下建造的资产质量等同于自建情况下的资产质量。对该交易的记录，就像记录其他交易一样，分录应该反映实际发生的交易，而不是可选择的交易。然而，如果有明显的证据表明资产建造成本因为建造的无效率或者是失误而发生大额的超支，那么资产应进行估值，并记录可能的减值损失。对减值损失的记录将在第 11 章进行讨论。

在建期间的利息 当一个建造公司投标了一项工程，那么该项目的价格包括了在建设期间发生借款的利息。该利息成本被视为建造成本的组成部分，就像材料费、人工费和设备租赁费。同样，当企业以自用为目的建造资产时，依据长期的会计实践，应将建造期间发生的利息资本化。

利息的资本化始于公共事业公司的做法。公共事业公司自建了大量的资产，所以资本化的利息金额也非常大。更重要的是，公共事业公司的等级由政府部门和等级基础也就是公共资产的账面价值共同决定。等级基础越高，等级越高。因此公共事业公司有很大的兴趣将所有可能的成本，包括资本化利息，都包含在自建资产记录的成本中。

尽管利息的资本化始于公共事业公司，它现在已成为企业建造自用为目的的资产时普遍接受的会计处理方式。利息资本化不仅仅是公共事业公司提高其等级的策略；利息成了建造工程合理的成本，并且正确的成本收入匹配观表明，利息费用应被递延并在资产寿命内进行摊销。如果建筑物或机器设备是购买而不是自建的，那么在建造期间的利息费用隐含在购买价格中。

诸如建筑物和机器设备等资产才可资本化利息。这些资产可能是以自用为目的自建的资产也可能是将要租赁或出售给其他方的可区分为互不关联部分的项目，这些项目可以清楚地区分出所涉及的资产。对于重复制造和生产的存货、当前普遍使用的资产或者闲置并没有准备投入使用的资产，不能进行利息资本化。因此，为未来开发而拥有的土地不符合利息资本化条件。[⑫]

一旦确定建造工程符合利息资本化条件，那么应该确定利息资本化的金额。以下基本准则作为计算利息资本化金额的指导：

1. 利息支出计量开始于该工程的第一笔支出，并随着工程进展而持续，一直到资产建造完毕并准备投入使用。

2. 利息资本化金额以工程的累计支出为基础计算，并以年内支出发生的时间加权。支出是指实际支出额而不是权责发生制下的支出。

3. 计算利息资本化金额的利息率，按以下顺序确定：

(a) 债务，尤其是工程借款的利息率。

(b) 从其他公司借款的加权平均利息，而不考虑资金的用途。

---

⑫ *Statement of Financial Accounting Standards No. 34*, "Capitalization of Interest Cost" (Stamford, CT: Financial Accounting Standards Board, 1979), par. 10.

4. 如果建造期间超过一个会计期间,累计支出包括前一年的资本化利息。

能够资本化的最大利息金额是该年发生的利息支出总额。以下例子说明了以上准则的应用。Cutler 企业决定建造一台新的计算机化集成设备。估计建造期将持续 18 个月并且建造成本大约为 640 万美元(不包括资本化利息费用)。在 2011 年 1 月 1 日该工程的初期,取得了一项利率为 12% 的 200 万美元工程借款。

除了该工程借款,Cutler 在建造期间还有以下未偿还负债:

5 年到期的应付账款,利率 11%	$3 000 000
其他设备的抵押借款,利率 9%	4 800 000

非工程一般借款的加权平均利率的计算过程如下:

非工程借款	总额	利率	利息费用
应付账款	$3 000 000	11%	$330 000
抵押借款	4 800 000	9%	432 000
	$7 800 000	9.8%	$762 000

* 加权平均利率 = $762 000/ $7 800 000 = 9.8% (四舍五入)

以下为 2011 年发生在建工程中的支出:

2011 年 1 月 1 日	$1 200 000
2011 年 10 月 1 日	1 800 000

以下为 2011 年利息资本化金额的计算:

支出日期	金额	资本化利息率	资本化期间	资本化利息
2011 年 1 月 1 日	$1 200 000	12%	12/12	$144 000
2011 年 10 月 1 日	800 000	12%	3/12	24 000
	1 000 000	9.8%	3/12	24 500
2011 年总资本化金额				$192 500

思考

以下哪一项描述了公司没有将应资本化的利息进行资本化时,对财务报告的影响?

a) 净利润被高估,总资产被高估。

b) 净利润被低估,总资产被高估。

c) 净利润被高估,总资产被低估。

d) 净利润被低估,总资产被低估。

首先应该注意到资本化利息金额只以未偿还时间内的支出为基础计算。1 月 1 日的支出导致一整年借款成本的提高,而 10 月 1 日的支出只是最后三个月的未偿付成本。这种方法使得用来偿还负债而不是用于在建工程的支出,计算出来的利息金额可免于被资本化。

这种方法也假设最可避免的利息是在建工程专门借款产生的利息,因此,专门借款利率 12% 被用作资本化利率。然而,借款只有 2 000 000 美元,超过 2 000 000 美元的支出可能被用作偿还一般借款。因此,10 月 1 日 1 800 000 美元的支出被分为两部分:第一部分 800 000 美元是在建工程专门借款的余额($800 000 = $2 000 000 - $1 200 000),该部分可避免的利息用 12% 利率来计算;另一部分 1 000 000 美元可能被用作偿还一般借款,因此用一般借款的加权平均利率 9.8% 来计算资本化利息。

最后,注意资本化利息的金额不能超过当年发生的总利息费用。2011 年发生的总利息费用如下所示:

负债	金额	利率	年利息
工程借款	$2 000 000	12%	$ 240 000
应付账款	3 000 000	11%	330 000
抵押贷款	4 800 000	9%	432 000
总利息			$1 002 000

因为总利息费用超出了计算出的资本化利息,所以总的指导金额 192 500 美元被资本化。记录 Cutler 公司 2011 年发生的总利息费用的分录如下所示(假设所有利息费用以现金支付):

借:在建工程	192 500	
利息费用($1 002 000 - $192 500)	809 500	
贷:现金		1 002 000

假设其余的建造支出 3 200 000 美元在 2012 年 2 月 1 日支付,并且该工程完工于 2012 年 5 月 31 日。

2012 年资本化利息金额如下所示:

支出时间	金额	资本化利息率	资本化期间	资本化利息
2011 年累计金额	$2 000 000	12%	5/12	$100 000
	1 192 500	9.8%	5/12	48 694
2012 年 2 月 1 日	3 200 000	9.8%	4/12	104 533
2012 年总资本化利息				$253 227

补充

这实际上是一个不平常的工程。它比计划提前结束(只用了 17 个月),并且实际总的建造支出(除去资本化利息)只有 620 万美元,比预期少了 200 000 美元。

2012 年可避免的利息包括 2011 年所有可能用来偿还在建工程支出的贷款的利息。该支出总额为 3 192 500 美元($1 200 000 + $1 800 000 + $192 500)包括 2011 年资本化利息。利息截止到 5 月 31 日(5 个月)工程完工并且建筑物准备使用之时。因为 253 227 美元少于每年实际利息 1 002 000 美元。2012 年全部的金额 253 227 美元应被资本化。

2012 年 5 月 31 日该建筑物投入使用时,总的记录的成本为 6 645 727 美元。

计算过程如下所示:

2011 年发生的支出	$3 000 000
2011 年资本化利息	192 500
2012 年发生的支出	3 200 000
2012 年资本化利息	253 227
2012 年 5 月 31 日总建造成本	$6 645 727

FASB 第 34 号公告要求披露总的利息费用和利息资本化金额,这种披露既可以体现在利润表中,也可以反映在报表附注中。

为举例说明这两种方式，假设 Cutler 公司在 2011 年以利润表报告利息信息，在 2012 年以报表附注报告利息信息。

Cutler 公司利润表
2011 年 12 月 31 日

营业收入		$ XXX XXX
其他费用和损失		
总利息费用	$ 1 002 000	
减:资本化利息	192 500	809 500
税前利润		$ XXX XXX
所得税		XXX XXX
净利润		$ XXX XXX

Cutler 公司财务报表附注
2012 年 12 月 31 日

附注 X—利息费用。FASB 第 34 号公告规定，2012 年利息费用 253 227 美元进行资本化，并作为计算机化集成系统成本的一部分。

表 10-3 展示了 2007 年一些大型美国公司资本化利息的金额以及占总利息费用的比例。你可以看到通用电气 2007 年只资本化了 237.87 亿美元利息费用中很小的一部分。

表 10-3　2007 年美国大型公司资本化利息　　(单位:百万)

公司	资本化利息	利息费用	资本化利息占总利息比例
通用电气	$ 93	$ 23 787	0.4%
美国电话电报公司	171	3 507	4.6
埃克森美孚	557	400	58.2
麦当劳	6.9	410.1	1.7
迪士尼公司	37	593	5.9

而另一方面，埃克森美孚 2007 年资本化的利息大于利息费用。当在一年中间时间发生新的借款时，资本化利息金额的计算难度会增加。这种复杂性和另一种计算方法将在与本章相关的网站上进行阐释(www.cengage.com/accounting/stice)。

并不是每个人都支持用来自建资产借款的利息应该资本化。实际上，最初的 FASB 投票只有 3/4 支持 FASB 第 34 号公告，其指示了利息的资本化。改变立场的 IASB 和它的前身 IASC 完美地阐述了对利息资本化观点的分类。在最初的关于利息资本化的国际准则中(*IAS 23*)，公司允许选择资本化利息或者不资本化，但是应坚持其做法。在 1989 年公开的文件中，IASC 提议建立一个基准进行利息资本化。但是在 1993 年 *IAS 23* 的修订版中发布了一个相反的观点，认为所有利息都应费用化，不论这些资金如何使用。利息资本化只是作为一个被允许的可选择项。最终，2007 年 IASB 又转变了 *IAS 23* 的观点，要求从 2009 年 1 月 1 日起，所有的公司都应资本化长期资产建造期间发生的“借款费用”。修订后 *IAS 23* 和美国会计准则的一个很重要区别是国际准则要求公司资本化利息费用的净额而不是总额。

这意味着，在*IAS 23*下，资本化利息金额的计算如上所述，用美国会计准则下的金额减去工程专门借款在支出之前进行暂时性投资取得的投资收益。因此，国际会计准则下资本化的利息金额一般少于美国会计准则下的资本化金额。

通过捐赠或者发现取得的资产

当一项资产通过捐赠取得时，没有可以用作衡量其价值基础的成本支出。即使某些支出会偶然发生在该捐赠上，这些支出一般明显少于该资产的价值。这里的成本显然不能提供令人满意的资产价值衡量基础。

通过捐赠取得的资产应该以其公允价值来评估和记录。一项捐赠在其取得时应被视为该期间的收入或利得。[13] 例如，Netty冰淇淋被其古怪的拥戴者赠予了土地和建筑物。在Netty的报表上，捐赠的土地和建筑物以其评估价入账，其分录如下所示：

借：土地	400 000	
建筑物	1 500 000	
贷：收入或利得		1 900 000

捐赠取得资产的折旧应以一般方式记录，分配到资产中的价值为其折旧提供了基础。

如果捐赠依受赠者的某些表现而定，在没有达到该符合的情况时，资产不应该被记录。在那时，分录和报表应记录资产和收入的增加。[14]

有时候，会在已有土地上发现有价值的资源。发现物能大幅增加资产的价值。然而，因为土地的价格不会受发现物的影响，在美国普遍的做法是忽略其价值的增加。同样地，资产价值的增长也会随着时间的变化而变化，例如，生长的木材或者年限增长的红酒。这种价值的增长在美国普遍的做法中也同样是被忽略。不确认发现物或增加物没有考虑经济情况的真实性并大大低估了企业资产的价值。然而，提高资产价值在美国会计准则下一般是不被接受的。虽然这种做法在其他国家是一种惯例，更多关于资产价值提高的信息将在本章后面部分给出。

补充

没有公平交易市场的交易估值是非常困难的。证券交易委员会出台的会计公告（*SAB*）第48条要求一个企业接受股东非货币性资产投资时，该资产以股东的历史成本记录。

忽略意外发现资产的做法的一个例外是要求额外披露关于石油和天然气储备增加的信息。公开交易石油和天然气企业要求披露已被证明的石油和天然气储备量，并附上解释为什么在这一时期储备量会变化的总结性数据。此外，石油和天然气企业还被要求披露对该储备可能会产生的未来现金流的折现值的预期。[15] 石油和天然气公司对该披露的有用性持怀疑态度，如以下雪佛龙公司2007年年报的一段摘录：

---

⑬ *Statement of Financial Accounting Standards No. 116*, "Accounting for Contributions Received and Contributions Made" (Norwalk, CT: Financial Accounting Standards Board, 1993), par. 8. 第116号公告没有应用于由政府部门向商业企业的捐赠行为。该类捐赠通常涉及借记"捐赠资本"，而政府捐赠活动涉及的贷方有时是资产对应的科目、捐赠时期确认的收入或者递延收益，该递延收益在资产使用年限里进行摊销。

⑭ 同上，par. 22。

⑮ *Statement of Financial Accounting Standards No. 69*, "Disclosures about Oil and Gas Producing Activities" (Stamford, CT: Financial Accounting Standards Board, 1982).

该提供的信息并不代表管理层对公司未来现金流量或被发现的油气储备的价值的估计。对被证明储备量的估计是不精确的，并且会因新的信息的发生而改变。此外，那些在未来可能被证明的储备量应从计算中排除……对储备量的计量不应成为未来现金流或油气价值依赖的指导。

补充

2004 年，皇家壳牌石油集团因为虚报其被证明潜在的石油和天然气储备而被美国和英国当局罚款总共 1.5 亿美元。这个公司被迫降低了 23% 的报告石油储备，即 44.7 亿桶。该公司关于储备的声明，使得公司的市场价值下降了 10%。

国际准则对因生长或意外发现而引起的资产价值增加的确认明显不同于美国的做法。在 *IAS 41* 中，诸如牲畜、水果树和采伐的森林，在资产负债表日都以其公允价值（减估计的销售费用）记录在资产负债表上。公允价值上升记录为利得，下降记录为损失。因此，在国际会计准则中，一个伐木公司要在木材生长的 30 年的资产负债表中记录木材公允价值（减销售成本）。每一年公允价值的增长或降低都要在利润表中记录为利得或损失。总而言之，相比美国会计准则，国际财务报告准则允许，有时候甚至要求，对长期资产价值变化进行确认。

在使用终止时需支付大量修复费用取得的资产

有时，取得长期经营资产的行为会在法律上使得企业负有在资产使用结束后支付修复费用的义务。例如，当一个石油开采公司建了一个石油钻井平台来支持钻井工程的运行，其就负有在钻井工程结束后拆除和移走钻井平台的法律义务。[16] 该义务正确的会计处理要求在该义务发生时以其估计的公允价值记录，该义务的公允价值需加入获得的长期经营资产的成本中。

为了说明资产终止义务的初始确认，假设 Bryan Beach 公司购买并建立了钻井平台，总成本为 750 000 美元。石油钻井平台将会使用 10 年，那时在法律上有义务保证钻井平台被拆除并移走。Bryan Beach 公司通过处理该义务的市场价格或通过现值评估技术估计资产修复义务的公允价值。例如，如果有公司预先订立 10 年后拆除和移走石油钻井平台的契约，Bryan Beach 公司可以以该契约的价格估计该资产修复义务的公允价值。在这个例子中，假设没有这样的市场存在。Bryan Beach 公司估计它将要在 10 年中支付 100 000 美元将钻井平台拆除或者移走。如果计算现值的恰当利率为 8%[17]，那么该 100 000 美元义务的现值计算如下：

$$FV = \$100\,000;\ I = 8\%;\ N = 10\ \text{年} \rightarrow \$46\,319$$

记录购买该石油钻井平台及对资产修复义务的确认分录如下所示：

借：固定资产——石油钻井平台	750 000	
贷：现金		750 000

[16] 对石油平台和核电站修复义务的描述见 *Statement of Financial Accounting Standards No. 143*，"Accounting for Asset Retirement Obligations"（Norwalk，CT：Financial Accounting Standards Board，2001），Appendix C。

[17] *SFAS No. 143* 第 9 段，FASB 声明合适的利率为无风险利率的信用调整利率，即美国国库券利率（通常为 5% 或更低）加上反映公司信用等级的额外利率。参考"模块 1　货币时间价值"，可以看到更多关于现值的计算。

借:固定资产——石油钻井平台　46 319
　贷:预计负债　46 319

在石油钻井平台的例子中,总的资产修复义务是因长期经营资产的初始取得和利用而产生的。而在其他情况下,额外的资产修复义务是随着时间而产生的。例如,Homer公司建立并着手一个核电站的经营。总的建造成本是400 000美元,清理因储存核原料而造成的常规污染物的成本估计为500 000美元;该成本将在30年后当核电站"退役"时发生。在核电站运营时,每年也会发生额外的污染。在运营的第一年,额外的污染使得估计的清理成本增加了40 000美元,这同样也会在今后的29年中发生(因为第一年已经过去)。记录核电站的购买,最初资产修复费用的确认(假设适合的利率为9%)和每年发生的额外义务的分录如下所示:

初始购买

借:固定资产——核电站　400 000
　贷:现金　400 000
借:固定资产——核电站　37 686
　贷:预计负债　37 686

$FV=\$500\,000$; $I=9\%$; $N=30$ 年 → \$37 686

一年后

借:固定资产——核电站　3 286
　贷:预计负债　3 286

$FV=\$40\,000$; $I=9\%$; $N=29$ 年 → \$3 286

增加到核电站基本成本上的资产修复费用将在核电站的使用寿命内进行折旧。此外,资产修复费用的金额每年都会增加(因为距离支付修复费用的时间不断缩短)。对折旧和资产修复费用记录的金额系统化增长的会计处理将在第11章进行讨论。

对资产的整体取得

不同于从其他公司购买选择的资产,有时一个企业会购买另一个企业整体,就像一揽子购买一样,这种方式被称做企业合并。对企业合并的会计处理程序与运用一揽子购买的处理程序是相同的。最基本的不同点是可辨认资产的公允价值通常少于企业支付的总金额,正如前面讨论的,超出部分被称为商誉,反映了将所有生产性资产作为一个功能性整体时产生的协同作用的价值。在章节后面部分阐述无形资产的获得时,将更详细地讨论企业合并和商誉。

资本化还是费用化?

3 区分应该立即费用化的支出和应该资本化的支出,并理解研发支出和石油、天然气开采支出的会计准则。

WHY 在概念框架中对"资产"的定义包括一句话,"可能的未来经济利益"。在实践中,运用这个定义来区分一项成本是资产还是费用是有一些难度的。FASB为特殊类型的成本制定了很多更具体的准则。

HOW 延期支付的取得成本如果能增加资产的性能并延长其寿命,应当资本化;常规的维持费用应费用化。研究开发费用一般费用化,除了建立技术可行性后发生的软件开发费用。企业有对一些石油和天然气开发成本资本化或费用化的选择权。

补充

这表面看似简单的资本化还是费用化问题在 2002 年使得世通公司颜面无存。当时其被揭露将应费用化的 38 亿美元资本化了。因此次滥用会计处理带来的混乱损害了其公众形象并加快了其破产的步伐,成为当时最大的事件。

决定一项给定的支出是一项资产还是费用是需要会计人员运用判断的众多领域之一。从概念上来说,这种事项是直来直往的:如果一项支出将在未来期间带来收益,那么该支出是一项资产;反之,则是费用。

在实践中,资本化还是费用化的问题更加困难。为了说明,参见图 10-3 中的连续体。很少有人会不同意办公用品的支出费用化。一旦办公用品被使用,它们不再为未来产生收益。同样地,建筑支出很清楚应进行资本化。因为其将在未来期间产生经济利益。该连续体的终点很容易判断,但在宽广的中间领域,需要会计人员运用职业判断。

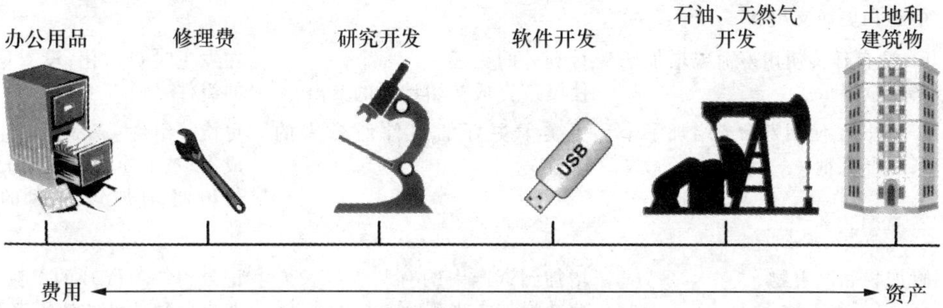

图 10-3 费用/资产连续体

做资本化还是费用化决定的难度在于很多支出有产生未来经济利益的可能性,但也存在着不确定性。研究开发支出就是很好的例子。公司在研究开发上花费资金,因为它们希望获得未来收益。然而,没有人能保证该收益会实现。接下来的环节将检测一些项目的支出,为你提供关于资本化还是费用化决定的分析问题的做法。

在检测这些概念性问题之前,还有一个实践中的提示。很多公司设定了能进行资本化的较低金额的限制,以避免会计人员因一些微不足道金额的会计处理困扰浪费时间。那么,低于设定界限的金额即使会带来未来收益,一般也直接费用化。该做法是基于成本效益原则和重要性原则基础上的。当然,设定金额界限因公司规模而不同。例如,在大型公司公布的财报中,金额往往以百万计,少于该金额的会计处理对公布的数字没有太多影响。这种处理方式长期以来一直被接受,并且没有因不寻常的支出模式或其他原因导致重大的错报。

资产取得后的支出

在设备资产的使用寿命里,会发生规律性的或专门的支出,某些支出是用来维护和修理资产;某些发生的支出是用来提高它们的生产能力或效率或是延长其使用寿命。每一项支出都应进行认真的分析以决定应该资本化还是费用化。

诸如“维护”、“修理”、“重建”、“置换”“附加物”“改善物”和“重新整理”等字眼经常用来描述资产使用过程中的支出。分析这些资产取得后的支出的一个更系统的方法是看它们如何与记录的各项资产、设备、机器的组件相联系。[18] 组件是指资产、设备和机器项目的一部分,该部分是可以单独辨认的,并且其使用寿命也是单独估计的。组件的一个例子是建筑物里的冷热调节系统。该系统的取得成本可以单独辨认,并且典型的是冷热调节系统和建筑物有不同的使用寿命。对于资产取得后的支出的会计处理,要考虑的重要的一点是这些支出是否导致已存在部件的更换、部件的增加还是仅仅维持已存在的部件的正常工作。表 10-4 描述了这些取得资产后支出的会计处理。

表 10-4 资产取得后支出一览表

支出类型	定义	会计处理
维护和维修支出	使资产保持运行状态的正常支出	在发生时费用化,因为该支出仅仅是使已存在部件处于工作状态
重建和更换支出:		
1. 没有延长使用寿命或增加未来现金流量	计划外的更换; 使资产完成初始计划的支出	在发生时费用化;没有取得新的组件
2. 延长了使用寿命或增加了未来现金流量	更换了更好的组件而带来的改善	更换了组件;资本化新组件的成本;被更换组件的资产账面价值将增加该时期的折旧费用
附加物和改善物	增加到资产中的有利于延长寿命或增加未来现金流量的支出	记录为一项资产的单独组件,并有单独估计的使用寿命

维持和修理费 维持设备资产使其处于良好运行状态的支出是维护费用,包括粉刷、润滑和调试机器的支出。维护费是普通的、重复发生的支出,其并没有改善资产或延长其使用寿命,因此当它们发生时记录为费用。

在资产损坏时修复资产到良好运行状态的费用或修复和更换损坏部分的费用是维修费。维修费是普通、重复发生的支出,并且只是使当期的运行受益。因此,它们也应立即费用化。

更新和更换支出 对设备资产整体修检的支出为更新费用。该支出在发生时应费用化。对部分或整体部分进行替换的支出为更换费用。如果资产的一部分被移除并被不同部分取代,那么被替代部分的成本和累计折旧应从账户中减除。被替代部分账面净值增加到本期的折旧费用中。如果替代资产的使用寿命与整个资产的剩余使用寿命不同,那么它的成本记录为一项单独折旧资产。为举例说明更换支出,假设 Mendon Firework 公司以 40 000 美元的成本更换其制造设备的顶盖,假设该建筑物的初始成本是 1 600 000 美元,并且已计提 3/4 的折旧。如果屋顶的原成本是 20 000 美元,该成本记录为建筑物成本的一部分,而新的屋顶记录为一项单独的组件。以下分录记录了对旧屋顶未折旧部分的注销和对新屋顶的支出。

[18] AcSEC Exposure Draft, Proposed Statement of Position, "Accounting for Certain Costs and Activities Related to Property, Plant, and Equipment" (New York: American Institute of Certified Public Accountants, June 29, 2001). 2004 年 4 月 14 日, FASB 考虑了美国会计准则执行委员会最终提出的声明(SOP),并拒绝该声明的发布,所以其声明被保留了。为了努力促进国际上的一致,FASB 决定对财产、机器、设备的会计处理进行复核。最终,某些财产、设备、机器项目的"组件"概念没有被保留。然而,该"组件"方法是国际财务报告准则的一部分;参见 *IAS 16*,第 43 段。

借：固定资产——屋顶	40 000	
累计折旧——建筑物（旧屋顶）	15 000	
折旧费用	5 000	
贷：建筑物（旧屋顶）		20 000
现金		40 000

附加物和改善物　对已有设施的扩大和扩展物称为附加物。为资产能提供更长、更好的服务而进行的改进，称为改善物。如附加物和改善物没有涉及对已有资产组成部分的更换，该支出应该资本化加入到资产成本中。如果新的组成部分与其组长大型资产的使用寿命不同，要建立一个单独组件的资产账户。如果涉及更换，其处理参照上面讨论的屋顶案例。

研究和开发支出

根据历史经验，研发支出（R&D）有时记录为资产，有时记录为费用。FASB 从 APB 接过这个问题，并把该领域纳入其第一个权威性标准的课题中。[19] 该委员会将研究活动定义为发现新知识的活动，这种新知识将用于开发新产品、服务或程序，或者导致现有产品或程序的重大改进。开发活动涉及将研究发现应用到开发计划或设计新的、改进的产品或程序。开发活动包括设计、测试产品，生产样品、操作设备。

因为研究开发活动未来经济利益的不确定性，FASB 判定研究开发费用应在发生的时候费用化。对费用化研发支出的争论点在于通常无法找到支出和未来收入的明确关系。有时，很大的支出并不产生任何收入，但相对小的支出可能会导致重大发现并产生巨大收益。委员会发现很难建立一个标准来区分产生未来收益和不产生未来收益的研发支出。

研发成本包括材料、机器、设备、人力、外购的无形资产、服务成本以及合理分配的只有研发活动相关而没有其他未来用途的间接成本。这些活动包括以下几种：

- 用于发现新知识的研究；
- 对研究发现应用的探讨；
- 对生产前样品的设计、制造和测试；
- 对设备的设计、制造和控制。

当某些项目的支出有可选择的未来用途时，无论是附加的研究项目还是用于生产目的的支出，都可以记录为资产并在未来项目中和期间内作为研发费用进行分配。这项例外使得材料、机器、设备和购买的无形资产的费用可以递延但仅限于能确定其他可选择的用途。

电脑软件开发支出

FASB 对研发支出费用化的要求似乎并不适用于 20 世纪 80 年代早期涌现的很多软件开发者们。这些公司拥有的唯一的经济资产就是它们开发的软件，而对第 2 号公告严格的应用就需要将所有的研发支出费用化。FASB 以 SEC 为强大后盾，重新检验了在软件开发商背景下的研发项目，并在 1985 年发布了第 86 号公告——“对将出售、出租或其他市场交易下的计算机软件支出的会计处理”。

[19] *Statement of Financial Accounting Standards No. 2*, "Accounting for Research and Development Costs" (Stamford, CT: Financial Accounting Standards Board, 1974).

委员会作出结论时考虑的软件开发支出在图 10-4 中进行了概括。

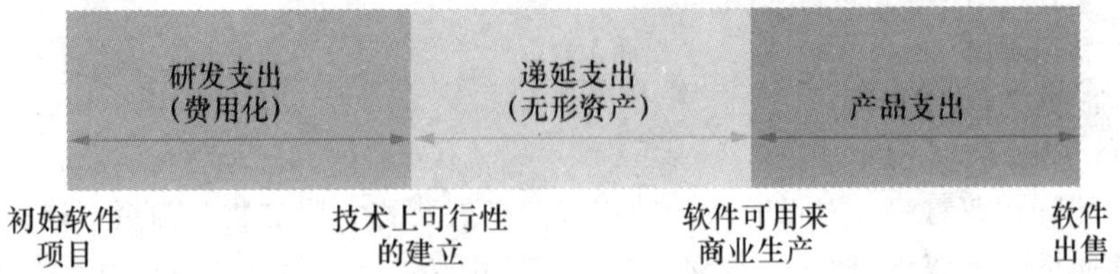

图 10-4　成功软件的开发

就像图 10-4 展示的那样,所有在技术可行性建立时点之前发生的成本都作为研发费用进行费用化,包括计划、设计和测试活动发生的成本。实质上,该部分成本产生未来收益的不确定性太大,所以要费用化。在技术可行性建立以后,未来不确定性降低到一定程度,所以在这一时点后发生的支出可以资本化。资本化软件开发支出包括技术可行性确认后编码和测试的成本和生产主机的支出。制造软件的附加成本和软件分销发生的包装成本是产品成本,并且作为销售成本的一部分进行费用化。

技术可行性建立的时点在很大程度上需要判断。在最低限度下,当企业同时满足以下条件时,即达到技术可行性[20]:

- 详细的软件项目设计;
- 软件的工作模式。

研究开发费用的国际会计处理:*IAS 38*　IASB 颁布的研发费用国际会计准则,其很多想法要优于 FASB 的准则。*IAS 38* 要求研究支出费用化,开发支出资本化。研究支出,如该准则定义的那样,是在技术和商业可行性确认之前发生的研发支出。而开发支出则是技术和商业可行性确认后发生的支出。如你所见,FASB 关于软件开发支出的会计处理与 IASB 关于研发支出的准则是很相似的。

美国未来的研发支出会计处理　2004 年 4 月 22 日,FASB 和 IASB 举办了一个联合会议,以讨论它们各自会计准则设置的融合。至今,在短期方面,一个汇合点就是研发支出的会计处理,FASB 和 IASB 成员仍在讨论这些事项。最初的指引是,在 *IAS 38* 中的一般会计方法将被 FASB 所接受。IASB 借鉴 FASB 第 86 号公告中的一些标准,以使 *IAS 38* 更容易实施。然而,应注意,FASB 和 IASB 在研发支出达成一致之前,美国 GAAP 要求所有的支出费用化。

石油和天然气开发

石油开发的本质是发现"干井"并将其开采成喷油井。会计处理上的问题是钻油洞的支出应费用化还是资本化。对石油和天然气的开发支出发展出了两种方法。在完全成本法下,所有的开发支出资本化,因为钻井是定位生产性油井的一部分支出。在成果法下,对干井的开发支出应费用化,只有开发成功的井的开发支出资本化。大多数大型、成功的石油公司应用成果法。表 10-5 包括了埃克森美孚公司在 2007 年财报附注中披露的对成果法的描述。

[20] *Statement of Financial Accounting Standards No. 86*, "Accounting for the Costs of Computer Software to Be Sold, Leased, or Otherwise Marketed" (Stamford, CT: Financial Accounting Standards Board, 1985), par. 4. *SFAS No. 86* 的一般规定扩展到了内部使用软件开发成本的会计处理;见 *Statement of Position 98-1*, "Accounting for the Costs of Computer Software Developed or Obtained for Internal Use" (New York: American Institute of Certified Public Accountants, March 4, 1998)。

表 10-5　埃克森美孚和 United Heritage——开发支出

埃克森美孚

该公司运用成果法来处理开发和生产活动。在这种方法下，将成本以各个油井为单位，随着某些开发支出的发生而累计，并且开发干井的支出在发生时费用化。生产性油井和钻井的支出应予以资本化，并以工作量法进行摊销。公司运用该会计政策而不是完全成本法，是因为它提供了一个更适时的针对公司成功或失败的开发生产活动的会计处理。如果运用完全成本法，所有的支出都应资本化并以地区为基础进行折旧。该资本化支出将要接受减值测试，完全成本法下倾向推迟其不成功项目的费用的确认。

United Heritage

我们利用完全成本法对我们坐落在美国西南部的石油和天然气生产资产进行会计处理。在完全成本法下，将所有与取得、开发和开采石油和天然气资产相关的支出都进行资本化，并以地区为基础在成本中心进行汇集。每个成本中心的净资本支出和估计的未来开发和恢复支出在等价工作量法的基础上被排除，该价值是由独立的油气工程师确定的石油和天然气储备量决定的。

对于小公司，完全成本法更普遍。其主张是完全成本法鼓励小公司继续开发，而将所有不成功项目成本立即费用化也不承担严厉的惩罚。表 10-5 也包含了 United Heritage 2007 年财报的摘录，其是个位于德克萨斯州克利本的小公司，其生产“清淡”的牛肉并进行石油和天然气开发，形成了一个有趣的组合。其对石油和天然气开发的会计处理方法为完全成本法。

补充

在 1979 年，证券监督管理委员会提出了一种计算石油、天然气开采的新方法，叫做保留认知会计（RRA），RRA 是一种发现会计，以石油、天然气的发现价值而不是其开采的成本来辨识资产的价值。RRA 模式依赖于对石油、天然气公司供给需求量的知晓。

如何处理石油、天然气企业的开发支出事项已经引起 FASB、SEC 甚至美国国会的注意。当 20 世纪 70 年代发生了明显石油短缺时，石油企业有很大的压力去拓展其开发活动以发现新的石油和天然气资源。1975 年的《能源政策和储备法案》的一项条款是 SEC 为致力于石油和天然气生产的美国公司建立的会计准则。SEC 允许 FASB 作为该领域的先行者。1977 年，FASB 决定成果法（即费用化干井支出）是合适的会计处理方法，并发布了第 19 号公告——“石油和天然气生产企业的财务会计和报告”。

SFAS No. 19 立即引起了强烈的骚动，小型的独立的石油开采公司争论到，使用成果法将要求它们将已经资本化的支出费用化，导致更低的利润、低迷的股票价格、更困难的借款。能源部门听了它们的意见，反垄断裁决部门表示了关注。一份可能使 FASB 对完全成本法的排除成为不合法行为的议案被提到了议会上。SEC 宣布尽管 FASB 出台了这个准则，用完全成本法编制的财务报告还是可以接受的。1979 年 2 月，FASB 屈从压力，发布了第 25 号公告，恢复使用完全成本法。[21]

对石油和天然气的争议是在困难环境下进行资本化或费用化决策的一个很好的例子。这些事项一般有两个方向的观点。有些支出，例如研发支出和石油、天然气开发支出，一般有专门的当局声明。其他支出，如修理和更新支出，则需要会计判断。这一章最后的材料将考查你在广告和石棉更换上的会计判断。

---

[21] *Statement of Financial Accounting Standards No. 25*, “Suspension of Certain Accounting Requirements for Oil and Gas Producing Companies” (Stamford, CT: Financial Accounting Standards Board, 1979).

取得无形资产的会计处理

4 单独取得、一揽子交易取得和商业并购取得的无形资产的确认。

WHY 无形资产包含公司资产的增长部分。因为无形资产的特殊本质，无形资产估价和减值的会计准则不同于应用于有形长期资产的准则。

HOW 内部产生的无形资产并不在资产负债表上确认。取得的无形资产以取得它们支付的金额来计量。无形资产经常以一揽子交易取得，所以总的购买价格以估计的所有购买的资产的公允价值为基础分配。通过传统的现值法或通过预期现金流法，无形资产的公允价值可以用市场价格来估计。

在过去20年里，商界最有冲击力的趋势之一是无形资产重要性的提高。这种趋势是对财务报告的一个有难度的挑战。经典的财务报告模式建立在制造和零售企业基础上，关注的是存货、应收账款、建筑物、机器等。在以信息科技、全球品牌和人力资本为驱动的社会，传统的会计模式经常把企业最重要的经济资产排除在外。例如，在2006年的北美，大约平均为每个男人、女人和孩子创造了213 GB的电子信息。[22] 2001年，美联储的经济学家Leonard Nakamura估计美国每年在无形资产上的投资大概有10 000亿美元，并且已存在的无形资产价值为50 000亿美元。[23] 最后，2001年麻省理工学院斯隆商学院的Erik Brynjolfsson教授估计美国公司在之前的10年间在"组织性资本"上投资了13 000亿美元，使工作的进程和方法有效率和有效力。这与同期投资在新设备和厂房上的数目是相匹配的。[24]

很多现象表明，人们对传统的会计模式有越来越多的不满。例如，纽约大学斯特恩商学院成立了无形资产研究中心来促进改善无形资产会计处理方法的研究。此外，1996年8月，FASB开始了一个关于无形资产会计处理的项目。FASB指出"无形资产在很多（如果不是大部分）企业里占有越来越大的组成部分，尽管它们很重要，但这些资产经常不被确认"。FASB的项目最终发布了两个准则：*SFAS No. 141*"商业联合"和*SFAS No. 142*"商誉和其他无形资产"。[25] 这两个准则共同的推进作用是要求公司尽更大努力定义和分别确认更多无形资产。理论上讲，这些要求从1970年就存在了。APB第17号意见（第24段到第26段）规定可辨认无形资产的成本在财务报表中分别确定。然而，在实际中，大部分公司把无形资产作为难以定义的一个整体来报告，而对无形资产的分类没有太多细节。第141号公告和第142号公告致力于鼓励公司区分有不同经济特征的无形资产，并改善无形资产财务报告上的细节披露。然而，第141号公告在2007年进行了修改，就是现在为我们所知的第141号修订公告。[26]

第141号修订公告和第142号公告在很大程度上改变了无形资产成本摊销的做法。在

---

[22] Michelle Kessler, "Days of Officially Drowning in Data Almost upon Us," *USA Today*, March 7, 2007.

[23] Leonard I. Nakamura, "What Is the U.S. Gross Investment in Intangibles? (At Least) One Trillion Dollars a Year!" Federal Reserve Bank of Philadelphia, Working Paper No. 01-15, October 2001.

[24] Mark Kindley, "Hidden Assets," *CIO Insight*, October 1, 2001.

[25] *Statement of Financial Accounting Standards No. 141*, "Business Combinations" (Norwalk, CT: Financial Accounting Standards Board, 2001); and *Statement of Financial Accounting Standards No. 142*, "Goodwill and Other Intangible Assets" (Norwalk, CT: Financial Accounting Standards Board, 2001).

[26] *Statement of Financial Accounting Standards No. 141 (revised)*, "Business Combinations" (Norwalk, CT: Financial Accounting Standards Board, 2007).

这些准则下，很多无形资产被认为有无限使用寿命，因此并没有系统性的摊销。无形资产的摊销(和不摊销)将在第 11 章进行讨论，无形资产的不同种类和它们被确认的过程将在下面进行讨论。

内部开发的无形资产

第 141 号修订公告和第 142 号公告没有尝试去要求公司定义和评估内部产生的无形资产。在大部分情况下，这些是公司最有价值的无形资产。为了举例说明，表 10-6 列举了 2007 年最有价值的品牌。每一个品牌都代表了一种内部产生的有价值的经济资产。例如，价值 653.2 亿美元的可口可乐品牌就是可口可乐公司多年来通过成功的商业运作和残酷的市场竞争创造的。因为对这些资产的估值被认为不具有足够的可靠性能达到在财务报告中确认的标准。然而，在稍后会提到，如果其他公司要购买可口可乐公司，记录该交易很重要的一个部分就是将总的购买价格分配到取得的各种经济资产中，包括先前没有确认的无形资产。在未来，财务报告将趋向于提供更多关于内部产生的无形资产的信息。到底是在财务报告中包含无形资产的实际估价和确认还是简单地以更多附注披露将在以后才能知道。

表 10-6　2007 年最有价值的品牌　　(单位：十亿)

品牌	品牌价值
1. 可口可乐	$65.32
2. 微软	58.71
3. IBM	57.09
4. 通用电气	51.57
5. 诺基亚	33.70
6. 丰田汽车	32.07
7. 英特尔	30.95
8. 麦当劳	29.40
9. 迪士尼	29.21
10. 梅赛德斯-奔驰	23.57

资料来源：Interbrand at http://www.interbrand.com。

一揽子方式取得的无形资产

获得无形资产的一个常见方式是与相关资产联合取得。例如，一家公司可能会支付 700 000 美元购买一项专利并且连同取得生产此项专利的功能性工厂和专门的机器。如果支付的全部 700 000 美元仅仅作为一般的“资产”记录，那么有用的信息将会丢失。相应地，就像本章提到的只涉及有形资产一样，总的 700 000 美元的购买价格应按资产相应的公允价值分配到各种资产中，包括有形资产和无形资产。如果专利、工厂和机器设备的公允价值分别为 200 000 美元、450 000 美元和 100 000 美元，700 000 美元成本应分配如下：

	估计的公允价值	根据相关估计价值的成本分配	分配到单个资产的成本
专利	\$200 000	200 000/750 000 × \$700 000	\$186 667
工厂	450 000	450 000/750 000 × \$700 000	420 000
机器	100 000	100 000/750 000 × \$700 000	933 333
	\$750 000		\$700 000

五种常见的无形资产项目 为了帮助公司辨认应该分别确认的不同种类的无形资产，FASB 在 *SFAS No. 141R*(附录 A)中，包含了对五种一般无形资产的描述。这五种一般的无形资产项目是：

> **注意**
>
> 当然，一项无形资产可以单独获得。如果一家公司购买了一项单独的无形资产，那么该资产的价格就很好确认；全部的购买价格都作为该单独无形资产的成本进行记录。

1. 市场相关的无形资产，如商标、品牌和网络域名等。
2. 客户相关的无形资产，如客户名单、过去的未完成订单、客户关系等。
3. 艺术相关的无形资产，如被保护的版权等。
4. 合同相关的无形资产，如许可证、特许经营权和转播权。
5. 技术相关的无形资产，包括申请专利的和未申请专利的技术和商业秘密等。

这五类项目并没有包括所有可能的无形资产的综合项目。此外，对无形资产的辨认不应是仅仅将获得的一揽子资产与 FASB 的清单进行匹配。和其他资产一样，无形资产必须满足特定的条件才能确认。这些确认条件的概念性的背景来自于第 5 号概念公告(第 63 段)，该准则提出要确认为无形资产需要满足能够产生未来经济利益、与决策者相关、能可靠计量。此外，无形资产必须是可辨认的，以使其能单独在财务报告中确认。可辨认的标准假设满足无形资产是基于合同或者单独购买而获得的。

基于合同的无形资产 在这一章开始部分简要介绍的无形资产大部分产生于合同或者其他法律权利。例如商标、专利、版权和特许经营权。如果一项无形资产是基于合同性或者法律权力，那么其应该确认为一项单独的资产，即使这项权力和其他资产也相关联。例如，经营核电站的法律权利经常和核电站本身一起出售。尽管这些资产没有实际的分开，经营工厂的权利基于专门的法律许可，应当单独地评估并记录在购买该工厂的公司的报表中。

> **补充**
>
> 可交易无形资产存在的一个危险是当其被出售后，产生有价值无形资产的信任基础也会被削弱。例如，当一家杂志的订阅者们发现了该杂志出版人将订阅者的数据库出售给电话推销公司或者政治募捐机构后，就会取消他们的订阅。

单独交易的无形资产 一些无形资产随着公司的建立而产生，并维持和其客户形成的信任关系。这些关系并不是产生于法律权利或合同，而是一种自发的、形成于过去积极正面的经历。公司越来越认识到这些关系的价值并学会去出售或者租赁这些关系。一个例子是向其他公司出售(排他性使用)或者租赁(非排他性使用)客户数据库。这些数据库的市场的存在证明了这类无形资产是可以可靠计量的资产，因此当该数据库被某一公司获得时应单独确认为一项资产。另一个例子是银行和其存款客户的关系。尽管这种关系的转移并不是在单独的交易中完成的,但是其内含于客户存款档案的交易中。当一家银行从另一家银行获得了存款客户的债务情况,那么存款客户关系的转移也包含在该交易中。在这样的交易里,应该估计客户关系的公允价值并确认单独的无形资产。

补充

为了成立一家公司,某些组织成本会发生,包括法律费用、促销费用、股票认证费用、证券承销费用。这些支出产生的收益超出了第一年的会计期间。然而,AICPA 决定组织成本(和其他公司成立阶段活动的成本)应该在发生时费用化,该做法得到了 FASB 的支持。这项公告发布于 1998 年,不同于其之前的做法详见 AICPA *SOP 98-5*。

估计无形资产的公允价值 记录无形资产最困难的部分不是辨认资产而是估计其公允价值。估计公允价值的目标是确认无形资产在公平市场交易中的转手价格。如果有相似资产交易的市场,对公允价值最好的估计就是参照可观察到的市场价格。如果不存在这样的市场,现值估计技术将会用来估计资产的公允价值。就如第 7 号概念公告描述的那样,未来现金流现值可以通过两种方法之一估计公允价值。在传统的方法下,一般适用于合同中确定了未来现金流的金额和时间的情况,现值用综合考虑了未来合同现金收入不确定性后的风险调整利率计算。在期望现金流方法下,确定现金流的一个可能范围,计算出每种可能性下现值(用无风险利率),平均的现值就等于每种可能性下的现值乘以每种情况估计的概率。为了解释传统法和期望现金流法,我们考虑以下两个例子。

传统法:无形资产 A 是一种在未来获得版税收入的权利。在未来五年中,每年年末都会有 1 000 美元的版税现金流入。无风险利率为 5%;这些版税现金流的获得是不确定的,所以用风险调整后的利率 12% 来计算它们的现值。无形资产 A 的公允价值计算如下所示:

商业计算器按键
N = 5 年
I = 12%
PMT = $1 000
FV = $0(如果这五年年末没有额外的支付)
PV = $3 605

补充

在传统法下计算现值,所有的因素都需要被考虑以确定合适的风险调整利率。

如果无形资产 A 是通过"一揽子购买"方式同其他资产一起获得,那么这 3 605 美元就会作为分配总的购买价格时无形资产的公允价值基础。

预期现金流法:无形资产 B 是一种制作快餐芝士汉堡的秘密配方,这种汉堡配方包含了 25 种重要的维生素和矿物质,能降低胆固醇,修复臭氧层。该秘密配方的未来现金流是不确定的,以下为各种可能性的估计:

情况一:10% 的可能性在 10 年里每年年末产生 5 000 美元的现金流入。
情况二:30% 的可能性在 4 年里每年年末产生 1 000 美元的现金流入。
情况三:60% 的可能性在 3 年里每年年末产生 100 美元的现金流入。

在期望现金流法下，未来现金流的不确定性不影响风险调整利率，而是通过对不同情况下现金流量和可能性的评估来影响现值。因此，无风险利率（在本例中为5%）用来计算各种情况下的现金流现值。

	现值	可能性	可能性加权现值
情况一	$38 609	0.10	$3 861
情况二	3 546	0.30	1 064
情况三	272	0.60	163
总的估计公允价值			$5 088

总而言之，无形资产的公允价值可以通过相应的市场价格，运用传统法计算的现值和运用期望现金流法计算的现值来确定。此外，现值的计算过程将在"货币时间价值"这一部分再次回顾。

获得正在进行中的研发工程 当一家公司从另一家公司购买一系列资产，有时会包括一项有价值的无形资产，即已存在的研发工程，这通常称为获得的进行中的研发工程（acquired in-process R&D）。例如，2001年10月1日，Bristol-Myers Squibb公司，一个大型的制药公司，以78亿美元取得了杜邦公司的一个制药部门。在这些金额中，有20.09亿美元是关于五个正在进行中的研究工程的支出，见下面的财务报告附注：

> 这些支出（20.09亿美元）与心血管、神经系统、肿瘤、抗菌领域从临床到第二阶段的开发中的五个研究工程相关。通过辨别哪个研究工程的技术可行性没有确立以及哪个研究工程没有其他的未来可选择用途，公司确认了上述金额。美国食品药品管理局允许的工程时间为2005年到2008年，公司希望这项工程从这时开始产生现金流。完成这项工程的成本估计为12亿美元。

获得的进行中的研发工程使得美国的财务人员多少有点儿尴尬。正如在本章前面提到的，根据FASB第2号公告，正常的研发支出在发生的时候费用化。这种处理方式的原因是研发支出未来的经济价值有太多的不确定性。然而，就像Bristol-Myers Squibb公司这个例子，该进行中的研发工程的价值可以在市场交易中确认。在这种情况下，FASB提供了三种处理方式，如下所示：

- 根据*SFAS No. 141*最初版本（2001年发布），获得的进行中的研发工程作为商业合并中一部分，为了和*SFAS No. 2*保持一致，应该费用化。
- 根据修正后*SFAS No. 141R*（2007年发布），获得的进行中的研发工程作为商业合并中的一部分，应该确认为一项单独的无形资产。这种处理方式和国际准则*IFRS 3*保持一致。
- 然而，*SFAS No. 141R*也有一些不一致，因为它规定不作为商业合并的一部分，而"一揽子"交易取得的进行中的研发工程支出要费用化。FASB声明将在以后重新考虑这种不一致。

总结一下，进行中的研发工程如果是作为商业合并的一部分取得的，那么确认为一项无形资产，但如果是商业合并之外的"一揽子"交易取得的，就应该费用化。这种拼接的方法很好地解释了美国GAAP发展的两种主要推动力：(1) FASB和IASB建立一种普遍模式的高质量国际会计准则的愿望；(2) 会计人员和FASB在考虑长期实践中的变化时而引起的注意。

总结本部分通过“一揽子”交易获得无形资产的方式，很重要的一点就是能尽可能详细列明并确认单独的无形资产。总的购买价格通过它们相应的公允价值进行分配。就像第 11 章讨论的那样，有些无形资产需要摊销，有些不需要。

在企业合并中取得的无形资产

在上一节，我们讨论了无形资产作为“一揽子交易”一部分而取得的方式。在这一节，我们讨论购买整个公司时无形资产的获得。当一家公司购买另一家公司时，购买方支付的对象有分类明确的有形资产、负债、可辨认的无形资产以及附加的无形资产和商誉。本质上企业合并的协同价值不能和专门的有形或者无形资产联系起来。

历史上，有两种企业合并的会计处理方式。一种简单的方法叫做权益结合法。概念上来看，权益结合法仅仅是两个相等地位事物的结合。从会计的角度看，也仅仅是两个合并企业分类账金额的相加。另一种企业合并的处理方式是购买法。概念上看，购买法涉及一家公司购买另一家公司。购买法涉及更多的会计事项。首先，像前面讨论的，如何向各个资产分配购买价格。一般来说，如果运用购买法，所有资产都以其取得日的公允价值记录在取得公司的报表上。

是采用权益结合法还是购买法已经成为企业合并中的一个主要争议。争议主要围绕在购买法下，资产以其交易时的公允价值记录。因为公允价值一般比账面价值高，记录的成本的提高（包括了商誉），造成了更高的折旧和摊销费用。因此，造成了购买法下比权益法下在未来的年份里报告的利润更低。2001 年，FASB 发布了最初版本的第 141 号公告，它剔除了权益结合法。因为对今后年份报告利润造成的不好影响，企业一致反对这种做法。但是，FASB 通过不要求对商誉进行摊销这种妥协而使得该做法继续执行下去。FASB 对商誉摊销方法的转变（每年计算商誉减值）将在第 11 章进行讨论。

补充

2004 年 3 月，IASB 发布了 *IFRS 3*，要求所有的企业合并都采用购买法。

最初版本的第 141 号公告的另一个目的是减少将商誉账户作为一个容纳五花八门成本的“清理槽”，这些成本如果被分配到单独的无形资产中可能会更合理，这点在第 141R 号公告中得以保留。商誉可以被看做剩余金额，该金额等于企业的购买价格减去所有可辨认有形或无形资产的金额。这样，商誉就是使企业的整体价值大于单独部分加总的无形资产。一般而言，商誉代表了所有的被企业所享有但无法单独辨认的特别优势，例如更高的信用层级、产品或服务更高的声誉、在开发和配送流程中的经验、良好的政府关系，等等。这些因素使得企业可以利用企业拥有的可辨认资产（无形的或者有形的）赚取高于正常的收入。

企业合并的会计处理与一揽子购买交易的会计处理非常相似；总的购买价格都是通过其估计的公允价值分配到所有获得的项目中。企业合并和一揽子交易会计处理的一个主要区别是：

- 企业合并的购买成本并没有按比例分配到可辨认资产的公允价值中，而是每一项可辨认资产都以其估计的公允价值记录；超出部分记录为商誉。

为了确定资产和负债的公允价值以分配所有的合并成本,现时的市场价值比被合并方账面价值更合适作为公允价值确定的基础。应收项目应以其预期可收到的金额记录。存货和证券应以现时的市场价值重述。土地、建筑物和机器应用专门的评估来确定它们现时的置换价值或再生产价值。无形资产,如专利、特许经营权,无论是否记录在被合并企业的报表中,都应该包含在被合并企业资产的估计公允价值中。应该认真保证所有的负债都已完全确认。

在可能的范围内,支付给被合并公司的金额应该与可辨认资产相关。如果存在超出的金额,应该确认为资产,称为"商誉"或者"取得净资产公允价值的超出成本"。

为了说明购买现有企业的处理,假设 Airnational 公司以现金 1 500 000 美元购买 Speedy Freight 的净资产。在购买时点,记录在 Speedy Freight 报表中的净资产清单如下所示:

资产		
现金	$ 37 500	
应收账款	246 000	
存货	392 000	
土地、建筑物和机器(净值)	361 200	
		$1 036 700
负债		
流动负债	$ 86 000	
长期负债	183 500	$ 269 500
净资产账面价值		767 200

购买价格 1 500 000 美元和净资产账面价值 767 200 美元($1 036 700 - $269 500)的差额为 732 800 美元,以下反映了资产账面价值和公允价值的差额:

	成本	市场价值
存货	$392 000	$ 427 000
土地、建筑物和机器	361 200	389 500
专利权	0	50 000
购买的进行中的研发工程	0	400 000
总额	$753 200	$1 266 500

732 800 美元的差额中可辨认的部分 513 300 美元($1 266 500 - $753 200)被分配到相应的项目中。剩余的差异 219 500 美元($732 800 - $513 300)被记录为商誉。

记录该购买交易的分录如下所示。购买的进行中的研发工程以其估计的公允价值记录为单独的无形资产,与其他研发支出的处理一致。

借:现金	37 500
应收账款	246 000
存货	427 000
土地、建筑物和机器	389 500
进行中的研发工程	400 000
专利权	50 000
商誉	219 500

贷：流动负债	86 000
长期负债	183 500
现金	1 500 000

在其记录以后，商誉以其最初确认的价格保留在报表中，除非有明显的证据表明它的价值发生了减值。就像之前提到的，这项处理可以看做 FASB 的一种妥协。最初企业反对购买法（相比权益结合法）是因为购买法导致商誉的确认，其摊销将使得未来期间的报告收益降低。商誉是否应该摊销是一个有趣的理论性讨论，但是现行的准则是商誉不需要摊销。关于商誉的减值将在第 11 章进行讨论。

注意到，在 Speedy Freight 被收购之前专利资产并未被登记其报表中。这可能是因为专利成本已全部摊销或是由于专利在内部研发阶段被开发且其全部成本随即费用化。然而，当 Speedy Freight 被收购时，这项专利被作为一项可辨认的资产所识别。

上述例子比较简单，因为 Airnational 公司购买了其 100% 的股份。假设 Airnational 公司购买了 Speedy Freight 80% 的股份，会计处理将有少量的变动。包括商誉在内所获得的所有资产依然以其公允价值的全价被识别，但另外一个称作非控制性权益的附加项目被认为代表了 Speedy Freight 未被购买的 20% 资本的外部所有权。非控制性权益在购买公司资产负债表的权益部分被报告；这一课题在《中级会计学：应用篇》第 13 章会涉及。

因为只有当另一家公司被收购时商誉才会被记录在报表中，那么必须注意对公司报告的商誉余额的解释。所报告的商誉并非反映了公司拥有的商誉，而是它所收购的其他公司的商誉，因此微软公司的商誉并未在其资产负债表中反映出来，同样百事可乐的资产负债表中的商誉项目也是如此。在百事可乐的报表中包含大量商誉，这都来自于其所收购的各个公司，例如 Frito Lay 公司。因此，拥有大量商誉的公司可能不登记任何商誉，一家公司所报告的商誉可能是从其他公司而来的。就有关商誉而言，现行的会计准则可能误导财务报告的使用者。另一方面，允许公司对其自身商誉进行赋值并在资产负债表中登记相关数目将会给财务报告引进大量的主观性。

廉价购买 偶尔情况下，付给被收购的公司的钱要少于该公司可辨认净项目的公允价值。当公司现存管理对资产的利用处在次优化的水平时会发生这样的情况。当廉价购买发生时，收购方应该首先核查对所有的公允价值的估计以确保其可靠性。在此之后，如果依然存在大量可辨认的净公允价值高于购买价格，任何超出的部分都被看做利得。

为了说明这些，将刚才描述的 Speedy Freight 的收购价格假设为 1 000 000 美元而不是 1 500 000 美元，记录如下：

借：现金	37 500	
应收账款	246 000	
存货	427 000	
土地、建筑物和机器	389 500	
专利权	50 000	
进行中的研发工程	400 000	
贷：营业外收入		280 500
流动负债		86 000
长期负债		183 500
现金		1 000 000

关于无形资产的国际会计：*IAS 38* 和 *IFRS 3* IASB 的标准中，有关会计上无形资产的

内容是2004年3月颁布的*IAS 38*。IASB的标准与美国GAAP标准十分兼容。关于企业合并的国际会计准则,*IFRS 3*(也于2004年3月颁布),与美国准则也十分相似。这种关于会计上无形资产的相似性并非偶然,FASB和IASB联合起来共同研究企业合并的准则是为了消除会计上相关无形资产的几乎全部差异。此外,FASB与一些非美国准则制定者合作研究有关商誉和无形资产的第142号公告。美国GAAP与IASB准则间有关无形资产最主要的区别在于对这些资产进行减值测试。这一主题在第11章有所涉及。

公允价值下资产的定价

5 讨论用公允价值记录非流动性经营资产的利弊。

WHY IASB标准允许以高价对非流动性经营资产进行重估。而相对于相关性,美国会计准则更看重可靠性,因此不允许如此的高价估计。

HOW 在那些允许对非流动性经营资产进行高价重估的国际准则中,考虑到信用状况,某些资产账户价值以公允价值计量会虚增资产价值。

在这一章中,资产的定价基于历史成本。正如在第1章中所讨论的,资产价值的衡量常常是在可靠性与相关性之间进行折中。历史成本是非常可靠的数据,但非流动性资产的公允价值却更有相关性。

对于价值下降的非流动性经营资产,记录其降低的金额长期以来一直是GAAP的一部分。减少市场价值下降资产的账面价值反映了会计准则基础的谨慎性原则。规范这些减值损失的准则将在第11章讨论。另一方面,资产升值的记录现在却并未被广泛认可。在1934年SEC成立之前,美国公司中财产和设备的过高重估现象非常普遍。然而,截至1940年,SEC有效地消除了这种做法,并非通过明令禁止,而是经过非正式的管理上的施压。对资产重估值的疑问大部分源于联邦贸易委员会于1935年完成的调查,该调查涉及大量公共事业企业的案例,这些案例中不恰当地重估其资产价值以提高其比率水平。20世纪80年代末,对于储蓄与贷款协会(S&L) 5 000亿美元暴跌缺乏提前警告,部分归咎于该行业对其贷款证券当前市场价值报告的缺失。对金融机构会计的重新考核引出了FASB第115号公告,该陈述要求大部分投资证券要报告其现有的市场价值。财务报告使用者对现有价值信息的持续呼吁可能会致使对历史成本会计来衡量非流动性经营资产的合理性的重新考量。事实上,在10年期限内,FASB要求大量的公司将其非流动性的经营资产的现有价值在报表附注中披露。该要求在1986年被FASB的第89号公告废止。

在*IAS 16*中,IASB允许在财务报表上对非流动性经营资产的高价重估作为历史成本计量的另一个选择。因为公允价值常常基于主观的估计而非客观的历史成本,会计师和审计人员通常认为公司可能通过利用高价重估资产来粉饰报表,虚增收入。这样的考虑反映在*IAS 16*中,其中的部分规则概括如下:

- 如果一家公司以公允价值重新估计其非流动性经营资产价值,它必须以一个规范基准来进行(不是作为一次性事件),并且必须重新估计整组资产而非挑选部分特定的其价值提升的资产进行报告。
- 低价重估记作一项损失。
- 高价重估记入资产的借方,特定权益"重估"账户的贷方。这一操作意味着高价重

> **思考**
>
> 下面哪一条是关于非流动性经营资产的正确陈述?
>
> a) 国际准则禁止公司以公允价值记录非流动性经营资产的价值。
>
> b) 非流动性经营资产的公允价值可以由专业的评估机构进行估计,例如养老金负债由精算师来估计。
>
> c) 非流动性经营资产的公允价值与大多数报表使用者是不相关的。

估不能用来增加报告收入。另外,当一项被高价重估的资产最终出售时,在特定重估账户的相关余额都直接从贷方计入留存收益,并且不会在利润表中作为利得报告。这项会计处理表明通过对资产重估确定非流动性经营资产的价值增长意味着这项增长将不会作为一项利得记录在收入表中,即使当资产被出售以后。

中国银行(香港)有限公司就是一个基于年度进行资产价值重估的例子。公司至少每一年在财务报表附注中标明其通过外部独立评估者进行评估的价值。例如在 2007 年 12 月 31 号,中国银行(香港)所报告的土地和建筑物的净额为 233 亿港币。这一数据是由历史成本和专业价值重估混合形成的。如果不进行资产重估,那么其数值应该是 221 亿港币。我们将在第 11 章对资产高价重估会计进行深层解释。

IASB 标准也允许进行投资的财产在资产负债表中以公允价值进行报告。按照 *IAS 40* 所指,土地或建筑物是用来持有以获取租金或价值增值,或者二者兼具。投入的资产可以用传统的成本法进行核算。在 *IAS 40* 中,公司可以选择公允价值法,公司资产在资产负债表中以公允价值进行披露,由此造成的任何利得或损失通过利润表进行披露。对于像房地产公司这样通过资产增值来获利的公司来说,选择这样的方式极其重要;若要求房地产公司在报表中以成本方式进行披露的话,则会掩盖关键的经营信息。

衡量不动产、厂房及设备效率

6 运用固定资产周转率来衡量一家公司使用其不动产、厂房和设备的效率。

WHY 财务比率允许公司间以及同一公司不同期间进行对比。不动产、厂房、设备的利用等相关信息允许使用者确定公司利用其非流动性经营资产的效率。

HOW 确定长期资产效率的通常做法是通过确定平均一美元的不动产、厂房、设备(也称作固定资产)能够创造多少美元的收益。当确定使用该比率时,一定要确保获取的数据可以用来比较,因为所报告的不动产、厂房、设备的价值有时会大大少于资产的公允价值。

恰当的资本预算分析结果应该使得不动产、厂房、设备能够处于恰好与公司的销售规模相当的水平上。就如其他资产,以不动产、厂房、设备形式存在的过量的资金会降低公司的效率,增加公司的财务费用,降低净资产收益率。

在这一节,我们讨论固定资产周转率,该比率是通过财务报表数据粗略地表明公司利用不动产、厂房、设备产生收入的效率。同时说明固定资产周转率的仔细解释是有必要的,因为长期营运资产登记的账面价值与其实际价值可能存在较大的差异。

评估不动产、厂房和设备的水平

固定资产周转率的计算是通过销售收入除以不动产、厂房、设备(固定资产)取得的。

以一美元固定资产产生多少销售收入的形式来表示。该比率也称为固定资产周转率(PP&E turnover)。通用电气固定资产周转率的计算如下所示。(财务报告中的所有数据以百万计量。)

固定资产周转率表明,相比2006年,通用电气在2007年更加有效地利用其固定资产创造收益,在2007年1美元固定资产创造收益2.33美元,2006年则是2.20美元。

	2007	2006
销售收入	$172 738	$151 843
不动产、厂房和设备:		
年初	$70 650	$67 528
年末	$77 895	$70 650
固定资产均值[(年初余额+年末余额)/2]	$74 273	$69 089
固定资产周转率	2.33	2.20

利用固定资产周转率的危险

正如其他比率一样,固定资产周转率要谨慎使用以确保不得出错误的结论。例如,不同行业的两个公司的固定资产周转率无法进行有意义的对比。这一点可以通过通用电气公司进行实例说明。通用电气公司有两个部分:通用电气,制造业公司;GE金融服务,金融服务公司。前文的固定资产周转率是两部分合并计算的。因为GE金融服务公司不是利用不动产、厂房、设备进行制造,但是发放资金给其他的公司以赚取金融收益。我们会认为GE金融服务公司的固定资产周转率不同于制造业公司。事实上,正如下表所示,2007年通用电气制造业部分的固定资产周转率为8.62,超过了公司整体周转率的三倍。

固定资产周转率

(通用电气——制造业部分)

	2007	2006
销售收入	$115 595	$102 481
不动产、厂房和设备:		
年初	$12 675	$16 504
年末	$14 142	$12 675
固定资产均值[(年初余额+年末余额)/2]	$13 409	$12 590
固定资产周转率	8.62	7.02

比较不同公司间固定资产周转率的另一个困难之处在于报告的不动产、厂房、设备的价值与这些正在被公司使用的资产的实际公允价值相比可能不同。正如前面讨论的那样,美国会计准则要求固定资产发生了减值时要对其进行减值计提,但不允许通过增加其账面价值来反映公允价值的上升。这就造成了对比问题,当一家公司拥有新的相关联的资产时,该资产的价值与市场价值接近,而另一家公司拥有较旧的固定资产,该资产在已折旧的历史成本下记录的,这就造成了对该项固定资产实际价值的低估。

这样的对比问题可以通过Safeway连锁超市来形象地说明。将近1986年年底时,Safeway连锁超市被私人杠杆收购。当杠杆收购发生时,至少出于会计目的,Safeway连锁超市成为一个新公司,其资产的价值在杠杆收购日被重述为其市场价值。这提供了一个很好的机会去衡量通过公允价值还是历史成本来确定公司资产价值时其对固定资产周转率的影响程度。成本如下所示,累计折旧和固定资产周转率在 1985 年(也就是杠杆收购日以前),以及 1986 年杠杆收购日以后的情况。

思考

为什么从 1985 年到 1986 年 Safeway 公司的累计折旧减少了这么多?

a) 累计折旧的余额依据财产、设备和机器的现时价值而波动。

b) 累计折旧余额代表了用于杠杆收购的大量现金金额。

c) 当公司所有权变动时,如杠杆收购,存在的资产以其公允价值记录,就如同它们以公允价值购买一样(例如企业合并)。

d) 根据美国税务代码,累计折旧是一项递延的税收项目,该项目在公司发生杠杆收购时会降低。

Safeway 连锁超市在 1986 年年底与 1985 年年底几乎拥有相同的固定资产。报告数目的不同之处几乎全部归因于杠杆收购中的价格重估。注意,Safeway 连锁超市固定资产的账面价值从 1985 年到 1986 年上涨超过了 10 亿美元。这一增长反映了以市场价值而非折旧的历史成本来报告固定资产价值的影响。同时注意到固定资产周转率的下降:从 1985 年的 7.45 到 1986 年的 5.44,事实上,Safeway 在 1986 年对固定资产的使用与 1985 年十分相近。比率上的差异之处是由于 1985 年计算比率时人为降低了折旧成本数目。总而言之,固定资产的市场价值和其所报告的已折旧的成本之间的差异能够对固定资产周转率产生重要影响。对于一些公司而言,这样的差异事实上是很大的。

	1986	1985
成本	$3 854	$4 641
减:累计折旧	120	2 004
账面价值	$3 734	$2 637
固定资产周转率	5.44	7.45

租赁造成了使用固定资产周转率进行分析时的另外一个复杂方面。正如在《中级会计学:应用篇》第 15 章所要讨论的,很多公司将其大量资产对外租赁,结果这些资产中很多未被包含在公司的资产负债表中。这就使得这些公司固定资产周转率过高,因为由这些租赁出去的资产产生的收入包括在了计算固定资产周转率公式的分子当中,而这些租赁出去的资产并未包含在分母中。

开放式场景问题的答案

1. 当 Jerry Jones 花 1.5 亿美元购买了达拉斯牛仔队,他的会计师需要面对的问题是,如何将这 1.5 亿美元的购买款在牛仔队中大量不同的资产间进行分配,例如各种足球设备、球场租赁权、广播和电视转播权、有线电视权、豪华球场套房、运动员合约、豪华训练设备和美国国家足球联盟的特许经营权。

2. 尽量将更多的购买价格分配到"运动员契约"方面的资产上,是出于对税负的考虑。出于税负目的,运动员契约资产在四年内摊销完毕,从而加速了与部分或全部最初购买价格相关的税负的降低。

思考题答案

1.（第 493 页）答案为 d。资本化的利息并非额外的利息。如果一家公司没有将需要资本化的利息资本化，那么利息费用将会被高估，长期资产将会被低估。总现金流将不受影响，但经营现金流将被低估，投资活动产生的现金流将会被高估。

2.（第 513 页）答案为 b。虽然在国际会计准则下这样的重估值是允许的，但在接下来的十年内，美国的公司将不会被要求确认不动产、厂房和设备的现时价值。在美国，历史成本的传统很强，FASB 在让商界对金融工具及其衍生物的公允价值接受方面存在明显的困难。但是对不动产、厂房、设备公允价值的认可只是时间的问题——该信息是非常相关的，就像现在养老金负债能够被精算师估算出来一样，信息能够被专业评估师进行估计。

3.（第 515 页）答案为 c。旧资产的处置能够减少累计折旧。这些不是在 1985 年到 1986 年发生在 Safeway 连锁超市的案例。相反地，在 1986 年对 Safeway 的资产重估时，累计折旧为 0。好像 Safeway 连锁超市处置了其全部的旧资产，并以市场价格重新购买了这些资产。

本章小结

1. 辨认各种类型非流动性经营资产的购买成本。

有形非流动资产的成本不仅仅只是包括了资产的购买价格或者等价物，还包括了那些为了让资产得以使用的必要支出。例如，土地的成本包括了勘测费用和旧房屋拆除的花费。机器设备的成本还包括了安装测试费用。

非流动的无形资产也通常以成本记录。如果别的公司购买版权、专利权或者注册商标，资产的成本就是购买的价格。对于企业自主研发的情况，资产的成本通常只包括了法律费用、申请费用以及在法律诉讼中发生的费用。

2. 正确做出各种特别方式下非流动性经营资产取得的会计处理，包括延期支付、自建和企业合并。

- 一揽子购买。购买成本将按照资产的公允价值的比例分配购买总价格。
- 延期付款。购买资产的成本将按照未来付款额的折现值计价。
- 租赁。以融资租赁方式得到资产将视为企业所有的资产。经营租赁方式得到的资产则不在资产负债表中体现。
- 非货币交易方式。交易的成本以换入或者换出的资产的公允价值核算。选择换入还是换出资产的公允价值作为成本，取决于两者中哪一个的价值更公允。
- 担保购买。交易的成本以资产的公允价值或者担保协议规定的资产价值核算。选择资产的公允价值还是协议价格作为交易的成本，取决于两者中哪一个的价值更加公允。
- 自建方式。自建方式获得的资产的成本包括因为构建资产已经支出的成本和由于构建资产发生的应当资本化的利息费用。这部分资本化的利息费用是一种估计值，如果构建资产的支出已经付了贷款，则这部分利息的资本化将可以避免。
- 捐赠或者发现方式。捐赠方式获得的资产将视为一笔收入记录。收入的多少取决于资产的公允价值。发现方式获得的资产则不需要确认收入。

• 伴随着处置费用的资产的获得。对获得资产的处置成本的公允价值进行估计，并作为一项负债计入交易中，并加在资产获得的成本中。

• 整家公司的购买。企业合并获得的资产应当以公允价值计价，超过的部分确认为商誉。

3. 区分应该立即费用化的支出和应该资本化的支出，并理解研发支出和石油、天然气开采支出的会计准则。

• 并购后成本。维修成本要费用化。新组件的支出，包括替换和增加，都要资本化。

• 研究开发支出。在美国，企业的研究开发经费在发生时就费用化。FASB 可能会重新考虑这方面的规定。

• 软件开发支出。在美国，企业的软件开发支出，在技术的可行性确认之前发生的将被费用化；在之后发生的将被资本化。

• 石油、天然气开采支出。采用“成果法”计算，钻井的支出应费用化。采用“完全成本法”计算，支出应当资本化。

4. 单独取得、一揽子交易取得和商业并购取得的无形资产的确认。

在一揽子购买中包括了无形资产，购买的总价格应当按照各单项资产的公允价值估计值的比例分摊给各单项资产，包括无形资产。无形资产的定价，可以通过合同价格、单独交易价格，或者是可靠的未来现金流现值的估计来确定。无形资产公允价值可以通过相关资产市场价格、交易现值（使用风险调整利率）或者以未来现金流现值来估计。对于购买的正在进行的研究开发工程，其所有分配的购买价格应当立即费用化。

对于整个企业的并购，只确认那些有明确合同或者能够单独交易的无形资产，其余的均作为商誉处理。在协商购买中，无形资产的公允价值应当重复评估。如果购买价格依然低于净资产的公允价值，那么两者的差额将作为一项利得确认。

5. 讨论用公允价值记录非流动性经营资产的利弊。

使用公允价值计量非流动性经营资产代表着交易的可靠性和公平性。在美国，对交易可靠性的考虑结果是禁止高估资产价值。按照 *IAS 16* 的规定，对增值资产的向上重新估值，可以代替历史成本方式下的账面价值作为报告数据。

6. 运用固定资产周转率来衡量一家公司使用其不动产、厂房和设备的效率。

固定资产周转率是用销售收入除以不动产、厂房和设备等固定资产。它说明每一美元的固定资产能带来多少销售收入。在相似行业中对比固定资产周转率才有意义。比较不同企业固定资产周转率的另一个难点是企业所使用的固定资产的价值是否公允，例如以下情形：当一项资产的价值相对于折旧成本增加；或者当一些关键的资产数据变成了租赁而不会出现在资产负债表里。

IASB 概述

主题	美国 GAAP	IASB 准则
不动产、土地和设备的购买	多项准则 初始确认成本，在使用年限内折旧。	*IAS 16* 与美国 GAAP 规定相同外，还规定企业有权利使用资产的公允价值代替现有价值计量。
利息的资本化	*SFAS No. 34* 自建资产融资中的利息必须资本化。	*IAS 23* 2008 年 1 月 1 日起，净"借款成本"要求资本化。这里的"净"指的是用总利息支出减去闲置基金投资的利息收入。
种植和挖掘	无	*IAS 41* 生物资产公允价值的增加或者减少作为利得或者损失核算。
研究和开发	*SFAS No. 2* *SFAS No. 86* 所有研究与开发的成本均应费用化。对于软件，研究费用应费用化，开发费用应资本化。	*IAS 38* 所有的研究与开发的费用均资本化。
无形资产	*SFAS No. 142* 购买的可辨认无形资产在获得当日以公允价值记录。	*IAS 38* 与美国 GAAP 规定相同。
企业合并	*SFAS No. 141R* 采用交易日的公允价值核算获得资产和负债；购买价超出公允价值的部分记为商誉；低于公允价值的购买差额记录为利得。	*IAS 3* 与美国 GAAP 规定相同。
增值资产的重新估值	无。 美国 GAAP 不允许资产的向上重新估值。	*IAS 16* *IAS 40* 企业有权采用增值资产的公允价值代替历史成本记录资产价值；相应的贷方所有者权益也将增加。对于投资资产，企业有权采用公允价值进行核算。公允价值的变动包含在净利润中。

关键术语

固定资产增加	资产处置成本
资产构成	开发
无形资产	维护费用
研究	研究与开发

议价购买
挖掘
非流动资产
软件开发支出
一揽子购买
捐赠
经营租赁
成果法
扩建、改良
固定资产周转率
更新
技术上可行
融资租赁
完全成本法
维修
商标
利息资本化
商誉
重置

问题

1. 在购买设备时,以延期付款合同代替现金,在会计上将会出现什么特殊的处理问题?

2. 在一揽子购买资产时,将购买价分配给各单项资产应当经过哪些程序?

3. (a) 为什么资产的"标签价格"不能代表资产真正的价值?

(b) 在这种情况下,资产的公允价值应当怎样辨认?

4. 在(a) 版权,(b) 特许经营权,(c) 商标的购买中将会分别发生什么支出?

5. 在大多数企业的资产负债表中,非流动性经营资产占据了大部分的资产价值。说出在以下资产购买中除了交付合同约定的价格之外,还要支付的作为购买成本一部分的其他费用项目名称:(a) 土地,(b) 房屋,(c) 设备。

6. 某项建筑项目要符合什么条件才能让与其相关的利息支出得以资本化?

7. Gayler 集团决定自建一栋楼房并使用一个现有工厂作为构建楼房项目的辅助。(a) 自建项目包含了哪些成本?(b) 企业在构建期间,对间接费用的分配预计将会有哪两种处理方法?评估两个处理方法并给出你的优先选择项。

8. 在 *IAS 14* 下,哪种资产的增值可以被确认?

9. 资产处置成本是什么?资产处置成本的会计核算方法是什么?

10. 在 *IAS 23* 下,利息怎样能够资本化?

11. Parkhurst 公司获得了价值 250 000 美元的土地和楼房,并作为礼物来自于当地的慈善家。公司的总裁认为获得没有涉及任何的支出,因此机器设备以及折旧都无需从会计角度进行确认。假设(a) 捐赠没有附加条件;(b) 捐赠是基于企业将要招聘一批人员为企业工作 10 年的条件下的。根据以上假设评价该总裁的处理方法。

12. 估计以下的会计差错对当年和以前年度的资产负债表和利润表的影响:

(a) 可折旧资产的成本错误地计入费用;

(b) 一项费用支出错误地计入一项可折旧资产的成本中。

13. 下列各项中,哪些应当计入资产,哪些应当计入费用?

(a) 机器的安装费;

(b) 失败的专利纠纷诉讼支出;

(c) 火灾后大量的维修费用;

(d) 土地评级支出;

(e) 机器的运输保险费;

(f) 建造期间的利息支出;

(g) 机器主体的更换费用;

(h) 新的机器保护费用;

(i) 购买房产的佣金;

(j) 街道改造的税收评估支出;

(k) 办公室的重新粉刷费用。

14. 为什么一些企业费用化的资产支出少于资金账户数额?

15. 一般情况下,内部产生的无形资产的成本应怎样核算?

16. 区别核算石油、天然气资产挖掘的两种方法:成果计算法和完全成本法。

17. (a) 研究与开发活动是什么类型的活动?

(b) 在什么条件下,研究开发支出可以资本化?

18. 若一项资产被替换,那么其剩余的账面净值将如何处理?

19. 采用历史成本核算企业资产与采用资产现值核算企业资产,两者之间有什么利弊?

20. 在美国 GAAP 下,企业购买一项正在进行的研究开发将如何核算?

21. 无形资产的五个一般种类是什么?

22. (a) 在什么情况下,商誉可以作为一项资产确认?

(b) Roper 公司正在参与新产品的广告推广,并将相关费用作为商誉确认。你赞成此项操作吗? 为什么?

23. 估计一项资产的公允价值使用的两种方法是什么? 简要解释两者之间的区别。

24. 财务报表使用者总是使用固定资产周转率有什么危险?

25. 固定资产周转率是怎样计算的? 固定资产周转率衡量了什么?

26. 描述在 *IAS 40* 下,企业对投资资产公允价值的选择。

27. 在 *IAS 16* 下,企业根据市场价值增加了某项非流动性经营资产的价值,相应的贷方应是什么?

练习

[练习 10-1] 关于资产处置义务的会计处理

LO2 某公司购买一座煤矿,当这座煤矿要停止采矿时,这个公司要把这座煤矿恢复至一定的状况。这座煤矿价格是 800 000 美元,恢复的花费是 200 000 美元。估计这座煤矿可以开采十五年,适当的利息率是 7%,做出适当的会计分录,记录此次煤矿的购买和恢复义务。

[练习 10-2] 自行建造的资产的花费

LO2 某公司自己建造了办公楼,材料的花费是 400 000 美元。发生在这个办公楼建造上的劳动力成本是 600 000 美元。公司每年总的间接费用是 8 000 000 美元;总的劳动力消耗预算(包括建造办公楼)是 4 000 000 美元;公司为筹措办公楼的费用发生的借款利息为 140 000 美元。计算一下该办公楼的总费用。

[练习 10-3] 通过捐赠获得的资产

LO2 某公司通过当地富有的慈善家的捐赠得到一块土地,购买这块土地原来花费了慈善家 48 000 美元,在捐赠土地的时候,这块土地的市场价值已经是 111 000 美元,在公司的账面上编制记录此次获赠土地的正确会计分录。

[练习 10-4] 资本化利息:单一年份的计算

LO2 某公司在这一整年中有如下的贷款:

	金额	利率
专门建造借款	\$ 100 000	10%
一般借款	2 000 000	12%

这个公司在当年的 1 月 1 日开始自行建造办公楼,下面就是这个公司在这一年中的支出:

1 月 1 日	\$100 000
5 月 1 日	200 000
11 月 1 日	300 000
总计	600 000

办公楼的建设在当年 12 月 31 日结束,计算:(1) 在这一年中资本化利息的总数。(2) 年底时该建筑物的记录成本。

[练习 10-5] 资本化利息:多年份的计算

LO2 在练习 10-4 中,假设办公楼的建设在第 1 年的 12 月 31 日没有完成,同时假设同样的贷款在第 2 年也没有偿还。下面是第 2 年支出的记录:

7 月 1 日 \$500 000

办公楼完全建成的时间是在第 2 年的 12 月 31 日,计算:(1) 在第 2 年期间资本化利息的总数。(2) 第 2 年年底该建筑物的记录成本。

[练习 10-6] 非货币性资产交换

LO2 某公司用一块土地交换到一台新的设备,这台设备价值 100 000 美元,同时这块土地在当时购买的时候是 35 000 美元,这块土地当前的市场价格是 93 000 美元,编制该交易的必要会计分录。

[练习 10-7] 石油和天然气勘探费用

LO3 某公司在 1 月 1 日开始这个项目,在这一年中石油和天然气的勘探费用是 500 000 美元。在这些费用中,100 000 美元花费在成功开发的油气井上,但是另外 400 000 美元却消耗在所谓的"干井"上,简单来说,假设所有的支出都是在 12 月 31 日支出的。计算这一年中记录的石油和天然气勘探费用,假设:

(1) 这个公司采用了成果法计算。

(2) 这个公司使用完全成本法。

[练习 10-8] 无形资产和企业收购

LO4 某一买方公司以 800 000 美元现金购买目标公司,目标公司总负债 300 000 美元。买方公司要收购目标公司时对目标公司的价值评估如下:

现金	\$ 100 000
库存	50 000
进行中的研发	500 000

编制此次商业收购的必要会计分录。

[练习 10-9] 固定资产周转率

LO6 A 公司整年的销售额是 480 000 美元。公司的不动产、厂房和设备在年初的余额是 160 000 美元,年末的余额是 200 000 美元,计算固定资产周转率。

[练习 10-10] 关于收购整个公司的核算

LO4 Stafford 公司在 1 月 1 日以 1 400 000 美元的价格收购 Deaver。Deaver 资产的账面价值和公允价值在收购时如下：

	账面价值	公允价值
现金	$ 20 000	$ 20 000
应收账款	190 000	190 000
库存	260 000	320 000
专利	0	80 000
不动产、厂房、设备	600 000	750 000
总额	$1 070 000	$1 360 000

此外，在被收购时 Deaver 公司总负债额为 500 000 美元，Deaver 公司没有其他的独立的无形资产，在 Stafford 公司的账簿中编制此次购买的会计分录。

习题

[习题 10-11] 确定专利成本

LO1 Dean Lang 集团发明了一台新的机器可以缩短将幸运签嵌入福饼的时间，因为这个过程被认为对生产福饼的公司是非常有价值的，Dean Lang 集团给这个机器注册专利。以下费用是在机器研发和申请专利的过程产生的：

研发过程中的实验室费用	$34 000
制造机器的材料费用	6 000
设计机器的蓝图费用	2 600
申请专利的法律费用	13 400
支付给机器研发和制造机器的雇员工资 (大约 60% 的时间被用在制造机器上)	42 000
提交给审批专利权的部门要求的绘画的费用	2 500
为了审批通过交给政府审批专利权部门的费用	3 200

一年后，Dean Lang 集团在一次侵权诉讼中通过合法的手段以 19 300 美元的费用击败中国饼干公司成功地保卫了自己的专利。请编制出 Dean Lang 集团在之前事项的会计分录，忽略任何关于机器专利的摊销和折旧。

[习题 10-12] 自建资产的支出

LO2 Brodhead 制造公司自己研制了特殊的设备来制造新型的改进过的产品，Brodhead 制造公司收到一个外部公司的制造设备的报价是 1 200 000 美元，Brodhead 制造公司制造设备实际的花费如下：

直接材料	$320 000
直接劳动力	200 000

据估计建设中发生的增值的间接成本是直接劳动力成本的 140%，另外，建造期间发生了 700 000 美元的固定成本，并在总基本成本（直接材料加上直接劳动力）的基础上分配到生产成本中。在这个期间内制造新的设备的主要花费占总基本成本的 35%，这个公司遵循在自己制造资产时资本化所有可能的费用的政策。

为了协助设备的建造，在这 6 个月的建造期的开始阶段借入了 500 000 美元、10% 利率的贷款，这个公司除了商业应付账款没有其他的债务。简单来说，假设所有的建造支出在项目的中途发生，就是说，所有的支出在工期还有 3 个月的情况下发生。请计算分配给新设备的成本是多少？

［习题 10-13］　用股票和现金购买土地和建筑物

LO2　Valdilla 音乐商店用 50 000 股普通股（每股 0.5 美元）和 80 000 美元现金交换了土地和旧的建筑物。审计人员发现当该购买发生时该公司的股票可以卖到每股 15 美元。以下是完成该交易需要发生的其他支出：

完成该交易的法律成本	$10 000
以前年度的财产税	30 000
建筑物拆除成本	21 000
拆除的建筑物的残值	(6 000)

记录该资产的取得应该做怎样的分录？

［习题 10-14］　延期付款合同中的设备购买

LO2　2011 年 7 月 1 日，Custom 公司购买了新的专业生产设备。设备现价为 96 000 美元，Custom 公司签订了一个延期付款合同，预付定金为 10 000 美元，十年期付款共 112 420 美元，平均每年付款 11 242 美元，利率为 5.193%，从 2012 年 6 月 30 日开始每年 6 月 30 日付款。编制 2011 年、2012 年和 2013 年与设备购买和合同有关的会计分录。Custom 公司的会计年度结束于 6 月 30 日。

［习题 10-15］　用债券和股票购买建筑

LO2　Sayer 有限公司与 Bradford 建筑公司签订了一个关于办公楼建造的合同，成本为 680 000 美元。Bradford 同意 Sayer 公司以 10% 面值 350 000 美元的债券和面值 90 000 美元的普通股对合同进行全额付款，公允市场价值未知。Sayer 公司的债券当时的市价是 106。你会建议如何记录此次的建筑购买？

［习题 10-16］　用股票进行一揽子购买

LO2　2011 年 5 月 31 日，Julienne 公司以面值 1 美元的 20 000 股股票换取了下列资产：

（a）价值 183 000 美元的商标。

（b）价值 732 000 美元的一处建筑物（附地，20% 是土地的价值）。

（c）特许经营权。交易时没有确定价值。

交易当天 Julienne 公司的股票每股为 50 美元。编制该交易的会计分录。

［习题 10-17］　利息资本化

LO2　Carver 百货商店建造自己的商店。过去，为建造而付出的借款利息费用并没有计入资产价值中。管理层决定纠正这一政策，并希望刚完工的新店成本中包括利息支出。基于下列信息，在 2011 年和 2012 年分别有多少利息费用会加入该商店的成本中？

总的建造支出：

2011 年 1 月 2 日	$　500 000
2011 年 5 月 1 日	450 000
2011 年 11 月 1 日	700 000
2012 年 3 月 1 日	950 000
2012 年 9 月 1 日	800 000
2012 年 11 月 30 日	600 000
	$4 000 000

公司未偿债务：

与新店直接相关的抵押债务（利率 10%，建造开始 5 年期）	$1 500 000

一般债券：	
建造前刚发行债券（10年期，利率8%）	$500 000
建造前刚发行债券（5年期，利率12%）	$800 000
股权资本的估算成本	14%

［习题 10-18］ 资产修复义务

LO2 Simpson 公司购买了一台神经毒气净化设备。成本为 900 000 美元。清理神经毒气日常污染的费用估计为 130 0000 美元，该费用发生于 20 年内直到现有神经毒气都被消毒，设备报废时为止。设备运行时期每年还会发生额外的污染。在运行的第一年，额外的污染使清理费用增加了 100 000 美元，这些费用会在 19 年后发生。为此次净化设备购买编制会计分录并且确认最初的资产修复义务（假设利率为 7%）。也编制会计分录确认一年后的额外费用。

［习题 10-19］ 购买后支出

LO2 GoodeHill 公司在 2011 年间置换了它工厂建筑的一部分：

工厂墙壁的起皱表层被置换。使该建筑物使用寿命延长了 6 年。新墙的成本为 840 000 美元。旧墙成本估计为 60 000 美元。建筑物折旧率为 20%。

工厂内部的沙尘净化器以 20 000 美元的成本置换。新的净化器可以减少雇员的健康威胁，降低福利补贴成本。以前的净化器成本为 11 000 美元，已折旧 25%。

为以上信息编制会计分录。

［习题 10-20］ 完全成本法和成果法

LO3 Exploratory 公司是一个开采石油和天然气的公司。在 2011 年间，该公司进行了 86 项不同的开采工程，只有 20 个是成功的。总开采成本是 2 400 万美元，只有 560 万美元的成本与成功工程有关。在 2011 年年末，生产还没有开始。

1. 用会计上的成果法对油气开采的成本进行计量，在 Exploratory 公司 2011 年的利润表上将计入多少开采费用？多少开采费用将被资本化并在该公司 2011 年 12 月 31 日的资产负债表上列示为资产？

2. 用完全成本法重复(1)的任务。

［习题 10-21］ 研发成本

LO3 2011 年，Slidell 公司发生的研发费用如下：

材料和设备	$160 000
人工	105 000
间接成本	60 000
	$325 000

成本相关的产品将在 2012 年进入市场。预计这些成本将在 2015 年年底收回。

1. 2011 年研发成本费用化的总额应是多少？

2. 假设这些成本中，80 000 美元的设备可以用于其他研发工程。该设备的预计使用年限为 5 年，无残值，购买于 2011 年年初。这种情况下 2011 年应该费用化的研发成本总额是多少？假设所有设备的折旧以直线法计算。

［习题 10-22］ 购买公司

LO4 Landers 公司正考虑购买 J&B 资产公司，以下是其资产和负债。

	成本	公允价值
应收账款	$210 000	$200 000
存货	250 000	260 000
预付保险费	12 000	12 000
建筑物和设备(净值)	88 000	168 000
应付账款	(130 000)	(130 000)
净资产	$430 000	$510 000

1. 如果购买价是 650 000 美元现金，Landers 公司应如何编制会计分录？
2. 如果购买价是 320 000 美元现金，Landers 公司应如何编制会计分录？

[习题 10-23]　企业合并中的无形资产购买

LO4　Omniportal 公司购买了 Network 公司。下列是与企业兼并事项有关的公允价值：

	成本	公允价值
应收账款	$180 000	$180 000
存货	120 000	75 000
政府合约	0	92 000
设备(净值)	68 000	84 000
短期应付货款	(160 000)	(160 000)
净资产	$208 000	$271 000

与 Network 企业政府合约相关的公允价值并不基于任何法律或合同关系。此外，因为一些很明显的原因，对这类无形资产并没有公开的市场交易。

1. 假设购买价是 790 000 美元现金，为 Omniportal 公司编制会计分录。
2. 假设购买价是 28 000 美元现金，为该交易编制会计分录。

[习题 10-24]　固定资产周转率

LO6　Dandy 硬件公司报告了 2010 年和 2011 年的如下资产价值：

	2011	2010
现金	$ 40 000	$ 25 000
应收账款	380 000	330 000
存货	590 000	410 000
土地	150 000	125 000
建筑物	500 000	450 000
设备	260 000	250 000

此外，Dandy 硬件公司在 2011 年销售额为 3 500 000 美元，该年商品成本为 2 200 000 美元。计算该公司 2011 年的固定资产周转率。

难题

[难题 10-25]　不动产相关交易

LO1　Millenial 玩具公司在 2011 年完成了如下交易：

3月1日	购买不动产的支出为829 700美元,其中包括了由卖方预支的3月1日到6月30日29 700美元的房产税;25%的购买价格被认为是购买该土地和建筑物余值的合适的价格。其中460 000美元以抵押贷款来支付。余额用现金来支付。
3月30日	建筑物之前的拥有者没有对建筑物做一般的维护和维修,故现在必要的维修费用为34 200美元。
5月15日	拆除建筑物尾部的车库,木材的残值为6 600美元。该公司正在建一个仓库,建造成本为101 300美元,几乎等同于独立的施工公司建造的投标价格。在建造完成以后,因为无法达到建筑物的安全要求,城市观察员要求公司进行进一步的修缮。这笔本来可以避免的支出为12 400美元。
6月1日	该公司以其市场价为64 000美元(每股4 000美元)的股票交换了一项专利和一个新的玩具生产机器。该机器的市场价值为31 000美元。
7月1日	一台新的机器抵达该新建筑物中。除了该机器,还从机器生产商处取得了生产玩具机器人的经营许可证。通过发行面值为100 000美元的债券和15 000美元来支付该交易。该经营许可证的价值定为50 000美元,该机器的市场价值为61 000美元。
11月20日	该公司订立建造停车场和地面景观的合同费用分别为42 000美元和8 900美元。该工作在11月20日完成并支付。
12月31日	企业关闭用来储存年底库存。在这一段时间,完成必要的装修和维修的成本为6 400美元。

要求:

编制之前每笔交易的会计分录(不考虑折旧)。

[难题10-26] 非流动性经营资产的一揽子交易

LO2 Bridges批发公司在2011年7月1日取得了一个仓库,发生的支出如下所示:

土地成本	$132 000
建筑物成本	528 000
重塑和修理支出	58 200
托管费	12 000
美化景观支出	31 000
取得资产前的财产税	10 000
房产佣金	40 000

该公司在2011年7月1日签了600 000美元(20 × $30 000)的无息票据,每半年隐含的复合利率为12%。从2011年12月31日开始的十年里,每半年支付30 000美元。

要求:给出要求的分录:(1) 土地和建筑物的取得(假设资产成本和长期应付款现值的差额用现金来支付);(2) 前两个半年的支付,包括票据折价的摊销。

[难题10-27] 土地取得和厂房的建造

LO2 Bylund公司在2011年6月成立。审计它的报表,你会发现如下的土地、建筑物和设备:

账户:土地、建筑物和设备

时间	项目	借方	贷方	余额 借方	余额 贷方
2011 年					
6 月 8 日	支付给政府的成立费用	21 000		21 000	
16 日	土地和旧的建筑物	325 000		346 000	
30 日	公司成立成本	40 000		386 000	
7 月 2 日	标记清除费用	15 300		401 300	
8 月 28 日	拆毁旧建筑物的成本	15 000		416 300	
9 月 1 日	Bylund 公司高管的工资	100 000		516 300	
1 日	获得专门机器专利的支出	54 000		570 300	
12 月 12 日	公司发起人的股票红利(3 000 股普通股,每股的市价为 $50)	150 000		720 300	
15 日	县房产税	13 200		733 500	
15 日	完成并在当天使用的新建筑物的成本	1 450 000		2183 500	

关于以上账户和其他账户的额外信息如下所示:

(a) 在 2011 年 6 月 16 日获得的建筑物价值 41 000 美元。

(b) 公司支付了 15 000 美元拆除旧的建筑,残余物出售的收入为 7 000 美元,并将其计入营业外收入。

(c) 公司的执行人员没有参与新的建筑物的建造。

(d) 县房产税征收期间是 6 个月,截至 2011 年 12 月 31 日,由县里评估。

要求:编制 Bylund 公司报表的更正分录。

[难题 10-28] 无形资产的取得

LO2 如果你审计 Dyer 公司 2011 年 9 月 30 日的报表,你会发现以下与公司专利相关的事项:

(a) 截至 2010 年 9 月 30 日,公司在该会计年度只有 120 000 美元的研发支出,并将其金额借记到"专利"账户。你复核该公司的成本记录发现该公司对该专利的研发支出总额为 141 500 美元,其中截至 2010 年 9 月 30 日发生的 21 500 美元借记到"研发费用"账户中。

(b) 该专利在 2010 年 4 月 1 日形成。与专利成立相关的法律费用为 14 280 美元,其借记到"法律和专业费用"账户中。

(c) 该公司在 2010 年 10 月 5 日预付了与专利侵权相关的法律服务费用 15 000 美元。该金额借记为"递延费用"。

(d) 2011 年 10 月 15 日,一封该公司法律顾问关于该公司在 2011 年 9 月 30 日存在的负债的回函表明,该公司的商标侵权案件已有了解决方法。另一方同意放弃诉讼,并将商标使用权以 20 000 美元租给该公司。应支付给法律顾问的额外费用为 1 260 美元。

要求:根据已给的信息,编制 2011 年 9 月 30 日的更正会计分录。

[难题 10-29] 自建器械设备

LO2 American 公司收到一张价值为 400 000 美元的报价单。这张报价单来自于一个有名的、专门为 American 公司的一个研究项目制造特殊器械的供应商。由于供应商的工厂无法组建器械,American 公司决定自行组建,并且按照下表计算相关成本:

工程师咨询费	$ 10 000
分包作业	20 000
材料	200 000

生产员工费	65 000
维护员工费	100 000
合计	$395 000

然而,企业管理层更倾向于使用增值成本法计量器械的成本。企业接近 40% 的产品专用于政府供应合同,这些合同的成本以某种方式来确定。这些合同要求,任何自建器械都必须把组建过程中的全部消耗归入自建器械成本。

以下的情况应当注意:

(a) 器械真正组建之前的劳动是在厂区内为正式组建所做的前期器械组建。这需要熟练的技工,并且要从别的项目中调配。维护员工费总额($100 000)指的是分配给组装项目的非组装工厂的员工费。即便这些工人没有真正分配给组建项目,这 100 000 美元的成本同样会从他们的其他时间内发生。

(b) 员工税收以及福利费大约是员工成本的 30%,并且包含在了制造总成本内。本年的制造总成本是 5 630 000 美元,包含了 100 000 美元自建器械维护员工费。

(c) 制造总成本中有接近 50% 是可变的,这些可变的成本基本上是生产的人工成本。American 公司当年正常产品的总人工成本为 6 810 000 美元。

(d) 一般(营业)费用和广告费用,包括了 22 500 美元的管理人员工资和 10 500 美元的邮费、电话费、低值易耗品以及杂费,都应归入建造项目。

要求:

1. 计算该组建项目按照政府合约要求所应当承担的所有成本。
2. 计算该组建器械的增值成本。
3. 在应当资本化的成本中,什么是数量最大的? 为什么?

[难题 10-30] 利息资本化

LO2 Oceanwide 企业参与建造和营运旅游船。每一艘船都单独记账。2010 年年末,Oceanwide 企业按照时间顺序记录了 5 400 000 美元的在建工程,如下表:

船号	完工日期(以月末计算)	累计成本(包括 2010 年的利息)
340	2010-10-31*	$2 300 000
341	2011-6-30	1 150 000
342	2011-9-30	1 200 000
343	2012-1-31	750 000

* 340 号船在 2010 年 10 月已经完工并且可以投入使用,将在 2011 年 5 月 1 日正式投入使用。

2011 年船只组建的成本,按照发生日期以及花费金额记录,如下表:

船号	日期	成本
341	2011-4-1	$1 200 000
342	2011-5-1	1 600 000
343	2011-7-1	2 200 000
344	2011-9-1	810 000
345	2011-11-1	360 000

2011 年 12 月 31 日,Oceanwide 企业还有以下两个一般负债:

年利率为 12% 的 5 年期债券(2013 年到期)	$2 000 000
年利率为 10% 的 10 年期票据(2016 年到期)	8 000 000

2011 年 1 月 1 日,Oceanwide 企业为组建 343 号船借入 2 000 000 美元专项资金。这项贷款的年利

率为 13%，期限为 3 年。

要求：

1. 计算能在 2011 年度资本化的最高利息。
2. 计算 2011 年 Oceanwide 企业一般负债的加权平均利率。
3. 计算 Oceanwide 企业在 2011 年应当资本化的利息。

[难题 10-31]　资产修复义务

LO2　Madison 公司购买了一块土地，用于核废渣的临时储存场所。这片土地承受核废渣的能力是 20 年，到期日 Madison 公司将会被要求彻底清理这片土地。土地的购买价格是 700 000 美元。而 Madison 公司知道土地将会被污染但是不确定到期时土地将会接近或者达到法律规定的哪一个污染等级。每一个等级所花费的成本以及可能性如下：

可能性 1　在到期日有 15% 的可能完全清理土地，花费成本为 10 000 美元

可能性 2　在到期日有 25% 的可能完全清理土地，花费成本为 250 000 美元

可能性 3　在到期日有 60% 的可能完全清理土地，花费成本为 1 200 000 美元

适用的利率是 10%。

要求：编制记录土地购买和确认土地修复义务的会计分录。

[难题 10-32]　将支出资产化或者费用化的划分

LO3　2011 年，Trevor 公司完成了一个厂房扩建、改进项目。你将会得到以下关于该厂房账户的信息：

(a) 2011 年 10 月 31 日，现有厂房扩建的项目完成，合同价格为 462 000 美元。

(b) 在修建期间，由于为厂房扩建提供空间，企业拆除了原厂房的外墙，并发生了以下费用：

(1) 3 月，拆墙员工费用发生额为 23 410 美元。

(2) 支付废料回收公司清除废料的费用为 2 610 美元。

(c) 厂房的原始价值分配给外墙估计是 33 900 美元，累计折旧 17 300 美元。Trevor 公司从废料回收公司收到玻璃和其他材料的处置收入 6 570 美元。

(d) 更换了原来的旧地板，使用了更耐用的地板材料，发生成本 9 190 美元。原来旧地板的成本是 13 000 美元，累计折旧 6 250 美元。旧地板的成本已经融入整个厂房的成本中，即便旧地板的使用寿命跟厂房不一致。

(e) 厂房的内部用一种更亮的颜色粉刷，合同价格是 12 420 美元。

(f) 安装了新的、改进的架子，价格是 4 180 美元。旧的架子成本是 2 200 美元，累计折旧 990 美元。旧架子的成本已经融入整个厂房的成本中，即便旧架子的使用寿命跟厂房不一致。

(g) 更换了新的电线，花费 13 440 美元。旧电线的成本是 5 110 美元，累计折旧 1 900 美元。假设新电线的寿命和厂房的剩余寿命相同。

(h) 安装了使用荧光灯泡的新的照明装置。这些照明设备在安装时购买。在月末的账款项目显示总的账款是 10 240 美元，包含了利息和运费 800 美元。旧的照明设备花费成本 3 330 美元，累计折旧 1 410 美元。旧的照明设备没有剩余价值。假设新设备的寿命和厂房剩余寿命相同。

要求：做分录核算以上信息。简要地判断以上每项是资本化还是费用化。

[难题 10-33]　无形资产的获得与估价

LO4　Beecher's Boston Barbeque 公司购买了一张顾客列表和一个正在进行的研究项目，总共花费 300 000 美元。Beecher's Boston Barbeque 公司使用预计未来现金流来估算这两项无形资产的价值。适用的利率是 8%。以下是这两项无形资产的预计未来现金流入以及相应的可能性：

顾客列表

结果 1　20% 的可能性将在未来 5 年每年年末收入 40 000 美元现金。

结果 2　30% 的可能性将在未来 4 年每年年末收入 18 000 美元现金。

结果 3　50% 的可能性将在未来 3 年每年年末收入 9 000 美元现金。

研究项目

结果 1　10% 的可能性将在未来 10 年每年年末收入 450 000 美元现金。

结果 2　20% 的可能性将在未来 4 年每年年末收入 12 000 美元现金。

结果 3　70% 的可能性将在未来 3 年每年年末收入 500 美元现金。

要求：编制记录两项无形资产购买的分录。

[难题 10-34]　商誉的记录

LO4　Aurora 公司在 2011 年 12 月 31 日收购了 Payette 公司。以下是 Payette 公司在收购日的资产负债总体情况：

	分公司账面价值	市场和审计师评估价值
资产		
流动资产	$307 000	$340 000
土地、房屋、设备（净值）	179 200	260 000
	$486 200	$600 000
负债		
流动负债	$（25 000）	$（25 000）
长期负债	（160 000）	（160 000）
净资产	$301 200	$415 000

要求：

1. 编制记录这笔收购的会计分录。假设收购价格是 1 500 000 美元现金。
2. 为什么 Aurora 会支付如此高的收购价格？
3. 编制记录这笔收购的会计分录。假设收购价格是 350 000 美元现金。
4. 编制记录这笔收购的会计分录。假设收购价格是 150 000 美元现金。

案例

[案例 10-35]　高估资产价值

Rouse 公司，一个地产开发企业，是一家在美国有名的公司。它是美国少有的在财务报告中报告不动产和机器设备现有价值的公司。如本章练习中涉及的，*IAS 16* 允许财务报表中基于市场评估的资产增值。并且 *IAS 40* 允许房地产公司在资产负债表中报告投资的市场价值，在利润表中报告关联交易的未实现收入。

而在德国，相对于美国，资产的重估增值是不允许报告的。实际上，在被 IASB 替代之前，德国的准则是鼓励低估资产价值的，从而导致了所谓的“隐藏库存”，导致企业资产的完全低估。1993 年 3 月，戴姆勒—奔驰公司（Daimler-Benz）（合并为戴姆勒—克莱斯勒公司（Daimler Chrysler）的公司之一）披露自己拥有 24.5 亿美元的“隐藏库存”。

1. 为什么房地产公司积极在财务报告中报告不动产和机器设备现有价值？
2. 如果德国的公司都有“隐藏库存”，那么为什么戴姆勒—奔驰公司会选择披露自身如此巨大的“隐藏库存”？含有“隐藏库存”有什么优势？
3. 作为一名审计人员，对于一家以市场评估价值替代历史成本的企业，在审计该企业的报表时，你有什么样的感觉？

[案例 10-36] 资产负债表里的商标价值

1996 年,《金融世界》(*Financial World*)杂志估算并分类了世界上最有价值的商标名字。排在第 11 位的是 Gillette,估价为 103 亿美元。《金融世界》杂志解释他们对 Gillette 的商标估价程序如下:

- 估算产生品牌销售的所有资产。估算包含了工业生产销售与资产的比率的使用。对于 Gillette,《金融世界》杂志估算,1995 年销售收入 26 亿美元,有赖于 9.88 亿美元资产的使用。
- 计算资产溢价。《金融世界》杂志估计,一个一般的品牌将会给企业的资产带来 5% 的资产溢价。1995 年,Gillette 的收入为 9.61 亿美元,计算扣除资产溢价的 5% 为 9.12 亿美元[9.61 - (9.88 ×5%)]。
- 税后回报。《金融世界》杂志估计 Gillette 的税率为 37%,产生的税后回报是 5.75 亿美元[9.12 × (1 - 37%)]。
- 税后回报与品牌能力乘数相乘。品牌能力乘数考虑了品牌的领导力、稳定性、市场占有率、国际化、扩张力以及法律保护因素。《金融世界》杂志评估 Gillette 的品牌能力乘数为 17.9(很高)。这便产生了 Gillette 的商标价值:103 亿美元(5.75 ×17.9)。

评价《金融世界》杂志评估 Gillette 的 103 亿美元商标价值的可靠性与相关性。在什么情况下,你将会承认财务报表中的这类价值?

资料来源:参见"Behind the Numbers",*Financial World*, July 8, 1996, p. 54。

[案例 10-37] 为什么我的资产回报率比你的低?

Terri Morton 最近加入一家企业并作为该企业的财务分析员。她的第一项任务就是分析为什么 Aronld 公司的资产回报率和 Baker 公司的差距如此之大。Aronld 公司开发并着力于创新型消费者产品。Baker 公司则是组装重型钢铁产品。两家企业的净利润都是 1 000 000 美元,但是 Aronld 公司的报告中只有 3 000 000 美元的总资产,相比之下,Baker 公司的是 6 000 000 美元。Terri 怀疑她的新老板正在利用这个任务来检验她对财务报告的理解。她的老板给她一个小暗示:未报告的资产。帮助 Terri 进行分析。

[案例 10-38] 解析财务报表(Continental Airlines, Inc)

美国大陆航空公司(Continental Airlines, Inc)在 2007 年的年度报告中记录了以下的信息(单位:百万美元):

	2007 年
净利息费用	356
营业所得(税前)	566
不动产、设备净值	6 558
资产总额	12 105
负债总额	10 555
所有者权益总额	1 550
经营活动产生的现金净流量	1 133
投资活动产生的现金净流量	(760)
金融活动产生的现金净流量	(368)
本年度资本化的利息支出	27

1. 重新计算上述所给的项目,假设 2007 年所有资本化的利息支出已经支付。忽略所得税以及有可能在当年资本化利率的折旧。

2. 添加 1 个条件:2 700 万美元的资本化利息支出,在 2007 年企业又有 300 万美元的折旧。再次计算上述的项目。

[案例 10-39] 累进式电子工作表分析

这个电子表作业是延续以前章节的电子表作业。如果你把以前章节的作业完成了,你就有了这个作业的开头。

回顾在第 3 章“累进式电子工作表分析”作业第一部分的介绍。

1. 天行者公司想要准备 2012 年预测资产负债表、预测利润表和预测现金流量表。这三张预测表以 2011 年的财务报表和以下的信息为依据：

(a) 2012 年的销售收入预计将比 2011 年增加 40%，2011 年的销售收入为 2 100 美元。

(b) 2012 年度将购置新的不动产、土地和设备。这些信息将在(q)中详细说明。

(c) 2011 年 480 美元的营业费用分为以下两个部分：15 美元的折旧费用以及 465 美元的营业费用。

(d) 2012 年度不会发生新的长期负债。

(e) 2012 年度没有现金股利计划。

(f) 2012 年将发生一些新的短期借款，这会使得天行者公司的流动比率变成 2.0。

(g) 2012 年预期不会回购任何股权。

(h) 由于未来的市场价格以及汇率无法预测，对于天行者公司 2012 年的累计其他综合性收入的预测最好的办法就是保持不变。

(i) 在缺少更详细的信息的情况下，假设 2012 年的投资证券、长期投资以及其他的长期资产都会增长 40%（与销售收入一样）。而无形资产的变化将在(r)中详细说明。

(j) 在缺少更详细的信息的情况下，假设 2012 年的长期负债将会增加 40%（与销售收入一样）。

(k) 投资证券被归为适用于可供出售证券。相应地，风险投资的现金流入和流出归为投资活动的现金流。

(l) 假设影响其他长期资产和长期负债的交易属于经营活动。

(m) 现金和风险投资将同时增长 40%（与销售收入一样）。

(n) 对于应收款项的预计，由平均收账期的预期值决定。2012 年的应收款项平均收账期预计为 14.08 天。为了简化运算，这 14.08 天的计算使用年末数据，而不是平均值。

(o) 对于存货的预计，由存货周转天数的预期值来确定。2012 年的存货周转天数预计为 107.6 天。为了简化运算。这 107.6 天的存货周转天数使用的是年末数据，而不是平均值。

(p) 对于应付款项的预计，由应付账款周转天数的预期值确定。2012 年的应付款项周转天数预计为 48.34 天。为了简化运算，这 48.34 天使用的是年末数据，而不是平均值。

（注意：预测表是第 9 章工作表的一部分；如果你完成了第 9 章的作业，你可以使用第 9 章的电子工作表作为开头。）

(q) 对于不动产、土地和设备的预计，由 2012 年的固定资产周转率确定。2012 年的固定资产周转率是 3.518。为了简化运算，这 3.518 的固定资产周转率是在不动产、土地和设备净值的年末数的基础上计算的，而不是平均值。（注意：为了简化运算，在这项计算中忽略累计折旧。）

(r) 天行者公司决定在 2012 年不会增加无形资产。在这个作业中忽略已存在无形资产的摊销。

你还可以增加一些必要的假设。

2. 与(1)保持相同的假设，在财务报表中注明以下假设变化对财务报表的影响：

(a) 固定资产周转率预期为 4.5。

(b) 固定资产周转率预期为 2.5。

3. 解释一下在固定资产周转率分别是 3.518，4.5，2.5 的假设下，经营活动下的现金预期情况有何不同。并解释固定资产周转率的变化是怎样影响经营活动现金的。

第 11 章　非流动性经营资产的投资——使用和处置

学习目标

1. 用直线折旧法、加速折旧法、工作量折旧法和分类折旧法计算年度折旧费用。
2. 运用工作量折旧法对自然资源折旧。
3. 在计算现在及以后各个时期的折旧时考虑估计及折旧计算方法的变化。
4. 确认资产是否减值，并根据美国 GAAP 和 IASB 的标准进行减值计算。
5. 讨论影响无形资产正确摊销和减值的事项。
6. 对出售折旧资产换取现金和其他折旧资产的会计处理。

扩展资料

7. 使用直线法和加速折旧法计算部分周期的折旧。
8. 理解修正的加速成本回收制度（MACRS）中所得税折旧系统的基本折旧方法。

"垃圾"——使得 H. Wayne Huizenga 第一次在世界的舞台上展示。20 世纪 60 年代早期，他在南佛罗里达以一辆垃圾车起家，陆续买断了全国几百家垃圾处理公司，组建了 Waste Management 公司。（此后该公司同美国 Waste Services 公司合并，仍称为 Waste Management 公司），成为世界上最大的废弃物运输企业。

从 1984 年 Huizenga 从垃圾行业退休后，他看中了达拉斯一家只有 20 个店铺的小型音像连锁店，名为 Blockbuster Video 公司。[①] 到 1987 年年底，Huizenga 已经控制了这家公司并将其连锁店的数目增加到 130 家。通过积极的扩张以及和其他连锁企业的合并，Blockbuster Video 成为国内最大的音像连锁企业。截至 2007 年年底，共有 7 830 家 Blockbuster Video 的连锁店，主要分布在美国、英国和加拿大。

1989 年 5 月 8 日，Bear Stearns 发布了一份投资报告，该报告批评了 Blockbuster Video 的一些重要的会计惯例，特别是它的折旧策略。该报告指出 Blockbuster Video 将商誉的摊销期定为 40 年太长了，用该报告原文的话说："你见过 40 年的音像店吗？"5 年被认为是一个合理的摊销期。该报告还批评了 Blockbuster Video 将磁带的折旧期从 9 个月增加到 36 个月。[②] 使用更短的摊销周期修改这几项将会使 Blockbuster Video 1988 年的净收入减半，从

① Eric Calonius, "Meet the King of Video," *Fortune*, June 4, 1990, p. 208.

② Dana Weschsler, "Earnings Helper," *Forbes*, June 12, 1989, p. 15. 如本章后面解释的，GAAP 已经变化，商誉不再摊销，但是要在一个正常的基础上定期进行减值测试。

0.57 美元每股下降到 0.32 美元每股。

Bear Stearns 公司报告的发布使得 Blockbuster Video 的股票价格在两天内从 33.5 美元下跌到 26.25 美元，跌幅达 22%（见图 11-1）。这表示市值缩水了大约 2 亿美元。Huizenga 大怒，在与股票分析师的一次会议中，他出示了一封来自 SEC 的信，要求 Blockbuster Video 使用更长的磁带折旧周期。他批评 Bear Stearns 的研究者不懂他的业务，他们的报告不值一提。[③] 在该报告发布两个星期后，Huizenga 证实 Blockbuster Video 已经基本挽回损失。

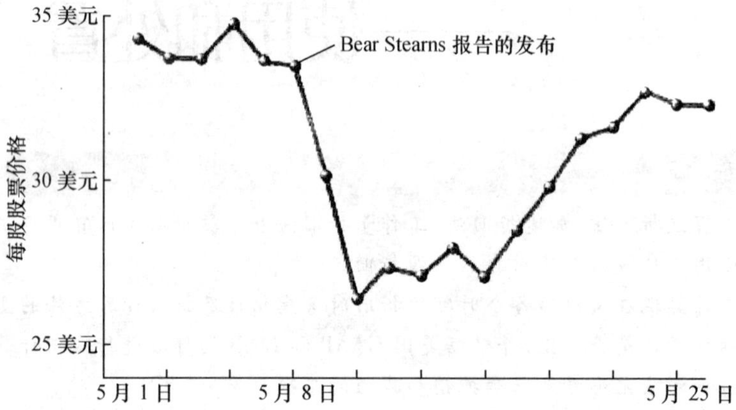

图 11-1 Blockbuster Video 1989 年 5 月每日股票价格

1994 年 Huizenga 以 80 亿美元将 Blockbuster Video 卖给了派拉蒙电影公司（Viacom）。这完成了 Huizenga 的传奇，他成功地进入、统治并退出了两个完全不同的产业，垃圾和音像出租。那么下一步是什么？当选为《Success》杂志 1995 年最成功的企业家后，他显然不会安坐着数钱（大约 14 亿美金）。他在南佛罗里达有三支职业运动队——迈阿密海豚（足球）、佛罗里达枪鱼（棒球）、佛罗里达黑豹（曲棍球）。他的新公司，阿拉 AutoNation，主要经营汽车代理，就像他的垃圾运输及音像出租一样，都是将遍布全国的一些小公司合并成一个全国范围内的网络。现在，AutoNation 已成为美国最大的汽车零售商，截至 2007 年 12 月 31 日拥有 322 份汽车销售权。在经过艰苦奋斗建立了 3 家 1 000 强企业后，Huizenga 先生在其 66 岁时宣布他在 2004 年 4 月份从 AutoNation 董事会辞职。

问题：

1. 为何 Bear Stearns 公司的报告导致 Blockbuster Video 的股票价格下跌了 22%？

2. 仔细观察图 11-1 中 Blockbuster Video 的股票价格在 Bear Stearns 的报告发布前后的变化。市场是何时更好地理解 Blockbuster Video 计算折旧的，报告发布前的 5 月 7 日还是报告公布后两天的 5 月 10 日。请解释你的答案。

问题的答案可以在第 566 页找到。

会计权责发生制的一项基本任务就是恰当地将长期资产的成本分配到费用中。如果你是一位威尼斯的船长，你要设定用你的船向东方运送香料的价格，你必须以某种方式将你的船的成本分摊到你的船所能完成的预期航行次数中。如果你是一家硅谷的研究公司，

③ Duncan Maxwell Anderson and Michael Warshaw, "The #1 Entrepreneur in America," *Success*, March 1995, p. 32.

正确的年度收入结算需要你将你的研究专利成本分摊到该专利的预期经济寿命中。计算资产折旧费用是一种会计判断,就像 Blockbuster Video 和 Bear Stearns 的例子,报告的利润有很大的信息含量,尽管理性的人对此可能并不同意。

将长期资产的成本分摊到周期性费用中的过程有三种不同的术语。有形资产成本的分配称为折旧。对于矿产和其他自然资源,分配的过程称为折耗。对于无形资产,例如专利和版权,这个过程称为摊销。有时"摊销"就包含了这三个过程。

这一章将讨论获得长期资产后会发生什么。首先面临的与管理相关的决策是估计和确认与长期资产使用相关的费用。我们将涉及常用的折旧方法和自然资源的折耗。我们也将讨论与正确处理折旧估计变化相关的事项。本章也将描述何时确认减值损失以及正确处理资产的报废。本章将讨论三种无形资产:可摊销资产、不可摊销但是要进行减值测试的资产以及商誉,商誉不可摊销但是可以用某种特殊方法进行减值测试。图 11-2 中的时间线形象地说明了将要讨论的问题。本章最后的扩展材料中提供了在中期取得或者报废的资产折旧的详细内容以及在修正的加速成本回收制度(MACRS)中用于所得税目的的折旧体系。

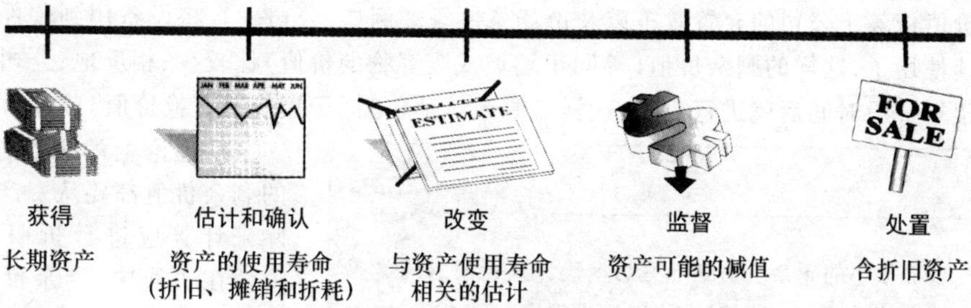

图 11-2　涉及长期经营资产的商业活动时间线

折旧

1 用直线折旧法、加速折旧法、工作量折旧法和分类折旧法计算年度折旧费用。

WHY 商业行为的管理涉及机械设备和其他无形资产的使用及最终报废。概念上,一段时间内在商业过程中消耗的资产的金额应当记录为费用。在实践中,会计们用系统的方法估计这种成本,并将资产的损耗转换为费用分摊到资产的整个生命周期中。

HOW 有四个因素影响折旧费用的计算:资产成本、剩余价值、可使用期限以及使用形式。特定阶段的折旧费用的确定依赖于使用的折旧方法。

> **补充**
>
> 在 20 世纪早期以前,折旧费用并不在利润表中报告。1913 年的第 16 号修正案允许征收所得税,迫使各公司扣除长期资产的折旧费用。

折旧并不是一家公司利用累积现金代替长期资产的过程,也不是计算长期资产当前价值的方法。相反,折旧是将资产成本在使用资产而受益的各个期间进行分配。累计折旧并不是资产的重置资金,而是以前各时期资产费用化的总和。简单地说,一项资产的账面价值(历史成本减去累计折旧)是该资产未来时期的剩余资产价值,而不是当前资产价值的估计。

折旧费用是对一项资产潜在服务价值用尽的确认。折旧费用本质上和有效期届满的保险费用及预付租金在概念上是一致的;而在实践中所不同的是非流动性资产的折旧期是几年,而预付租金的摊销期间是几个月。

影响周期折旧费的因素

有四个因素对确定年度折旧费存在重要影响:

- 资产成本
- 剩余价值
- 可使用期限
- 使用模式

资产成本 就像第10章提到的那样,资产成本包括与资产获得及使资产达到预期可使用状态相关的全部花费。资产成本减去预期剩余价值的部分(如果有的话)是可折旧成本或折旧基础,也就是要分摊到未来时期的资产价值。

剩余价值(残值) 资产的剩余价值(残值)是当资产报废时所能卖出的估计金额。剩余价值依赖于公司的弃置政策以及市场条件等。例如,公司一直将设备用到硬件损毁不能继续使用了,这样的剩余价值(等同于垃圾或废弃物的价值)比较少;相反地,公司在设备使用很短一段时间后就进行更换,这样的剩余价值(等同于售价或交换价值)就相对较高。

> **注意**
>
> 忽略金额很小的剩余价值令一些想精确计算折旧的同学感到迷惑。请记住折旧是一种估计,不用过于精确。

从理论上的来看,任何估计的剩余价值都要从资产成本中扣除来计算应进行折旧部分的价值。在实践中,剩余价值在周期性折旧费用中常被忽略。这种做法在剩余价值很少或者无法合理估计时是可以接受的。

可使用期限 除了土地以外的非流动性经营资产因某些物理的或功能的因素会有有限的使用期限。影响资产使用期限的物理因素有:(1) 磨损;(2) 退化和腐烂;(3) 损毁。每个人对汽车、房子和家具等的磨损过程比较熟悉。一项有形资产,无论是否使用,都会随着时间的推移出现恶化衰退的现象。最后,火灾、洪涝、地震以及一些其他突发情况可能会减少或者终止资产的使用期限。

限制资产可使用期限的功能性因素主要是过时。当行业需求发生变化或者技术进步时,一项资产可能失去其使用价值,它将不能产生足够的利润以证明其可以继续使用。尽管该资产从物理上看是可用的,但是其不能产生足够利润导致缩短了它的经济年限。看看角落里有多少旧的个人电脑,仍能正常运转但是却不能运行目前主流的软件?

在资产折旧估算可使用期限时要综合考虑物理的和功能的因素。这种认识需要预见未来何事会发生,还需要会计师的准确判断。在可预见的资产生命期内,物理因素比功能性因素更容易发生。当功能性因素预计会加速资产报废时,这些必须被考虑进来。

在实践中,许多公司制定的政策是在一个预算的时期后处理某些类别的资产,而不考虑一个类别中单个资产的适用性。例如公司的汽车一般每两年到三年就会更换。

可折旧设备资产考虑的使用期限可能会表达成估计的时间因素或使用因素。时间因素可能是几个月或几年;使用因素可能是使用的小时数或者生产的产品个数。资产成本根据时间的消失或者使用的程度来进行分配。成本分摊的比例可能会因为其他因素而改变,但是基本上折旧一定是以时间或使用为基准的。

使用模式　为了将资产成本与收入相匹配，周期性折旧费应该反映资产使用的方式。如果资产产生不同的收入模式，折旧费的估计应该使用相应不同的方法。当折旧估计采用时间因素方法时，必须估计使用模式。由于确定使用模式比较困难，使得一些比较主观的方法在实践中比较常用。每一种方法代表不同的使用模式，应以其使用模式为基础设计相应的折旧时间方式。时间因素法主要分为两种方法：直线折旧法和加速折旧法。当折旧采用使用因素时，必须估计使用的单位。周期性的折旧费金额根据资产提供服务的变化而变化。像后面列举的那样，工作量折旧法方法有服务时间折旧法和产出量折旧法。

周期性折旧的记录

记录折旧的会计分录的一般形式如下所示：

借：折旧费用	××	
贷：累计折旧		××

在制造业中，折旧有时会记录到制造费用中并在之后分配到存货成本中。这只不过是延长了费用化周期，和直接记录到费用账户不同，折旧费用记录到存货成本中，然后转变成费用（销售成本）。

记录周期性折旧的贷方账户通常记作累计折旧。以单独的账户而不是以资产账户的贷方记录累积的已消耗的成本，使得可以确认资产的原始成本以及累计折旧。各公司被要求在资产负债表或财务报表附注中标出设备资产的成本和累计折旧。这可以帮助使用者估计设备资产的相关年限，为预测未来用于设备更换的现金流提供依据。

折旧方法

有许多不同的方法用于计算折旧费用。对任何特定实例的折旧方法都是一种判断，原则上要选择跟资产使用模式最类似的折旧方法。在实践中，大部分公司选择一种折旧方法，例如直线折旧法，用于它所有的可折旧资产。下面是本节中描述的一些方法。

时间因素折旧法

- 直线折旧法
- 加速折旧法
  - 年限总和法
  - 余额递减法

工作量折旧法

- 工作时间折旧法
- 产出量折旧法

分类折旧法

以下的例子假设 Schuss Boom 雪橇工厂在 2011 年年初购买了一台聚氨酯塑料模型机，花费了 100 000 美元，并且估计该机器的剩余价值为 5 000 美元。以下符号将用于计算折旧比率和费用的计算公式中。

C = 资产成本

R = 估计的剩余价值

n = 估计的使用期限,单位是年、服务的小时数或者产出单位

r = 单位折旧比率,单位为每周期、每服务小时或者单位产出。

D = 折旧费用

时间因素折旧法 大部分的成本分摊方法与时间相关。一项资产将随着时间的推移导致资源耗尽,随着技术进步而导致的资产过时实际上也是时间因素造成的。而时间因素折旧法中,直线折旧法是目前使用最广泛的一种方法。

加速折旧法假设在资产生命周期的早期几年,资产的效能、产出或者其他收益是加速减少的。随着时间的推移,这些资产需要增加用于保养和维修的费用。随着因资产所有权而拥有的经济优势的降低,折旧费用也降低。最常用的加速折旧法是余额递减折旧法,有时也使用年限总和法。

> **补充**
>
> 采用直线折旧法的公司占据了美国公开交易的公司的数量的 97% 以上。而且在这些公开交易的公司中,85% 的公司仅仅采用了直线折旧这一种折旧方法。

直线折旧法 直线折旧法将经历的时间与折旧联系起来,确认的资产生命周期内每年的折旧相等。直线折旧法背后的简单假设是资产在每个时期内都同样有用,折旧并不影响资产的生产力或效能。使用直线折旧法进行折旧,利用折旧资产成本(资产成本和剩余价值之间的差额)除以资产的预计使用期限可得到每年的折旧。

使用 Schuss Boom 雪橇工厂购买机器的数据,假设机器的使用期限是 5 年,每年的折旧费按如下方式计算:

$$D = \frac{C - R}{n}, \quad 或 \quad \frac{\$100\,000 - \$5\,000}{5 \text{ years}} = \$19\,000(每年)$$

下表中列出了直线折旧法下,该资产在整个使用期限内每年的折旧。

年底	计算		折旧费	累计折旧	资产账面价值
					$100 000
2011	$95 000/5	=	$19 000	$19 000	81 000
2012	95 000/5	=	19 000	38 000	62 000
2013	95 000/5	=	19 000	57 000	43 000
2014	95 000/5	=	19 000	76 000	24 000
2015	95 000/5	=	19 000	95 000	5 000
			$95 000		

就像前面说的那样,当剩余价值是很小的数额时可以忽略。如果我们在上面的例子中这么做了,那么每年的折旧费为 20 000 美元,而不是 19 000 美元。

当资产在年中获得或被清理,那么就要计算部分年限的折旧。本章中的例子假设半年折旧是按照持有期限的月份进行折旧的。在本章最后的扩展资料中将会介绍一些其他用于部分年限折旧的方法。

年限总和法 年限总和折旧法使得连续每年的折旧是递减的。计算资产折旧时需要利用一系列的分数(一个比一个小)。分数的分子代表资产剩余的使用期限,分母是从 1 到初始使用期限的总和。该方法没有什么重要的理论依据,只不过是一种给出计算每年折旧递减的巧妙数学方法,从而将折旧费用分摊到使用期限的每一年中。

在 Schuss Boom 的例子中，使用期限是 5 年，因此分数的分母为 15（1 + 2 + 3 + 4 + 5）。每年的折旧费如下表所示：

年底	计算	折旧费	累计折旧	资产账面价值
				$100 000
2011	$95 000 × 5/15	$31 667	$31 667	68 000
2012	95 000 × 4/15	25 333	57 000	43 000
2013	95 000 × 3/15	19 000	76 000	24 000
2014	95 000 × 2/15	12 667	88 667	11 333
2015	95 000 × 1/15	6 333	95 000	5 000
		$95 000		

注意到使用该方法，每年的折旧费用按折旧基础的 1/15 递减，也就是 6 333 美元（2012 年和 2015 年由于四舍五入的原因为 6 334 美元）。

补充

这个著名的公式是卡尔・弗里德里希・高斯 1878 年在一个学校考试中推导出来的，当时他只有 10 岁。

当资产的使用期限很长，如 20 年时，使用前面的方法计算分数的分母将比较复杂。我们可以使用如下公式计算年限的总和：

$$\frac{n(n+1)}{2} = (1 + 2 + 3 + \cdots + n)$$

当使用期限是 20 年时，使用上面的公式计算的年限总和法的分母为 [20(20 + 1)]/2 = 210。折旧成本第一年使用的分数是 20/210，第二年的是 19/210，依次类推。

余额递减法。余额递减折旧法是资产账面价值按照一个固定比例进行折旧以得到一组递减的折旧费。这个比例通常是直线折旧法折旧比率的两倍，因此该方法也被称为双倍余额递减法。折旧比率按照直线折旧比率的两倍计算，根据使用期限的不同而不同：

估计使用期限（年）	直线折旧率	2 倍直线折旧率
3	33.33%	66.67%
5	20%	40%
7	14.29%	28.57%
8	12.5%	25%
10	10%	20%
20	5%	10%

该方法并没有使用到剩余价值，但是一般当资产的账面价值等于剩余价值时将不再继续进行折旧。使用双倍余额递减法对 Schuss Boom 的设备进行折旧计算如下表：

年底	计算		折旧费	累计折旧	资产账面价值
					$100 000
2011	$100 000 × 40%	=	$40 000	$40 000	60 000
2012	60 000 × 40%	=	24 000	64 000	36 000
2013	36 000 × 40%	=	14 400	78 400	21 600
2014	21 600 × 40%	=	8 640	87 040	12 960
2015	12 960 × 40%	=	5 184	92 224	7 776
			$92 224		

> **注意**
>
> 在使用直线折旧法和年限总和法时，资产的剩余价值在计算折旧前就被扣除，而在使用双倍余额递减法时没有扣除资产剩余价值。

应当注意到40%的折旧率应用到逐年减少的资产账面价值中，这使得折旧费逐年递减。使用该比率，5年后资产的账面价值高于剩余价值2 776美元(7 776－5 000)。这种情况在资产的剩余价值很低时会发生。公司通常会在直线折旧法得到的折旧费超过使用双倍余额递减法得到的折旧费时选择使用直线折旧法进行折旧。在Schuss Boom的例子中，如果使用直线折旧法进行折旧，2015年的折旧费为7 960美元。这使得资产的账面价值降为5 000美元(为资产剩余价值)。在这个例子中，只是最后一年转换为直线折旧法，最后一年的折旧费也只是简单地将资产的账面价值降到它的剩余价值。但是如果该例子中资产的剩余价值很小时，在第四年就会转换为直线折旧法。例如，假设资产没有剩余价值。使用双倍余额递减折旧法，在第三年年末的资产账面价值为21 600美元，这样使用直线折旧法得到第四年和第五年的折旧费为10 800美元(21 600/2)；由于用直线折旧法得到的10 800美元大于使用双倍余额递减法得到的折旧费8 640美元，因此选择使用直线折旧法。

> **思考**
>
> 设想Schuss Boom在2011年年初有5台不同的机器：一台全新的，其中四台分别用了1年、2年、3年和4年。请问使用直线折旧法、年限总和法或者双倍余额递减法中的哪一种使得2011年的总折旧费用最高。
>
> a) 直线折旧法得到的2011年总折旧费用最高。
>
> b) 年限总和法得到的2011年总折旧费用最高。
>
> c) 双倍余额递减法得到的2011年总折旧费用最高。
>
> d) 以上三种方法得到的2011年总折旧费用一样多。

时间因素法的评价 图11-3显示了前面几节中介绍的时间因素折旧法的几种具体形式。注意到当使用直线折旧法时每个时期的折旧费是一个常数。如果一项资产的寿命主要是由于时间的流逝而不是使用的程度造成的，那么折旧为常数是合理的，但是使用直线折旧法时，净收入将随着商业活动中工作量的变化而变化。在正常经济活动以上，折旧费不增加；而在正常经济活动以下，折旧费也不减少。

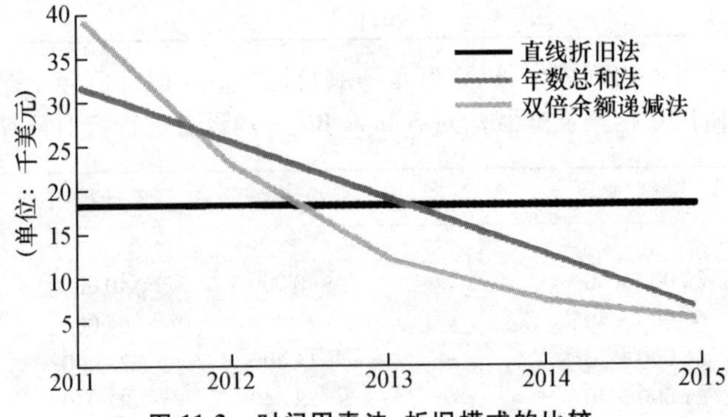

图11-3 时间因素法：折旧模式的比较

如之前提到的，直线折旧法是财务报告中最常使用的折旧方法。该方法容易理解并和实际吻合比较好。该方法简单易行，在一般情况下可以得到令人满意的折旧分摊。正常的资产条件为：(1) 不同时期内的资产折旧费和保养费的总和在各期是可比的；(2) 随着功能性和物理的因素资产的潜在服务能力稳定减少。如果这两个条件有任何一个不满足，建议使用直线折旧法以外的其他折旧方法。

加速折旧法对资产随着时间的推移而造成利润逐年减少的成本分摊提供了一种合理的方法。这些方法适用于资产的维修保养费随着时间的推移而增加的情况。[④] 当使用直线折旧法进行折旧时，折旧和维修保养的总费用是逐年增加的；而当使用加速折旧法时，总费用是不变的，图 11-4 显示了这种关系。

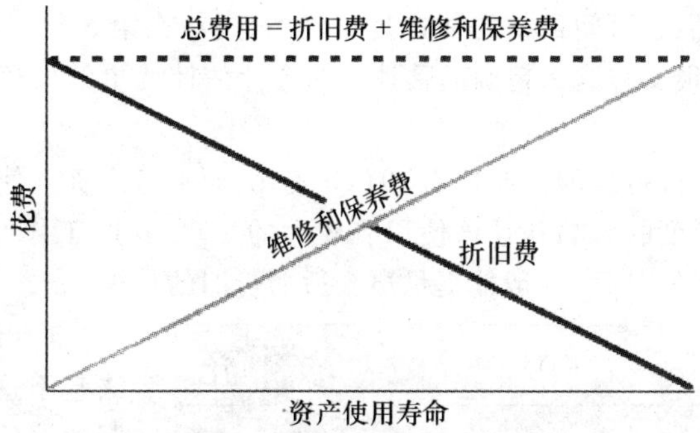

图 11-4　加速折旧费和维修、保养费

其他影响加速折旧法使用的因素包括：(1) 对资产早期和后期的价值贡献预期是不明确的，(2) 由于资产过时或不胜任而导致资产提前报废。

工作量折旧法　工作量折旧法认为资产的消耗主要与资产的使用或生产有关，根据其提供服务的程度进行不同的折算。一项资产的服务生命期最好以服务的小时数来表示，或者是生产的产品数量。

工作时间折旧法　工作时间折旧法是建立如下理论基础上的，购买一项资产代表了购买了一定时间的直接服务。该方法需要以服务时间的形式表示资产的生命周期。将可折旧成本除以总服务时间得到资产每小时的折旧率。资产在某一时期的使用被衡量，服务时间乘以折旧率得到该时间内的折旧费用。折旧费用随着资产的使用而发生变化。

按照前面给出的 Schuss Boom 的数据，预计资产的服务时间为 20 000 小时，那么每小时的折旧率按如下方法计算：

$$r(\text{每小时}) = \frac{C-R}{n}, \quad \text{or} \quad \frac{\$100\,000 - \$5\,000}{20\,000\ \text{小时}} = \$4.75(\text{每小时})$$

年度折旧费见下表：

---

④　AICPA 委员会在“会计程序”中表述，“余额递减法是一种‘系统、合理’的折旧方法，在那些资产的使用寿命早期其生产力或盈利能力相对较强或保养费用在使用后期趋于增加的案例中，余额递减法能较好地满足成本的分配。”这些结论同样适用于其他的加速折旧方法，包括年数总和法，其能产生相同的效果。参见 *Accounting Research and Terminology Bulletins—Final Edition*，“No. 44 (Revised), Declining-Balance Depreciation” (New York: American Institute of Certified Public Accountants, 1961), par. 2。

年底	服务时间	计算	折旧费	累计折旧	资产账面价值
					$100 000
2011	3 000	3 000 × $4.75	$14 250	$14 250	85 750
2012	5 000	5 000 × 4.75	23 750	38 000	62 000
2013	5 000	5 000 × 4.75	23 750	61 750	38 250
2014	4 000	4 000 × 4.75	19 000	80 750	19 250
2015	3 000	3 000 × 4.75	14 250	95 000	5 000
	20 000		$95 000		

在该案例中,服务时间最初的估计是正确的,资产在第5年工作了20 000小时后就报废了。在实践中,很少有这么精确的估计。对会计估计变更的处理程序将在本章的稍后内容进行探讨。

直线折旧法使得每年的折旧费为19 000美元,而不考虑资产使用的变动。当资产的使用寿命受到使用程度的影响并且该使用有较大的变动,这时工作时间法(确认使用过的时间而不是可以使用的时间)一般能提供更合适的折旧的计算。

补充

产出量折旧法类似于对制作电影成本折旧的一种技术。

产出量折旧法 产出量折旧法基于这样一种理论,取得用来服务的资产,其服务以产出产品的形式来提供。这种方法要求对资产的总产出量有一个估计。总的折旧成本除以总的估计产出量得到分配到每一单位产出量的平均折旧费用。用衡量的每一时期的产出量乘以每一单位的折旧费用得到该时期的折旧费。每一时期的折旧费因为资产以产出量表示的贡献不同而变化。

使用Schuss Boom的资产数据并且估计产出量为25 000单位,则每单位产出量的折旧率的计算如下所示:

$$r(\text{每小时}) = \frac{C - R}{n}, \quad \text{or} \quad \frac{\$100\,000 - \$5\,000}{25\,000\text{单位}} = \$3.8(\text{每单位})$$

工作量折旧法表和工作时间折旧法表相似。

工作量折旧法的评价 当对资产使用的定量衡量可以比较合理地估计出来时,工作量折旧法是一种满意度较高的资产成本分配的方法。折旧费随着收入曲线而变动:较高的折旧费分配到产出量较高的期间;较低的折旧费分配到产出量较低的期间。当资产的使用寿命受到使用程度的影响时,折旧费作为一种变化的费用来确认是非常合适的。

然而,要考虑一些工作量折旧法应用的某些限制条件。以工作时间或者产出量来衡量资产的使用通常是比较困难的。仅仅以这种单独的因素进行衡量,常常无法考虑一些特殊的情况,例如增长的维护和修理成本,以及资产机能的不足和过时。此外,当服务时间到期,工作量折旧法可能会隐藏实际的收益变动;周期性的运营可能会趋于平滑,从而造成了一种稳定的假象。

分类折旧法 在之前的讨论中假设折旧费用是与单个资产相关的,并且应用于每一个独立的资产中。这种方法称为单项折旧。从实践的角度看,如果将资产组合作为一项资产,那么对这一整组资产计算折旧也是可行的。如果一组资产中的资产是类似的,那么对这一组成本的分配过程称为分类折旧法(例如,一家公司所有的厢式送货车);如果一组中的资产是相关的但不相似,那么这一组成本分配的过程称为分类折旧法(例如,一家公司所有的桌子、椅子和电脑)。在下面的讨论中,一般使用分类折旧法来描述两种方法。

分类折旧程序将一系列资产看作一个单独的组。折旧是一个单独的账户,折旧比率的计算基于该组资产的平均寿命。分类折旧法的计算一般是直线折旧法的变型,这一章的例子就是运用这种方法。分类折旧率的计算是基于对不同资产或在资产使用上分类的最初分析得到的。以直线折旧法下折旧费的年平均值计算的折旧费如下所示:

资产	成本	剩余价值	可分摊成本	使用年限	年度折旧费（直线折旧法）
A	$ 2 000	$ 120	$ 1 880	4	$ 470
B	6 000	300	5 700	6	950
C	12 000	1 200	10 800	10	1 080
	$20 000	$1 620	$18 380		$2 500

综合折旧比率为: $2 500/ $20 000 = 12.5%

平均使用期限: $18 380/ $2 500 = 7.352 年

折旧率 12.5% 乘以资产的成本 20 000 美元,得到每年的折旧费 2 500 美元。每年的折旧费 2 500 在 7.352 年积累到总折旧费 18 380 美元;因此,资产的平均使用年限为 7.352 年。

在分类折旧率 12.5% 确定以后,其将被用来计算包含在这一组中所有资产的年折旧费。例如,如果资产 D 的获得成本为 5 000 美元,这一组资产的总成本变为 25 000 美元($2 000 + $6 000 + $12 000 + $5 000),并且每年的折旧费为 3 125 美元($25 000 × 0.125)。如果在该组资产使用寿命的年份里没有发生重大的变化,则其综合折旧率一般不会变化。假设资产在报废时,以相似的资产替代。应定期检查分类折旧率,以确定其是否还适用于该组资产。

因为在分类折旧法下的累计折旧账户应用于整组的资产,而不和专门的资产相关。因此,无法计算专门资产的账面价值,并且没有完全折旧的资产。在单独资产报废时,不确认收益或损失。例如,如果资产 B 在使用两年后以 3 500 美元出售,在分类折旧法下资产销售的会计分录如下所示:

借:现金	3 500	
累计折旧	2 500	
贷:机器		6 000

因为不确认收益或损失,那么累计折旧的借方就是资产成本和收到现金的差额。仅仅因为资产寿命的正常波动而产生的收益或损失也不进行确认。

例如,当成组的资产在它的成本已经分配完毕之后仍然继续使用时,将不会确认更多的折旧费用。另一方面,当成组的资产在它的成本还没分配完全之前就提前报废时,伴随这样的报废就会确认一笔特殊的费用。可能是亏损,也可能是额外的折旧费用。

折旧与 *IAS 16*

资产、厂房、设备中有些部分是由可辨认的子部分组成的。举一个非常好的例子,一栋建筑物包含屋顶、制热/冷系统、窗户、一般辅助性结构等。在建筑物的同一生命周期内，这些分部的价值几乎不会消耗。然而，美国标准的做法是把这个建筑物当作一个复合资产，同时把它作为一个整体来折旧。另一个方法就是对每一个部分以及子部分分别进行折旧，这种分开计提折旧的方法在第10章里简要地提到过。AICPA 在2001年要求强制使用这种分部的方法，但是在2004年的时候这种方法被 FASB 废除，这种分部方法在当下执行美国 GAAP 的公司里是被认可的，但是并不强制要求使用。

相反，这种分部的方法在国际会计准则里是被强制要求的，以下节选自 *IAS 16*：

> "资产、车间、设备中的每一部分都有其自己的成本，且都和资产的总成本有关，要独立地进行折旧计算。"⑤

理论上来说，这种分部方法不会造成很大困难，因为它仅要求将标准的折旧计算方法运用到较大资产每一个重要的子部分，例如一栋建筑物。实践中，为了跟踪这些独立的部分，记账时会对其进行较多的关注。

折旧与固定资产报废义务的增加值

正如在第10章讨论的一样，获取一项长期营运资产的行为有时会从法律规定上给公司带来资产报废时需要的恢复成本。获取该资产时，就可以估算出将来报废时的公允成本。这项义务的公允价值确认为一项债务，并增加到所获得资产的成本中。继续探讨第10章里举过的例子，假设 Bryan Beach 公司以总计750 000美元的成本购买并建立了一个石油钻井平台，这个石油钻井平台将可以使用10年。10年使用期结束后 Bryan Beach 公司要依法将石油钻井平台拆除，并搬离此地。Bryan Beach 公司估计10年后拆除石油平台和从该地区撤离的费用将是100 000美元，如果用于计算履行恢复工作义务费用的现值较为合适的利率为8%，那么100 000美元义务的现值计算过程如下：

$$FV = \$100\,000; I = 8\%; N = 10\text{ 年} \rightarrow \$46\,319$$

关于此次石油钻井平台收购和石油平台报废后的恢复工作的义务确认的会计分录如下：

借：固定资产——石油钻井平台	750 000	
贷：现金		75 000
借：固定资产——石油钻井平台	46 319	
贷：资产报废义务		46 319

就像其他长期的资产一样，包含估计的资产报废恢复义务成本在内的石油钻井平台的成本要进行摊销。如果采用直线法进行折旧，并假设残值为0，那么每年折旧的分录如下：

借：折旧费用[($750 000 + $46 319)/10]	79 632	
贷：累计折旧——石油钻井平台		79 632

除了这个分录，每年还要编制一个分录来确认随着时间的变化资产恢复义务现值的增加，直到这个义务被完成。这种增加值和利息费用类似，但是 FASB 规定其不能归类为利息费用⑥，而称这种费用为附加费用，可以通过以下会计分录来确认：

---

⑤ *International Accounting Standard 16*, "Property, Plant and Equipment" (London: International Accounting Standards Board, December 9, 2004), par. 43.

⑥ *Statement of Financial Accounting Standards No. 143*, "Accounting for Asset Retirement Obligations" (Norwalk, CT: Financial Accounting Standards Board, 2001), par. 14.

借：附加费用（$46 319 × 0.08） 3 706
　贷：资产报废义务 3 706

自然资源的损耗

2 运用工作量折旧法对自然资源折旧。

WHY 与使用自然资源相关的成本应该在自然资源被使用期间作为一项费用进行报告。会计师应该像进行折旧一样利用一种系统的方法来估计出其成本，并将这些资产所记录的成本在资产的使用寿命期限内作为费用分摊。

HOW 损耗费用（这个词过去的意思是指自然资源的消耗）是通过计算资源自取得到最终报废的这个存续期间的消耗量得到的。该比例的资源成本（以期初为基础）被费用化。

自然资源，也被叫作消耗资产，其消耗按自然资源的物理计量单位的减少进行显示。石油和天然气的消耗，木材的采伐，煤矿、硫黄矿、铁矿、铜矿、银矿的开采都是导致自然资源被耗尽的过程的例子。损耗费用是一种针对耗用资源而形成的费用。

损耗费用的计算方法是产出量折算法的一种应用，计算消耗费用最困难的问题可能是估算出可以从土地中可以提取出的有经济效益的资源的总量。总的来说，需要地质学家、采矿工程师和一些其他专家被召集在一起来进行该估算，而且最好随着资源的开采和消耗不停地修正这个估算。

开发成本，例如钻井成本、下沉的矿井的支撑、道路的建设，应予以资本化，并在计算总的要损耗的资产成本时，把开发成本添加到资产的原始成本里。这些费用通常产生于常规行动开始之前。

举例来说明损耗费用的计算，假设以下事实：一块含有矿藏的土地以 5 500 000 美元的价格被购买下来，在所有的矿藏都被开采以后，这块土地还有 250 000 美元的剩余价值。这块土地估计可以提供 1 000 000 吨的矿藏，假设第一年开采了 80 000 吨，矿藏的单位损耗价值和第一年总的损耗计算如下：

每吨的损耗价格：（$5 500 000 − $250 000）÷ 1 000 000 = $5.25

第一年损耗价格：80 000 吨 × $5.25 = $420 000

需要编制以下会计分录来记录：

借：矿藏 5 500 000
　贷：现金 5 500 000
借：损耗费用 420 000
　贷：累积损耗（或者是矿藏） 420 000

如果这 80 000 吨矿藏在当年就被卖掉，这 420 000 美元就会被全部当作销货成本的一部分，如果只有 60 000 吨被卖掉，那么将有 105 000 美元作为期末存货被记录在资产负债表上。

当建筑物和修缮物被用来开采自然资源，那么它们的使用期限就限于该工程期间内。对该类资产的折旧建立在与自然资源确认相一致的产出量法基础上是合理的。例如，假设建筑物的建造成本是 250 000 美元，这栋建筑的有效使用期限伴随着包含 1 000 000 个单位的自然资源的耗尽而结束，在这种情况下，确认的每单位资源的消耗应该对应着 0.25 美元的折旧（$250 000/1 000 000）。当改进措施在自然资源耗尽前结束，这种改进措施的成本应该在改进措施发挥作用的整个期间内以产量为基础或者以时间为基础进行合理的摊销，考虑哪种分配摊销方式更加合理即选择哪种。

就像在第10章中解释的那样，IASB为在自然界中存在的自然资源制定了特定的会计准则。在*IAS 41*中，自然界的自然资源，例如木材森林，在资产负债表中应该以资产负债表日的公允价值（减估计的销售成本）进行登记。公允价值的增加值则被认为是利得，相反公允价值上的减少值则被确认为损失。因此在国际会计准则下，木材公司在木材的30年成长期内，编制每一张资产负债表时，要按森林里木材的公允价值（减销售成本）登记。每年公允价值的增加值或减少值都要在利润表里当作利得或损失记录下来。以上描述的公允价值的方法将取代美国GAAP下的价值分配方法。

成本分摊变量估算的变化

3 在计算现在及以后各个时期的折旧时考虑估计及折旧计算方法的变化。

WHY 折旧费用包括对使用方式、预计使用寿命和残值的估算。实际中，几乎不可避免的是，一个或更多的估算值是不准确的，这并不是说过去的错误一定要改正过来，但是要为现在和将来的各个时期作一个修正过的折旧估算从而反映更新过的信息。

HOW 估算出的残值、有效使用寿命的变化以及折旧方法的变化都可以在当前和以后各个时期的折旧费用计算上反映出来。折旧后的账面价值以修正过的估算或方法为基础在剩余的有效使用寿命期间进行分摊。

收益期多于一个会计期间的资产成本分配无法精确获取，因为有很多的变量要估算。在确定折旧、摊销或损耗的周期费用时，仅有一项因素基于历史信息：资产的成本。其他因素——剩余价值、使用寿命、产量、使用方法、收益——统统都要估算。会计人员经常遇到的一个问题就是，随着时间的推移而产生的估算调整应该如何在会计上进行反映。估算值上的变化反映在当期和将来的时期，而不是对前期进行调整。这种类型的调整用于残余价值和有效使用寿命的变化。折旧方法这样基于使用方式的改变（例如，从双倍余额递减法到直线法的变化）同样反映在当前和未来期间里，而不对前期进行调整。[7]

预计使用寿命的变化

> **补充**
>
> 在2001年，一个多户家庭公寓估算折旧寿命的变化（从25年变成30年）。使Aimco Properties公司净收益增加了42%，由此使公司避免了报告净收益的减少。在1987年，General Motors公司关于估算工具的使用寿命的一个变化使公司的营业收益增加了93%。

为了举例说明使用寿命的变化影响资产成本分配的过程，假设有一家公司花费50 000美元购买设备，预计这台设备的使用寿命是10年。使用直线法，且无残值，每年折旧5 000美元，4年后，累计折旧20 000美元，也就是说折旧后的账面净值是30 000美元。在第5年年初，对这台设备的使用寿命重新估算，发现这台设备最多能再运行4年，

[7] *Statement of Financial Accounting Standards No. 154*, "Accounting Changes and Error Corrections: A Replacement of APB Opinion No. 20 and FASB Statement No. 3" (Norwalk, CT: Financial Accounting Standards Board, May 2005).

因此需要在第 5 年及剩余使用寿命内作出调整来反映这个变化，利用剩余价值除以剩余使用年限来获取新的年平均折旧值，从而导致从第 5 年到第 8 年以后，每年的折旧额是 7 500 美元（$30 000/4 = $7 500）。

年份	计算表		贬值数	累计贬值数
1	$50 000/10	=	$ 5 000	$ 5 000
2	$50 000/10	=	5 000	10 000
3	$50 000/10	=	5 000	15 000
4	$50 000/10	=	5 000	20 000
5	($50 000 - $20 000)/4	=	7 500	27 500
6	($50 000 - $20 000)/4	=	7 500	35 000
7	($50 000 - $20 000)/4	=	7 500	42 500
8	($50 000 - $20 000)/4	=	7 500	50 000
			$50 000	

注意，并没有对前 4 年的折旧数据进行追溯和修正，每年确认的 50 000 美元的折旧额是通过利用所能获得的最恰当的信息计算得到的，在第 5 年可以获得更精准的信息时，产生的影响将在第 5 年及以后的几年里反映出来。

单位产量估算的变化

另一个估算的变化产生于自然资源的核算，更进一步的探测、提高开采进程或者销售价格的改变等，引起了可回收资源估计的变化。修正的摊销比率可通过用预计剩余可开采的资源量除以预计剩余资源的单位计算获得。

举个例子来说明，假设在前面所举的价值损耗的例子里有以下事实，购买一块土地花费了 5 500 000 美元，且该土地估计有净残值 250 000 美元。估计在这块土地里原始的、可开采的矿藏是 1 000 000 吨。如上所述，在这些条件下摊销比率是每吨 5.25 美元，如果第 1 年开采 80 000 吨，则第 1 年的摊销额是 420 000 美元。假设第 2 年开采的矿藏是 100 000 吨，但是年底时在公司的总账封存之前，重新评估可开采的矿藏吨数是 950 000 吨。新的成本摊销率和第 2 年所摊销的成本计算如下：

在第 2 年年初可开采资源的吨数转化为成本：	
可损耗资源的原始成本	$5 250 000
减：第一年的摊销成本	$ 420 000
用于摊销的成本余额	$4 830 000
第 2 年年初估算的可开采资源的吨数：	
第 2 年开采的吨数	100 000
第 2 年年底估计可开采的吨数	950 000
第 2 年年初可开采资源的总量	1 050 000

第 2 年的每吨摊销价值：$4 830 000/1 050 000 = $4.60

第 2 年的总摊销价值：100 000 × $4.60 = $460 000

有时预计可开采的量增长源自为了资本的发展而产生的额外支出。当该情况发生时，增加的成本应该添加到剩余可开采资源的成本里，同时按剩余可开采的吨数进行摊销。举例来说明这种情况，假设在之前的例子里，第 2 年年初增加成本 525 000 美元。那么之前计算摊销比率和摊销额的过程将更改如下：

在第 2 年年初分配至可开采资源的成本：	
可损耗资源的原始成本	$5 250 000
加：第 2 年产生的增加成本	525 000
	$5 775 000
减：第 1 年的摊销成本	420 000
用于摊销的成本余额	$5 355 000
在第 2 年年初估算的可开采吨数（如上所述）	1 050 000
第 2 年的每吨损耗价值：$5 355 000/1 050 000 = $5.10	
第 2 年的损耗价值：100 000 × $5.1 = $510 000	

会计处理是由很多估算组成的，这部分论述过程的设计是用来防止对过去几年的报告收益不断地进行重述。只有发现实际的错误时下才会调整以前期间的数据，而不是针对之前确认为合理但后来证明不准确的数据。

折旧方法的变化

估算的另一个变化是在资产的实际消耗方式和所使用折旧方法暗示的资产消耗方式不相符时产生的。例如，过去使用直线法计提折旧的资产可能被发现是以另一种加速的方式消耗。总的来说，折旧方法上的变化可以显示出来。

举例来说，假设以 120 000 美元的价格购买了一项资产，该资产的预期寿命是 12 年，无残值。利用直线法计提折旧，每年的折旧费用是 10 000 美元[（$120 000 - 0）/12 年]。使用 2 年后，这项资产的剩余账面价值是 100 000 美元（$120 000 - 第一年的折旧额 $10 000 - 第 2 年的折旧额 $10 000），同时还有 10 年的剩余使用年限。通过对该资产在这两年的消耗进行观察，发现双倍余额递减法可以对折旧有一个更准确的估计。资产消耗方式的估算变化反映在开始产生这个变化的当年（在这个例子中是第 3 年）以及随后的年份里，第 3 年的折旧费用计算如下：

- 直线法比率 = 100% /剩余的使用寿命 = 100% /10 年 = 10%
- 双倍比率 = 10% × 2 = 20%
- 剩余的账面价值 = $100 000（计算如上）
- 第 3 年折旧额 = $100 000 × 0.20 = $20 000

当反映摊销费用的估算方式发生变化时，这个变化对当年净收益的影响要在财务报告中披露。当折旧方式变化时，附注还要披露对该变化的解释说明。在《中级会计学：应用篇》第 20 章将对会计变化作更深一层的讨论。

有形资产的减值

1 确认资产是否减值，并根据美国 GAAP 和 IASB 的标准进行减值计算。

WHY 为了避免财务报表使用者被过于乐观的数据误导，当长期经营资产的账面价值超过它的现行价值时，长期经营资产不应该以明显超过现值的金额记录在资产负债表上。在美国 GAAP 要求下，一旦运营环节或者使用资产的方式发生明显变化，长期经营资产都将被核查以确定价值是否显著下降(叫做减值)。

HOW 当来自资产的未贴现未来现金流总和少于报告的账面价值时,资产发生减值。应该减值的资产减少其账面价值至公允价值。

一般在购买了资产之后,在预计有效寿命结束之前,资产发生减值,需要降低资产价值,而不是在一个期间内进行资产成本的正常分摊。直到 1995 年,权威会计文献也没有在会计标准中对资产减值的确认作出明确的表述。

举个例子说明,在 1994 年,Eli Lilly 花费 41 亿美元购买了 PCS 健康系统,一个帮助保险公司和卫生维护组织 HMOs 管理他们的处方药利润计划的公司。截至 1997 年的第 2 个季度,PCS 健康系统的盈利状况明显不像当初计划的那么好,卫生保健的运转并不像 Eli Lilly 预期的那样快,对政府加快规范处方药盈利计划这一举动的可能性预期降低了对 PCS 前景的期待。回顾这次收购,Eli Lilly 决定应该确认损失,报表中的 PCS 资产减少 24 亿美元。

就像 Eli Lilly 公司/PCS 健康系统的例子一样,是否要确认经营资产减值不是一个简单的决定。另外,一旦确认减值,那么就要面对减值多少这一问题。这个部分讨论的就是和资产减值有关的概念和程序。

补充

最后 Eli Lilly 公司还是放弃了,在 1999 年 1 月 22 日仅以 16 亿美元的价格把 PCS 项目卖给了 Rite Aid 公司。

资产减值的会计处理

根据美国 GAAP,在 2001 年发布的 *SFAS No. 144* 提供了一些关于资产减值计算的指导,并提出以下 4 个问题⑧:

1. 资产什么时候应该进行减值测试?
2. 资产什么时候减值?
3. 如何计量减值?
4. 关于减值的信息哪些应当披露?

1. **资产什么时候应该进行减值测试?** 每年年底对每项资产都进行减值测试不可能为成本的审核提供充分的、更为有用的财务信息。相反,一旦出现任何资产使用方法或商业环境方面的重要改变,公司即被要求进行减值测试。另外,如果管理人员获得有关信息表明资产的市场价值已经下降,就要实施减值审核。

2. **资产什么时候减值?** 根据 FASB 的要求,只有当资产估算的未贴现未来现金流总额低于账面价值时,才要编制减值的分录。就像下面的例子,这个更像是一个奇怪的减值阀值,更直观的测试是将资产的账面价值和公允价值进行比较。因为未贴现的现金流不包含资金的时间价值,未贴现的将来现金流总和总是比资产的公允价值大一些。

---

⑧ *Statement of Financial Accounting Standards No. 121*, "Accounting for the Impairment of Long-Lived Assets and for Long-Lived Assets to Be Disposed Of" (Norwalk, CT: Financial Accounting Standards Board, March 1995). SFAS 第 144 条取代了第 121 条,于 1995 年出版。SFAS 第 144 条和第 121 条关于减值的规定的主要区别是:(1) 商誉减值从标准的范围中移除;(2) 鼓励使用概率加权的现金流估算方法(符合第 7 条概念声明)。

3. **如何计量减值?** 减值损失即为资产的账面价值和公允价值之间的差额。资产的公允价值可以用资产的估算未来现金流的现值来近似等同。

4. **关于减值的信息哪些可以披露?** 披露的信息应该包括对资产减值的一个书面描述、减值的原因、对计量假设条件的描述、业务部分或受到影响的部分。减值应该作为持续经营收益的一部分,注意如果减值不是作为损益表中单独的收益项目进行列示,那么就应该在附注中披露总额。

注意

未贴现的未来现金流决定了减值的存在,减值损失的总额可以通过公允价值或贴现的未来现金流来计量。

通过下面的例子来说明减值规则的应用。广州公司 5 年前花费 600 000 美元购买了一栋办公楼,这栋办公楼采用直线法折旧,预计有效使用寿命 20 年,无残值。这个地区其他的几栋办公楼最近已经废弃,因此广州公司决定对这栋建筑进行评估以确定可能的减值。广州公司估计这栋办公楼有效使用寿命还有 15 年,现金净流量每年 25 000 美元,公允价值是 230 000 美元。

这栋办公楼每年的折旧额是 30 000 美元($600 000/20 年)。当前账面价值的计算如下:

初始成本	$600 000
累计折旧($30 000 × 5 年)	150 000
账面价值	$450 000

通过比较 450 000 美元的账面价值和未贴现的未来现金流 375 000 美元($25 000 × 15 年)来确定这栋办公楼是否减值。未来现金流比较小,那么应该确认减值。减值损失等于账面价值和公允价值的差额 220 000 美元($450 000 - $230 000)。编制的减值会计分录如下:

借:累计折旧——办公楼	150 000	
办公楼减值损失	220 000	
贷:固定资产——办公楼($600 000 - $230 000)		370 000

新记录的 230 000 美元($600 000 - $370 000)被认为是资产的价值。在减值被确认以后,即使资产的公允价值回升也不允许对减值损失进行转回。

思考

下列表述中哪一条最好地描述了在减值测试中未贴现现金流的阀值作用?

a) 使用未贴现现金流的阀值意味着在减值确认之前,资产的公允价值肯定遭受了一次非常明显的下降。

b) 使用未贴现现金流的阀值意味着公允价值的任何下降,不管多小,都会引起减值的确认。

c) 使用未贴现现金流的阀值意味着甚至当资产价值增加的时候也会偶然确认减值。

d) 使用未贴现现金流的阀值意味着任何公司在之前都没有确认过减值。

如果将广州公司的这个例子略微进行更改,就能看到未贴现现金流阀值的特有性质。假设这栋办公楼的现金流净额是每年 35 000 美元,这栋办公楼的公允价值是 330 000 美元。有了这些数据,没有任何减值损失确认,即使这栋办公楼的公允价值 330 000 美元比它的账面价值 450 000 美元少。因为未贴现的未来现金流的总和是 525 000 美元($35 000 × 15 年),超过了这栋办公楼的账面价值。

在许多案例中，预测一个未来现金流的范围比预测一个特定的值更适合。在之前的例子中，不再假设预期每年未来现金流 25 000 美元，而是对随后两年的现金流情况进行预计，如下所示：

	未来现金流入	可能性
情况 1	每年 20 000 美元，15 年	85%
情况 2	每年 50 000 美元，15 年	15%

在减值测试的应用中，加权平均未贴现现金流的计算如下：

	未贴现的未来现金流	可能性	加权未来现金流
情况 1	\$20 000 × 15 年 = \$300 000	85%	\$255 000
情况 2	50 000 × 15 年 = 750 000	15%	112 500
总计			\$367 500

把加权未贴现的未来现金流总和 367 500 美元和办公楼的账面价值 450 000 美元做比较，得出资产减值的结论（\$367 500 < \$450 000）。假设在这个案例中，这栋办公楼没有可获得的市场价值，且要使用现值技术估算市场价值。如果无风险利率是 6.0%，预期现值的计算如下：

	未来现金流	现值（折现率 6%）	可能性	加权现值
场景 1	\$20 000 × 15 年	\$194 245	85%	\$165 108
场景 2	50 000 × 15 年	485 612	15%	72 842
预计公允价值				\$237 950

减值损失记录如下：

借：累计折旧——办公楼	150 000	
资产减值损失（\$450 000 − \$237 950）	212 050	
贷：固定资产——办公楼（\$600 000 − \$237 950）		362 050

资产减值的国际会计准则：*IAS 36*

1998 年 6 月，IASB 发布 *IAS 36*，“资产减值”。这条准则在 2004 年 3 月被修订。从概念的角度来说，这条国际通用准则要比 FASB 的第 144 条公告中体现的关于资产减值的内容更好。IASB 的准则要求一旦公司资产的“可回收金额”小于其账面价值时，就要确认减值。可回收金额被定义为资产销售价格和与资产使用有关的未来现金流贴现值中的较高者。这两种方式都是以资产未来现金流的贴现值为基础的。这也就意味着 IASB 完全拒绝了 FASB 提出的概念繁冗的未贴现现金流阀值概念。

> **补充**
>
> 在 1998 年 *IAS 36* 首次公布之前，计算资产减值的国际准则是旧版本的 *IAS 16*。该准则既允许使用未贴现的现金流来决定是否存在减值，同时又允许使用贴现的现金流来决定是否存在减值。

IAS 36 不同于第 144 条公告

的地方是，国际准则允许如果在随后的期间内证明资产不再存在减值的情况，那么之前确认的减值损失可以转回。也就是说，如果资产的价值增加了，并且不再发生减值，那么恢复的减值损失部分应转回，并确认为一项利得。在 FASB 的标准下，减值在随后的时期里是不允许转回的。

关于资产价值重估升值的会计处理：*IAS 16*

就像第 10 章中提到的一样，在 *IAS 16* 的规定下，长期经营资产价值升值的确认是可以实现的选择之一。因为与资产重估相关的会计处理程序和与确认资产减值相关的程序是相似的，在这一节将举例说明。

资产重估升值的确认 先前我们用广州公司购买办公楼的例子来说明资产减值的会计核算，5 年后我们重新看这栋办公楼，其账面价值如下：

借：原始成本	\$600 000
贷：累计折旧（\$30 000 × 5 年）	150 000
账面价值	\$450 000

现在假设广州公司使用国际会计准则，该办公楼的公允价值是 540 000 美元。广州公司在国际标准的允许下，使用被允许的其他选择来确认资产价值的升值。编制此次资产重估的会计分录如下：

借：累计折旧——办公楼	150 000	
贷：重估权益储备		90 000
固定资产——办公楼（\$600 000 － \$540 000）		60 000

注意

牢记长期运营资产的价值重估在国际会计标准里是允许选择的，但是在美国公认会计准则里这是不被允许的。

在这个会计分录公布以后，累计折旧账户余额是 0 美元，办公楼资产的账户余额是 540 000 美元（\$600 000 － \$60 000），所以产生净报告金额为 540 000 美元。就像在《中级会计学：应用篇》第 13 章里讨论的一样，重估权益储备是一个单独的权益科目，同时它反映了由于长期运营资产市场价值的增加而导致的公司总资产的增加。在这次重估以后，每年折旧费用的计算要以重估值为基础，然后重估值以资产的剩余使用寿命来折旧。

处置价值重估资产的记录 在 *IAS 16* 里有一个有趣的插曲，一家公司如果要向上调整它的资产，这个行为将会花费一定的成本。举例来说，假设广州公司在它的办公楼升值到 540 000 美元后，马上就以现金 540 000 美元的价格把它卖出。这次处置在会计分录里将记录如下：

借：现金	540 000	
贷：固定资产——办公楼		540 000
借：重估权益储备	90 000	
贷：留存收益		90 000

注意，因为广州公司进行价值重估，所以资产增加的 90 000 美元利得将不能作为盈利记录在广州公司的利润表里。这项盈余首先反映为资本公积的增加；在处置后，该利得被直接转移到留存收益，完全绕过了公司的利润表。因此，虽然 *IAS 16* 允许公司确认长期运

营资产价值的增值，但该条例表明了这项增值绝对不能在利润表中作为一项利润的增加反映。

无形资产的摊销和减值

5 讨论影响无形资产正确摊销和减值的事项。

WHY 无形资产不像有形资产那样必然会被耗尽，因而无形资产的分期摊销和减值测试要比有形资产更加细致。对无形资产使用寿命的考虑要尤其细致，无论是有限的还是无限的

HOW 一项使用寿命有限的无形资产在它的预计有效使用寿命内分期摊销，通常无残值，并使用直线法。这些无形资产使用标准两步测试法进行减值测试。使用寿命不确定的无形资产不能进行摊销。对这样的无形资产进行减值测试，只是简单地将它们的账面价值和估算的公允价值进行对比。运用一种特殊的公允价值测试方法对商誉进行减值测试，该测试依赖于商誉分配到的报告主体。

依据核算目的，记录的无形资产分为三类：

- 进行摊销的无形资产。这类无形资产的减值测试和在本章前面谈到的长期运营有形资产的两步法减值测试是一样的。
- 不能摊销的无形资产。这类无形资产的减值测试就是把资产的账面价值和公允价值做一个简单的比较。
- 商誉，按 *SFAS No. 142* 的规定不能分期摊销。商誉的减值测试是一个过程，其首要包括了对商誉分配给整个报告单元公允价值的估算。

无形资产获得以后的会计处理中，首先要确定这项无形资产是否使用寿命有限，如果没有经济的、法律的、合同的因素确定该无形资产使用寿命有限，那么它的使用寿命就是不确定的，在其寿命确定有限之前不能对该无形资产进行摊销。不确定的使用寿命是指使用寿命超过了可以预见的范围。[9] 有不确定使用寿命的无形资产的一个例子是广播经营权，它包含一种无限期更新的延期选择权。如果一项无形资产有固定期限，则它必须在估计使用寿命内分摊，并且必须定期检查使用年限。[10]

进行摊销的无形资产的减值

无形资产的特殊属性使得测量它们的使用期限非常困难，可能受到一系列因素如经济、法律、管制以及合同等的影响。这些因素，包括更新或者延期的选择，都要在无形资产分摊年限的选择中考虑。例如，在美国，一项专利在申请之日起的 20 年内受法律保护；但假如此项专利的相对优势估计在 5 年内会消失，则此项专利的费用就需要在更短的时间段内分摊。

在更有说服力的方法出现前，无形资产都按照直线法进行摊销。摊销，类似于折旧，可以看作某段时间内的运作费用，或者，如果这项资产与企业产品的生产直接相关，则可以被

⑨ *Statement of Financial Accounting Standards No. 142*, "Goodwill and Other Intangible Assets" (Norwalk, CT: Financial Accounting Standards Board, June 2001), par. B45.

⑩ 在 *SFAS No. 142* 公布之前，无形资产分期摊销年限最长为 40 年；FASB 认为无形资产最长的摊销年限应该为 20 年。尽管如此，最终的标准并没有包括关于无形资产摊销的使用寿命的任何明确上限。

分配到生产成本中。由于企业要公开所有分批摊销的无形资产的初始成本以及累计摊销额,所以贷方必须制作一个单独的累计摊销账户。

为了描述已摊销的无形资产的做账过程,我们以下列情况为例。Ethereal 公司向房地产机构与新户主推销自己的产品。2011 年 1 月 1 日,购入客户名单的费用是 30 000 美元。由于房地产机构的营业额以及新户主会逐渐变成既有户主,这份清单被认为仅在 4 年内有经济价值。对于所有摊销的无形资产,我们都假设剩余价值是零,这个例子中我们同样作此假设。类似的,我们依然采用直线法进行摊销。2011 年 12 月 31 日,我们作如下的会计分录以记录摊销费用:

借:摊销费用(\$30 000/4 年)	7 500	
贷:累计摊销——客户清单		7 500

2012 年,在该年度的摊销费用确认前,需要首先对客户名单这一无形资产进行减值测试。这种减值测试与之前所说的长期经营资产的操作类似。房地产客户清单的减值检测由该地区房地产市场的潜在营业额决定。2012 年年初进行减值测试时,无形资产的账面价值为 22 500 美元(\$30 000 - \$7 500)。经推算,客户清单将在未来 3 年内每年产生 5 000 美元的现金流,2012 年 12 月 31 日,客户清单的公允价值为 12 000 美元。之所以进行减值测试,是由于未来未折现的现金总流入 15 000 美元(\$5 000 ×3)低于 22 500 美元的账面价值。减值损失为账面价值与公允价值所产生的 10 500 美元差额,会计分录如下:

借:资产减值损失(\$22 500 - \$12 000)	10 500	
累计摊销——客户清单	7 500	
贷:客户清单(\$30 000 - \$12 000)		18 000

12 000 美元的公允价值为这项无形资产新的折算基础,不存在随后价值上的恢复确认。之后的摊销将在 12 000 美元的账面价值和估计的 3 年有效期限基础上进行。2012 年的财务报表附注中,Ethereal 公司被要求公开未来 5 年中每年所有可能的摊销费用。

不进行摊销的无形资产的减值

2001 年,*SFAS No. 142* 对无形资产规定的主要变化是有些无形资产能够被认为拥有无限的使用寿命并且不能够被摊销。FASB 认定如下的无形资产拥有无限的寿命:

(1) 广播许可权。广播许可一般有 10 年的更新期,如果该证持有人坚持对公众提供不错的服务,那么更新是无止境的。因此,往往无法预见广播许可的有效年限;它有无限的使用期限。

(2) 商标。商标权在特定的期限内有效,但商标大多可以有规律地进行更新。如果经济因素表明商标在可预见的未来时间内都有价值,那么它的有效期限就是无限的。[11]

拥有无限使用期限的无形资产不进行摊销,但它至少每年都要在以下方面进行评估:(1) 是否可以预见有效使用年限,并因此决定摊销与否;(2) 资产是否有减值。减值测试很简单:公允价值与账面价值进行对比,如果公允价值低于账面价值,其差值就是减值损失。

为了说明以上原理,我们以 Impalpable 公司为例,假设该公司广播许可的使用年限不可

⑪ *Statement of Financial Accounting Standards No. 142*, "Goodwill and Other Intangible Assets" (Norwalk, CT: Financial Accounting Standards Board, June 2001), Appendix A.

> **思考**
>
> 为何常规的两步减值测试(使用未折现的未来现金流之和)不适用于不进行摊销的无形资产?
>
> a) 未折现的未来现金流之和为零。
>
> b) 根据定义,未折现的未来现金流等同于无形资产的账面价值。
>
> c) 未折现的未来现金流之和不确定。
>
> d) 未折现的现金流之和通常低于资产的公允价值。

预见,且初始购买成本为 60 000 美元。在之前,该广播许可估计会带来每年 7 000 美元的现金流入,但近期行业中的一些变化显示,现金流可能有所减少。Impalpable 公司收集的数据显示,尽管这项许可的有效期限仍然是无限的,可能的现金流入会减少到每年 2 000 美元(70% 的可能性)或每年 4 000 美元(30% 的可能性)。概率加权的现值计算中,无风险利率为 5%。无形资产公允价值的计算如下表所示:

	未来现金流	现值*	概率	概率加权计算的现值
期限 1	$2 000/年	$40 000	70%	$28 000
期限 2	$4 000/年	80 000	30%	24 000
总公允价值				$52 000

* 一系列不确定的、无限的、每年的现金流现值的计算很简单(每年的现金流/折算利率)。

由于公允价值低于账面价值($52 000 < $60 000),此项无形资产有减值,作如下分录:

借:资产减值损失	8 000	
贷:广播许可权		8 000

由于会考虑其他的减值损失,目前 52 000 美元的公允价值就成了此项无形资产的最新折算基础;不会有任何关于之后价值恢复的会计分录。

商誉的减值

虽然有着让人愉快的名字,但商誉在过去的 40 年内成为会计界争论的焦点。正如第 10 章所说,截至 2001 年,美国的很多公司很谨慎地采用权益结合法进行企业兼并来避免被要求识别商誉。之所以会出现这种情况是由于商誉必须在不超过 40 年的使用期内被分摊。因交易产生的数百万美元记录的商誉会使企业在接下来的几年内不得不承担巨大的商誉分摊费用。FASB 曾提出取消权益结合法,但引起了商业界的普遍抵制,原因是担心大量商誉摊销可能产生的巨大费用。很多妥协被考虑在内,包括将商誉摊销费用本质上看作线下项目。最终所采用的方法还是比较明智的:商誉不被摊销但每年应被测试是否亏损。除了考虑到商誉摊销对盈利的影响要在企业可以接受的范围内,这种方法从概念的角度看也是有基础的。商誉是一项经济资产,应该反映在企业的财务报表中,但一段时期内在价值上却没有必要系统地减值。

当商誉的确认与企业合并相关联时,那么商誉被分配到企业已存在的“报告单元”中。例如,如果迪士尼公司除了已有的 ABC 网络外,打算收购另一个电视网,那么与这项收购有关的任何商誉都会归到迪士尼的媒体网络板块中。如果必要,一项收购中涉及的商誉可以被划分并安排到几个不同的运作板块中。

如第 10 章所讨论过的,出于会计目的,当企业的购买价格被分配到所有可辨认的有形或无形资产中后,计算出的剩余金额记录为商誉,这种剩余的本质在检测商誉是否发生减值时起着非常关键的作用。这一点是很明确的:从定义看商誉不能以自身的价值来衡量,而是由所有可识别资产公允价值所无法解释的那部分剩余价值来测量。测量商誉减值的步骤也是源于这种思想,具体如下。

测量商誉减值的步骤

1. 计算每一部分商誉分配到报告单元的公允价值。这可以通过使用未来现金流、收入或者税收测算现值的方法计算。

2. 如果报告单元的公允价值超过了该项资产的净账面价值(包括了商誉)以及报告单元的债务,那么认为商誉未发生减值,无任何减值被计入账中。

3. 如果公允价值低于净账面价值和报告单元的债务,那么一项关于商誉的新的公允价值就应该被计入。商誉的价值无法被直接测得,它是一种残余价值;它是考虑所有可识别资产以及负债的价值后的残余。因此,所有上报单元的资产与负债的公允价值与总的上报单元的公允价值比较后,就可以得到商誉的价值。

4. 如果由上一条所测得的商誉的价值低于最初的记录值,那么就用商誉减值来记录这个差值。

为了描述形象,我们介绍一个例子,假设 Buyer 公司在 2011 年 1 月 1 日收购了 Target 公司,作为收购的一部分,确认 1 000 美元的商誉费用,它被分配在了 Buyer 公司的制造报告单元。在整个 2011 年,制造报告单元的总收入为 350 美元。有着类似于制造单元项目的独立交易公司,其市场价值大概是收入的 6 倍(也就是说市值营收比率为 6)。2011 年 12 月 31 日,资产与负债的账面价值和公允价值记录如下:

	账面价值	公允价值
可辨别的资产	\$3 500	\$4 000
商誉	1 000	?
负债	2 000	2 000

步骤 1 利用收入倍数,制造单元的公允价值为 2 100 美元(\$350 × 6),这可以通过现金流估计和现值方法算得。

步骤 2 制造单元资产与负债的净账面价值计算如下:

资产(\$3 500 + \$1 000) - 负债(\$2 000) = \$2 500

由于测得的公允价值(\$2 100)低于净账面价值(\$2 500),因此需要进行进一步的关于商誉减值的计算。

步骤 3 利用所测得的 2 100 美元的公允价值,以及可辨别的资产与负债的公允价值,可知隐含的商誉价值计算如下:

制造单位估计的公允价值	\$2 100
资产的公允价值 - 负债的公允价值(\$4 000 - \$2 000)	2 000
商誉的公允价值	\$ 100

思考

有资料显示，在实现过程中，商誉的减值测试花销很大。你认为以下四个步骤中，哪项实践起来成本最高？

a）计算商誉分配到的每个报告单元的公允价值。

b）比较报告单元中的公允价值与资产（包括商誉）或负债的净账面价值。

c）估计所有资产或负债的公允价值，并利用这些数据计算隐含的商誉。

d）对比新测得的商誉同已记录的商誉价值。

步骤 4　商誉的隐含价值低于所记载的商誉的价值（$100 < $1 000）。因此，商誉有减值。有必要通过会计分录来记录：

借：商誉减值损失	900	
贷：商誉		900

商誉减值损失的金额应以单独的形式记录在利润表中。

对无形资产减值的国际记账法：*IAS 36*

正如之前所说的，美国 GAAP 划分了三种无形资产减值的记账方法——一种是针对有特定期限的无形资产，一种针对拥有无限期限的无形资产，最后一种针对商誉。然而，幸运的是，根据第 36 号国际会计准则，IFRS 只采用了一种无形资产记账法，对于无形资产与有形资产作相同的减值测试：无形资产的记录价值同"可收回金额"相比较，可收回金额即为公允价值（减去无形资产的销售成本）与无形资产使用价值中的较高值。[12] 如果可收回金额低于账面价值，则无形资产就有减值，应确认减值损失。当对商誉的减值进行测试时，该测试适用于商誉所分配的业务单元。如果可收回金额低于净资产的账面价值（包括商誉），则商誉就有减值；这种方法与美国 GAAP 所采用的原则一致。

资产报废

6 对出售折旧资产换取现金和其他折旧资产的会计处理。

WHY　折旧费用不能更好地反映资产市值的下降，当资产被处置或者交换的当天，账面价值与公允价值的差值记录为处置或者交换利得或损失。

HOW　当一项非流动的资产被处置或交换，它会从账目上移走，并被交换所得的资产的公允价值取代。如果换入资产的公允价值大于换出资产的账面价值，则应确认交换利得；反之，则要确认损失。在一些特别的例子中，取得的资产要以换出资产的账面价值入账。

一项资产可能因为出售、交换或废弃等原因而报废。一般来说，当资产被处置时，在处置之日应记录所有未入账的折旧或摊销费用。处置之日的账面价值可以通过最初购买资产的支出与累计折旧的差额来反映。如果处理价格超过了账面价值，则应确认为收入；反之，则应确认为支出。作为处置分录的一部分，资产和累计折旧账户的余额应被冲销。下面描述了各种不同情况下资产报废的记账步骤。

---

[12] 公允价值与使用价值的区别是，公允价值是基于市场的，反映了公司外部的市场参与者购买该无形资产愿意支付的价格。相反，使用价值基于公司层面，是在考虑了公司内部对该无形资产的使用计划后，该无形资产产生的未来现金流的现值。使用价值一般高于公允价值，因为如果资产的内部价值低于外部的市场价值，公司通常倾向于出售该资产。

因出售而产生的资产报废

如果资产出售所得是以现金或者应收账款的形式,交易的记录同之前章节中所描述的程序一致。例如,假设 Landon Supply 公司在 2011 年 7 月 1 日以 43 600 美元的价格出售一台机器,当年的购买价格为 83 600 美元,截至 2011 年 1 月 1 日累计折旧为 50 600 美元。该公司用 10% 的比率对此机器进行直线法折旧。在记录该资产的出售前,首先应确认该年上半年使用所产生的折旧。

以下分录用来记录此次交易:

借:折旧费用——机器	4 180	
贷:累计折旧——机器		4 180
以此记录 2011 上半年的折旧总额		
(\$83 600 × 0.1 × 6/12)		
借:现金	43 600	
累计折旧——机器	54 780	
贷:机器		83 600
营业外收入		14 780*
记录出售机器所得		

*售价	\$43 600
账面价值(\$83 600 - \$54 780)	28 820
销售利得	14 780

分类为持有待售资产

在资产真正出售发生前,通常要提前制订资产处置计划。如果满足以下条件,需要进行专门的会计处理:

- 管理者计划出售长期经营资产。
- 资产可立即出售。
- 正在积极地定位买方。
- 资产的出售可能在一年内完成。

如果符合以上条件,则需在分类为持有待售和真正的交易发生之间进行两项非正常的会计处理。

1. 不再确认资产的折旧;
2. 资产以账面价值和公允价值(减估计的出售成本)较低者入账。[13]

为了描述被分类为持有待售长期资产的会计处理,假设 2011 年 7 月 1 日,Haan 公司拥有一栋办公楼,最初以 100 000 美元的价格购入,累计折旧为 35 000 美元。该公司计划 2012 年 3 月 1 日出售该栋办公楼。2011 年 7 月 1 日,该资产公允价值为 40 000 美元,经测得,与处理相关的费用为 3 000 美元。2011 年 7 月 1 日,作如下分录:

借:固定资产——持有待售房屋	37 000

---

[13] *Statement of Financial Accounting Standards No. 144*, "Accounting for the Impairment or Disposal of Long-Lived Assets" (Norwalk, CT: Financial Accounting Standards Board, August 2001), par. 34.

营业外支出　28 000

累计折旧——房屋　35 000

贷:固定资产——房屋　100 000

在编制完该会计分录后,该房屋就以目前的可变现净值 37 000 美元为基础记录(\$40 000 的出售价格 - \$3 000 的出售费用)。如果可变现净值大于 65 000 美元的账面价值,那么不用作任何分录。这种计量方法与记录存货时采用成本与市价孰低法完全一致,我们在第 9 章已详细描述。

在 2011 年 12 月 31 日,没有关于这栋房屋折旧的调整的分录,正如之前所说,在长期资产持有待售期间不会有折旧费用被确认。采用这种方法的原因是这项资产已确认会被处理,主要的会计处理重点不再是通过折旧对长期资产进行成本分摊,而是正确的现值估计。

注意

这种亏损的识别没有应用之前解释的两步减值测试法。取而代之的,持有待售资产净售价直接与它的账面价值相比较;却不再与未来现金流的未折现值进行对比。

因此,在 Haan 公司的例子中,2011 年 12 月 31 日房屋 37 000 美元的账面价值会与当日可能的修正估计售价(减去销售成本)相比较。如果修正的估计价格低于 37 000 美元,那么额外的损失将会被确认。如果估计的净售价在最初损失确认后有所增加,应在最初确认的 28 000 美元损失范围内确认收入。例如,假设在 2011 年 12 月 31 日测得的售价是 58 000 美元(其中销售成本为 3 000 美元),须作以下的分录:

借:固定资产——持有待售房屋　18 000

贷:营业外收入　18 000

收入的计算:(\$58 000 - \$3 000) - \$37 000 = \$18 000

注意

这种针对持有待售的资产损失的部分回收法对通常的减值损失却不适用。对一般的长期资产(非持有待售),不需再进行减值损失的恢复。

利得只能在之前确认的损失范围内转回。例如 2011 年 12 月 31 日房屋的净售价为 80 000 美元,那么 28 000 美元被确认为收入,而非总收入 43 000 美元(\$80 000 - \$37 000)。

与其他非货币资产交易而产生的资产报废

如第 10 章所说,当一项经营资产与另一项非货币资产交易时,换入资产要以其市场公允价值或者换出资产的公允价值中更容易确定的一项入账。然而,如果交易没有真正的商业价值,则有时换入资产必须以账面价值(而非公允价值)入账。

大多数记录非货币资产交易所要求的会计分录与之前章节所描述的方法一致,除非非货币资产在交易时由现金或者应收账款以外的方式支付。由此产生的收入和损失在交易发生时进行记录。

为了说明,我们假设在之前的例子中,一项资产通过与市场价值 43 600 美元的运输设备交换进行报废。除非借方没有现金流入,设备的交易会使借方计入 43 600 美元。通过比较换出机器的账面价值与换入资产的市价来确定交易产生的利得。(注:在这个例子中,上半年折旧费用将不再被计入账中。)

借:固定资产——运输设备	43 600	
累计折旧——设备	54 780	
贷:固定资产——机器		83 600
营业外收入		14 780

如果换出机器的市价相对于运输设备的价值更易确定,那么机器的价值将被用来记录收入或损失以及决定运输设备的价值。假设运输设备已投入使用并且没有现成的可使用的市价,而换出机器设备的市价为25 000美元。在这种情况下,要确认3 820美元(\$28 820 - \$25 000)的损失,记录交易的会计分录如下所示:

借:固定资产——运输设备	25 000	
累计折旧——设备	54 780	
营业外支出	3 820	
贷:固定资产——机器		83 600

通常情况下非货币资产的交易包括现金的转移,这是因为大多数交换交易中非货币资产并没有统一的市价。交易中的现金部分用来调整换入资产和换出资产的公允价值的差额。因此,如果在之前的例子中机器(市场价值为25 000美元)被用来交换运输设备以及3 000美元的现金,则如下会计分录被计入账中:

借:现金	3 000	
固定资产——运输设备(\$25 000 - \$3 000)	22 000	
累计折旧——设备	54 780	
营业外损失	3 820	
贷:固定资产——机器		83 600

需要记住的是,对于大多数非货币资产的交易,换入资产应以交换日资产的公允价值入账。特例将在以下部分进行解释。

无商业实质的非货币性资产交易

并非所有的非货币资产交易都具有商业实质。例如,Tri-City Cadillac代理商拥有一辆蓝色的DeVille作为存货,但实际上希望拥有一辆红色存货。在临镇的另一个代理商有一辆红色DeVille,并且希望与Tri-City的蓝色车相交换。这项非货币资产的交易不会给任何一方带来收入。利用FASB的专用术语解释,这项交易没有任何"商业实质",这主要是因为它对Tri-City企业的现金流的风险、时机以及金额都没有任何影响。[14] 另一种情况是两家制造业公司交换类似的设备,这些设备在两家公司的生产过程中有相同的使用方法。

为了说明非货币交易中"商业价值"概念的应用,我们接下来举三个例子。第一个例子中,交易中不涉及现金。第二个例子中,交易中包含很小一部分现金的转移。第三个例子中,现金在交易中占到相当大的比例。

例1——不涉及现金 Republic制造公司拥有一台铸件设备,并打算与Logan Square公司的一台类似设备作交换。与这两台机器相关的费用与市场数据显示如下:

---

⑭ *Statement of Financial Accounting Standards No. 153*, "Exchanges of Nonmonetary Assets: An Amendment of APB Opinion No. 29" (Norwalk, CT: Financial Accounting Standards Board, December 2004), par. 2 amending par. 21 in *APB Opinion No. 29*.

	Republic 公司	Logan 公司
要交换设备的成本	$46 000	$54 000
设备的累计折旧	32 000	37 700
设备的账面价值	14 000	16 300
设备的市场价值	16 000	16 000

此项交易不具有商业实质是由于两台设备基本上是相同的，使用方法类似，并且市价相等。简单地说，这项交易不会影响任一家公司现金流的风险、时机以及金额。在这样的例子中，双方企业都会以账面价值入账。Republic 公司记账如下：

借：固定资产——机器设备（新）	14 000	
累计折旧——设备（旧）	32 000	
贷：固定资产——设备（旧）		46 000

Logan 公司记账如下：

借：固定资产——机器设备	16 000	
累计折旧——设备（旧）	37 700	
营业外损失	300	
贷：固定资产——机器设备		54 000

注意

隐含的损失通常都被确认。隐含的利得有时被确认，有时却被忽略。

注意在 Republic 公司的分录中，没有收入被确认，尽管由于换入资产的市价高于换出资产的账面价值 2 000 美元而隐含一定的收益。这项交易没有商业实质，因此没有收入被确认，并且新资产以旧资产的账面价值计入 Rcpublic 公司的账中。

对 Logan 公司的分录来说，换入资产的市价低于换出资产的账面价值，因此有隐含的损失，该损失应该被确认，并且新得的铸件设备以市价被计入 Logan 公司的账中。这是会计谨慎性的一个经典例子：一旦可以确定损失，就应该立即确认；收入只有在真正实现时才被确认。看待这个损失的另外一个视角是此次交易对设备进行了再估价，并说明 Logan 公司应该以类似于处理减值损失的方法确认该损失。

例 2——交易中涉及少量的现金转移　假设条件与例 1 相同，除了 Republic 公司的设备市价为 16 000 美元，Logan 公司的设备价值 17 000 美元。为了使交易公平，Republic 公司愿意支付 Logan 公司 1 000 美元的现金。Logan 公司记账如下：

借：固定资产——机器设备（新）	15 000	
累计折旧——设备（旧）	32 000	
贷：固定资产——机器设备（旧）		46 000
现金		1 000

如例 1 中一样，Republic 不确认任何的收入。最终资产的市价（ $16 000 + $1 000）超过了账面价值（ $14 000 + $1 000），隐含着 2 000 美元的收入。这项交易没有商业实质，是由于两台设备除了在市价上的轻微差别（ $1 000）其他方面都类似。从技术上说，直接支付的 1 000 美元影响了双方企业现金流的风险、时机以及金额，但影响不是特别明显。因此隐含的收益就不再确认。新设备以 15 000 美元的价值入账，等同于交易设备的账面价值。

在例 2 中，Logan 公司的设备账面价值低于市价，隐含 700 美元的收入（＄17 000 - ＄16 300）。我们再次重申，由于这项交易没有商业价值，因此没有收入被确认，所换入的资产（设备与现金）以换出资产的账面价值入账。Logan 公司记账如下：

借：现金	1 000	
固定资产——设备（新）	15 300	
累计折旧——设备（旧）	37 700	
贷：固定资产——设备（旧）		54 000

需要注意的是，这项交易所涉及的少量现金转移并没有使得此次交易具有商业实质，它并未影响双方企业未来现金流的风险、时机以及金额。

例 3 ——交易产生大量现金转移 假设如例 2 情况相同，除了 Republic 公司设备市价为 12 750 美元，并且需要支付 4 250 美元来保证公平性，Logan 公司设备市价为 17 000 美元。在此例中，现金占到了公允价值交易相当大的比重。当现金占到交易的比重很大时，就有商业价值，所有的收入和损失都应被确认，并且换入资产以其市价进行记录。Republic 公司记账如下：

借：固定资产——设备（新）	17 000	
累计折旧——设备（旧）	32 000	
营业外损失	1 250	
贷：固定资产——设备（旧）		46 000
现金		4 250

Logan 公司记账如下：

借：现金	4 250	
固定资产——设备（新）	12 750	
累计折旧——设备（旧）	37 700	
贷：固定资产——设备（旧）		54 000
营业外收入		700

> **补充**
>
> 对 FASB 第 153 号公告的应用是 FASB 不断努力实现与国际接轨的一个例子。第 153 号公告使得美国 GAAP 与在 *IAS 16* 中描述的非货币性交换的国际处理一致。

该例存在的问题是多少比例的现金足够影响交易双方企业现金流的风险、金额以及时机。在例 3 中，4 250 美元的现金占到交易额的 25%（＄4 250/＄17 000）。在 FASB 第 153 号公告实施之前，这个 25% 的门槛用以区别小额现金和大额现金转移。由于不愿建立一个明确的指标而导致专业评价的泛滥，FASB 一直不愿公布确切的指标。旧的 25% 的标准仍可能在一段时间内成为区分大额与小额现金流量的非正式的标准。

扩展资料

商业人士最关心的一类折旧是所得税折旧。通过降低应交税收入，税金折旧降低了对所得税的支付。此章的拓展资料显示了修订的加速成本回收制度（MACRS）的所得税折旧系统是如何从之前所说的财务报表折旧方法中演变过来的。修订的加速成本回收制度（MACRS）的一个重要部分是对年中所得或处理资产的折旧算法。因此，我们将详细描述部分时期的折旧算法。

部分时期的折旧

7 使用直线法和加速折旧法计算部分周期的折旧。

WHY 为了简化折旧算法，我们进行更合理的假设，即只关注整年购买或出售资产的折旧量而非关注具体的购买或出售日期。

HOW 一个常用的简化假设是半年期的惯例：某一年中购买或出售的资产仅确认半年期的折旧。除此之外，少数计算可以通过利用此章所描述的任何一种时间因素折旧法进行处理。

此章中的大多数例子都假设资产是在会计周期的第一日购买的。当然，在现实中，资产的交易随时都会发生。运用时间因素法时，所得或处理资产的折旧往往建立在拥有资产的时间所占会计周期的比例的基础上。当兼并或报废的数额很大时，企业往往会选择一个比较容易的确认部分时期折旧的方法。实践中所发现的可行替代法主要有以下几种：

注意

要记住，折旧通常是估计出来的数据，确切的天数或者月份数仅仅提供了对于精确值的一种描述。

1. 折旧被确认到最接近的某个整月。某月 15 日当日或者之前购得的资产被认为属于本月；15 日之后购得的资产不计入当月的折旧；15 日之后变卖的资产仍确认当月的折旧。

2. 折旧被确认到最接近的一整年。某年上半年所得的资产认为属于该年；某年下半年所得的资产不计入该年的折旧。相反地，上半年变卖的资产该年不确认折旧，下半年变卖的资产须确认整年的折旧。

3. 某年中购入或出售的资产仅确认半年的折旧，其他所有资产确认整年的折旧。这种方法一般应用于所得税的处理，我们在下一部分会有详细描述。

4. 年中所得的资产不确认折旧，但年中报废的资产会确认整年的折旧。

5. 年中所得的资产会确认整年的折旧，但报废的资产不确认折旧。

5 种选择中，方法 2 由于其简单性比较有吸引力。方法 1 最直观，它在例子中有所运用，但同时也存在一定的问题。

如果一个企业利用年数总和法计算折旧，并且确认当年购买的部分时期的折旧，那么第二年的折旧应以以下步骤进行。我们仍然使用之前在资产购入时所举的 Schuss Boom Ski 制造商的例子：购入资产花费 100 000 美元，测得剩余价值 5 000 美元，并且有 5 年的预计使用寿命。假设资产购入时为会计期间的第三季度，利用年数总和法计算的前两年的折旧如下：

第一年：		
整年的折旧（\$95 000 × 5/15）	\$31 667	
第四季度的折旧（\$31 667/4）		\$ 7 917
第二年：		
为平衡第一年的折旧（\$31 667 － \$7 917）		\$23 750
一整年的折旧（\$95 000 × 4/15）	\$25 333	
一个季度的折旧（\$25 333/4）		6 333
第二年总的折旧（\$23 750 ＋ \$6 333）		\$30 083

以此类推，每年的折旧都比上一年少 6 333 美元。这个差距相当于资产的最初折旧基础 95 000 美元的 1/15。关于 5 年折旧的总结如下所示：

	折旧	资产账面价值（成本减累计折旧）
第 1 年	$ 7 917	$92 083
第 2 年	30 083	62 000
第 3 年	23 750	38 250
第 4 年	17 417	20 833
第 5 年	11 083	9 750
第 6 年	4 750	5 000
总计	$95 000	

第 5 年的折旧低于前一年的 6 334 美元是倒挤出来的。

另外，第 2 年的折旧可以通过标准的年数总和法计算，分子为在年初资产剩余的使用年限。具体来说，对于第 2 年，在年初，资产的有效期限仍有 4.75 年。因此第 2 年应提取的折旧就是 $95 000 × 4.74/15 = $30 083。

如果企业应用余额递减法折旧，那么部分年的折旧计算就很直观。第 1 年的折旧计算后，其余年折旧的计算与之前描述的方法一致，资产的账面价值以恒定的百分比下降。我们现在假定使用第一种方法，那么折旧的计算如下所示：

年份	计算	折旧量	资产账面价值
第 1 年	$100 000 × 0.4 × 1/4	$10 000	$90 000
第 2 年	$90 000 × 0.4	36 000	54 000
第 3 年	$54 000 × 0.4	21 600	32 400
第 4 年	$32 400 × 0.4	12 960	19 440
第 5 年	（$19 440 − $5 000）÷ 0.4	8 251	11 189
第 6 年	$11 189 − $5 000	6 189*	5 000
总计		$95 000	

* 倒挤得出。

所得税折旧

8 理解修正的加速成本回收制度（MACRS）中所得税折旧系统的基本折旧方法。

WHY 税收折旧的规则旨在简化折旧的计算，从而使企业尽快得到有关折旧税收抵减的信息。

HOW 税收折旧的计算是建立在无残值基础上的双倍余额递减折旧法和半年惯例基础上的。IRS 针对资产的不同折旧期限进行了分类。

1981 年经济复苏税法（ERTA）引入了余额递减折旧法用来处理所得税。它也被称做加速折旧法。之后的版本对最初的方法进行了改进。由于 1986 年的税收改革法案对加速折旧法进行了一系列改进，新系统被称做修正后的加速折旧法。

税收规定中“成本回收”概念的应用是为了强调加速折旧法不是一种标准的折旧计量方法，这是因为这个系统并不是严格建立在资产的使用期限或使用模式的基础上，并且它

补充

企业可以利用修正的加速折旧法或者其他方法来进行财务报表的报告。不同于先进先出法，在所得税折旧与财务报表的折旧间，并没有必然的联系。

已经很大程度上地取代了传统的处理折旧的会计方法。它的最初意图是简化税费折旧的计算，同时，提供一种更迅速的方法，通过注销资产的费用从而减少所得税，同时刺激费非货币经营资产的投资。通过采用资产成本回收三阶段中的某一段时期而非之前所描述的所得税管理时，对每种资产都考虑一个特定的期限。另外，我们不再考虑回收价值，并允许企业勾销大多数使用超过 3—5 年的设备以及机械，所有超过 15 年的房产，尽管之前所得税都是针对更长的期限。

随后美国国会对加速折旧法的一系列修正是为了控制最初的目标，这主要是因为严格控制税费折旧可以在不增加所得税税率的基础上增加税收收入。[15] 针对个人资产，如设备、机动车以及家具等，最初的三个回收时期已经被目前六个回收时期所取代，不动产、土地或者房屋运用两时期法。[16] 同时，大多数资产的回收期限都有所延期，这样就保证了资产费用有较平稳的勾销速度。

表 11-1 描述了修正后的加速折旧法下成本回收的期限与折旧方法。对于个人资产来说，合适的成本回收期由 IRS 税费管理中对资产的分类决定，而真正的成本回收期却是由资产类型所定，而不是 IRS 中对资产的分类。加速折旧法最初提供了 150% 余额折旧法。1986 年改革法案增多了资产回收期限数目并延长了每段期限的长度。这些变动所造成的影响部分地被对大多数个人资产折旧方法改变为双倍递减折旧法所抵消。

表 11-1　修正后的加速折旧法成本回收期限与折旧方法

IRS 定义的分类	成本回收期限(年)	折旧法	资产实例
个人财产：			
4 年及以下	3.0	双倍余额递减法	赛马
4—10 年	5.0	双倍余额递减法	汽车、货车、办公设备
10—16 年	7.0	双倍余额递减法	办公家具、多数工厂设备
16—20 年	10.0	双倍余额递减法	船
20—25 年	15.0	1.5 倍余额递减法	服务区
25 年以上	25.0	1.5 倍余额递减法	净水设备
不动产—房屋：			
住宅出租	27.5	直线法	
非住宅	39.0	直线法	

针对个人资产的修正后的加速折旧法同样采用了半年期的惯例，即年内购入或者出售的资产要确认半年期的折旧。为了形象说明，假设 2011 年 10 月 1 日购入办公用品，费用为 100 000 美元，并且测得残值为 5 000 美元。根据 IRS 的分类，它属于一项 5 年的资产。根据

⑮ 例如，1993 年的收入协调法使得非居住者的不动产的回收期从 31.5 年增加到 39 年。*RIA United States Tax Reporter*, *Tax Bulletin*, No. 33, 1993 年 8 月 12 日。

⑯ 个人财产一般包括了除不动产（土地和建筑物）外的所有财产项目。

半年期折旧的惯例,以及双倍余额递减法,不考虑残值,此项设备的折旧情况如下:

年限	计算		修正的加速折旧法折旧量	资产账面价值
第1年	$100 000×0.4×1/2	=	$ 20 000	$80 000
第2年	80 000×0.4	=	32 000	48 000
第3年	48 000×0.4	=	19 200	28 800
第4年	28 800×0.4	=	11 520	17 280
第5年	17 280/1.5	=	11 520	5 760
第6年	剩余账面价值为	=	5 760	0
总计			$100 000	

补充

当然,常规的纳税人并不会做这些计算。IRS 在一系列图表中总结了修正后的加速折旧方法,该图表列示了原始资产每年应折旧的百分比。

虽然该资产是在一年内的第三季度购买的,出于税收目的,第1年的回收成本记录为20 000美元,而不是利用最近月份计算出的10 000美元折旧。注意到在第5年时,转换为直线折旧法。如果在这一年继续使用双倍余额折旧法,那么该年记录的折旧额仅仅为6 912美元($17 280×0.4)而不是在剩下一年半里利用直线折旧法计算的11 520美元。

开放式场景问题的答案

1. 股票价格的下降是由很多原因造成的。首先,如果投资者相信之前对Blockbuster公司股价的估值是基于其虚增收益的基础之上的,那么该意识会使得股票的价格下降。此外,如果该声明导致投资者怀疑Blockbuster公司管理的诚信度,那么股票价格会因为这些未披露的更糟糕的消息而下降。

2. 尽管你能获得*Wall street*每晚对股价分析的新闻,但是对股价变动的解释仍然是一种很不确定的商业判断。下面是对Bear Stearns公告发布后Blockbuster公司股价变动模式的解释。首先,在3月8日公告发布之前,投资者有对Blockbuster折旧方式估价的理解,而作为对公告的反应,投资者感动恐慌并使股票价格下降。接下来的两周里,投资者重新衡量了他们对Blockbuster的估价,并认为他们最初的估价是正确的。最终股票的价格比最初公告公布之前的价格稍低,也许就是Blockbuster公司不确定性造成的股价的一些游移。

思考题答案

1. (第540页)正确的答案是d。五种资产总计的折旧费用的计算如下所示。(注:在双倍余额递减法下,使用第4年资产的折旧金额等于使资产账面价值降低为5 000美元残值的金额。)对每种折旧方法,总的折旧费用是一样的——95 000美元。如果一家公司有稳定的资产,那么每一种折旧方法都会产生共同的总的折旧费用。但如果公司处于发展中,并因此拥有比旧资产更多的新资产,那么在加速折旧法下就会产生比直线折旧法下更多的总的折旧费用。

资产年限	直线折旧法	年限总和法	双倍余额递减法
新资产	$19 000	$31 667	$40 000
第 1 年	19 000	25 333	24 000
第 2 年	19 000	19 000	14 400
第 3 年	19 000	12 667	8 640
第 4 年	19 000	6 333	7 960
总折旧费用	$95 000	$95 000	$95 000

2.（第 550 页）正确的答案是 a。未折现的未来现金流总额总是高于资产的公允价值，因为未折现的未来现金流没有反映货币的时间价值。因此，如果总的未折现的未来现金流金额低于资产的账面价值，那么该资产的公允价值一定大大低于其账面价值。

3.（第 555 页）正确的答案是 c。对一项不确定使用寿命的无形资产，没有可预测的该资产产生的未来现金流的终点。因此，未折现未来现金流总是无限的，并且，利用两步法减值测试，将不会确认减值损失。这是一种不合理的产出，因此将会使用一种单独的减值测试——未来现金流折现法。

4.（第 557 页）正确的答案是 c。步骤 3 运作起来耗费成本最大。在很多案例中，根据简单的收入法估计报表项目的公允价值来完成步骤 1；步骤 2 是对估计的公允价值和报告的资产和负债的金额的简单计算；一旦过程 3 完成，过程 4 就是简单的对照两组数字。然而，步骤 3 要求对所有报告的债务和资产的公允价值进行评估。由于运行步骤 3 有困难，*SFAS No. 142* 允许公司两年间使用相同的明细资产和债务估值，前提是报告的经济状况变化不大，资产和债务构成不变，减值测试的结果相差不大。

本章小结

1. 用直线折旧法、加速折旧法、工作量折旧法和分类折旧法计算年度折旧费用。

在计算每年的折旧额时需要考虑四个因素，分别是资产成本、资产余（残）值、使用寿命和使用方式。最普通的计算年折旧额的方法如下所示：

时间因素折旧法

- 直线折旧法。用资产成本和资产余值的差额除以资产的使用年限。
- 加速折旧法。
  - 年限总和法。用可折旧资产的成本乘以一个分数。该分数的分子是资产使用期的剩余年数，分母是从 1 到原始有效期限的加总。
  - 余额递减法。用资产的账面价值乘以通过资产使用年限计算出来的稳定的百分数。最常用的百分数为直线折旧法折旧率的两倍。

工作量折旧法

- 工作时间折旧法。折旧费除以预期的总服务时间得到每小时的折旧率。然后折旧率乘以实际的服务时间得到这段时间的折旧费用。
- 产出量折旧法。同工作时间折旧法相似，但是折旧率是基于资产使用寿命中预期的产出量计算的。

分类折旧法

一系列资产以组的形式共同进行折旧。以对该组的资产类型进行分析得出的折旧率乘以该组资产总成本来计算周期性的折旧费。不考虑资产使用期的正常变化所引起的收入和损失。

2. 运用工作量折旧法对自然资源折旧。

损耗率是用估计移除的资源单位除以总的自然资源的开发成本。期间的损耗费用等于损耗率乘以本期移除的资源总额。与专门的自然资源移除相关的结构物和改善物应该在该期间移除自然资源比例的基础上进行折旧。

3. 在计算现在及以后各个时期的折旧时考虑估计及折旧计算方法的变化。

在估计上的变化将会影响现在和未来时期,但是并不调整之前时期的金额。基于修正过的估计量基础上的未折旧的账面价值在剩余的使用年限进行分配。在折旧方法上的改变与估计值的变化处理方式一样,影响体现在现在和未来期间。

4. 确认资产是否减值,并根据美国 GAAP 和 IASB 的标准进行减值计算。

在美国 GAAP 下,无论何时运营中或者资产的使用方式上出现重大变动,都要复核资产可能出现的减值。当该资产未折现的未来现金流总额小于报告的账面价值时,其就发生了减值。一项减值的资产应将其价值降低到公允价值。IASB 准则不同于美国 GAAP 的是,其利用折现未来现金流量,而不是未折现未来现金流量来确定是否存在减值。国际会计准则同样允许在长期经营资产价值上升时增加其账面记录价值。

5. 讨论影响无形资产正确摊销和减值的事项。

一项有限寿命的无形资产在其预计的使用寿命里进行摊销,该类资产残值为 0,并以直线法进行折旧。这些无形资产以标准两步法进行减值测试。有无限使用寿命的无形资产并不进行摊销,取而代之的是,通过简单地比较它们的账面价值和公允价值来进行无形资产减值测试。商誉不进行折旧。商誉每年都要进行减值测试,该程序以估计总报表项目的公允价值开始,一直到商誉取得时被分配的价值。

6. 对出售折旧资产换取现金和其他折旧资产的会计处理。

隐含的损失总要被记录。如果现金交易和其他交换涉及商业性质,隐含的收益应该记录,并且所有换入的资产都以其公允价值记录在购买企业的账面上。有些非货币性交易不涉及商业性质,意味着它们不影响该组资产的现金流的风险、时机和金额。在这种情况下,获得的资产以该交易中放弃资产的账面价值进行记录。

扩展资料

7. 使用直线法和加速折旧法计算部分周期的折旧。

计算折旧并不总是一项资产使用的确切天数或者月份。一种常用的简易假设就是半年计算法:在一年之中购入或处置的资产通常要确认半年的折旧。

8. 理解修正的加速成本回收制度(MACRS)中所得税折旧系统的基本折旧方法。

修正后的加速折旧系统建立在双倍余额递减法、无残值以及半年期惯例的基础上。为了简化系统,IRS 将折旧资产分为了八类。

ISAB 概述

主题	美国 GAAP	IASB 准则
折旧	一家公司可能会分解合成的资产，例如一个建筑物，并单独对其中重要的部分进行折旧。但这并不是必须的。	*IAS 16* 与项目总成本重大相关的财产、厂房和机器项目的每个部分都应进行单独的折旧。
生物自然资源的损耗	对损耗费用的计算是基于相关使用的自然资源的金额基础上，对成本的分配。	*IAS 41* 生物自然资源公允价值的上升和下降应该记录为收益和损失。
有形资产的减值	*SFAS No. 144* 两步法： 1. 比较记录的金额和未折现现金流的总额。 2. 如果记录的金额小于未折现现金流总额，将其资产账面金额降低到其公允价值。 减值损失在以后不能被转回。	*IAS 36* 一步法： 如果资产记录的金额小于其重置金额，那么将资产的账面价值降低到它的重置金额。 在最初的减值范围内，减值损失可以被转回。
无形资产的减值	*SFAS No. 142* 1. 对具有有限寿命的无形资产，其减值测试与有形资产减值中使用的两步法相同。 2. 对于有无限寿命的无形资产，应使用一步法对比其账面价值和公允价值。 3. 对于商誉，减值测试包含当被分配的商誉的账面净值低于其公允价值时，对其的重新计算。 减值损失在以后不能被转回。	*IAS 36* 比较无形资产的账面价值和重置成本，如果重置成本小，则其账面价值应降低到其重置成本。 除了商誉，在最初的减值范围内，减值损失可以被转回。商誉减值不可以被转回。
价值升值的会计处理	无 在美国 GAAP 下，对固定资产价值升值的记录是不被允许的。	*IAS 16* 公司有调整固定资产账面价值到其公允价值的选择权；贷方显示权益的增加。当资产最终被出售时，与资产价值升值的相关利得，绕过收益直接转移到留存收益中。

关键术语

加速折旧
收益
工作时间折旧法
集体折旧法
分类折旧法
摊销
减值
直线法折旧

加速成本回收制度
账面价值
隐含收益
年限总额折旧法
分类折旧法
隐含损失
时间因素折旧法
半年惯例
余额递减法
损失
修正的加速成本回收制度(MACRS)
损耗
自然资源
单独折旧法
折旧
产出量折旧法
工作量折旧法
双倍余额递减法
剩余价值(残值)
使用寿命

问题

1. 区别减值、损耗以及摊销费用。

2. 在决定公司折旧性资产的期间折旧费时,应考虑的决定性因素是什么?

3. 在工作时间折旧法中,残值、回收价值分别起到了什么作用?

4. 对于有形的非流动性经营资产,区分功能性以及物理性因素对资产有效期限的影响。

5. 区分工作时间折旧法和工作量折旧法的不同。

6. 简述分类折旧法,并简要描述这种方法下如何记录资产报废。

7. 简述计算折旧方法的构成。

8. 资产弃置义务的确认如何影响期间折旧费用? 那么利息费用呢?

9. 描述改变估计的使用寿命的正确会计处理。

10. 由于之后的开发工作而使得可再生自然资源的估计变化,那么应采取哪些程序?

11. 对于生物自然资源,*IAS 41* 与美国 GAAP 下的成本分配程序有何不同?

12. 在美国 GAAP 下,什么方法用来检验长期资产是否减值? 如何衡量其减值损失?

13. 在资产减值的会计处理上,国际会计准则和美国通用准则有何不同?

14. 如果一家非美国的公司选择根据 *IAS 16* 重新对一项长期经营资产估价并确认升值,那么在财务报表中,未实现的"利得"如何确认?

15. 从摊销和减值两方面简述无形资产的三种类型。

16. 简单描述测试商誉减值的四个步骤。

17. 在 *IAS 36* 下,有一种对无形资产的基础检测方法,简单描述测试的内容。

18. 当一项长期经营资产准备出售时,要做哪两种不寻常的会计处理?

19. 当一种生产性资产与另一项类似的资产交换时,在什么情况下确认为收入? 什么情况下确认为支出?

扩展资料

20. 为何计算折旧费用时不以拥有资产的确切日期为标准?

21. 发展加速成本回收制度最初的原因是什么?

练习

[练习 11-1] 计算直线折旧法下的折旧额

LO1 某公司在 1 月 1 日购入一台机器，最初账面价值为 115 000 美元。机器的估计残值是 20 000 美元，估计的经济寿命为 5 年。(1) 计算直线折旧法的年折旧量；(2) 针对第一年的折旧费用做出相应的会计分录；(3) 计算设备在第一年年末的账面价值。

[练习 11-2] 计算双倍余额递减折旧法下的折旧额

LO1 某企业 1 月 1 日购入一台机器，最初账面价值为 100 000 美元。机器的估计残值为 10 000 美元，估计的经济寿命为 4 年。企业最初采用双倍余额递减法，并在最后一年改为直线法。计算：(1) 四年中每年的折旧费用；(2) 第四年年末的账面价值。

[练习 11-3] 采用分类折旧法下的折旧额

LO1 企业打算在直线折旧法的基础上进行分类折旧。最初资产的组成情况如下所示：

	取得成本	残值	使用年限
资产 1	$64 000	$ 4 000	6 年
资产 2	90 000	10 000	10
资产 3	42 000	6 000	9
资产 4	30 000	0	5

计算分类折旧率。

[练习 11-4] 资产报废义务

LO1 1 月 1 日，Lewis 公司购入一块土地，将在未来 12 年内用作垃圾填埋场。土地价值 525 000 美元。12 年后，该公司会被要求花费 250 000 美元来重新植树造林。折旧率为 9%。由于本例中土地的使用是有限期的，土地的购买成本要进行减值。该公司采用直线折旧法，计算折旧费用，以及第 1 年的附加费用。

[练习 11-5] 计算损耗费用

LO2 1 月 1 日，企业以 100 000 美元收购一处矿产。当时，估计矿产有 5 000 吨矿石。预计所有矿产开采完毕，此处矿产残值 20 000 美元。企业每年开采矿石 900 吨。(1) 计算每年的损耗费用。(2) 做出记录该损耗费用的会计分录。

[练习 11-6] 确定有形资产是否发生减值

LO4 某资产的成本以及累计折旧分别为 1 500 000 美元、600 000 美元。管理者认为已经发生减值。通过雇佣一些独立的评估者进行评估，得出设备现值为 500 000 美元。并且管理者预计该资产会在未来 14 年内每年带来 65 000 美元的现金流入。这项设备减值了吗？并进行解释。

[练习 11-7] 记录资产再估价升值

LO4 一栋房屋的购买成本为 500 000 美元，累计折旧为 40 000 美元。估计的现值为 730 000 美元，拥有该建筑物的企业在 Genovia，该企业采用国际财务报告准则。该公司打算确认长期经营资产价值的增加并做出必要的会计分录。

[练习 11-8] 商誉减值

LO5 1 月 1 日，Buyer 公司收购了 Target 公司。作为购买价格的一部分，可确认 1 000 美元的商誉；这项商誉被分配到 Buyer 的制造报告单元中。12 月 31 日，测得未来 10 年内制造报告单元会在每年年末带来 350 美元的现金流入。合适的利率为 10%。制造报告单元的资产和负债的市场价值和账面价值如下所示：

	账面价值	公允价值
可辨认资产	$3 500	$4 000
商誉	1 000	?
负债	2 000	2 000

编制确认任何商誉减值损失的会计分录。

[练习 11-9]　将资产归类为持有待售资产

LO6　2011 年 10 月 1 日，某房屋购入成本为 375 000 美元，累计折旧为 225 000 美元。企业打算在 2012 年 2 月 1 日出售。2011 年 10 月 1 日，房屋估计的卖价为 145 000 美元，并且与出售相关的处理费用为 9 000 美元。12 月 31 日，估计售价涨到了 170 000 美元，相关其他费用仍为 9 000 美元。做出必要的会计分录：(1) 在 2011 年 12 月 31 日将资产归类为持有待售资产；(2) 当日须做的一些改变。记住：当确认为持有待售资产时，就不再确认持有待售资产的折旧费用。

[练习 11-10]　资产置换

LO6　企业打算与同行业的另一家企业置换某类似资产。旧资产成本 1 000 美元，累计折旧 850 美元，在交换日，旧资产的市场价值 400 美元。编制记录该置换的必要的会计分录，假设：(1) 企业接受新设备，无现金流入；(2) 接受新设备有“较大”的 300 美元现金流入；(3) 接受新设备及“较少”的 80 美元现金流入。[注：在所以三个例子中，取得资产的总市场价值(现金加新资产)等同于放弃的资产的市场价值(400 美元)。]

扩展资料

[练习 11-11]　所得税折旧法

LO8　企业以 850 000 美元的价格购入一艘船，估计的残值为 100 000 美元，计算开始的两年内，MACRS 的折旧减少。

习题

[习题 11-12]　计算资本成本和折旧费

LO1　2011 年年初购入一台机器，价值 42 000 美元，估计的使用寿命为 8 年，运费为 3 000 美元，安装费 1 600 美元。估计的设备残值为 600 美元，剩余工作时间为 32 000 小时。2011 年已使用 3 000 小时。

1. 从会计的角度，该机器的成本为多少？
2. 利用(1) 直线折旧法、(2) 服务时间法计算 2011 年的折旧费用。

[习题 11-13]　计算折旧费用

LO1　2011 年 7 月 15 日，Limestone 建筑公司购买了一台水泥搅拌车。公司职员提供了以下有关这台资产和其附属品的信息：

购买价格	$210 000
剩余价值	$20 000
预计使用年限	9 年
预计使用工时	50 000
单位产能	375 000 码

在建筑公司人员的操作下，水泥搅拌车在 2011 年共工作了 6 500 小时，生产了 49 500 码水泥。

该公司的政策是对所有资产在购入当年进行半年的折旧，采用直线法或者双倍余额递减法。

计算下列方法下 2011 年最终的折旧费用，并且说明哪种方法的折旧费用最多。

1. 双倍余额递减法。
2. 产出量法。
3. 工作时间法。
4. 直线法。

[习题 11-14]　特殊部件的折旧

LO1　2006 年 4 月 1 日，Jackson 工厂获得了一台新的铣床。这台机器有一个特殊的部件，该部件在此机器的使用年限内需更换一次。这个资产最初被记录在两个账户上，一个记录主要部分，另一个记录特殊部分。折旧在最初的月份采用直线法，无剩余价值。2012 年 4 月 1 日，这个特殊部件被一个类似的部件所代替。这个部件在主机器使用寿命到期时预计有成本的 25% 左右的剩余价值，并且因为它是较重要的，在计算折旧费用时需考虑该剩余价值。详细资产信息如下：

铣床主体：	
2006 年购买价	$74 800
剩余价值	$6 200
预计使用年限	10 年
第一个特殊部件：	
购买价	$12 000
剩余价值	$500
预计使用年限	6 年
第二个特殊部件：	
购买价格	$16 500

请问 2006 年、2012 年和 2013 年的折旧费用分别是多少？

[习题 11-15]　资产报废义务

LO1，LO2　2011 年 1 月 1 日，Major 公司用 800 000 美元购买了一个铀矿。同一年，Major 公司认为这个铀矿下有 1 000 吨矿石。在这个矿开采的最后一年，Major 公司被要求花费 4 200 000 美元来清理矿区。贴现率为 8%，并且据估算，开采所有矿石大约要 14 年。折旧主要采用工作量折旧法。2011 年，Major 公司从矿区开采出 100 吨矿石。

1. 计算 2011 年折旧（或者损耗）费用的数值。
2. 计算 2011 年增加费用的数值。

[习题 11-16]　损耗费用

LO2　2010 年 1 月 2 日，Adelaide Rose 购买了一块蕴藏极大价值的矿藏的土地，为此该公司花费 1 300 万美元作为预付金。该土地的净残值为 400 万美元。在土地收购过程中，经过地质勘测确认大约 300 万吨矿石是可开采的。

2010 年年初，为开采和运输矿石，一条道路于该块土地上建设，成本 975 000 美元。2010 年，75 000 吨矿石被开采。2011 年，Adelaide 解雇了其矿产工程师并新聘用了一位专家。2011 年最近的一次勘测中，发现约 450 万吨矿石是可开采的。2011 年，矿石产量为 265 000 吨。

假设所有的矿石都被卖掉了，该公司 2010 年和 2011 年两年的成本损耗是多少？

[习题 11-17]　记录减值损失

LO2　Della Bee 公司于 10 年前购买了一座价值 1 300 000 美元的制造厂房，该厂房的折旧采用直线法，使用年限为 30 年，且有 10% 的剩余价值。该公司制造业的运营在过去两年中遭到重大亏损，故 Della Bee 决定对厂房进行减值评估，该厂房预计还有 15 年的使用年限，厂房年净现金流收入为 50 000 美元，且厂房的公允价值为 380 000 美元。

1. 确定是否需要确认减值损失。

2. 如果确认减值损失,请写出正确的日记账分录。

3. 若建筑物的公允价值改为 560 000 美元,(1)的答案是什么?

[习题 11-18] 国际会计准则下的减值和重估

LO4 使用习题 11-17 的资料,假设 Della Bee 公司位于香港且遵循 IFRS,并且 Della Bee 遵照 *IAS 16* 中允许的可替代的会计方法,选择确认增加长期经营资产价值。

1. 确定是否需要确认减值损失。

2. 如果确认减值损失,请写出正确的日记账分录。

3. 如果建筑物的公允价值为 1 250 000 美元,Della Bee 公司的分录应该怎么做?

[习题 11-19] 无形资产摊销

LO5 2011 年 1 月 1 日产生了一笔无形资产支出 300 000 美元。2012 年 1 月 1 日,该资产经过评估,确定其是否发生减值损失。从 2012 年 1 月 1 日起,资产支出被认为在未来将每年产生 25 000 美元现金流(在年底)。(贴现率为 5%。)

1. 假设自 2011 年 1 月 1 日起,资产的有效期为 10 年,即自 2012 年 1 月 1 日后有效期剩余 9 年;编制 2011 年的摊销会计分录及 2012 年确认减值损失的会计分录。

2. 假设自 2011 年 1 月 1 日起,资产的有效期不确定,且自 2012 年 1 月 1 日起,有效期剩余时间不确定;编制 2011 年的摊销会计分录及 2012 年确认减值损失的会计分录。

[习题 11-20] 商誉减值

LO5 Largest 公司在 1 月 1 日收购了 Large 公司,在获得该公司的过程中,确认商誉 10 000 美元,此商誉花费被分配给 Largest 公司的生产报告单位。在当年,该生产报告单位报告收益 13 000 美元,与此生产报告单位类似的一些上市公司的价格—收入比率平均值为 1.60。

该生产报告单位在资产负债表上的账面价值及公允价值如下:

	账面价值	公允价值
可辨认资产	$21 300	$20 500
商誉	10 000	?
负债	7 600	7 600

做出所有确认商誉减值的日记账。

[习题 11-21] 赊销方式出售设备的处理

LO6 2011 年 12 月 31 日,Debenhan 公司以 15 000 美元的价格出售了一台买入价格为 84 000 美元的旧设备,且其账面价值为 9 000 美元。出售方式如下:预付金为 3 000 美元,两年后的 12 月 31 日应付 6 000 美元,买卖合同中未提及利息问题。然而,此类转让的公允利率为 10%。

做出 Debenhan 公司出售这台设备及之后收取两笔货款的会计分录,四舍五入至美元。

[习题 11-22] 持有待售的长期经营资产

LO6 2011 年 4 月 1 日,Brandoni 公司有一台花费 100 000 美元购买的设备,且其已累计折旧 75 000 美元。在 4 月 1 日当天,Brandoni 公司决定在一年内出售该台机器。从 2011 年 4 月 1 日起,该设备以 10 000 美元的价格出售,且其剩余使用年限为 2 年,出售费用(包括清理机器)约为 1 000 美元。到 2011 年 12 月 31 日,出售估价上涨到了 15 000 美元,且出售费用为 1 600 美元。

1. 做出 2011 年 4 月 1 日最初分类为持有待售设备的分录。

2. 做出 2011 年 4 月 1 日至 12 月 31 日该设备的折旧费用分录。

3. 在 2011 年 12 月 31 日做出反映资产期望售价变化的会计分录。

[习题 11-23] 机器设备的交换

LO6 假设 Coaltown 公司有一台机器设备成本为 52 000 美元,账面价值为 35 000 美元,市场价值为 40 000 美元,这台机器设备用于公司的生产制造过程。对于以下几种情况,指出公司应以何种价值将新资产入账以及为什么应该选用这种计价方式?

(a) Coaltown 公司以这台机器设备交换一辆标价为 43 000 美元的卡车。

(b) Coaltown 公司以这台机器设备与另一家制造企业交换一台标价为 41 000 美元的相似设备。

(c) Coaltown 公司以这台机器设备与另一家制造企业交换一台新的样器,这台新机器标价为 62 000 美元,同时 Coaltown 公司还要支付一笔 15 000 美元的大额现金;

(d) Coaltown 公司以这台机器设备外加一笔额度为 3 000 美元的小额现金,与 Newton 公司(一家制造企业)交换一台相似的机器设备。这台交换所得的机器设备在 Newton 公司的账面成本是 55 000 美元,累计折旧 42 000 美元;它的市场公允价值为 43 000 美元。除了确定计价方式外,写出两家公司对于该交易的会计分录。

扩充资料

[习题 11-24] 折旧费用的计算

LO7 Feng 公司于 2011 年 9 月 1 日花费 180 000 美元购买了一台机器设备。机器预计使用年限为 10 年,预计残值为 18 000 美元。它的估计工作时间和产品单位数量分配分别为 36 000 和 750 000。公司的政策是以一年中工作的月份来对资产进行折旧。2011 年间,这台机器运行了 1 500 小时,生产了 21 000 单位的产品。以下哪一种方法可以作为 2011 年最好的计算折旧费用的方法:(1) 双倍余额递减法;(2) 年数总和法;(3) 工作量法;(4) 使用年限法?(写出这四种方法的计算。)

难题

[难题 11-25] 不同方法下的折旧

LO1 2008 年 1 月 1 日,Ron Shelley 购买了一台新拖拉机用于农场使用,花费 100 000 美元;Ron 要求在拖拉机前后安装转载器,花费 7 000 美元;运输费为 600 美元,安装费为 800 美元。拖拉机预期寿命为 8 年,预期服务时限为 12 500 小时。Ron 估计他可以在 8 年后或者使用 12 500 小时后以 15 000 美元价格卖掉它。2011 年,拖拉机已经使用了 1 725 小时。计算 2008 年一整年的拖拉机折旧。

要求:使用以下折旧方法分别计算 2011 年拖拉机的折旧费用:

1. 直线法。
2. 双倍余额递减法。
3. 年数总和法。
4. 使用年限法。

[难题 11-26] 部件的维护费和折旧费

LO1 2008 年 1 月 1 日公司购买了一台设备,花费 61 700 美元。2008—2011 年的维护费用如下:2008 年,4 900 美元;2009 年,4 700 美元;2010 年,12 400 美元(包括 2010 年 12 月安装新发动机的成本 7 800 美元);2011 年,4 800 美元。

要求:

1. 假设这台机器记录在单独的账户上,成本为 61 700 美元。虽然它不是分机器外壳和发动机单独记账,但是旧的发动机(2010 年年底更换的)成本为 7 100 美元。使用直线法计算折旧,这项资产预计使用年限为 11 年,使用年限终了时无残值。有关这台机器前四年每年的总费用是多少?

2. 假设机器外壳记录在一个账目下,成本为 54 600 美元,发动机被记录于另一个账目下,成本为 7 100 美元。采用直线法进行折旧计算,机器外壳使用年限为 13 年;发动机使用年限为 4 年,且使用年限终了时都没有残值。与这台机器相关的总费用是多少?

3. 评价这两种方法。

[难题 11-27] 分类折旧法

LO1 2011 年 4 月 1 日 Milestone 公司购得这些机器设备,具体如下:

机器设备	成本	预计净残值	预计使用年限
511	$27 000	$5 000	11
512	31 000	7 000	6
513	52 000	10 000	7
514	38 000	无	8
515	23 000	4 000	5

要求:

1. 计算资产组合的分类折旧率;
2. 计算资产组合的平均使用年限;
3. 给出 2011 年 12 月 31 日分类折旧的会计分录。

[难题 11-28] 估值的变更

LO3 以下独立的案例描述了关于赛车(自行车)所有权的情况。

(a) Piero Niccolo, 2009 年 Milan San Remo 自行车锦标赛冠军,在 2009 年年初花费 6 500 美元购买了一辆全新的 Fierro 自行车。这辆自行车采用直线法进行折旧计算,预计使用年限为 4 年,残值为 1 500 美元。2011 年年初,这位意大利明星支付 900 美元用于升级这辆自行车。因此,自行车的使用寿命延长了一年,但残值仍为 1 500 美元。

(b) Bart Gysel, 2009 年 Flanders 自行车赛冠军,在 2008 年年初花费 7 400 美元购买了一辆全新的 Lampacht 自行车。这辆自行车采用双倍余额递减法进行折旧计算,预计使用年限为 7 年,残值为 2 000 美元。2009 年年初随着这位比利时明星在 Flanders 上夺冠,这辆 Lampacht 自行车的残值(最终售价)升至 3 000 美元。

(c) Jacques Arouet, 2008 年和 2009 年 Paris-Roubaix 自行车锦标赛冠军,在 2007 年花费 8 000 美元购买了一辆全新的 Tonnerre 自行车。这位法国明星运动员在 2007 年并没有使用这辆新自行车,然而在 2008 年和 2009 年, Arouet 骑着这辆自行车赢得了 Paris-Roubaix 冠军,分别行驶了 7 500 千米和 9 000 千米。Arouet 估计这辆自行车可行驶里程数为 25 000 千米。2010 年他没有骑这辆自行车比赛,但是在 2011 年他决定花费 1 750 美元更换新部件,将这辆自行车进行升级,可以使它的行驶里程数增加 11 000 千米。2011 年季赛,他骑着这辆自行车行驶了 11 500 千米,这辆自行车预计残值为 1 500 美元。

要求:在以上每一个案例中,计算 2011 年的折旧。

[难题 11-29] 采矿公司的财务报告

LO1, LO2 Roscoe 公司于 2011 年 1 月 2 日成立,它被授权发行 74 000 股普通股股票。在成立日,它以每股 50 美元的价格售出 20 000 股股票,剩下的股票用于购买富含可开采的矿产的土地,据地质学家估算矿石存储量约有 900 000 吨。这一财产被认为价值 2 700 000 美元,无残值。

2011 年间,购买采矿建筑和器械设备共花费 250 000 美元。一年中,采矿 75 000 吨;年底 12 月 31 日还剩 8 000 吨没有卖出去,剩余矿产被以每吨 17 美元的价格出售。一年中费用发生额,包括各种耗费和折旧如下:

采矿费用	$173 500
运输费用	20 000

管理费用	19 500

12 月 31 日宣布发放现金股息为每股 2 美元，于 2012 年 1 月 15 日支付。

认为厂房建筑等遮蔽物仅在矿产的开采期内具有使用价值，所以这些固定资产的折旧计算也根据矿产量进行。

要求：为 2011 年编制资产负债表和利润表，忽略所得税。

[难题 11-30] 损耗费用和折旧费用的计算

LO1，LO2 以下的独立情况描述了关于各项资产的所有权状况：

(a) 1996 年，Dickenton 公司花费 85 000 美元购买了一台工具设备，采用直线法计提折旧，预计使用年限 30 年，期末无残值。2011 年年初，当这台设备使用了 15 年时，Dickenton 公司支付 17 000 美元用于这台机器的全面检修。由于这次改进，Dickenton 估计这台设备的使用年限可延长 5 年。

(b) 2009 年 1 月 1 日，Andresen 制造公司（一家日历生产公司）花费 50 000 美元购买了一台机器设备。购买日，Andresen 公司发生了如下额外成本支出：

旧机器的销售损失	$3 000
货物运输成本	900
设备安装成本	1 900
机器正常运行的检测成本	800

机器设备的估计残值为 8 000 美元，Andresen 公司估计这台设备预计使用年限为 15 年，采用直线法计提折旧费用。2011 年 1 月，花费 2 925 美元用于辅助（附属）物添加在机器上以减少运行成本。这些附属物既没有增加机器的使用年限，也没有增加任何残值。

(c) 2011 年 7 月 1 日，Schiff 公司购买了一台设备，花费 48 000 美元。设备的估计残值为 6 000 美元，采用双倍余额递减法计提折旧，预计使用年限为 5 年。到 2011 年 12 月 31 日六个月结束时，Schiff 公司记提了半年的折旧。

(d) Quinn 公司购买了一小块土地，这块土地包含额外的自然资源。地质测量调查估计可开采的储备会有 4 000 000 吨，在这片土地重建后将价值 800 000 美元。相关的成本信息如下：

土地	$14 000 000
2011 年开采并出售的矿产量	950 000

(e) 2011 年 1 月，Bradley 公司签订采购合同购进一台新的机器用于工厂生产。这台设备现金价值 150 000 美元，支付信息如下：

已支付	$ 40 000
400 股 Bradley 公司普通股（公允价值 325 美元/股）	130 000
	$170 000

机器设备使用之前，发生的安装费用为 10 000 美元，预计使用年限为 16 年，预计残值为 20 000 美元，采用直线法进行折旧费用计提。

要求：在每个案例中，计算 2011 年的折旧费用和损耗费用金额。

[难题 11-31] 折旧与现金流量表

LO1 Oakeson 公司是一家制造企业，2010 年 12 月 31 日和 2011 年 12 月 31 日其在产品和产成品存货的信息如下：

	2011 年 12 月 31 日	2010 年 12 月 31 日
在产品存货（包括折旧）	$ 70 000	$ 75 000
产成品存货（包括折旧）	123 000	110 000

折旧费用是 Oakeson 公司一般费用的主要部分，以上列示的存货包括的折旧费用如下：

	2011 年 12 月 31 日	2010 年 12 月 31 日
在产品存货的折旧费	$15 000	$12 500
产成品存货的折旧费	26 000	29 000

2011 年 Oakeson 公司的净利润为 90 000 美元，本年的销售成本中包括了 22 000 美元的折旧费用。

要求：假设流动资产（除了存货）和流动负债的水平从年初到年末都没有改变，计算 2011 年 Oakeson 公司经营活动的净现金流。

［难题 11-32］ 减值

LO4 2005 年 1 月 1 日，Deedle 公司购买了四家便利商店的建筑物，总共花费 2 600 万美元。这些商店已经采用直线法计提折旧，使用年限为 20 年，残值率 5%。2011 年 1 月 1 日，Deedle 公司将这些商店转换成互联网学习中心，用户可以一个星期六天从这个互联网学习中心获得指导。因为建筑物使用的转换，Deedle 公司对建筑物可能的减值进行评估。Deedle 估计建筑物剩余使用年限为 10 年，剩余价值为 0，未来每年产生的现金流量总计 160 万美元，四座建筑物的当前公允价值为 1 000 万美元。

要求：

1. 如果存在减值，做出恰当的会计分录记录 2011 年 1 月 1 日的减值损失。

2. 计算 2011 年的折旧费用。

3. 假设建筑物每年产生的净现金流总计 2 200 000 美元，公允价值总计 12 000 000 美元，重新计算（1）和（2）。

［难题 11-33］ 减值：美国 GAAP 和 IASB 准则

LO4 JJS 公司于 2007 年 1 月 1 日以总价 120 万美元购买了一座建筑物。已经运用直线法对其折旧了 20 年，无剩余价值。2011 年 1 月 1 日，JJS 公司估计建筑物可能已经减值。建筑物剩余使用年限为 12 年，期望每年产生现金流 85 万美元。估计建筑物 2011 年 1 月 1 日的公允价值为 680 万美元。

要求：

1. 思考 2011 年 1 月 1 日建筑物是否减值。分别运用美国 GAAP 和国际会计准则的条款做出答案，并进行对比。

2. 假设 JJS 公司使用美国会计准则。计算 2011 年的折旧费。（注意：不要忽略建筑物有关期望有效使用年的新信息）

3. 假设 JJS 公司是一家非美国公司，并且使用国际会计准则，计算 2011 年的折旧费。

4. 假设 JJS 公司是一家非美国公司，并且使用国际会计准则，进一步假设 2011 年 1 月 1 日建筑物的公允价值为 1 400 万美元，而且当长期经营资产增值时 JJS 公司提高了长期经营资产的价值。计算 2011 年的折旧费。

［难题 11-34］ 资产置换

LO6 Lakeshore 电力有限公司的一份报告披露，有五项交易涉及固定资产置换利得和损失。

这些交易在以下分类账中记录：

现金

(b)	5 000	(e)	1 000
(c)	6 000		

建筑物和设备

(a)	10 000	(c)	118 000
(b)	25 000	(d)	850 000
(d)	55 000		

累计折旧——建筑物和设备

(c)	110 000		
(d)	390 000		

无形资产

(e)	1 000		

建筑物和设备置换利得

		(a)	10 000
		(b)	30 000
		(d)	90 000

建筑物和设备置换损失

(c)	2 000		

调查显示出了这些关联方交易的如下事实：

(a) 以原价 5 万美元、账面价值 2 万美元、市价 3 万美元的设备置换一项由 Highlite 电力公司所拥有的类似的设备，其原价为 6 万美元，账面价值为 1 万美元，市价为 3 万美元。

(b) 以成本 7 万美元、账面价值 1 万美元、市价 4 万美元的一台机器，置换一台市价 3.5 万美元的类似机器，并取得少量现金 5 000 美元。

(c) 以成本 15 万美元、账面价值 4 万美元、市价 3 万美元的一座建筑物，置换一座市价 2.4 万美元的类似建筑物和现金 6 000 美元。

(d) 以成本 85 万美元、账面价值 46 万美元、市价 55 万美元的工厂建筑物，置换为 Romeo 公司所拥有的原价 90 万美元、累计折旧 32.5 万美元、市价为 55 万美元的机器设备。

(e) 以成本 1.2 万美元、账面价值 6 000 美元、市价 3 000 美元的一项专利和 1 000 美元现金置换另一项市价为 4 000 美元的专利权。

要求：根据一般公认会计准则分析每一项交易，并根据要求做出调整分录。

[难题 11-35] 折旧和摊销的计算

LO1, LO6 Hedlund 公司 2011 年不动产、厂房和设备的有关信息如下：

2011 年 1 月 1 日的账户余额	借方	贷方
土地	$ 150 000	
建筑物	1 200 000	
累计折旧——建筑物		$263 100
机器和设备	900 000	
累计折旧——机器和设备		250 000
汽车	115 000	
累计折旧——汽车		84 600
折旧信息	**折旧方法**	**使用年限**
建筑物	1.5 倍余额递减法	25
机器和设备	直线法	10
汽车	年数总和法	4
租赁设备	直线法	—

折旧资产的回收残值不具有重要性。折旧计算到最近的月份。

2011 年的交易和其他信息如下：

(a) 2011 年 1 月 2 日，Hedlund 凭借以旧换新的方式，以 2 万美元现金和成本为 1.8 万美元、账面价值为 5 400 美元的 2 年的旧车购买了一辆新车。新车现金价格为 2.4 万美元，以旧换新的旧车市价未知。

(b) 在2011年4月1日,于2006年4月1日购入的价格为2.3万美元的机器因火灾损坏。Hedlund从保险公司获得了1.55万美元的赔偿。

(c) 2011年5月1日,为修缮租赁的办公场所花费了16.8万美元,使其使用年限延长到8年。相关租赁期截止日为2017年12月31日。

(d) 2011年7月1日,公司购买了机器设备,发票金额为28万美元,外加运费5 000美元,安装费2.5万美元。

(e) 公司决定,2011年1月1日仍有11.5万美元余额的汽车科目,截至2011年12月31日应确认总金额为1.8万美元的折旧。

要求:

1. 计算2011年12月31日记录在公司利润表中的总折旧摊销费用及资产负债表中的累积折旧和摊销。

2. 计算2011年12月31日公司利润表中处置资产的利得或损失。

3. 做出2011年12月31日公司资产负债表的非流动性经营资产部分。

[难题11-36] CPA考试例题

LO2,LO3 1. 2011年1月,Vorst公司以282万美元购买了一座矿,估计可开采量为120万吨。完全开采之后,公司预计可以30万美元出售该资产。2011年期间,公司为准备开矿发生了36万的开发成本,并销售了6万吨矿石。在2011年的利润表中,公司应该报告多少损耗?

(a) 135 000美元

(b) 144 000美元

(c) 150 000美元

(d) 159 000美元

2. Turtle公司于2009年1月2日以5万美元购买了一台设备,使用年限为五年,估计剩余价值为0美元。对于五年资产,公司的政策是前两年使用双倍余额递减法计提折旧,接着使用直线法。2011年12月31日,公司资产负债表中应报告该设备的累计折旧是多少?

(a) 30 000美元

(b) 38 000美元

(c) 39 200美元

(d) 42 000美元

扩展资料

[难题11-37] 税收折旧法和货币的时间价值

LO8 下面两种折旧方法出于税收目的也可以应用:

(a) 基于半年惯例的直线折旧法。半年的规定是假设所有的资产在一年中间取得。因此,第一年可以允许半年的折旧。

(b) 基于半年惯例的双倍余额折旧法。当直线法折旧后剩余成本比双倍余额递减法大时,就会转换成直线法计提折旧。

2011年1月1日,Stratford公司以42.5万美元购买了一台设备。估计使用年限为5年,没有剩余价值。

要求:

1. 出于税收目的,折旧通过减少应税收入减少了应付税费。例如,税率为40%,100美元的折旧扣除将会减少税费40美元。忽略货币的时间价值,计算公司通过资产成本的回收来实现的税费减少总额。假设税率为40%。两种折旧方法的答案是否一样呢?

2. 运用两种方法,计算2011年1月1日折旧节省税款的现值。假设适用利率为10%,税款节省发生在年底。

3. 公司在其财务报表中，是否被要求使用与出于税收目的相同的折旧方法？

案例

［案例 11-38］　真的需要那么多吗？

Ferris Bueller 公司拥有一座建筑物，2000 年以 500 万美元建成的。2001 年至 2010 年用作生产工厂。然而经济状况要求 Ferris Bueller 公司重整其经营，因而 2010 年 1 月 1 日该建筑物用于出租为仓库，租期为 10 年，年租金 24 万美元。税费、保险、正常维修成本由承租人承担。10 年后，Ferris Bueller 公司可能允许承租人续租，或者用于其经营。这座建筑物 40 年里以直线法折旧。

2011 年初期，Julie 是公司的新会计，被分配来审查建筑物账户，并提出问题提示其主管 Alison 关注建筑物科目的余额。2011 年 1 月 1 日，Julie 认为建筑物已受损，应减计其价值。Alison 不确定这个问题在目前 FASB 要求下的处理，请 Julie 做出备忘录记录特定的减记金额，并列明支持理由。写出备忘录，假设利率是 10%。

［案例 11-39］　解析财务报表（福特汽车公司）

以下信息来源于福特汽车公司的 2007 年财务报表：

（单位：百万）

	2007	2008
土地	$　764	$　802
建筑物和土地改良物	14 402	13 719
机器、设备和其他	45 303	43 913
在建工程	2 031	2 224
土地、厂房和设备合计	$62 500	$60 658
累计折旧	(36 561)	(34 983)
土地、厂房和设备净值	$25 939	$25 675
2007 年现金流量表		
经营活动		
累计折旧	$　3 474	
投资活动		
资本支出	(5 971)	

1. 估计 2007 年处置的资产和设备的账面价值。

2. 假设这一年中购入的和处置的资产都已计提了半年的折旧。估计福特的资产和设备的平均折旧年限。假定处置的资产中没有土地，且估计平均寿命时消除土地账户余额。

3. 估计福特公司截至 2007 年 12 月 31 日所拥有的资产和设备（不包括土地）的平均年限。

［案例 11-40］　研究会计准则

为了帮助你熟悉会计准则，本案例带你进入财务会计准则委员会的网站，并访问各种刊物。登陆财务会计准则委员会网站 http://www.fasb.org，点击“Pronouncements & EITF Abstracts”。

在这一章中，我们讨论了有关固定资产的事项。在本案中，我们会用到 *SFAS No. 153*，“非货币性资产置换”。打开 FASB 第 153 号公告。

1. FASB 第 153 号公告修正了之前的什么会计准则？

2. 在概论的第 2 章，两项国际会计准则与这项公告相关，是哪两项国际会计准则？

3. 阅读第 21 章，何时一项非货币性交易会被认为有商业实质？

[案例 11-41] 道德困境(劳工谈判中的利润操纵)

你和你的搭档拥有一家小型的数据输入公司。你处理业务时要手工录入数据,例如借书证目录和病历卡,存储到一个计算机数据库中。你们最重要的有形资产是一个自己的大办公楼,以及经营所需的计算机硬件和软件。你的企业运营了五年,而且你现在拥有了100名员工。经营活动现金流一直都很健康,而且你和你的合伙人已经能够从业务中提取很多现金。最近,因为低工资和缺少的附加福利,你已经从员工中看到日益增长的不满。你和你的合伙人正在准备和雇员不平委员会的第一个会议。

你的合伙人负责准备公司的财务报告。你很尴尬地承认这是你至今以来审查过的第一份财务报告——你从未关注过银行融资以及那些来自你和合伙人的权益资产。当你第一次审视这些报告时,你会非常吃惊,因为它们揭示了公司在它运转的每个年度所经历的重大损失。

细看财务报表会发现,你的合伙人对你们的办公楼和计算机设备采用了双倍余额递减法折旧。他同样对其假定了非常短的使用寿命以及零剩余价值。你的计算显示,使用直线法并假定更实际的使用寿命和剩余价值会明显地增加利润,甚至在某种程度上经营的每个年度都会报告较大的利润。

与雇员不平委员会的会议是在明天。你的合伙人自从一年级时就成为了你的朋友。你应该怎么做?

[案例 11-42] 累进式电子工作表分析

这个电子表格作业是继续前面章节给出的电子表格作业。如果你完成了那些作业,你在这一作业上就有了一个有利的开端。

为了准备 2011 年的修订财务报告,回顾要求,如同第 3 章节中给出的累积电子表格分析第一部分。

1. 天行者公司希望准备 2012 年预测资产负债表、预测利润表和预测现金流量表。用 2011 年的财务报告数据作为基础以及如下附加信息进行预测。

(a) 2012 年的销售额预期在 2011 年 2 100 美元的基础上增加 40%。

(b) 2012 年,新的不动产、厂房和设备的取得会与(q)中的信息保持一致。

(c) 2011 年报告的 480 美元的营业费用划分为如下两类:15 美元的折旧费用和 465 美元的其他营业费用。

(d) 2012 年没有新的长期负债。

(e) 2012 年没有要支付的现金股利。

(f) 将要获得大量足够的新的短期应付贷款,使得天行者公司 2012 年的流动比率基本等于 2。

(g) 天行者公司没有计划在 2012 年回购额外的股票。

(h) 因为未来价格和汇率的变化是不可预测的,天行者公司的最佳估计是累积其他综合性收益账户的余额在 2012 年将维持不变。

(i) 假设投资证券、长期投资以及其他长期资产的余额,将与销售额一样在 2012 年以同一比率(40%)增长。无形资产的余额会与(r)保持一致地变化。

(j) 假定其他长期负债科目的余额将在 2012 年与销售额一样以相同比率(40%)增长。

(k) 投资证券会按照可供出售证券进行划分。据此,这些证券购买和出售中的现金将被归类为投资活动。

(l) 假定那些影响其他长期资产和其他长期负债科目的交易是经营活动。

(m) 现金和投资证券账户会以与销售额相同的比率增加。

(n) 对于应收款项的预计,由平均收账期的预期值决定。2012 年的应收款项平均收账期预计为 14.08 天。为了简化运算,这 14.08 天的计算使用年末数据,而不是平均值。

(o) 对于存货的预计,由存货周转天数的预期值来确定。2012 年的存货周转天数预计为 107.6 天。为了简化运算。这 107.6 天的存货周转天数使用的是年末数据,而不是平均值。

(p) 对于应付款项的预计,由应付账款周转天数的预期值确定。2012 年的应付款项周转天数预计为 48.34 天。为了简化运算,这 48.34 天使用的是年末数据,而不是平均值。

(q) 对于不动产、土地和设备的预计,由 2012 年的固定资产周转率确定。2012 年的固定资产周转率是 3.518。为了简化运算,这 3.518 的固定资产周转率是在不动产、土地和设备净值的年末数的基础上计算的,而不是平均值。

(r) 天行者公司已经决定 2012 年将不需要获得新的无形资产。无形资产按照(t)中的信息进行摊销。(提示:这些预测的报告构成了第 10 章的电子表格作业中的一部分,你可以用第 10 章的电子表格作为一个起点。)

对于这次练习,做出下列额外假设:

(s) 在计算 2012 年折旧费用的过程中,使用假定 30 年使用寿命且无剩余价值的直线折旧法。2012 年获得的不动产、厂房和设备只计提半年折旧。换句话说,2012 年的折旧费用是两部分的总额:(1) 不动产、厂房和设备年初余额的全年折旧,假定使用寿命 30 年及无剩余残值;(2) 2012 年取得的任何新不动产、厂房和设备的半年折旧,基于总不动产、厂房和设备余额的变化。

(t) 天行者公司假定无形资产的使用寿命为 20 年。假定 2011 年报告的无形资产 100 美元是无形资产的初始成本,包括利润表中的摊销费用和折旧费用。

明确列出你做出的任何额外假设。

2. 假设和(1) 同样的情景,说明下列假设的变化对财务报告的影响:

(a) 不动产、厂房和设备的估计使用寿命为 15 年。

(b) 不动产、厂房和设备的估计使用寿命为 60 年。

3. 在以下每个关于不动产、厂房和设备估计使用寿命的假设下,就 2012 年经营活动产生的现金流量预计值的差异发表不同看法:15 年、30 年和 60 年。详细解释为什么折旧年限的变化会对经营活动现金流量产生影响。

影印版教材可供书目

经济与金融经典入门教材 · 英文影印版

	书号	英文书名	中文书名	版次	编著者	定价
1	08961	Public Finance: A Contemporary Application of Theory to Policy	财政学:理论在政策中的当代应用	第8版	David N. Hyman/著	59.00元
2	08132	Fundamentals of Investments: Valuation and Management	投资学基础:估值与管理	第3版	Charles J. Corrado 等/著	58.00元
3	08126	Microeconomics for Today	今日微观经济学	第3版	Irvin Tucker/著	45.00元
4	08125	Macroeconomics for Today	今日宏观经济学	第3版	Irvin Tucker/著	48.00元

管理学经典入门教材 · 英文影印版

	书号	英文书名	中文书名	版次	编著者	定价
5	08128	Information Technology and Management	信息技术与管理	第2版	Ronald L. Thompson 等/著	45.00元
6	08665	Marketing: An Introduction	营销学导论	第1版	Rosalind Masterson 等/著	45.00元

经济学精选教材 · 英文影印版

	书号	英文书名	中文书名	版次	编著者	定价
7	12633	World Trade and Payments: An Introduction	国际贸易与国际收支	第10版	Richard E. Caves, Jeffrey A. Frankel 等/著	68.00元
8	08130	Economics: Principles and Policy	经济学:原理与政策	第9版	William J. Baumol 等/著	79.00元
9	08127	Microeconomic Theory: Basic Principles and Extensions	微观经济理论:基本原理与扩展	第9版	Walter Nicholson/著	59.00元
10	09693	Macroeconomics: Theories and Policies	宏观经济学:理论与政策	第8版	Richard T. Froyen/著	48.00元
11	14529	Econometrics: A Modern Introduction	计量经济学:现代方法(上)	第1版	Michael P. Murray/著	54.00元
12	14530	Econometrics: A Modern Introduction	计量经济学:现代方法(下)	第1版	Michael P. Murray/著	41.00元

管理学精选教材 · 英文影印版/双语注释版

	书号	英文书名	中文书名	版次	编著者	定价
13	23303	Communicating at Work: Principles and Practices for Business and the Professions	商务沟通:原理与实践(双语版)	第10版	Ronald B. Adler 等/著	65.00元
14	22511	Management: Skills and Application	管理学:技能与应用(双语版)	第13版	Leslie W. Rue 等著	65.00元
15	12091	Operations Management: Goods, Services and Value Chains	运营管理:产品、服务和价值链	第2版	David A. Collier 等/著	86.00元
16	18239	Management Fundamentals: Concepts, Applications, Skill Development	管理学基础:概念、应用与技能提高	第4版	Robert N. Lussier/著	68.00元
17	06380	E-Commerce Management: Text and Cases	电子商务管理:课文和案例	第1版	Sandeep Krishnamurthy/著	47.00元

金融学精选教材 · 英文影印版/双语注释版

	书号	英文书名	中文书名	版次	编著者	定价
18	23025	International Corporate Finance	国际财务管理(双语版)	第11版	Jeff Madura/著	75.00元
19	23024	Financial Markets and Institutions	金融市场和金融机构	第10版	Jeff Madura/著	79.00元
20	21898	Money, Banking and Financial Markets	货币金融学(双语版)	第3版	Stephen G. Cecchetti/著	86.00元
21	20606	International Financial Management	国际金融管理(双语版)	第2版	Michael B. Connolly/著	49.00元
22	16314	Investments: Analysis and Behavior	投资学:分析与行为(双语版)	第1版	Mark Hirschey 等/著	68.00元

23	12306	Fundamentals of Futures and Options Markets	期货与期权市场导论	第 5 版	John C. Hull/著	55.00 元
24	12040	Financial Theory and Corporate Policy	金融理论与公司决策	第 4 版	Thomas E. Copeland 等/著	79.00 元
25	09657	Bond Markets: Analysis and Strategies	债券市场:分析和策略	第 5 版	Frank J. Fabozzi/著	62.00 元
26	09767	Takeovers, Restructuring and Corporate Governance	接管、重组与公司治理	第 4 版	J. Fred Weston 等/著	69.00 元
27	13206	Management of Banking	银行管理	第 6 版	S. Scott MacDonald 等/著	66.00 元
28	05965	Principles of Finance	金融学原理(含 CD-ROM)	第 2 版	Scott Besley 等/著	82.00 元
29	10916	Risk Management and Insurance	风险管理和保险	第 12 版	James S. Trieschmann 等/著	65.00 元

会计学精选教材 · 英文影印版

	书号	英文书名	中文书名	版次	编著者	定价
30	17348	Advanced Accounting	高级会计学	第 10 版	Paul M. Fischer 等/著	79.00 元
31	14752	Advanced Accounting	高级会计学	第 9 版	Joe Ben Hoyle 等/著	56.00 元
32	17344	Management Decisions and Financial Accounting Reports	中级会计: 管理决策与财务会计报告	第 2 版	Stephen P. Baginski 等/著	56.00 元
33	13200	Financial Accounting: Concepts & Applications	财务会计:概念与应用	第 10 版	W. Steve Albrecht 等/著	75.00 元
34	13201	Management Accounting: Concepts & Applications	管理会计:概念与应用	第 10 版	W. Steve Albrecht 等/著	55.00 元
35	13202	Financial Accounting: A Reporting and Analysis Perspective	财务会计: 报告与分析	第 7 版	Earl K. Stice 等/著	85.00 元
36	12309	Financial Statement Analysis and Security Valuation	财务报表分析与证券价值评估	第 3 版	Stephen H. Penman/著	69.00 元
37	12310	Accounting for Decision Making and Control	决策与控制会计	第 5 版	Jerold L. Zimmerman/著	69.00 元
38	05416	International Accounting	国际会计学	第 4 版	Frederick D. S. Choi 等/著	50.00 元
39	14536	Managerial Accounting	管理会计	第 8 版	Don R. Hansen 等/著	79.00 元

营销学精选教材 · 英文影印版/双语注释版

	书号	英文书名	中文书名	版次	编著者	定价
40	23015	Essentials of Marketing Management	营销管理精要(双语版)	第 1 版	Greg W. Marshall/著	56.00 元
41	20285	Marketing for China's Managers: Current and Future	市场营销学	第 2 版	Noel Capon 等/著	56.00 元
42	16713	Consumer Behavior	消费者行为	第 5 版	Wayne D. Hoyer 等/著	64.00 元
43	13205	Services Marketing: Concepts, Strategies, & Cases	服务营销精要: 概念、战略与案例	第 3 版	K. Douglas Hoffman 等/著	63.00 元
44	13203	Basic Marketing Research	营销调研基础	第 6 版	Gilbert A. Churchill, Jr. 等/著	66.00 元
45	12305	Selling Today: Creating Customer Value	销售学:创造顾客价值	第 10 版	Gerald L. Manning, Barry L. Reece/著	52.00 元
46	11213	Analysis for Marketing Planning	营销策划分析	第 6 版	Donald R. Lehmann 等/著	32.00 元
47	09654	Market-based Management: Strategies for Growing Customer Value and Profitability	营销管理: 提升顾客价值和利润增长的战略	第 4 版	Roger J. Best/著	48.00 元
48	09655	Customer Equity Management	顾客资产管理	第 1 版	Roland T. Rust 等/著	55.00 元
49	09662	Business Market Management: Understanding, Creating and Delivering Value	组织市场管理: 理解、创造和传递价值	第 2 版	James C. Anderson 等/著	45.00 元
50	10013	Marketing Strategy: A Decision Focused Approach	营销战略: 以决策为导向的方法	第 5 版	Orville C. Walker, Jr. 等/著	38.00 元
51	10983	Principles of Marketing	市场营销学	第 12 版	Louis E. Boone 等/著	66.00 元

52	11108	Advertising, Promotion, & Supplemental Aspects of Integrated Marketing Communication	整合营销传播：广告、促销与拓展	第 7 版	Terence A. Shimp/著	62.00 元
53	11212	Marketing Research: Methodological Foundations	营销调研：方法论基础	第 9 版	Gilbert A. Churchill, Jr. 等/著	68.00 元

人力资源管理精选教材 · 英文影印版

	书号	英文书名	中文书名	版次	编著者	定价
54	08536	Human Relations in Organizations: Applications and Skill Building	组织中的人际关系：技能与应用	第 6 版	Robert N. Lussier/著	58.00 元
55	08131	Managerial Communication: Strategies and Applications	管理沟通：策略与应用	第 3 版	Geraldine E. Hynes/著	38.00 元
56	07408	Human Resource Management	人力资源管理	第 10 版	Robert L. Mathis 等/著	60.00 元
57	07407	Organizational Behavior	组织行为学	第 10 版	Don Hellriegel 等/著	48.00 元

国际商务精选教材 · 英文影印版

	书号	英文书名	中文书名	版次	编著者	定价
58	14176	International Business	国际商务	第 4 版	John J. Wild 等/著	49.00 元
59	12886	International Marketing	国际营销	第 8 版	Michael R. Czinkota 等/著	65.00 元
60	06522	Fundamentals of International Business	国际商务基础	第 1 版	Michael R. Czinkota 等/著	45.00 元
61	11674	International Economics: A Policy Approach	国际经济学：一种政策方法	第 10 版	Mordechai E. Kreinin/著	38.00 元
62	06521	International Accounting: A User Perspective	国际会计：使用者视角	第 2 版	Shahrokh M. Saudagaran/著	26.00 元

MBA 精选教材 · 英文影印版

	书号	英文书名	中文书名	版次	编著者	定价
63	12838	Quantitative Analysis for Management	面向管理的数量分析	第 9 版	Barry Render 等/著	65.00 元
64	18426	The Economics of Money, Banking, and Financial Markets	货币、银行和金融市场经济学	第 8 版	Frederic S. Mishkin/著	85.00 元
65	11221	Analysis for Financial Management	财务管理分析	第 8 版	Robert C. Higgins/著	42.00 元
66	21243	A Framework for Marketing Management	营销管理架构	第 4 版	Philip Kotler/著	49.00 元
67	14216	Excellence in Business Communication	卓越的商务沟通	第 7 版	John V. Thill 等/著	73.00 元
68	20916	Understanding Financial Statements	财务报表解析	第 9 版	Lyn M. Fraser 等/著	38.00 元
69	10620	Principles of Operations Management	运作管理原理	第 6 版	Jay Heizer 等/著	72.00 元
70	21546	Introduction to Financial Accounting	财务会计	第 10 版	Charles T. Horngren 等/著	79.00 元
71	21781	Introduction to Management Accounting	管理会计	第 15 版	Charles T. Horngren 等/著	89.00 元
72	11451	Management Communication: A Case-Analysis Approach	管理沟通：案例分析法	第 2 版	James S. O'Rourke/著	39.00 元
73	10614	Management Information Systems	管理信息系统	第 9 版	Raymond McLeod 等/著	45.00 元
74	10615	Fundamentals of Management	管理学基础：核心概念与应用	第 4 版	Stephen P. Robbins 等/著	49.00 元
75	10874	Understanding and Managing Organizational Behavior	组织行为学	第 4 版	Jennifer M. George 等/著	65.00 元
76	15177	Essentials of Entrepreneurship and Small Business Management	小企业管理与企业家精神精要	第 5 版	Thomas W. Zimmerer 等/著	68.00 元
77	11224	Business	商务学	第 7 版	Ricky W. Griffin 等/著	68.00 元
78	11452	Strategy and the Business Landscape: Core Concepts	战略管理	第 2 版	Pankaj Ghemawat/著	18.00 元
79	13817	Managing Human Resources	人力资源管理	第 5 版	Luis R. Gomez-Mejia 等/著	60.00 元
80	09663	Financial Statement Analysis	财务报表分析	第 8 版	John J. Wild 等/著	56.00 元

经济学前沿影印丛书

	书号	英文书名	中文书名	版次	编著者	定价
81	09218	Analysis of Panel Data	面板数据分析	第 2 版	Cheng Hsiao/著	48.00 元
82	09236	Economics, Value and Organization	经济学、价值和组织	第 1 版	Avner Ben-Ner 等/著	59.00 元
83	09217	A Companion to Theoretical Econometrics	理论计量经济学精粹	第 1 版	Badi H. Baltagi/著	79.00 元
84	09680	Financial Derivatives: Pricing, Applications, and Mathematics	金融衍生工具:定价、应用与数学	第 1 版	Jamil Baz 等/著	45.00 元

翻译版教材可供书目

重点推荐

	书号	英文书名	中文书名	版次	编著者	定价
1	06693	The World Economy: A Millennial Perspective	世界经济千年史	第 1 版	安格斯·麦迪森(Angus Maddison)/著	58.00 元
2	14751	The World Economy: Historical Statistics	世界经济千年统计	第 1 版	安格斯·麦迪森(Angus Maddison)/著	45.00 元
3	14749	A Monetary History of The United States, 1867—1960	美国货币史(1867—1960)	第 1 版	米尔顿·弗里德曼(Milton Friedman)等/著	78.00 元
4	18236	American Economic History	美国经济史	第 7 版	Jonathan Hughes 等/著	89.00 元
5	10004	Fundamental Methods of Mathematical Economics	数理经济学的基本方法	第 4 版	蒋中一(Alpha C. Chiang)等/著	52.00 元
6	23259	Essentials of Economics	经济学基础	第 6 版	曼昆(N. Gregory Mankiw)/著	68.00 元
7	20828	Principles of Economics	经济学原理(微观经济学分册)	第 6 版	曼昆(N. Gregory Mankiw)/著	64.00 元
8	20827	Principles of Economics	经济学原理(宏观经济学分册)	第 6 版	曼昆(N. Gregory Mankiw)/著	52.00 元
9	20647	Study Guide for Principles of Economics	曼昆《经济学原理》学习指南	第 6 版	大卫·R. 哈克斯(David R. Hakes)/著	58.00 元

经济与金融经典入门教材译丛

	书号	英文书名	中文书名	版次	编著者	定价
10	11274	Fundamentals of Investments: Valuation and Management	投资学基础:估值与管理	第 3 版	Charles J. Corrado 等/著	76.00 元
11	09320	Public Finance: A Contemporary Application of Theory to Policy	财政学:理论在政策中的当代应用	第 8 版	David N. Hyman/著	78.00 元
12	09847	Microeconomics for Today	今日微观经济学	第 3 版	Irvin Tucker/著	58.00 元
13	09750	Macroeconomics for Today	今日宏观经济学	第 3 版	Irvin Tucker/著	66.00 元

管理学经典入门教材译丛

	书号	英文书名	中文书名	版次	编著者	定价
14	10006	Marketing: An Introduction	营销学导论	第 1 版	Rosalind Masterson 等/著	58.00 元
15	10003	Information Technology and Management	信息技术与管理	第 2 版	Ronald L. Thompson 等/著	68.00 元

经济学精选教材译丛

	书号	英文书名	中文书名	版次	编著者	定价
16	23322	Introduction to Spatial Econometrics	空间计量经济导论	第 1 版	James Lesage 等/著	45.00 元
17	15917	Microeconomics	微观经济学	第 1 版	B. Douglas Bernheim 等/著	89.00 元
18	13812	Macroeconomics: Theories and Policies	宏观经济学:理论与政策	第 8 版	Richard T. Froyen/著	49.00 元
19	13815	World Trade and Payments: An Introduction	国际贸易与国际收支	第 10 版	Richard E. Caves 等/著	69.00 元
20	13814	Macroeconomics	宏观经济学	第 2 版	Roger E. A. Farmer/著	46.00 元

21	12289	Microeconomic Theory: Basic Principles and Extensions	微观经济理论:基本原理与扩展	第 9 版	Walter Nicholson/著	75.00 元
22	11222	Economics: Principles and Policy	经济学:原理与政策(上、下册)	第 9 版	William J. Baumol 等/著	96.00 元
23	10992	The History of Economic Thought	经济思想史	第 7 版	Stanley L. Brue 等/著	59.00 元
24	13800	Urban Economics	城市经济学	第 6 版	Arthur O'Sullivan/著	49.00 元

管理学精选教材译丛

	书号	英文书名	中文书名	版次	编著者	定价
25	22968	Management: Skills and Application	管理学:技能与应用	第 13 版	Leslie W. Rue 等/著	69.00 元
26	14519	Operations Management: Goods, Services and Value Chains	运营管理:产品、服务和价值链	第 2 版	David A. Collier 等/著	79.00 元
27	11210	Strategic Management of E-business	电子商务战略管理	第 2 版	Stephen Chen/著	39.00 元
28	10005	Management Fundamentals: Concepts, Applications, Skill Development	管理学基础:概念、应用与技能提高	第 4 版	Robert N. Lussier/著	82.00 元
29	16772	Applied Multivariate Statistical Analysis	应用多元统计分析	第 2 版	Wolfgang Härdel 等/著	65.00 元

会计学精选教材译丛

	书号	英文书名	中文书名	版次	编著者	定价
30	23288	Intermediate Accounting	中级会计学:基础篇	第 17 版	Earl Stice 等/著	79.00 元
31		Intermediate Accounting	中级会计学:应用篇	第 17 版	Earl Stice 等/著	
32	23159	Auditing Cases: An Interactive Learning Approach	审计案例:一种互动学习方法	第 5 版	Mark S. Beasley 等/著	54.00 元
33	14531	Fundamentals of Financial Accounting	财务会计学原理	第 2 版	Fred Phillips 等/著	82.00 元
34	14532	Managerial Accounting	管理会计	第 8 版	Don R. Hansen 等/著	99.00 元
35	16780	Introduction to Management Accounting	管理会计	第 14 版	Charles T. Horngren 等/著	99.00 元
36	20091	Advanced Accounting	高级会计学	第 9 版	Joe B. Hoyle 等/著	66.00 元

金融学精选教材译丛

	书号	英文书名	中文书名	版次	编著者	定价
37	23074	Corporate Finance: A Focused Approach	公司金融:理论及实务精要	第 4 版	Michael C. Ehrhardt 等/著	89.00 元
38	16298	International Corporate Finance	国际财务管理	第 9 版	Jeff Madura/著	82.00 元
39	13806	Principles of Finance	金融学原理	第 3 版	Scott Besley 等/著	69.00 元
40	12317	Management of Banking	银行管理	第 6 版	S. Scott MacDonald 等/著	78.00 元
41	12316	Multinational Business Finance	跨国金融与财务	第 11 版	David K. Eiteman 等/著	78.00 元
42	10007	Capital Budgeting and Long-Term Financing Decisions	资本预算与长期融资决策	第 3 版	Neil Seitz 等/著	79.00 元
43	10609	Money, Banking, and Financial Markets	货币、银行与金融市场	第 1 版	Stephen G. Cecchetti/著	75.00 元
44	11463	Bond Markets, Analysis and Strategies	债券市场:分析和策略	第 5 版	Frank J. Fabozzi/著	76.00 元
45	10624	Fundamentals of Futures and Options Markets	期货与期权市场导论	第 5 版	John C. Hull/著	62.00 元
46	09768	Takeovers, Restructuring and Corporate Governance	接管、重组与公司治理	第 4 版	J. Fred Weston 等/著	79.00 元

营销学精选教材译丛

	书号	英文书名	中文书名	版次	编著者	定价
47	19303	Consumer Behavior	消费者行为	第 5 版	Wayne D. Hoyer 等/著	79.00 元
48	13808	Basic Marketing Research	营销调研基础	第 6 版	Gilbert A. Churchill, Jr. 等/著	78.00 元
49	12301	Principles of Marketing	市场营销学	第 12 版	Dave L. Kurtz 等/著	65.00 元
50	15716	Selling Today: Creating Customer Value	销售学:创造顾客价值	第 10 版	Gerald L. Manning/著	62.00 元

51	13795	Analysis for Marketing Planning	营销策划分析	第 6 版	Donald R. Lehmann/著	35.00 元
52	13811	Services Marketing: Concepts, Strategies, & Cases	服务营销精要:概念、战略与案例	第 2 版	K. Douglas Hoffman 等/著	68.00 元
53	12312	Customer Equity Management	顾客资产管理	第 1 版	Roland T. Rust 等/著	65.00 元
54	16316	Marketing Research: Methodological Foundations	营销调研:方法论基础	第 9 版	Gilbert A. Churchill, Jr. 等/著	62.00 元
55	11229	Market-based Management: Strategies for Growing Customer Value and Profitability	营销管理:提升顾客价值和利润增长的战略	第 4 版	Roger J. Best/著	58.00 元
56	10010	Marketing Strategy: A Decision-Focused Approach	营销战略:以决策为导向的方法	第 5 版	Orville C. Walker, Jr. 等/著	49.00 元
57	11226	Business Market Management: Understanding, Creating and Delivering Value	组织市场管理:理解、创造和传递价值	第 2 版	James C. Anderson 等/著	52.00 元

人力资源管理精选教材译丛

	书号	英文书名	中文书名	版次	编著者	定价
58	16619	Human Relations in Organizations: Applications and Skill Building	组织中的人际关系:技能与应用	第 6 版	Robert N. Lussier/著	75.00 元
59	10276	Human Resource Management	人力资源管理	第 10 版	Robert L. Mathis/著	68.00 元
60	15982	Fundamentals of Organizational Behavior	组织行为学	第 11 版	Don Hellriegel 等/著	56.00 元
61	09274	Managerial Communication: Strategies and Applications	管理沟通:策略与应用	第 3 版	Geraldine E. Hynes/著	45.00 元
62	10275	Supervision: Key Link to Productivity	员工监管:提高生产力的有效途径	第 8 版	Leslie W. Rue 等/著	59.00 元

国际商务精选教材译丛

	书号	英文书名	中文书名	版次	编著者	定价
63	16334	International Economics: A Policy Approach	国际经济学:政策视角	第 10 版	Mordechai E. Kreinin/著	45.00 元
64	14525	International Business	国际商务	第 4 版	John J. Wild 等/著	62.00 元
65	10001	Fundamentals of International Business	国际商务基础	第 1 版	Michael R. Czinkota 等/著	58.00 元

全美最新工商管理权威教材译丛

	书号	英文书名	中文书名	版次	编著者	定价
66	19036	Managing Human Resources	人力资源管理	第 5 版	Luis R. Gomez-Mejia 等/著	79.00 元
67	18646	Contemporary Business Statistics with Microsoft Excel	基于 Excel 的商务与经济统计	第 1 版	Thomas A. Williams 等/著	76.00 元
68	16318	Essentials of Managerial Finance	财务管理精要	第 14 版	John V. Thill 等/著	88.00 元
69	16319	Understanding and Managing Organizational Behavior	组织行为学	第 5 版	Jennifer M. George 等/著	75.00 元
70	13810	Crafting and Executing Strategy: Concepts and Cases	战略管理:概念与案例	第 14 版	Arthur A. Thompson 等/著	48.00 元
71	14518	Management Communication: A Case-Analysis Approach	管理沟通:案例分析法	第 3 版	James S. O'Rourke/著	44.00 元
72	16549	Quantitative Analysis for Management	面向管理的数量分析	第 9 版	Barry Render 等/著	85.00 元
73	13790	Case Problems in Finance	财务案例	第 12 版	W. Carl Kester 等/著	88.00 元
74	13807	Analysis for Financial Management	财务管理分析	第 8 版	Robert C. Higgins/著	42.00 元
75	22456	Understanding Financial Statements	财务报表解析	第 9 版	Lyn M. Fraser 等/著	36.00 元
76	13809	Strategy and the Business Landscape	战略管理	第 2 版	Pankaj Ghemawat/著	25.00 元
77	16171	Principles of Operations Management	运作管理原理	第 6 版	Jay Heizer 等/著	86.00 元
78	16011	Managerial Economics: A Problem Solving Appreach	管理经济学:一种问题解决方式	第 1 版	Luke M. Froeb 等/著	35.00 元

79	11609	Management: The New Competitive Landscape	管理学:新竞争格局	第6版	Thomas S. Bateman 等/著	76.00元
80	09690	Product Management	产品管理	第4版	Donald R. Lehmann 等/著	58.00元
81	12885	Entrepreneurial Small Business	小企业创业管理	第1版	Jerome A. Katz 等/著	86.00元
82	16780	Introduction to Management Accounting	管理会计	第14版	Charles T. Horngren 等/著	99.00元

增长与发展经济学译丛

	书号	英文书名	中文书名	版次	编著者	定价
83	05742	Introduction to Economic Growth	经济增长导论	第1版	Charles I. Jones/著	28.00元
84	05744	Development Microeconomics	发展微观经济学	第1版	Pranab Bardhan 等/著	35.00元
85	05743	Development Economics	发展经济学	第1版	Debraj Rag/著	79.00元
86	06905	Endogenous Growth Theory	内生增长理论	第1版	Philippe Aghion 等/著	75.00元

国际经典教材中国版系列

	书号	英文书名	中文书名	版次	编著者	定价
87	23120	Financial Statement Analysis and Security Valuation	财务报表分析与证券定价	第3版	Stephen H. Penman,林小驰,王立彦/著	85.00元
88	22803	Integrated Marketing Communication in Advertising and Promotion	整合营销传播:广告与促销	第8版	Terence A. Shimp,张红霞/著	82.00元
89	19263	Public Finance: A Contemporary Application of Theory to U. S. and Chinese Practice	财政学:理论在当代美国和中国的实践应用	第9版	David N. Hyman,张进昌/著	69.00元
90	14516	Investments: Analysis and Behavior	投资学:分析与行为	第1版	Mark Hirschey, John Nofsinger,林海/著	58.00元
91	11227	International Financial Management	国际金融管理	第1版	Michael B. Connolly,杨胜刚/著	38.00元

其他教材

	书号	英文书名	中文书名	版次	编著者	定价
92	21378	International and Comparative Employment Relations	国际与比较雇佣关系	第5版	Greg Bamber,赵曙明等/编	59.00元

教 学 支 持 服 务

圣智学习出版集团（Cengage Learning）作为为终身教育提供全方位信息服务的全球知名教育出版集团，为秉承其在全球对教材产品的一贯教学支持服务，将为采用其教材图书的每位老师提供教学辅助资料。任何一位通过Cengage Learning北京代表处注册的老师都可直接下载所有在线提供的、全球最为丰富的教学辅助资料，包括教师用书、PPT、习题库等。

鉴于部分资源仅适用于老师教学使用，烦请索取的老师配合填写如下情况说明表。

教学辅助资料索取证明

兹证明____________大学__________系/院__________学年（学期）开设的____名学生□主修 □选修的____________课程，采用如下教材作为□主要教材 或 □参考教材：

书名：____________________________

作者：____________________ □英文影印版 □中文翻译版

出版社：____________________

学生类型：□本科1/2年级 □本科3/4年级 □研究生 □MBA □EMBA □在职培训

任课教师姓名：____________________

职称/职务：____________________

电话：____________________

E-mail:____________________

通信地址：____________________

邮编：____________________

对本教材的建议：____________________

系/院主任：__________（签字）

（系/院办公室章）

______年______月______日

---

*相关教辅资源事宜敬请联络圣智学习出版集团北京代表处。

北京大学出版社
PEKING UNIVERSITY PRESS

经济与管理图书事业部

北京市海淀区成府路205号 100871

联系人：徐 冰 张 燕

电 话：**010-62767312 / 62767348**

传 真：**010-62556201**

电子邮件：em@pup.cn em_pup@126.com

Q Q：552063295

新浪微博：@北京大学出版社经管图书

网 址：http://www.pup.cn

CENGAGE Learning

Cengage Learning Beijing Office

圣智学习出版集团北京代表处

北京市海淀区科学院南路2号融科资讯中心C座南楼1201室

Tel: (8610) 8286 2095 / 96 / 97 Fax: (8610) 8286 2089

E-mail: asia.infochina@cengage.com

www. cengageasia.com